国家出版基金项目
NATIONAL PUBLICATION FOUNDATION

政治哲学史

总主编 张志伟 韩东晖 干春松

中国政治哲学史

彭永捷 主编

第二卷

中国人民大学出版社
·北京·

本成果获得中国人民大学科学研究基金
暨中央高校基本科研业务费专项资金（批准号：11XNL007）的支持

作者简介

彭永捷 中国人民大学哲学院教授，哲学博士。主要研究方向为中国古代哲学、儒学与传统文化、中国政治哲学史、儒教研究。主要著作为《朱陆之辨——朱熹、陆九渊哲学比较研究》《中国纵横家》，合著有《中国道家》《中外儒学比较》《现代西方人学思潮的震荡》《君子国智慧——韩国哲学与21世纪》《玄境——道学与中国文化》《圣境——儒学与中国文化》《中国哲学智慧》《智慧的故事》等，主编有《人文奥运》《中国哲学学科合法性危机》《国学的新视野和新诠释》《重写哲学史与中国哲学学科范式创新》《中国儒教发展报告(2001—2010)》。

梁　涛 中国人民大学国学院教授、博士生导师、副院长，《国学学刊》执行主编，教育部"长江学者"特聘教授，山东省"泰山学者"特聘教授。主要研究方向为中国哲学史、儒学史、经学史、出土简帛等。著有《郭店竹简与思孟学派》《儒家道统说新探》《"亲亲相隐"与二重证据法》等，其中《郭店竹简与思孟学派》获多项人文社科奖。入选北京市中青年社科理论人才"百人工程"、中国人民大学"明德学者"、教育部"新世纪优秀人才"、北京市"四个一批"社科理论人才等。

秋　风 本名姚中秋，北京航空航天大学人文与社会科学高等研究院教授。著有《华夏治理秩序史》(卷一、卷二)、《重新发现儒家》、《国史纲目》、《儒家宪政主义传统》("儒生文丛"第二辑之一)、《嵌入文明：中国自由主义之省思》、《为儒家鼓与呼》等，译有《哈耶克传》等，主持编译"奥地利学派译丛"等。

任　锋 中国人民大学国际关系学院副教授、博士生导师，香港科技大学人文学博士，《政治思想史》(季刊)学术编委。主要研究方向为政治思想史、政治理论、儒家传统。博士论文为《南宋儒家经制之学的兴起：论薛季宣和唐仲友的经世思想》，代表著作为《道统与治体：宪制会话的文明启示》，编著有

《儒家与宪政论集》。

王心竹 中国政法大学人文学院教授，哲学博士。主要研究方向为宋明理学、中国古代哲学、儒家与传统文化。主要代表作为《理学与佛学》、《宋代经学哲学研究：理学体贴卷》（合著）。

段海宝 人民出版社哲学编辑室副编审，哲学博士。主要研究方向为先秦哲学、宋明理学、政治哲学。博士论文为《司马光哲学思想新探》，合著有《中国古代的德治与法治》，代表论文有《司马光中和思想试论》。

杨汝清 苇杭书院院长，中国人民大学孔子研究院客座研究员。主要研究方向为孝道与礼乐、书院文化、儒家文化与现代法治。著有《〈孝经〉与成功人生》，代表论文有《以孝治天下——儒家治国思想在当代中国的可行性初探》《传统孝道与现代法治》。

曹婉丰 华侨大学哲学与社会发展学院博士后流动站研究人员，哲学博士。主要研究方向为秦汉哲学、儒家政治哲学。博士论文为《政治哲学视域中的禅让与改制》，代表论文有《从经典诠释到秩序建构——以王莽依经改制为中心》。

岳　晗 山东电子职业技术学院讲师，哲学博士。主要研究方向为宋明理学、中国政治哲学史、儒家传统文化。博士论文为《朱熹政治哲学研究》，著有《家国情怀：儒家与族谱》，代表论文有《文化自觉视野下的当代书院复兴》《全球化视域中的中华文化复兴》。

秦晓慧 河南理工大学马克思主义学院讲师，哲学博士。主要研究方向为道家哲学、中国古代政治哲学。博士论文为《自然与太平——〈太平经〉自然政治哲学发微》，代表论文有《“欲而不贪”——论孔子节欲观及对当代社会的启益》《生命的困苦与超越——论庄子的生命智慧》。

秦际明 四川大学古籍整理研究所博士后流动站研究人员，哲学博士。主要研究方向为经学与儒学、蜀学研究、汉代政治哲学。博士论文为《政治哲学视域中的〈白虎通义〉研究》，代表论文有《作为经学研究方法的政治哲学与经世观念》《论汉代经学师法、家法与学官制度》。

刘璞宁 荷兰莱顿大学人文学院区域研究所博士研究生，中国人民大学哲学院中国哲学专业硕士。主要研究方向为中国政治哲学、隋唐哲学。硕士论文为《重塑王道——王通政治哲学研究》，代表论文有《王通的政治道统论》。

总　序

呈现在读者面前的这套“政治哲学史”丛书，包括《西方政治哲学史》（三卷）、《中国政治哲学史》（三卷）和《马克思主义政治哲学史》（一卷）。

哲学中的政治哲学理论历史悠久，但是在19世纪以后沉寂多时，为政治学或政治科学所取代，直到20世纪70年代罗尔斯《正义论》的出版，政治哲学才得以复兴，并且形成了一个专门学科。因其与社会现实在实践性指向上具有密切关系，当代政治哲学俨然成为哲学中最为活跃的研究领域。伴随着中国改革开放的步伐，尤其是20世纪90年代以来，受政治体制改革和新的经济社会形态的影响，政治哲学逐渐成为汉语哲学界的显学，国内的政治哲学研究在基本史料的积累、经典著作的译述、基本概念的厘清以及最新学术前沿问题的追踪等方面，都有了一定的积累与进步。迈过新世纪门槛之后，全球知识界已越来越清晰地认识到人类正处在一个前所未有的十字路口，启蒙动力日渐衰微，现代性一再遭受质疑，新自由主义面临危机，当代中国现代化建设处在探索之中……如此种种，给政治哲学提出了一系列的问题，在此理论困境和现实问题的双重促逼下，越发凸显出中西政治哲学研究的重要性和紧迫性。

然而，与社会现实的迫切需要相比，我们的政治哲学研究毕竟刚刚起步，尤其是基础建设相当薄弱，极大地制约了中国政治哲学学科的健康发展。一方面，掌握当代西方政治哲学的发展趋势，了解哲学家们对于全球化时代的政治哲学问题的立场、观点和方法，以之为中国政治哲学的重要理论资源和主要参照系，乃是中国政治哲学学科建设的当务之急。另一方面，鉴于中国的高速发展引发的一系列问题，如何总结出中国政治哲学的独特意涵，发掘传统资源对于中国的现代化之路的积极作用，深入关注中国现实，回应中国社会的重大理论问题和现实问题，从而为中国的发展提供思想资源，亦是摆在我们面前亟待开展的工作。有鉴于此，我们向中国人民大学申请了“政治哲学史（中西政治哲学研究·第一期·七卷本）”这一“重大基础研究计划”，希望立足国际学科前沿，体现国内外最新的研究成果，凝聚各高校的优势，培育新兴的政治哲学学科，集中中国哲学、西方哲学和马克思主义哲学等各学科中相关的学术力量，借助对这些领域内政治哲学的深入研究，为该学科在中国的发展做一些基础性的准备工作，进一步激发哲学对于当代社会的“批判性”作用。摆在读者面前的这套“政治哲学史”就是该项目的结项成果。

关于这套“政治哲学史”的编写工作，有必要向读者做一些解释和说明。

第一，我们这套“政治哲学史”虽然名为“政治哲学史”，但就目前的研究成果而言，距离全面、系统、详尽的政治哲学史还有相当的差距。中国的政治哲学研究虽然近些年受到人们的普遍关注，但是毕竟基础比较薄弱，梳理基于中国传统的政治哲学基本范畴也处于起步阶段，因而现在编纂一部全面、系统、详尽的政治哲学史还不具备充分的条件。据此，我们这套七卷本“政治哲学史”主要按照历史的顺序，突出那些在政治哲学史上具有重要影响的哲学家、思想家。与此同时，强化学术研究的深度，以某个问题或主题为研究的核心，以此叙述策略来架构政治哲学史的大框架，意在为将来编纂更加全面、系统、详尽的政治哲学史做一些基础性的准备工作。

第二，与此相关，这套“政治哲学史”的编写模式是，基本上每一章研究一位哲学家或一个流派，并且强调突出相关的主题而不要求全面系统地介绍哲学家或流派的政治哲学思想，因而几乎每一章都可以看作一篇围绕一个人物或流派而展开的论文。尽管我们并没有在政治哲学史的整体性线索上多做文章，但是由于问题意识的自觉、思想谱系的传承和社会历史背景的衬托，实际上各章内容之间自有其紧密的相关性。当作者们围绕各自的主题深入论述时，历史背景、问题演变和发展线索已然隐含于其中。

第三，我们这套“政治哲学史”是集体合作的结晶，编写者包括全国多所高校和研究机构的学者，他们都是相关研究领域的专家，基本上实现了项目启动之初就确立的“最合适的人写最合适的章节”的编写原则。也正是因为如此，对个别重要人物思想的介绍和阐述由于没有合适的写作人选，暂时付诸阙如，以待将来再做补充。

第四，虽然政治哲学历史悠久，但是作为专门的学科领域，政治哲学的历史并不长，其基本研究范式以欧美学术界为主导。不过，作为对各种政治概念、问题和方法的研究，各种政治哲学思想蔚为大观，古今中外概莫能外。因此，一方面，当代的政治哲学研究所面临的思想资源、现实难题和研究方法均有共同和共通的地方，另一方面，不同的理论背景和价值取向，也使西方政治哲学史、中国政治哲学史和马克思主义政治哲学史的编纂具有各自的风格和特色。我们这套“政治哲学史”的尝试，是以各自的学科取向为基础的。相对来说，西方政治哲学的研究范式比较成熟，问题、方法与理论的线索比较清晰，而中国政治哲学则是一块有待开垦的处女地。由于中西在语言、文化、社会历史等方面的差异，中国政治哲学与西方政治哲学在许多方面存在着差异，以至于学术界关于什么是中国的政治哲学等基本问题迄今尚未达成共识，因此三卷《中国政治哲学史》具有很强的探索性。与此类似，学术界在马克思主义是否具有一种政治哲学乃至如何构成一种政治哲学等问题上亦存在着争论。由于各方面条件的限制，我们这套“政治哲学史”中马克思主义政治哲学史部分主要讨论马克思、恩格斯和列宁的政治哲学思想，至于现当代西方马克思主义以及其他丰富内容则有待来日补充。我们希望随着研究的逐步深入，我国政治哲学界在学习、借鉴、吸收的基础上，面对历史和现实中的大变局，推出富有原创性的理论和方法，深化政治哲学与政治哲学史的研究。

总而言之，由中国学者编写的这套“政治哲学史”包括《中国政治哲学史》《西方政治哲学史》和《马克思主义政治哲学史》，在学界尚属首次。我们在此抛砖引玉，希望学界同仁不吝赐教，共同努力，推进当代中国的政治哲学研究进一步健康发展。

最后，我们要向本套“政治哲学史”的各卷主编和参编的专家学者表示深切的谢意。感谢国家出版基金为本套“政治哲学史”提供出版资助，感谢中国人民大学出版社的潘宇女士和编辑们为本套“政治哲学史”的出版所做的辛勤工作。这套“政治哲学史”得到了中国人民大学科学研究基金暨中央高校基本科研业务费专项资金（批准号：11XNL007）的资助，在此表示衷心的感谢。

张志伟　韩东晖　干春松

2017 年 1 月 1 日

目　录

前　言

读者手中的这本书，是《中国政治哲学史》第二卷。这一卷承担的内容，从时间跨度上来说，涵盖了从汉代至明末清初的漫长岁月。在这个时间段里，中国语境里本来意义上的封建制度——古老的裂土而封的封建制已经解体，秦统一六国尝试以郡县制来建设中央集权的新型国家体制，却因片面重视发展硬实力和过度崇尚以暴力来维护和运行权力而成为短命王朝。汉代先以黄老治国，休养生息，直到汉武帝"独崇六经"，才确立了新型大一统王朝和立国宏轨。即便拥有一个统一的中央政府和一些作为治国理论依据的儒家经典，协和一个广土众民的庞大国家依然绝非易事，历史的种种处境留给每一个王朝的政治问题都很复杂，新兴王朝或者面临重新选择主导意识形态问题，或者面临王朝最高领导人产生方式的合法性问题，或者面临草原民族入主中原带来的政治正统性问题，或者面临王朝内部如何改革调适的问题，或者甚至面临君主政制是否还有必要的问题。中国古代政治哲学史、思想史以及相关的政治制度史，绝非某些对中国缺乏了解的西方学者眼里所谓的循环与停滞，而是种种具体生存处境下的认真思考和努力应对。如果缺乏对古代中国历史的认知，那么便难以了解中国先民曾面临的具体处境，从而也难以对古代中国人治国的思想和得失有清醒明白的认知。比如，在今人的印象中宋代似乎是积贫积弱的王朝。毫无疑问，宋朝的确不是一个统一了中国传统疆域全境的王朝，只不过拥有传统疆域的三分之一或四分之一，然而国力上强盛的汉唐在宋人的口中却是"百世无善治"，所得评价很低。蒙古大军横扫欧亚大陆广大区域难逢敌手，宋王朝却持续抵抗了半个世纪之久，宋的襄阳、樊城军民仅依靠邻近的两座城池，在几十万大军重重包围下勇敢抵抗达七年之久。宋人所达到的文明成就与抵抗外族所展现的不屈与韧劲，让所有回顾历史的人不得不到宋代最具代表性的儒学形态——理学中去寻找观念上的原因。人们只有努力找出宋人那些对于美好生活的价值、秩序和制度的思考与共识，才能理解宋人为什么如此深爱自己的文明成就和生活样式，才能理解宋人为何为保护维系王朝国家而不惜付出鲜血和生命。同样，只有从史书上了解到明代以前在野蛮的草原民族长期屠杀和残害下，中国这方土地上生民十不存一，人口从一亿多骤降至不足千万，在这种人类历史上少见的极端困境下，人们仍然未曾放弃他们对文明和野蛮的理解，未曾放弃他们对美好生活的追求，一代又一代地传承自己的文化，再去阅读其时儒生的著作，才会理解古代中国人是在用生命书写文明，他们凭着韧劲去驯化野蛮民族，最终使马背上的征服者为中原文化所征服，也才会理解中国为什么会成为世界文明古国中唯一未中断文明历史的国度，自然也才会明白英国著名科技史学者李约瑟关于中国科技发展为什么突然衰落了这个问题完全问得多余。本书的作者们致力讲述古代人的政治世界，在他们看来，我们愈是了解古代人的精神世界，我们愈有理由相信，古代中国人的生活离我们虽然遥远，但他们关于人类应有的生活观念和生活样式的种种理解，对我们今人依然充满启迪和鼓舞人心。

作为本卷的前言，在此有几个问题，分别向读者作些交代。

第一，关于政治哲学史和政治思想史、政治学说史的区别。

虽然整套“政治哲学史”都面临着上述问题，但在此也尝试着就本卷承担的具体内容作些说明。我们以往读的那些政治思想史或政治学说史著作，以及某些名不符实的政治哲学史著作，它们的共同特点是着重于全面、系统地阐述传主的政治思想或政治学说，将其中的主要政治观点和思想逻辑介绍清楚。而政治哲学史的出发点则是政治哲学，依据政治哲学关注的政治价值、政治秩序和政治制度诸要素，集中阐述古人对什么是美好生活的理解，以及构成此种美好生活应有的秩序和达成理想之治的具体实现方式。政治哲学的视角和启发无疑来自政治哲学这一学科，对此不用讳言。政治哲学借鉴自西方学术，但这并不妨碍我们从政治哲学的视角出发来重新理解和整理中国古代的政治思想。相较于政治科学，政治哲学或许更接近中国诸子百家的思想特质。诸子百家皆务于治，而中国人对“政治”一词的理解，简单说就是“政”达成于“治”。什么是“治”？一谈到“治”，自然就涉及作为评判政治好坏的政治价值、作为理想之治的政治秩序，以及从政治价值出发达成理想之治的政治制度。比如，儒家在政治哲学上从“仁”或“仁义”的价值出发，试图通过“选贤与能”、礼乐刑政的方式达成“大同”之治，道家、道教则以“自然”为政治价值，在神权及其代表“大贤良师”的导引下达成“太平”之治。自从汉武帝时代确立了儒家在政治上的正统独尊地位，其后历代政治哲学的主要发展趋势是不断回溯和重新理解儒家的“仁义”之道以调整或解决王朝所面临的政治问题，直至明末的思想家认为君主制的躯壳再也容纳不下儒家的“仁义”内核，他们有的主张重新恢复“封建”以回归仁义，有的主张探索“虚君”、士人众议的新型政治制度以回归仁义。总之，政治哲学为我们提供了一个重新观察和理解古代人政治思想的视角和维度，让我们去见识一下古代中国人的政治想象和致思方式。

第二，关于中国政治哲学史的分期问题。

以往有关中国政治思想史、中国政治哲学史的分期，要么按照通行的中国哲学史或中国学术史的分期办法，诸如先秦子学、两汉经学、魏晋玄学、隋唐佛教、宋明理学、明清实学等，将中国政治思想史、中国政治哲学史当成中国哲学史或中国学术史的附庸，或者按照马克思主义划分社会形态的理论，按阶级形态来划分时段。马克思主义的社会形态理论是否适用于描述中国历史发展，这在学术上一直存在着争议，现在学术界通常都不再采用这种做法。笔者认为，从中国政治思想发展的实际历程来看，中国政治哲学史大体上应当分成五个阶段：第一个阶段是古代典籍中所传述的唐虞三代。唐指唐尧，虞指虞舜，三代指的是“三代之英”，夏、商、周（西周）的杰出代表，也就是圣王的时代。这个时代是被后世作为历史“故事”取之法之的时代。第二个阶段是从礼崩乐坏到“独崇六经”。礼崩乐坏的时代，也就是《庄子·天下》所说的从“古之道术为一”到“道术为天下裂”的时代。这个时代，诸侯异政、百家异说，诸子并作、百家争鸣。“百家”，并非指学术派别划分的“家”，而是司马迁在《报任安书》中所说的“究天人之际，通古今之变，成一家之言”的“家”。《汉书·艺文志》具体罗列了 189 家之多。可见百家实有其数，并非虚指。“独崇六经”，后世称为“独尊儒术”。治国之道从秦用法家，经汉初用黄老之术，再到独尊儒术。汉代人重视“术”更甚于“道”，先秦的“道术”一词到了汉代人那里，说法就变成“术道”，术放在道的前面。这个阶段是从“道术为一”，经过“道术为天下裂”，再重新到“道术为一”。在政治实践的检验中，单纯讲求效率和硬实力的法家、清静无为的黄老先后被淘汰，儒学被定于一尊，但这时的儒学就像汉初的黄老一样，业已过了学术上对百家的兼采、融汇阶段，“霸王道杂之”。前两个阶段的内容在《中国政治哲学史》第一卷中得到反映。第三个阶段是从“独尊儒术”到近代以前。这是在儒家处于独尊地位以后，每个王朝不断根据自身的处境来应对自身政治问题的阶段。在这个漫长的历史时段，有中原民族与统治草原的游牧民族不断上演的侵袭与反侵袭，数个成功入主中原的少数民族政权，有的主动汉化，有的则建立起种族统治；有一次又一次农民起义取天下甚至改朝换代的武装起义，像汉代的黄巾起义，就是有指导思想、有政治纲领、有严密组织、有实施计划和步骤来夺取天下的造反起义；有君主扩张君权与士大夫依据儒家道义限制君权和匡正君主的体制之争。这个时段由本卷政治哲学史来反映。第四个时段，则是从清末西欧国家主导的全球化时代对中国产生“天崩地解”的影响开始，也就是最先殖民侵略全世界的西欧国家及后来兴起的俄、美、日帝国主义国家侵略中国，中国人民内有愚昧、残暴的清王朝野蛮统治，外有西方强盗国家野蛮侵略，在这双重野蛮压迫下自强、求新、求变，重构中国人生活世界的时代。这一时段的内容由《中国政治哲学史》第三卷来反映。

第三，关于中国政治哲学史的选材问题。

本卷选取了在中国政治哲学史上具有重要意义的代表人物、历史事件和政治文献作为分析对象。在政治人物方面，选取了董仲舒、王通、王安石、司马光、朱熹、陈亮、叶适、黄宗羲等人。董仲舒是汉武帝时提出“复古更化”“独尊儒术”的儒学家，不了解他的思想也就说不清汉代意识形态发生根本性变化的内在理由。王通是隋末唐初的儒生，其门人弟子称其为“王孔子”，他的著作被称作“王氏六经”。王通是比韩愈等古文运动代表人物更早发起儒学复兴运动的先行者，很早就意识到儒学的危机，也很早就提出了要重新复兴儒家的仁义的思想。在民族杂糅、融合的时代，他也很早就从理论上来处理道统与正统这样的政治课题。王安石和司马光则是北宋变法问题上的对头，虽然他们的学术出发点都是儒学，依据的是同样的儒家经典，但王安石提供了一套支持变法的儒家学术，司马光则提供了一套批评变法的儒家学术，儒家学术的解释力和创造性在变法问题上得到淋漓尽致的演绎。朱熹是宋代理学中道学一系的集大成者，他的学术思想集中展现了宋代儒者从世界观和价值观统一的角度重新理解儒家以仁为核心政治价值追求，把仁解释为主宰着气化流行生生不已，作为“生理”与“仁理”合称的“天理”，并从天理的角度重构中原民族应有的充满生生之仁的天理世界。他的学术思想重申了二程兄弟对遥远圣王时代的取法和对后世历代与现世政治的批判，“三代以上天理流行，三代以下人欲横肆”“千载无真儒，百世无善治”。为皇帝授课每日只讲“诚意正心”四字以“格君心之非”的理学，拥有已经迈向近世甚至现代门槛的学术气质，展现了宋代士大夫从儒家经典出发构建理想政治秩序和政治制度的思想极致，这也成为后世许多学者将宋代视作中国古代历史文明水平顶峰的原因。陈亮、叶适则是宋代理学之外的儒学派别功利之学的代表人物，他们从功利的角度解释儒学的功能，以纠正宋儒中普遍存在的过于重视义理而轻视功利的片面性。黄宗羲是明末清初的重要思想家，他深刻地反思了中国历史悠久的君主制度，认为君主制度已经从施行仁义、造福人民的器物变成妨害仁义、残害人民的桎梏，儒家仁义之道应当另寻新的下达之器，他提出了“公其非是于学校”“虚君”等许多设想。虽然在文化上、观念上、制度上野蛮落后的入主中原者打断了中国文化自身的发展逻辑，但从黄宗羲“明夷待访”等候来者的思考中，仍然能看到儒家文化积极解决自身问题向近代化或现代化自发演变的内部可能性。

相较于以往的中国政治哲学史、中国政治学说史、中国政治思想史重视人物而轻视重大事件和重要政治文献的倾向，本书希望在选材上尽量照顾得全面一些。这样选材的理由在于，围绕一些重大历史事件形成的政治辩论和重要政治文献记载的有关政治问题的集中讨论，反映了人们对政治本身的认知。相较于单个思想家的政治思想，这些事件或文献，对于生活在如今时代的人们了解古人的政治生活及其关于政治生活的理论思考，提供了聚焦式的直观观察。

关于政治事件方面，我们选取了王莽受禅与改制这一重大事件。以往有关王莽受禅与改制的研究，更多集中于历史研究方面，研究者们的兴趣往往在于讨论王莽受禅究竟是合理的禅让还是精心的篡夺，分析王莽建政失败的原因。本卷的研究者则从政治哲学的视角出发，讨论围绕这一事件所涉及的时人之政权合法性问题的观点，从禅让问题、德与位的问题、获得政权的合法性与维系政权的合法性问题，以及完全按照儒家经典所描述的理想世界与现实政治条件之间关系诸方面的观点进行具体分析。在政治文献方面，我们选取了汉代学者和官员讨论治国道术的文件汇编《白虎通义》和汉代流行且被黄巾起义作为指导思想的道书《太平经》。在由汉代中央政府召开的以治国指导思想这一重大国是为主题的“学术研讨会”上，持不同观点的学者各呈己见，相互问难、辩论。研究者尝试从中整理出《白虎通义》这一政治文献所反映出的汉代人的政治意识、政治问题、政治语言和政治思维。《太平经》的政治思想反映了以“自然”为基本政治价值，以“太平”为理想之治的政治哲学，相较于儒家以“大同”为理想的“中国梦”，《太平经》则提供了另一种以“太平”为理想的“中国梦”。

最后说一说本卷的写作分工。本卷的写作是由多位学者合作完成的。每位撰稿人承担的论题都是自己擅长的领域，并进行过深入的前期研究。撰稿人以此为基础，从政治哲学的角度出发严谨地分析和论证，用心地向读者表达他们的真知灼见。本卷的具体分工如下：彭永捷撰写了“前言”并负责组织和初审稿件；秋风（姚中秋）教授承担了关于董仲舒的部分，曹婉丰博士承担了有关王莽受禅和改制的部分，秦际明博士承担了关于《白虎通义》的部分，秦晓慧博士承担了有关《太平经》的部分，刘璞宁博士承担了关于王通的部分，杨汝清博士承担了关于韩愈的部分，梁涛教授承担了关于王安石的部分，段海宝博士承担了关于司马光的部分，岳晗博士承担了关于朱熹的部分，任锋教授承担了有关陈亮和叶适的部分，王心竹教授承担了有关黄宗羲的部分。作为本卷的主编，对参加本卷写作的各位学者的辛勤写作和通力合作表示感谢！

彭永捷

第一章
董仲舒论天人之际的治道

董仲舒是汉代博学的儒家学者。他以目不窥园的刻苦与勤奋，诸子百家无所不读，天地万物无所不究。董仲舒将儒家的仁义思想与汉代流行的天人感应和谶纬学说相结合，努力使汉王朝重拾儒家由上古政治传统所总结出来的政治经验和政治原则，从而使政治重新回归正确轨道，也就是儒家经常说的“不可须臾离”（《中庸》）的“常道”。董仲舒立足于经，综合孔子以来的各家学说，发展出复杂且较为完备的义理体系，并以此推动社会治理模式之根本变化，奠定此后两千年之政制大局。从儒家义理和政治史的角度来看，董仲舒实为孔子之后最重要的人物。

今日探讨董仲舒思想，主要依据的是残本《春秋繁露》与《汉书·董仲舒传》所收对武帝三策。纵观《春秋繁露》全书，可见董仲舒的思想明显分为两部分，或者说董仲舒的思想有前后两期之表现：上部为《春秋》学，推明《春秋》大义，主改制；从《阳尊阴卑》始为下部，推阴阳之变，主更化。① 对武帝三策，则将二者糅合为一体，而以推阴阳为本，此可视为董仲舒思想体系之成熟者。

---

① 徐复观先生述董仲舒思想，即分为两部分，参见徐复观：《两汉思想史》，第二卷，上海，华东师范大学出版社，2001。

第一节　董仲舒之问题意识

董仲舒政治思想的问题意识是围绕什么展开的？《史记·儒林列传》曰：

> 董仲舒，广川人也。以治《春秋》，孝景时为博士。下帷讲诵，弟子传以久次相受业，或莫见其面，盖三年董仲舒不观于舍园，其精如此。进退容止，非礼不行，学士皆师尊之。

董仲舒殚精覃思者，何也？去秦制。此实为秦汉以来儒者之共同志向。

一、儒生与秦制

秦之立国精神，在由余贡献于秦穆公之“一国之政犹一身之治”（《史记·秦本纪》），打破封建的多中心结构，抟聚万民为一体。自商君以来之法家，为达成此一政治目标提供了制度和技术，最终到秦始皇，建立了一套空前的绝对皇权政制：皇帝享有不受任何约束的权力，分布在郡县、乡里控制体系内的官吏，以刑律为手段，直接控制民众。

商鞅时虽禁止私学，但秦灭六国后，不能不重视东方之学术，故儒生也曾以博士身份进入政治过程，参与决策。比如，丞相绾、御史大夫劫、廷尉斯曾与博士共同商议，提出以“泰皇”为号的建议。《史记·封禅书》记载，秦始皇欲封禅泰山，曾征求众儒生意见。

> 于是征从齐鲁之儒生博士七十人，至乎泰山下。诸儒生或议曰：“古者封禅为蒲车，恶伤山之土石草木；扫地而祭，席用菹稭，言其易遵也。”始皇闻此议各乖异，难施用，由此绌儒生。

儒生与秦始皇发生冲突：儒生建议秦始皇采用封禅之古礼，旨在恢复古典祭祀之礼，使秦始皇敬天，土石草木皆为天所生，不敢伤土石草木便是敬天之意。

这一建议被秦始皇断然拒绝。至少自尧舜时代，历代王者均敬天，以为最为崇高的祭祀对象。然而，秦始皇不敬天，《史记·秦始皇本纪》所收秦始皇巡守各地所勒之铭，文中罕有“天”字，这与周代文献形成鲜明对比。而儒生敬天，故两者发生冲突。秦始皇最终采用“太祝之祀雍上帝所用”，也即坚持采用秦人之礼。

此后，儒生与秦制发生重大冲突，秦始皇三十四年（213年）：

> 始皇置酒咸阳宫，博士七十人前为寿。仆射周青臣进颂曰："他时秦地不过千里，赖陛下神灵明圣，平定海内，放逐蛮夷，日月所照，莫不宾服。以诸侯为郡县，人人自安乐，无战争之患，传之万世。自上古不及陛下威德。"始皇悦。博士齐人淳于越进曰："臣闻殷周之王千余岁，封子弟功臣，自为枝辅。今陛下有海内，而子弟为匹夫，卒有田常、六卿之臣，无辅拂，何以相救哉？事不师古而能长久者，非所闻也。今青臣又面谀以重陛下之过，非忠臣。"始皇下其议。（《史记·秦始皇本纪》）

周青臣认为，秦始皇之最伟大功业在于废封建，立郡县。而博士齐人淳于越认为，这恰恰不是"长久"之计。欲长久，不能不"师古"，也即复封建，回到三代。儒生在秦始皇时代就已提出此后一百年儒家思想展开之两大主题：复古更化，以求长久。

看得出来，秦始皇最初尚在这两种意见之间摇摆，李斯则断然反对复封建。针对儒生怀疑宪制之议论，李斯进而提出焚书之议。后又有坑儒之事。

至此，秦与儒生彻底决裂。孔子于礼崩乐坏之际"祖述尧舜，宪章文武"（《中庸》），删述六经，传之弟子。此为高度成熟的知识体系及立足于三代治道之儒家治理之道。任何治国者，为求秩序稳定，不能不用儒生之知识。秦扫灭六国之初，儒生也确实得以进入宪制结构中。但秦制与儒家治理之道相悖，身在秦制中的儒生，自然希望改造秦制，他们抓住各种机会，展开这一事业，却最终没能成功。《史记·儒林列传》谓：

> 及至秦之季世，焚《诗》《书》，坑术士，六艺从此缺焉。陈涉之王也，而鲁诸儒持孔氏之礼器往归陈王。于是孔甲为陈涉博士，卒与涉俱死。

此一事件可见儒生与秦制之间，势如水火。

二、汉承秦制

不幸的是，"汉承秦制"，刘邦兴汉，重建秦制。儒生乃延续秦朝儒生之志业，继续推动复古更化。汉儒首揭此义者为陆贾。《史记·郦生陆贾列传》记载：

> 陆生时时前说称《诗》《书》。高帝骂之曰："乃公居马上而得之，安

事《诗》《书》?”陆生曰：“居马上得之，宁可以马上治之乎？且汤武逆取而以顺守之，文武并用，长久之术也。昔者吴王夫差、智伯极武而亡；秦任刑法不变，卒灭赵氏。向使秦已并天下，行仁义，法先圣，陛下安得而有之?”高帝不怿而有惭色，乃谓陆生曰：“试为我著秦所以失天下，吾所以得之者何，及古成败之国。”陆生乃粗述存亡之征，凡著十二篇。每奏一篇，高帝未尝不称善，左右呼万岁，号其书曰《新语》。

刘邦申明，自己的统治权以“打天下”方式取得。陆贾承认这一事实，但指出，治天下完全不同于打天下，马上固然可以打天下，却不能马上治天下。夫差、智伯迷信武力，试图以武力维持秩序；秦始皇迷信刑罚。这两者都是马上治天下：统治者单纯使用暴力，以被统治者对暴力的恐惧确保其服从。陆贾相信，此非“长久之术”。

“长久”这个词触动了汉高祖，略有责任感的开国者，无不希望统治长久。陆贾首先指出秦未能长久的原因，进而指出儒家能够提供长久之术。儒家固然无助于打天下，但一旦治天下而欲长久，就不能不回归儒家。

陆贾提出的长久之术是“行仁义，法先圣”。两者都在于去秦制。但对于具体如何做，陆贾似乎没有完整的方案。其后，叔孙通为汉家制礼仪，稍稍恢复了礼乐。

其后又贾谊著《过秦论》，其主旨与陆贾相同，谓扫灭六国之后：

秦王怀贪鄙之心，行自奋之智，不信功臣，不亲士民，废王道，立私权，禁文书而酷刑法，先诈力而后仁义，以暴虐为天下始。夫并兼者高诈力，安危者贵顺权，此言取与守不同术也。秦离战国而王天下，其道不易，其政不改，是其所以取之守之者［无］异也。孤独而有之，故其亡可立而待。借使秦王计上世之事，并殷周之迹，以制御其政，后虽有淫骄之主而未有倾危之患也。(《史记·秦始皇本纪》)

秦固可以诈力取天下，但得天下之后，即当易道、改政，论上世之事，也即复古，行仁义，方能长久。而秦没有这样做，故而不能长久。

贾谊指出，汉立国二十余年，也没有完成这种转型，故贾谊忧心忡忡，并提出完整的复古更化方案：

贾生以为汉兴至孝文二十余年，天下和洽，而固当改正朔，易服色，法制度，定官名，兴礼乐，乃悉草具其事仪法，色尚黄，数用五，为官名，悉更秦之法。孝文帝初即位，谦让未遑也。诸律令所更定，及列侯悉就国，其说皆自贾生发之。于是天子议以为贾生任公卿之位。绛、灌、东阳侯、冯敬之属尽害之，乃短贾生曰："洛阳之人，年少初学，专欲擅权，纷乱诸事。"于是天子后亦疏之，不用其议，乃以贾生为长沙王太傅。（《史记·屈原贾生列传》）

贾谊主张改制，提出系统方案，"悉更秦之法"，复殷周之迹象，其所重者在礼制。贾谊之学在礼学。然而，贾谊之方案，亦告失败。

再后，汉武帝初即位，年幼的天子也尝试改制，但立即遭到以窦太后为首的实权派弹压，同样失败。所以，改制仍是汉代政治需要解决的问题。

三、董仲舒论秦制

董仲舒思考之问题，仍然是去秦制。这从对武帝策中可以看得非常清楚。董仲舒的基本命题是"王者承天意以从事，故任德教而不任刑"（《汉书·董仲舒传》），并据此分析秦制之失：

> 圣王之继乱世也，扫除其迹而悉去之，复修教化而崇起之。教化已明，习俗已成，子孙循之，行五六百岁尚未败也。至周之末世，大为亡道，以失天下。秦继其后，独不能改，又益甚之，重禁文学，不得挟书，弃捐礼谊而恶闻之，其心欲尽灭先王之道，而专为自恣苟简之治，故立为天子十四岁而国破亡矣。自古以来，未尝有以乱济乱，大败天下之民如秦者也。其遗毒余烈，至今未灭，使习俗薄恶，人民嚚顽，抵冒殊扞，孰烂如此之甚者也。孔子曰："腐朽之木不可雕也，粪土之墙不可圬也。"（《汉书·董仲舒传》）

汉初儒家，包括董仲舒，见证了专任刑罚的秦制之现实运转效果。可悲的是，汉初仍沿用秦制：

> 今汉继秦之后，如朽木粪墙矣，虽欲善治之，亡可奈何。法出而奸生，令下而诈起，如以汤止沸，抱薪救火，愈甚亡益也。窃譬之琴瑟不调，甚者必解而更张之，乃可鼓也；为政而不行，甚者必变而更化之，乃可理也。当更张而不更张，虽有良工不能善调也；当更化而不更化，虽有大贤不能善治也。故汉得天下以来，常欲善治而至今不可善治者，失之于当更化而不更化也。（《汉书·董仲舒传》）

在秦制下，刑法之强制力似乎还借助恐惧感控制着人心。秦亡之后，汉承秦制，却缺乏秦之强制力，其结果便是无耻之心普遍爆发。社会上下均争逐于物质利益，主要包括权力、金钱。在这种情况下，政令总是会被官吏、民众转用来牟利。董仲舒指出，终结这种局面，不能不立刻“更化”：

> 古人有言曰：“临渊羡鱼，不如退而结网。”今临政而愿治七十余岁矣，不如退而更化，更化则可善治，善治则灾害日去，福禄日来。《诗》云：“宜民宜人，受禄于天。”为政而宜于民者，固当受禄于天。夫仁谊礼知信五常之道，王者所当修饬也；五者修饬，故受天之祐，而享鬼神之灵，德施于方外，延及群生也。（《汉书·董仲舒传》）

董仲舒之全部政治主张，就是更化。不更化，则社会难以稳定，统治难以长久。更化，则可有善治。

董仲舒思想之贡献就在于，以《春秋》公羊学之思想想象力，突破改制之观念藩篱，而提出更为灵活因而可行的更化方案。更化不同于改制，更化看起来更为柔性，但实则有助于国家精神与治理模式之全面转换，社会治理模式从“任刑罚”转向修饬“仁谊礼知信五常之道”，并致力于重组社会领导群体，以此重构制度。

更化以去秦制，达致善治，此即董仲舒思考之出发点。历史事实是，董仲舒之方案，或更广泛而言《春秋》公羊学之更化方案，为武帝所采纳，且持续发挥作用，最终颇有成就，塑造出一种全新的制度。这固然因为时运恰当，也因为董仲舒之思考方式及其义理体系更有力量。

第二节　元：更化的动力

汉兴以来，汉代儒者包括董仲舒一直期待着改制或者更化之启动，也一直在积极寻找机会启动改革或更化。到董仲舒，时间已经过去六七十年，这个问题尤其紧迫：谁是第一推动力？改制或更化的时刻何时到来？董仲舒对这些问题有深入思考，此即“元”之大义。

一、元兼有三义

一直以来，学界多从本体论角度讨论元，且争论董仲舒义理之宇宙本体是天还是元。实际上，这样的讨论不得要领：中国圣贤大体上不作西式本体论思考，易理可为典范，《周易·系辞上》明白指出，“神无方而易无体”。董仲舒亦在此传统中，故元必定非静态之本体。

《春秋》开篇谓："元年，春，王正月"，《公羊传》解释曰：

> 元年者何？君之始年也。
> 春者何？岁之始也。
> 王者孰谓？谓文王也。
> 曷为先言王而后言正月？王正月也。
> 何言乎王正月？大一统也。

在此，对于元，并未赋予太多含义。[①] 董仲舒则阐明元之大义，《春秋繁露·玉英》[②] 有最为集中之论说：

> 谓一元者，大始也。知元年志者，大人之所重，小人之所轻。……惟圣人能属万物于一，而系之元也。终不及本所从来而承之，不能遂其功。是以《春秋》变一谓之元。元，犹原也。其义以随天地终始也。故人唯有终始也，而生不［疑当作死］必应四时之变。故元者为万物之本。而人之元在焉。安在乎？乃在乎天地之前。故人虽生天气及奉天气者，不得与天元本、天元命而共违其所为也。故春正月者，承天地之所为也，继天之所为而终之也。其道相与共功持业。安容言乃天地之元？天地之元奚为于此恶施于人？大其贯承意之理矣。

据董仲舒上述诸说，元兼有三义：始也，本也，原也。

元之要义为始，开端之义也。《春秋繁露·王道》曰："《春秋》何贵乎元而言之？元者，始也，言本正也。道，王道也。王者，人之始也。王正则元气和顺、风雨时、景星见、黄龙下。王不正则上变天，贼气并见。"王是人之始，也即王是人间秩序之开端。

董仲舒对武帝第一策也说："臣谨案《春秋》谓一元之意，一者万物之所从始也，元者辞之所谓大也。谓一为元者，视大始而欲正本也。《春秋》深探其本，而反自贵者始。"（《汉书·董仲舒传》）元之本意为一，数之始也。变一为元，旨在尊大开端之意。不管对于物之有、对于人之生、对于社会之善治，开端都至关重要。没有开端，就没有成长，没有完善，没有变化，也就没有善可言。

---

① 徐复观对比了《公羊传》本义与董仲舒之引申，甚至对后者略有批评之意，参见徐复观：《两汉思想史》，第二卷，217～220页。

② 此据《春秋繁露义证》所订正之文脉。

董仲舒反复提到“终始”，万物行而不已，行则必有始，有始而有行，行而必有终。明其始，则可知其行。万物各有其始，故董仲舒谈及“人之元”，生即人之元。又《春秋繁露·立元神》曰：“君人者，国之元，发言动作，万物之枢机。”国之元也即国之始。还有今人讨论最多的“天地之元”，但“天地”二字并称之“天”，绝不同于单独出现之“天”，天地指天空、大地，各有其始。董仲舒又谓“惟圣人能属万物于一而系之元”，此方为“天元”。然而，董仲舒明确指出，此乃道德判断，圣人洞见万物一体而系之于一元。由此，天人合一，而王者之所为，则可以感万物、动天地。

元又是本。万物生生不已，而非始于无。始是有，其所有者，即是本。《说文解字》曰：“木下曰本。从木，从下，草木根也”。物有其本，则可以生长发育。上引对武帝第一策中说：“谓一为元者，视大始而欲正本也。”谓一为元，旨在强调本之正。《王道》亦曰“本正”。本正，则物、人、事自正。本不正，则物、人、事不可能正。

又元者，原也。《春秋繁露·深察名号》：“君者元也，君者原也……君意不比于元，则动而失本；动而失本，则所为不立；所为不立，则不效于原；不效于原，则自委舍；自委舍，则化不行。”事物变化不已，源泉在原。董仲舒论始，亦论终，无原，何以由始而终？

故元兼有三义：始，最初的一动；本，物之为物、人之为人、事之为事之本；原，此本自有之成全的力量，在开始之前就已发挥作用。由此力量，而有始；有始，则有本；有本，则可以立；有原，则可以变化。开始，立本，变化，由此元。天地有其元，故万物得以生灭变化，宇宙得以生生不已；人间有其元，良好秩序得以建立和维护。

二、人间秩序之元

那么，何为人间秩序之元？显而易见，王者是元。董仲舒对此再三论说，前引“王者，人之始也。王正则元气和顺、风雨时、景星见、黄龙下。王不正则上变天，贼气并见”。《春秋繁露·三代改制质文》曰：

> 《春秋》曰“王正月”，《传》曰“王者孰谓？谓文王也。曷为先言王而后言正月？王正月也”。
>
> 何以谓之王正月？曰：王者必受命而后王。王者必改正朔，易服色，制礼乐，一统于天下，所以明易姓，非继人，通以己受之于天也。王者受命而王，制此月以应变，故作科以奉天地，故谓之王正月也。

此处解释“王正月”之义，发明《春秋》公羊学之三大义：受命，改制，一统。王者受命而为王，受命是秩序之开端，受命之王是秩序之本，也是秩序演进之原动力。

王者居于政治的至高位置，如董仲舒对武帝第一策说武帝“贵为天子，富有四海，居得致之位，操可致之势，又有能致之资”（《汉书·董仲舒传》），因而，欲谋求良好社会治理秩序，王当然最为重要。

就此而言，董仲舒是尊君的。《春秋繁露·奉本》曰：

> 人之得天得众者，莫如受命之天子。下至公、侯、伯、子、男，海内之心悬于天子，疆内之民统于诸侯。

《立元神》曰：

> 君人者，国之元，发言动作，万物之枢机。……君人者，国之本也。夫为国，其化莫大于崇本，崇本则君化若神，不崇本则君无以兼人。无以兼人，虽峻刑重诛，而民不从，是所谓驱国而弃之者也，患孰甚焉？

《保位权》曰：

> 国之所以为国者德也，君之所以为君者威也，故德不可共，威不可分。德共则失恩，威分则失权。失权则君贱，失恩则民散。民散则国乱，君贱则臣叛。是故为人君者，固守其德，以附其民；固执其权，以正其臣。

《王道》在强调“王者，人之始也”之后，对比五帝三王与桀纣治天下之不同效果，以见王之状态，对于人间乃至于宇宙秩序之决定意义。《春秋繁露·王道通三》则曰：

> 古之造文者，三画而连其中，谓之王。三画者，天地与人也，而连其中者，通其道也。取天地与人之中以为贯而参通之，非王者孰能当是？

天生众人，人王者贯通天、地、人三者。

王者责任如此重大，董仲舒特别强调君臣尊卑之别，如《王道》：

> 《春秋》立义：天子祭天地，诸侯祭社稷，诸山川不在封内不祭。有天子在，诸侯不得专地，不得专封，不得专执天子之大夫，不得舞天子之乐，不得致天子之赋，不得适天子之贵。君亲无将，将而诛。大夫不得世，大夫不得废置君命。

任何一个共同体，都要维护其体、保障内部形成良好秩序，但不能不有一享有恰当权威的君，且其权威遍及所有人。无君之统一权威，无以维护共同体内良好秩序。孔子曾说过："天下有道，则礼乐征伐自天子出"（《论语·季氏》）。

由此，董仲舒发明"大一统"之大义。大者，尊大也。大一统者，推崇一统之意也。一统者，一统于王者之政令也，《三代改制质文》所谓"王者必改正朔，易服色，制礼乐，一统于天下"。见证战国时代列国征战不已之乱象的孟子即呼吁"定于一"（《孟子·梁惠王上》），董仲舒同样主张这一点。何以一统？董仲舒对武帝第一策曰：

> 故为人君者，正心以正朝廷，正朝廷以正百官，正百官以正万民，正万民以正四方。四方正，远近莫敢不壹于正，而亡有邪气奸其间者。是以阴阳调而风雨时，群生和而万民殖，五谷孰而草木茂，天地之间被润泽而大丰美，四海之内闻盛德而皆徕臣，诸福之物，可致之祥，莫不毕至，而王道终矣。（《汉书·董仲舒传》）

王者正，则天下正，不仅人人各得其正，万物亦各得其正。

然而，此处已指出，王者正天下之前提是自己"正心"。《王道》言王之"道"，循乎王道，则王正。"王正则元气和顺、风雨时、景星见、黄龙下。王不正则上变天，贼气并见。"良好秩序之源泉，在王保其正，在其道。

三、圣人为元

那么，如何正王？谁来正王？由圣人以道正王。《春秋繁露·楚庄王》曰："故圣者法天，贤者法圣，此其大数也。得大数而治，失大数而乱，此治乱之分也。所闻天下无二道，故圣人异治同理也。"《三代改制质文》曰："四法之天施符授圣人，王法则性命形乎先祖，大昭乎王君。"《深察名号》论圣人为万物命名：

> 治天下之端，在审辨大。辨大之端，在深察名号。名者，大理之首章也。录其首章之意，以窥其中之事，则是非可知，逆顺自著，其几通于天地矣。是非之正，取之逆顺，逆顺之正，取之名号，名号之正，取之天地，天地为名号之大义也。古之圣人，謞而效天地谓之号，鸣而施命谓之名。名之为言，鸣与命也，号之为言，謞而效也。謞而效天地者为号，鸣而命者为名。名号异声而同本，皆鸣号而达天意者也。天不言，使人发其

意；弗为，使人行其中。名则圣人所发天意，不可不深观也。受命之君，天意之所予也。故号为天子者，宜视天如父，事天以孝道也。号为诸侯者，宜谨视所候奉之天子也。号为大夫者，宜厚其忠信，敦其礼义，使善大于匹夫之义，足以化也。士者，事也；民者，瞑也。士不及化，可使守事从上而已。五号自赞，各有分。分中委曲，曲有名。名众于号，号其大全。名也者，名其别离分散也。号凡而略，名详而目。目者，遍辨其事也；凡者，独举其大也。一曰祭，祭之散名，春曰祠，夏曰礿，秋曰尝，冬曰烝。猎禽兽者号，一曰田。田之散名，春苗，秋蒐，冬狩，夏狝。无有不皆中天意者。物莫不有凡号，号莫不有散名，如是。是故事各顺于名，名各顺于天。天人之际，合而为一。同而通理，动而相益，顺而相受，谓之德道。《诗》曰："维号斯言，有伦有迹。"此之谓也。

《圣经·创世纪》记载，神造物，且为之命名，由此而有世界。天生万物，然而，天不言，故由圣人为万物命名。圣人命名，则义在其中矣。比如，天子之名，就指明了王者之大义：视天如父，孝敬上天。圣人既已命名，则王者为政，"必也正名乎"（《论语·子路》），尤其是《春秋》治人，必先正名。无名，则王者无以为政。

由此可见，圣人为元。王者，人之元也；圣人，亦人之元也。对于良好秩序而言，王、圣人同样重要，圣人尤其重要，因为"惟圣人能属万物于一而系之元也"。由此可以明《春秋繁露·二端》中语之意：

是故《春秋》之道，以元之深正天之端，以天之端正王之政，以王之政正诸侯之即位，以诸侯之即位正竟内之治，五者俱正而化大行。

何人知天之端？何人知元之深？显然都不是王，只能是圣人。相比于王者之为秩序之元，圣人之元更为深远。因为，圣人发天意，不可谓不深也。

董仲舒以为，为万世之元的圣人，就是孔子，《春秋繁露·俞序》曰：

仲尼之作《春秋》也，上探天端，正王公之位，万民之所始，下明得失，起贤才，以待后圣。

孔子作《春秋》，正是上探天端，以正天子、王公之位，乃良好秩序之开端。据此，董仲舒着意发展《春秋》之学。

六经之中，《春秋》有其特别之处：《诗》《书》《礼》《乐》均为孔子所删述，为《易》翼传，唯独《春秋》乃孔子所作。孔子何以作《春秋》？孟子已指出，"世衰道微，邪说暴行有作，臣弑其君者有之，子弑其父者有之。孔子惧，作《春秋》。《春秋》，天子之事也”（《孟子·滕文公下》）。此所谓世衰者，周衰也；道微者，周道微也。又曰：“王者之迹熄而诗亡，诗亡然后《春秋》作。”（《孟子·离娄下》）诗亡，表明周道已衰微，故孔子作《春秋》以代周道。董仲舒承继孟子之说，司马迁曾转述董仲舒之言：

> 余闻董生曰：“周道衰废，孔子为鲁司寇，诸侯害之，大夫壅之。孔子知言之不用，道之不行也，是非二百四十二年之中，以为天下仪表，贬天子，退诸侯，讨大夫，以达王事而已矣。”子曰：“我欲载之空言，不如见之于行事之深切著明也。”夫《春秋》，上明三王之道，下辨人事之纪，别嫌疑，明是非，定犹豫，善善恶恶，贤贤贱不肖，存亡国，继绝世，补敝起废，王道之大者也。（《史记·太史公自序》）

董仲舒论断：周道已废，必有新王起。然而，此次所起者乃布衣孔子。《春秋繁露·符瑞》曰：

> 有非力之所能致而自至者，西狩获麟，受命之符是也。然后托乎《春秋》正不正之间，而明改制之义。一统乎天子，而加忧于天下之忧也，务除天下所患。而欲以上通五帝，下极三王，以通百王之道，而随天之终始，博得失之效，而考命象之为，极理以尽情性之宜，则天容遂矣。

孔子作《春秋》，远非一般君王之为政所可比拟，而是“通百王之道”，立万世不易之王道。正因为这样，孔子可以贬当时之天子、退当时之诸侯、讨当时之大夫。凡此种种，已超出王者之所为。孔子乃是立“王道之大者”。《春秋繁露·玉杯》谓“孔子立新王之道”，《三代改制质文》再三强调这一点：

> 故天子命无常。唯德是庆。故《春秋》应天作新王之事，时正黑统。王鲁，尚黑，绌夏，亲周，故宋。……《春秋》上绌夏，下存周，以《春秋》当新王。……《春秋》作新王之事，变周之制，当正黑统。而殷周为王者之后，绌夏改号禹谓之帝，录其后以小国，故曰绌夏存周，以《春秋》当新王。

孔子之立法既不同于一般王者，也不同于前代圣王，如五帝三王。五帝、三王为圣人，而有王之位，因而能有创制立法之行事。至于孔子，则有圣人之德而无其位。故只能托鲁之史记，寄改制之大义，如《俞序》谓：“故引史记，理往事，正是非，见王公。史记十二公之间，皆衰世之事，故门人惑。孔子曰：‘吾因其行事而加乎王心焉。’以为见之空言，不如行事博深切明。”

由此决定了《春秋》虽作新王之事，但新王之法度隐于事中，孔子之记载又极为简略，故需要阐发。若不加阐发，或者阐发无术，则无以见孔子所作新王之事。

但阐发孔子，难度极大。圣王法天而创制立法，天道明而法度彰。孔子作新王之事，则"托乎《春秋》正不正之间"，事实上多为不正。春秋二百余年间，正是世衰道微，邪说暴行有作，臣弑其君者有之，子弑其父者有之。孔子恰恰托此类事创制立法。孔子作新王之事，可谓"反向立法"：通过贬退逆天、悖礼之人、事、制，而显示新王之法。

这一点，正是《春秋》不同于其他各经之处。其他五经皆可谓圣王之政典，唯有《春秋》，如《春秋繁露·盟会要》所说，"盖圣人者贵除天下之患"。这一点为创造性地构造一代新王之制提供了更大的可能。孔子只是否定了逆天不义之制度，于法天顺人之新制度，并未明言。但通过贬退，孔子大体划定了新制度设计之方向。《春秋》给予后人之阐发以巨大的自由度。

孔子之后的《春秋》传记，均致力于发明孔子之大义，董仲舒则系统地发展了《春秋》公羊学之阐释方法[①]，其核心命题是《春秋繁露·竹林》所说"辞不能及，皆在于指"，《春秋繁露·精华》所说"《诗》无达诂，《易》无达占，《春秋》无达辞，从变从义，而一以奉人"。董仲舒着力透过孔子之辞，寻求孔子隐微之指，于《春秋繁露·十指》概括"十指"并谓"十指者，事之所系也，王化之所由得流也"。

运用这一方法，董仲舒得以因应周秦之变所致之困局，打开思考之视野，阐明《春秋》大义，构造了《春秋》公羊学之宏大义理体系，并据此提出有效解决问题的方案。

第三节　天人之际

在董仲舒的思想中，天是宇宙之本源。这是孔子以来之儒家传统看法，汉

---

① 关于其方法，可参见徐复观：《两汉思想史》，第二卷，203～206页。王永祥：《董仲舒评传》，218～235页，南京，南京大学出版社，1995。另可参见李洲良：《阐释的权利：〈公〉、〈榖〉释例举隅——春秋笔法与今文经学》上、下，载《北方论丛》，2005（3）、2006（2）。李有光：《论董仲舒的经学解释观之于"〈诗〉无达诂"生成的意义》，载《中国文化研究》，2011年冬之卷。

初儒家如伏生《尚书大传》则予以发展。董仲舒的思想贡献在于将天具体化。①

一、天乃万物之祖

董仲舒谓："天者万物之祖，万物非天不生"（《春秋繁露・顺命》）。对武帝第三策曰："臣闻天者群物之祖也，故遍覆包函而无所殊，建日月风雨以和之，经阴阳寒暑以成之。"（《汉书・董仲舒传》）天不在万物之外，天只是生者，且生生不已。

天是一。然而生必成于二，故天有天地、乾坤、阴阳之自分，并由此呈现：

> 天地之气，合而为一，分为阴阳，判为四时，列为五行。行者行也，其行不同，故谓之五行。五行者，五官也，比相生而间相胜也。（《春秋繁露・五行相生》）

> 天有十端，十端而止已。天为一端，地为一端；阴为一端，阳为一端；火为一端，金为一端，木为一端，水为一端，土为一端；人为一端。凡十端而毕，天之数也。（《春秋繁露・官制象天》）

天是高度抽象的，阴阳是天之二性，四时是天行之时，五行是天行之气。由此，天不再是抽象的因而在很大程度上是无从认知、谈论的，而是具体的、可认知、可谈论的。

《春秋繁露》中，董仲舒对阴阳、五行的性质及它们之间的关系有深入探讨。至关重要者，有阴阳、四时、五行。天地间万物都相互关联，万物以"类"相通，人就可提纲挈领，认识纷繁复杂之万物，乃至于以人的行为影响他物。静态地看，万物可"以类相应"：

> 天地之常，一阴一阳。阳者天之德也，阴者天之刑也。……天亦有喜怒之气、哀乐之心，与人相副。以类合之，天人一也。春，喜气也，故生；秋，怒气也，故杀；夏，乐气也，故养；冬，哀气也，故藏。四者天人同有之。有其理而一用之。（《春秋繁露・阴阳义》）

既然这样，人就可以透过对此物的了解而了解彼物，比如：

> 求天数之微，莫若于人。从之身有四肢，每肢有三节，三四十二，十二节相持而形体立矣。天有四时，每一时有三月，三四十二，十二月相受

① 徐复观先生说：古代由天。参见徐复观：《两汉思想史》，第二卷，229页。

而岁数终矣。(《春秋繁露·官制象天》)

动态地看，万物可“同类相动”：

阳阴之气，因可以类相益损也。天有阴阳，人亦有阴阳。天地之阴气起，而人之阴气应之而起，人之阴气起，而天地之阴气亦宜应之而起，其道一也。明于此者，欲致雨则动阴以起阴，欲止雨则动阳以起阳，故致雨非神也。而疑于神者，其理微妙也。非独阴阳之气可以类进退也，虽不祥祸福所从生，亦由是也。无非已先起之，而物以类应之而动者也。(《春秋繁露·以类相动》)

同类相动，就是天人相感之基础。

二、天人相副

天生万物，人最为独特。

首先，董仲舒确定，人为天生：“为生不能为人，为人者天也。人之人本于天，天亦人之曾祖父也。”(《春秋繁露·为人者天》) 所谓“为生”，指父母在生物学上之生育。人固然为父母所生，但是，“人之［为］人”，也即，人之作为真正的人的本原，则在天。归根到底，人人都是天所生。故从本原上说，人人在天之下平等。①

天生人，故人副天，《春秋繁露·人副天数》曰：

天地之精所以生物者，莫贵于人。人受命乎天也，故超然有以倚。物疢疾莫能为仁义，唯人独能为仁义；物疢疾莫能偶天地，唯人独能偶天地。人有三百六十节，偶天之数也；形体骨肉，偶地之厚也。上有耳目聪明，日月之象也；体有空窍理脉，川谷之象也；心有哀乐喜怒，神气之类也。观人之体一，何高物之甚，而类于天也。物旁折取天之阴阳以生活耳，而人乃烂然有其文理。是故凡物之形，莫不伏从旁折天地而行，人独题直立端尚，正正当之。是故所取天地少者，旁折之；所取天地多者，正当之。此见人之绝于物而参天地。是故人之身，首妥而员，象天容也；发，象星辰也；耳目戾戾，象日月也；鼻口呼吸，象风气也；胸中达知，象神明也，腹胞实虚，象百物也。百物者最近地，故要以下，地也。天地

① 《白虎通义·诛伐》说：“父煞其子当诛何？以为天地之性人为贵，人皆天所生也，托父母气而生耳。王者以养长而教之，故父不得专也。”

之象，以要为带。颈以上者，精神尊严，明天类之状也；颈而下者，丰厚卑辱，土壤之比也。足布而方，地形之象也。……天地之符，阴阳之副，常设于身，身犹天也，数与之相参，故命与之相连也。天以终岁之数，成人之身，故小节三百六十六，副日数也；大节十二分，副月数也；内有五藏，副五行数也；外有四肢，副四时数也；乍视乍瞑，副昼夜也；乍刚乍柔，副冬夏也；乍哀乍乐，副阴阳也；心有计虑，副度数也；行有伦理，副天地也。此皆暗肤著身，与人俱生，比而偶之弇合。于其可数也，副数；不可数者，副类。皆当同而副天，一也。

人有别于天下万物，直接以天为范型，与天最为相近。其他万物与天的关系，均不如人与天之间来得直接。董仲舒相信，人是以天为范本的，但现在也可以说，天就内在于人。① 故人得以在十端中与天地、阴阳、五行并列，人可以“参天地”，概而言之，“人受命于天，固超然异于群生”（《汉书·董仲舒传》）。又《春秋繁露·为人者天》曰：

人之形体，化天数而成；人之血气，化天志而仁；人之德行，化天理而义。人之好恶，化天之暖清；人之喜怒，化天之寒暑；人之受命，化天之四时。人生有喜怒哀乐之答，春秋冬夏之类也。喜，春之答也；怒，秋之答也；乐，夏之答也；哀，冬之答也。天之副在乎人。人之情性有由天者矣。

三、天命人以仁

天生人，命人以性。从根本上说，此性为仁，《春秋繁露·王道通三》曰：

仁之美者在于天。天，仁也。天覆育万物，既化而生之，有养而成之，事功无已，终而复始，凡举归之以奉人。察于天之意，无穷极之仁也。人之受命于天也，取仁于天而仁也。是故人之受命天之尊，父兄子弟之亲，有忠信慈惠之心，有礼义廉让之行，有是非逆顺之治，文理灿然而厚，知广大有而博，唯人道为可以参天。

孔孟之论仁，似乎为人所内在具有者。在董仲舒那里，仁则获得宇宙论的依据。老子说，天地不仁；而董仲舒则认为，天之德为仁。天生人，养人，此

① 徐复观据此认为，董仲舒天人论的方法“表面上是由天推到人，实际还是由人推到天的意味重”。参见徐复观：《两汉思想史》，第二卷，244页。

即为天之仁。人既以天为范本，便天然地具有仁心，“人受命于天”，也正是《中庸》所谓“天命之谓性”，天让人具有了仁善之性。董仲舒特别强调人性之天道依据：“今善善恶恶，好荣憎辱，非人能自生，此天施之在人者也。”（《春秋繁露·竹林》）

董仲舒相信，天所命于人者，只是善的趋向与潜能，《深察名号》对此有多个论说。第一个论说是：

> 性之名非生与？如其生之自然之资谓之性。性者质也。诘性之质于善之名，能中之与？既不能中矣，而尚谓之质善，何哉？性之名不得离质。离质如毛，则非性已，不可不察也。

汉人喜以声音训诂，比如，性者，生也。而性无法以善之音训诂，故性非善。第二个论说是：

> 吾以心之名，得人之诚。人之诚，有贪有仁。仁贪之气，两在于身。身之名，取诸天。天两有阴阳之施，身亦两有贪仁之性。天有阴阳禁，身有情欲栣，与天道一也。

天有阴阳，人类于天，故有仁、贪之气。但天有阴阳禁，谓禁阴不得干阳，故身有情欲栣，谓“栣情欲之恶，不使伤善，斯善胜矣”（《深察名号》苏舆注）。此为人之内在倾向。

董仲舒第三个论说是比喻：

> 故性比于禾，善比于米。米出禾中，而禾未可全为米也。善出性中，而性未可全为善也。善与米，人之所继天而成于外，非在天所为之内也。天之所为，有所至而止。止之内谓之天性，止之外谓之人事。事在性外，而性不得不成德。

米在禾中，善在性中，但不可说性就是善。天不可能让每个人同样圆满地性善，但天确实给了人以善之性，人据此可以成德，但成德需要依靠人的努力。

董仲舒第四个论说是：

> 民之号，取之瞑也。使性而已善，则何故以瞑为号？以霣者言，弗扶将，则颠陷猖狂，安能善？性有似目，目卧幽而瞑，待觉而后见。当其未觉，可谓有见质，而不可谓见。今万民之性，有其质而未能觉，譬如瞑者待觉，教之然后善。当其未觉，可谓有善质，而不可谓善，与目之瞑而

觉，一概之比也。

董仲舒以音训意，民者，瞑也。人皆有看的禀赋，但人闭上眼睛，就看不到东西了。人必须睁开眼睛，才能看到。人必须善用自己的视觉，才能明。

董仲舒第五个论说是：

> 天地之所生，谓之性情。性情相与为一瞑。情亦性也。谓性已善，奈其情何？故圣人莫谓性善，累其名也。身之有性情也，若天之有阴阳也。言人之质而无其情，犹言天之阳而无其阴也。

天有阴阳，故天生人，有性有情，情也是性的内在组成部分。故不可谓性善。董仲舒最后的结论是：

> 名性，不以上，不以下，以其中名之。性如茧如卵。卵待覆而成雏，茧待缫而为丝，性待教而为善。此之谓真天。

《春秋繁露·实性》也说：

> 善如米，性如禾。禾虽出米，而禾未可谓米也。性虽出善，而性未可谓善也。米与善，人之继天而成于外也，非在天所为之内也。天所为，有所至而止。止之内谓之天，止之外谓之王教。王教在性外，而性不得不遂。故曰性有善质，而未能为善也。岂敢美辞，其实然也。天之所为，止于茧麻与禾。以麻为布，以茧为丝，以米为饭，以性为善，此皆圣人所继天而进也，非情性质朴之能至也，故不可谓性。

四、性有善质论

董仲舒之人性论，可谓“性有善质论”：人有善的内在倾向和潜能，但并不就是善的。

关于董仲舒之人性论，多有争论。尤其是，大约当时孟子人性论影响最大，故董仲舒专门解释过自己人性论与孟子之差异。董仲舒首先指出：

> 今按圣人言中，本无性善名，而有善人吾不得见之矣。使万民之性皆已能善，善人者何为不见也？观孔子言此之意，以为善甚难当。而孟子以为万民性皆能当之，过矣。（《春秋繁露·实性》）

董仲舒认为孔子从来没有主张人性善，确实。而孟子以为万民皆可为善人，过矣。更具体地说：

> 性有善端，动之爱父母，善于禽兽，则谓之善。此孟子之善。循三纲五纪，通八端之理，忠信而博爱，敦厚而好礼，乃可谓善。此圣人之善也。……吾质之命性者异孟子。孟子下质于禽兽之所为，故曰性已善；吾上质于圣人之所为，故谓性未善。(《春秋繁露·深察名号》)

也许，董仲舒对孟子的批评有点无的放矢。[①] 孟子并不认为人就是善的，他其实也认为人所具有者乃是善“端”，唯有具有“思”之能力的人，唯有存心、养心者，才可以尽善而知天。

当然，董仲舒与孟子之间确实存在区别：孟子强调思的重要性，自觉，自我提升，但这恐怕只有少数人能够做到。董仲舒则反复强调，探究人性，不能只就少数人立论：“名性，不以上，不以下，以其中名之。”(《春秋繁露·深察名号》)“圣人之性不可以名性，斗筲之性又不可以名性，名性者，中民之性。中民之性如茧如卵。”(《春秋繁露·实性》)

孔子曰：“性相近也，习相远也。”(《论语·阳货》)这奠定了儒家人性论之基本义理品质：人性不是完备地给定的，而只是具有共同的趋向和潜能；人性不是均质的，人人生而平等，但有一定差别。人性毋宁说是生成性的，人的生命呈现为可成长之过程，这就有效地解释了现实中人的多样丰富性。故“性者，生也”之内涵有二：其一，天生人，命人以性；其二，人生，而成就其性。两者可以互释。性有待于生，有待于内在的自觉或外在的政教。孟子、董仲舒的人性论，都在此传统中。

人性如此，政教就是极为必要的：

> 天生民性有善质，而未能善，于是为之立王以善之，此天意也。民受未能善之性于天，而退受成性之教于王。王承天意，以成民之性为任者也。(《春秋繁露·深察名号》)
>
> 性者，天质之朴也；善者，王教之化也。无其质，则王教不能化；无其王教，则质朴不能善。(《春秋繁露·实性》)

与儒家的人性论相反，法家假定人性恶，且人人生而全恶，这就取消了政教之可能，至少取消了教化，只能以政和刑勉强维持人与人之间的和平。孟子、董仲舒确认，人性有共同的善之质，故政教是可能的。人也只有共同的善之质，故政教是必不可少的。如果人要向上，则人与人之间要形成和维护相互

---

① 《春秋繁露义证》之撰者苏舆就指出，孟子、董仲舒的心性论并无多大区别。参见苏舆：《春秋繁露义证》，305页，北京，中华书局，1992。

合作的良好秩序。

第四节　以民从君，以君从天

人有善质，故政教对于人的生存、成长是至关重要的。

一、合群与政教

《春秋繁露》专门有《重政》：

> 人始生有大命，是其体也。有变命存其间者，其政也。政不齐则人有忿怒之志，若将施危难之中，而时有随、遭者，神明之所接，绝属之符也。亦有变其间，使之不齐如此，不可不省之。省之则重政之本矣。

《盟会要》云："天下者无患，然后性可善；性可善，然后清廉之化流；清廉之化流，然后王道举。"天下安宁，人的善质才能扩充、成长而为善。更进者，董仲舒提到三命，《白虎通义·寿命》曰："命者，何谓也？人之寿也。天命已使生者也。命有三科，以记验。有寿命以保度，有遭命以遇暴，有随命以应行。寿命者，上命也。若言文王受命唯中身，享国五十年。随命者，随行为命，若言怠弃三正，天用剿绝其命矣。又欲使民务仁立义，无滔天。滔天则司命举过言，则用以弊之。遭命者，逢世残贼，若上逢乱君，下必灾变，暴至，夭绝人命，沙鹿崩于受邑是也。"据此，董仲舒以为，人能否终其天年，也取决于政。这不仅是指统治者，更指天下一切人。天生人，欲人各遂其生，这就需要以良好的政教成全人之善，使人不会相互伤害，进而可以相互合作。

政以合群为前提。《春秋繁露·灭国上》曰：

> 王者，民之所往。君者，不失其群者也。故能使万民往之，而得天下之群者，无敌于天下。

善于合人为群者，就是君。没有君，就没有群。而有群，才有政教。更准确地说，群就是因政教而得以合成的，国家不是别的，就是政教活动。正是政教让人合群。国家的功能，就是实施政教。王就是杰出的君，能让天下人归往、合群。《深察名号》曰：

> 深察君号之大意，春中亦有五科：元科、原科、权科、温科、群科。合此五科，以一言谓之君。君者元也，君者原也，君者权也，君者温也，君者群也。是故君意不比于元，则动而失本；动而失本，则所为不立；所为不立，则不效于原；不效于原，则自委舍；自委舍，则化不行。用权于变，则失中适之宜；失中适之宜，则道不平，德不温；道不平，德不温，则众不亲安；众不亲安，则离散不群；离散不群，则不全于君。

归根到底，君的功能是合群。至于元科，则突出君之涌现乃文明之开端。《王道》曰："《春秋》何贵乎元而言之？元者，始也，言本正也。道，王道也。王者，人之始也。王正则元气和顺、风雨时、景星见、黄龙下。王不正则上变天，贼气并见。"董仲舒言元，多在政教维度上。董仲舒以王为人之元，以王为人类合作秩序之开端，没有王，就没有大规模的群，就没有政教，也就没有文明可言。《王道通三》：

> 古之造文者，三画而连其中，谓之王。三画者，天地与人也，而连其中者，通其道也。取天地与人之中以为贯而参通之，非王者孰能当是？是故王者唯天之施，施其时而成之，法其命而循之诸人，法其数而以起事，治其道而以出法，治其志而归之于仁。

王之责任十分重大。按照《中庸》，"唯天下至诚，为能尽其性；能尽其性，则能尽人之性；能尽人之性，则能尽物之性；能尽物之性，则可以赞天地之化育；可以赞天地之化育，则可以与天地参矣"。然而，人与天地参之前提，乃是"王者唯天之施"。首先，有王以为合群者，也即共同体之领导者；其次，王法天而治。《春秋繁露·天地阴阳》更进一步指出：

> 天、地、阴、阳、木、火、土、金、水，九，与人而十者，天之数毕也。……圣人何其贵者？起于天，至于人而毕。毕之外谓之物，物者投所贵之端，而不在其中。以此见人之超然万物之上，而最为天下贵也。人，下长万物，上参天地。故其治乱之故，动静顺逆之气，乃损益阴阳之化，而摇荡四海之内。……而人主以众动之无已时，是故常以治乱之气，与天地之化相殽而不治也。世治而民和，志平而气正，则天地之化精，而万物之美起。世乱而民乖，志僻而气逆，则天地之化伤，气生灾害起。……夫王者不可以不知天。知天，诗人之所难也。天意难见也，其道难理。是故明阳阴、入出、实虚之处，所以观天之志。辨五行之本末顺逆、小大广狭，所以观天道也。天志仁，其道也义。为人主者，予夺生杀，各当其

义，若四时；列官置吏，必以其能，若五行；好仁恶戾，任德远刑，若阴阳。此之谓能配天。天者其道长万物，而王者长人。人主之大，天地之参也……

王者若能法天而治，则可以与天地参。

由此而有“天子”之名号。天子者，天之子也。《春秋繁露·郊语》：“天子者，则天之子也。”《顺命》：“故德侔天地者，皇天右而子之，号称天子。”

二、伸天以屈君

“天子”一词，出现甚早，《尚书》《周易》《诗经》《春秋》等经典均有出现。不过，据《三代改制质文》，夏商周三代之元首的正式名号是“王”，从未自称天子。尽管臣民在言及王时，可称之为天子或者天王。

就此而言，天子是爵称。此为汉代儒家政治思想之根本命题。其源头在孟子：

北宫锜问曰：“周室班爵禄也，如之何？”

孟子曰：“其详不可得闻也。诸侯恶其害己也，而皆去其籍。然而轲也，尝闻其略也。天子一位，公一位，侯一位，伯一位，子、男同一位，凡五等也。”（《孟子·万章下》）

在周的礼治秩序下，天子一位实为事实，周王并不是至高无上的，周王服从礼，周王的权威实来自礼。孟子生活的时代已经礼崩乐坏，列国国王之上已经没有礼。在此背景下，孟子提出天子一位，实具有强烈批判意味，孟子希望控制国王之权威，使之对民众负责。

至秦始皇，更是确立“皇帝”名号，取消谥号制度。这表明皇帝居至高无上之位，没有任何东西约束皇帝。三代之礼早已崩溃，新兴的刑律体系只是用于惩罚臣民，不可能约束皇帝。正是这个不受约束的皇帝，滥用权力，导致秦二世而亡。

秦汉之际儒者思考的核心问题正是以什么约束皇帝。礼仍然没有，刑律无效。而天则具有约束皇帝之用。因为，无论如何，天在皇帝之先、皇帝之上，而皇帝为天所命。诸侯为王所命，故为王之臣；皇帝为天所命，当然也就是天之臣。只是学者不可用“臣”这个字，而用了“子”这个字。故体现西汉儒家主流思想之《白虎通义》开篇即说：

天子者，爵称也。爵所以称天子何？王者父天母地，为天之子也。故

《援神契》曰："天覆地载，谓之天子，上法斗极。"《钩命决》曰："天子，爵称也。"①

这正是董仲舒之立场。关于皇帝之位，董仲舒立场可概述如下。

第一，皇帝为天所命。《春秋繁露·尧舜不擅移、汤武不专杀》曰：

> 《孝经》之语曰："事父孝，故事天明。"事天与父，同礼也。今父有以重予子，子不敢擅予他人，人心皆然。则王者亦天之子也，天以天下予尧舜，尧舜受命于天而王天下，犹子安敢擅以所重受于天者予他人也。天有不以予尧舜渐夺之，故明为子道，则尧舜之不私传天下而擅移位也，无所疑也。

孟子曾经辨析，在尧舜禅让过程中，不是尧禅让王位于舜，"天子不能以天下与人"，而是"天与之"（《孟子·万章上》）。董仲舒立论相同。因为，天下不是尧私人的，而属于天，因而只有天可决定天子之位归谁。

因而，王、皇帝之位乃得之于天，而非得之于其前任。这一原则，同样适用于禅让和世袭；既适用于开国之君，也适用于继体之君。董仲舒已经强调，就每个人而言，"父者，子之天也；天者，父之天也。无天而生，未之有也"（《春秋繁露·顺命》）。从生物学上看，父母生子，但究极看，人是天所生。王、皇帝之得位，同样如此：表面上看是父死子继，但究极看，儿子的位是得之于天的。

由此也就在家天下的给定政制安排中，确定了天下为公之大义。《礼记·礼运》："大道之行也，天下为公，选贤与能"。尧舜之禅让，明示天下不是一家一姓之天下，而是天下人共有之天下，故从天下人遴选最为贤能者为天子。自禹以后，"天下为家"。此为政治整合之所必需，但如何确保家天下之君王仍有公天下之德？此为圣贤、儒家所思考之核心问题。天命天子，则在家天下政制中申明天下为公之大义：天子非继嗣于先王，实得自天，由此，皇帝就不能

① 对此问题，汉初儒生之间出现了巨大争议。陈立撰《白虎通疏证》于"天子者，爵称也"句下注释，勾勒出了这一争议的大体情形："此《易》说、《春秋》今文说也。《周易乾凿度》云：'孔子曰：《易》有君人五号：帝者，天称也；王者，美行也；天子者，爵号也；大君者，兴盛行异也；大人者，圣明德备也。'《曲礼疏》引《五经异议》云：'天子有爵不？《易》孟、京说，《易》有周人五号，帝天称一也。'说与《乾凿度》文同，是天子有爵。'古《周礼》说，天子无爵。同号于天，何爵之有？谨案《春秋左氏》云施于夷狄称天子，施于诸夏称天王，施于京师称王，知天子非爵称也。从古《周礼》说。'……两汉之世，《易》孟京、《春秋公羊》立于学官，古《周礼》、古《左氏》尚未盛行，故与《白虎通》多异也。"

不接受天所定之义，而且这是无可推卸、不可违背的。如果皇位得自祖先，则皇帝自可把天下视为私产。得自天，则天下为公，皇帝必须秉持公心，为此，也就必须法天而治。

第二，皇帝之位既得之于天，则须敬天。《春秋繁露·深察名号》曰：

> 受命之君，天意之所予也。故号为天子者，宜视天如父，事天以孝道也。

孝，绝不只是普通民众之义，它首先是天子之义。而天子之孝，首先是孝天。汉人尊崇《孝经》，其中论五等之孝，始于天子之孝："爱亲者，不敢恶于人；敬亲者，不敢慢于人。爱敬尽于事亲，而德教加于百姓，刑于四海。盖天子之孝也。"（《孝经·天子章》）此处之"亲"，未必是指或单指天子自然的父母，很有可能指天子在政治上的父——天。对天尽孝，乃是天子之伦理和政治义务。又《孝经·感应章》曰"昔者明王，事父孝，故事天明"，事天不明不足以言孝。

皇帝事天以孝道之礼仪是祭天，故董仲舒特别重视郊天之礼，《春秋繁露》中有多篇论郊天之礼。《郊语》曰：

> 天者，百神之大君也。事天不备，虽百神犹无益也。何以言其然也？祭而地神者，《春秋》讥之。孔子曰："获罪于天，无所祷也。"是其法也。故未见秦国致天福如周国也。《诗》云："唯此文王，小心翼翼，昭事上帝，允怀多福。"多福者，非谓人也，事功也，谓天之所福也。……此天之所以兴周国也，非周国之所能为也。

董仲舒比较周、秦制度，指出其根本不同在于：周人敬天，并有郊天之礼；秦人不承认天的权威，故祭百神，以白、青、黄、赤帝之祠为尊，然而不祭天。[①] 故天眷顾周人，这种眷顾乃是透过周人的"小心翼翼"具体来实现的。董仲舒特别提到，秦王废除郊礼，从根本上丧失敬畏之心，放纵欲望，结果被天抛弃。故董仲舒力主恢复郊天之礼：

> 天子者，则天之子也。以身度天，独何为不欲其子之有子礼也。今为其天子，而阙然无祭于天，天何必善之？（《春秋繁露·郊语》）
>
> 《春秋》之义，国有大丧者，止宗庙之祭，而不止郊祭，不敢以父母之丧，废事天地之礼也。……天子号天之子也。奈何受为天子之号，而无天子之礼？天子不可不祭天也，无异人之不可以不食父。（《春秋繁露·郊祭》）

---

① 关于秦王、皇所祭，参见《史记·封禅书》。

天若不予是家，是家者安得立为天子？立为天子者，天予是家。天予是家者，天使是家。天使是家者，是家天之所予也，天之所使也。天已予之，天已使之，其间不可以接天何哉？（《春秋繁露·郊祀》）

董仲舒的呼吁产生了政治上的效果，《春秋繁露·郊事对》曰：

廷尉臣汤昧死言：臣汤承制，以郊事问故胶西相仲舒。臣仲舒对曰："所闻古者天子之礼，莫重于郊。郊常以正月上辛者，所以先百神而最居前。礼，三年丧，不祭其先，而不敢废郊。郊重于宗庙，天尊于人也。"

显然，廷尉张汤是奉武帝之命询问郊天之礼的，从董仲舒的回答可以清楚看出，此时尚无郊天之礼。董仲舒坚决主张建立郊天之礼。其意在于确认皇帝是天之子，天尊于天子。董仲舒主张郊礼重于宗庙祭祀，也是因为，按董仲舒之义理，王者受命于天，皇帝之位不是来自自己的祖宗，祖宗不能像处理遗产那样处理皇位，皇位乃是由上天取予的。郊礼特别提醒皇帝注意这一点，不可视天下为己之私有，必须敬畏上天，并以这种敬畏之心进行治理。

也正因为这一点，尽管董仲舒提出建立郊天之礼，但皇帝不愿意。汉代儒者为此而长期努力，一直到汉成帝，才有郊天之礼，其间更有反复（参见《汉书·郊祀志下》）。

第三，君王为天所命，天也在监察君王。若发现其未能尽责，则会发出告诫，甚至替换之。《春秋繁露·必仁且智》曰：

天地之物有不常之变者，谓之异，小者谓之灾。灾常先至而异乃随之。灾者，天之谴也；异者，天之威也。谴之而不知，乃畏之以威。《诗》云："畏天之威。"殆此谓也。凡灾异之本，尽生于国家之失。国家之失乃始萌芽，而天出灾害以谴告之；谴告之而不知变，乃见怪异以惊骇之；惊骇之尚不知畏恐，其殃咎乃至。

对武帝第一策曰：

臣闻天之所大奉使之王者，必有非人力所能致而自至者，此受命之符也。天下之人同心归之，若归父母，故天瑞应诚而至。《书》曰"白鱼入于王舟，有火复于王屋，流为乌"，此盖受命之符也。周公曰"复哉复哉"，孔子曰"德不孤，必有邻"，皆积善累德之效也。及至后世，淫佚衰微，不能统理群生，诸侯背畔，残贼良民以争壤土，废德教而任刑罚。刑罚不中，则生邪气；邪气积于下，怨恶畜于上。上下不和，则阴阳缪盭而

> 妖孽生矣。此灾异所缘而起也。（《汉书·董仲舒传》）

天命王者，故天监察王者，并对王者之行为作出判断、赏罚。当然，天不言，天以万物之异常表达自己的意思。王之行善，天赏以祥瑞；其不善者，天诫之以灾异。

灾异还只是谴告。《必仁且智》说，“以此见天意之仁而不欲陷人也”。然而，如果君王不见灾异，或者见灾异而无动于衷，变本加厉，残民以逞，则上天就会处以严厉惩罚。《尧舜不擅移、汤武不专杀》曰：

> 且天之生民，非为王也，而天立王以为民也。故其德足以安乐民者，天予之；其恶足以贼害民者，天夺之。《诗》云：“殷士肤敏，裸将于京，侯服于周，天命靡常。”言天之无常予，无常夺也。故封泰山之上，禅梁父之下，易姓而王，德如尧舜者七十二人。王者，天之所予也，其所伐皆天之所夺也。

王为天所命，天之立王，是为了民，增进万民之福利，这就是天施加给王之义。尽此义者，才可保有王位；残贼民者，天必夺其位。

据此，董仲舒支持革命。《尧舜不擅移、汤武不专杀》所记内容，当为董仲舒与人辩难。对方“以汤武为不义”，因为商汤、周武王以臣革君之命。然而董仲舒则指出：

> 故夏无道而殷伐之，殷无道而周伐之，周无道而秦伐之，秦无道而汉伐之。有道伐无道，此天理也，所从来久矣，宁能至汤武而然耶？夫非汤武之伐桀纣者，亦将非秦之伐周，汉之伐秦，非徒不知天理，又不明人礼。礼，子为父隐恶。今使伐人者而信不义，当为国讳之，岂宜如诽谤者，此所谓一言而再过者也。君也者，掌令者也，令行而禁止也。今桀纣令天下而不行，禁天下而不止，安在其能臣天下也？果不能臣天下，何谓汤武弑？①

---

① 苏舆以为，此篇非董仲舒所作，因其倡导革命思想，此为苏舆所痛恨者，苏舆之作《春秋繁露义证》正为驳正激进之康梁。然《史记·儒林列传》记治《诗》之辕固生与大约治黄老之学的黄生就类似问题争论于汉景帝之前。黄生曰：“汤武非受命，乃弑也。”辕固生曰：“不然。夫桀纣虐乱，天下之心皆归汤武，汤武与天下之心而诛桀纣，桀纣之民不为之使而归汤武，汤武不得已而立，非受命为何？”黄生曰：“冠虽敝，必加于首；履虽新，必关于足。何者，上下之分也。今桀纣虽失道，然君上也；汤武虽圣，臣下也。夫主有失行，臣下不能正言匡过以尊天子，反因过而诛之，代立践南面，非弑而何也？”辕固生曰：“必若所云，是高帝代秦即天子之位，非邪？”于是景帝曰：“食肉不食马肝，不为不知味；言学者无言汤武受命，不为愚。”遂罢。是后学者莫敢明受命放杀者。

以有道伐有道，此乃天理。“天之所弃，天下弗祐，桀纣是也”（《春秋繁露·观德》），故汤武伐桀纣，乃是致天之罚，应乎天而顺乎人，汤武革命是正当的。

三、君权神授?

至此，可以讨论一个问题：确认皇帝为天子是否为“君权神授”?《为人者天》中有“传曰：唯天子受命于天，天下受命于天子，一国则受命于君。君命顺，则民有顺命；君命逆，则民有逆命”。近人多指汉儒尤其是董仲舒之理论为君权神授，此说极不准确。

首先，天不是神，至少不是西方意义上的神。君权神授长期实施于西方，神特指基督教的上帝，通常是教皇或者大主教作为神在人间的代理人，在加冕仪式上通过特定礼仪认可皇帝或国王，皇帝或国王则协助在地上执行上帝的律法。若不能得到这一认可，即不合法。然而，天不是基督教意义上的神，也根本没有天的代理人认可三代之王或皇帝的礼仪。因此，“君权神授”一说完全不能用于描述中国历史。

其次，董仲舒等汉儒论证皇帝为天所命，是天子，恰恰是为了论证皇帝是一个爵称，而非至高无上者。考虑到秦汉之际皇帝的自我认知，则天子为一爵的意义就更为明显。

《史记·秦始皇本纪》记载：秦始皇扫灭六国，大臣上尊号，以为古有天皇、地皇、泰皇，泰皇最贵，取泰皇，这已经比天、地更高；但嬴政并不满足，另加“帝”字。又在位第二十八年，南巡途中，浮江，至湘山祠。

> 逢大风，几不得渡。上问博士曰：“湘君何神?”博士对曰：“闻之，尧女，舜之妻，而葬此。”于是始皇大怒，使刑徒三千人皆伐湘山树，赭其山。

由此可见秦始皇之心思：自己不仅是人间最高的，也是宇宙间最高的，一切神灵都应顺服自己；否则，自己可予以惩罚。这样的秦始皇就是最高的神，也就是天。

董仲舒则说，皇帝是天之子。在董仲舒的宇宙论框架中，皇帝不再是天，只是天在人间的儿子。这样，相对于秦始皇，皇帝实际上被降格了。皇帝不再是宇宙间的最高者，皇帝之上还有更高者。董仲舒反复强调，皇帝必须像儿子孝敬父亲那样孝敬天。

据此，董仲舒就政治之根本问题，君权之限度，提出如下命题：

《春秋》之法，以人随君，以君随天。……一日不可无君，而犹三年称子者，为君心之未当立也。此非以人随君耶？孝子之心，三年不当。三年不当而逾年即位者，与天数俱终始也。此非以君随天邪？故屈民而伸君，屈君而伸天，《春秋》之大义也。[①]（《春秋繁露·玉杯》）

董仲舒在继嗣法的框架中讨论天、君、民之关系。《白虎通义·爵》详解曰："王者既殡而即继体之位何？缘民臣之心不可一日无君也。故先君不可得见，则后君继体矣。……不可旷年无君，故逾年乃即位改元。元以名年，年以纪事，君统事见矣，而未发号令也。……三年除丧，乃即位统事，践阼为主，南面朝臣下，称王以发号令也。"

由此可以明了天、君、民之关系。

首先，民不可一日无君，政治不可一日无君，国家不可一日无君。君是群之根本所在，无君，则无群。为维护秩序，君必须享有足够权威，民必须服从君，此即屈民以从君。没有君的权威，就无以维护共同体。无秩序，未必是因为无君；但无君，必定无秩序。而对于所有人来说，秩序是生存的前提，有秩序，人才有可能各遂其生，各正性命，人与人之间才能保合太和。

然而，尊君并不意味着，君在宇宙论意义上是至高无上的，可随心所欲。君之上还有天，君必须服从于天。至关重要的是，在董仲舒的义理中，这不是一句空话，而体现于诸多制度。"天子"一词，旨在确定"屈君以从天"之大义。如果君王不服从天，上天就予以惩罚。

总结董仲舒之意：在政治结构中，皇帝高居顶端，在一切民臣之上。民臣必须服从他的命令，这样政治秩序才能正常运转，而这有益于所有人。但是，皇帝不是神，不是天，他必须服从天，法天而治。[②]

---

① 苏舆解释这句话说："屈民以防下之畔，屈君以警上之肆。夫天生民而立之君，此万古不敝之法也。圣人教民尊君至矣，然而盛箴谏以纠之，设灾异以警之，赏曰天命，刑曰天讨，使之罔敢私也。视自民视，听自民听，使之知所畏也。崩迁则有南郊称天告谥之文，有宗庙观德之典，屈伸之志徽矣，故曰《春秋》大义。"（苏舆：《春秋繁露义证》，32页）。

② 13世纪后期英格兰法学家布拉克顿（Henry Bracton）所说的一段话，近似于董仲舒此义："国王必不在人之下，但在上帝之下，在法律之下，因为法律造就了国王（因而，让他把法律给予他的东西，即统治和权利，归功于法律），因为，在不依赖法律而统治的地方，就没有国王。因为他是上帝的代理人（他应当处于法律之下，这从耶稣基督的类比中显然可以看到，而他正是基督在地上的代理）。"（Henry Bracton，Bracton on the Lawsand Customs of England，vol. 2，Cambridge，The Belknap Press of Harvard UP，1968，p. 33）关于这一观念的宪政内涵及其在英格兰宪政制度构造过程中的决定性作用，可参见［美］C. H. 麦基文：《宪政古今》，翟小波译，56页，贵阳，贵州人民出版社，2004。

第五节　法天而治

君王之大义在法天而治。其理由如下。

第一，君王为天所命，必须对天负责，尽心维护良好秩序。

第二，天生人，命人以性，则不知天，无以知维护良好秩序之道。故《天地阴阳》曰：

> 夫王者不可以不知天。知天，诗人之所难也。天意难见也，其道难理。是故明阳阴、入出、实虚之处，所以观天之志。辨五行之本末顺逆、小大广狭，所以观天道也。天志仁，其道也义。为人主者，予夺生杀，各当其义，若四时；列官置吏，必以其能，若五行；好仁恶戾，任德远刑，若阴阳。此之谓能配天。

对武帝第一策，董仲舒这样解释“春王正月”一语：

> 臣谨案《春秋》之文，求王道之端，得之于正。正次王，王次春。春者，天之所为也；正者，王之所为也。其意曰，上承天之所为，而下以正其所为，正王道之端云尔。(《汉书·董仲舒传》)

此即为政之大纲。天无所不包，天虽不言，但对于君王维护秩序之一切施为，天均垂以法象，君王当探之、观之而效法之。

一、王者必先正己

首先，君王当法天以正己。王在天人之际，天欲人各正性命，故王以正为己任。欲正人，当然须先正己，己不正，何以正人？王者必先正己。

何以正己？以义。义乃天所命于人者，《竹林》曰：

> 《春秋》以为人之不知义而疑也，故示之以义，曰国灭君死之，正也。正也者，正于天之为人性命也。天之为人性命，使行仁义而羞可耻，非若鸟兽然，苟为生，苟为利而已。是故《春秋》推天施而顺人理。

《春秋繁露·仁义法》中，董仲舒对比仁与义：“《春秋》之所治，人与我也。所以治人与我者，仁与义也。以仁安人，以义正我”。仁者爱人，义者正我。

义者，谓宜在我者。宜在我者，而后可以称义。故言义者，合我与宜，以为一言。以此操之，义之为言我也。故曰有为而得义者，谓之自得；有为而失义者，谓之自失。人好义者，谓之自好；人不好义者，谓之不自好。

《春秋繁露·身之养重于义》，董仲舒又辨义、利：

天之生人也，使人生义与利。利以养其体，义以养其心。心不得义不能乐，体不得利不能安。义者心之养也，利者体之养也。体莫贵于心，故养莫重于义，义之养生人大于利。奚以知之？今人大有义而甚无利，虽贫与贱，尚荣其行，以自好而乐生，原宪、曾、闵之属是也。人甚有利而大无义，虽甚富，则羞辱大恶。恶深，祸患重，非立死其罪者，即旋伤殃忧尔，莫能以乐生而终其身，刑戮夭折之民是也。夫人有义者，虽贫能自乐也。而大无义者，虽富莫能自存。吾以此实义之养生人，大于利而厚于财也。

正己，然后可以正人。

二、正人法度取于天

然而，正人之法度，亦当取法于天。

首先是人伦。董仲舒主张“三纲”，于近世遭到强烈批判。[①] 董仲舒之论三纲，见于《春秋繁露·基义》：

凡物必有合，合，必有上，必有下，必有左，必有右，必有前，必有后，必有表，必有里。有美必有恶，有顺必有逆，有喜必有怒，有寒必有

① 唯陈寅恪先生予以肯定：“吾中国文化之定义，具于《白虎通》三纲六纪之说，其意义为抽象理想最高之境，犹希腊柏拉图所谓 Eîdos 者。若以君臣之纲言之，君为李煜亦期之以刘秀；以朋友之纪言之，友为郦寄亦待之以鲍叔。其所殉之道，与所成之仁，均为抽象理想之通性，而非具体之一人一事。夫纲纪本理想抽象之物，然不能不有所依托，以为具体表现之用；其所依托以表现者，实为有形之社会制度，而经济制度尤其最要者。故所依托者不变易，则依托者亦得因以保存。吾国古来亦尝有悖三纲违六纪无父无君之说，如释迦牟尼外来之教者矣，然佛教流传播衍盛昌于中土，而中土历世遗留纲纪之说，曾不因之以动摇者，其说所依托之社会经济制度未尝根本变迁，故犹能藉之以为寄命之地也。近数十年来，自道光之季，迄乎今日，社会经济之制度，以外族之侵迫，致剧疾之变迁；纲纪之说，无所凭依，不待外来学说之掊击，而已销沉沦丧于不知觉之间；虽有人焉，强聒而力持，亦终归于不可救疗之局。”（《王观堂先生挽词并序》）

> 暑，有昼必有夜，此皆其合也。阴者阳之合，妻者夫之合，子者父之合，臣者君之合。物莫无合，而合各有阴阳。阳兼于阴，阴兼于阳；夫兼于妻，妻兼于夫；父兼于子，子兼于父；君兼于臣，臣兼于君。君臣、父子、夫妇之义，皆取诸阴阳之道。君为阳，臣为阴；父为阳，子为阴；夫为阳，妻为阴。阴道无所独行，其始也不得专起，其终也不得分功，有所兼之义。是故臣兼功于君，子兼功于父，妻兼功于夫，阴兼功于阳，地兼功于天。……是故仁义制度之数，尽取之天。天为君而覆露之，地为臣而持载之；阳为夫而生之，阴为妇而助之；春为父而生之，夏为子而养之……王道之三纲，可求于天。天出阳，为暖以生之；地出阴，为清以成之。不暖不生，不清不成。

君臣、父子、夫妇乃是“相兼”而又“相合”的关系，均出于阴阳关系。故理解三纲之关键，在于准确理解阴阳关系。《周易·系辞上》曰“一阴一阳之谓道”；《顺命》曰“独阴不生，独阳不生”。

故董仲舒说：物莫不合，“合”者，合此二者，两者才更趋向于圆满，并相互成就：有君必有臣，有臣必有君。离开了臣，君不成其为君；离开了君，臣不成其为臣。而没有君臣，就没有政治，就无以治理社会。“兼”则指出二者有别：君臣、夫妻、父子之中，一个较为主动而有力，一个较为被动而深厚，由此而共同的事业中有功能分工，有尊卑之别。故“相合”表明君臣、父子、夫妻双方的相互依赖，相兼标明其间之别。

总之，三纲所说君臣、夫妻、父子关系，是合而有别的，其间有尊卑之别，但绝非上下截然之命令—服从关系。《白虎通义·三纲六纪》对此有更清楚的说明：

> 君臣者，何谓也？君，群也，群下之所归心也。臣者，繵坚也，厉志自坚固也。……父子者，何谓也？父者，矩也，以法度教子也。子者，孳也，孳孳无已也。故《孝经》曰：“父有争子，则身不陷于不义。”夫妇者，何谓也？夫者，扶也，以道扶接也。妇者，服也，以礼屈服也。《昏礼》曰：“夫亲脱妇之缨。”《传》曰：“夫妇判合也。”

于君臣关系，强调君的权威恰来自臣下之归心。于父子关系，强调父亲“以法度教子”，而子当谏诤父。于夫妇关系，强调夫“以道扶接”，而妇之服“以礼”，又指“夫妇判合”，也即夫妇乃是相互成就的。凡此种种关系，正是天道阴阳所示。

由人伦而由礼，“礼”之本源在于天：

礼者，继天地，体阴阳，而慎主客，序尊卑、贵贱、大小之位，而差外内、远近、新故之级者也，以德多为象。（《春秋繁露·奉本》）

《春秋繁露·服制像》曰：

天地之生万物也以养人，故其可适者以养身体，其可威者以为容服，礼之所为兴也。剑之在左，青龙之象也。刀之在右，白虎之象也。韍之在前，赤鸟之象也。冠之在首，玄武之象也。四者，人之盛饰也。夫能通古今，别然不然，乃能服此也。

礼系于名，故孔子主正名，《春秋繁露·天道施》论名曰：

名者，所以别物也。亲者重，疏者轻，尊者文，卑者质，近者详，远者略，文辞不隐情，明情不遗文，人心从之而不逆，古今通贯而不乱，名之义也。男女犹道也。人生别言礼义，名号之由人事起也。不顺天道，谓之不义，察天人之分，观道命之异，可以知礼之说矣。

政治制度设计，也应当法天，《春秋繁露·官制象天》曰：

王者制官，三公、九卿、二十七大夫、八十一元士，凡百二十人，而列臣备矣。吾闻圣王所取仪，金［当为“法”］天之大经，三起而成，四转而终，官制亦然者，此其仪与？三人而为一选，仪于三月而为一时也。四选而止，仪于四时而终也。三公者，王之所以自持也。天以三成之，王以三自持。立成数以为植而四重之，其可以无失矣。备天数以参事，治谨于道之意也。

《春秋繁露·爵国》曰：

豪杰俊英不相陵，故治天下如视诸掌上。其数何法以然？曰：天子分左右五等，三百六十三人，法天一岁之数。五时色之象也。通佐十上卿与下卿而二百二十人，天庭之象也，倍诸侯之数也。诸侯之外佐四等，百二十人，法四时六甲之数也。通佐五，与下而六十人，法日辰之数也。佐之必三三而相复，何？曰：时三月而成大，辰三而成象。诸侯之爵或五何？法天地之数也。五官亦然。

总之，王之一切行为，制礼、作乐、为政，无往而不法天，《春秋繁露·四时之副》曰：

天之道，春暖以生，夏暑以养，秋清以杀，冬寒以藏。暖暑清寒，异气而同功，皆天之所以成岁也。圣人副天之所行以为政，故以庆副暖而当春，以赏副暑而当夏，以罚副清而当秋，以刑副寒而当冬。庆赏罚刑，异事而同功，皆王者之所以成德也。庆赏罚刑与春夏秋冬，以类相应也，如合符。故曰王者配天，谓其道。天有四时，王有四政，四政若四时，通类也，天人所同有也。

《春秋繁露·王道通三》曰：

阴，刑气也；阳，德气也。阴始于秋，阳始于春。春之为言，犹偆偆也；秋之为言，犹湫湫也。偆偆者喜乐之貌也，湫湫者忧悲之状也。是故春喜夏乐，秋忧冬悲，悲死而乐生。以夏养春，以冬藏秋，大人之志也。是故先爱而后严，乐生而哀终，天之当也。而人资诸天。天固有此，然而无所之如其身而已矣。人主立于生杀之位，与天共持变化之势，物莫不应天化。

《春秋繁露·天地之行》曰：

为人君者，其法取象于天。故贵爵而臣国，所以为仁也；深居隐处，不见其体，所以为神也；任贤使能，观听四方，所以为明也；量能授官，贤愚有差，所以相承也；引贤自近，以备股肱，所以为刚也；考实事功，次序殿最，所以成世也；有功者进，无功者退，所以赏罚也。是故天执其道为万物主，君执其常为一国主。

法天而任贤，尤其重要，《春秋繁露·立元神》曰：

天积众精以自刚，圣人积众贤以自强。天序日月星辰以自光，圣人序爵禄以自明。天所以刚者，非一精之力；圣人所以强者，非一贤之德也。故天道务盛其精，圣人务众其贤。盛其精而壹其阳，众其贤而同其心。壹其阳然后可以致其神，同其心然后可以致其功。是以建治之术，贵得贤而同心。

此亦为《春秋》大义，《春秋繁露·精华》曰：

以所任贤，谓之主尊国安。所任非其人，谓之主卑国危。万世必然，无所疑也。其在《易》曰："鼎折足，覆公餗。"夫鼎折足者，任非其人也。覆公餗者，国家倾也。是故任非其人而国家不倾者，自古至今未尝闻也。故吾按《春秋》而观成败，乃切悁悁于前世之兴亡也。任贤臣者，国家之兴也。夫知不足以知贤，无可奈何矣。知之不能任，大者以死亡，小者以乱危，其若是何邪？

董仲舒还依天道提出很多制度设想。人间治理，不能没有各种法度。然而，如何确定法度？何种法度才是正当的？法度如何制定，才能为人所信服，并维护良好秩序？董仲舒诉诸天。此为古老传统的一次重述。《尚书·虞书·皋陶谟》记皋陶立法之道：

天叙有典，敕我五典五惇哉！天秩有礼，自我五礼有庸哉！同寅协恭和衷哉！天命有德，五服五章哉！天讨有罪，五刑五用哉！政事懋哉懋哉！

人间各种规则、法度之终极渊源在天。《周易·贲卦》的彖辞也概括制作人文之道："观乎天文，以察时变；观乎人文，以化成天下"。此正为董仲舒思想之渊源。由此形成的各种法则、法度具有天道的正当性，且在人有敬天之意的时代，必定为人所信服。又因为人本来也为天所生，故这些规则、法度也是人完全可以理解、信服的。

三、体察上天之德

天不仅有其文可为人法则，尚有特定价值取向，也即，天有其"德"。王者欲法天而治，须体察上天之德：

天之序，必先和然后发德，必先平然后发威。此可以见不和不可以发庆赏之德，不平不可以发刑罚之威。又可以见德生于和，威生于平也。不和无德，不平无威，天之道也，达者以此见之矣。……能常若是者谓之天德，行天德者谓之圣人。（《春秋繁露·威德所生》）

天之德，首先是仁，《春秋繁露·王道通三》曰：

察于天之意，无穷极之仁也。人之受命于天也，取仁于天而仁也。是故人之受命天之尊，父兄子弟之亲，有忠信慈惠之心，有礼义廉让之行，有是非逆顺之治，文理灿然而厚，知广大有而博，唯人道为可以参天。天常以爱利为意，以养长为事，春秋冬夏皆其用也。王者亦常以爱利天下为意，以安乐一世为事，好恶喜怒而备用也。

天常有爱利天下万物之心，而人为万物之灵，天命王者治民，王者自当爱利万民，简单地说，"天志仁，其道也义。……天者其道长万物，而王者长人"

(《春秋繁露·天地阴阳》)。爱利万民之表现形态是“兼利”,《春秋繁露·诸侯》曰:

生育养长,成而更生,终而复始,其事所以利活民者无已。天虽不言,其欲赡足之意可见也。古之圣人,见天意之厚于人也,故南面而君天下,必以兼利之。为其远者目不能见,其隐者耳不能闻,于是千里之外,割地分民,而建国立君,使为天子视所不见,听所不闻,朝者召而问之也。诸侯之为言,犹诸侯也。

“兼”者,共享也。《周易·乾卦》文言曰:“乾始能以美利利天下,不言所利,大矣哉!”天愿让万物共享自己的美利,王者自当法则此德,让天下人普得泽惠。只是,一人之身有限,故当封建诸侯,与人共享权力,建立君子共治天下之结构。

第六节　德教

上天垂象于人主之最为重要的治国原则,则是好德不好刑。秦制之大弊在于以吏为师,专用刑罚。去秦制,不能不破重刑观念。此为复古更化之关键所在。

一、任德与任刑

总体上,董仲舒的论说模式是:“天地之常,一阴一阳。阳者天之德也,阴者天之刑也。”(《春秋繁露·阴阳义》)董仲舒或以阴阳二气立论,如《春秋繁露·阳尊阴卑》:

阳天之德,阴天之刑也。阳气暖而阴气寒,阳气予而阴气夺,阳气仁而阴气戾,阳气宽而阴气急,阳气爱而阴气恶,阳气生而阴气杀。是故阳常居实位而行于盛,阴常居空位而行于末。天之好仁而近,恶戾之变而远,大德而小刑之意也。

《春秋繁露·基义》曰:

阴阳二物,终岁各壹出。壹其出,远近同度而不同意。阳之出也,常悬于前而任事;阴之出也,常悬于后而守空处。此见天之亲阳而疏阴,任德而不任刑也。……天出阳，为暖以生之；地出阴，为清以成之。不暖不生，不清不成。然而计其多少之分，则暖暑居百而清寒居一。德教之与刑罚犹此也。故圣人多其爱而少其严，厚其德而简其刑，以此配天。

首先，阳先出而阴后出，王者法此天道，先德而后刑。其次，阳多而阴少，故当厚其德而简其刑。

天道之最为显著的呈现是四时之节，故董仲舒亦由此论刑德关系，如《春秋繁露·阴阳义》曰：

是故天之道以三时成生，以一时丧死。死之者，谓百物枯落也；丧之者，谓阴气悲哀也。天亦有喜怒之气、哀乐之心，与人相副。以类合之，天人一也。春，喜气也，故生；秋，怒气也，故杀；夏，乐气也，故养；冬，哀气也，故藏。四者天人同有之。有其理而一用之。与天同者大治，与天异者大乱。故为人主之道，莫明于在身之与天同者而用之，使喜怒必当义而出，如寒暑之必当其时乃发也。使德之厚于刑也，如阳之多于阴也。

四时之中，三时“成生”，这清楚显示了上天有好生之德，有长养之心，王自当以此精神为政。德如《春秋繁露·为人者天》所云：

天地之数，不能独以寒暑成岁，必有春夏秋冬。圣人之道，不能独以威势成政，必有教化。故曰：先之以博爱，教以仁也；难得者，君子不贵，教以义也。虽天子必有尊也，教以孝也；必有先也，教以弟也。此威势之不足独恃，而教化之功不大乎？

不过，董仲舒也郑重指出，王者不应教条地依四时安排政令：

是故春修仁而求善，秋修义而求恶，冬修刑而致清，夏修德而致宽。此所以顺天地，体阴阳。然而方求善之时，见恶而不释；方求恶之时，见善亦立行；方致清之时，见大善亦立举之；方致宽之时，见大恶亦立去之。以效天地之方生之时有杀也，方杀之时有生也。是故志意随天地，缓急仿阴阳。然而人事之宜行者，无所郁滞，且恕于人，顺于天，天人之道兼举，此谓执其中。天非以春生人，以秋杀人也。当生者曰生，当死者曰死，非杀物之义待四时也。而人之所治也，安取久留当行之理，而必待四时也。此之谓壅，非其中也。（《春秋繁露·如天之为》）

秦始皇之愚在于，没有完整地把握上天好生、长养之德，把水德之阴杀错误地当作治国之整体精神，而以苛酷虐杀为能事。董仲舒认为，重要的是完整地理解上天之德，那就是好生、长养。

天道如此，王者治理之基本精神昭然若揭：先德教而后刑罚，厚德教而简刑罚。这就构成董仲舒复古更化之核心主张。因为，秦制之基本精神就是严刑峻法，汉初延续这一政策，而在董仲舒看来，这是无助于形成良好社会秩序的。

故在对武帝第一策中，董仲舒对秦汉之政予以严厉批评：

> 然则王者欲有所为，宜求其端于天。天道之大者在阴阳。阳为德，阴为刑；刑主杀而德主生。是故阳常居大夏，而以生育养长为事；阴常居大冬，而积于空虚不用之处。以此见天之任德不任刑也。天使阳出布施于上而主岁功，使阴入伏于下而时出佐阳；阳不得阴之助，亦不能独成岁。终阳以成岁为名，此天意也。王者承天意以从事，故任德教而不任刑。刑者不可任以治世，犹阴之不可任以成岁也。为政而任刑，不顺于天，故先王莫之肯为也。今废先王德教之官，而独任执法之吏治民，毋乃任刑之意与！孔子曰："不教而诛谓之虐。"虐政用于下，而欲德教之被四海，故难成也。(《汉书·董仲舒传》)

董仲舒明确批评"今"日之政只见任刑之意，独无德教之心，故难成天下太平。

二、据阴阳而重教化

然则，德教何以至关重要？董仲舒在对策中有所论述：

> 夫万民之从利也，如水之走下，不以教化堤防之，不能止也。是故教化立而奸邪皆止者，其堤防完也；教化废而奸邪并出，刑罚不能胜者，其堤防坏也。古之王者明于此，是故南面而治天下，莫不以教化为大务。立大学以教于国，设庠序以化于邑，渐民以仁，摩民以谊，节民以礼，故其刑罚甚轻而禁不犯者，教化行而习俗美也。(《汉书·董仲舒传》)

据董仲舒的人性论，人皆有善质，但对绝对大多数人来说，对此善质之自觉、扩充，有赖于教化。若无教化，则善质难以扩充成善，奸邪并出，难免相互伤害。故以仁义礼乐施教化，就是王道。对武帝第三策曰：

> 天令之谓命，命非圣人不行；质朴之谓性，性非教化不成；人欲之谓情，情非度制不节。是故王者上谨于承天意，以顺命也；下务明教化民，

以成性也；正法度之宜，别上下之序，以防欲也：修此三者，而大本举矣。人受命于天，固超然异于群生，入有父子兄弟之亲，出有君臣上下之谊，会聚相遇，则有耆老长幼之施；粲然有文以相接，欢然有恩以相爱，此人之所以贵也。生五谷以食之，桑麻以衣之，六畜以养之，服牛乘马，圈豹槛虎，是其得天之灵，贵于物也。故孔子曰："天地之性人为贵。"明于天性，知自贵于物；知自贵于物，然后知仁谊；知仁谊，然后重礼节；重礼节，然后安处善；安处善，然后乐循理；乐循理，然后谓之君子。故孔子曰"不知命，亡以为君子"，此之谓也。

"天有和有德，有平有威，有相受之意，有为政之理，不可不审也。"（《春秋繁露·威德所生》）这是天的客观的律法，因而，人、王者必须遵循。否则，"反天之道，无成者"（《春秋繁露·天道无二》）。董仲舒甚至提出，"三代圣人不则天地，不能至王"（《春秋繁露·奉本》）。

王者当法天而治，首当据阴阳而重教化。五帝三王之伟大，也正在于他们顺乎天而立教化，先用教化，而后弼之以刑而已。教化之所以必要，乃是因为，人并不完美，尤其是普通民众。他们有善质，但同时也有利己之欲。通过教化，其内在之善质才可发育而为善，利己之心才能受到抑制，如此而有自我治理之秩序。只有极少数人自外于此，方以刑治之。

秦则反其道而行之，弃教化而专任刑罚。孔子具有伟大的先见之明，在礼治崩溃而刑治刚刚兴起之时，就做了一个准确的预测："道之以政，齐之以刑，民免而无耻；道之以德，齐之以礼，有耻且格。"（《论语·为政》）孔子预言，完全依靠刑治，民或者慑于强制而不敢为恶，然如朱子注云："无所羞愧，盖虽不敢为恶，而为恶之心未尝忘也"。民始终有侥幸之心，时刻寻找刑律之漏洞，为个人利益而不惜损害他人利益。如此，则必然风俗薄恶。

这样的社会秩序内在地不能保持长期稳定。此时，人完全依据利益计算决定自己的行为。强大的国家力量固可让民众恐惧，使民众被迫服从，然一旦这种强制威慑力稍有弱化，利己为恶之心就会爆发。而且，这些为利所驱动之人一定觊觎权力本身，因为，在权力控制一切的社会中，权力就是最大的利益，因其可以生产全部其他利益。太史公所记秦汉之际以项羽、刘邦为首的豪杰的心态[①]，均可证明这种民"免"之脆弱与"无耻"之可怕。

① 《史记·项羽本纪》："秦始皇帝游会稽，渡浙江，梁与籍俱观。籍曰：'彼可取而代也。'"《史记·高祖本纪》："高祖常繇咸阳，纵观，观秦皇帝，喟然太息曰：'嗟乎，大丈夫当如此也！'"

第七节　学校、选举与士大夫

如何实现前述先教化后刑罚、厚教化轻刑罚的治国路线呢？董仲舒特别重视学校、选举两个重要环节以培养理想的士大夫群体。

一、兴学校

董仲舒设想之教化机制，以兴学为主。

对武帝第一策中，董仲舒已经提出，古之王者治天下，以教化为大务，其具体措施是：

> 立大学以教于国，设庠序以化于邑，渐民以仁，摩民以谊，节民以礼，故其刑罚甚轻而禁不犯者，教化行而习俗美也。(《汉书・董仲舒传》)

对武帝第二策则换一个角度对比周、秦：

> 臣闻圣王之治天下也，少则习之学，长则材诸位，爵禄以养其德，刑罚以威其恶，故民晓于礼谊而耻犯其上。武王行大谊，平残贼，周公作礼乐以文之，至于成康之隆，囹圄空虚四十余年，此亦教化之渐而仁谊之流，非独伤肌肤之效也。至秦则不然。师申商之法，行韩非之说，憎帝王之道，以贪狼为俗，非有文德以教训于（天）下也。诛名而不察实，为善者不必免，而犯恶者未必刑也。是以百官皆饰（空言）虚辞而不顾实，外有事君之礼，内有背上之心，造伪饰诈，趣利无耻；又好用憯酷之吏，赋敛亡度，竭民财力，百姓散亡，不得从耕织之业，群盗并起。是以刑者甚众，死者相望，而奸不息，俗化使然也。故孔子曰“导之以政，齐之以刑，民免而无耻”，此之谓也。(《汉书・董仲舒传》)

第一策只是从原则上对比周秦：周重教化，秦无教化。此处则指出，周的教化之道是“少则习之学，长则材诸位”，也即，周设立了学校，以进行教化。同时，给学校中之优秀者以位，让其承担治理责任。

秦则根本没有这样一套教化制度：

> 陛下亲耕藉田以为农先，夙寤晨兴，忧劳万民，思惟往古，而务以求贤，此亦尧舜之用心也，然而未云获者，士素不厉也。夫不素养士而欲求

贤，譬犹不（琢）〔琢〕玉而求文采也。故养士之大者，莫大（虐）〔庳〕太学；太学者，贤士之所关也，教化之本原也。今以一郡一国之众，对亡应书者，是王道往往而绝也。臣愿陛下兴太学，置明师，以养天下之士，数考问以尽其材，则英俊宜可得矣。今之郡守、县令，民之师帅，所使承流而宣化也；故师帅不贤，则主德不宣，恩泽不流。今吏既亡教训于下，或不承用主上之法，暴虐百姓，与奸为市，贫穷孤弱，冤苦失职，甚不称陛下之意。是以阴阳错缪，氛气充塞，群生寡遂，黎民未济，皆长吏不明，使至于此也。（《汉书·董仲舒传》）

在董仲舒看来，当时的官吏群体从整体来看是不合格的。汉之吏制全承自秦，秦则“以吏为师”，其所教者则为刑律，如秦二世做皇子时，“赵高故尝教胡亥书及狱律令法事”（《史记·秦始皇本纪》）。故秦、汉初官吏唯知以刑威民，而不知德、礼之教，对民众也没有任何仁爱之心。汉武帝中后期的“酷吏”群体就生长于这一观念与政治传统。如此官吏心智结构及其施政方式，让官、民处于对立状态——其实，商君已明确提出：“民弱国强；民强国弱。故有道之国务在弱民。”（《商君书·弱民》）秦制本以官与民相互敌对为其基本伦理和政治预设。民之所以暂时服从秩序，仅仅因为慑于官吏、政府所拥有的强制性力量。任用这样的官吏是不可能达成善治的。

二、察举制

麻烦的是，既有的官吏遴选机制让此种官吏继续被批量复制：

夫长吏多出于郎中、中郎，吏二千石子弟选郎吏，又以富訾，未必贤也。（《汉书·董仲舒传》）

由此可以看出，当时官吏遴选程序中，发挥决定性作用的是两个因素：权力、财富。[①] 官吏皆为“官二代”与“富二代”。董仲舒简短而有力地指出由此遴选产生的官吏之状态：“未必贤也”。贤者，有德行也。这些官吏或许有能，但未必有贤。秦制不求贤，所以，这些官吏完全适合秦制之用。但董仲舒主张更化，去秦制，行德礼之教，依据权力和财富产生的官吏群体显然不能承担这个工作，事实上，他们构成了更化的重大障碍。因此，必须采取措施，改造官吏构成。

---

① 关于这一点，可参见钱穆：《国史大纲》（修订本），上册，138～140页，北京，商务印书馆，1996。

另外，董仲舒也指出这个官吏群体的另一个问题：

> 且古所谓功者，以任官称职为差，非（所）谓积日累久也。故小材虽累日，不离于小官；贤材虽未久，不害为辅佐。是以有司竭力尽知，务治其业而以赴功。今则不然。（累）日以取贵，积久以致官。是以廉耻贸乱，贤不肖浑淆，未得其真。（《汉书·董仲舒传》）

官吏升迁，只论年资，而不论贤不肖。这也是秦制下吏制之必然逻辑。此种制度将官吏工具化，也即技术化，仅机械地执行皇帝和上级的政令，按照给定的刑律惩罚违反政令之国民。为此，他们被“去价值”，不得自行进行道德和政治判断。他们仅为行政控制机器，而没有政治功能。秦制下除了皇帝的思考之外，没有政治。如此官吏当然可以进行纯粹量化管理，而且也只能如此。

由此形成的官吏群体缺乏廉耻，对武帝第三策指出了这一现象：

> 夫天亦有所分予，予之齿者去其角，傅其翼者两其足，是所受大者不得取小也。古之所予禄者，不食于力，不动于末，是亦受大者不得取小，与天同意者也。夫已受大，又取小，天不能足，而况人乎！此民之所以嚣嚣苦不足也。身宠而载高位，家温而食厚禄，因乘富贵之资力，以与民争利于下，民安能如之哉！是故众其奴婢，多其牛羊，广其田宅，博其产业，畜其积委，务此而亡已，以迫蹴民，民日削月朘，浸以大穷。富者奢侈羡溢，贫者穷急愁苦；穷急愁苦而上不救，则民不乐生；民不乐生，尚不避死，安能避罪！此刑罚之所以蕃而奸邪不可胜者也。故受禄之家，食禄而已，不与民争业，然后利可均布，而民可家足。此上天之理，而亦太古之道，天子之所宜法以为制，大夫之所当循以为行也。故公仪子相鲁，之其家见织帛，怒而出其妻，食于舍而茹葵，愠而拔其葵，曰：“吾已食禄，又夺园夫红女利虖!”古之贤人君子在列位者皆如是，是故下高其行而从其教，民化其廉而不贪鄙。及至周室之衰，其卿大夫缓于谊而急于利，亡推让之风而有争田之讼。故诗人疾而刺之，曰：“节彼南山，惟石岩岩，赫赫师尹，民具尔瞻。”尔好谊，则民向仁而俗善；尔好利，则民好邪而俗败。由是观之，天子大夫者，下民之所视效，远方之所四面而内望也。近者视而放之，远者望而效之，岂可以居贤人之位而为庶人行哉！夫皇皇求财利常恐乏匮者，庶人之意也；皇皇求仁义常恐不能化民者，大夫之意也。《易》曰：“负且乘，致寇至。”乘车者君子之位也，负担者小

人之事也，此言居君子之位而为庶人之行者，其患祸必至也。若居君子之位，当君子之行，则舍公仪休之相鲁，亡可为者矣。（《汉书·董仲舒传》）

在指出吏制之上述问题的基础上，董仲舒提出第三个政策建议——建立察举制：

臣愚以为使诸列侯、郡守、二千石各择其吏民之贤者，岁贡各二人以给宿卫，且以观大臣之能；所贡贤者有赏，所贡不肖者有罚。夫如是，诸侯、吏二千石皆尽心于求贤，天下之士可得而官使也。遍得天下之贤人，则三王之盛易为，而尧舜之名可及也。毋以日月为功，实试贤能为上，量材而授官，录德而定位，则廉耻殊路，贤不肖异处矣。陛下加惠，宽臣之罪，令勿牵制于文，使得切磋究之，臣敢不尽愚！（《汉书·董仲舒传》）

董仲舒提出改变官员遴选机制，以从根本上改造官员之构成。贡士之遴选标准只有一个字：贤，即具有德行。这样，不光是官吏遴选机制发生变化，更重要的是遴选标准发生变化。借由官吏构成的这一变化，国家精神将发生变化：官吏告别刑名，当然也告别黄老，而奉行德礼之教。

“儒家士大夫”群体由此而逐渐形成，并成为治理主体。武帝册问称对策者为“子大夫”，然此大夫，非周代意义上享有独立治理权之大夫，而为议论之士。案《汉书·百官公卿表上》，郎中令属官有大夫：“大夫掌论议，有太中大夫、中大夫、谏大夫，皆无员，多至数十人。”充当博士如董仲舒、担任大夫如陆贾，大约就是秦汉之际儒生在政治架构中最常见的官职，并未介入政制之实际运作。

董仲舒之建议则从根本上改变了这一点，儒生以士的身份，获得担任中央、地方政治与行政性官职之机会，也即成为周代意义上的“大夫”。此即“儒家士大夫”，由儒家行道于天下之意识所决定，儒家士人从一开始就具有治理主体意识，董仲舒的建议则赋予他们以实践的制度化渠道，使其从儒家士人成长为儒家士大夫。这个群体将成为未来两千年之治理者。

董仲舒之建议，还有另外一层重大含义。现行官吏遴选制把何人为官交给权力和财富，而必然倾向于在掌权者和富人群体中自我循环。由此，国家与社会之间缺乏沟通机制，两者间的鸿沟会日趋扩大，紧张、冲突不断加剧。在这种制度下，很难说汉家天下是一个伦理、政治与命运共同体。

董仲舒之建议则是由地方贡士。负其责者当然是地方长官，地方长官在决定人选时，不可能不考虑地方民众尤其是地方精英之意见。于是，“社会”进入官吏遴选程序中。

相对于秦制，这是一个具有广泛影响力的革命性变化。当权力和财富决定官吏时，社会完全不被承认。秦制的本质就是政府不承认社会，秦致力于摧毁商业、摧毁学术，以图官吏用刑律直接统治每个人。依据董仲舒之建议，社会获得了权力，从而凸显了其独立于政府的存在，而与政府合作。贡士制度宣告了社会之存在，也成为社会与政府之间沟通的中介性制度。

董仲舒也强调，此制可“遍得天下之贤人”。请注意“天下”一词。在权力和财富决定官吏人选时，官吏的地区分布是任意的。贡士名额则被均匀地分配给各地。董仲舒的建议还是原则性的，没有考虑不同国、郡人口之差异。但其天下主义的原则是清晰的：贡士出自天下。这一点，塑造了天下共同体意识，而这对于天下之维系，具有关键意义。①

上述两个因素结合，可得出这样一个结论：贡士十分自然地具有天下之社会的代表性质。余英时曾精辟地指出，“科举制自始便兼涵一种地方代表性，各地‘孝廉’或‘进士’往往在政府中为自己地方的利害说话。这当然谈不上是代议制，但不能否认科举制有时也发挥了一点间接的代议功能”②。或可补充一点：包括贡士在内的科举制不仅具有地方代表性，亦具有社会代表性。当然，儒生同时也具有更崇高的代表性：常道之代表性。儒生始终具有行道于天下之抱负。

由于儒生士人的这种代表性，秦制下社会与政府、官与民之间精神上、法律上、政治上的对立被化解，而建立起合作关系。天下因此成为一个具有凝聚力的政治与命运共同体。

董仲舒对君王、儒家士大夫并重之思考和论说视野，也构成此后儒家思考和探讨优良治理之基本范式。

总而言之，第一策中，董仲舒提出总论：应当更化，去秦制，回归五帝三王之道。接下来第二策则提出两大相互支持的政策主张：本策首先提出，变革官吏遴选机制，以更化官吏构成，清除秦所建立的刑名吏传统，构建儒家士大夫群体。这个具有地方和社会代表性的士人群体参与政府，也能打通社会与政府，从而化解秦制中深刻的政治紧张。此后，稳定的治理秩序才有可能，善治才有可能。董仲舒在接下来的第三策中还进一步提出，整顿官学，更化价值与

① 余英时先生指出了察举制和科举制的这一文化统合功能，参见余英时：《试说科举在中国史上的功能与意义》，见《中国文化史通释》，212～213页，北京，三联书店，2011。

② 余英时：《中国文化史通释》，217页。

学术体系。

从这里我们已经看到：

古者修教训之官，务以德善化民，民已大化之后，天下常亡一人之狱矣。今世废而不修，亡以化民，民以故弃行谊而死财利，是以犯法而罪多，一岁之狱以万千数。以此见古之不可不用也，故《春秋》变古则讥之。（《汉书·董仲舒传》）

董仲舒所说的古者就是尧舜、三王、周公，相对于秦制为古，汉承自秦之制则为今。

臣闻良玉不瑑，资质润美，不待刻瑑，此亡异于达巷党人不学而自知也。然则常玉不瑑，不成文章；君子不学，不成其德。（《汉书·董仲舒传》）

至于礼乐，对武帝第一策即明确提出：

道者，所繇适于治之路也，仁义礼乐皆其具也。故圣王已没，而子孙长久安宁数百岁，此皆礼乐教化之功也。王者未作乐之时，乃用先王之乐宜于世者，而以深入教化于民。教化之情不得，雅颂之乐不成，故王者功成作乐，乐其德也。乐者，所以变民风，化民俗也；其变民也易，其化人也著。故声发于和而本于情，接于肌肤，臧于骨髓。故王道虽微缺，而管弦之声未衰也。夫虞氏之不为政久矣，然而乐颂遗风犹有存者，是以孔子在齐而闻韶也。夫人君莫不欲安存而恶危亡，然而政乱国危者甚众，所任者非其人，而所繇者非其道，是以政日以仆灭也。夫周道衰于幽厉，非道亡也，幽厉不繇也。至于宣王，思昔先王之德，兴滞补弊，明文武之功业，周道粲然复兴，诗人美之而作，上天祐之，为生贤佐，后世称诵，至今不绝。此夙夜不解行善之所致也。孔子曰“人能弘道，非道弘人”也。故治乱废兴在于己，非天降命不可得反，其所操持悖谬失其统也。（《汉书·董仲舒传》）

此处，他转过头来回答武帝第三个问题：殷、周、秦何以刑有轻、重之别？

臣闻圣王之治天下也，少则习之学，长则材诸位，爵禄以养其德，刑罚以威其恶，故民晓于礼谊而耻犯其上。武王行大谊，平残贼，周公作礼乐以文之，至于成康之隆，囹圄空虚四十余年。此亦教化之渐而仁谊之

流，非独伤肌肤之效也。(《汉书・董仲舒传》)

周以礼乐治国，此礼乐就是“文”。秦却反其道而行：

至秦则不然。师申商之法，行韩非之说，憎帝王之道，以贪狼为俗，非有文德以教训于（天）下也。诛名而不察实，为善者不必免，而犯恶者未必刑也。是以百官皆饰（空言）虚辞而不顾实，外有事君之礼，内有背上之心，造伪饰诈，趣利无耻；又好用憯酷之吏，赋敛亡度，竭民财力，百姓散亡，不得从耕织之业，群盗并起。是以刑者甚众，死者相望，而奸不息，俗化使然也。故孔子曰“导之以政，齐之以刑，民免而无耻”，此之谓也。(《汉书・董仲舒传》)

汉武帝提出殷、周、秦用刑之道何以不同，让董仲舒非常便利地回到自己最关心的主题：去秦制。他抓住这个机会，再度猛烈批评秦制，明确指出秦制的全部问题在于“憎帝王之道”，也即悖逆五帝三王之道，也即弃德礼之教而专任刑治。这是对第一策主张的回顾。

综合董仲舒之思考，可拼成一幅完整的社会治理图景：

天

天子

经义

学校

选举

士人政府

礼乐

刑

这保留了秦制的框架，比如皇帝制、郡县制、科层官吏制，刑律之治，增加了学校、经义、礼乐，由此改变了皇帝，改变了官吏构成。

秋　风

参考文献

钱穆．国史大纲．修订本．北京：商务印书馆，1996.

余英时．中国文化史通释．北京：三联书店，2011.

徐复观．两汉思想史：第二卷．上海：华东师范大学出版社，2001.

麦基文．宪政古今．翟小波，译．贵阳：贵州人民出版社，2004.

金春峰．汉代思想史．北京：中国社会科学出版社，2006.

周桂钿．董学探微．北京：北京师范大学出版社，2008.

吕思勉．秦汉史．上海：上海古籍出版社，2005.

周桂钿．秦汉思想史．福州：福建教育出版社，2015.

阎步克．士大夫政治演生史稿．北京：北京大学出版社，1996.

第二章
政治哲学视域中的王莽“受禅”与改制

孔子“祖述尧舜，宪章文武”。儒家对政治的最高理想是取法尧、舜圣王，“天下为公，选贤与能”。但是效法“禅让”的历史“故事”，却生出许多的政治麻烦。战国时燕国国君效法圣王禅让，传贤不传子，却导致燕国内乱，差一点亡了国。“禅让”一说名声之恶，至于荀子都不敢说“尧舜”，只能尧禹并称或舜禹并称。唐代著名诗人白居易有一首名为《放言》的诗云：“赠君一法决狐疑，不用钻龟与祝蓍。试玉要烧三日满，辨材须待七年期。周公恐惧流言日，王莽谦恭未篡时。向使当初身便死，一生真伪复谁知?”诗中提到的两个人物周公和王莽，都和禅让有关，不同的是王莽直接和禅让有关，周公间接和禅让有关。先说周公：周公是辅佐周天子的摄政王，周天子并未将天子之位禅让给周公，三国时魏国司马氏家族密谋篡夺曹魏江山时，先以周公辅佐天子来遮人耳目，可是“司马昭之心路人皆知”。作为曹魏家的驸马，竹林七贤之一的嵇康站在曹魏的立场上“轻汤武而薄周孔”，试图从舆论上反击司马氏的瞒天之计。曹操的儿子曹丕强迫汉家皇帝将皇位禅让给自己，司马氏家族又用同样的方式夺取了曹魏政权。唐代李渊、李世民、李治三代皇帝，在究竟当以周公为圣人、以孔子为亚圣，还是以孔子为圣人、以颜渊为亚圣的问题上反复，考虑的依然是权臣与皇室之间的权力分配问题。汉代时的王莽，从皇帝那里“受禅”获得皇位，致使他有机会实现一个儒生依据经典打造理想天下的梦想。然而，随着他的改制失败，他的受禅也充满着争议，究竟是受禅还是篡夺？历史学家对王莽受禅的研究多关注此点。本章从政治哲学的视角出发，更多关注王莽受禅事件及其改制尝试所涉及的政权合法性问题。

第一节　从尧舜禅让到王莽“受禅”

就政治观念的变迁而言，从禅让到世袭的演变，其背后是道德政治与世袭政治之间的矛盾和角逐，是道德原则与血亲原则的对抗，是亲亲与尚贤两种观念之间的紧张，更是传子与传贤两种选择之间的取舍。鲁惟一在《剑桥中国秦汉史》中对此有精辟的论述：“按照汉儒的信条，人在世上的地位是由他靠教育而得以显露的内在价值所决定的；这被解释成一种合乎道德的、遍及宇宙的法则。既然皇帝位于政治和社会等级制度的顶点，他就应当从最有价值的人们中挑选出来。但是他之据有皇位与儒家有关教育、贤能和以功受奖的信条毫不相干，它仅仅是由于出身和继承的权利。因此，王朝统治的原则损害了儒家的基本理想。”① 在儒家理想中，德才兼备优先于世袭资格。出于“不以天下之病而利一人”的考量，尧最终选择了传贤而非传子。然而，这种考量的背后也隐约地反映出从尧的时代开始就显露出世袭逐渐取代禅让的趋势。

一、两种政治观念：亲亲与尚贤

在尧舜禹的禅让传说中，具有世袭继承资格的丹朱、商均等人均因失德而失去继承资格。“禹曰：……‘无若丹朱傲，惟慢游是好。傲虐是作，罔昼夜额额，罔水行舟，朋淫于家，用殄厥世。’”（《尚书·益稷》）按照儒家的价值观念，尧舜弃子选贤的行为是大公无私的，要给予高度的赞扬，儒家认为这是任人唯贤的体现。《吕氏春秋·孟春纪》曰：“尧有子十人，不与其子而授舜”。在《吕氏春秋·季春纪》中也有：“尧、舜，贤主也，皆以贤者为后，不肯与其子孙”。而在《韩非子》中，记载了对这种传贤不传子的不满与反抗。

> 尧欲传天下于舜，鲧谏曰：“不祥哉！孰以天下而传之于匹夫乎？”尧不听，举兵而诛杀鲧于羽山之郊。共工又谏曰：“孰以天下而传之于匹夫乎？”尧不听，又举兵而流共工于幽州之都。于是天下莫敢言无传天下于舜。仲尼闻之曰：“尧之知舜之贤，非其难者也。夫至乎诛谏者，必传之舜，乃其难也。”（《韩非子·外储说右上》）

---

① 转引自［英］崔瑞德：《剑桥中国秦汉史》，杨品泉等译，743页，北京，中国社会科学出版社，1992。

《韩非子》中的这段记录与儒家经典中的说法迥异，但这恰恰说明了传子与传贤这两种观念之间的冲突和碰撞。如果说尧舜禹禅让传说中透露出来的“尚贤”精神是在非世袭制度下对贤能之人绝对的推崇的话，那么到了春秋战国时期，诸子百家所讨论的“尚贤”则是在世袭制度业已完善、以“亲亲”为特征的宗法社会中的任贤使能。

春秋战国时代，周天子的王权式微，各诸侯国要成就霸业就必须招揽人才，任贤使能。随着秦国的崛起，各诸侯国贵族为了对抗强秦、挽救本国危亡，竭力网罗人才。他们礼贤下士，广招宾客，一时间尊贤纳士之风盛行，以养士而著称的“战国四公子”就是其中的代表。先秦诸子更是纷纷发表尚贤言论，这股“尚贤”思潮对以“亲亲”为核心的周代世卿世禄制度造成了极大的冲击和影响。而在先秦显学中，墨家对尚贤最为推崇。《墨子·尚贤》系统阐述了墨家的尚贤思想与尚贤的重要意义。在墨子看来，尚贤是为政治国之本、长治久安之方。

综合儒、墨等各家学说，“尚贤”有两个重要原则：第一，不以出身低微或高贵而论能力。无论他们的社会地位如何，只要是圣贤，有才干，就可以将治理国家的重任交托给他。《墨子·尚贤中》：“古者舜耕历山，陶河濒，渔雷泽，尧得之服泽之阳，举以为天子，与接天下之政，治天下之民。伊挚，有莘氏女之私臣，亲为庖人，汤得之，举以为己相，与接天下之政，治天下之民。”而这种知人善任也是圣主明君应该具有的政治素质。能否做到任人唯贤也被看作是否是有德之君的重要标志。“桀蔽于末喜、斯观，而不知关龙逢，以惑其心而乱其行；纣蔽于妲己、飞廉，而不知微子启，以惑其心而乱其行。”（《荀子·解蔽》）亡国之君往往亡于沉湎酒色，宠幸小人，排斥圣贤。“舜有天下，选于众，举皋陶，不仁者远矣。汤有天下，选于众，举伊尹，不仁者远矣。”（《论语·颜渊》）而圣君明主之所以成就一番事业，正是因为能够亲近贤人，远离小人。

第二，不以关系的亲疏或远近而论才干。尽管禹的父亲鲧被处决，但舜依然选定禹继承他的权力。“舜之罪也殛鲧，其举也兴禹。”（《左传·僖公三十三年》）不仅君主如此，大臣也应该有不以关系的亲疏、远近论贤能的意识，为君主推荐能人。《左传·襄公三年》：“祁奚请老，晋侯问嗣焉。称解狐，其仇也，将立之而卒。又问焉。对曰：‘午也可。’于是羊舌职死矣，晋侯曰：‘孰可以代之？’对曰：‘赤也可。’于是使祁午为中军尉，羊舌赤佐之。”因此，《左传》大赞祁奚，称其“唯善，故能举其类”（《左传·襄公三年》）。“祁大夫

内举不弃仇，外举不失亲。”（《左传·襄公二十一年》）

尧舜传贤不传子，说明了道德原则高于血亲原则；而一旦世袭制建立之后，道德原则就只能在承认世袭制合法化的前提下展开。孟子说：

> 匹夫而有天下者，德必若舜禹，而又有天子荐之者，故仲尼不有天下。继世以有天下，天之所废，必若桀纣者也，故益、伊尹、周公不有天下。伊尹相汤以王于天下。汤崩，太丁未立，外丙二年，仲壬四年。太甲颠覆汤之典刑，伊尹放之于桐。三年，太甲悔过，自怨自艾，于桐处仁迁义；三年，以听伊尹之训己也，复归于亳。周公之不有天下，犹益之于夏，伊尹之于殷也。孔子曰：“唐虞禅，夏后、殷、周继，其义一也。”

《孟子·万章上》中的这段话阐释了为什么孔子、周公、益、伊尹具有大德却无法成为如舜、禹这样的统治者。孟子区别了“匹夫而有天下”和“继世以有天下”。对于匹夫来说，“有天下”需要满足两个条件：一个是“德必若舜禹”，即要有大德；另外一个是“又有天子荐之”，即要有在位帝王向天推荐，使之获得天的认同。而对于通过“继世”获得最高统治权的人来说，桀纣获得政权的合法性是不容置疑的，只有在像桀纣这样无道失德的前提下，其统治权才会被剥夺。朱熹说：

> 继世而有天下者，其先世皆有大功德于民，故必有大恶如桀纣，则天乃废之。如启及大甲、成王虽不及益、伊尹、周公之贤圣，但能嗣守先业，则天亦不废之。故益、伊尹、周公，虽有舜禹之德，而亦不有天下。（《孟子集注·万章章句上》）

这也是“益、伊尹、周公不有天下”而安心居于臣子之位的重要原因。伊尹摄政又还政的例子进一步说明了世袭制度是不容挑战的。任贤使能是在圣贤安于臣子之位的前提下展开的，而并非跨越君臣之间的鸿沟。换言之，在世袭权力建立之后他试图为道德政治寻找生存的根据与发展的空间。这也不得不说是道德政治对世袭权力合法性的承认与妥协。

如果说在尧舜禹的禅让传说中的“尚贤”是以获得政权为最终指向的，那么世袭制度之下的“尚贤”更多的则是一种王权专制制度下的理想和追求。这种理想与追求是以承认世袭制度的合法性为前提的、对君主任贤使能的要求和期待。

二、西汉议禅思潮的涌动

汉代之后，尧舜禹禅让虽多被提及，但早已不复先秦诸子讨论得那般热烈。秦汉以后确立起来的以中央集权为特点的皇权专制制度使得“天下为公”成为历史的遗迹。备受先秦诸子推崇的“尚贤使能”也必须在承认政权世袭合法性的前提下得以展开。随着历史的发展，尧舜禹禅让所代表的政权转移方式逐渐成为美好的想象和久远的传说。而在面对皇权专制制度下的种种黑暗与弊端的时候，对禅让的美化与向往便会更加强烈，尧舜禹的禅让成为儒者批判现实政治的参照。这种趋势，在西汉末年的社会中有着明显的表现。这也从一个侧面折射出道德政治与世袭政治之间的矛盾逐渐变得尖锐和激烈。

西汉末年，政治黑暗，矛盾重重，社会危机一触即发，人们逐渐对西汉王朝的统治感到失望以至绝望，认为汉朝气数将尽，应当改朝换代。在深重的社会危机的影响下，经过先秦诸子理想化塑造的禅让学说闪耀着点点希望之光，为西汉晚期的儒生们所青睐，掀起了一股强劲的议禅思潮。经过汉儒改造之后的禅让学说，已与先秦诸子所谈论的尧舜禹禅让传说多有不同。西汉的禅让学说与五德终始说、符瑞灾异说、天人感应论以及谶纬神学等多种元素相结合而形成其独特面貌。按照五德相生相克的历史循环论，一德将衰，灾异频现，昭示着旧王朝该寿终正寝。符瑞降临则预示着新圣出现，奉天受命，通过禅让的方式掌握最高政权，进而改正朔、易服色，重建太平盛世。这种易姓受命的议禅思潮的背后，其实是“人民对于汉帝信仰的衰微”[①]，对汉王朝统治的失望与不满。

这种失望与不满，肇始于汉昭帝时期。昭帝元凤三年（前78年），董仲舒的再传弟子眭孟（名弘，字孟）首倡禅让。《汉书·眭弘传》：

> 孝昭元凤三年正月，泰山莱芜山南匈匈有数千人声，民视之，有大石自立，高丈五尺，大四十八围，入地深八尺，三石为足。石立后有白乌数千下集其旁。是时昌邑有枯社木卧复生，又上林苑中大柳树断枯卧地，亦自立生，有虫食树叶成文字，曰“公孙病已立”，孟推《春秋》之意，以为“石柳皆阴类，下民之象，泰山者岱宗之岳，王者易姓告代之处。今大石自立，僵柳复起，非人力所为，此当有从匹夫为天子者。枯社木复生，故废之家公孙氏当复兴者也”。

眭孟据此上书说：“先师董仲舒有言，虽有继体守文之君，不害圣人之受命。汉家尧后，有传国之运。汉帝宜谁差天下，求索贤人，禅以帝位，而退自封百里，如殷周二王后，以承顺天命。”在“大道既隐，天下为家”的世袭社

① 顾颉刚：《五德终始说下的政治和历史》，载《清华学报》，1930（1）。

会中，眭孟的这一主张注定为自己招来杀身之祸。值得注意的是，尽管后来眭孟以妖言惑众、大逆不道之罪被霍光诛杀，但由此开启的儒生议禅的风气却并未因眭孟的死而销声匿迹，反而一发不可收拾。

汉宣帝神爵二年（前60年），儒生盖宽饶上书谈及五帝传贤的故事触怒了汉宣帝。

> 是时上方用刑法，信任中尚书宦官，宽饶奏封事曰："方今圣道浸废，儒术不行，以刑余为周召，以法律为《诗》《书》。"又引《韩氏易传》言："五帝官天下，三王家天下，家以传子，官以传贤，若四时之运，功成者去，不得其人则不居其位。"书奏，上以宽饶怨谤终不改，下其书中二千石。时执金吾议，以为宽饶指意欲求禅，大逆不道。谏大夫郑昌愍伤宽饶忠直忧国，以言事不当意而为文吏所诋挫……上不听，遂下宽饶吏。宽饶引佩刀自刭北阙下，众莫不怜之。（《汉书·盖宽饶传》）

盖宽饶是否有劝宣帝禅让的意思颇具争议，朝中大臣"以为宽饶指意欲求禅"似乎更像欲加之罪，但对世袭制度下的最高统治者谈论传贤就已经犯了他们的大忌，加之朝臣危言耸听，盖宽饶必然是死路一条。但汉儒议禅的热情并未因眭孟和盖宽饶二人之死而有所消退，反而持续高涨。与此同时，伴随着发端于董仲舒的符瑞灾异之说的加入，西汉的禅让学说更加丰满、完善，并具有鲜明的时代特色。元成之际的易学家京房、谷永善言灾异，通过对《周易》的解读、发挥言说灾异，告诫皇帝。

汉成帝时，又有甘忠可作《天官历》《包元太平经》，说"汉家历运中衰，当再受命，宜改元易号"（《汉书·哀帝纪》），试图劝说统治者通过再受命的形式来继续维持统治。甘忠可的建议不仅未被采纳，他本人还被加上"假鬼神罔上惑众"的罪名治了死罪。

哀帝即位之后，甘忠可的弟子夏贺良又于建平元年（前6年）上书鼓吹"再受命"：

> 汉历中衰，当更受命。成帝不应天命，故绝嗣。今陛下久疾，变异屡数，天所以谴告人也。宜急改元易号，乃得延年益寿，皇子生，灾异息矣。（《汉书·李寻传》）

求子心切的哀帝采纳了他的建议，以建平二年（前5年）为"太初元将元年"，号位"陈圣刘太平皇帝"。但过了两个月，毫无应验。夏贺良遭遇了与他老师同样被杀的命运。

更值得一提的是，哀帝时期不仅儒者鼓吹改元易号再受命，甚至连皇帝本人也有将帝位禅让于人的想法。《汉书》记载，佞臣董贤的父亲为他的儿子董宽信求娶大臣萧咸的女儿，请王闳到萧咸家试探。当王闳向萧咸说明来意之后，萧咸惶恐不敢答应，并私下对王闳说：“董公为大司马，册文言‘允执其中’，此乃尧禅舜之文，非三公故事，长老见者，莫不心惧。此岂家人子所能堪邪!”(《汉书·董贤传》)后来，哀帝在麒麟殿设宴，董贤父子亲属被请来饮酒，王闳兄弟侍中中常侍都在旁边，哀帝酒后看着董贤笑着说：“吾欲法尧禅舜，何如?”王闳劝阻说：“天下乃高皇帝天下，非陛下之有也。陛下承宗庙，当传子孙于亡穷。统业至重，天子亡戏言!”(《汉书·董贤传》)哀帝听了沉默不高兴，左右皆惶恐，后来哀帝疏远王闳，不再让他侍宴。董贤固然集哀帝的万千宠爱于一身，但能让哀帝产生禅让于他的想法，亦足可见禅让学说在当时的流行与认可程度非同一般，若不是王闳等人的劝阻，汉代的禅让事件会不会提前上演也未可知。

班固在《汉书》中评论道：

> 幽赞神明，通合天人之道者，莫著乎《易》《春秋》。然子赣犹云“夫子之文章可得而闻，夫子之言性与天道不可得而闻”已矣。汉兴推阴阳言灾异者，孝武时有董仲舒、夏侯始昌，昭、宣则眭孟、夏侯胜，元、成则京房、翼奉、刘向、谷永，哀、平则李寻、田终术。此其纳说时君著明者也。察其所言，仿佛一端。假经设谊，依托象类，或不免乎“亿则屡中”。仲舒下吏，夏侯囚执，眭孟诛戮，李寻流放，此学者之大戒也。京房区区，不量浅深，危言刺讥，构怨强臣，罪辜不旋踵，亦不密以失身，悲夫！(《汉书·李寻传》)

汉代言阴阳灾异的儒生们的下场大多悲惨，班固对此也深感惋惜和痛心，并告诫学者引以为戒。尽管如此，这种借阴阳灾异而谈论改朝换代的传统却从未消亡，并对西汉王朝的统治产生了重要的影响。思想界所热议的汉德渐衰须再受命以及禅让学说绝非空穴来风，或是儒生们的闭门造车。对每况愈下的社会政治状况的强烈不满与批判，才是这股愈演愈烈的议禅之风背后真正的推动力。在理论与现实的双重推动下，西汉王朝最终酝酿出王莽“受禅”一幕，需要的只是时间的发酵与时机的把握。

西汉晚期的议禅思潮另一个重要特征就是禅让学说与谶纬神学的结合。汉哀帝和汉平帝时期，谶纬泛滥。谶或谶语，是上天对人间吉凶祸福的启示或预言。纬是相对经而言的，是对经书的解释，特别是神学化解释，这些解释又被托于孔子。根据纬书的说法，孔子作六经之后，又作了一些补充的著作，就是《易纬》《诗纬》《春秋纬》《乐纬》等。因为谶纬有图有书，又称“图书”“图纬”“图谶”。谶纬的发展流变，《四库全书总目提要》中有较为明确的论述：

> 案：儒者多称谶纬，其实谶自谶，纬自纬，非一类也。谶者诡为隐语，预决吉凶。《史记·秦本纪》称卢生奏录图书之语，是其始也。纬者经之支流，衍及旁义。《史记·自序》引《易》“失之毫厘，差以千里”，《汉书·盖宽饶传》引《易》“五帝官天下，三王家天下”，注者均以为《易纬》之文是也。盖秦汉以来，去圣日远，儒者推阐论说，各自成书，与经原不相比附。如伏生《尚书大传》，董仲舒《春秋·阴阳》，核其文体，即是纬书。特以显有主名，故不能托诸孔子。其他私相撰述，渐杂以术数之言，既不知作者为谁，因附会以神其说。迨弥传弥失，又益以妖妄之词，遂与谶合而为一。(《四库全书总目提要·易类六》)

谶纬的主要内容是符命、预言，故又叫“符命”“谶记”，或称“经谶”。谶纬内容庞杂，除了对经书经义的解释，还包括天官星历、灾异感应、谶语符命，以及天文地理、风土人情，甚至还有驱鬼镇邪、神仙方术等，是今文经学政治化过程中与神学迷信相结合的产物。

谶纬之所以在哀平之世泛滥，这与当时的社会状况有着密不可分的关系，《汉书》中这样描述哀平之世：

> 阴阳错缪，岁比不登，天下空虚，百姓饥馑，父子分散，流离道路，以十万数。而百官群职旷废，奸宄放纵，盗贼并起，或攻官寺，杀长吏。(《汉书·孔光传》)

在空前严重的政治危机的笼罩下，尖锐的社会矛盾一触即发，而豪强、宗室以及外戚们为了争权夺利相互倾轧。谶纬，则成为统治集团蛊惑百姓、玩弄权术的工具。《后汉书》中有载：“自中兴之后，儒者争学图纬，兼复附以讹言。”(《后汉书·张衡列传》)而谶纬神学与禅让学说的联姻，为禅让蒙上了一层神秘的面纱。

建平二年，夏贺良向哀帝奏“赤精子之谶”，说：“汉家逢天地之大终，当更受命于天，天帝使真人赤精子，下教我此道。”(《汉书·李寻传》)当时哀帝下诏改元，以应谶语。而到了王莽这里，利用谶纬粉饰太平、玩弄百姓，一度达到了登峰造极的程度，最终他利用哀章伪造的《天帝行玺金匮图》和《赤帝行玺某传予黄帝金策书》，正式代汉称帝。

谶纬对于统治者来说，不啻一把双刃剑，王莽可以利用谶纬推翻别人的统治，其他人同样可以利用谶纬推翻他的统治。王莽认识到任意制造谶纬的危险和严重后果，因此在他受禅之后，曾下令采取严厉措施，禁止新的谶纬出现和流行。但这只是他的一厢情愿，谶纬在社会中的流行与泛滥一发不可收拾，为各种起义造反制造舆论、煽动人心。可以这样说，试图利用谶纬来谋取政权无异于玩火，到最后难免引火烧身。后来光武帝刘秀的即位，同样是利用谶语，“刘秀发兵捕不道，卯金修德为天子”（《后汉书·光武帝纪》）。而汉末的黄巾大起义也是利用“苍天已死，黄天当立。岁在甲子，天下大吉”的谶语发动的。

三、王莽之“受禅”

此起彼伏的议禅思潮到了西汉末年终于在王莽这里成功地进行了一次现实演绎。需要指出的是，传统史家多以“阴谋论”来看待王莽代汉这一事件，把王莽看作处心积虑谋取最高权力的篡夺者。《汉书·王莽传》里这样描述王莽：“受《礼经》，师事沛郡陈参，勤身博学，被服如儒生”。一个“如”字，生动地传达了以班固为代表的传统史家对王莽的轻视与不屑。尽管王莽师从陈参学习《礼》，对儒学推崇备至，但班固这里用的却是一个耐人寻味的“如”，言外之意似乎是在说王莽只是以儒家的仁义道德为缘饰，而并非真正的儒生。而王莽“受禅”这一事件，更被认为是以“禅让”之名行篡逆之实，被后世历代儒生口诛笔伐，批判不休。然而，这种观点未免有所偏颇，仅从维护“一家一姓”的视角来看待王莽其人其事，必然会一叶障目不见泰山。纵观王莽从权臣到皇帝的这一转变过程，走的是一条谶纬造势、士人追捧、权臣居摄的稳扎稳打、步步为营之路。但从某种意义上来说，王莽之“受禅”，“是原始禅让政治所蕴藉的让贤精神的复活，是春秋战国时代儒家‘天下为公’政治理想在皇权君主专制制度下的变相落实”[①]。

首先，就其王莽的身份来说，在王莽的身上，实现了位高权重的外戚与倾慕古昔的儒生的完美结合。这也能够很好地解释为何王莽能够在“天下为家”的世袭制度下，在一片“颂声交作”声中实现最高权力非世袭的交接。而在此过程中，除了少数、零星的反抗之外，并未招致刘氏宗室以及百姓臣民大规模的不满和讨伐。这一现象是值得我们深思的。西汉末年引得诸多儒生争相谈论的议禅思潮背后蕴含的不仅是对现实政治的鞭笞与批判，更包含着改造黑暗现

① 杨永俊：《禅让政治研究——王莽禅汉及其心法传替》，112页，北京，学苑出版社，2005。

实的雄心壮志。王莽作为一个有着儒学情结的外戚，在他身上既有着王氏家族“翻手为云，覆手为雨”的权力与地位，还有着儒生的志向与追求。王莽的出现，正如余英时先生在他的《士与中国文化》一书中说的那样：“王莽本人是当时两种矛盾的社会势力的综合产物：从他的身世说，他乃是外戚，属于王氏势力的系统；但从其行事及其所推行的政策看，则他又代表了汉代士人的共同政治理想。他之所以后来成为众望所归的人物，便正是由于他一方面有王室的关系为凭借，而另一方面又获得了不少士人的归心。”①

王莽走向权力顶峰的过程，经历了从“如霍光故事”到“如周公故事”再到以尧舜之事来称颂他的几个阶段。通过将自身与霍光、周公、尧舜等人比附，王莽从权臣到居摄再到即真，一步步实现了他的皇帝梦。

群臣上奏请太后封王莽为安汉公的奏言里，称“莽宜如光故事”，太后下诏“以故萧相国甲第为安汉公第”。萧何与霍光都是汉代为人称颂的贤相，尤其是霍光，更是“有安宗庙之功”。汉宣帝刘询在霍光在世的时候就赞扬他“宿卫忠正，宣德明恩，守节秉谊，以安宗庙”（《汉书·霍光传》），将王莽比于霍光，便是将王莽视为安邦定国、有功于江山社稷的栋梁之臣。

然而，耐人寻味的是，与王莽相比，霍光之所以被推崇的最为根本原因在于：霍光在当权时虽然八面威风，生杀予夺，但却没有进一步在形式上也要求做皇帝。他虽然一人之下万人之上，但是在行使权力的时候，依然打着皇帝的旗号。因此，霍光在历代史家的眼中，便成为封建道德的笃行者、矢志不渝的臣子典范。② 而王莽却被认为是乱臣贼子，成为封建正统史家口诛笔伐的对象。

群臣以王莽比霍光之后不久，又以王莽比伊尹、周公。元始四年（4 年），在臣民的要求下，“采伊尹、周公称号”，太后加封王莽为“宰衡”，“如周公故事”。伊尹、周公不仅都是名相贤臣，更为重要的是他们都以摄政而闻名。以这二人的称呼加封王莽，王莽摄政已经势在必行。王莽也在上书中这样形容自己：

> 臣以元寿二年六月戊午仓卒之夜，以新都侯引入未央宫；庚申拜为大司马，充三公位；元始元年正月丙辰拜为太傅，赐号安汉公，备四辅官；今年四月甲子复拜为宰衡，位上公。臣莽伏自惟，爵为新都侯，号为安汉公，官为宰衡、太傅、大司马，爵贵号尊官重，一身蒙大宠者五，诚非鄙

① 余英时：《东汉政权之建立与士族大姓之关系》，见《士与中国文化》，199 页，上海，上海人民出版社，2003。

② 参见孟祥才：《王莽传》，5 页，天津，天津人民出版社，1982。

臣所能堪。(《汉书·王莽传》)

为了不辜负身蒙五大宠，王莽进行了大规模的制礼作乐。

> 莽奏起明堂、辟雍、灵台，为学者筑舍万区，作市、常满仓，制度甚盛。立《乐经》，益博士员，经各五人。征天下通一艺教授十一人以上，及有逸《礼》、古《书》、《毛诗》、《周官》、《尔雅》、天文、图谶、钟律、月令、兵法、《史篇》文字，通知其意者，皆诣公车。网罗天下异能之士，至者前后千数，皆令记说廷中，将令正乖缪，一异说云。(《汉书·王莽传》)

制礼作乐成功之后，王莽的姑母，当时的太皇太后接受群臣的建议，对王莽授予殊礼，下诏为王莽“加九命之锡”。根据杨永俊的考证，王莽所接受的“九锡之礼”是从九仪之命演变而来的。[①] 根据班固《汉书·王莽传》中的记载，王莽“受绿韨衮冕衣裳，玚琫玚珌，句履，鸾路乘马，龙旗九旒，皮弁素积，戎路乘马，彤弓矢，卢弓矢，左建朱钺，右建金戚，甲胄一具，秬鬯二卣，圭瓒二，九命青玉珪二，朱户纳陛。署宗官、祝官、卜官、史官，虎贲三百人，家令丞各一人，宗、祝、卜、史官皆置啬夫，佐安汉公。在中府外第，虎贲为门卫，当出入者傅籍。自四辅、三公有事府第，皆用传。以楚王邸为安汉公第，大缮治，通周卫。祖祢庙及寝皆为朱户纳陛”。从《汉书》中这段有关“九锡之礼”的记载可以看出，王莽所受的“九锡之礼”涵盖了衣食住行各个方面，从日常生活的各个细节彰显受礼之人特殊而尊贵的地位，更为重要的是，还有弓矢、朱鉞、秬鬯等象征征讨和祭祀的礼器。这一点，也诚如杨永俊所言，“九锡礼皆以准天子礼仪为准则，非人臣所有……它从礼仪角度上把人臣与君主放置于大致同一的水平”[②]。

王莽接受了“九锡之礼”后，平帝元始五年（5 年）秋，宗室泉陵侯刘庆上奏说：“周成王幼少，称孺子，周公居摄。今帝富于春秋，宜令安汉公行天子事，如周公。”(《汉书·王莽传》) 连刘氏宗室都支持王莽，王莽的影响力可见一斑。刘庆的这一奏议得到了群臣的赞同。

同年十二月，平帝崩。平帝死后，元帝已经没有后嗣，只能从宣帝的子孙中选择继承人。王莽就从宣帝的玄孙中选了年龄最小的仅两岁的刘婴，“托为卜相最吉”。与此同时，有人奏上符命，“前辉光谢嚣奏武功长孟通浚井得白

---

① 参见杨永俊：《禅让政治研究——王莽禅汉及其心法传替》，224～231 页。

② 同上书，237 页。

石，上圆下方，有丹书著石，文曰'告安汉公莽为皇帝'"（《汉书·王莽传》）。白石符命成为王莽政治生涯中的一个重要转折。王莽一反之前坚辞不受的态度，"使群公以白太后"。太后王政君的反应激烈，她说："此诬罔天下，不可施行！"但王莽摄政已经成为大势所趋。太保王舜这样劝说太后王政君："事已如此，无可奈何，沮之力不能止。又莽非敢有它，但欲称摄以重其权，填服天下耳。"（《汉书·王莽传》）从王舜的这段话中可以读出两层意思：一方面王莽"羽翼已成"；另一方面，也是对王莽真实意图的掩饰，即"欲称摄以重其权，填服天下耳"。太后听了只能同意，"其令安汉公居摄践祚，如周公故事"（《汉书·王莽传》）。

所谓的"居摄"，即"摄行皇帝之事"，并且在第二年改元为"居摄"。等到天子长大成人之后，则要还政于天子，"复子明辟"，退居臣位。刘歆等儒者对"居摄"则做了如下的解释：

> 居摄之义，所以统立天功，兴崇帝道，成就法度，安辑海内也。昔殷成汤既没，而太子蚤夭，其子太甲幼少不明，伊尹放诸桐宫而居摄，以兴殷道。周武王既没，周道未成，成王幼少，周公屏成王而居摄，以成周道。是以殷有翼翼之化，周有刑错之功。今太皇太后比遭家之不造，委任安汉公宰尹群僚，衡平天下。遭孺子幼少，未能共上下，皇天降瑞，出丹石之符，是以太皇太后则天明命，诏安汉公居摄践祚，将以成圣汉之业，与唐虞三代比隆也。（《汉书·王莽传》）

这其中的共同点便是对天下太平的追求。伊尹居摄是为了"兴殷道"，周公居摄则"成周道"，那么到了王莽这里，就是要达到"隆治平之化""成圣汉之业"的伟大目标。[①]

就在王莽"遂某即真之事"时，王莽的母亲过世。按照儒家的要求，王莽要为其母服丧三年，在经过羲和刘歆等众儒生商定之后，为王莽设计了一个折中的方案：

> 今功显君薨，《礼》"庶子为后，为其母缌"。传曰："与尊者为体，不敢服其私亲也。"摄皇帝以圣德承皇天之命，受太后之诏居摄践祚，奉汉

---

① 也有学者认为，王莽的"居摄"是向代汉称帝迈出的第一步，他是否迈出第二步即成为真正的皇帝，则视天下的反应而定。而刘歆等将王莽居摄的意义限定为"成圣汉之业"，则是企图阻止他迈出第二步。参见陈苏镇：《〈春秋〉与"汉道"——两汉政治与政治文化研究》，368页，北京，中华书局，2011。

> 大宗之后，上有天地社稷之重，下有元元万机之忧，不得顾其私亲。故太皇太后建厥元孙，俾侯新都，为哀侯后。明摄皇帝与尊者为体，承宗庙之祭，奉共养太皇太后，不得服其私亲也。《周礼》曰“王为诸侯缌缞”，“弁而加环绖”，同姓则麻，异姓则葛。摄皇帝当为功显君缌缞，弁而加麻环绖，如天子吊诸侯服，以应圣制。（《汉书·王莽传》）

这样一来，王莽就以“不得顾其私亲”的理由，让自己的长孙王宗代替自己为自己的母亲服丧三年。而他自己则以天子吊诸侯的礼节以示哀悼。经过刘歆等儒生这一番巧妙设计，王莽将为母亲服丧三年的任务转移到自己的儿子身上。也正因为如此，班固说王莽“意不在哀”。

所有准备工作都就绪之后，齐郡新井、巴郡石牛、扶风雍石等符命继白石之后纷纷出现，王莽将其上奏王政君，并提出了进一步的要求：

> 臣请共事神祇宗庙，奏言太皇太后，孝平皇后，皆称假皇帝。其号令天下，天下奏言事，毋言“摄”。以居摄三年为初始元年，漏刻以百二十为度，用应天命。臣莽夙夜养育隆就孺子，令与周之成王比德，宣明太皇太后威德于万方，期于富而教之。孺子加元服，复子明辟，如周公故事。（《汉书·王莽传》）

王莽在上奏中提出了三个要求：第一，“奏言太皇太后，孝平皇后，皆称假皇帝”；第二，“天下奏言事，毋言‘摄’”；第三，进行改元，“以居摄三年为初始元年，漏刻以百二十为度，用应天命”。不得不说，王莽这三个要求，充分显露出他对皇位的觊觎和对最高权力的渴望。从朝见太皇太后、帝皇后皆“复臣节”到称朝见太后称“假皇帝”，再到“奏言太皇太后，孝平皇后，皆称假皇帝”，王莽试图逐渐实现由“假皇帝”到“真皇帝”的转变。但是，为了掩盖自己的企图，他还不忘强调，“孺子加元服，复子明辟，如周公故事”，即就像周公那样，等到孺子长大成人行冠礼之后就会还政于他。但这种承诺已经是一张空头支票，正如班固所说，“以视即真之渐矣”。

所谓新井、石牛、雍石等事件仅仅是“即真”的序幕，梓潼人哀章献上金匮符命，伪托天公及刘邦神灵之意，“言王莽为真天子”，则标志着高潮的真正到来。在“天命”的指引下，王莽顺水推舟地登上了皇帝之位并诏告天下说：

> 予以不德，托于皇初祖考黄帝之后，皇始祖考虞帝之苗裔，而太皇太后之末属。皇天上帝隆显大佑，成命统序，符契图文，金匮策书，神明诏告，属予以天下兆民。赤帝汉氏高皇帝之灵，承天命，传国金策之书，予

甚祇畏，敢不钦受！以戊辰直定，御王冠，即真天子位，定有天下之号曰“新”。其改正朔，易服色，变牺牲，殊徽帜，异器制。以十二月朔癸酉为建国元年正月之朔，以鸡鸣为时。服色配德上黄，牺牲应正用白，使节之旄幡皆纯黄，其署曰“新使五威节”，以承皇天上帝威命也。（《汉书·王莽传》）

王莽终于如愿登上了皇帝的宝座。

在王莽“受禅”之后，在对孺子婴的处置方式方面，形式上继承了先秦禅让的精神。“封尔为定安公，永为新室宾。”（《汉书·王莽传》）还为其建立封国，以奉先祀。

以平原、安德、漯阴、鬲、重丘，凡户万，地方百里，为定安公国。立汉祖宗之庙于其国，与周后并，行其正朔、服色。世世以事其祖宗，永以命德茂功，享历代之祀焉。以孝平皇后为定安太后。（《汉书·王莽传》）

王莽还流着泪歔欷说道：“昔周公摄位，终得复子明辟，今予独迫皇天威命，不得如意！”（《汉书·王莽传》）王莽的这一番感叹，还使得陪在周围的百官群臣备受感动。然而实际上，王莽对孺子婴绝非深怀愧疚与感恩之情，而是心存警惕与防备。“改明光宫为定安馆，定安太后居之。以故大鸿胪府为定安公第，皆置门卫使者监领”（《汉书·王莽传》），严格限制了孺子婴的自由。不仅如此，王莽对孺子婴，与其说养育，不如说虐待，“敕阿乳母不得与语，常在四壁中，至于长大，不能名六畜。后莽以女孙宇子妻之”（《汉书·王莽传》）。

而王莽能够成功代汉的原因之一是注意安抚西汉宗室。即位之前，对刘氏宗室百般安抚，加之王莽自己所表现出来的人格魅力与道德修养，具有一定的感召力和影响力。这也导致刘氏宗室内部发生分裂。一部分人支持王莽，以泉陵侯刘庆、广饶侯刘京为代表。刘庆奏请王莽“行天子事，如周公”；刘京则上书说齐郡出现新井，“摄皇帝当为真”。另一部分人则对王莽表现出强烈的反对，以安众侯刘崇、严乡侯刘信等为代表。他们认为王莽位高权重，迟早有一天“必危刘氏”，因此举起了反抗的大旗，尽管最后以失败告终。

但在即位之后，王莽则一反之前对待刘氏宗室的安抚态度，对刘氏宗室不断加以贬斥，罢官、免职、贬为平民，最后干脆赐王姓。王莽即位后，先是“诸刘为郡守，皆徙为谏大夫”（《汉书·王莽传》）。然后借改制之机，将改“王”为“公”。

汉氏诸侯或称王，至于四夷亦如之，违于古典，缪于一统。其定诸侯王之号皆称公，及四夷僭号称王者皆更为侯。（《汉书·王莽传》）

由“王”改为“公”王莽还是不放心，又罢免了为官的刘氏宗室。“诸刘为诸侯者，以户多少就五等之差；其为吏者皆罢，待除于家。”（《汉书·王莽传》）在王莽即位二年的十一月，干脆一道诏书收回诸刘玺绶，将之贬为平民。“五威将帅七十二人还奏事，汉诸侯王为公者，悉上玺绶为民，无违命者。”（《汉书·王莽传》）新莽一朝，除了刘歆等少数大力吹捧王莽等刘氏宗室之外，其余均从王公贵族变为一介平民，甚至以赐姓的方式改姓“王”，连自己的姓氏都必须改变。

莽曰：“可。嘉新公国师以符命为予四辅，明德侯刘龚、率礼侯刘嘉等凡三十二人皆知天命，或献天符，或贡昌言，或捕告反虏，厥功茂焉。诸刘与三十二人同宗共祖者勿罢，赐姓曰王。”唯国师以女配莽子，故不赐姓。（《汉书·王莽传》）

尽管王莽如何对待刘氏宗室《汉书》的记载并不多，但从这几条便足可见王莽对刘氏宗室的提防与警惕。王莽采取“禅让”这种形式获得政权固然避免了暴力革命的流血冲突，在形式上与儒家的政治理想相契合，但是这种“和平过渡”的方式贻害深远。尤其是王莽对待孺子婴和刘氏宗室的做法不断为魏晋时期打着“禅让”旗号的篡位者所效仿。而且，王莽对待孺子婴和刘氏宗室的做法也撕去了笼罩在尧舜禹禅让传说上温情脉脉的面纱，露出了皇权世袭制度下实行“禅让”不可避免的血腥与虚伪的一面。

王莽“受禅”最大的意义就在于他是在一家一姓的世袭制度下完成了异姓之间的禅让，这是对“家天下”社会中世袭原则的极大挑战。又因其改制失败，其“受禅”的正当性也被质疑。更为重要的是，王莽“受禅”之后，并没有打算同样用禅让的方式将帝位传给下一位德才兼备的异姓继承人，而是开创了另一个世袭王朝，“乃以临为皇太子，安为新嘉辟”（《汉书·王莽传》）。正如艾兰所指出的那样，“在王莽登基称帝后……《汉书》的本纪部分不再谈论周公而谈论舜、禹（当称帝时，王莽曾制造舆论追溯其祖为舜），因为适宜的模式不再是摄政，而是非世袭地继位”[①]。这也是王莽被后世正统史家口诛笔伐的重要原因之一。对他的批判也从某种意义上反映了人们对世袭这种占据历史

① ［美］艾兰：《世袭与禅让——古代中国的王朝更替传说》，余佳译，103页，北京，北京大学出版社，2002。

主流的政权转移方式的认可程度。

第二节　经典诠释与秩序建构

孔子删述六经，以六经教门人弟子。经者，常也。经典记载着恒常不易的道理。儒家经典被中央政府立于学官，成为一切政治主张和决策的依据，研究和解释经典的“经学”，成为儒家学者依据文本生产思想的主要方式。王莽是喜欢从儒家的“本本”出发的典型，他的每项改制都严谨地从经典上寻找根据。

一、王莽依经改制

学术界以往对于王莽改制的研究，关注的焦点多集中在其经济领域的变革以及改制失败原因的分析上，而对于其改制的经典依据关注甚少，或者直接将其认定为据《周礼》而改制。那么在其改制所依据的经典中，除了《周礼》之外，对儒家其他经典的采用情况如何，是否反映了一般认为的今古文经学势同水火的争斗情况，对于这些问题需要进行明确的解释。

1. 改官名与官制

始建国元年（9 年），王莽下诏：

> 更名大司农曰羲和，后更为纳言，大理曰作士，太常曰秩宗，大鸿胪曰典乐，少府曰共工，水衡都尉曰予虞，与三公司卿凡九卿，分属三公。每一卿置大夫三人，一大夫置元士三人，凡二十七大夫，八十一元士，分主中都官诸职。（《汉书·王莽传》）

王莽这一改革的经典依据，并非来自《周礼》。而是源于《礼记·王制》。《礼记·王制》中有云，“天子三公，九卿，二十七大夫，八十一元士”。而在这一系列的改动中，最有代表性的是将大司农改名“羲和”，后又改为“纳言”，太常改为“秩宗”，大鸿胪改为“典乐”，少府改为“共工”。羲和、纳言、秩宗、典乐、共工，都是《尚书》中所记载的尧舜时代的官名。在《尚书·舜典》中还记载了舜任命垂为共工，伯为秩宗，夔为典乐，龙为纳言等。

2. 改吏禄制度

天凤三年（16 年）五月，王莽对吏禄制度作出如下改革：

《周礼》膳羞百有二十品，今诸侯各食其同、国、则；辟、任、附城食其邑；公、卿、大夫、元士食其采。多少之差，咸有条品。岁丰穰则充其礼，有灾害则有所损，与百姓同忧喜也。(《汉书·王莽传》)

这一改革依据的经典是《周礼》：

膳夫掌王之食饮膳羞，以养王及后、世子。凡王之馈，食用六谷，膳用六牲，饮用六清，羞用百有二十品，珍用八物，酱用百有二十瓮。(《周礼·膳夫》)

不过，王莽在《周礼》规定的基础上又添加了一些新的内容。比如，“岁丰穰则充其礼，有灾害则有所损，与百姓同忧喜也”，突出了官吏应心系百姓，但遗憾的是这一制度在后来的实践中并未得到很好的落实。

3. 恢复乡遂制度

天凤元年（14年），王莽下诏：

以《周官》《王制》之文，置卒正、连率、大尹，职如太守；属令、属长，职如都尉。置州牧、部监二十五人，见礼如三公。监位上大夫，各主五郡。……分长安城旁六乡……分三辅为六尉郡，河东、河内、弘农、河南、颍川、南阳为六队郡……置六郊州长各一人，人主五县。及它官名悉改。大郡至分为五。(《汉书·王莽传》)

王莽虽说“以《周官》《王制》之文”，但仔细加以考辨，《王制》中并无相关记载，而诏书中的相关内容却与《周官》(即《周礼》)中的乡遂制度颇为相似。《周礼》记载，周在地方行政机构的设置上，实行乡遂制，即“五家为比”，“五比为闾”，“四闾为族”，“五族为党”，“五党为州”，“五州为乡”(《周礼·大司徒》)，“五家为邻”，“五邻为里”，“四里为酂”，“五酂为鄙”，“五鄙为县”，“五县为遂”(《周礼·遂人》)。

4. 对州县的调整

天凤元年，王莽对州县的设置进行了调整：

常安西都曰六乡，众县曰六尉。义阳东都曰六州，众县曰六队。粟米之内曰内郡，其外曰近郡。有鄣徼者曰边郡。合百二十有五郡。九州之内，县二千二百有三。公作甸服，是为惟城；诸在侯服，是为惟宁；在采、任诸侯，是为惟翰；在宾服，是为惟屏；在揆文教，奋武卫，是为惟垣；在九州之外，是为惟藩：各以其方为称，总为万国焉。(《汉书·王

莽传》）

王莽这项改革，可以在《周礼》与《尚书》中找到依据。《周礼·夏官·职方氏》记载：

乃辨九服之邦国，方千里曰王畿，其外方五百里曰侯服，又其外方五百里曰甸服，又其外方五百里曰男服，又其外方五百里曰采服，又其外方五百里曰卫服，又其外方五百里曰蛮服，又其外方五百里曰夷服，又其外方五百里曰镇服，又其外方五百里曰藩服。

《尚书·禹贡》亦有类似的记载：

五百里甸服。百里赋纳总，二百里纳铚，三百里纳秸服，四百里粟，五百里米。五百里侯服。百里采，二百里男邦，三百里诸侯。五百里绥服。三百里揆文教，二百里奋武卫。五百里要服。三百里夷，二百里蔡。五百里荒服。三百里蛮，二百里流……

而对比王莽诏书与《周礼》《尚书》中的内容，应当说王莽较多地采用了《尚书》中的说法。

5. 立五等爵

居摄三年（8 年），王莽仿照周制建立五等爵封制。至始建国四年（12 年），王莽又“授诸侯茅土”。诏书曰：

州从《禹贡》为九，爵从周氏有五。诸侯之员千有八百，附城之数亦如之，以俟有功。诸公一同，有众万户，土方百里。侯伯一国，众户五千，土方七十里。子男一则，众户二千有五百，土方五十里。附城大者食邑九成，众户九百，土方三十里。自九以下，降杀以两，至于一成。（《汉书·王莽传》）

关于爵封制的记载可见于《礼记》与《周礼》：

王者之制禄爵，公、侯、伯、子、男，凡五等。……天子之田方千里，公侯田方百里，伯七十里，子男五十里。不能五十里者，不合于天子，附于诸侯，曰附庸。（《礼记·王制》）

凡建邦国，以土圭土其地而制其域。诸公之地，封疆方五百里，其食者半；诸侯之地，封疆方四百里，其食者参之一；诸伯之地，封疆方三百里，其食者参之一；诸子之地，封疆方二百里，其食者四之一；诸男之地，封疆方百里，其食者四之一。（《周礼·大司徒》）

对比王莽在诏书中的规定与《周礼》《礼记》中的内容不难发现，王莽之制与《礼记·王制》中的分封制度基本一致，而与《周礼》并不一致。显然，王莽改制并非完全根据儒家经典《周礼》，对一般认为从属于今文经学系统的《礼记·王制》亦有所采用。

6.“五均”及赊贷

“五均”以及赊贷是王莽改制的重要组成部分，《汉书·王莽传》以及《汉书·食货志》中对此均有详细的记载：

> 莽乃下诏曰：“夫《周礼》有赊贷，《乐语》有五均，传记各有斡焉。今开赊贷，张五均，设诸斡者，所以齐众庶，抑并兼也。”遂于长安及五都立五均官，更名长安东西市令及洛阳、邯郸、临菑、宛、成都市长皆为五均同市师。(《汉书·食货志》)

对于赊贷的规定如下：

> 民欲祭祀丧纪而无用者，钱府以所入工商之贡但赊之，祭祀无过旬日，丧纪毋过三月。民或乏绝，欲贷以治产业者，均授之，除其费，计所得受息。毋过岁什一。(《汉书·食货志》)

按照王莽的诏书，“五均”来自《乐语》，臣瓒注曰：“其(《乐语》)文云：‘天子取诸侯之土以立五均，则市无二贾，四民常均，强者不得困弱，富者不得要贫，则公家有余，恩及小民矣。’”(《汉书·食货志》)而王莽五均制中的“司市”“五均官”的设置，均效仿《周礼·大司徒》中的“司市”“肆长”。

除了“五均”，王莽还增加了不生产税的征收，规定如下：“凡田不耕为不殖，出三夫之税；城郭中宅不树艺者为不毛，出三夫之布；民浮游无事，出夫布一匹。其不能出布者，冗作，县官衣食之。”(《汉书·食货志》)这类征税的依据是来源于《周礼》的。如《周礼·载师》载：“凡宅不毛者，有里布；凡田不耕者，出屋粟；凡民无职事者，出夫家之征。”《周礼·闾师》载：“凡无职者出夫布”。

7.更改币制

王莽对币制的改革变动，很大一部分原因并非出于经济生活与货币流通的需要，而是为了彰显新王朝与旧王朝的区别和实现儒家经典所设计的理想社会。

王莽即位之后第一次更改币制，是为了凸显其受命的标志。

> 今百姓咸言皇天革汉而立新，废刘而兴王。夫“刘”之为字“卯、

金、刀”也，正月刚卯，金刀之利，皆不得行。博谋卿士，佥曰天人同应，昭然著明。其去刚卯莫以为佩，除刀钱勿以为利，承顺天心，快百姓意。（《汉书·王莽传》）

而其后的两次更改币制，都是取法儒家经典的设计，以复古的方式对儒家学说进行实践，“宝货”制的设计与取名尤其凸显了这一点。“更作金、银、龟、贝、钱、布之品，名曰‘宝货’。”（《汉书·食货志》）可见，不仅在名称上如此，王莽还试图恢复龟、贝等作为货币。

在这其中，“宝货”取名于周景王时所铸大钱，“布货十品”中的“次布”来自《周礼·廛人》，“元龟”来自《诗经·泮水》，“龟宝四品”中的“公龟”“侯龟”“子龟”则取自《礼记·王制》。

对以上援引的七例王莽依经改制的措施加以分析，可以看出：王莽改制，虽然依据《周礼》为多，但并不局限于《周礼》，而是对《尚书》《礼记》等均有所创造地采用。因此，应当说王莽改制所依据的经典并不局限于古文经，而是今古文经兼采并用。尽管西汉末年今古文经学之争势同水火，但在王莽改制所依据的经典中并未表现出完全排斥今文经而只采信古文经的情况。此种情况的出现，与王莽对待经典的态度有着密切的联系。换言之，只要是可以补我所需、为我所用的，那么不论今古文均加以采信。

另外，王莽对于经典中所记载的制度，并非不加改造地使用，而是有所损益和改造的。但问题的关键在于，即便有所创新，经典中的制度是否就适用于西汉末年的社会，是否可以解决当时深重的社会危机？更耐人寻味的是，虽然王莽以《周礼》为蓝本的社会变革最终失败，但是一千余年后，王安石又再一次依据《周礼》进行变法，那么《周礼》这一经典究竟有何特殊之处？

二、《周礼》之诠释与实践

按照《汉书》中的记载，王莽居摄三年九月，刘歆与博士诸儒七十八人皆曰：

> 摄皇帝遂开秘府，会群儒，制礼作乐，卒定庶官，茂成天功。圣心周悉，卓尔独见，发得《周礼》，以明因监，则天稽古，而损益焉。（《汉书·王莽传》）

事实上，《周礼》一书以及《周礼》与王莽改制的关系在学界一直以来都存在着极大的争议，可谓众说纷纭。

《周礼》又名《周官》，主要内容是“体国经野、分职设官”。换言之，它是对整个社会运行秩序、政治运作模式的一种全面设计与建构。千百年来，《周礼》的作者、真伪、成书年代等问题成为学界的悬案，学者们对此展开热烈的讨论。《周礼》为周公所作这一观点曾经被很多经学家接受，这也曾是流传最广泛、影响最大的观点。朱熹说：“《周礼》是周公遗典也……周家法度在里。”（《朱子语类》卷八十六）孙诒让在其《周礼正义》中也指出：“粤昔周公，缵文武之志，光辅成王，宅中作洛，爰述官政，以垂成宪，有周一代之典，炳然大备。”（《周礼正义》卷一）

但也有学者认为，《周礼》中记载的制度并不是真实存在的，很大一部分是刘歆等学者为王莽改制而进行的创作和附会。此种说法首倡于宋代儒者，如胡安国、胡宏父子就以此观点批判王安石变法。而经清末的今文学家廖平、康有为等人的阐发，该说影响颇大。现代的钱玄同、杜国庠、徐复观等人也纷纷撰文表示赞同此说。① 而随着考古的新发现与释古而非疑古方法的更多被采用，大多数学者对周公做《周礼》说和刘歆伪造说均表示了否定。②

基于不同的证据和理由，围绕《周礼》形成了种种不同的观点。我们现在所要做的，并不是判定和考证哪种观点更接近历史的真相，而是从政治哲学的视角去关注莫衷一是的观点背后所蕴含的深切意义。在中国古代社会，《周礼》是一部特殊的经书，它的特殊就在于它“是中国思想史上一部‘乌托邦’作品”，它全面地设计了一套国家政权的运行体系，“这一套乌托邦的设计特别受到儒家型知识人的重视，因为儒家的特色之一便是要‘改造世界’”③。正因为传统儒家学者笃信《周礼》是“周公致太平之书”，从而使得它在历次社会改革中扮演的角色与承担的使命都异乎寻常重要。与其说对《周礼》的作者、真伪等问题的讨论是学术争鸣，不如说是基于不同政治观点而展开的论战。

---

① 廖平的《古学考》以及康有为的《新学伪经考》中对刘歆伪造说有着较为详细的阐发。钱玄同的《答顾颉刚先生书》、杜国庠的《略论礼乐起源及中国礼学的发展》和徐复观的《周官成立之时代及其思想性格》均对刘歆伪造说表示赞同。

② 顾颉刚先生早年受今文经学影响，赞同刘歆伪造说。但到了晚年，此种看法有所转变。在《“周公制礼”的传说和〈周官〉一书的出现》一文中，肯定了周公制礼这件事，并认为《周礼》成书于战国后期，与刘歆和王莽并无关系。郭沫若的《周官质疑》、钱穆的《周官著作时代考》和《刘向歆父子年谱》、杨向奎的《周礼内容的分析及其制作时代》、金春峰的《周官之成书及其反映的文化与时代新考》、彭林的《〈周礼〉主体思想与成书年代研究》，均批驳了《周礼》为周公所作或为刘歆伪造的观点。

③ 余英时：《〈周礼〉考证和〈周礼〉的现代启示——金春峰〈周官之成书及其反映的文化与时代新考〉序》，载《中国文化》，1990（2）。

如前所述，将王莽的多份改制诏书与《周礼》的内容对照可以看出，王莽将儒家所信奉的“天人之学”推崇到了极致。在王莽看来，《周礼》中所记载的是完美的、理想的人间秩序。作为君主，只要将其设计移植到现实政治中来，最后必将收获天下太平的美满结局。而在某种意义上来说，王莽对《周礼》的这一态度基本也可以看作西汉末年儒生的共识。正如《潜夫论》中所说：

索道于当世者，莫良于典。典者，经也。先圣之所制；先圣得道之精者以行其身，欲贤人自勉以入于道。故圣人之制经以遗后贤也，譬犹巧倕之为规矩准绳以遗后工也。……是故圣人以其心来造经典，后人以经典往合圣心也，故修经之贤，德近于圣矣。(《潜夫论·赞学》)

在汉代儒者眼中，既然经典中早已包含解决一切现实问题的良方。那么，只要通经致用，就可以近于圣人之道。

到了宋代，王安石对《周礼》极为推崇，他将《周礼》作为先王之道的载体，并且亲自撰写了二十二卷的《周礼新义》。《宋元学案·荆公新学略》中说：“荆公生平，用功此书最深，所自负以为致君尧舜者，俱出于此。”而认为《周礼》为刘歆所伪造的宋儒胡安国、胡宏等人，则指出刘歆之所以伪造《周礼》，其目的在于“附会王莽，变乱旧章，残贼本宗，以趋荣利”(《胡宏集》)，并进而以此批判王安石变法。换言之，围绕《周礼》所产生的种种观点与争论，正是现实道路选择的焦虑在学术领域的折射。对此，姜广辉先生指出，“每当社会变革的时代，便有重新诠释经典的迫切需要。经典诠释活动常常反映出人们在新与旧之间、活的与死的之间进行选择的制度焦虑与人生焦虑”[①]。

不过，即便有了《周礼》这样一套完美的制度设计，那么将其运用于现实社会与政治运行之中是否就可以实现理想的天下大治？对于王莽改制，学界通常认为，正是由于王莽的“泥古不化”，以教条主义的态度将《周礼》中的制度设计直接照搬到现实中来，才使得国家混乱，民不聊生，新朝速亡。那么，我们到底应当如何看待《周礼》所设计的制度本身？对于《周礼》中所记载的制度的现实性与可行性，欧阳修曾经提出质疑：

夫内设公卿、大夫、士，下至府史、胥徒，以相副贰；外分九服、建五等、差尊卑以相统理，此《周礼》之大略也。而六官之属略见于经者五

① 姜广辉：《中国经学思想史》，第一卷，41页，北京，中国社会科学出版社，2003。

万余人，而里闾县鄙之长、军师卒伍之徒不与焉。王畿千里之地，为田几井，容民几家？王官、王族之国邑几数？民之贡赋几何？而又容五万人者于其间，其人耕而赋乎？如其不耕而赋，则何以给之？夫为治者，故若是之烦乎？此其一可疑者也。……秦既诽古，尽去古制。自汉以后，帝王称号，官府制度，皆袭秦故，以至于今虽有因有革，然大抵皆秦制也。未尝有意于《周礼》者，岂其体大而难行乎，其果不可行乎？夫立法垂制，将以遗后也，使难行而万世莫能行，与不可行等尔。然则反秦制之不若也，脱有行者，亦莫能兴，或因以取乱，王莽后周是也，则其不可用决矣。此又可疑也。然其祭祀、衣服、车旗似有可采者，岂所谓郁郁之文乎？三代之治，其要如何？《周礼》之经，其失安在？宜于今者，其理安从？（《居士集》卷四十八）

欧阳修的质疑可谓切中要害，一针见血地指出了《周礼》所记载的制度之烦琐与脱离实际。当代学界亦有学者指出，“一国之制，必然是该国历史长期发展的产物，其职官之设，也必然随时势而变异，呈现出各自的特点，春秋列国之制多不相同，即是明证。《周礼》若是某朝典制实录，当有这种‘不规则’的特性。……然而，《周礼》中所记载的制度，是过于理论化、过于整齐、过于繁缛的制度”[1]。《周礼》的制度看起来完美，可若要在现实社会中实施却未必行得通。正如彭林教授所说，“他（《周礼》的作者）并没有针对时弊，一一救其失，而是想将现实世界全盘推到，另砌炉灶，按照他自己的世界观重新设计理想社会”[2]。

就政治制度的建构而言，王莽改制的目标是要还原周公时代的政治制度。这一制度，在儒者心目中是崇高完美、令人向往的，但这种理想的制度就一定适合西汉末年的社会需要，能成为解决现实的社会与政治问题的灵丹妙药吗？

例如王莽“授诸侯以茅土”的封土建国，就无疑是一场“专念稽古之事”的闹剧。殷初诸侯三千，周初诸侯一千八百，殷周通过大封宗族，以作屏藩，同时实现中央对地方的控制与管辖。但正如柳宗元的分析，“盖以诸侯归殷者三千焉，资以黜夏，汤不得而废；归周者八百焉，资以胜殷，武王不得而易。徇之以为安，仍之以为俗，汤、武之所不得已也”（《封建论》）。汉初时的“立宗子，封功臣”，除了以作屏藩的目的之外，也是笼络人心之举。然而，大规

① 彭林：《〈周礼〉主体思想与成书年代研究》，162～165页，北京，中国人民大学出版社，2009。
② 同上书，166页。

模的分封诸侯带来的弊端也不容小觑，而且被汉初的“七国之乱”所证实。王莽代汉之际，王莽的德行为众人所称颂。而汉诸侯王“亲属疏远，生于帷墙之中，不为士民所尊，势与富室亡异”（《汉书·诸侯王表》），势力早已今非昔比，无法对其构成威胁。众多汉诸侯王“厥角稽首，奉上玺韨，惟恐在后，或乃称美颂德，以求容媚”（《汉书·诸侯王表》）。然而王莽一厢情愿地模仿周制，其开具的却是空头支票，授完茅土不能兑现，反而弄巧成拙尽失人心。王莽动辄以恢复圣人之制为己任，却不明白纵然是圣人之制，也早已因其不合时宜而应当退出历史舞台，成为历史的遗迹。

既然《周礼》中记载的制度的现实可行性已经受到质疑，那么王莽、王安石为何还要对此孜孜以求呢?《四库全书总目提要·周礼新义》有这样的论述:“《周礼》之不可行于后世，微特人人知之，安石亦未尝不知也。安石之意，本以宋当积弱之后，欲济以富强，又惧富强之说必为儒者所排击，于是附会经义以钳其口，实非真信《周礼》为可行。”

换言之，王安石只是托《周礼》之名，行变法之实。而对于王莽依照《周礼》改制，鲁惟一先生指出，“后来也成为神圣经典的这部经书，是一个精心设想的乌托邦，它记述了一种很可能从未以这种形式存在过的行政制度……但它无疑完全适合王莽的总目标，即重建理想化了的古代制度”[①]。因此，与其说《周礼》是对周代官职的记载，不如说《周礼》为我们描绘了国家“乌托邦”的蓝图，其目的在于展示一种理想的、和谐的社会秩序与政治模式。需要特别注意的是，这仅仅是一种既源于政治实际又高于政治实际的政治构想，绝非能够解决一切现实问题的万能药方。余英时先生就曾指出，“一百多年以来，许多知识人似乎深信，只要他们精心设计的社会改造的蓝图实现了，中国的一切问题都将迎刃而解”[②]。尽管王莽的复古改制早已成为历史的遗迹，但此种解决问题的思路却仍应得到更加深刻、彻底的反思。

三、秩序重建何以可能

首先，就为政理念来说，王莽依经改制的政治实践与儒家一贯推崇的为政理念严重背离。

在儒家思想乃至中国传统的治国之道中，以民为本的观念具有极为重要的

① ［英］崔瑞德：《剑桥中国秦汉史》，732页。

② 余英时：《〈周礼〉考证和〈周礼〉的现代启示——金春峰〈周官之成书及其反映的文化与时代新考〉序》，载《中国文化》，1990（2）。

地位。从西周之后，民为国家之根本的观点成为历代统治者的共识。由民为国家之根本而衍生出的富民、教民、养民的思想对中国古代社会的政治生活影响巨大。而在富民、教民、养民这三者中，富民乃是重中之重。《尚书·洪范》将“富”列为“五福”之一，“皇建其有极。敛时五福，用敷锡厥庶民”。民生问题解决了，教化与政令才能得以有效贯彻，民众也才能听命于君主。“仓廪实则知礼节，衣食足则知荣辱”（《管子·牧民》）正是我们耳熟能详的经典表述。

西汉末年，“齐众庶，抑兼并”成为时代的诉求，而王莽改制的种种措施，亦是以此为目标而进行的。吕思勉指出，“新室政治，可分数端：一曰均贫富，二曰兴教化，三曰改官制，四曰修庶政，五曰兴学术。凡莽之所怀抱者，多未能行，或行之而无其效，虽滋纷扰，究未足以召大乱，其召乱者，皆其均贫富之政，欲求利民，而转以害之之故也”①。换言之，在思想上，王莽确实认同并且努力承袭富民、教民的基本方针，但该方针在具体政策的制定与实施的过程中却被严重扭曲变形，不但没有达到预期的“天下大治”，反而“以求治者致败”。正如有学者所指出的，中国政治思想追求民本与政治实践实行驭民的矛盾给中国政治的总体化解释带来困难，使人们陷入以政治构想看中国政治太美好，而以政治实际看则太残忍的事实悖论和解释困境之中。② 这种背离或者说矛盾，在王莽改制的诸种措施当中表现得尤为突出。

与此同时，原本是藏富于民的富民措施也在贯彻执行中演变为与民争利的剥削手段。钱穆先生总结，王莽改制的措施大致有两类，一类是涂以稽古为尚者，一类是关涉民生者。前者不但无关民生，且多有滋扰不利；后者“远承贾晁董生，近师王贡。推本古昔，着意小民。其意不可谓不美”③。这些出于“着意小民”的措施有两种情况：一是没有得到真正贯彻，如井田制及禁止奴婢买卖的规定自始至终就没有得到真正的执行；二是给民生带来不便与破坏，如币制改革的本意是抑兼并、均贫富、厚民生，但实行结果却是农商失业，食货俱废，对经济生活造成了极大的破坏。而五均六管更是成为与民争利、加重剥削的合法手段。天凤四年（17年），会稽、琅琊发生暴动，“莽遣使者即赦盗贼”，使者回来对王莽说：“盗贼解，辄复合。问其故，皆曰愁法禁烦苛，不得举手。

---

①　吕思勉：《秦汉史》，179页，上海，上海古籍出版社，2005。

②　参见任剑涛：《伦理政治研究——从早期儒学视角的理论透视》，38页，长春，吉林出版集团有限责任公司，2007。

③　钱穆：《秦汉史》，305页，北京，三联书店，2012。

力作所得，不足以给贡税。闭门自守，又坐邻伍铸钱挟铜，奸吏因以愁民。民穷，悉起为盗贼。”（《汉书·王莽传》）大臣费兴也说：“国张六管，税山泽，妨夺民之利，连年久旱，百姓饥穷，故为盗贼。”（《汉书·王莽传》）

除了与民争利，王莽的“驭民”还表现为刑罚的烦苛。儒家为政以仁的训导源远流长。而对于王莽来说，以“德”为内涵，以“仁”为指向、以“富民”为目标的“政”要依靠刑罚的手段来实现，这本身就是极大的讽刺，更与以民为本的宗旨背道而驰。况且对于儒家来说，即便是制定刑罚，也应服务于德治与礼治的要求。“是周制刑之意，亦本于德治、礼治之大经。”① 以至于光武帝刘秀平定天下之后，将王莽繁复的法律条文悉数废除。“光武……至天下已定，务用安静，解王莽之繁密，还汉世之轻法。”（《后汉书·循吏列传》）

其次，就其具体的施政措施而言，王莽的改制没有一个循序渐进的过程与步骤，更谈不上一个整体的改革规划。社会管理并不是各个部门单打独斗，而国家大政方针的制定，更有着“牵一发而动全身”的巨大影响，这也是对统治者执政智慧的考验。可以说，具体政治举措的不得当是王莽改制失败的重要原因之一。一个成功的改革应该是温和的、循序渐进的，尽量照顾到社会各阶层的利益，而且要尽量落实到具体的细节中。这就要求统治者既能从大处着眼还能从小处落墨。而反观王莽改制，不论是土地改革、奴婢政策，还是五均六管、币制改革，既没有与之配套的细化措施，更没有循序渐进，所凭借的只是一介儒生的意气用事与繁密严苛的强制命令。这样一来，纵有一腔美意和宏图大志，在具体施政措施的整体规划和与之配套的行动细节上却一塌糊涂，王莽改制以失败而告终便成为一个必然的结局。钱穆先生曾经惋惜叹道：“以当时境土之广，人民之众，一政府高高在上，于此诸端，苟能精心密虑，推行以渐，犹惧不克济。今莽徒志在民生，事慕古昔，遂谓可以一意孤行，企足而待效，则宜乎其种天下之大乱也。”②

与王莽同时代的儒生桓谭也曾指出：“王翁嘉慕前圣之治，而简薄汉家法令，故多所变更，欲事事效古，美先圣制度，而不知己之不能行其事。释近趋远，所尚非务，故以高义退致废乱，此不知大体者也。”（《新论·言体》）

钱穆先生这样评价：“不察民间实况，不通社会真情，空依古代文字记载，

---

① 王国维：《殷周制度论》，见彭华选编：《王国维儒学论集》，249页，成都，四川大学出版社，2010。

② 钱穆：《秦汉史》，316页。

强为变易。”[①] 纵观王莽改制的种种扰民之处，钱穆先生的此番评价可谓一针见血地指出了诸多流弊的症结所在。

地皇三年，“莽知天下溃畔，事穷计迫”，下诏废除了即位以来所有不便于民的改制措施。至此，王莽在不得已的情况下不得不宣告其改制的全面失败。对于王莽改制失败，吕思勉先生的评述可谓全面、精准：

> 王莽当日所定的法令，有关实际的，怕没有一件能够真正推行，而达到目的，因此而生的流弊，则无一事不有，且无一事不厉害。其余无关实际，徒资纷扰的，更不必说了。王莽是个偏重立法的人，他又‘锐思于制作’，而把眼前的政务搁起。尤其无谓的，是他的改革货币，麻烦而屡次改变，势不可行，把商业先破坏了。新分配之法，未曾成立，旧交易之法，先已破坏，遂使生计界的秩序大乱。全国的人，无一个不受到影响。王莽又是个拘泥理论、好求形式上的整齐的人。他要把全国的政治区划、依据地理，重新厘定，以制定封建和郡县制度。这固然是一种根本之图，然岂旦夕可致？遂至改革纷纭，名称屡变，吏弗能记。他又要大改官制，一时亦不能成功，而官吏因制度未定，皆不得禄，自然贪求更甚了。对于域外，也是这么一套，如更改封号及印章等，无关实际、徒失交涉的圆滑，加以措置失宜，匈奴、西域、西南夷，遂至背叛。[②]

在王莽的改制过程中，儒家的政治构想下落为变形的政治实践，固然有操作层面的因素，比如忽视实际、政令多变等原因，但儒家政治构想自身存在局限与困境也是毋庸置疑的事实。儒家政治思想更多的是理念设计、价值指向，在实际运作方面的欠缺不容忽视。在思想内容与价值支持方面，儒家是成功的；但当这套思想观念下落到现实的政治实践中时，儒家学者并没有相应地设计出一套完备的为政措施对其进行支撑以及贯彻。现代学者阎步克亦有评论：“由于中国这个农耕社会的特有进化过程，已经发展出了相当复杂化的专制官僚体制，它管理着辽阔的国土和千万小农，处理着兵刑钱谷、考课铨选等等复杂的行政事务，在这个时候，理性行政就已成为那一体制赖以生存和运作的命脉。”[③] 不可否认的是，儒家政治思想在理性行政方面的建树显得尤为不足。如此一来，若将儒家政治思想不加消化与分析地直接应用于国家行政，就必然会

---

① 钱穆：《秦汉史》，310 页。

② 吕思勉：《吕著中国通史》，368 页，上海，华东师范大学出版社，1992。

③ 阎步克：《士大夫政治演生史稿》，397 页，北京，北京大学出版社，1996。

因其理性程度的不足在与现实政治的碰撞中产生诸多问题与矛盾，最终陷入政治理想与政治现实悖反的尴尬困境。

最后，从秩序重建的层面来看，西汉后期汹涌激荡的复古思潮，一方面是思想界对现实政治危机的回应，另一方面更是一种寻求完美神圣的“王道”政治的努力。在现实政治危机的反衬下，这种完美神圣的“王道”政治愈发崇高，对其向往之情也愈加迫切。在汉儒眼中，儒家完备的礼制正是这种完美神圣的“王道”之治的现实载体与精神寄托。在这种情况下，以恢复古制为核心内容的改制迫在眉睫。“制定则天下自平”不仅是王莽一人的看法，在某种程度上已经成为汉儒的共识，即儒家礼制完备之日便是四海承平之时。儒家的礼制作为“一个囊括了宗法社会生活各个方面的整体性制度安排”[①]，已经远远超出规则与标准的范围，成为一种理想的人间秩序的代表。

从这个意义上来说，理想的人间秩序的建立成为王莽诸多改制措施背后的中心议题。更确切地说，在儒家经典与儒生的历史想象中，这种秩序在上古三代圣王的实践中一度成为政治现实。这种理想的人间秩序，包括社会秩序、政治秩序、经济秩序等，从个人的安身立命到国家的兴衰存亡无不囊括其中。此种理想的人间秩序，便是以儒家经典为理论载体，以上古圣王之道为价值支撑而呈现出来的儒家政治理想。对这种理想的人间秩序的追求，亦是对儒家理想社会与理想政治的追求，《孟子·万章》《礼记·王制》《礼记·礼运》《荀子·王制》对此都有过讨论。但这种讨论仅限于理论层面，从未付诸实践。而王莽改制的一个重要意义就在于他第一次将儒家关于理想社会与理想政治的构想付诸实践。从这个意义上来说，理想的人间秩序的构建是贯穿王莽改制的一个永恒的主题。无论是他的政治改革还是经济改革，都以建立一种理想的人间秩序为己任，是他为构建儒家理想社会与理想政治的努力。

从汉代经学义理与实践的互动关系来看待王莽改制，汉代经学注重的是以经义为治国的价值之基。刘歆至郑玄等人对《周礼》的挖掘、整理与重视，逐步奠定了汉代经学中以礼解经的发展脉络，这一过程也是《周礼》在经学中地位不断提升的过程。对此，王葆玹先生说：“由于《周礼》是以官制为框架，讲述社会政治制度的系统，故而郑玄三《礼》之学获得权威地位，标志着中国礼学的巨大转变，即由专讲典礼仪式及日常礼节的礼学，转变为讲述社会政治制度的礼学。”[②] 而对《周礼》中经义的探索与实践，可谓自王莽始。虽然王莽

① 干春松：《制度化儒家及其解体》，62 页，北京，中国人民大学出版社，2003。

② 转引自姜广辉：《中国经学思想史》，第二卷，230，北京，中国社会科学出版社，2003。

的这一实践以失败而告终，但却开启了构建礼制以治国的探索。

从政治哲学的视角分析王莽改制，他所试图取法的，不仅是古代经典中的礼制与礼仪，更重要的是上古三代的政治精神，这也是儒家政治哲学的价值源头。但是，在具体的实践之中，他更多的是对经典古礼的简单移植，而不能因地制宜地加以运用，这就非但没有继承圣王之治的政治精神，反而背离了王道精神所要求的因革损益。王莽改制的最终目的和愿望是建立一个王道社会。但对于王道的向往，并不等于可以把对王道政治的构想全盘照搬到现实政治生活中来。更多时候，对王道的向往与追求是一种对王道思想所推崇的价值的认同。从这个意义上来说，如何使圣贤们的思想遗产转化为当下的理论资源，即如何从王道政治中“取法”，是历久弥新的永恒话题。

第三节　再辨德与位

从武王克商之后，周人总结了两条政治经验，一条是“敬德”，一条是“保民”。周人认为上天不是站在统治者的一边，而是站在人民的一边。上天为人民挑选统治者，挑选的标准就是“敬德”和“保民”两条。“有德必有位”，“有位必有德”，有德者方能有天下。德和位的统一是统治合法性的基础。

一、德位合一——儒家榜样性政治的表述方式①

儒家对于德位关系的思考就其理论内涵来说，蕴含了两个维度：德与位相匹配的维度和德与位相制约的维度。这两个理论维度统一于儒家德位合一的理想，而这一理想，正是通过儒家榜样性政治的表述方式展现的。

首先，就其德与位相匹配的维度来说，舜为“大德必得其位”的典型代表。《尚书》《孟子》和《史记》中详细地记述了舜的事迹。在儒家学者与儒家经典的记述中，舜生活在一个异常极端的家庭。舜的父亲瞽叟和舜的同父异母的弟弟象多次欲加害他。“父母使舜完廪，捐阶，瞽瞍焚廪。使浚井，出，从而掩之。”（《孟子·万章上》）弟弟“象日以杀舜为事”（《孟子·万章上》）。

而舜则“顺事父及后母与弟，日以笃谨，匪有懈”（《史记·五帝本纪》），

① 参见干春松：《重回王道——儒家与世界秩序》，14页，上海，华东师范大学出版社，2012。

“象忧亦忧，象喜亦喜”（《孟子·万章上》）。尽管生活在这样一个“父顽，母嚚，弟傲”的家庭中，但舜依然“能和以孝”。除了具有高尚的德行，舜还井井有条地处理了各种政务，展现出高超的政治才能。“纳于百揆，百揆时叙。宾于四门，四门穆穆。纳于大麓，烈风雷雨弗迷。”（《尚书·舜典》）这样一个德才兼备的人当之无愧地成为接替尧的不二人选。这正如《中庸》所说：

> 舜其大孝也与！德为圣人，尊为天子，富有四海之内。宗庙飨之，子孙保之。故大德必得其位，必得其禄，必得其名，必得其寿。故天之生物，必因其材而笃焉。故栽者培之，倾者覆之。……故大德者必受命。

在儒家传统中，“德才兼备”是国家的管理者所必备的素质。而“德”又排在“才”的前面，只有道德高尚的人才有资格接受天命，进而承担起管理国家的重任。

其次，就德与位相制约的维度来说，周人对于“汤武革命”合法性的论述为其理论范型。“我不可不监于有夏，亦不可不监于有殷。”（《尚书·召诰》）夏桀逆天而行，上天不佑。商汤敬德保民，因而得到上天的垂青，上天命商汤革夏之命。武王克商同样如此。由“汤武革命”造成的政权更迭进而引发的社会变化是巨大而深远的，周人经过一系列论证得出了这样的结论：殷人之所以亡国，就是因为他们失去了“德”，进而失去了民心，同时也失去了上天的庇佑；而周之所以能取代殷商，是因为周的统治者“敬德”“修德”，获得了民心，进而获得了上天的垂青。从理论上说，既然只有有德之人才配在高位，那么只要致力于修德，即便是普通百姓也有可能得位；相反，如果在高位者骄奢淫逸，“狎侮五常”，那么无德者终有一天也会无位。“德”成为获得与保有“位”的前提。

《礼记》中有言：“大道之行也，与三代之英，丘未之逮，而有志焉。”（《礼记·礼运》）在儒家的话语体系中，上古圣王之所以被历代称颂，不仅因为他们治理国家的政绩突出，而且因为他们是垂范天下的道德榜样。在儒家的价值体系与评判标准中，有位者不仅仅意味着拥有位高权重的社会地位，他们身上相应地承担着与他们的地位成正比的道德责任，与他们的权力相等同的道德境界。从更深一层的意义上来说，在儒家思想的逻辑里，“位”与“德”是相辅相成、互为表里的。“位”是“德”的外化，“德”是“位”的内涵。在高位者，不仅是社会秩序中权力的代表，同时也应该是整个社会中的道德楷模。正如孔子所说：“政者，正也。子帅以正，孰敢不正？”（《论语·颜渊》）他们身上不仅仅肩负着社会治理的任务，还发挥着与其地位相对应的道德表率与示范作用。“是以惟仁者宜在高位。不仁而在高位，是播其恶于众也。”（《孟子·离娄上》）概言之，儒家“德位合一”理想的实质是一种榜样性政治。

> 君子之德风，小人之德草。草上之风，必偃。（《论语·颜渊》）
>
> 其身正，不令而行；其身不正，虽令不从。（《论语·子路》）
>
> 不能正其身，如正人何？（《论语·子路》）
>
> 闻修身，未尝闻为国也。君者，仪也，民者，景也。仪正而景正。（《荀子·君道》）
>
> 君仁莫不仁，君义莫不义，君正莫不正。一正君而国定矣。（《孟子·离娄上》）

类似的表述在儒家经典中俯拾皆是。儒家所推崇的这种道德示范作用，犹如“随风潜入夜，润物细无声”的春雨，在君主的言谈举止当中自然而然地流露，对社会风气与习俗的引导发挥着无形但重要的影响。《史记·周本纪》中周文王的这一则故事便是生动的例证：

> 西伯阴行善，诸侯皆来决平。于是虞、芮之人有狱不能决，乃如周。入界，耕者皆让畔，民俗皆让长。虞、芮之人未见西伯，皆惭，相谓曰：“吾所争，周人所耻，何往为，只取辱耳。”遂还，俱让而去。（《史记·周本纪》）

可见，从政治统治这个层面来说，在高位者的道德修养、道德境界对于普通百姓有着重要的垂范与表率的意义。统治者道德修养的好坏，道德品质的高下，与国家政治的稳定动荡，政权的安危存亡息息相关。

在汉儒这里，由董仲舒进一步将儒家的这种榜样示范精神发扬光大。董仲舒在与汉武帝的对策中说过这样一段话：

> 《春秋》深探其本，而反自贵者始。故为人君者，正心以正朝廷，正朝廷以正百官，正百官以正万民，正万民以正四方。四方正，远近莫敢不壹于正，而亡有邪气奸其间者。是以阴阳调而风雨时，群生和而万民殖，五谷孰而草木茂，天地之间被润泽而大丰美，四海之内闻盛德而皆徕臣，诸福之物，可致之祥，莫不毕至，而王道终矣。（《汉书·董仲舒传》）

董仲舒之所以重视《春秋》的一个重要原因是《春秋》能够深入探讨（事物的）根本。那么这个根本是什么呢？就是一切都是从尊贵的人或物开始的。所以为人君者从正己开始，推己及人，一步步扩大“正”的范围，从自身到朝廷，从朝廷到百官，从百官到万民，从万民到四方，最后达到正天下的效果。只有这样，天下才没有“邪气奸其间者”。这时阴阳调和、风调雨顺，人与物都能和谐相处，五谷丰登庄稼茂盛，天地之间一派丰美的景象。四海之内都因皇帝这种崇高的德行而前来归顺，同时各种祥瑞吉兆纷纷出现。可以说，达到正天下的效果，也就达到了最理想的社会状态——王道。如果手握权柄者不知爱人，不过“一夫之人耳”。因而，“内治反理以正身，据礼以劝福。外治推恩以广施，宽制以容众”（《春秋繁露·仁义法》）。

这样一来，只要为政者能行仁政、善政，“近者悦远者来”必指日可待。

> 今王发政施仁，使天下仕者皆欲立于王之朝，耕者皆欲耕于王之野，商贾皆欲藏于王之市，行旅皆欲出于王之涂，天下之欲疾其君者皆欲赴愬于王。（《孟子·梁惠王上》）

内在的心性修养如何外推为外在的政治治理，以个体的修身养性为指向的“圣”如何一步步由内到外、由己及人地扩展到以社会的安定太平为要求的“王”呢？从董仲舒的这段话中我们似乎可以窥见这样的扩展机制，即在高位者通过以身作则而起到表率与示范作用。当身为一国之主的君王都能努力做到“克己复礼”，向着更高的道德境界不断努力的话，身为下属的臣民自然没有理由不去修身养性。这种自上而下的效仿从庙堂之高一步步传播到江湖之远，最后达到“正四方”的效果。君王德行修养外推为政治举措，天下之人的认同感与君王本身的凝聚力，都达到相当的高度。[①] 从这个意义上说，儒家政治是一种榜样性的政治，是再恰当不过的了。

二、王莽之“德”的争论

在《汉书·王莽传》中，班固对王莽的生平事迹有着较为详细的记载，我们可从中一窥王莽之“德”。

首先，相较于王氏家族其他成员的骄奢淫逸、飞扬跋扈，王莽因父亲王曼早死，“独孤贫，因折节为恭俭”（《汉书·王莽传》）。他研习儒家经典，“受《礼经》，师事沛郡陈参，勤身博学，被服如儒生”（《汉书·王莽传》），即时时处处以儒家的道德标准来要求自己。

他在家庭中恪守孝悌之道，“事母及寡嫂，养孤兄子，行甚敕备”（《汉书·王莽传》）。他的伯父大将军王凤在家养病期间，“莽侍疾，亲尝药，乱首

① 参见任剑涛：《伦理政治研究——从早期儒学视角的理论透视》，171页。

垢面，不解衣带连月”（《汉书·王莽传》）。王莽的哥哥王永早死，他对待哥哥王永的儿子王光也是视同已出。王光比王莽的儿子王宇年纪小，王莽让他们同一天结婚，来贺喜的宾客满堂。就在办喜事、招待宾客的时候，“一人言太夫人苦某痛，当饮某药，比客罢者数起焉”（《汉书·王莽传》）。

他在社会交往中，还礼贤下士，广交俊杰。

> 莽休沐出，振车骑，奉羊酒，劳遗其师，恩施下竟同学。诸生纵观，长老叹息。（《汉书·王莽传》）
>
> 外交英俊，内事诸父，曲有礼意。（《汉书·王莽传》）
>
> 散舆马衣裘，振施宾客，家无所余。收赡名士，交结将相卿大夫甚众。故在位更推荐之，游者为之谈说，虚誉隆洽，倾其诸父矣。（《汉书·王莽传》）

他的“折节力行”使得“宗族称孝，师友归仁”（《汉书·王莽传》）。他的叔父王商上书皇帝，表示愿意分出自己的封户给王莽，其他如长乐少府戴崇、侍中金涉、中郎陈汤等当时的名士都替王莽美言，“上由是贤莽”。永始元年（前16年），成帝封王莽为新都侯，而王莽“爵位益尊，节操愈谦”。高官厚禄的生活并没有使他变得骄奢淫逸、贪图享乐，恰恰相反，即便是在王莽辅政之后，也依然克己守礼，没有丝毫懈怠。

> 莽既拔出同列，继四父而辅政，欲令名誉过前人，遂克己不倦，聘诸贤良以为掾史，赏赐邑钱悉以享士，愈为俭约。母病，公卿列侯遣夫人问疾，莽妻迎之，衣不曳地，布蔽膝。见之者以为僮使，问知其夫人，皆惊。（《汉书·王莽传》）

尽管班固对王莽的评价是“匿情求名如此”“敢为激发之行，处之不惭恧”（《汉书·王莽传》），但不可否认的是，他“勤劳国家，直道而行，动见称述”（《汉书·王莽传》）。王莽在当时确实享有极高的声誉与口碑。尽管因外戚而显赫，但王莽无疑是外戚中的“异类”。王莽成为天下表率的过程，究竟是刻意钻营还是确有圣德，史家众说纷纭。但我们可以确认的是，他已经成功地塑造了自己“盛德”的形象。他屡次受封，屡次推让，为了让他接受封赏，动辄成百上千人为他上书请命。

元始四年，王莽遣大司徒司直陈崇等八人分行天下，览观风俗。王舜上奏说：

> 天下闻公不受千乘之土，辞万金之币，散财施予千万数，莫不向化。

蜀郡男子路建等辍讼惭怍而退，虽文王却虞芮何以加！宜报告天下。（《汉书·王莽传》）

王舜的这个奏议将王莽与周文王相提并论，这就将王莽推到了一个极高的位置，暗示王莽虽为人臣，但德行足以匹配圣王之位。

在班固的叙述中，王莽的推让并非出于真心，但这三番五次推让的过程，已经赚足了天下人心。更为重要的是，王莽奏请：

宜立诸侯王后及高祖以来功臣子孙，大者封侯，或赐爵关内侯食邑，然后及诸在位，各有第序。（《汉书·王莽传》）

王莽的这一奏议极大地安抚了刘氏宗亲。而他“上尊宗庙，增加礼乐，下惠士民鳏寡，恩泽之政无所不施”（《汉书·王莽传》）的做法，也获得了儒生集团极大的好感与认同，展示了王莽博施济众、乐善好施的儒者情怀。正如钱穆所说，王莽“出王氏极盛之门第，而奉王贡书生谨节之论，修己治人，坚守敢为，此则不易得耳”[①]。

尽管在《汉书》中，班固深感王莽的众望所归与颂声交作之虚伪，但这确实是真实发生过的历史。抛开封建正统史家的立场，我们不能否认的是王莽所具有的儒者风范与情怀。在为政上，他思慕古昔，试图恢复圣王的政治制度；在家庭中，他折节恭俭，力行孝悌，甚至大义灭亲。他的四个儿子中除了王安因病而死，其他三个由嫡妻所生之子，以及他的嫂子、侄子，或自杀，或被王莽勒令自杀，下场凄惨。对儒学倍加推崇的王莽为什么对家人如此苛刻无情？班固对王莽家庭的惨剧这样评论：

初，莽以事母、养嫂、抚兄子为名，及后悖虐，复以示公义焉。（《汉书·王莽传》）

可以说，“王子犯法与庶民同罪”的口号喊了几千年，可究竟有几个君主能真正做到呢？在质疑王莽对亲人严苛的同时，我们也不得不承认，王莽确实做到了大义灭亲，这也是中国古代帝王中极其少见的特例。葛承雍说：“平心而论，王莽的‘治家’诫子是相当严格的，如果说这是汉代家庭家长中权威、重孝的表现，倒不如说是王莽本人受‘修身齐家治国平天下’的儒家理想主义支配的结果。”[②] 换言之，与其说他冷酷严苛，对家人无情，不如说他中儒学之

① 钱穆：《秦汉史》，303页。

② 葛承雍：《王莽新传》，16页，西安，西北大学出版社，1997。

毒太深（彭永捷语）。

孟子说，“天下之本在国，国之本在家，家之本在身”（《孟子·离娄上》），“身正而天下归之”（《孟子·离娄上》）。而身正的现实表现形式则是固有的宗法规范——孝。在王莽一步步走向权力最高峰的过程中，这一点得到了充分的体现。有学者指出，“以礼义为人处世行政，成为人之进退有度、执政得当、变凡为圣的唯一砝码”[①]。王莽成为皇帝之前的身体力行，就是对这一观念的最好证明。就像钱穆先生所指出的那样：“如果我们把王莽代汉置于西汉儒学史与政治史的互动关系中来看，人们将不难发现，王莽代汉不过是‘完成了儒家的由圣人受天命登位的期望’而已。”[②] 王莽的“为政措施，又有以合一时学者之议论，以深重于民间之所想望”[③]。但我们也必须看到，在儒家“以德致位”的逻辑中由道德修养的境界高下可以推及政治地位的高低，一旦否定了“位”，必然会质疑其“德”。“德”与“位”互相捆绑最后导致的可能是德与位的双重否定。

三、王莽之“位”的分歧

汉代儒生对王莽近乎狂热的拥戴，最终将王莽推上了权力的最高峰。始建国元年，王莽如愿正式登基，改国号为“新”。王莽登基实现了中国历史上第一次从儒生跃升为皇帝的转变。从理论上来说，这是儒家“德位合一”的政治理想第一次也是唯一一次现实演绎。然而，随着新朝的建立与灭亡，关于王莽的登基究竟是“篡位”还是“禅让”的争论便展开了。

《荀子·臣道》曰：“逆命而不利君谓之篡”。颜师古注《汉书·成帝纪》：“逆取曰篡”。《管子·白心》：“臣而代君曰篡也。”以禅让为政权转移方式的尧舜禹时代，不存在篡位一说，政权转移不在家族中进行，不以血亲为原则。只有在以世袭为政权转移方式的“家天下”中，才有“篡逆”这种情况的存在。

在儒家的思想传承中，周公、伊尹的摄政成为后世君臣关系的典范。

> 帝太甲既立三年，不明，暴虐，不遵汤法，乱德，于是伊尹放之于桐宫。三年，伊尹摄行政当国，以朝诸侯。帝太甲居桐宫三年，悔过自责，反善，于是伊尹乃迎帝太甲而授之政。帝太甲修德，诸侯咸归殷，百姓以宁。（《史记·殷本纪》）

---

① 任剑涛：《伦理政治研究——从早期儒学视角的理论透视》，88页。

② 转引自王光松：《在“德”、“位”之间》，79～81页，上海，华东师范大学出版社，2010。

③ 钱穆：《秦汉史》，307页。

太甲失德，违背了汤之道，伊尹囚禁太甲而摄政，当太甲改过自新之后便还政于他，既维护了祖先的原则也维护了世袭制度。

在先秦文献中，也有与儒家完全不同的说法。“伊尹放太甲于桐，乃自立。伊尹即立，放太甲七年。太甲潜出自桐杀伊尹。”① 在《古本竹书纪年》的叙述中，伊尹成为一个不折不扣的篡位者。在这两种截然相反的观点背后，一致的是对“摄政”这一问题的态度，即“摄政”与“篡位”仅一步之遥。因此，当公孙丑问孟子时，孟子如是回答。

> 公孙丑曰：“伊尹曰：‘予不狎于不顺，放太甲于桐，民大悦。太甲贤。又反之，民大悦。’贤者之为人臣也，其君不贤，则固可放与？”孟子曰：“有伊尹之志，则可；无伊尹之志，则篡也。”（《孟子·尽心上》）

是否有“还政”之心，成为衡量是否有“篡逆”之意的标准。按照这一标准，王莽自然是一个“篡逆”之臣。

为了巩固周朝统治，保护成王，周公作为摄政者代替年幼的成王进行统治，成王成年之后周公又还政于他。

> 成王少，周初定天下，周公恐诸侯畔周，公乃摄行政当国。管叔、蔡叔群弟疑周公，与武庚作乱，畔周。周公奉成王命，伐诛武庚、管叔，放蔡叔。以微子开代殷后，国于宋。颇收殷余民……周公行政七年，成王长，周公反政成王，北面就群臣之位。（《史记·周本纪》）

世袭政治下“摄政”与禅让政治下“摄政”的不同之处就在于，“尽管三代时期摄政者按照唐虞时期的转换原则可以成为统治者，但是无论何种情况，摄政者都会辅佐世袭者并使自己臣服于统治者”②。正因“摄政”的性质暧昧，所以，即使是周公，也曾经被怀疑其摄政的动机，管叔等也以此为借口散布周公觊觎王位的流言。

> 其后武王既崩，成王少，在强葆之中。周公恐天下闻武王崩而畔，周公乃践阼代成王摄行政当国。管叔及其群弟流言于国曰：“周公将不利于成王。”周公乃告太公望、召公奭曰：“我之所以弗辟而摄行政者，恐天下畔周，无以告我先王太王、王季、文王。三王之忧劳天下久矣，于今而后成。武王早终，成王少，将以成周，我所以为之若此。”（《史记·鲁周公

① 方诗铭、王修龄：《古本竹书纪年辑证》（修订本），23页，上海，上海古籍出版社，2005。

② ［美］艾兰：《世袭与禅让——古代中国的王朝更替传说》，38页。

世家》)

中国封建社会的正统史家多从维护“一家一姓”的立场出发，将王莽看作一个不折不扣的“篡位者”。与此同时，认为王莽是“篡逆”而非“禅让”的另一个重要原因是并不存在主动让位的一方。在王莽整个“受禅”的过程中，在位的帝王并未将王位主动让给他。在王莽即位的诏书中提到：

> 赤帝汉氏高皇帝之灵，承天命，传国金策之书，予甚祇畏，敢不钦受！(《汉书·王莽传》)

这就是说，“汉与新之间的禅让，不是发生在孺子婴与王莽之间，而是发生于汉高祖之灵与王莽之间（或赤帝与黄帝之间），王莽的受禅实践中没有一个像尧那样的禅让行为的发出者”①。换言之，这只是他自己一厢情愿的“独角戏”。仅从这一点来说，便不符合从尧舜禹禅让传说以来一以贯之的“禅让模式”。

持王莽“篡位窃国”观点的学者，多数认为王莽从摄政开始，就已经显露出他的狼子野心。需要注意的是，在以禅让为政权转移方式的政治制度下，“摄政”对王位继承人的历练与考察，也是保证政权转移平稳过渡的有效方式。“于是帝尧老，命舜摄行天子之政，以观天命。”(《史记·五帝本纪》) 而在以世袭为政权转移方式的王权专制制度下，“摄政”本身就是一种模糊君臣界限的政治行为。儒家之所以称颂世袭政治下的摄政大臣，一个重要原因就是他们虽然手握重权，但依然恪守君臣名分，而无僭越非礼之举。王莽在登基之前，他自己与群臣则多次将他与伊尹、周公、霍光等进行比附，力图塑造又一个贤臣典范。

纵观王莽“得位”的整个过程，尽管在其过程中将王莽比于霍光、伊尹，但一以贯之的是对周公的效仿，强调最多的是“如周公故事”。从儒家“德位合一”的政治理想来说，王莽是一个勇于践行理想的先行者与开拓者，王莽的登基，是他作为一个有着内圣外王信仰的儒生的必然结果。② 这从王莽对周公的效仿中便可窥见一二。

王莽对周公的效仿有几个极具代表性的事件。其一，王莽效仿周公金縢藏策。周公金縢藏策一事所表现出来的孝悌之道为历代所称颂。《尚书·金縢》

---

① 王光松：《在“德”、“位”之间》，82页。

② 参见陈世：《剖析王莽代汉自立的深层原因——看“内圣外王”理论对王莽篡位的影响》，载《文史博览》，2006 (9)。

中记载了他虔诚地向祖先祈祷，请求祖先让武王病愈，愿以己身代替武王辞世，上天去侍奉先人。王莽在平帝生病之时也效仿周公金縢藏策。

> 平帝疾，莽作策，请命于泰畤，戴璧秉圭，愿以身代。藏策金縢，置于前殿，敕诸公勿敢言。（《汉书·王莽传》）

然而，王莽这番作为，在后人看来，与其说是表达“愿以身代”的诚意，不如说是一场高明的政治作秀。

其二，效仿周公作《大诰》。在翟义起义散播“王莽鸩杀平帝”的说法之时，王莽做出如下举动：

> 莽日抱孺子会群臣而称曰：“昔成王幼，周公摄政，而管蔡挟禄父以畔，今翟义亦挟刘信而作乱。自古大圣犹惧此，况臣莽之斗筲！”群臣皆曰：“不遭此变，不章圣德。”（《汉书·翟方进传》）

因此，王莽仿照《周书》作《大诰》，“遣谏大夫桓谭等班于天下，谕以摄位当反政孺子之意”（《汉书·王莽传》）。

其三，效仿周公制礼作乐。王莽制礼作乐成功之后，群臣的奏言显然将王莽提升到了一个比周公还高的地位。

> 昔周公奉继体之嗣，据上公之尊，然犹七年制度乃定。夫明堂、辟雍，堕废千载莫能兴，今安汉公起于第家，辅翼陛下，四年于兹，功德灿然。……唐虞发举，成周造业，诚亡以加。（《汉书·王莽传》）

从上述几个王莽效仿周公的事例中可以看出，对于王莽这样一个怀有“以德致位”理想的儒生来说，周公的政绩与言行是他努力的方向与目标。美国学者艾兰曾说：“无论尧、舜、禹、伊尹或周公，都是潜在的篡位者，但都未曾利用其权力。……夏商周的摄政者由先君处接管政权，又还政于幼王。而另一方面，唐虞时代则在君主老迈时接管政权但不推翻旧君主。虽如此，两种情况中的摄政者，都自愿使其基于美德权力居于世袭权力之次。”① 然而，到了王莽这里，他不甘心做一个“摄政者”，他迈出了最后也是最关键的一步——“即真”，成为真正的皇帝。基于美德的权力在世袭制确立的几百年之后，第一次超越世袭权力，真实演绎了一幕“以德致位”的禅让。

综合以上分析可以看出，不论是提出“孔子素王论”的今文经学，还是深

---

① ［美］艾兰：《世袭与禅让——古代中国的王朝更替传说》，72页。

受古文经学影响的王莽，在面对“德”与“位”关系这一问题的时候，都展现出较为一致的态度：“以德致位”乃是儒者共同追求和推崇的理想模式，道德修养的境界高下与政治地位的高低紧密相连。然而，随着新莽王朝的败亡，王莽这个一度被寄予厚望的“儒生皇帝”跌落为乱臣贼子的代名词，儒家“以德致位”的理想在世袭政治逐渐稳固之后转为对“有位者有德”的期待，并通过“正君心”“格君心之非”等一系列努力而展开。

第四节　得天下与治天下——政权合法性的建立与维系

政权的合法性包括两个部分：一是获得或建立政权的合法性，二是延续政权的合法性。汤武革命，改朝换代，说明获得政权的合法性并不等于永久保有政权的合法性。一个新生政权诞生，不仅要论证其建立的合法性，更要考虑其持续存在的合法性。

一、奉天承运——新莽王朝对政权合法性的论证

历代统治者都要根据五德循环这样的周而复始的历史循环思想确定本朝所承之德，受命新君称帝之后，必然要行以“改正朔，易服色”为标志的改制，以因应其德。而为了凸显其政权的神圣性与合法性，还要“创造”出诸多“符应”来彰显其受命于天。如此一来，“历法、服色、数字等一系列配套的辅助性措施，更是构成一种弥漫性的意识形态氛围，以形象语言论证着最高权力不容置疑的合法性”[①]。这样一种政权合法性的论证思路在新莽王朝建立之际可谓体现得淋漓尽致。

首先，王莽充分利用符命的预言作用为自己造势、符命之说并非肇始于王莽，借助符命祥瑞等为起义造势、为统治正名的方式由来已久。秦末陈胜、吴广起义与刘邦起兵均通过符命来彰显战争的正义性，为人世间的政治变迁披上“天命”的神秘外衣，以“恭行天罚”的名义对旧王朝进行征讨。西汉末年，这种“立言于前，有征于后”（《后汉书·张衡传》）的符命更成为以天命之名蛊惑人心的政治斗争工具。

---

① 李宪堂：《圣王谱系与五德终始：战国时期天下秩序之建构的时间维度》，载《天津社会科学》，2013（1）。

平帝时，王莽“风益州令塞处蛮夷献白雉……于是群臣乃盛陈‘莽功德致周成白雉之瑞，千载同符。’”（《汉书·王莽传》）这一符瑞的出现，使得群臣将王莽与周公相提并论，“安汉公”的称号也因此得来。王莽居摄时，祥瑞又出。“前辉光谢嚣奏武功长孟通浚井得白石，上圆下方，有丹书著石，文曰‘告安汉公莽为皇帝’”（《汉书·王莽传》）。这一丹书白石的意义非同小可，不仅仅使王莽“摄行皇帝之事”，更为重要的是，“符命之起，自此始矣”。此后，昭告王莽为皇帝的祥瑞层出不穷。“广饶侯刘京、车骑将军千人扈云、太保属臧鸿奏符命。京言齐郡新井，云言巴郡石牛，鸿言扶风雍石，莽皆迎受。”（《汉书·王莽传》）王莽在奏言中称，在他与太保安阳侯王舜等人一同观看被送到未央宫前殿的石牛与雍石时，忽然“天风起，尘冥，风止，得铜符帛图于石前”。文曰：“天告帝符，献者封侯。承天命，用神令。”（《汉书·王莽传》）王莽据此向太皇太后王政君请求：“臣请共事神祇宗庙，奏言太皇太后，孝平皇后，皆称假皇帝。其号令天下，天下奏言事，毋言‘摄’。以居摄三年为初始元年，漏刻以百二十为度，用应天命。”（《汉书·王莽传》）从“安汉公”到“摄皇帝”，再从“摄皇帝”到“假皇帝”，王莽借助符命，一点点缩小他与皇位的距离，他这个“假皇帝”的下一步便是摇身一变成为“真皇帝”。

王莽的皇帝梦最终以哀章《天帝行玺金匮图》的出现而成为现实。

> 梓潼人哀章学问长安，素无行，好为大言。见莽居摄，即作铜匮，为两检，置其一曰“天帝行玺金匮图”，其一署曰“赤帝行玺某传予黄帝金策书”。某者，高皇帝名也。书言王莽为真天子，皇太后如天命。图书皆书莽大臣八人，又取令名王兴、王盛，章因自窜姓名，凡为十一人，皆署官爵，为辅佐。章闻齐井、石牛事下，即日昏时，衣黄衣，持匮至高庙，以付仆射。仆射以闻。戊辰，莽至高庙拜受金匮神嬗。御王冠，谒太后，还坐未央宫前殿。（《汉书·王莽传》）

至此，王莽利用符命顺利地完成了政权的和平交接。鲁惟一在《剑桥中国秦汉史》中一针见血地指出：“古代中国的一些开国皇帝和他们的支持者是实用心理学大师。他们对典籍和不足凭信的文书中的预言作有利于他们的解释，并虚构预言，制造吉兆和散布反对其敌人的政治歌谣。王莽及其追随者精通这种狡猾的手法。……所有这些征兆的启示都是：王莽应该登基。……王莽是皇帝，下一个轮到他来创立一个王朝。”①

---

① 转引自［英］崔瑞德：《剑桥中国秦汉史》，212页。

然而，王莽并不满足于利用符命获得政权，更在此基础上将符命作为维护其统治的法宝大肆使用。始建国元年秋，王莽“遣五威将王奇等十二人班《符命》四十二篇于天下。德祥五事，符命二十五，福应十二，凡四十二篇。其德祥言文、宣之世黄龙见于成纪、新都，高祖考王伯墓门梓柱生枝叶之属。符命言井石、金匮之属”（《汉书·王莽传》）。纵然符命、预言是荒诞不经的，但在“天人感应”思想充斥的西汉时期，这种符命的威慑力与影响力却不容小觑，所谓“麟凤龟龙，众祥之瑞，七百有余”（《汉书·王莽传》）。层出不穷的符命向天下昭示了这样一个观念：王莽即真乃是天之所命，众望所归。加之王莽之前所表现出的德行与人望，王莽的代汉立新可谓既得天命又得民心。政权合法性所蕴含的天命、民心与王德这三要素毫无疑问地集于王莽一身。

对于王莽来说，符命不仅仅是他借以改朝换代的重要手段，官员任命、重大决策，甚至国家的大小事务，全部诉诸符命。在王莽看来，以传达天命为己任的符命中就包含着超现实的神圣力量对人间政治秩序的安排。王莽登上皇帝宝座之后，立即按照金匮符命分封辅臣。

> 以太傅、左辅、骠骑将军安阳侯王舜为太师，封安新公；大司徒就德侯平晏为太傅，就新公；少阿、羲和、京兆尹红休侯刘歆为国师，嘉新公；广汉梓潼哀章为国将，美新公：是为四辅，位上公。太保、后承承阳侯甄邯为大司马，承新公；丕进侯王寻为大司徒，章新公；步兵将军成都侯王邑为大司空，隆新公：是为三公。大阿、右拂、大司空、卫将军广阳侯甄丰为更始将军，广新公；京兆王兴为卫将军，奉新公；轻车将军成武侯孙建为立国将军，成新公；京兆王盛为前将军，崇新公：是为四将。凡十一公。（《汉书·王莽传》）

王莽按哀章制造的金匮，封了十一公，每一位公都有“新”字。在这十一公当中，奉新公王兴原是城门令史，崇新公王盛原是卖饼的小贩，都因为他们的名字意指“王家”“兴”“盛”，又是金匮符命上有的名字，于是就被封为“公”。王莽按照符命找到这样姓名的有十余人，其中这两个人的相貌符合占卜和看相的要求，所以直接从平民起用，以显示神奇。而其他同名同姓的人都授任为郎官。从这件事中我们可以一窥王莽对符命的沉迷，对于王莽来说，不是任人唯贤，也不是任人唯亲，而是任人唯“吉”，除了让人倍感荒唐可笑之外，也为新莽王朝的覆亡埋下了伏笔。

符命更是一把双刃剑，既可以成为获得政权、维持统治的工具，亦可以成为大臣弄权、争名逐利的手段。既然皇帝如此迷信符命，许多人就投其所好。

《汉书·王莽传》记载："是时争为符命封侯，其不为者相戏曰：'独无天帝除书乎？'"（《汉书·王莽传》）扬雄亦曰："及莽篡位，谈说之士用符命称功德获封爵者甚众。"（《后汉书·扬雄传》）大臣陈崇意识到这一问题的严重性，建议王莽："此开奸臣作福之路而乱天命，宜绝其原。"（《汉书·王莽传》）王莽因此下令："非五威将率所班，皆下狱。"（《汉书·王莽传》）纵然如此严令，依然有大臣试图利用王莽对符命的迷信来达到自己的目的。甄丰之子甄寻就炮制符命，"言新室当分陕，立二伯，以丰为右伯，太傅平晏为左伯，如周召故事"。随后又作符命要迎娶王莽的女儿平帝皇后为甄寻之妻。这一符命彻底激怒了王莽，最后不仅甄寻被处死，还牵连公卿列侯大臣等死者数百人。

其次，王莽利用"五德终始说"，炮制出"火德销尽，土德当代"，以德运的转移来论证新莽王朝的合法性与正当性。王莽的这一工作可分解为三个步骤。第一，根据已有的"汉家尧后"的观念，追溯自己的家族为"舜后"；第二，以"五行相生"关系论证尧汉皆为火德，舜新皆为土德。既然尧与舜之间是以禅让的方式来实现政权交接的，那么汉与新之间自然也可如此；第三，顺理成章地引出"火德销尽，土德当代"，并以此作为新莽王朝政权合法性的理论依据。

"汉家尧后"这一观点经由眭孟与刘向等人的阐发，在王莽掌权之前即已流行开来，并且认为刘汉一族为尧帝后裔御龙氏刘累之后。而并非像顾颉刚先生所说，"王氏为虞后，汉氏自当为尧后"[①]。在汉昭帝元凤三年眭孟请求昭帝禅让的奏言中，眭孟道："先师董仲舒有言，虽有继体守文之君，不害圣人之受命。汉家尧后，有传国之运。汉帝宜谁差天下，求索贤人，禅以帝位，而退自封百里，如殷周二王后，以承顺天命。"（《汉书·眭弘传》）《汉书·高帝纪》中亦有："刘向云战国时刘氏自秦获于魏。秦灭魏，迁大梁，都于丰，故周市说雍齿曰：'丰，故梁徙也。'是以颂高祖云：'汉帝本系，出自唐帝。降及于周，在秦作刘。涉魏而东，遂为丰公。'丰公，盖太上皇父。其迁日浅，坟墓在丰鲜焉。及高祖即位，置祠祀官，则有秦、晋、梁、荆之巫，世祠天地，缀之以祀，岂不信哉！由是推之，汉承尧运，德祚已盛，断蛇著符，旗帜上赤，协于火德，自然之应，得天统矣。"正如钱穆先生所说："眭孟言汉为尧后，不

① 顾颉刚：《五德终始说下的政治和历史》，载《清华学报》，1930（1）。杨权在《"汉家尧后"说考论》一文中指出，"汉家尧后"说产生的时间在昭帝始元元年（前86年）至元凤三年（前78年）之间。前者是武帝逝世的次年，后者是眭孟征引此说的前一年。而此说的首倡者当为谶纬家。参见杨权：《"汉家尧后"说考论》，载《史学月刊》，2006（6）。

述所本，以事属当时共信，无烦引据也。”①

在《汉书》的《元后传》与《王莽传》中，王莽屡次提及并论证“王氏舜后”这一命题。它们这样记述了王莽编造的家谱：

> 莽自谓黄帝之后，其《自本》曰：黄帝姓姚氏，八世生虞舜。舜起妫汭，以妫为姓。至周武王封舜后妫满于陈，是为胡公，十三世生完。完字敬仲，奔齐，齐桓公以为卿，姓田氏。十一世，田和有齐国，（二）〔三〕世称王，至王建为秦所灭。项羽起，封建孙安为济北王。至汉兴，安失国，齐人谓之‘王家’，因以为氏。（《汉书·元后传》）
>
> 自黄帝至于济南伯王，高祖世氏姓有五矣。黄帝二十五子，分赐厥姓十有二氏。虞帝之先，受姓曰姚，其在陶唐曰妫，在周曰陈，在齐曰田，在济南曰王。予伏念皇初祖考黄帝，皇始祖考虞帝，以宗祀于明堂，宜序于祖宗之亲庙。其立祖庙五，亲庙五，后夫人皆配食。郊祀黄帝以配天，黄后以配地。以新都侯东弟为大禖，岁时以祀。家之所尚，种祀天下。姚、妫、陈、田、王氏凡五姓者，皆黄、虞苗裔，予之同族也。（《汉书·王莽传》）

对于王莽来说，这一族谱真实与否并不重要，重要的是这一族谱所蕴含的政治意义。葛承雍先生说：“王氏一家一姓的世系传说，大抵是以超越家族系统的全民族神话英雄作为其核心人物，以此激发当时人们广泛的热情和崇拜，赢得更宽广的群众信仰的基础。所以用不着追根诘问王莽的祖先，作为一个托名黄帝后裔的新兴家族，较确切的记载是西汉文、景期间，王安（田安）孙子（字伯纪），居住于济南东平陵，生子王贺（字翁孺），后为汉武帝朝的绣衣御史。”②

然而，若对王莽的这份世系族谱仔细推敲，则会发现它与一些典籍记载有着相当大的分歧。按照《史记·三代世表》的记载，尧是帝喾的儿子，而舜是颛顼的六世孙。而“惟王氏，虞帝之后也，出自帝喾；刘氏，尧之后也，出自颛顼”（《汉书·王莽传》）的说法正好与《史记》的记载相悖。对此，顾颉刚先生指出，颛顼是黄帝之孙，而帝喾为黄帝之曾孙；而汉在新前，那么尧的祖先也应在舜的祖先之前。为了论证代汉立新的宗法渊源，王莽将其篡改为“惟王氏，虞帝之后也，出自帝喾；刘氏，尧之后也，出自颛顼”。如此一来，“王

① 钱穆：《刘向歆父子年谱》，见《两汉经学今古文评议》，11页，北京，商务印书馆，2001。
② 葛承雍：《王莽新传》，4～5页。

莽标榜出自舜帝之后，血统高贵，既能转移公众视线，淡化自己的外戚身份，又能暗公众，王莽系远古圣君之后，倘能代汉，必将再造盛世，降福万民”①。更为重要的是，王莽通过论证、宣扬“王氏舜后”这一家族世系，为新莽政权的合法性与正当性奠定了宗法正统的基础。加之禅让思潮涌动，符命祥瑞迭出，王莽又为众望所归，代汉立新自然水到渠成。

当然，仅追溯家族为“舜后”是不够的，还需要结合“五德终始”，以“相生”的德运转移来阐发尧汉皆为火德，舜新皆为土德。这一工作由刘歆通过撰写《世经》一书来完成。刘歆排列的帝王世系如下：太昊伏羲氏为木德，炎帝神农氏为火德，黄帝轩辕氏为土德，少昊金天氏为金德，颛顼高阳氏为水德，帝喾高辛氏为木德，帝尧陶唐氏为火德，帝舜有虞氏为土德，伯禹夏后氏为金德，成汤为水德，周武王为木德，汉朝为火德。同时在太昊伏羲氏与炎帝神农氏之间有共工为闰统，帝喾高辛氏与帝尧陶唐氏之间有帝挚为闰统，周武王与汉高祖之间有秦始皇为闰统。通过“闰统”的设立以及少昊的加入，刘歆成功地推导出尧汉皆为火德，舜新皆为土德。这样一来，“汉是火德，他的祖帝尧也是火德。火德的尧是禅位与舜的，所以火德的汉也应禅位与我”②。

除了“土火交替”之外，王莽即位之后所发出的第一份诏书中的内容还有着值得细细品味的言外之意。

> 予以不德，托于皇初祖考黄帝之后，皇始祖考虞帝之苗裔，而太皇太后之末属。皇天上帝隆显大佑，成命统序，符契图文，金匮策书，神明诏告，属予以天下兆民。赤帝汉氏高皇帝之灵，承天命，传国金策之书，予甚祇畏，敢不钦受！以戊辰直定，御王冠，即真天子位，定有天下之号曰“新”。其改正朔，易服色，变牺牲，殊徽帜，异器制。以十二月朔癸酉为建国元年正月之朔，以鸡鸣为时。服色配德上黄，牺牲应正用白，使节之旄幡皆纯黄，其署曰“新使五威节”，以承皇天上帝威命也。（《汉书·王莽传》）

在这份诏书中，最为耐人寻味的是：“赤帝汉氏高皇帝之灵，承天命，传国金策之书，予甚祇畏，敢不钦受！”代汉立新明明是在刘婴与王莽之间进行禅让，但在这份诏书中却变为“赤帝汉氏高皇帝之灵”与王莽之间的禅让。有学者指出，“王莽之所以不提刘婴让国，是想避免留给世人一个欺负孺子的印

① 邓乐群：《王莽宗舜代汉的政治权谋及其历史效应》，载《宁夏社会科学》，2004（6）。
② 顾颉刚：《战国秦汉间人的造伪与辨伪》，176页，北京，东方出版社，1996。

象，同时强化五德循环的色彩”[①]。这不失为一个较为合理的论断。但王莽如此煞费苦心地编造家谱，炮制德运转移，甚至搬出“赤帝汉氏高皇帝之灵”的说法，最终都是致力于以“五德终始”说为基础的政权合法性的论证。

经过种种努力，王莽顺理成章地宣告：“火德销尽，土德当代”。《汉书·五行志》中记载了火德衰微、土德兴起的“受命之符”：

> 元帝初元四年，皇后曾祖父济南东平陵王伯墓门梓柱卒生枝叶，上出屋。刘向以为王氏贵盛将代汉家之象也。后王莽篡位，自说之曰：“初元四年，莽生之岁也，当汉九世火德之厄，而有此祥兴于高祖考之门。门为开通，梓犹子也，言王氏当有贤子开通祖统，起于柱石大臣之位，受命而王之符也。”

《王莽传》中亦有：

> 予前在大麓，至于摄假，深惟汉氏三七之厄，赤德气尽，思索广求，所以辅刘延期之术，靡所不用。以故作金刀之利，几以济之。然自孔子作《春秋》以为后王法，至于哀之十四而一代毕，协之于今，亦哀之十四也。赤世计尽，终不可强济。皇天明威，黄德当兴，隆显大命，属予以天下。今百姓咸言皇天革汉而立新，废刘而兴王。

至于“汉刘火德尽，而传于新室也”（《汉书·王莽传》）等说法，不一而足。如此一来，王莽为新莽王朝的合法性做出了系统、圆融的论证。这一论证包含了合于德运变换的历史合法性，以种种符命为代表的、来自天命的神圣合法性，更有着普遍承认的巨大权威所树立起来的人心民意合法性。正如有学者所指出的那样，“王莽所曾赢得的巨大声誉，以及儒生和吏民的充分支持，本来可以成为稳定社会的起点的”[②]，但最终因改制失败而丧失了其长期执政的合法性，进而宣告了王朝的败亡。

二、长治久安——长久执政能力与政权合法性的维系

政权合法性问题作为政治哲学的一个重要组成部分，所要论证与解决的不仅仅是获得政权的合法性，更有维持统治的合法性。换言之，政权合法性应包括两部分：一是获得和建立政权的合法性；二为保有政权的合法性，即长久执

① 杨权：《新五德理论与两汉政治——“尧后火德”说考论》，191页，北京，中华书局，2006。

② 阎步克：《士大夫政治演生史稿》，397页。

政的合法性。在以往的研究中，对获得与建立政权的合法性研究颇多，但对于长久执政的合法性问题则关注度不高。然而，恰恰是长久执政的合法性，关系着国家长治久安，社会保持稳定。如何长久地持有政权、具有长久执政的合法性，这又与统治者长久执政的能力息息相关。

在中国古代社会君主专制的政治体制下，要想将一个政权长久地集中并维持在一个人（家族）或集团手中绝非易事，除了强大的军事力量、统治者高超的执政能力之外，还要使臣民们相信、信服并死心塌地维护统治，防止其他势力的篡夺与反抗。所谓打江山难，守江山更难；可以马上得天下，但不能马上治天下。西汉初年，这一问题已经成为贾谊、陆贾以及贾山等诸多思想家的共识，他们也为此做出了积极的理论探索与贡献。与此同时，夏商周秦汉的王朝兴替也使得人们逐渐认识到政治统治正当性的维系问题。政治统治正当性的获得并非一劳永逸，需要受到不断的审视与反思，这就需要在统治过程中不断地证明和维系统治的正当性。因而，在建立一个新政权之后，如何做到长期稳固地维持统治，如何做到使治下的人民安居乐业、国家安定繁荣，成为历代统治者思考的永恒主题。

对于上述问题，周人给出了“敬德保民”的思路。想要长久地握有天授的权力，只能依靠统治者自身的“敬德”与“保民”。“敬德”可以获得政权，“保民”则为了稳定政权。这样一来，不仅能够消除人们在经历权力更迭、江山易主之后对政权合法性的质疑，而且是维持其长治久安的上上之策。在道德政治中，“王者之德既是获得权力的先决条件，也是取得权力后保有权力的重要保证”[①]。

以这样一种理论思路反观王莽的“禅让”与改制的话，我们可以得出这样一个结论：新莽王朝“短命速亡”的原因并非王莽以“禅让”这一形式取得了政权，而在于他取得政权之后的施政方针出现了重大的失误。根据班固在《汉书》中的记载，以王莽当时的声誉与人望，在西汉末年那样一个“人心思变”的社会中，王莽代汉已是大势所趋，只是实现时间或早或晚而已。换言之，王莽言行动天下视听，再加上层出不穷的各种符命祥瑞，这充分说明王莽在当时是以“敬德”赢得了天命与民心的。然而，就在王莽成功地实现了改朝换代之后，一系列不当的改制措施却使得王朝一步步滑向了崩溃的边缘。这种崩溃的背后，除却儒学本身的原因之外，更重要的是王莽作为最高统治者执政能力的

① 关健英：《先秦秦汉德治法治关系思想研究》，81页，北京，人民出版社，2011。

低下与不足。而缺乏维系长久统治合法性与正当性的能力恰恰是执政能力不足最为明显的表现。而这不仅宣告了新莽王朝的覆亡，甚至使得新莽王朝连最初确立的合法性也遭到质疑。班固说：“昔秦燔《诗》《书》以立私议，莽诵《六艺》以文奸言，同归殊途，俱用灭亡”（《汉书·王莽传》）。如果说暴秦因其严刑峻法、沉重赋税与过度压榨从而引起了百姓的不满与反抗而使其灭亡的话，那纯任王道、用周政的新朝又因何而败呢？这其中的原因是发人深思的，更是耐人寻味的。

首先，从统治者的心理与性格上来说，王莽并不具有帝王之才。班固在《汉书》的字里行间对王莽的描述，纵然不乏贬斥之语，但这并不妨碍我们从中一窥王莽的行事风格。譬如：“莽不可谏，而好鬼神，可为变怪以惊惧之”，“莽志方盛，以为四夷不足吞灭，专念稽古之事”，“莽意以为制定则天下自平，故锐思于地里，制礼作乐，讲合《六经》之说”（《汉书·王莽传》）。“莽性躁扰，不能无为，每有所兴造，必欲依古得经文”（《汉书·食货志》）。“莽自见前颛权以得汉政，故务自揽众事，有司受成苟免。诸宝物名、帑藏、钱谷官，皆宦者领之；吏民上封事书，宦官左右开发，尚书不得知。其畏备臣下如此。又好变改制度，政令烦多，当（奏）〔奉〕行者，辄质问乃以从事，前后相乘，愦眊不渫。莽常御灯火至明，犹不能胜。”《汉书·王莽传》综合王莽在取得政权前后的种种表现，我们可以尝试着得出这样的结论：王莽或许是位可以倚重的权臣，但若以君主的标准来衡量，王莽并不合格。按照儒家所推崇的“德才兼备”的标准来看，王莽德行或首屈一指，但却不具备号令天下之“才”。

其次，从执政理念上来说，王莽对儒学的过度痴迷成为王朝败亡的巨大隐患。由于一厢情愿地相信儒学经典中包含了解决一切现实政治问题的答案，这种执政理念非但没有指引着王莽将儒家心目当中的“乌托邦”变为现实，反而使他无视现实政治中所出现的种种问题，一味地沉溺于儒家经典所描述和构造的美好想象中不能自拔。而对于符命图谶的迷信更达到了一种前所未有的程度，依据符命的启示进行人事的安排与任命更成为一种荒诞无稽之举。正如阎步克所说：“‘奉天法古’如果仅仅作为思想界的一种学说而存在，当然也自有其不容抹杀的文化价值；但是在政统范围之内，置战国变法以来经几百年发展而形成的文法律令、‘汉家故事’于不顾，而欲把一大堆非理性的，杂糅了先王遗制、经典训诫以至近于魔法巫术的符命图谶一类东西，强加于本应以合理化方式运营的帝国官僚体制之上，以建设某种乌托邦式的理想秩序，那么它的失败，就是指日可待的意料中事了。”①

最后，从具体施政方针上来说，政令多变的同时法网密集，律令繁多，搞得民不聊生、怨声载道。“政令日变，官名月易，货币岁改”（《后汉书·隗嚣传》），这样的总结绝非言过其实，多变的政令与繁复的法网也是依靠严酷的刑罚来实施贯彻的。如此一来，不仅早已背离儒家“为政以德”的训诫，而且以实现“王道”为目标的新政不但没有达到预期中的惠民利民，反而成为祸国殃民的动乱之源。正所谓“苛政猛于虎”，如果说秦政所推崇的“法治”因其不够柔软、缺乏弹性、少了人情味而不能提供有效的社会整合、调节与教化功能的话，那么，以“复礼”为终极指向的新政则因其过于追求形式上的完美而对现实的政治问题置若罔闻，并最终导致了社会解体。然而，这种掺杂着近乎癫狂的个人崇拜、不顾现实政治情况而一味追求乌托邦式理想秩序的“政治运动”在距离我们不远的历史当中有着似曾相识的身影，譬如当年的“大跃进”，再譬如延续十年的“文化大革命”，由此带给我们的经验教训对于我们今天的改革实践依然有着不容忽视的警醒与借鉴意义。

总的来说，政权合法性是巩固与提升执政能力的前提，而加强长久执政能力建设更是维系政权合法性的保证。“前事不忘，后事之师”，新莽王朝败亡的教训告诫我们，政权合法性的维系与长久执政能力的提升最终都应落脚为以民为本的政治实践。如果脱离了这一目标，那么再精致美好的理论设想与现实建构都将成为海市蜃楼。

曹婉丰

参考文献

崔瑞德．剑桥中国秦汉史．杨品泉，等，译．北京：中国社会科学出版社，1992.

杨永俊．禅让政治研究：王莽禅汉及其心法传替．北京：学苑出版社，2005.

艾兰．世袭与禅让：古代中国的王朝更替传说．余佳，译．北京：北京大学出版社，2002.

阎步克．士大夫政治演生史稿．北京：北京大学出版社，1996.

关健英．先秦秦汉德治法治关系思想研究．北京：人民出版社，2011.

顾颉刚．战国秦汉间人的造伪与辨伪．北京：东方出版社，1996.

周桂钿．中国传统政治哲学．石家庄：河北人民出版社，2007.

① 阎步克：《士大夫政治演生史稿》，397页。

第三章
《白虎通义》的教化哲学

汉章帝建初四年（79 年），令太常、将、大夫、博士、议郎、郎官及诸生、诸儒会白虎观，讲议“五经”同异，参加者有贾逵、丁鸿、杨终、班固、李育、楼望、成封、桓郁等数十人。班固根据这次经学辩论情况，撰成《白虎通义》（又名《白虎通》）一书。

由于近代以来政治哲学话语的转换，《白虎通义》一向被当作封建专制在宗教神学上的证明。但只要客观深入地考察《白虎通义》对政治秩序与社会伦理的安排，我们就可以发现《白虎通义》对政治秩序、政治价值与社会伦理的理论思考及其制度安排体大义精，是今天重建中国政治哲学非常重要的思想资源与义理渊窟。

就其精义来说，《白虎通义》之政治哲学的核心不在于制度与器物层面的安排，而在于对世道风俗与人性的洞察，以及在此基础上所提出的一系列关于人伦纲纪与社会教化的主张与安排。本章着重论述《白虎通义》以人伦教化、社会风俗养成为核心的政治哲学思考，依次撰叙其事，是为三统论、礼乐论、纲纪论。

第一节　三统论

王朝何以有兴替？新王兴起的正当性何在？政治统治的根据与目标是什么？这些是中国政治哲学所要考虑的重要问题。至汉代，天下兴替夥矣。与今日更多地用社会经济问题来解释王朝之兴衰不一样，中国传统政治哲学更倾向于用政教的兴衰与人心之向背来回答。正如王船山所云：“未有教化不起而王道能兴者也。”（《四书训义·大学》）社会经济危机与阶级冲突固然是导致一个王朝瓦解的重要原因，但这些社会矛盾丛生的渊源是什么？儒家传统往往会倾向于认为是在上位者其德不修，其心有私，以至于“财聚而民散”。贫富分化，上下争利，都只是政教不修的结果。

《白虎通义》认为，一个王朝之勃兴，带来盛世局面，最为根本的是其政教收到了良好的效果。在位者德修行端，不仅政治有秩序，社会有富裕，更有自上而下的政教实施，使得上下有礼、民心向善，社会风尚优良。教的成功，既是国家治理成功的原因，也是政治的最高成果。

所谓“三统论”就是要解决中国政治哲学中的这些重要理论问题。天下何以有统？统何以有三？《白虎通义》之《三正》《三教》等篇都是为此而设的。《三正》篇正面论述了“三统”的内容与历史传统，指出“三统”背后的精义乃在于“三教”。

一、三统、三正与三教

三统之说原指历法上定正朔的三种情况，即夏建寅、商建丑、周建子。但这个统为什么是三，而不是二、四，或其他的数字呢？《白虎通义》即问道：“正朔有三何本？”回答是：“天有三统，谓三微之月也。明王者当奉顺而成之，故受命各统一正也。敬始重本也。朔者，苏也，革也。言万物革更于是，故统焉。”（《白虎通义·三正》）

所谓三微，是生养万物之阳气在冬季开始生发的三个阶段。十一月阳气潜伏未动，十二月阳气始动于地下而未达地表，十三月则阳出地上，万物开始萌芽。

> 三微者，何谓也？阳气始施黄泉，动微而未著也。十一月之时，阳气始养根株黄泉之下，万物皆赤，赤者，盛阳之气也。故周为天正，色尚赤也。十二月之时，万物始牙而白，白者，阴气，故殷为地正，色尚白也。十三月之时，万物始达，孚由而出，皆黑，人得加功，故夏为人正，色尚黑。……不以二月后为正者，万物不齐，莫适所统，故必以三微之月也。三正之相承，若顺连环也。（《白虎通义·三正》）

由此，三统的根源是三微，即三始。以三微来标记三统，意味着以阳气生养万物的起始来象征王道教化的开端。而所谓统，即政治秩序与王道之教的齐同。三统之正源自三微之正，只有在起始之际有一个好的开端，才能名正言顺地建立其统属而王天下。这就意味着群雄逐鹿之际，虽然谁都有可能做新王，但真正的新王只属于其始正而为人所信服的那一个。三统之以三微始，包含着政治实践上的许多考量，但是，这在古代天命观的话语系统里却不方便表达。不方便表达的东西以一种隐微的方式来叙述，正是一种政治哲学成熟的表现。

如果说三微是三统的来源与起始，那么三教则是三统的目的与内在理据。

新王朝建立须改正朔，以示天命转移，应天而动。

> 王者受命必改朔何？明易姓，示不相袭也。明受之于天，不受之于人，所以变易民心，革其耳目，以助化也。故《大传》曰“王者始起，改正朔，易服色，殊徽号，异器械，别衣服”也。是以禹舜虽继太平，犹宜改以应天。(《白虎通义·三正》)

王者之兴最终的合法性源自天命。在以《尚书》为代表的五经之中，服膺天命之最重要的表现是治平天下的功德，“天视自我民视，天听自我民听”；而在汉代的谶纬世界之中，新王兴起而服膺天命的表征还有各种祥瑞的出现。王者易姓而起，就要示天下以天命转移、治道变更，其标志就是“改正朔，易服色，殊徽号，异器械，别衣服”等。

在这里需要特别注意的是，天命为什么会发生转移，新王为什么要“改正朔”等。用《白虎通义》的表述是“以助化也”。当某一王之教弊端丛生的时候，就需要新王之教以革其害，以新民化，这便是天命的全部目的之所在。天命于新王，不是为了别的，只是为了王道新兴，以王教化天下之民，使之成就五常之性而臻于至道。中国传统之政治哲学以天命为自己的最终根据，也以天命之所欲成就者为自己的最高目标。而其余的全部问题都只是通向王教之化的手段论证与道路探索。

圣人立王教而治天下，如果圣人没有犯错误的话，那么道就会大行于世，天下太平，历史兴衰难道不应终结于三皇五帝之世吗？为什么还会发生历史兴衰之变迁呢？当年汉武帝就向董仲舒提出了这样的疑问。“夫三王之教所祖不同，而皆有失，或谓久而不易者道也，意岂异哉？”(《汉书·董仲舒传》)武帝的意思是说，道难道不是“久而不易”的吗？为什么三王之教宗旨不一而都有所偏失呢？这里面难道不是存在某种矛盾吗？

我们现代人非常容易理解这种矛盾，这个矛盾就是理念世界与历史现实的距离。但古人很少提出这样的问题。在中国古代社会，人们都曾听闻三皇五帝之至世，但从来没有人设想永恒不变的大同世界一直存在。因为早在远古的时候，人们就被告知皇、帝、王、霸之道的不同；悠久的历史书写传统使中国人早在远古时代就熟知历史在治乱之间流转。而汉武帝之所以向董仲舒说出他的疑虑，其原因是他想求证先王之道究竟能不能帮他治平天下，光复三代乃至于三五之世的荣耀。正是在这种雄心壮志和焦虑下，汉武帝问道：

> 盖闻五帝三王之道，改制作乐而天下洽和，百王同之。当虞氏之乐莫盛于《韶》，于周莫盛于《勺》。圣王已没，钟鼓管弦之声未衰，而大道微缺，陵夷至乎桀纣之行，王道大坏矣。夫五百年之间，守文之君，当涂之士，欲则先王之法以戴翼其世者甚众，然犹不能反，日以仆灭，至后王而后止，岂其所持操或悖缪而失其统与？固天降命不可复反，必推之于大衰而后息与？乌乎！凡所为屑屑，夙兴夜寐，务法上古者，又将无补与？”（《汉书·董仲舒传》）

历史一去不返，“王道大坏”之余，那些“守文之君，当涂之士”前赴后继的努力，都没有再恢复先王之治。令人怀疑是不是上天要将这个世道“推之于大衰而后息”，而我今天“务法上古”，能起到什么作用呢？这便是汉武帝的疑虑。

那么董仲舒就必须在先王之道的永恒意义与历史变迁的无常之间作出解释，否则就不能消除武帝的疑虑。董仲舒正面回答道：

> 先王之道必有偏而不起之处，故政有眊而不行，举其偏者以补其弊而已矣。三王之道所祖不同，非其相反，将以救溢扶衰，所遭之变然也。故孔子曰：“亡为而治者，其舜乎！”改正朔，易服色，以顺天命而已；其余尽循尧道，何更为哉！故王者有改制之名，亡变道之实。（《汉书·董仲舒传》）

董仲舒用精练的语言表达了这样一个道理，世界上不存在一个可以以不变应万变而直接运用于现实政治的道，因为各世“所遭之变”有所不同。就此而论，“先王之道必有偏而不起之处”。先王之治道体现在哪里呢？正是体现在“举其偏者以补其弊”之处。

紧接着董仲舒列举先王之治的历史事实来加以论证：

> 夏上忠，殷上敬，周上文者，所继之救，当用此也。孔子曰：“殷因于夏礼，所损益可知也；周因于殷礼，所损益可知也；其或继周者，虽百世可知也。”此言百王之用，以此三者矣。夏因于虞，而独不言所损益者，其道如一而所上同也。道之大原出于天，天不变，道亦不变，是以禹继

舜，舜继尧，三圣相受而守一道，亡救弊之政也，故不言其所损益也。繇是观之，继治世者其道同，继乱世者其道变。(《汉书·董仲舒传》)

如若是治世，其道固然可同一，而若继乱世，则必须救当世之弊，所以其道变。这样，董仲舒在历史上首次对三统论进行了系统论证。从这里也可以回答我们开篇所提出的问题。因为“所遭之变”不同，所以不同之世的治道要有所变更；但更重要的是，虽然世道不一，社会变迁的背后依然有其规律可循。这个规律就是“文质再复”以及忠、敬、文三教之间的相互关系，正如董仲舒所云“百王之用，以此三者”。

三教既是夏、商、周三代文明的特点，也是其治世的重要手段。“教者，所以追补败政，靡弊溷浊，谓之治也。”(《白虎通义·三教》)教不只是我们现在所理解的教育文化之类经济基础之上的上层建筑，仿佛只是政治社会的某种文饰，而且是被《白虎通义》推到治平国家之基本战略方针高度的立国安民之根本，是政治最终目的及其实现手段的融合。“教者，何谓也？教者，效也。上为之，下效之。民有质朴，不教而成。故《孝经》曰：‘先王见教之可以化民。’《论语》曰：‘不教民战，是谓弃之。’《尚书》曰：‘以教祇德。’《诗》云：‘尔之教矣，欲民斯效。’”(《白虎通义·三教》)《白虎通义》在对教的定义中，不只包括了今天之谓文化道德教育的内容，还将教作为上行下效的政治宣教之重要原则，亦即行政的原则。而在这里，政与教是高度统一乃至一体的。政中寓教，教中行政，政即是教，教即是政。

在《白虎通义》看来，政与教是绝不可分的一个整体。如果有政而无教，即使国家富强起来了，也仍然没有履行政治之基本任务——对民众的教化。如果不做到这一点，那么社会风俗就不能澄明。社会风俗污浊，那么国家政治最终也会混乱。这对于古代人来说，是人人可知、人人可预见的一个政治常识。因此先富而后教，寓教于政，政教一体是古代政治哲学的基本原则。在这个原则里包含了对在位者的高要求。对于一位政治家来说，不只是其才智可以安定国家，使人民富足，还要有高尚的道德人格，以为百姓所效法。而若一个统治者无甚道德文章，则即便有才略武功，能平定四方，也只是将帅之才，而非王者之德。无德则不能聚合人心，当然不能长久地使民心安定。因此文治武功相须而行，缺一不可。中国传统政治哲学尤其强调武功建立之后的文治德教，才是真正的政治，才是王道，否则只是霸道与权谋之术，还谈不上政治。《白虎通义》所引《孝经》《论语》《尚书》《诗经》反复陈说的就是这个道理。

二、文质之变

比较有意思的是，古人把这个教一分为二，或者一分为三。一分为二则为文、质，一分为三则为忠、敬、文。这既是古代对德教认识的两种理论结构，也是古代政教历史实践的经验总结。这在两汉之世是极为流行的理论，三教之说流行于两汉之世，《史记》《说苑》《政论》等书皆可见。《白虎通义》先述文质：

王者必一质一文者何？所以承天地，顺阴阳。阳之道极，则阴道受，阴之道极，则阳道受，明二阴二阳不能相继也。质法天，文法地而已。故天为质，地受而化之，养而成之，故为文。《尚书大传》曰："王者一质一文，据天地之道。"《礼三正记》曰"质法天，文法地"也。帝王始起，先质后文者，顺天地之道，本末之义，先后之序也。事莫不先有质性，后乃有文章也。(《白虎通义·三教》)

文质之概念于儒学非常早出。孔子多次论述了文与质的关系，比如："质胜文则野，文胜质则史，文质彬彬，然后君子"（《论语·雍也》）；"虞、夏之质，殷、周之文，至矣。虞、夏之文不胜其质，殷、周之质不胜其文"（《礼记·表记》）。质，指的是一个人的质地与品性，具体而言，指的是是否具有忠、孝、仁、义、诚、信、敬这样的品质。而这些质，要通过恰当的行为表现出来。规定行为之宜的就是文，又称节文，也就是礼。如果质多于文，就是只有情感而没有礼的节制，那么一个人就会显得粗野。相反，如果一个人在礼节上过于讲究，而其实并没有礼所要求的道德情感在里面，那么这个人就是浮夸、虚伪的。因此，"文质彬彬，然后君子"，文质相当，才能称得上君子。

《白虎通义》之论"文质"的着眼点不只是个人修身，而且是整个社会的风尚。所谓"王者必一质一文"，其暗含的前提便是将整个社会视为一个有机整体，并以"文"与"质"来概括这个整体的性质。黄前进的《文质论：中国传统治道的一个视角》一文也指出了"文质"就社会治道而言所意指的是社会的整体性质。但该文对这种整体性作了这样的概括："作为社会整体性质的文对质，可解释为'繁'对'简'。文指形式、内容上相对复杂的社会形态，质是指形式、内容上相对单纯、粗略的社会形态。"[①] 以社会形态之繁简来释文质是不得要领的。如果仅仅从其内涵来看，文与质意指礼仪节文与人性质地之间

① 黄前进：《文质论：中国传统治道的一个视角》，载《广东社会科学》，2010（6）。

的关系，《白虎通义》即将之概括为“质性”与“文章”。就其社会整体性来说，文之为治道是社会礼乐制度的完善，质之为治道是指王者重民之生养与品性，而不尚以繁复之礼仪加于百姓。而所谓文家与质家，绝不是说文家重文而不尚质，或者说质家尚质而无文，乃是指文家先文而后质，质家先务于质而后文。《白虎通义》云：“文家先改正，质家先伐何？改正者文，伐者质。文家先其文，质者先其质。”（《白虎通义·三正》）

因此，我们就可以看到，所谓文质就具有三个层面：一是文质本身所具的不同定义与内涵，可以对应于个人修身之文质关系；二是从整个社会层面来讲，社会之尚文与尚质表现出不同的治世准则与社会风貌；三是文家与质家之间的区别不同于文与质的区别，文家与质家所要达到的政治目标一致，只是文质的先后次第有所不同，文家先文而质家先质。

就其之为治道而言，“文”与“质”之间存在先后之序。《白虎通义》以为先质后文，“帝王始起，先质后文者，顺天地之道，本末之义，先后之序也”。所给出的理由是“事莫不先有质性，后乃有文章也”。从整个社会的角度来说，“帝王始起”之际天下之乱甫定，生民未得休养，还没有重建礼乐的条件，所以须先质后文。那么我们可不可以从这里推论出《白虎通义》赞同质家而不赞同文家？而这种赞同是基于其历史情境（以汉之质代周之文），还是基于以先质后文为不易之准则？

《白虎通义》之谓“事莫不先有质性”与其宇宙生成论体系有关。《白虎通义》认为：“始起先有太初，然后有太始，形兆既成，名曰太素。混沌相连，视之不见，听之不闻，然后剖判清浊，既分，精曜出布，度物施生，精者为三光，号者为五行。五行生情性，情性生汁中，汁中生神明，神明生道德，道德生文章。”（《白虎通义·天地》）太初者，气之始也。最先产生原初之气，然后成形，然后方辨阴阳、三光、五行之类，最后才产生道德、文章。这整个过程是先质而后有文的。在这里，“道德生文章”明确表达了质生文的观点。[①] 这与《白虎通义》以质属天、以文属地的观念是统一的。可以说，《白虎通义》一书力求论证一个完善的体系，在这个体系里，以阳统阴，以天统人，最终以实现阳阴、天人之中和。

但是，如若先质而后文，会不会意味着崇尚道德之质而轻礼仪之文、重治

---

① 肖航在其博士论文中论述《白虎通义》之宇宙生成论时，正确地指出了“其宇宙论是为其人文世界、政治生活服务的”，也对“道德生文章”的意义有所阐发，但还没有将其联系到《白虎通义》“质生文”的观点。参见肖航：《〈白虎通义〉政治思想研究》，武汉，武汉大学博士学位论文，2010。

平之质而轻礼乐之文？联系《白虎通义·礼乐》作综合考虑，的确存在这样的思想倾向。《白虎通义》认为“太平乃制礼作乐”，并叙述了其理由：“夫礼乐所以防奢淫。天下人民饥寒，何乐之乎？功成作乐，治定制礼。”然则，欲成就斯民之质，维持一个社会正常的伦理关系与政治运转，没有礼怎么行呢？于是《白虎通义》又补加了一条：“王者始起，何用正民？以为且用先代之礼乐，天下太平，乃更制作焉。”（《白虎通义·礼乐》）

我们可以看出，《白虎通义》在这里对礼乐（尤其是礼）的社会治理功能如何定义出现了摇摆不定的态度。一方面认为治定然后制礼，另一方面又认为王者始起其治未定之时，不能没有礼乐，须用先王之礼乐正民。从这种摇摆态度中我们也可以读出《白虎通义》本来分两步走的真实意图：第一步是王者始兴，要平定天下并拯救人民于饥寒之中，此时是无暇制礼乐的，但是要“正民”却又必须采用先王之礼；在天下太平之后，第二步才能自己制礼作乐。而《白虎通义》之所以于礼乐制度之社会功用上出现行文上的某些矛盾，其原因是其文暗含着两种不同层次的礼，但在行文中没有作出区分。

这两种不同层次的礼分别是根本性的、不变的礼和作为王者之文饰的、随时改易的礼。前者是指君臣、父子、夫妇之大节，是社会的根本制度，其礼则百世不变，百姓日用不可须臾去身者也；后者是指改正朔、易服色、殊徽号、异器械、别衣服之类，易代而变，是王者之文饰，无关乎生养治平之事。《白虎通义·三正》中有这样一段话：“王者受命而起，或有所不改者，何也？王者有改道之文，无改道之实。如君南面，臣北面，皮弁素积，声味不可变，哀戚不可改，百王不易之道也。”这其实就是区分了可改道之文与不可更改的、体现百王不易之道的礼，比如“君南面，臣北面”之类。

文者，质之彰也。对于《白虎通义》来说，文本身不是目的，文的目的是更好地成就质，因此先质而后文。《白虎通义》这样的思想倾向可以在董仲舒的《春秋繁露》中找到直接来源。

> 然则《春秋》之序道也，先质而后文，右志而左物。故曰：“礼云礼云，玉帛云乎哉？”推而前之，亦宜曰：朝云朝云，辞令云乎哉？“乐云乐云，钟鼓云乎哉？”引而后之，亦宜曰：丧云丧云，衣服云乎哉？是故孔子立新王之道，明其贵志以反和，见其好诚以灭伪，其有继周之弊，故若此也。（《春秋繁露·玉杯》）

因此，无论是从质文相成的道理，还是从以汉之质代周之文，其结论都应当是先质而后文。

由质生文、太平乃制礼作乐是社会之文明进步、人民五常之性养成所必经的阶段。然而，历史并不是这样直线上升，而是呈现出某种周期性的波折。《白虎通义》将这种波折表述为：“王者必一质一文者何？所以承天地，顺阴阳。阳之道极，则阴道受，阴之道极，则阳道受，明二阴二阳不能相继也。”人道如天道，寒来暑往，阴阳交替为用。文与质皆有其偏，而未得中和。偏于质则须救之以文，偏于文则须救之以质。因此历史就表现为一质一文、文质交替，而孔子作《春秋》承周文疲弊之后，就当以质救文。正如董仲舒云：“周爵五等，春秋三等。春秋何三等？曰：王者以制，一商一夏，一质一文。商质者主天，夏文者主地，春秋者主人，故三等也。”（《春秋繁露·三代改制质文》）《白虎通义》规定：“爵有五等，以法五行也。或三等者，法三光也。或法三光，或法五行何？质家者据天，故法三光。文家者据地，故法五行。”（《白虎通义·爵》）可以与此相印证。

事实上，《白虎通义》一书“王者必一质一文”（《三正》）与同一王朝先质后文为治（参见《礼乐》）并存。汉末公羊学大师何休总结道：“王者起所以必改质文者，为承衰乱救人之失也。天道本下，亲亲而质省；地道敬上，尊尊而文烦。故王者始起，先本天道以治天下，质而亲亲。及其衰敝，其失也亲亲而不尊。故后王起，法地道以治天下，文而尊尊。及其衰敝，其失也尊尊而不亲，故复反之于质也。”（《春秋公羊传注疏·桓公十一年》）何休此论仍同于董仲舒的一质一文之说，只是用“亲亲”与“尊尊”的区别来解释文质之变。但这个解释可能存在问题，因为“亲亲”与“尊尊”并不是殷质与周文的区别，反而是周文本身具有的两大原则。尽管如此，何休论“亲亲”“尊尊”之变的内在原理与文质之变仍是相通的，都是偏于一端而有废于另一端。正所谓“质胜则野，文胜则史”，故须文质相救。

那么，能不能在文质之间求得中和而致“彬彬君子”呢？《白虎通义》给出的回答是肯定的，历史上曾经有过中和之制，“黄帝始作制度，得其中和，万世常存。故称黄帝也”（《白虎通义·号》）。《白虎通义·礼乐》所说的“太平乃制礼作乐”其实就提出了在一个王朝之内调和“质”与“文”的问题。以质法先致太平，太平之后乃修其文，故其实可以存在“一姓两制”，而不必一姓专一制。西汉的政治实践就是如此，汉初休养生息可谓质，而武帝改正朔、易服色、设明堂、封泰山，可谓返质复文。所以一姓专一制的“王者必一质一文”乃是出于解释王朝兴替、先王后王易姓相代的理论需要，并非一贯之理。

三、通三统与三代之教

三代政教若一分为三，则为夏忠、殷敬、周文。《白虎通义》云：

> 王者设三教何？承衰救弊，欲民反正道也。三王之有失，故立三教，以相指受。夏人之王教以忠，其失野，救野之失莫如敬。殷人之王教以敬，其失鬼，救鬼之失莫如文。周人之王教以文，其失薄，救薄之失莫如忠。继周尚黑，制与夏同。三者如顺连环，周而复始，穷则反本。

三教与文质之变其道理相通，皆是一教有偏，而须他教来纠正补全。司马迁认为汉初以休养生息而代秦苛猛之政，即得三教之理。《史记》有一段话与《白虎通义》文通意同。

> 夏之政忠。忠之敝，小人以野，故殷人承之以敬。敬之敝，小人以鬼，故周人承之以文。文之敝，小人以僿，故救僿莫若以忠。三王之道若循环，终而复始。周秦之间，可谓文敝矣。秦政不改，反酷刑法，岂不缪乎？故汉兴，承敝易变，使人不倦，得天统矣。(《史记·高祖本纪》)

《礼记·表记》在论述礼教对整合、塑造社会伦理道德之功能时也追溯到三代之教。

> 子曰："夏道尊命，事鬼敬神而远之，近人而忠焉。先禄而后威，先赏而后罚，亲而不尊。其民之敝，惷而愚，乔而野，朴而不文。殷人尊神，率民以事神，先鬼而后礼，先罚而后赏，尊而不亲。其民之敝，荡而不静，胜而无耻。周人尊礼尚施，事鬼敬神而远之，近人而忠焉。其赏罚用爵列，亲而不尊。其民之敝，利而巧，文而不惭，贼而蔽。"
>
> 子曰："夏道未渎辞，不求备，不大望于民，民未厌其亲。殷人未渎礼，而求备于民。周人强民，未渎神，而赏爵、刑罚穷矣。"
>
> 子曰："虞、夏之道寡怨于民，殷、周之道不胜其敝。"
>
> 子曰："虞、夏之质，殷、周之文，至矣。虞、夏之文不胜其质，殷、周之质不胜其文。"

在这里，孔子也论述了三代之教的利弊所在，其意与《白虎通义》大致相同。但值得注意的是，孔子将三教与文质联系起来，以虞、夏为质，而以殷、周为文。这一点不同于其他以夏、殷为质，以周为文，或以夏、周为文，以殷为质的提法。尤其是，在《表记》中，孔子于文质之中偏向于虞、夏之质的态度是很明显的，“虞、夏之道寡怨于民，殷、周之道不胜其敝”。这一点也与汉代公羊学认为孔子作《春秋》以质代文的观点相一致。

尽管如此，三教论的总体倾向还是认为三教各有利弊，须相互救助，所以三教循环而不可偏废一端。这就是要存二王之后而通三统最根本的原因。存二王之后就是要保存前王之教的火种，在当世之教出现弊端的时候就调用来以资其治。所以在《论语》中，子张问：“十世可知也?”意思就是问可否根据什么规律性的东西来帮我们预测未来之世，孔子答道：“殷因于夏礼，所损益，可知也；周因于殷礼，所损益，可知也；其或继周者，虽百世可知也。”（《论语·为政》）即使孔子所说不是三教论的另一种表述，他的话也是三教论的直接理论来源。

不过，这里有个问题需要解释：忠、敬、文三教是三，而文、质为二；如果三教之“文”与文质之“文”含义相类的话，三教与文质在历史循环中就会产生矛盾。解决这个矛盾的办法是：文质再复与三教循环是对历史上王朝更替之规律的理论解释，而若新王立教，则当文质兼备、三教并施。《白虎通义·三教》云：“三教所以先忠何？行之本也。三教一体而分，不可单行，故王者行之有先后。何以言三教并施，不可单行也？以忠、敬、文无可去者也。”三教行有先后，因为教民之法有先后，先质后文、先忠后文，但最终所要成就的必然是质文兼具之人，不能偏于一端。但这只是一种施教之目标与理想，历史上的政教往往并不完善而致破败，那么新王之兴也须有针对性地立一教而救前王之弊，及至天下太平再制礼作乐，施以文质完备之教。但其实这个过程在历史上往往表现为由质而进乎文，文教疲弊而后返质。例如周代损益夏、商，本是文质兼施。“夏后氏用明器，殷人用祭器，周人兼用之谓何？曰：夏后氏教以忠，故先明器，以夺孝子之心也。殷教以敬，故先祭器，敬之至也。周人教以文，故兼用之，周人意至文也。”（《白虎通义·三教》）周之“至文”兼通夏、殷，但最终沦落为文繁质薄。

由此可见，通三统之义在于三教互补，以三代王教为准则，文质再复、三教循环。除此之外，通三统同时也彰显“公天下”之义。《白虎通义》曰：“王者所以存二王之后何也？所以尊先王，通天下之三统也。明天下非一家之有，谨敬谦让之至也。故封之百里，使得服其正色，行其礼乐，永事先祖。”（《白虎通义·三正》）存二王之后，用其礼乐正朔，便是保存先王之教，也向天下表明天下为公，任何王者的兴起都只是暂时的，最终都为被新王所代替。

由此而论，这三统中的一统（或者说某一王）看起来似乎是“单纯”的、

“统一”的，通三统在某一时期表现为“大一统”，但天下并非纯是一统，而是一国三制，一统为主、三统并存。对于公羊学的“大一统”义，学者多有完备之论，如周桂钿《董仲舒政治哲学的核心——大一统论》阐述了“大一统”在公羊学中的含义，即政治与思想多方面的统一，论述了“大一统”观念在中国历史上的源流，着重阐发“大一统”在构建一个统一的政治体方面的积极意义。[①] 刘家和《论汉代公羊学的大一统思想》则梳理了《公羊传》、董仲舒、何休发展“大一统论”的历史过程。《公羊传》的大一统体现在不与诸侯专封、专地、专讨而尊周王、用周正等方面，强调“统”非齐一之义，而是“合多为一”。董仲舒极大地拓展了“元”的哲学含义，以“元”为天地万物之本始，从而强调了“一统”的更化义，并发展出了三统循环理论。何休则将通三统之说拓展至“张三世”“别内外”，从而构建了公羊学完整的“三科九旨”之说，使得“大一统”理论成为一个完备的政治哲学与历史哲学体系。[②]

如果从三正与三教的角度来看，“大一统”理论所包含的尊王思想与构建华夷演进的天下秩序之内容皆以教化为宗旨。因此董仲舒所阐发的“更化”观念直接指向了“大一统”的终极目的。只是董仲舒基于其一元论的更化思想强调了一统的特殊意义与三统之间的差异。如其《春秋繁露·三代改制质文》所强调的黑统、白统、赤统之间的交替，“王者必改正朔，易服色，制礼乐，一统于天下，所以明易姓，非继人，通以己受之于天也”（《春秋繁露·三代改制质文》），从而与前文所述新王以先王之教为基础的教化观念有所不同。但董仲舒的三统论重在解释王朝更替的内在规律，若落实到更化的具体方略上，董仲舒仍会转而强调三教之间的延续性，“王者未作乐之时，乃用先王之乐宜于世者，而以深入教化于民”（《汉书·董仲舒传》）。他还认为“先王之道必有偏而不起之处，故政有眊而不行，举其偏者以补其弊而已矣”（《汉书·董仲舒传》），这是明显的改良主义，而不是革命了。

董仲舒之所以要将教化之改良作为落脚点，这是因为易姓革命只是王教更化的一个机缘，是“先王之道必有偏”而当改易的政治行动，但不管是哪家新王，最终都要汇集到同一个道上去，这个道就是尧舜之道。“故孔子曰：‘亡为而治者，其舜乎！’改正朔，易服色，以顺天命而已；其余尽循尧道，何更为哉！故王者有改制之名，亡变道之实。”（《汉书·董仲舒传》）

因此，《白虎通义》之论三统与三教，其精神内核仍然是董仲舒的学说。

---

① 参见周桂钿：《董仲舒政治哲学的核心——大一统论》，载《中国哲学史》，2007（4）。

② 参见刘家和：《论汉代公羊学的大一统思想》，载《史学理论研究》，1995（2）。

即以返复尧舜之道为宗旨，文质、三教之变革是教化方式因时制宜所作的自我调整，至于易姓革命则是王教更化的政治机缘。

第二节　礼乐论

周文之为治有一整套的“礼乐刑政”体系。五经无疑对周代的这个治理体系有所反映，尽管五经不限于周代历史上的“礼乐刑政”而有所损益。《礼记·乐记》云：“故礼以道其志，乐以和其声，政以一其行，刑以防其奸。礼、乐、刑、政，其极一也，所以同民心而出治道也。”刑政者，治之具也。刑与政要以礼乐为基础。徒有刑政，就会流于夫子所谓的“民免而无耻”了。

邦国之本在人，人之本在性。中国传统政治哲学深刻的地方就在于，它不只是看到制度对政治规范的构建，还洞察到一切制度的实施不仅以实现人性为基础，反过来还作用于人之性情。正如汉儒王充所云：“情性者，人治之本，礼乐所由生也。故原情性之极，礼为之防，乐为之节。性有卑谦辞让，故制礼以适其宜；情有好恶喜怒哀乐，故作乐以通其敬。礼所以制，乐所为作者，情与性也。”（《论衡·本性》）礼乐之所施，正是作用于人之性情。《白虎通义》总结了五经之所论人的性情，并对礼乐教化与性情之间的直接联系有着清醒的认识。

一、性情论

政治哲学不只要建构一种秩序，更要追求社会风尚的优良，以至于人人修礼乐道，上下相安，以至于垂拱无为而治。《白虎通义》即提出良善之治必须“移风易俗”。这样的政治理念，是以对人性的认识与教化为前提的。只有在人心可移、人性可塑的条件下，教化才被纳入政治考量的视野。如果人心不可移、人性不可塑，那么政治哲学所要考虑的就仅仅是建构统治秩序了。如果说人们爱怎么生活就怎么生活，这是个人自由，国家政治无权过问的话，那么这样的社会在某种意义上意味着盲目，将品德与礼俗的养成寄希望于社会运气。

儒家在理解人性与社会风尚的导向上，有着清明而深刻的认识。无论儒者们对人性究竟如何存在种种表述差异，但其共识是显而易见的。那就是在每个人身上都体现着或善或恶的品性差异，国家治理与社会整体的改良有赖于人性的完善与社会风俗的澄清，并且都认为去恶迁善不只是个人的目的，也是国家政治与整个社会的职责所在。

在中国哲学史的叙事中，人性论是非常重要的主题。其范式有性恶论、性善论、性无善恶论、性可善可恶论。据王充记载，“周人世硕，以为‘人性有善有恶，举人之善性，养而致之则善长；性恶，养而致之则恶长’。……故世子作《养书》一篇。密子贱、漆雕开、公孙尼子之徒，亦论情性，与世子相出入，皆言性有善有恶”（《论衡·本性》）。而告子之性无善恶论与孟子之性善论之间的争论，因《孟子》一书而广为人知。在这里，密子贱与漆雕开作为孔子学生，亲受夫子教诲，对其见解应特别注意。

西汉董仲舒对孟子的性善论提出批评。他认为：

> 性者宜知名矣，无所待而起，生而所自有也。善所自有，则教训已非性也。是以米出于粟，而粟不可谓米；玉出于璞，而璞不可谓玉；善出于性，而性不可谓善。……圣人于言无所苟而已矣。性者，天质之朴也；善者，王教之化也。无其质，则王教不能化；无其王教，则质朴不能善。质而不以善性，其名不正，故不受也。（《春秋繁露·实性》）

董仲舒强调名要正，他认为性是需要王教去成就的东西。一个人生下来只能说有善质，但善质只是一种潜在的东西，还没有成形，需要后天努力发展成善性。因此他不认同孟子的性善论。

当然，我们可以说孟子与董仲舒之论人性的差异在于对性的定义不一样。孟子以人之类为性；而董仲舒以生为性，即以人当下所呈现之性为性。董仲舒不是不理解孟子所说的性善，而是关注哪一种关于人性的理论更有助于促使人们通过学习来改益其性。经过慎重的思考，董仲舒还是选择了生之谓性，而人之善性需要去成就，需要整个社会和个人的努力。这就是政治哲学与哲学理论的区别。孟子之性善论作为一种哲学理论是通彻、高明、完备的；而董仲舒的人性论在政治实践上是审慎的。正是出于这样的理由，董仲舒提出：“观孔子言此之意，以为善甚难当。而孟子以为万民性皆能当之，过矣。圣人之性不可以名性，斗筲之性又不可以名性，名性者，中民之性。中民之性如茧如卵。卵待覆二十日而后能为雏，茧待缫以涫汤而后能为丝，性待渐于教训而后能为善。善，教训之所然也，非质朴之所能至也，故不谓性。”（《春秋繁露·实性》）

在宋明理学的经典范式中，性乃天理所赋，是天理之具在我心者，而情属气化流行，可善可恶。这也是其所谓“天地之性（义理之性）”与“气质之性”

的区分。如果从整个经学传统来看，对人性的定义主要是指人含五常之性。《白虎通义》与整个汉代儒者的看法大凡如此。不过，以五常为性与程朱对性与情的规定在内涵上其实有一致的方面。在朱子学生陈淳所编的《北溪字义》中，对性与情有这样的规定："情者，性之动也……这动底只是就性中发出来，不是别物，其大目则为喜、怒、哀、惧、爱、恶、欲七者。……性中有仁，动出为恻隐；性中有义，动出为羞恶；性中有礼智，动出为辞逊、是非。"（《北溪字义・情》）性涵天理，但就其内容来说，仍不外乎仁义礼智信之五常，亦称五性。其区别在于：理学家以理说性，是天命、天理之形于我心者，此天命之性与气质之性相对，气质之性非性也；而汉儒以生说性，仍在气化流行中。

对于理学家来说，性秉于天理，而情属气化；但在《白虎通义》看来，性与情皆是阳阴二气所生化。毕竟在这样一个气化的世界中，除去天理之外，何者不是气化所成呢？人性也是气化所塑，只不过性是阳气所生，而情来自阴。《白虎通义》云："人禀阴阳气而生，故内怀五性六情。情者，静也。性者，生也。此人所禀六气以生者也。故《钩命决》曰：'情生于阴，欲以时念也。性生于阳，以就理也。阳气者仁，阴气者贪，故情有利欲，性有仁也。'"（《白虎通义・性情》）从本质上而言，《白虎通义》还是体现了那个时代最为流行的观念，即性者生也。所谓性，即人受之于天所呈现的那样，而不是一个类本质的或理念式的概念。董仲舒在对武帝三策中有云："命者天之令也，性者生之质也，情者人之欲也。"（《汉书・董仲舒传》）刘向云："性，生而然者也，在于身而不发。"（《论衡・本性》）王充亦以为性有善恶（参见《论衡・本性》）。此皆以人与生俱来，以及其所实现出来的状态为性。

关于"性"的这种观念不唯是汉世流行之见，亦早有渊源。孔子谓"性相近"，这表明孔子并不一定以"理义"或"善"为性。若如此，则是人人同其性，不得谓相近。如若不是像孟子那样以人之类本质为性，那么性就是人与生俱来所呈现之状态，尽管论者于这种状态的定义与理解各有不同。在先秦两汉之世，人们一般都持此种见解。如《庄子》之书有云："道者，德之钦也；生者，德之光也；性者，生之质也。"（《庄子・庚桑楚》）《庄子》此处所谓性也是从自然生发之状来着眼的。

阳生万物，而阴气肃杀；阴阳二气相互作用，而生万物。生物之阳代表着仁与善的一面，而肃杀之阴代表着情欲与恶的一面，因此就有阳尊而阴卑的说法，阴依存于阳。这是那个时代的世界观。并且，性情与阴阳之理也是相贯通的。董仲舒即认为："天两有阴阳之施，身亦两有贪仁之性。天有阴阳禁，身有情欲栣，与天道一也。……身之有性情也，若天之有阴阳也。言人之质而无其情，犹言天之阳而无其阴也。”（《春秋繁露·深察明号》）在董氏这里，性情之间如阴阳既分善恶尊卑，又相辅相成。《白虎通义》在这方面继承了董仲舒的思想。一方面，其《五行》篇说：“阴阳共叙共生，阳名生，阴名煞。”（《白虎通义·五行》）阳生主德，而阴煞主刑，是有相反相成之理。另一方面，“性者阳之施，情者阴之化也”（《白虎通义·性情》），性与情之间亦如阴阳之间的关系，有施化之相辅相成。

就“性”的具体内容与性质，《白虎通义》将人性定义为五常之性，有五性六情之说。

> 五性者何谓？仁义礼智信也。仁者，不忍也，施生爱人也。义者，宜也，断决得中也。礼者，履也，履道成文也。智者，知也。独见前闻，不惑于事，见微知著也。信者，诚也，专一不移也。故人生而应八卦之体，得五气以为常，仁义礼智信也。六情者，何谓也？喜怒哀乐爱恶谓六情，所以扶成五性。

但是，《白虎通义》既然以性为“生者”，后又定义为五常之性，那么这意味着人生而具五常吗？的确是这样的。“人无不含天地之气，有五常之性者”（《白虎通义·礼乐》）。“人皆怀五常之性，有亲爱之心。”（《白虎通义·三纲六纪》）不过这五常之性虽是人人所具的，但需要通过后天努力去成就。“人情有五性，怀五常不能自成，是以圣人象天五常之道而明之，以教人成其德也。”（《白虎通义·五经》）五常之性不自行在人身上成就，需要人通过努力去实现。尤其是《白虎通义》强调要通过圣人之教，方能成五常之德。即谓经典学习与礼乐教化，才是成就五常之德的主要方式。

在性与情的关系上，《白虎通义》认为六情是人的感情表达，是五性的表现方式，可以扶成五性。《中庸》有云：“喜怒哀乐之未发，谓之中；发而皆中节，谓之和。”[①] 六情之中节，是仁、义、礼、智、信的重要表现。《白虎通义·礼乐》云：“故先王之喜怒，皆得其齐焉。喜则天下和之，怒则暴乱者畏之。”《白虎通义·辟雍》云：“学以治性，虑以变情。”性情的陶冶是相互关联的。

对性情的理解，汉儒与理学有似同而异、似异而同的关系。就其性与情的具体所指来说大致相同，但理学家通过天理、天命来说性，而汉儒从天地所生、阳气所化来说性，此其异者也。这种分别的背后体现了二者在理解天人关

---

① 朱子以“未发”为性（参见《四书章句集注·中庸》），与汉代经师之见不合。

系上的差异。汉儒之论天人相副以一气相承，而理学之论天人一致以性理相承。汉儒需要解释的是，如果天人皆是阴阳二气所化，气中如何有理、有性？如何于气中生出仁义礼智信来？理学需要解释的是，如若性来自理而非气，那么理与气是什么关系，又是如何产生关系的？天即理也，难道气不也来自天地吗？这些问题归根结底其实还是一个问题，从气到理，从理到气，都是一个逻辑的两面。因而汉儒之论性情与理学之对性情的规定，看似有别，其实相似。

正是由于汉代人有着一种透彻的气化宇宙观，所以表面看起来在生生之性谓与五常之性存在巨大的差异，而背后其实具有更为深刻的一致性，即无论是天、道、命、性，这些概念最终都通过一个气化流行的世界展现出来，而不失其规定性。因此，在汉代人看来，一个人的性情更多的是指他当下所呈现的样貌，正如日常用语中指称一个人的性情所表达的那样。

更进一步来说，《白虎通义》之论性情没有停留在人所呈现的样貌即生之谓性的概念上，而力图展现性与情的结构性与层次性。就其结构性而言，性含五常，为阳所化，通达天理，是一个人所要成就的至善之性，而情是人性所流露出来的种种情状。就其层次性而言，人有善恶高下之分，有君子、小人之别，虽然“无不教之民”，但在民与贤者之间、小人与君子之间，还是有明晰的界限。民与贤者的政治地位很不一样，对他们的道德要求也不一样。

从人之性情的现实性来说，《白虎通义》之于人情是相当通达的。虽然五性六情之说暗含着性善而情有不善之意，尤其是《白虎通义》引《钩命决》明确说道：“情生于阴，欲以时念也。性生于阳，以就理也。阳气者仁，阴气者贪，故情有利欲，性有仁也。”（《白虎通义·性情》）情意味着一个人的欲念，但《白虎通义》却说道：“乐者，乐也。君子乐得其道，小人乐得其欲。”（《白虎通义·礼乐》）《白虎通义》不只是推崇君子之乐道，亦满足小人之乐得其欲。无论君子、小人，都有乐其乐的权利。“乐者，天地之命，中和之纪，人情之所不能免焉也。”（《白虎通义·礼乐》）当然，这里所言的欲与宋明理学对欲的严格定义不太一样，《白虎通义》之所言欲似乎是模糊的，既可理解为饮食男女之欲，亦可理解为宽泛意义上的欲求与欲望。欲者，人情之所难免，只要合乎仁、义、礼、智、信五常之性，满足人的欲求是有其正当性的。注意这里的“小人”不是指品德低劣之民，而是指没有爵位的普通百姓。君子与小人，在这里不是高尚与卑鄙相对，而是有位之人与普通民众相对。

东汉崔寔在《政论》中反复提到，为政要安顿百姓，满足人民群众的基本生活需求，使其得人生之乐。人若不能以生为乐，无疑是悲哀的。只有满足了生活基本需要，使父母妻儿皆有所养，才能对民众在礼义方面作更高的要求。他写道：

> 昔明王之统黎元，盖济其欲而为之节度者也。凡人情之所通好，则恕己而足之。因民有乐生之性，故分禄以颐其士，制庐井以养其萌，然后上下交足，厥心乃静。人非食不活，衣食足，然后可教以礼义，威以刑罚。苟其不足，慈亲不能畜其子，况君能捡其臣乎？故古记曰："仓廪实而知礼节，衣食足而知荣辱。"

所谓"民有乐生之性"其实是一种非常基础的要求，即谓人生可乐。如果不是活不下去或是感受不到活着的丝毫乐趣，老百姓还是愿意活着的。以汉代的社会生产力与经济生活水平，普通百姓还在温饱线上挣扎。因而《白虎通义》所谓"小人乐得其欲"，并不是说普通百姓的种种欲望都要得到满足，而是指人生的基本需求得到满足。唯有君子可以超越生活需求层次，而以道为乐，无论这君子是贫是富。

因生活条件的层次不同，君子之乐与小人之乐就有所不同，注意到这种不同并在礼乐制度上作出区分，表明《白虎通义》蕴含的政治哲学极其清明与审慎的品格。

不唯如此，《白虎通义》还说过"以为情性之大，莫若男女"（《白虎通义·嫁娶》）。即谓男大当婚、女大当嫁，男女得其时，才能保证一个人性与情的正常发展。可见《白虎通义》之论性情，绝不是在畅想哲学道理，而是具有极强的现实针对性，务求人人可为、人人可教。"其有贤才美质，知学者足以开其心，顽钝之民，亦足以别于禽兽而知人伦。故无不教之民。"（《白虎通义·辟雍》）

成就仁、义、礼、智、信这五常之性，是《白虎通义》所规定的成人之道，是一个人所当具有的五种德性，也是教化民众的基本目标。但若深入探究，以五常为性包含着极为审慎的考量。因为五常之性具有较大的伸缩性，无论是普通民众还是君子，都可以在五常之性的结构中找到相对应的位置。仁、义、礼、智、信，人人可知，人人可为，但有程度的不同。大至仁者有大仁，小至小人谨守其礼。正因为其普适性，无论君子还是小人，都可以行仁、义、礼、智、信之一端，故而称之为常。所谓常者，用现代的话来说就是普适之道理，人人可知、人人可为。

二、风俗论

风俗是中国传统政治哲学非常看重的治理因素。早在西周之时，就非常注重以德化民，设使巡国以观民风。《诗经》之《周南》《召南》记述了文王之德教对周南、召南之地的民风、民俗所产生的积极影响。《毛诗正义》云："风之始也，所以风天下而正夫妇也，故用之乡人焉，用之邦国焉。"风者，文王之教也。"上以风化下，下以风刺上，主文而谲谏，言之者无罪，闻之者足以戒，故曰风。"采四方之风而成《诗》，"先王以是经夫妇，成孝敬，厚人伦，美教化，移风俗"。

《诗经》中的国风反映了各国之民情，有正有不正，有厚有薄。周南召南之风，即得教化之正；而郑卫之地流行不正之风。朱子《诗集传》云："风者，民俗歌谣之诗也。谓之风者，以其被上之化以有言，而其言又足以感人，如物因风之动以有声，而其声又足以动物也。是以诸侯采之以贡于天子，天子受之而列于乐官，于以考其俗尚之美恶，而知其政治之得失焉。"朱子这一段话指出了政治所要达致的目标是"俗尚之美恶"，这既是政治得失的标准，也是达致良善之治的必由之路。

在《白虎通义》提出的治理结构中，民风或风俗是在上位者特别需要注意的。《白虎通义》引《尚书大传》云："见诸侯，问百年，太师陈诗，以观民风俗。命市纳贾，以观民好恶。山川神祇有不举者为不敬，不敬者削以地。宗庙有不顺者为不孝，不孝者黜以爵。变礼易乐者为不从，不从者君流。改衣服制度为畔，畔者君讨。有功者赏之。"（《白虎通义·巡狩》）民之好恶可以从根本上反映一个社会的治理现状与实效如何。人民安居乐业，则民风厚而好礼；如若人民不得休养安居，其为了生存而不计手段争利，势必会导致风俗恶薄，如此则政教难施。因此王者巡狩四方，观察各地人民之状况，了解社会风俗之臧否，是在上位者有针对性地制定治国之策的根本。

风俗之作为社会样貌的根本体现，其重要性不只是作为当下状况的反映，更根本的是，风俗是社会人心的反映。贫富变迁与法律更替都是常有之事，而人心的衰败则不是一朝一夕可以挽回的。如若人心怀奸，上面再好的政策到了下面也会走样。因此，相较于社会外在的物质条件的变化，王者巡狩时所注重的是内在的人心所思，以及人民所表现出来的道德与社会品格如何。《白虎通义》举其两端，一曰敬山川神祇，二曰顺宗庙。此二者，诚社会风俗变迁之根本所系。敬神祇则民虔敬而有所畏，积累不敢为非；敬宗庙则于人生、于事业有归属感，知其所止。《论语·学而》云："慎终追远，民德归厚矣。"亦是此理。

由此我们可以看到，中国传统之政治哲学所欲治平者，乃是从人心之根本着手。由此而有礼乐，礼乐所不能达方用刑政。这是一种从微至著、由小变大的治理方式。正如春风一样，春风之所过，当时似乎没有什么变化，但慢慢地，风中所携的种子落地生根发芽。春风带来的温度和湿度，则催生植物之繁茂更新。因此，风本是一种自然现象，如所谓“风吹草低见牛羊”。但风确实具有某些神奇的力量，春风吹过则万物复苏、百花盛开、青草萌生，秋风过则草木枯黄、万物肃杀。在中医里，风还是诸病之源。《黄帝内经素问》云：“风者百病之长也”。其中有《风论》一篇，专论不同性质的风给人体带来的各种影响。风的繁体字写作“風”，从虫。古人认为风之种种生杀万物的神奇力量都是风中的虫所致。

《白虎通义》对不同季节之风的作用亦有专门论述。它将传统历法中的二十四节气按季节总结为八风，由春至冬分别为条风、明庶风、清明风、景风、凉风、昌盍风、不周风、广莫风。每一风行四十五日，合为一周年。《白虎通义》论八风云：“条风至地暖。明庶风至万物产。清明风至物形干。景风至棘造实。凉风至黍禾干。昌盍风至生荠麦。不周风至蛰虫匿。广莫风至，则万物伏。”（《白虎通义·八风》）这本是不同季节的自然变化，《白虎通义》只是将其变化的原因归结为不同性质的风所导致。并且，王者要因循时令而行政，“是以王者承顺之。条风至，则出轻刑，解稽留。明庶风至，则修封疆，理田畴。清明风至，出币帛，使诸侯。景风至，则爵有德，封有功。凉风至，则报土功，祀四乡。昌盍风至，则申象刑，饰囷仓。不周风至，则筑宫室，修城郭。广莫风至，则断大辟，行刑狱”（《白虎通义·八风》）。

不仅自然之风带来的生物变化影响人事安排，社会人心的变迁亦有如风一样具有生发的力量。一股小风力量单薄，不足以成气候，但云气激荡可形成大风乃至飓风，惊天动地而来，就令人生畏了。从社会的角度来说，一个人的言行本来无足轻重，倘若变成“风言风语”，以至于“蔚然成风”，那么就会对整个社会产生巨大的影响。从个人的角度来说，一个想法、一个念头，会逐渐形成他所要追求的志趣及其行为方式。我国先哲很早就洞察到社会风气的传播性，因而制礼作乐以导民情，以化民风。

在现代社会，社会心理学的研究揭示出风俗、风尚的形成机制。国家与社会是人群的集合，人不同于物，人有情志、有欲求，能够将自己的种种意念付诸行动；尤其是当人与人在一起生活的时候，其性迥异于作为个体的人。法国心理学家古斯塔夫·勒庞在《乌合之众——大众心理研究》一书中写道：“当他们成为群体中一员的时候，他们的感情、思维和行为与他们单独一个人的时候迥然不同。他们在群众中的思维观念或是感情，在他们单独一个人的时候是绝无可能出现的，即使出现也绝不会形成具体的行动。”①

现代群体心理学的研究证明了社会性对人的塑造非常重要，因而也就促使人们去反思和研究如何对社会群体心理进行引导。这就是古人所说的风，或者风俗、风尚。中国古代先哲虽然不是以心理学的方式来表述的，但无疑对此具有清醒的认识和深刻的理解。

在我国最早的政治经典文献《尚书》之中就有这样的记载：“俾予从欲以治，四方风动，惟乃之休。”（《尚书·大禹谟》）《尚书正义》释曰：“使我从心所欲而为政，以大治四方之民，从我化，如风之动草，惟汝用刑之美。”“俾予从欲以治，四方风动”，皆皋陶致功于舜帝之效。“从欲”释为“从心所欲”，盖因《论语》之言“从心所欲不逾矩”而云。因此，皋陶之功有二：一者使舜帝从善如流，其欲所求皆是善政；二者使舜帝之治达到了“四方风动”的效果，天下百姓皆从德治之善，若风之下草，莫不偃然而服从。

《伊训》云：“敢有恒舞于宫、酣歌于室，时谓巫风；敢有殉于货色、恒于游畋，时谓淫风；敢有侮圣言、逆忠直、远耆德、比顽童，时谓乱风。惟兹三风十愆，卿士有一于身，家必丧；邦君有一于身，国必亡。”（《尚书·伊训》）治家安邦，不可不察于风。

《白虎通义》之论化成风俗，其途径有二，一曰礼俗，二曰学校。这两条途径皆可谓是自上而下施之。而礼俗的养成，固然有为政者的引导，但其落脚点在于民间社会组织的自我完善。使民可以自齐于礼而臻于道，最终达到无讼的太平安乐之境，国家政治亦可以无为。

首先，礼俗便是通过建立宗族、婚姻、丧葬、家教、乡规、敬老等民间礼仪秩序，导民向善，从而使民间社会建立自我完善的自治秩序，淳朴民心，使知礼义。《白虎通义》尤其突出圣人所制礼与乐的教化功能，引《孝经》之文强调：“安上治民，莫善于礼。”“移风易俗，莫善于乐。”（《白虎通义·礼乐》）

其次，《白虎通义》设计了完善的学校教育体系。京师有太学，即明堂、辟雍之所在，诸侯有泮宫，乡里有庠序。这就有天子、诸侯、乡里三级教育体系。

天子之学曰太学，其所居曰辟雍。“天子立辟雍何？辟雍所以行礼乐，宣德化也。”（《白虎通义·辟雍》）辟雍的建筑外圆内方，是天圆地方之象，有多

① ［法］古斯塔夫·勒庞：《乌合之众——大众心理研究》，戴光年译，5页，北京，新世界出版社，2010。

重含义。外圆内方象征着外柔内刚，即意味着王者外以仁义抚四方，而内怀法度以自正；还象征着道义的内在准则是正方、刚直的，而施之于外的手段可以是圆通的。同时，辟雍环以流水，即取教化如流之意，亦取教化天下当如水之平的含义；而环形则象征着其于教化天下无所不至，无有偏颇，以示公平。

诸侯之学曰泮宫，“半于天子宫也。明尊卑有差，所化少也”（《白虎通义·辟雍》）。泮宫的宣教之旨与辟雍同，只是诸侯治一方，不像王者周化天下，故“半于天子宫”。

乡学谓之庠序，“庠者庠礼义，序者序长幼也”（《白虎通义·辟雍》）。庠序之为乡学深入民间社会，是基层的教育设施，是民所最亲近者，因而也当最贴近百姓之日常生活。《白虎通义》之所立庠序之教，与百姓的生活乃至于农业生产都结合在一起。

> 古者教民者，里皆有师，里中之老有道德者为里右师，其次为左师，教里中之子弟以道艺、孝悌、仁义。立春而就事，朝则坐于里之门，余子皆出就农而后罢。夕亦如之，皆入而后罢。其有出入不时，早晏不节，有过，故使语之，言心无由生也。若既收藏，皆入教学。其有贤才美质，知学者足以开其心，顽钝之民，亦足以别于禽兽而知人伦。故无不教之民。（《白虎通义·辟雍》）

于其间亦可见庠序之教所以行之为训，务在“道艺、孝悌、仁义”，而不专在书本知识。同时也不违农时，秋收好入学，春耕则复就农业。这样就可尽可能地施教于更多人。

欲治平当世，必先审其风俗；澄清风俗，则必先审其教化。《白虎通义》之于风俗不只是停留在理论上的强调，而施之于自上而下、自下而上的双重政治教化实践。自上而下者，是自天子、诸侯以至于乡里的学校教育体系；自下而上者，是对宗族社会自我完善的种种规定与要求。

三、礼乐论

对于一个共同体来说，良善秩序的建立既要有引导现世的崇高理念，更要通过恰当的方式将理念与现实生活妥善地结合起来。在这方面，中国传统所创造的礼的秩序可以说是一种典范。如果可以用一个词来概括《白虎通义》全部内容的话，那就是礼乐文明。实际上，《白虎通义》的这个特点就是对五经所记载之文明的忠实反映。推而广之，如果要用一个词来概括整个中华传统的话，答案恐怕仍然是礼乐文明。

无疑地，仁与义、道与德，是人所能达致的最高境地。而圣人在五经中所设计的通向仁义道德的道路就是礼与乐。《礼记》一书对礼之治世功能极为推崇，亦有非常详尽的规定、论证与解释。相比之下，《白虎通义》之《礼乐》篇更接近于《礼记》中的《乐记》，突出的是礼与乐、仁与义之间的结构。

单讲乐与仁、礼与义，都只是一方面。而仁与义的搭配就展现了义理的规范性与灵活性，礼与乐的搭配则展现了实践中的层次性与复杂性。正是由于这样的考虑，礼乐文明之精深的道理，至今还没有透彻地向世人展示出来。

仁是道德实践最高的境界与要求，是一种宽恕、不忍之心，是柔软的、爱的原则；而义则是决断的、严正的、刚猛的价值规范。不讲义，仁就会流于柔弱无力；不讲仁，义可能会带来冲突，造成悲剧。圣人之所以讲义，是看到了道德心本身的无力，这就需要给人以决断的力量，而生发道德的勇气；圣人之所以讲仁，是看到了世事的复杂，光用道义的拳头并不能解决问题。因此在仁与义之间就有一种极为审慎与全面的考量：既要有义的正当性，也要有仁的底限；反之亦然，既要有一种仁爱之心，亦要以义理正之。正如《礼记》所云："仁以爱之，义以正之。"（《礼记·乐记》）近世《增广贤文》云："莫道直不直，须防仁不仁。"从世故的层面近似地揭示出这个道理。

相似地，在礼与乐之间亦有一种精微的结构。《礼记·乐记》云："乐者为同，礼者为异。同则相亲，异则相敬。乐胜则流，礼胜则离。合情饰貌者，礼乐之事也。礼义立，则贵贱等矣。乐文同，则上下和矣。好恶著，则贤不肖别矣。刑禁暴，爵举贤，则政均矣。仁以爱之，义以正之。如此，则民治行矣。"又云："天高地下，万物散殊，而礼制行矣。流而不息，合同而化，而乐兴焉。春作夏长，仁也。秋敛冬藏，义也。仁近于乐，义近于礼。……礼乐明备，天地官矣。"于是在仁与乐、义与礼之间就建立起一种同源关系，而在仁与义、礼与乐之间建立起相辅相成的关系，乃可谓备矣。

《白虎通义》《礼乐》一篇，本于《礼记·乐记》，其所论礼乐之义与礼乐之用多采《乐记》之文。其所异者如下：《礼乐》更侧重于从治国安民的角度来论述礼乐之用，兼及夷狄之乐，显其以礼乐安天下之志；而《乐记》除了论述了礼乐治国安民之用外，侧重于论述音声何以动人心的原理，以及"大乐与天地同和，大礼与天地同节"的关系。换言，《乐记》侧重于原理，而《礼乐》侧重于政治致用。这也体现了《白虎通义》作为五经通论之政治规范性文献的特点。

《礼乐》虽名为《礼乐》，实则与《乐记》一样重在论乐。《乐记》与《礼乐》作为乐论，却为什么非要拉上礼呢？换言之，礼乐何以要同论？《乐记》给的解释是："凡音者，生于人心者也。乐者，通伦理者也。是故知声而不知音者，禽兽是也。知音而不知乐者，众庶是也。唯君子为能知乐。是故审声以知音，审音以知乐，审乐以知政，而治道备矣。……知乐则几于礼矣。"音者通于人心而乐者通于伦理，而礼之为治正在于使人守伦理、安心体，正是从这个意义上来讲礼与乐是相通的。乐与礼之道理是相似的，只是发生作用的方式不一样，礼通过规定性来节制人，而乐通过音声来打动人。但结果都是使人合乎伦理而安于心。

所以《白虎通义》写道："乐以象天，礼以法地。"以乐副天，以礼副地，礼乐如同天地相须而成。修性正心，须礼乐齐备。"故乐所以荡涤，反其邪恶也。礼所以防淫泆，节其侈靡也。故《孝经》曰：'安上治民，莫善于礼。''移风易俗，莫善于乐。'"

所谓乐者乐也。音乐之乐与快乐之乐，其字同，其理通。音乐动人，给人带来快乐；一个人感到快乐，也会情不自禁地歌之咏之，舞之蹈之。而人心思乐，所以真正的伦理秩序是会同时给不同角色的人带来快乐的。而且，这种由乎伦理的快乐是一个人最为深刻的自我实现，是内心最为真实的自由与快乐。故子曰："乐在宗庙之中，君臣上下同听之，则莫不和敬。在族长乡里之中，长幼同听之，则莫不和顺。在闺门之内，父子兄弟同听之，则莫不和亲。"（《白虎通义・礼乐》）

所以，对于中国传统政治哲学来说，礼乐于治国化民、安顿伦理秩序如此重要，故王者之兴与太平之世，必有礼乐。

在《礼乐》这一篇里，《白虎通义》总结了五声八音[①]乐理与教化意义，其立论的重要根据在于音声与阴阳五行八风相应，与天地之气相通。正所谓"同声相应，同气相求"，音乐自然就有与天地之气、与人心相感通的力量。例如：

> 埙在十一月，埙之为言熏也。阳气于黄泉之下熏蒸而萌。匏之为言施也，牙也。在十二月，万物始施而牙。笙者，大蔟之气，象万物之生，故曰笙。有七政之节焉，有六合之和焉，天下乐之，故谓之笙。鼓，震音，烦气也。万物愦懑震而出。雷以动之，温以暖之，风以散之，雨以濡之。奋至德之声，感和平之气也。同声相应，同气相求，神明报应，天地佑

① 《白虎通义・礼乐》云："五声者，宫商角徵羽。土谓宫，金谓商，木谓角，火谓徵，水谓羽。……八音者，何谓也？《乐记》曰：'土曰埙，竹曰管，皮曰鼓，匏曰笙，丝曰弦，石曰磬，金曰钟，木曰柷敔。'此谓八音也。"

之，其本乃在万物之始耶？故谓之鼓也。

这是对不同乐器所奏之乐的不同功能的具体论述。在我们现在看来，音乐的确有陶冶情操、宣发感情之功能，但若要谈到治国，那就风马牛不相及了。但如若深入地分析，一个社会所流行之音乐与当时的政治状况无疑是有千丝万缕之联系的。所以古代专置观风使者采集各地民谣，以观民风。从这些民谣所体现的民风中可以窥见某地民众的生活境况与思想感情，从而可以窥见当地的政治治理之效果。如果认为政治与音乐毫无关联，无疑是囿于现代政治学的框架而自障其目了。现代社会的流行音乐也是时代风尚的体现，治国者如果对流行音乐有个大致的了解，就会知悉我们这个社会的大多数人究竟处于什么样的生活状态与文化状态，从而有助于理解时代特征。在我们当代，已经不限于音乐了，电影、电视节目与文学作品，都能体现出社会各方面的面貌。

在古代社会，人们非常重视音乐与文艺作品的教化功能。两汉之际的桓谭精于音律，他曾写过《琴道》一篇，论述音乐与人的道德修养乃至国家治乱的关系：

> 古者圣贤，玩琴以养心，夫遭遇异时，穷则独善其身，而不失其操，故谓之“操”。达则兼善天下，无不通畅，故谓之“畅”。尧《畅经》，逸不存。《舜操》，其声清以微。《舜操》者，昔虞舜圣德玄远，遂升天子，喟然念亲，巍巍上帝之位不足保，援琴作操。《禹操》者，昔夏之时，洪水襄陵沈丘，禹乃援琴作操，其声清以溢，潺潺湲湲，志在深河。《微子操》，微子伤殷之将亡，终不可奈何，见鸿鹄高飞，援琴作操，操似鸿雁咏之声。《微子操》，其声清以淳，《箕子操》，其声淳以激，《伯夷操》，似鸿雁之音。《文王操》者，文王之时，纣无道，烂金为格，溢酒为池，宫中相残，骨肉成泥，琁室瑶台，蔼云翳风，钟声雷起，疾动天地。文王躬被法度，阴行仁义，援琴作操，故其声纷以扰，骇角震商。（《新论·琴操》）

而在先秦，那些著名乐师无不被认为是通达治国安邦之理的贤者，师旷就是其中杰出的代表人物。他通过音乐对政治所作的深刻阐释曾令晋景公大为折服（参见《左传·襄公十四年》）。《周礼》中有大司乐中大夫二人掌国家礼仪中的乐舞之事，并在国家教育系统中占有相当重要的地位。下设乐师、大胥、小胥、大师、小师、瞽矇、视瞭、典同、磬师、钟师、笙师、镈师、韎师、旄人、籥师、籥章、鞮鞻氏、典庸器、司干等职事，分掌诸事宜（参见《周礼·

春官宗伯》）。从品级之高、职事之繁，可见在《周礼》官制系统中乐官的重要地位，这与古人对音乐的理解与重视是分不开的。

不过，这里面还存在一个重大的问题，即《白虎通义》将礼乐之用定义在安上治民与移风易俗上。这看似没有什么问题，但接下来《白虎通义》是这样论述的："太平乃制礼作乐何？夫礼乐所以防奢淫。天下人民饥寒，何乐之乎？功成作乐，治定制礼。"又曰："王者始起，何用正民？以为且用先代之礼乐，天下太平，乃更制作焉。"这个问题就是，《白虎通义》更具体地将礼乐之用定义在"防奢淫"上。为什么是功成了才作乐，治定了才制礼？难道礼乐本身不足以治定功成吗？

当然，正如其所云："天下人民饥寒，何乐之乎？"人民倘若饥寒交迫，也是谈不上什么礼节的。这就意味着，要使人民免于饥寒，要想"治定功成"，还需要礼乐之外的东西。这就体现了《白虎通义》作为一个整全而审慎的政治哲学文本之不同于《礼记·乐记》的地方。

在《礼乐》这一篇里，《白虎通义》尤其提到夷狄之乐。乐教的功能是使上下和乐，安于礼仪制度与社会生活，而夷狄不同于中国，为什么圣人还要为之作乐呢？

《白虎通义》云："所以作四夷之乐何？德广及之也。……谁制夷狄之乐？以为先圣王也。先王推行道德，调和阴阳，覆被夷狄。故夷狄安乐，来朝中国，于是作乐乐之。"先王之治平中国，其德义施及夷狄。何以然者？在古代，中原文明较四方之地要先进，加之人口众多，强大而统一的华夏也能给四夷之地带来秩序。古代人很早就有一种天下观念，政治所平，德教所化，不唯偏安一国一地，而必有益于天下人。

《左传》对华夏所下的经典定义是："中国有礼仪之大，故称夏；有服章之美，谓之华。"（《春秋左传正义·定公十年》）而什么是中国呢？"中国者，礼义之国也。"（《春秋公羊传注疏·隐公七年》）而东夷、南蛮、西戎、北狄何以统称夷狄？"夷者，僔夷无礼义。"（《白虎通义·礼乐》）僔之本义是指一群人聚在一起饮酒，又夷者平也，夷是谓一群人聚在一起，人人都一样，没有上下之分。"狄者，易也。辟易无别也。"（《白虎通义·礼乐》）在《白虎通义》的解释里，狄就是说为人随便，没什么区别和讲究。夷狄合起来就是无尊卑、亲疏、上下之别，即无礼义。然而，《白虎通义》同时又取另一说："何以名为夷蛮？曰：圣人本不治外国。非为制名也，因其国名而言之耳。"（《白虎通义·礼乐》）这是两种完全不一样的定义方式。前者是圣人"名其短而为之制名也”，是以华夏礼仪加之夷狄的结果；而后者仅仅标名其称呼而已，并无特殊的意义。它背后的预设的是，夷狄叫什么名字与华夏无关，也即夷狄与圣人是无关的，“圣人本不治外国”。

《白虎通义》提出，王者不臣夷狄。“夷狄者，与中国绝域异俗，非中和气所生，非礼义所能化，故不臣也。”（《白虎通义·王者不臣》）《白虎通义》一书多次对“王者不臣夷狄”的强调，表明在那个时代人们对夷狄不只停留在对化外族群的理论想象上，而且有具体所指，那就是匈奴。这同时也让白虎殿上的经师们对夷狄不再抱有《公羊传》本身所持有的进夷狄于华夏的理想，而是反复强调夷不可化，强调“圣人本不治外国”。他们的态度与主张，也是两汉之世人们对待入侵之外族的一般观念。

有夷狄之乐而无夷狄之礼，无疑有政治上之审慎考虑。以华夏与四方夷狄的关系，制夷狄之乐，在其朝贡觐见之时奏之，以示天下同乐，这是构建国际秩序的方式与象征。至于礼仪风俗，天下之大各有不同，华夏就难以齐一，更不用说四夷了。移风易俗以进乎至德是有先后之序的，《论语》名之为“先进”与“后进”。子曰：“先进于礼乐，野人也；后进于礼乐，君子也。如用之，则吾从先进。”（《论语·先进》）不唯一个人在学习礼乐上有先进与后进之分，一个民族、一个地区，在学习礼乐上也有先进与后进之分。在春秋时代，礼乐文明成就最高的是鲁，其次是诸夏，再次是四夷。所以孔子有云：“齐一变，至于鲁；鲁一变，至于道。”（《论语·雍也》）

《春秋》公羊学述其义为别内外，“内其国而外诸夏，内诸夏而外夷狄”（《春秋公羊传·成公十五年》）。夷夏之防是《春秋》义理的重要主题，夷夏之辨也是中国传统文化与中国政治哲学中的重要原则。但是强调夷夏内外的不同，一方面是出于春秋政治形势的考虑，华夏的礼乐文明处于危机之中，明辨夷夏之别是为了让人们意识到当下文明的危机，意在保护礼乐文明，另一方面也是认识到不同社会文明水平不一，而需要采取不同的治理方式，不可以某种礼的标准一刀切，而要让夷狄与诸夏在进乎礼乐上有步骤、有过程。

由此申而论之，《白虎通义·礼乐》之规定“王者制夷狄乐，不制夷狄礼”即“有夷狄之乐，无夷狄之礼”在政治哲学上具有多重意义。首先，反映了天下同乐的观念。无论是华夏还是夷狄，无论是否同正朔、同礼仪，不同政治体制的人民都拥有人生之乐的权利。在这一点上，华夷是没有任何区别的。华夏人有华夏礼仪，有礼乐之乐，夷狄有夷狄之风俗，有夷狄之乐，礼不同而乐同。其次，体现了求同存异以及和而不同的观念。求同存异与和而不同必须放在一起来考量。求同存异表现了文明的共通性与差异性。若达致文明，必由乎礼乐，而由于风俗与程度的差异，其礼乐应当有所不同；但最终所要达致的都应当是仁与义，这个目标是相同的。在有差异的情况下，应该退而求其次，虽礼仪不同，但相互之间应有和乐，而不是党同伐异。“有夷狄之乐，无夷狄之礼”体现了华夏文明政治哲学的智慧，也体现了作为一种文明的胸怀与气度，是所有社会之国际政治关系、文明体之间关系的典范。

第三节　纲纪论

通过教化所欲达成的就是人伦纲纪，《白虎通义》将其总结为“三纲六纪”。政治哲学所考虑的一个基本问题是，如若人应当共同生活而不是离群索居的话，那么人群应当以何种方式组合在一起而形成一种共同体的秩序？根据现代西方理论，这种秩序是出于人所同意的契约关系而形成的；但在中国古代社会，作社会之基本组织原则的伦常并非出自人的设计与发明，也不是人可以选择的，而是出自天理自然。

中国古代社会最核心的原则就是《白虎通义》所总结的“三纲六纪”。三纲六纪乃人道之大端，而人道本于天道。在《白虎通义》中，天道是以阴阳、五行来诠释的，正如我们所熟知的中国传统社会最基本的世界观一样。“君臣、父子、夫妇，六人也。所以称三纲何？一阴一阳谓之道，阳得阴而成，阴得阳而序，刚柔相配，故六人为三纲。”“三纲法天地人，六纪法六合。君臣法天，取象日月屈信，归功天也。父子法地，取象五行转相生也。夫妇法人，取象人合阴阳，有施化端也。”（《白虎通义·三纲六纪》）

众所周知，“三纲五常”一向被视为儒家最为核心的义理规定。《白虎通义》以法典式的庄重对古代社会的伦理纲常作了规定与解释。其文云：“三纲者，何谓也？谓君臣、父子、夫妇也。六纪者，谓诸父、兄弟、族人、诸舅、师长、朋友也。”（《白虎通义·三纲六纪》）又云：“有五常之道，故曰‘五经’。《乐》仁，《书》义，《礼》礼，《易》智，《诗》信也。”（《白虎通义·五经》）

作为一种政治哲学研究，我们必须对一个政治社会中最为重要的伦理原则进行探讨。因为政治行为本身并不是终极的追求，而是有其所要维系、所要追求的东西。政治现象究其根源来说是人们内心之价值选择的投射。亦即，站在政治现象背后的其实是一种价值秩序与伦理观念，而所谓政治，无非是为了挣得这些东西。正如今天的政治一再呼吁民主、自由与平等，古代的政治也同样需要表达其最为关心的价值秩序。于中国传统社会，政治所要维系的无疑是“三纲五常”这些最为核心的东西。当然，反过来，价值观念与文化传统也深深地影响着政治的表现形式。

一、《白虎通义》与“三纲六纪”

所谓“三纲”，是指“君为臣纲，父为子纲，夫为妻纲”；所谓六纪，即“敬诸父兄，六纪道行，诸舅有义，族人有序，昆弟有亲，师长有尊，朋友有旧”（《白虎通义·三纲六纪》）。从这些名目可知，三纲所要规整的是君臣、父子、夫妻，六纪所要规整的是诸父兄、诸舅、族人、昆弟、师长、朋友。从国家政治到家庭伦理，再到宗族乡里与师长朋友，基本上囊括了一个人所有的人际关系与基本的社会关系。《白虎通义》在归纳五经之义时，将这些社会关系与人际关系规整到有尊卑、有秩序的“纲纪”中去了。

此所谓“纲纪”又是什么意思？人的社会关系与人际关系为什么需要一种“纲纪”？而人伦“纲纪”为什么又必然是这里所云的“三纲六纪”？这都是需要解释的问题，《白虎通义》也按照这样的逻辑对这些问题一一作出解答。

> 何谓纲纪？纲者，张也。纪者，理也。大者为纲，小者为纪。所以张理上下，整齐人道也。

纲者，本义是张起渔网最粗的绳索，是网的主干，故释之以“张”；纪是渔网中的细绳，是渔网的具体条纹与理路，故释之以“理”。纲举则目张，如渔网张开粗绳，则细绳自然理顺；人道亦是如此，解决了最核心的关系问题，其余的社会关系与人际关系自然也就能理顺了。由此可见，人道之有纲纪，就是为了“张理上下”“整齐人道”，给社会人心以秩序。

人道为什么要有纲纪？在《白虎通义》看来，这根源于人的本性，“人皆怀五常之性，有亲爱之心”。而纲纪所起到的作用就是化导人的五常之性与亲爱之心，使之落实于现世社会之中，从而更为完满地实现自身，“是以纲纪为化，若罗纲之有纪纲而万目张也”（《白虎通义·三纲六纪》）。五常之性与亲爱之心在现实中落实展现为一种纲纪结构，这种结构便是儒家亲疏远近与尊卑上下关系的具体化，亦即展现为“三纲六纪”。若非如此，人的五常之性与亲爱之心就不能很好地展开与实现。

正是这一点可能遭遇的质疑最为激烈。“三纲六纪”中的尊卑上下与五常之性、亲爱之心不正好相冲突吗？当我们不能理解我们所质疑的东西时，的确容易产生这样的疑惑。然而，无论如何，《白虎通义》需要对“三纲”的内容作出解释，对其何以如此作出论证。

二、“三纲”何谓？

君臣、父子、夫妇，六人也。所以称三纲何？一阴一阳谓之道，阳得阴而成，阴得阳而序，刚柔相配，故六人为三纲。

三纲法天地人，六纪法六合。君臣法天，取象日月屈信，归功天也。父子法地，取象五行转相生也。夫妇法人，取象人合阴阳，有施化端也。六纪者，为三纲之纪者也。师长，君臣之纪也，以其皆成己也。诸父、兄弟，父子之纪也，以其有亲恩连也。诸舅、朋友，夫妇之纪也，以其皆有同志为己助也。

这是《白虎通义》对“三纲六纪”的经典表述，也是对“三纲”的含义所作的经典解释。在《白虎通义》看来，人道源出天道。天有阴阳，并且阴阳之间相辅相成，正所谓“一阴一阳谓之道，阳得阴而成，阴得阳而序”。君、父、夫属阳，而臣、子、妇属阴，君臣、父子、夫妇互为阴阳之道，合而为三纲。

在目前广为流行的观念中，所谓“君为臣纲，父为子纲，夫为妻纲”即谓臣要服从君、子要服从父、妻要服从夫，存在争论的只是服从的程度如何，是有条件的服从还是无条件的服从。然则此异乎《白虎通义》之所云。

君臣者，何谓也？君，群也，群下之所归心也。臣者，繵坚也，厉志自坚固也。《春秋传》曰“君处此，臣请归”也。

君，是人群之所归心者。臣，为“厉志自坚固”之意。《白虎通义》从“君”“臣”之字形中引申出其含义。君是一个群体的象征，为人所拥戴，这象征着一个政治体统一的原则。而臣之“厉志自坚固”，体现的是一种担当道义的形象。正是这样一种“厉志自坚固”的臣，才能辅佐乃至成就“群下之所归心”的君。这是对君臣之间“一阴一阳谓之道”恰当的解释。“君处此，臣请归”一语出自《公羊传》。《白虎通义》在解释君臣之道时重点引用《公羊传》里的这一句话，意义重大。

《春秋·宣公十五年》曰：“宋人及楚人平。”《春秋公羊传》释云：

外平不书，此何以书？大其平乎己也。何大其平乎己？庄王围宋，军有七日之粮尔，尽此不胜，将去而归尔。于是使司马子反乘堙而窥宋城，宋华元亦乘堙而出见之。司马子反曰："子之国何如？"华元曰："惫矣。"曰："何如？"曰："易子而食之，析骸而炊之。"司马子反曰："嘻！甚矣惫。虽然，吾闻之也，围者，柑马而秣之，使肥者应客，是何子之情也？"华元曰："吾闻之，君子见人之厄则矜之，小人见人之厄则幸之。吾见子之君子也，是以告情于子也。"司马子反曰："诺。勉之矣！吾军亦有七日之粮尔，尽此不胜，将去而归尔。"揖而去之，反于庄王。庄王曰："何如？"司马子反曰："惫矣！"曰："何如？"曰："易子而食之，析骸而炊之。"庄王曰："嘻！甚矣惫。虽然，吾今取此，然后而归尔。"司马子反曰："不可。臣已告之矣，军有七日之粮尔。"庄王怒曰："吾使子往视之，子曷为告之？"司马子反曰："以区区之宋，犹有不欺人之臣，可以楚而无乎？是以告之也。"庄王曰："诺。舍而止。虽然，吾犹取此然后归尔。"司马子反曰："然则君请处于此，臣请归尔。"庄王曰："子去我而归，吾孰与处于此？吾亦从子而归尔。"引师而去之。(《春秋公羊传·宣公十五年》)

战争是残酷无情的，然而，《春秋》规定了高于政治与战争的东西，这就是人性。《春秋》经传惜墨如金，且依例本不书外国之间的媾和之事，但独独对"宋人及楚人平"大书特书，因为这里面有《春秋》所特别要表彰的东西。

宋国的华元对楚国司马子反陈说宋国国都里的情况，以至于"易子而食""析骸而炊"，尽管这个说法是为了博取对方的同情而不无夸张，亦可谓悲惨至极了。两国交战，能寄希望于敌国的同情心？难道这不是拿国家百姓当儿戏吗？但是华元能，因为他相信司马子反是君子。君子是超越国家政治而具有普遍道德情怀的人。司马子反听说之后亦以实情相告，说楚军也只有七日之粮，再拿不下就将撤军回国了。在这里若以军法论，司马子反实属向敌国泄露军事机密，无怪乎楚庄王大怒。楚庄王知悉宋国之情后仍想拿下宋国再班师，但子反于心不忍，便对楚君说道："然则君请处于此，臣请归尔。"意为这战争打得太残忍无道了，要打你打吧，我不想打了。楚庄王听后也没有再坚持，而是与子反一道撤兵回国了。"君请处于此，臣请归尔"不仅是臣对君之意志的违背，我们甚至可以听出司马子反对楚庄王的埋怨：攻人之国，何至于此？

由此我们看到，《白虎通义》之引《公羊传》此语以释君臣，表达了一种从道不从君，进而"致君尧舜"的原则与理念。子曰："所谓大臣者：以道事君，不可则止。"(《论语·先进》)诚此之谓也。

父子者，何谓也？父者，矩也，以法度教子也。子者，孳也，孳孳无已也。故《孝经》曰：“父有争子，则身不陷于不义。”

在《白虎通义》的解释中，父象征着规矩、法度，而子则是父的延续与继续，“孳孳无已也”[1]。子女无疑要孝顺父母，无违于父母之命，无害于父母之道。然而，出乎意料的是，《白虎通义》在父子关系中只强调了一点：“父有争子，则身不陷于不义。”恰恰是子的“争”，才能成就父的义。也就是说，从某种意义上来讲，“争”就是一种孝顺。《白虎通义》要突出的是：子女不仅仅是父母身体与生命的延续，更是父母之德义事业的延续。正是从这个意义上讲，父子之道亦是“一阴一阳”地相辅相成。

> 夫妇者，何谓也？夫者，扶也，以道扶接也。妇者，服也，以礼屈服也。《昏礼》曰：“夫亲脱妇之缨。”《传》曰：“夫妇判合也。”

与君臣、父子关系一样，《白虎通义》于夫妇关系中也着重强调“道”。夫“以道扶接”，妇则“以礼屈服”。《白虎通义》于君臣、父子没有刻画当前流行看法所认为的“服从”，而是强调臣之“厉志自坚固”与子的“争”，反而在最应“平等”的夫妇关系中强调了妇的“以礼屈服”。表面上看，在这里似乎出现了一个奇怪的现象。妇须服于夫，这是“礼”的要求。然而，我们似乎更应该反过来理解，妇之于夫应“以礼屈服”，而不应“以非礼屈服”。

《白虎通义》之所以强调这些方面，可能正是为了“矫正”人们对君臣、父子、夫妇的理解。臣之阿谀其君，子之盲从其父，妇之以“非礼”取悦其夫，是社会流行的恶俗。《白虎通义》对“三纲”的规定也许是要从世俗所弊之处加以矫正。

《白虎通义》在讲夫妇之道时引用了《昏礼》中的“夫亲脱妇之缨”与其传解中的“夫妇判合”之语。五经论夫妇之道的话甚多，而这里只取这两句，无疑是经过精心挑选的。这强调了夫妇之道的两个方面：一是夫妇相亲相爱，二是夫妇相辅相成。

何谓“判（牉）合”？《仪礼·丧服》云：“父子一体也，夫妻一体也，昆弟一体也。故父子，首足也；夫妻，牉合也；昆弟，四体也。”人不独生于世，而有父子、夫妻、昆弟诸伦。若无父子、夫妻、昆弟之道，则人不成

---

① 有论者将这里的“孳”理解为“孜”，以“孳孳无已”为“孜孜无已”，如季乃礼云：“子者，孳也，是勤奋不已之义。”（季乃礼：《三纲六纪与社会整合——由〈白虎通〉看汉代社会人伦关系》，105页，北京，中国人民大学出版社，2004）谬也。孳本是交尾蕃生之意，《释名》云：“子，孳也。相生蕃孳也。”以“孳”训“子”，其意甚明。

其为成人。在《仪礼·丧服》的作者看来，父子如首足，夫妻如身体左右两边，昆弟如四肢，这样合起来才能成为一个完整的人。夫妻有一体之义，互相匹配，在儒家看来，此乃成人之道，而不仅仅是为了发挥社会功能的组织方式。

从这个意义上来讲，夫妻与君臣、父子有所不同，是一种更为平等的关系。《白虎通义》指出："妇人学事舅姑，不学事夫者，示妇与夫一体也。"(《白虎通义·嫁娶》)为人妇者需要服侍长辈，而不必同样地服侍丈夫，因为从根本上来说，夫妇有一体之义，而非上下关系，"妻者，齐也，与夫齐体。自天子下至庶人，其义一也"(《白虎通义·嫁娶》)。

夫妇虽有齐体之理，但一家之中毕竟有主有从。在中国传统社会，一般是夫唱妇随。《白虎通义》云："妇事夫，有四礼焉。鸡初鸣，咸盥漱，栉縰笄总而朝，君臣之道也。恻隐之恩，父子之道也。会计有无，兄弟之道焉。闺阃之内，衽席之上，朋友之道焉。"(《白虎通义·嫁娶》)这一段话理论上规定得清楚明晰，但在实践中恐怕难以做到。在会计有无、闺阃衽席之间还是兄弟、朋友的夫妇，难道在别的场合就一定能做到如君臣、父子这样上下分明吗？夫妇之道既可以是君臣、父子之严，亦可以是兄弟、朋友之平齐，这种理论规范的落差，实际是承认夫妻作为一种最为亲密的关系，是理论难以规范的。《白虎通义》自身也意识到了这一点，因而在这段话后面紧附了一句"闻见异辞，故设此焉"，其实就是承认夫妇关系实难以君臣、父子、兄弟、朋友来比附，而是另一种特殊的关系。说它平等，似乎男女不平等；说它不平等，夫妇体齐明明又有最为平等的一面。

事实上，在中国传统中，理想的夫妻关系乃是琴瑟和谐。《白虎通义》亦言："昏礼贵和。"(《白虎通义·嫁娶》)这从义理上来说，女属阴而男属阳，阴阳需要调和，而男女亦以合和为贵。

古代大凡举人之穷困，恒曰"鳏寡独孤"。《孟子》云："老而无妻曰鳏，老而无夫曰寡，老而无子曰独，幼而无父曰孤，此四者天下之穷民而无告者。"(《孟子·梁惠王下》)人伦的缺失乃是人生最大的悲哀。儒家以五伦之道来讲人聚合在一起的道理，不唯是出于义理对人的要求，更是人性本身的自然欲求。人性本身欲求实现，欲求完满。这种实现与完满在天伦之乐中最能体现其自然的性质。

无疑，君臣、父子、夫妇之道甚大，道理甚多，《白虎通义》不可能面面俱到地概括其全部内涵，而只是点出最为关键的地方。

三、“三纲六纪”与社会整合

“纲”之为语，意味着一种伦理原则与组织原则。臣、子、妇不脱离于君、父、夫而自行存在，反之亦然。臣、子、妇以君、父、夫为纲，无疑是说臣、子、妇要以服从、扶助君、父、夫为原则。但《白虎通义》却恰恰在这一点上，于君臣中强调臣之“厉志自坚固”与“以道事君，不合则去”，于父子中强调子之“谏诤”，于夫妇中强调相亲相爱、相辅相成。这岂是虚辞？

《白虎通义》于君臣、父子、夫妇之道理中选取了上述内容加以强调，一方面是义理之所当然，另一方面也与当时社会政治伦理之时势有关。孔子当春秋衰乱之世，于君臣中突出强调尊君。孔子在国君面前极为恭敬、谨慎，以至于有人以其为谀。如其谓“天下有道，则礼乐征伐自天子出；天下无道，则礼乐征伐自诸侯出。自诸侯出，盖十世希不失矣；自大夫出，五世希不失矣；陪臣执国命，三世希不失矣。天下有道，则政不在大夫。天下有道，则庶人不议”（《论语·季氏》）。在春秋这样的乱世，只有严于上下尊卑，才能免于灭国弑君。然而孔子严于礼纪的努力终告失败，天下不可避免地滑向诸侯国大规模兼并的战国之世。最终仍是通过严酷的战争的洗涤，天下才再度统一。然而此统一非彼统一，中央集权的郡县制不同于往昔的封建制。天子高高于上，下无封建诸侯分享守土治民之权责，而代之以中央任免的郡守，天子的权威史无前例地高居于上。西汉之时尚有以丞相为首的外朝廷与君主相对，而在东汉，废丞相，立三公，权归皇帝及其秘书机构，天子之尊前所未有。在这样的历史条件下，《白虎通义》在论君臣之纲时就没有再继续强调臣对君的服从了，转而褒扬“君处此，臣请归”这种不服从的精神。《白虎通义》究竟是何种性质的书？是不是通常所说的为君主权威作神学论证之书？于此可见一斑。

从这里亦可见儒家伦理纲纪的精神，不在于定尊严于某一种伦理角色，不管是君、父还是夫，而是强调君臣、父子、夫妇之相系相维的一面，因此我们需要特别重视“一阴一阳谓之道”的观念，而不可作片面理解。而所谓“一阴一阳谓之道”的意义即在于：社会伦理角色与纲纪伦常所规范的核心不是某一方面的权威，而必以其“义”为目的，以“一阴一阳”的动态结构为达成其义的不二途径，这就是“道”。而义不是某一种或某一类伦理角色所专有的，而是所有人皆有其“义”。不啻君、父、夫通过修身慎行可“居仁由义”，乃至“取义成仁”，臣、子、妇亦可成就其义。所谓道义者，天下之达道也，岂是某一类人、某一阶级得而私之者？而这正是中国文化博大之情怀的体现。

六纪是对“三纲”的扩展与具体化。“师长，君臣之纪也，以其皆成己也。诸父、兄弟，父子之纪也，以其有亲恩连也。诸舅、朋友，夫妇之纪也，以其皆有同志为己助也。”（《白虎通义·三纲六纪》）师长近乎君臣，“以其皆成己也”，这似乎难以理解。师长通过教育成就学生，而君臣如何“成己”呢？虽然《白虎通义》没有详细解释这一点，但其以君臣相互成就其道义来规定君臣一纲的用意是显而易见的。诸父、昆弟近乎父子，是因为都是血缘之亲。诸舅、朋友近乎夫妇，取其没有血缘之亲而以“同志”聚合在一起之义。在这里，《白虎通义》似乎遗漏了族人这一纪，这可能是因为在《白虎通义》看来，族人一如诸父、昆弟而血缘稍远耳，如果不是《白虎通义》的文本有脱漏的话。

《白虎通义》于六纪之中着意解释了“朋友之道”。师长、诸父、昆弟、诸舅与自己的关系都可序一个上下长幼，而其关系的结合也多为先定而非自己可以选择。但朋友不一样，朋友之间虽然也可以齿相序，但大体是平等，朋友之间也是自由结识的。《白虎通义》以朋友之道拟配夫妇，既有助于我们理解《白虎通义》对夫妇之道的规定，也有助于我们理解《白虎通义》之谓朋友以志趣为准则。

> 朋友者，何谓也？朋者，党也。友者，有也。《礼记》曰：“同门曰朋，同志曰友。”朋友之交，近则谤其言，远则不相讪，一人有善，其心好之，一人有恶，其心痛之，货财[①]通而不计，共忧患而相救，生不属，死不托[②]。故《论语》曰：“子路云：‘愿车马衣轻裘与朋友共，敝之。’”又曰：“朋友无所归，生于我乎馆，死于我乎殡。”朋友之道，亲存不得行者二。不得许友以其身，不得专通财之恩。友饥，则白之父兄，父兄许之，乃称父兄与之，不听则止。故曰：友饥为之减餐，友寒为之不重裘。故《论语》曰：“有父兄在，如之何其闻斯行之”也。（《白虎通义·三纲六纪》）

言辞至简的《白虎通义》在“朋友”这一纪花了如此多的笔墨，可见于《白虎通义》看来，三纲六纪中的“朋友之道”是需要特别说明的。何以如此？因为朋友相交不同于亲属关系，也不同于君臣、师长上下之严，而在于“同

---

① 原文作“货则”，《白虎通疏证》中引赵曦明、皇侃认为当作“货财”。

② “生不属，死不托”一语，依上下文，似为“生相属，死相托”。下文引孔子“朋友无所归，生于我乎馆，死于我乎殡”之语，分明是“生相属，死相托”的做法。

志”相好。朋友首先以道义聚合在一起，“一人有善，其心好之，一人有恶，其心痛之”。朋友正是这样以道义相期许，以道义相激励，不仅是个人情操的进益与友谊的升华，也是提高整个社会风尚的重要力量。除此之外，朋友之道还具有社会调节的功能。朋友可通财共患难，以至于生死相托属。然而，人的社会关系是复合的，而非单一的。在朋友与父兄、妻儿之间须分出亲疏远近。《白虎通义》明确表示，朋友虽有共财相救之义，但如若有父兄在，则须综合考量自己的家庭状况与父兄的意见。

值得说明的一点是，在“三纲六纪”之人伦关系中，唯朋友之间可以相责以道义，不合则去，君臣、父子、夫妇、兄弟之间，则不可纯以道义相责，还有社会责任与感情的维系。如若皆纯以道义相责，于君臣则政不统一，訾议横生，于父子则恐伤亲恩子孝，于夫妇则恐害相亲相爱、专贞不弃之义。但亦不能反过来说，于君臣、父子、夫妇就不能相责以道义了，“以道事君，不合则去”，子诤于父，妇扶助于夫，皆是以道义相合的一面。这表明“三纲六纪”之说所具有的极为深厚的内涵，体现了义与利、情与理之间所应具有的刚性与弹性。儒家义理之精严博大，于此可见一斑。

《白虎通义》通过“三纲六纪”对一个人的社会关系与人际关系作了全面的考量与规定。从“三纲”之严到“六纪”对“三纲”的拓展，表明了儒家对社会人伦秩序的全面建构。在现代社会，我们如何理解与评价这样的人伦秩序呢？这不仅取决于我们当下的社会处境，更有赖于我们对“三纲六纪”的准确理解，以及对“三纲六纪”在古代社会的真实形态的客观把握。

《白虎通义》的政治哲学以成就每个人的五常之性，实现天下之太平为最终目的，以礼乐塑造人之性情为根本途径，礼乐之未能，则施以刑政。《白虎通义》认为：优良之治源自礼仪对性情的敦化，民之敦化反过来会促进礼仪风俗的澄明、刑政的宽厚，这是一个良性循环；反之，民心恶则风俗薄，风俗薄则刑政苛，风俗刑政之苛反过来又会激发人之性情的刻薄，这是一个恶性循环。宽严厚薄之间，为政者当熟察之。

可以说，《白虎通义》之政治哲学最为核心的内容是对五经之礼乐刑政的制度及其义理进行总结，这也是中国传统政治哲学之菁华所在。同时，《白虎通义》作为汉代经学会议所产生的经学文本，具有浓厚的时代气息，体现出汉代人理解五经的许多特点。

从汉代经学与政治的关系来说，经学义理全面塑造了汉代政治文化与政治话语方式。儒家的义理原则与治世理念成为汉代政治原则，是汉代政治的价值来源与施政依据，也是汉代士大夫们议论、批评政治所坚守的、所依据的准则。经学与政治的共同作用，使儒家思想成为中国古代社会的核心价值观。这是汉代经学为塑造中国政治传统与文化传统所作出的突出贡献，其后两千年的中华文明于兹塑造成型。汉代所流行的阴阳五行与天人观念成为此后两千年中国人最为基础的世界观，汉代之经学与政治的关系也塑造了此后儒家士大夫用世之范式。

《白虎通义》在阐述五经之义的基础上，表达了对宇宙自然、世事人情的深刻理解。其重要意义不仅在于对礼仪制度、社会教化等社会建制方面作了精致而全面的安排，而且在于将人的性命之大上推至天道自然，以天人一贯之深刻洞察揭示了生命的来源与意义，并在这个基础上对经典中的礼仪制度作了深刻的诠释。

秦际明

参考文献

陈立．白虎通疏证．北京：中华书局，1994．

何休，徐彦．春秋公羊传注疏．上海：上海古籍出版社，2014．

苏舆．春秋繁露义证．北京：中华书局，1992．

桓谭．新论．新辑本．北京：中华书局，2009．

班固．汉书．北京：中华书局，2005．

张宗祥．论衡校注．上海：上海古籍出版社，2010．

崔寔．政论．北京：中华书局，2012．

季乃礼．三纲六纪与社会整合：由《白虎通》看汉代社会人伦关系．北京：中国人民大学出版社，2004．

周桂钿．董仲舒政治哲学的核心：大一统论．中国哲学史，2007（4）．

黄前进．文质论：中国传统治道的一个视角．广东社会科学，2010（6）．

第四章
《太平经》的自然政治哲学

《太平经》是成书于汉代的道教早期经典著作，卷帙浩繁，内容庞杂。主要内容是以奉天法道、顺阴阳五行来宣扬以“兴国广嗣”之术达天下太平之主旨。《太平经》原书篇幅分为甲、乙、丙、丁、戊、己、庚、辛、壬、癸十部，每部十七卷，共一百七十卷。明正统《道藏》所收《太平经》残缺不全，仅存五十七卷，甲、乙、辛、壬、癸五部全逸，其余诸部中各亡失若干卷。另有唐人闾丘方远节录的《太平经钞》甲、乙、丙、丁等共十卷，敦煌遗书《太平经目录》一卷。

据史书记载，《太平经》共有三种版本：一是西汉成帝时齐人甘忠可的《包元太平经》十二卷，据称是天帝真人赤精子传授；二是东汉顺帝时问世的《太平清领书》；三是顺帝时张道陵所得的《太平洞极经》一百四十四卷。

一、西汉甘忠可的《包元太平经》

西汉末年，齐人甘忠可造《包元太平经》。据《汉书》卷七十五《李寻传》中记载：

> 初，成帝时，齐人甘忠可诈造《天官历》、《包元太平经》十二卷，以言“汉家逢天地之大终，当更受命于天，天帝使真人赤精子，下教我此道”。忠可以教重平夏贺良、容丘丁广世、东郡郭昌等，中垒校尉刘向奏忠可假鬼神罔上惑众，下狱治服，未断病死。贺良等坐挟学忠可书以不敬论，后贺良等复私以相教。

甘忠可在书中称汉朝的统治即将结束，天帝派赤精子将这部经书传授给他。这部受命于天而得的《包元太平经》，其内容现已不可详考，但根据材料可推知大概。如《包元太平经》根据五行学说提出的“汉家逢天地之大终，当更受命于天”这一思想与《后汉书·襄楷列传》中言《太平经》“专以奉天地顺五行为本”相一致。且《包元太平经》与《太平清领书》都冠以“太平经”之名，盖均以“致太平”为目的。故汤一介先生在《早期道教史》一书中，总结五个原因，来说明《太平经》与《包元太平经》之间相当密切之关系。[①] 蒙文通先生也认为，“西汉今文学家夏贺良、甘忠可之流，始作《包元太平经》，是为早期道教经典《太平经》之权舆”[②]。李养正、卿希泰、陈寅恪等著名学者都认为《太平清领书》是在甘忠可《包元太平经》的基础上不断增补扩充遂成一百七十卷规模的。这一观点已得到学界的普遍认可。

二、东汉顺帝时问世的《太平清领书》

《后汉书·襄楷列传》记载，襄楷字公矩，平原隰阴人。好学博古，善天文阴阳之术。桓帝时，宦官专揽朝政，政刑残暴泛滥，皇子又连续死去，灾异尤其多见。延熹九年（166年），襄楷上书曰：“臣前上琅邪宫崇受干吉（于吉）神书，不合明听。”十余日后，复上书曰：“……前者宫崇所献神书，专以奉天地顺五行为本，亦有兴国广嗣之术。其文易晓，参同经典，而顺帝不行，故国胤不兴，孝冲、孝质频世短祚。”（《后汉书·襄楷列传》）通过文献可知，宫崇献于吉神书于顺帝，不予采纳；而襄楷又将此神书献给桓帝。桓帝“以楷言虽激切，然皆天文恒象之数，故不诛，犹司寇论刑”。

《后汉书·襄楷列传》又言：

> 初，顺帝时，琅邪宫崇诣阙，上其师干吉于曲阳泉水上所得神书百七十卷，皆缥白素朱介青首朱目，号《太平清领书》。其言以阴阳五行为家，而多巫觋杂语。有司奏崇所上妖妄不经，乃收臧之。后张角颇有其书焉。
>
> 及灵帝即位，以楷书为然。

唐章怀太子李贤注说：所谓神书，“即今道家《太平经》也。其经以甲乙丙丁戊己庚辛壬癸为部，每部一十七卷也”。按照李贤的说法，神书就是《太平经》。日本学者小柳司气太于1930年撰文考订《道藏》本《太平经》就是汉

---

① 参见汤一介：《早期道教史》，26页，北京，昆仑出版社，2006。未被统治者采纳的五个共通的原因是成书的地域性、材料的相似性、目的的一致性、与神仙家思想的相似性以及内容的相似性。

② 蒙文通：《古学甄微》，见《蒙文通文集》，第1卷，315页，成都，巴蜀书社，1987。

代的《太平清领书》，今本《太平经》应与李贤所见之本无异。[①] 王明也主张《后汉书·襄楷列传》楷疏称于吉神书，或号《太平清领书》，即道家《太平经》也。[②] 此后不断有学者讨论这个问题，而学界基本认可了小柳氏的观点，将《太平清领书》等同于《太平经》。所谓"于吉神书"则说明于吉是最早撰写之人，而一百七十卷的著作在汉代是极其罕见的，非一人一时就能完成，应有其弟子不断增修而成，宫崇应该是个重要的编撰者。襄楷又得之于宫崇，不断扩充，最终形成一百七十卷。[③] 这部经书，自汉唐以来历代都有著录。

三、张道陵的《太平洞极经》

与《太平清领书》同时出现的，还有张道陵的《太平洞极经》。关于此文献相关记载很少，且多语焉不详。关于《太平洞极经》在《道藏》中有描述。

> 按《正一经》云：有《太平洞极经》一百四十四卷，并经并盛明治道，证果修因，禁忌众术也。其《洞极经》者，按《正一经》，汉安元年（顺帝年号），太上亲授天师（指张道陵），流传兹日。

认为《太平洞极经》是太上老君授天师张道陵固然不可靠，但同时也说明南北朝末期至隋唐之际除了一百七十卷的《太平经》，确实存在有一百四十四卷的《太平洞极经》。《云笈七签》也提到，"此之二经，并是盛明治道，及证果修因，禁忌众术等也"。可见彼此存在相当密切的关系。但到北宋张君房作《云笈七签》时"此经流亡，殆将欲尽"。

本书采纳学界普遍认可的观点，即《太平经》即《太平清领书》，成书于东汉后期，非一人一时之作，由于吉编撰、宫崇和襄楷等不断扩增，逐渐成为一百七十卷，但依然保存东汉中晚期著作的本来面目。王明先生根据《太平经钞》及其他二十七种引书加以校、补、附、存，编成《太平经合校》，基本上恢复了全书一百七十卷的原貌，从而为当代学者深入研究《太平经》奠定了扎实的文献基础。

《太平经》无论在成书目的还是篇章内容上都体现着浓厚的政治色彩。与

---

① 参见［日］小柳司气太：《后汉书襄楷传の太平清领书と太平经の关系》，见桑原博士还历纪念论《桑原博士还历纪念——东洋史论丛》，京都，弘文堂书局，1930（又载于《东洋思想の研究》，东京，森北书店，1942）。

② 参见王明：《论〈太平经钞〉甲部之伪》，见《王明集》，146页，北京，中国社会科学出版社，2007。

③ 参见汤一介：《早期道教史》，28页。

儒家的仁爱政治哲学相区别，《太平经》是以“自然”为核心价值的一种自然政治哲学。在政治实践中寻求自然最佳形式的自然政治哲学，以老子“道法自然”的政治哲学、庄子“顺物自然”的政治哲学和黄老“自然无为”的政治哲学为理论渊源，明确提出“自然”的核心价值，并遵循“大顺之道”的自然无为方式，去追求“天下太平”的理想之世。

第一节 自然政治哲学

政治哲学，顾名思义，就是对政治的哲学思考、对政治世界的反思。它从纷繁复杂的政治现象中把握政治及其关系的实质，是关于国家及其一切政治事务最一般问题的哲学理论。秉承欧洲理性主义传统的美国政治哲学家施特劳斯认为：“政治哲学是用关于政治事物本性的知识取代关于政治事物本性的意见的尝试。”“政治事务的精髓不是中立，而是对人们的服从、效忠、决定或判断提出主张。……政治哲学是一种尝试，旨在真正了解政治事务的本性以及正当的或好的政治秩序。”[①] 由此可见，政治哲学不仅研究政治事务的本性，获得正当性或正义的知识，而且探寻适合现实社会的一般政治准则和未来社会的政治导向与价值目标。它关注政治价值，以政治的规范和价值观念为重心，为社会政治生活提供一套制度规范和评估标准，解决什么是最好的政治制度、什么是最理想的社会政治生活等问题。正如陈来先生所说：“政治哲学是用哲学的方法论述政治价值及其基础、根源。政治哲学研究何种政治价值值得追求，并以此标准推动现实政治，进行政治评价，进而探寻理想政治生活。”[②]

中国古代很多思想家所提出的政治思想中就包含了政治哲学的意义。梁启超先生认为：“中国学术，以研究人类现实生活之理法为中心，古今思想家皆集中精力于此方面之各种问题，以今语道之，即人生哲学及政治哲学所包含之诸问题也。”[③] 政治哲学始终是中国学术关注的重点，而中国古代政治思想内容极为丰富，为社会的发展提供了丰富的政治经验和政治智慧。古希腊政治哲学

① ［美］列奥·施特劳斯：《什么是政治哲学》，3页，李世祥译，北京，华夏出版社，2011。
② 陈来：《论道德的政治——儒家政治哲学的特质》，载《天津社会科学》，2010（1）。
③ 梁启超：《先秦政治思想史》，1页，北京，东方出版社，1996。

“全神贯注于一种最好的政治制度”[①]，热衷于探讨城邦的政治制度或政体问题。而中国政治哲学关注和思考的对象是天下，关于“人类全体”的总称[②]，以追求和谐的社会秩序、美好的理想社会为旨归。所以中国传统的政治哲学并非一种纯粹的知识性成果，而是注重从动态的实践出发，去探寻由“政”达到“治”的过程。[③]

从词源上来看，“政”，会意兼形声。“从攴正。正亦声。”“攴”象形字，攴敲击，意为统治者靠皮鞭来推行其政治。《说文解字》中曰“正，是也”，正是光明正大。孔子曾曰：“政者，正也。”（《论语·颜渊》）政就是强行端正、校正之意，使一切回到正确的、应当的轨道。治，形声，整治、修治之意，引申为社会安定、太平，与“乱”相对。如荀子曰：“禹以治，桀以乱，治乱非天也。”（《荀子·天论》）也就是为政所要达到的理想效果。所以“政治”就是政事得以治理，政事达到清明。中国政治哲学可以理解为探寻“政”如何达到“治”的过程，而在这个过程中，各学派都有不同的政治主张。

一、“自然”政治价值

在中国政治哲学发展史中，按照梁启超、萧公权、牟宗三等先生的划分，主要以儒、道、法三家为主要派系，其政治主张及政治设想各具特色、自成一家。儒家立足仁义之道，寻求能够实现仁爱道德的理想之治；法家依据严刑峻法，以实现富国强兵之理想；《太平经》找到的是通过自然方式实现社会的太平之世，即自然政治哲学。

所谓自然政治哲学，是指以道家自然的观点来对社会政治生活本质规律作把握和提炼，并为人们认识、反思政治提供价值标准，为人们的政治实践提供方法论意义上的指导，引领人们进行政治生活的价值追求。它并不和某种特定的政治制度相关联，而是在一切政治制度中去寻求实现自然之道的最佳形式。《太平经》就是以自然为核心的政治价值，在实践中依循自然无为之道，以顺万物之自然来追求天下太平的理想之世。

这里所谈的“自然”，区别于西方哲学中的“自然”。西方哲学中很早就有“自然”一说。它有两种含义：一种是指客观存在的自然界或是自然物的集合；

---

① ［美］列奥·施特劳斯、约瑟夫·克罗波西主编：《政治哲学史》，155页，李天然等译，石家庄，河北人民出版社，1993。

② 参见梁启超：《先秦政治思想史》，212页。

③ 参见彭永捷：《论儒家政治哲学的特质、使命和方法》，载《江汉论坛》，2014（4）。

另一种是指事物存在的客观本性，是认识事物的前提和基础。列奥·施特劳斯曾说："发现自然乃是哲学的工作。"① 意为通过自然来认识和把握客观事物及其存在方式。将自然与政治相结合的典范就是古希腊的哲人亚里士多德。他有一段名言："城邦出于自然的演化，而人类自然是趋向于城邦生活的动物。人类在本性上，也正是一个政治动物。凡人由于本性或由于偶然而不归属于任何城邦的，他如果不是一个鄙夫，那就是一位超人。"这是亚里士多德政治哲学的一个基本命题，简言之，"人是天生的政治动物"②。西方政治学中虽然有"自然"一说，但没有明确意义上的自然政治哲学。法国霍尔巴赫著有《自然政治论》，但其主要内容是从所谓的"自然法"出发的，对当时的国家制度、政府、社会、司法行政、外交政策和伦理道德诸方面进行批判，同时也根据唯理论的观点提出了自己的治国安邦原则，企图建立起一个"理性的王国"。③ 由于中西方对"自然"的不同理解和认知差异，西方并没有我们这里所谈的以"自然"为核心价值来追求太平之世的自然政治哲学。

中国哲学中的"自然"是指自然而然，脱胎于道家所谈之自然。如《老子》六十四章："以辅万物之自然，而不敢为。"自然就是自己成为自己的这样一种样态，没有外在的压力和制约。辅万物之自然，就是顺应万事万物的本性，而万事万物的本性就是自然。为政者的一切政治行为都遵循自然规律，自然而然地发展每个人的个性。这不仅是政治的行为规范，也是为政者的治国之道，这样也客观上制约了为政者，使其不能任意妄为而因循自然之道。

在中国古代政治发展历史中，儒家一直是备受关注的重点，而"儒学的核心是政治哲学"④。儒家的仁爱政治哲学以孔子、孟子为代表，立足仁义之道，建构了一个以仁爱、礼治为核心的社会政治结构，它集德、仁、爱、义、信、孝为一身，为社会政治的有序运行提供了一套完整的道德规范体系。孔子提出，"道之以政，齐之以刑，民免而无耻；道之以德，齐之以礼，有耻且格"（《论语·为政》）。以仁、礼治国，建立一种符合儒家伦理道德规范秩序，维持社会秩序和协调人际关系，以巩固国家的政治统治。在理想政治的设想中，儒家要追求一种更高的"公平"和更"合理"的秩序⑤，即"天下为公"的大同

---

① ［美］列奥·施特劳斯：《自然权利与历史》，82页，彭刚译，北京，三联书店，2003。

② ［古希腊］亚里士多德：《政治学》，7页，北京，商务印书馆，1965。

③ 参见［法］霍尔巴赫：《自然政治论》，陈太先、眭茂译，北京，商务印书馆，2009。

④ 周桂钿：《中国传统政治哲学》，15页，石家庄，河北人民出版社，2007。

⑤ 参见余英时：《中国思想传统的现代诠释》，21页，南京，江苏人民出版社，2003。

社会，一个人们互亲互爱，社会和谐有序、充满仁爱的理想道德社会。

法家政治哲学以商鞅、韩非子为代表，崇尚法治，主张缘法而治，有功必赏，有过必罚。法家认为“法者，天下之仪也”（《管子·禁藏》）。“法者，天下之程式也，万事之仪表也。”（《管子·明法解》）将法令作为人们普遍遵守的行为规范和社会准则。提倡严刑峻法，信赏必罚。“是以赏莫如厚而信，使民利之；罚莫如重而必，使民畏之”（《韩非子·五蠹》），主张厚赏重罚、重刑轻赏的原则，“治民者，刑胜治之首也，赏繁乱之本也”（《韩非子·心度》），以达到维护国家统治、富国强兵之目标。

自然政治哲学区别于儒家以仁、礼治国，是因为它认为仁义、礼治并非人本性所固有，只是大道衰落、道德蜕变的结果。老子曰：“故失道而后德，失德而后仁，失仁而后义，失义而后礼。夫礼者，忠信之薄而乱之首。”（《老子》三十八章）所以老子提出要“道法自然”，主张“我无为而民自化，我好静而民自正，我无事而民自富，我无欲而民自朴”（《老子》五十七章），不要以礼、法去干扰人民的生活和国家的治理。为政者要“无为”“好静”，清静无欲，让民众自然而然地朴实生活，人民自然会“自化”“自正”“自富”“自朴”。

《太平经》的自然政治哲学继承了以老子、庄子为代表的道家政治哲学，以自然为核心价值提出“自然者，乃万物之自然也”（《太平经·守一明法》。凡以下所引，只注篇名）“自然”乃是万物之本性。“天地之性，万物各自有宜。当任其所长，所能为，所不能为者，而不可强也”（《使能无争讼法》），人要遵循万物所具有的本性，不能人为地将自己的意志强加于万物。道之自然，自然而然，不可使然，不可不然，而应以自然法则为终极指归。在政治实践中实现“自然”价值的途径就是秉承自然之道，遵循“大顺之道”。顺天地之道，因万物之性，应任其所适，顺物自然而天下治矣。“故顺天地者，其治长久。顺四时者，其王日兴。……得其治者昌，失其治者乱。”（《合阴阳顺道法》）即顺应天地者，统治就会长久；顺应四时变化者，统治就会日益兴盛。合阴阳之道，顺万物自然，就能治国昌盛，否则就会国家大乱。《太平经》针对一些非自然、不合理现状进行了批判，确立以“自然”为核心的政治价值，并试图通过顺物之自然的方式达到一个不戕害人性、符合人自然发展的太平理想社会。

二、《太平经》的思想来源

《太平经》的内容庞杂而丰富，涵盖神学、哲学、科学、医学等领域，既有化道成仙、神仙不死的神学思想，又包含君臣民“三合相通”、王治太平的政治理论，还有行善止恶、守一之道的修养方法等，内容博大宏富、包罗万象。这与其思想来源是密不可分的。王明先生说："它的各式各样思想材料的来源很是复杂，有的来自上层社会，有的来自民间，有的来自历史传统，有的来自当代流行的思想。"[①] 这些背景相异甚至相反的思想材料同时出现在《太平经》中，一方面证明了《太平经》非一人一时所作，而可能是"先有'本文'若干卷，后来崇道的人继续扩增，逐渐成为一百七十卷"[②]。另一方面也说明了其思想来源的多样性和复杂性。从思想来源上看，《太平经》吸收和改造了先秦和汉代流行思想，不仅继承了老庄、黄老的道家思想，而且还融合了儒家、墨家、阴阳五行和谶纬等学说。这里简要叙述如下。

第一，道家思想。

《太平经》继承了道家的"道"是最高范畴的理论学说。《道德经》中说："道生一，一生二，二生三，三生万物。"(《老子》四十二章)《太平经》卷七十三至八十五中对"道"化生宇宙万物做了更为详细的描述，如："元气恍惚自然，共凝成一，名为天；分而生阴而成地，名为二也；因为上天下地，阴阳相合施生人，名为三也。"庄子把"道"称为"本根"，言其覆载万物，是万物存在之总根源。"夫道，覆载万物者也，洋洋乎大哉！"(《庄子·天地》)《太平经》亦然："夫道何等也？万物之元首，不可得名者。六极之中，无道不能变化。元气行道，以生万物，天地大小，无不由道而生者也。"(《守一明法》)"道"是万物的主宰，也是天地万物普遍遵循的法则。

第二，儒家思想。

《太平经》在道家自然无为的基础上，大量吸收了儒家的道德伦理思想。孔子提出"仁者，人也"，以"仁"作为人安身立命之本，并辅以恭、宽、信、敏、惠五种德性。到了汉代董仲舒则进一步提出"三纲五常"的道德规范以及"天人感应"的阴阳五行学说，对《太平经》影响至深至远。《太平经》以儒家伦理规范来约束人的品性，明确指出"故人生之时，为子当孝，为臣当忠，为弟子当顺，孝忠顺不离其身"(《六极六竟孝顺忠诀》)。主张"生者，道也；养者，德也；成者，仁也。……理之第一善者，莫若乐生，其次善者乐养，其次善者乐施。故生者象天，养者象地，施者象仁。此三者，天地人之大纲也"(《太平经钞壬部》)。还提出了体现儒家仁政思想的政治主张，如"周穷救急""以民为本""上道德下刑罚"等。

---

① 王明：《道家和道教思想研究》，108页，北京，中国社会科学出版社，1984。

② 王明：《太平经合校》，2页，北京，中华书局，1960。

第三，墨家思想。

墨家思想曾煊赫一时，与儒家并称为“显学”，但后来却逐渐衰微，几至销声匿迹。然而墨家思想和精神并未断流，《太平经》对其思想就多有采摭。王明先生曾作《从墨子到〈太平经〉的思想演变》一文，专门阐述墨家思想与《太平经》的关联。墨家的“天志”“明鬼”思想，承认天有意志、鬼的存在，并以此作为人类社会的最高主宰来赏善罚恶。《太平经》则发扬这一观点，提出“天责人过，鬼神为使，不如天教，辄见殃咎，不须鞭笞，行自得之耳”（《写书不用徒自苦诫》）。《墨子·尚贤下》云：“为贤之道将奈何？曰：有力者疾以助人，有财者勉以分人，有道者劝以教人。”主张人人劳动、兼爱互助，这些思想几乎在《太平经》之中复活。经书强调“天生人，幸使其人人自有筋力，可以自衣食者”（《六罪十治诀》），反对“强取人物”。关于兼爱，《太平经》主张“救穷周急”，人不能独占社会财富，“或积财亿万，不肯救穷周急，使人饥寒而死，罪不除也”（《六罪十治诀》）。

第四，谶纬思想。

谶纬是兴起于西汉末、盛行于东汉时期的一种神学思潮。《四库全书总目提要·易类六》说：“谶者诡为隐语，预决吉凶。《史记·秦本纪》称卢生奏录图书之语，是其始也。”纬，相对于经而言，是汉代用神学观点对儒家经典的解说，并与谶合二为一。其核心内容是以神的启示，来宣扬天人灾异谴告之说。而谶纬之学被认为是“道教的思想渊源之一”①。《太平经》颇受其影响，也大肆宣扬灾异谴告之说。“王者行道，天地喜悦；失道，天地为灾异。”（《行道有优劣法》）“夫大灾异变怪者，是天地之大谈也；中灾异变怪者，是天地之中谈也；小灾异变怪者，是天地之小谈也。”“见大恶凶不祥，是天地之大怒也；见中恶凶不祥，是天地之中怒也；见小恶凶不祥，是天地之小怒也。……灾异变怪，大小记之，勿失铢分也。”（《来善集三道文书诀》）所以，王者当顺天地阴阳之法治理天下。否则，“天威一发，不可禁也。获罪于天，令其夭死”（《解承负诀》）。

《太平经》成书之初一直被作者和进献者奉为有“兴国广嗣之术”，以“太平”作为政治理想和最终目标，“致太平是全部著作的出发点”②，是贯穿全书的中心线索。不仅内容上多谈君王统治之术和统治之理，提出元气治、自然

① 卿希泰：《中国道教史》（修订本），第1卷，33页，成都，四川人民出版社，1996。

② 王明：《道家和道教思想研究》，110页。

治、道治、德治、仁治、礼治、文治、武治等多种为政之术；而且篇章目录中也多以社会政治为主题，如《和三气兴帝王法》《安乐王者法》《王者无忧法》《救迷辅帝王法》等，都列出了王者治理的政治内涵，无不体现其浓厚的政治色彩。无怪乎汤用彤先生说："故其所陈多以治国之道"[①]，这也为东汉末年著名的黄巾起义提供了最直接的理论指导，为中国历史的发展留下了浓墨重彩的一笔。

目前《太平经》政治哲学研究成果相对薄弱，其研究的广度和深度都亟待扩展。本章立足原著，以新的视角来深挖其思想精髓，提出"自然政治哲学"的命题，对自然政治哲学的理论渊源、核心价值和理想之治等一系列问题做探析，力求为政治哲学的研究增添一个新的思考路径，乃至拓展一个新的领域。

第二节　自然政治哲学渊源

任何一种理论都不是凭空出现的，都有其理论渊源。《太平经》的自然政治哲学与老庄为代表的道家政治哲学是一脉相承的。早在老子《道德经》中就已经出现"道法自然"的政治哲学。

一、老子"道法自然"的政治哲学

老子自然政治哲学思想的要点有两个，一个是"道法自然"，一个是"无为而治"。

1. "道法自然"

《老子》开篇："道可道，非常道；名可名，非常名。无名天地之始；有名万物之母。"（《老子》一章）"道"无名，却是"天地之始"，这就确定了"道"对万物的先在性；同时，"道"被视为"万物之母"，表明"道"与万物的关系犹如母子，万物都由"道"化生，显示了"道"对万物的根源性。"道"先天地而生，创生万物，是天下之母，是"万物之宗"（《老子》四章）。

《老子》曰："人法地，地法天，天法道，道法自然。"（《老子》二十五章）作为化生天地万物之源的"道"要效法"自然"，这里的"自然"并非指客观

---

① 汤用彤：《汤用彤学术论文集·读太平经书所见》，59页，北京，中华书局，1983。

存在的天地万物，而是自然而然，无任何外在的他力或人为因素，排除任何外在强制力量作用的状态和过程。王弼此注最为经典："道不违自然，乃得其性，〔法自然也〕。法自然者，在方而法方，在圆而法圆，于自然无所违也。"[①] "道"以自然为本性，任万物顺其自然发展。"大道汜兮，其可左右。万物恃之而生而不辞，功成不名有。衣养万物而不为主"（《老子》三十四章）。所以陈鼓应先生说："所谓'道法自然'，是说'道'以自然为归；'道'的本性就是自然。'自然'这一观念就是老子哲学的基本精神。"[②]

2. "无为而治"

老子所处的正是春秋末期礼崩乐坏、天下大乱的时代。统治者"求生之厚"（《老子》七十五章），为了满足"服文彩，带利剑，厌饮食"（《老子》五十三章）的私欲，大肆搜刮民脂，肆意妄为，弄得民不聊生，国不能治，天下大乱。面对严重的政治危机和社会衰败，以孔子为代表的儒家通过"正名"来恢复周礼，主张"道之以政，齐之以刑，民免而无耻；道之以德，齐之以礼，有耻且格"（《论语·为政》），以仁礼、道德治国，重建社会政治秩序，就会家安国宁。老子之年略长于孔子，虽与孔子处同一时代，但政治主张却大相径庭。孔子所提倡的仁义礼智，被老子认为是"夫礼者，忠信之薄而乱之首"（《老子》三十八章）。它们是对人自然本性的束缚，是社会混乱的罪魁祸首。所以老子提出"无为而治"的治国模式，要求为政者效法天道，自然无为，以清静为本。

"万物作焉而不辞，生而不有，为而不恃，功成而弗居"（《老子》二章），天道化生万物，不居功、不自傲，无为而任自然。以形而上的天道自然推演至形而下的社会政治，遵循自然无为之道。"道常无为而无不为，侯王若能守之，万物将自化。……不欲以静，天下将自定。"（《老子》三十七章）"无为"并非无所作为，而是依循事物本性，顺其自然而不加以人为之意。《老子》一书中提到"无为"就有十二处，如："为无为，则无不治。"（《老子》三章）"圣人无为，故无败；无执，故无失。"（《老子》六十四章）"道常无为而无不为。"（《老子》三十七章）这些论述都有政治密切相关，而且多以"圣人"为论述的主体，主张"圣人处无为之事，行不言之教"（《老子》二章），为政者"以辅万物之自然，而不敢为"（《老子》六十四章），依照事物本性而不妄为，使万物顺其自然发展而不施加外界干扰。

---

① 楼宇烈：《王弼集校释》，65页，北京，中华书局，1980。

② 陈鼓应：《老子注译及评介》，170页，北京，中华书局，1984。

在国家治理中依循“治大国若烹小鲜”的无为理念。河上公对此注曰：“鲜，鱼也。烹小鱼不去肠，不去鳞，不敢挠，恐其糜也。治国烦则下乱，治身烦则精散。”（《老子道德经河上公章句·居位》）老子以譬喻的方式将烹饪小鱼与治理国家进行了比较：小鱼鲜嫩，下锅烹饪时不能轻易翻动，否则便会糜烂无形，故“不敢挠”。推及国家治理的活动，为政者要像烹小鲜一样，尽量减少国家干预，不要大兴土木、过分干扰民众，不要政令烦苛、朝令夕改，不要轻易发动战争。如果违逆自然之道而强作妄为，往往会事与愿违，社会混乱。“民之难治，以其上之有为，是以难治。”（《老子》七十五章）所以为政者不能依靠手中的政权任意发号施令，而应该遵循自然无为之道，以清静为本，顺应民意，勿扰民众，顺应他们的自然之性，给予民众自由的空间，国家才会长治久安。故老子曰：“我无为而民自化，我好静而民自正，我无事而民自富，我无欲而民自朴。”（《老子》五十七章）为政者“无为”“好静”“无事”“无欲”，则人民就可以“自化”“自正”“自富”和“自朴”，达到自然淳朴的理想状态。相反，为政者恣意妄为，就会戕害人生存的自然状态。禁忌太多而令百姓手足无措，法令森严而使人民动弹不得，严刑重税弄得民不聊生，逼得民众铤而走险，轻于犯死，这样的残酷社会给人们的生存造成极大的威胁，把人的生命推向死亡的边缘。所以老子主张：“圣人处无为之事，行不言之教”（《老子》二章），“致虚极，守静笃”（《老子》十六章），“见素抱朴，少思寡欲”（《老子》十九章），清静无为。

二、庄子“顺物自然”的政治哲学

庄子是战国时代道家的重要代表人物，也是“自然”思想的继承者和发展者。他在自然政治哲学方面的思想，可以从“顺物自然”和“无为为常德”两方面来概括。

1.“顺物自然”

庄子继承老子“道”的基本理论，把“道”称为“本根”，作为最高的存在。“惛然若亡而存，油然不形而神，万物畜而不知。此之谓本根”（《庄子·知北游》）。成玄英疏云：“亭毒群生，畜养万物，而玄功潜被，日用不知，此之真力，是至道一根本也。”“道”化生万物，衣养万物，使宇宙万物生生不息，永不枯竭。在庄子看来，“夫道，覆载万物者也，洋洋乎大哉!”（《庄子·天地》）“道”是自古至今的永恒存在，可以覆载万物，是万物存在之总根源。“且道者，万物之所由也，庶物失之者死，得之者生，为事逆之则败，顺之则成。故道之所在，圣人尊之。”（《庄子·渔父》）天地万物要以“道”为尊，以顺道之自然为行为法则。如果逆道之自然，则万事不成。“天不得不高，地不得不广，日月不得不行，万物不得不昌，此其道欤！”（《庄子·知北游》）天高地广、日月运行、万物昌盛都是顺道之自然、自然而然的过程，不需要外力加以干涉。

《庄子》在内篇的最后一篇《应帝王》中明确提出“顺物自然而无容私焉，而天下治矣”的政治哲学思想。《应帝王》是《庄子》专门阐发政治见解、论述治国之道的一篇，主要介绍了帝王所应具备的条件以及应如何进行统治，主张治理不是从帝王的“私意”出发，而是以顺万物之自然为出发点和最终归宿，应尊重自然规律，依顺人心民意，勿强作、勿扰民。郭象对“应帝王”注曰：“夫无心而任乎自化者，应为帝王也。”《说文解字》：“应，当也。从心。”“应”（繁体字作應）本是从心而发，而“应帝王”恰恰是要“无心”而任物自化，这并非消极懈怠，无事可做。“无心”要求不能以一己之心、一己之欲来规定外物，而应不妄为、不强作，尊重万物自然发展的本性，不以私意曲矫万物，顺应自然无为之道，如此天下就可安定。这不仅体现了对“道”的契合，也彰显了对自然的尊重。

《庄子·骈拇》曰：“天下有常然。常然者，曲者不以钩，直者不以绳，圆者不以规，方者不以矩，附离不以胶漆，约束不以绳索。”任何事物都有其本性，有其常然，方者自方，圆者自圆，曲者自曲，直者自直，不待钩绳规矩而方而圆而曲而直，此物之“常然”。若是待钩绳规矩而方而圆而曲而直，则必“削其性”“侵其德”“失其常然也”。推及社会领域，为政者唯有顺其本性，任其“常然”而发展，方不失万物本性，不失人之性情。为政者若不明此理，随心妄为，就会对人的发展造成束缚。

2．“无为为常德”

身处战乱纷争、社会动荡、人民不宁的乱世，庄子认为是统治者的恣意妄为造成了社会祸乱的恶果，并以寓言来阐发此理，其中最为著名的就是“浑沌之死”。《应帝王》曰：“南海之帝为倏，北海之帝为忽，中央之帝为浑沌。……倏与忽谋报浑沌之德，曰：‘人皆有七窍以视听食息，此独无有，尝试凿之。’日凿一窍，七日而浑沌死。”浑沌本无七窍，出于天性，浑然天成，倏和忽为报答浑沌之德，而欲凿其窍，本意虽好，但违背了自然，破坏了其天性，结果造成浑沌之死的悲剧。由此可见，为政者要顺人之自然本性，无为而治，并将“无为”视为帝王之常德。“夫帝王之德，以天地为宗，以道德为主，以无为为常。”(《庄子·天道》)顺应自然之原则，尊重人的自然本性，不强作妄为，只有这样，天下才会大治。与之相反，如果统治者过于积极有为，则会导致人自然本性日益衰蜕，社会秩序日益混乱乃至动荡不安。即“治，乱之率也，北面之祸也，南面之贼也”(《庄子·天地》)。

当人们去追逐“明、聪、仁、义、礼、乐、圣、知”时，在庄子看来这实在是“天下大惑”，指出“君子不得已而临莅天下，莫若无为。无为也而后安其性命之情”(《庄子·在宥》)。君子顺应自然，治理天下而不有所作为，无所作为而天下自治。“是故至人无为，大圣不作，观于天地之谓也。”(《知北游》)“无为”“不作”就是顺任万物之理和人类的自然之性而不恣意妄为，以达到“顺物自然而无容私焉，而天下治矣”的理想政治状态。“无容私”就是不存私意、成见，不将自己的私意强加于人。帝王不从“私意”出发，不借仁义之名目，不用权谋智巧，不制定严刑峻法，不横加指责百姓之事，顺自然之性，让百姓自然自由地生活，那么天下就能出现安宁祥和的理想状态。这也就是庄子所描绘的“明王之治”理想状态，即“功盖天下而似不自己，化贷万物而民弗恃；有莫举名，使物自喜；立乎不测，而游于无有者也”(《应帝王》)。

三、黄老“自然无为”的政治哲学

黄老之名是汉代典籍中才有的。[①] 汉初，民不聊生，百废待兴。统治者对秦朝迅速灭亡的教训进行反思，最终确定了逆取顺守、与民休养生息的政策。黄老之学得以大力发展、推广和应用。在“黄老”中，老子实有其人，并有《道德经》传于后世。而黄帝是传说中远古时代的模范圣君，其本人无著述可考，人们通常把他作为华夏民族的始祖、创造中华早期文明和文化的鼻祖加以崇拜。“所谓黄老学，从狭义上讲，就是指正式托名于黄帝而推行老子道家某些思想的那一派；从广义上讲，则是指在老庄道家之外所兴起的以道为中心思想和指导思想，而兼取百家学说的道家思潮。”[②] 在黄老之学盛行时期，最具代表性的就是《淮南子》，它“集黄老道家理论之大成，是黄老道家思想的总结性著作，是黄老道家学派的一个新的里程碑”[③]。《淮南子》又名《淮南鸿烈》，大约成书于汉武帝建元二年(前139年)，是在淮南王刘安的主持下，由其门人集体编纂而成的一部论文总集。《汉书·艺文志》的“诸子略”中记载《淮

① 参见熊铁基：《秦汉新道家》，10页，上海，上海人民出版社，2001。

② 丁原明：《黄老学论纲》，14页，济南，山东大学出版社，1997。

③ 熊铁基：《秦汉新道家》，27页。

南内》有二十一篇，《淮南外》有三十三篇。颜师古注曰：“《内篇》论道，《外篇》杂说。”“又有中篇八卷，言神仙黄白之术”（《汉书·淮南王刘安传》）。但目前保留下来的只有《淮南内》二十一篇，其他两篇已失传。这部书在老庄哲学基础之上，以“道”为宗旨，融合儒、墨、名、法、阴阳各家学说，观天地之象，明万物之理，通古今之事，因时而移，因物而化，为国家的长治久安提供了一套较为完整的治国方略。即“故著书二十篇，则天地之理究矣，人间之事接矣，帝王之道备矣”（《淮南子·要略》）。

《淮南子》作为汉代道家黄老之学的代表，也以“道”作为理论核心和最高范畴。《淮南子》开篇曰：“夫道者，覆天载地，廓四方，柝八极，高不可际，深不可测，包裹天地，禀授无形。原流泉浡，冲而徐盈；混混滑滑，浊而徐清。故植之而塞于天地，横之而弥于四海，施之无穷而无所朝夕。舒之幎于六合，卷之不盈于一握。”“道”是产生天地万物的本源，自然而然，超越万物，是万物生生不息的总根源。“夫道者，无私就也，无私去也，能者有余，拙者不足，顺之者利，逆之者凶。”（《淮南子·览冥训》）“道”以自然为根本，自然而然，大公无私，万物顺道则利，逆道则凶。故《淮南子·主术训》中曰：“无为者，道之宗。故得道之宗，应物无穷”。由“道”引出“无为”，以“无为”作为“道”的根本宗旨，是行道的最佳方式。落实到社会政治活动中，君主治理国家时也要效法自然之道，行“无为”之道。

《主术训》曰：“人主之术，处无为之事，而行不言之教，清静而不动，一度而不摇，因循而任下，责成而不劳。……行为仪表于天下，进退应时，动静循理，不为丑美好憎，不为赏罚喜怒，名各自名，类各自类，事犹自然，莫出于己”。这与老子《道德经》中“圣人处无为之事，行不言之教”是一脉相承的。“人主之术”就是讲君主的为政之道，就是所谓的“君人南面之术”。君主在治国时不怀私欲私智，清静安宁而不妄动，统一法度而不动摇，动静循理，依法赏罚，举贤任能，善用众臣之智，实施无为之治，就能达到“清静无为，则天与之时；廉俭守节，则地生之财”（《主术训》）的效果。如果君主攫取财富无度，那么臣下就会如狼般贪婪而不谦让，民众也会因贫困而怨恨争斗，即“上好取而无量，下贪狼而无让，民贫苦而忿争，事力劳而无功，智诈萌兴，盗贼滋彰，上下相怨，号令不行”（《主术训》），此为“末世之政”也。故《淮南子·诠言训》中提出，“君道者，非所以为也，所以无为也”。

如何理解“无为”呢？《淮南子·修务训》指出，“或曰：‘无为者，寂然无声，漠然不动，引之不来，推之不往。如此者，乃得道之像。’吾以为不然”。《淮南子》的“无为”并非庄子的“虚静恬淡寂寞无为”，已不是消极意义上的无所作为，而是援以儒家伦理教化和法家的法、术、势思想，对“无为”思想进行了创造性阐释，摆脱了以往“无为”的一些消极、抽象色彩，赋予了一定的时代性和现实性，更符合“君人南面之术”的要求。《淮南子》提出“若吾所谓‘无为’者，私志不得人公道，嗜欲不得枉正术”（《修务训》），偏私之念不能也不应该进入“公道”，个人的嗜欲也不能干扰“正道”。主张要“循理而举事，因资而立，权自然之势，而曲故不得容者”（《修务训》）。人要因循自然之理，权衡自然之势，不得以巧伪奸诈参入其中，而顺自然之势就有所成就，这显透出“因循”的主体能动性。一方面，“无为”绝非无所作为。按照《淮南子》的观点，“自天子以下，至于庶人，四肢不动，思虑不用，事治求澹者，未之闻也”（《修务训》）。绝对的“无为”不可能成就任何事业。另一方面，“无为”虽非无所作为但绝不是胡乱作为。“若夫以火熯井，以淮灌山，此用己而背自然，故谓之有为。”（《修务训》）以火来烧干井水，引淮河水上山灌溉，这是违背自然规律的“有为”，是不可取的。而“若夫水之用舟，沙之用鸠，泥之用輴，山之用蔂，夏渎而冬陂，因高为田，因下为池”（《修务训》），即在水中乘船，在沙地行走用鸠车，在沼泽地行走用輴轩，在山地行走用蔂，夏天疏通沟渠，冬天开挖池塘，顺高地造田，在低洼处开掘河塘，这些遵循自然规律的生产活动，则可称为“无为”。

在《修务训》中列举了神农、尧、舜、禹、汤五位圣王的事迹，“神农乃始教民播种五谷，相土地宜，燥湿肥垸高下，尝百草之滋味，水泉之甘苦，令民知所辟就。……尧立孝慈仁爱，使民如子弟。……舜作室，筑墙茨屋，辟地树谷，令民皆知去岩穴，各有家室。……禹沐浴淫雨，栉扶风，决江疏河，凿龙门，辟伊阙，修彭蠡之防……汤夙兴夜寐，以致聪明；轻赋薄敛，以宽民氓；布德施惠，以振困穷；吊死问疾，以养孤孀。百姓亲附，政令流行”。它指出“此五圣者，天下之盛主，劳形尽虑，为民兴利除害而不懈”，“不耻身之贱，而愧道之不行，不忧命之短，而忧百姓之穷”。这都是“有为”的表现，体现了因循自然与人的积极有为的有机统一。说明此时黄老道家已不仅仅像荀子所言“蔽于天而不知人”（《荀子·解蔽》）。一方面以道家“无为”思想为主，另一方面也“因阴阳之大顺，采儒墨之善，撮名法之要”（《史记·太史公自序》），取儒家积极进取之精粹，克服了无为的消极意义，体现出这一时期儒道合流的趋势。

由此可见，“无为”是要遵循自然而“为”，是“循道理之数，因天地之自然”（《淮南子·原道训》），是“化掉情欲心识的缠结与意识形态的坚持之后，所积淀净化出来之无执的为、无心的为、无有偏好私意的为”[①]。这不像老庄那样从社会抽身、靠内在的修养，而是在积极参与改造自然、社会的实践活动中通过“究于物、合于道”而达到“为民去利避害”。所以《淮南子》总结说：“无为为之而合于道，无为言之而通乎德”，“达于道者，反于清净；究于物者，终于无为”（《原道训》）。

自然政治哲学由老子首发，提出“道法自然”的政治哲学；随后庄子继承，论述了“顺物自然而无容私焉，而天下治矣”的政治哲学；再经由黄老之学的“自然无为”之政，发展到东汉末年《太平经》时已日臻成熟与完善。《太平经》提出，“天地之性，万物各自有宜。当任其所长，所能为，所不能为者，而不可强也”（《使能无争讼法》）。“故顺天地者，其治长久。顺四时者，其王日兴。……得其治者昌，失其治者乱。”（《合阴阳顺道法》）。

第三节　《太平经》的自然思想

在政治哲学中，政治价值是对政治活动做出的价值判断，也是人们所追求的目标，它深刻而持久地支配人们的政治行为。“自然作为基本的价值或原则普遍适用于处理人与人、人与万物以及人与宇宙本体的关系”[②]，也是《太平经》所追求的核心价值。

《太平经》产生于非自然、不合理的社会现实。东汉末年，社会危机日益深重，豪强地主势力迅速膨胀，土地兼并愈演愈烈，社会财富高度集中，以至于出现“豪人之室，连栋数百，膏田满野，奴婢千群，徒附万计”的局面（参见《后汉书·仲长统列传》）。政治上，外戚与宦官竞相专权，祸国殃民，朝政不纲，吏治废弛，而赋税徭役日益沉重，刑法苛刻严酷，民众穷困潦倒，广大农民丧失了土地，变成流民，无家可归，再加上当时频频发生水灾、旱灾、蝗灾等自然灾害，疫病流行，出现了“死者相枕于路”“民相食”的悲惨景象。正如《太平经》中所说，“今天地阴阳，内独尽失其所，故病害万物。帝王其治不和，水旱无常，盗贼数起，反更急起刑罚……县官治乖乱，失节无常，万

① 陈德和：《淮南子的哲学》，85页，台北，南华管理学院，1999。

② 刘笑敢：《试论老子哲学的中心价值》，载《中州学刊》，1995（2）。

物失伤……三光勃乱多变，列星乱行”(《解承负诀》)。当时自然界中阴阳失调、时间乖错、灾害不断、万物凋敝；人类社会中饥寒交迫、冤屈不穷、刑杀相继，致使帝王愁苦、民生不保。所以《太平经》确立以“自然”为核心的政治价值，并通过顺物之自然的方式达致一个不戕害人性、符合人性自然发展的理想社会。在此“自然”既是价值目标，又是实现这一目标的手段。

一、天道自然的政治基础

现有文献中，《老子》是最早将“自然”作为概念使用的经典。[①] “自然”有两层含义：一是大自然存在的本然状态，即与人类社会相区别的自然界，也可以指外在世界中的某些自然物；二是引申为物自性如此，自己如此，自然而然的状态。我们所言“自然”都是其引申义。

《太平经》曰：“夫道何等也？万物之元首，不可得名者。六极之中，无道不能变化。元气行道，以生万物，天地大小，无不由道而生者也。”(《守一明法》)“道”存在于天地之先，是化生天地万物的总根源。“夫道者，乃大化之根，大化之师长也。故天下莫不象而生者也。”(《天咎四人辱道诫》)作为大化之根的“道”是自然无为的，即“道兴无为，虚无自然”(《虚无无为自然图道毕成诫》)。

《太平经》曰：“自然者，乃万物之自然也。不行道，不能包裹天地，各得其所，能使高者不知危。天行道，昼夜不懈，疾于风雨，尚恐失道意，况王者乎？”(《守一明法》)“自然”即自然而然，是天地万物的本性，不以外力使之然，使万物保持其本性自然而然，尊道、行道是顺应万物的自然状态。“道乃主生，道绝万物不生，万物不生则无世类，无可相传，万物不相生相传则败矣。何有天地乎？”(《太平经钞壬部》)“道”主生，是万物生成的总根源，是“万物之元首”(《守一明法》)，失去“道”则生命无法传承而断绝于世，天地阴阳万物之法度皆受其“制命”。故《安乐王者法》曰：“自然守道而行，万物皆得其所矣。”“守道而行”则万物皆能自由和谐发展。

“天畏道，道畏自然。夫天畏道者……道畏自然者，天道不因自然，则不可成也。”(《太平经钞壬部》)天运行要以“道”为标准，不可离“道”而行。“畏”，敬服之意，“道畏自然”并非“自然”高于“道”，而是万物自然而然生存与发展就是“道”的体现，“道”就是要顺应自然，如果不因顺应自然，则

① 参见刘笑敢：《〈老子〉之“自然”十题》，见方勇主编：《诸子学刊》，第1辑，53页，上海，上海古籍出版社，2007。

万事不成。所以在治国安邦中，“天之为行，不夺人所欲为也；地之为行，亦不夺人之所欲为也；明君之为行，亦乐象天地不夺人所为也。”（《署置官得失诀》）天地之行不夺人所欲，是一个自然而然的过程，明君也不要人为地去破坏事物这种自然的状态，去夺人民之所欲，故“物有自然，天下之事，各从其类也”（《东壁图》）。

“天地之性，独贵自然，各顺其事，无敢逆焉。道与无为，虚无自然。”（《虚无无为自然图道毕成诫》）宇宙生成与演化是由于万物“独贵自然”的结果，而万物的生成与演化均“各顺其事”，而不敢违逆。并且“自然之法，乃道连，守之则吉，失之则患”（《虚无无为自然图道毕成诫》）。宇宙万物的生成与演化都必须遵守道的自然之法，“守”与“失”则体现了万物运动变化是否符合自然之“道”。符合自然之道，则吉；反之，则患。

《太平经》这样说：“道无所不能化，故元气守道，乃行其气，乃生天地，无柱而立，万物无动类而生，遂及其后世相传，言有类也。比若地上生草木，岂有类也。是元气守道而生如此矣。自然守道而行，万物皆得其所矣。天守道而行，即称神而无方。上象人君父，无所不能制化，实得道意。地守道而行，五方合中央，万物归焉。三光守道而行，即无所不照察。雷电守道而行，故能感动天下，乘气而往来。四时五行守道而行，故能变化万物，使其有常也。阴阳雌雄守道而行，故能世相传。凡事无大无小，皆守道而行，故无凶。今日失道，即致大乱。”（《安乐王者法》）万物皆守道而行。

二、善恶自然的政治伦理

政治伦理是人们在政治生活中应当遵循的道德原则与规范，它从伦理道德层面维系社会政治秩序，同时对社会政治关系和政治行为起着监督、调节作用。《太平经》中有兴善止恶的政治伦理思想，但是“善恶”的界定标准却与以往不同。

对于划分善恶的标准，先秦时期不少的哲学家进行了讨论。例如：孟子曰“人之有是四端也”（即“恻隐之心”“羞恶之心”“辞让之心”和“是非之心”），提出“人皆有不忍人之心”的性善论；荀子提出“人之性恶，其善者伪也”的性恶论；告子主张“人性之无分于善不善也，犹水之无分于东西也”的性无恶无善论。他们是以人性道德标准来判断善与恶的。日本学者西田几多郎在《善的研究》一书中说：“古来的伦理学说大致可以分为两种：一种叫做他律的伦理学说，把善恶的标准放在人性以外的权利之上；另一种叫做自律的伦理学说，想在人性之中寻求善恶的标准。”① 像孟子、荀子及告子的观点都属于后者，即从人性中寻求善恶的标准。而《太平经》作为道教的经典著作，则披上了一层宗教的外衣，在善恶划分标准上归于他律，放在了人性之外的权利之上。它以是否“合天心”“顺人意”为原则。

> 夫为善者，乃事合天心，不逆人意，名为善。善者，乃绝洞无上，与道同称；天之所爱，地之所养，帝王所当急……夫恶者，事逆天心，常伤人意，好反天道，不顺四时……最天下绝凋凶败之名字也。（《急学真法》）

善恶区别泾渭分明，以是否合天心、顺人意为判定依据。当人们的行为合天心、顺人意，符合“道”时，则为“善”，并且是“天之所爱，地之所养，帝王所当急”。反之，“事逆天心，常伤人意，好反天道，不顺四时”则为“恶”。“合天心”的划分标准就是要顺天地自然之法，守道而行。“元气自然，共为天地之性也。六合八方悦喜，则善应矣；不善喜，则恶应矣。”（《名为神诀书》）符合天地自然之性，则善；反之，则恶。

“善者乃上行，恶者乃下降。天道无私，乃有自然，故不失法也，其事若神。”（《西壁图》）天道本无私，自然而然。人们在社会中“不失法”，顺道而行，就能实现善恶自然。

“夫天地之性，半阴半阳。阳为善，主赏赐。……阳与德者主养主生，此自然之法也。”（《太平经钞壬部》）善恶、赏罚各以天地之性；刑法、赏赐各以其能；阳为善，以赏赐为主，阴为恶，以刑法为主。“善者致善，恶者致恶”（《瑞议训诀》），所以人们“应天应地”而行，顺应天地善恶之属性，各顺其性，各以其能，扬善抑恶，才可以实现“至诚感天”。故“天之授性，各自有精神。乐善，善精神至；乐恶，恶精神至。此自然之性也，无有怪也”（《某诀第二百四》）。《国不可胜数诀》也说：“天下人乃俱受天地之性，五行为藏，四时为气，亦合阴阳，以传其类，俱乐生而恶死，悉皆饮食以养其体，好善而恶恶，无有异也。”

“凡万物尽生善，人人欢喜，心中常乐欲歌舞……故乐生于善以乐善，天使自然如此也。”（《某诀第二百四》）凡万物尽生善，则人人欢喜、歌舞、相爱、不相争、自乐生等，都是天使自然如此。其结果就是：在自然领域中，“其善者上可助天养且生长之物，下可助地畜养向成之物，悉并力同心，无有恶意”（《六罪十治诀》）。在社会领域中，“是故古者帝王将兴者，得应乐善也；

① ［日］西田几多郎：《善的研究》，何倩译，91页，北京，商务印书馆，1965。

将衰者，得应恶也，此者，自然之法也”（《某诀第二百四》）。“教天下人为善之法也，人善即其治安，君王乐游无忧。”（《起土出书诀》）如果人人都得到善性，社会就会稳定，天也会赐予安乐，“帝王民臣俱善，则使天无灾变”（《校文邪正法》）。

第四节　太平之世的政治理想

政治哲学在批判和超越现实中提出了令人憧憬的政治理想。政治理想是对未来美好社会的设想，是人们钟爱的社会价值的凝聚，激励着人们为之努力和奋斗。面对着豪强地主锦衣玉食、奢靡腐化，而广大民众却衣食困顿、境遇凄惨的社会现实，《太平经》把“太平”作为自己的政治理想和最终目标，追求一个合自然、顺人性的太平理想之世。经书不仅以“太平”来命名，而且“太平”一词在全书中出现三百余次，是最重要的核心概念。如“澄清大乱，功高德正，故号太平”（《太平经钞甲部》），“是故贤圣明者，但学其身，不学他人，深思道意，故能太平也”（《录身正神法》），“帝王良辅，相与合策共理致太平”（《太平经》卷五十六至六十四），“大顺之路，使王者无忧无事致太平。夫天地不大动摇，风雨不横行，百神安其居，天下无灾矣”（《王者无忧法》），等等。故“《太平经》就是道教祈求太平盛世的经典”[①]。

一、“太平”的含义

“太平”一词首先见于《庄子·天道》：“知谋不用，必归其天，此之谓太平，治之至也。”国家治理的最高境界就是“太平”，而后“太平”就频繁出现于后世的著作当中。河上公注解老子《道德经》时也多次提到“太平”，如“万民归往而不伤害，则国安家宁而致太平矣”，“中士闻道，治身以长存，治国以太平”。《吕氏春秋》提到，“天下太平，万物安宁”。《白虎通德论》曰：“天下太平，功成封禅，以告太平也。”贾谊在称颂黄帝时说：“于是还居中国，以平天下。天下太平，唯躬道而已。”（《新书·大政下》）而在《太平经》中，对“太平”含义的界定更明晰、准确。

① 胡孚琛、吕锡琛：《道学通论：道家·道教·丹道》（增订本），103页，北京，社会科学文献出版社，2004。

> 太者，大也；大者，天也；天能覆育万物，其功最大。平者，地也，地平，然能养育万物。经者，常也；天以日月五星为经，地以岳渎山川为经。天地失常道，即万物悉受灾。(《太平经钞癸部》)

太，大之意，称天；平者，称地，平均之意。天有覆育万物之功，地有衣养万物之效。以天地为常道而不可须臾偏离，否则万物“悉受灾”。在《太平经》卷四十八中，更为详尽细致地介绍“太平”：

> 太者，大也，乃言其积大行如天，凡事大也，无有大于天者也。平者，乃言治太平均，凡事悉理，无复奸私也……天气悦喜下生，地气顺喜上养；气之法行于天下地上，阴阳相得，交而为和，与中和气三合，共养万物，三气相爱相通，无复有害者。(《三合相通诀》)

“太”，“积大行如天”，最大之物；“平”取“平均”之意，“凡事悉理，无复奸私”，即无论对谁都如此，公正对待而绝无偏私。天地二气相通产生中和之气，共养万物。万物以其自然状态共存于天地间，以天地为常道而自在、和谐发展，这就是“太平”。所以“太平”并不是要求社会地位平等，也不是追求经济地位均平，而是要求“万物各得其所”(《太平经》卷五十六至六十四)。

“太平者，乃无一伤物，为太平气之为言也。……若有一物伤，辄为不平也。”(《敬事神十五年太平诀》)“太平”就是要保障天地万物能自由自在、不受伤害地发展，使万物无所伤并各乐得其所，蕴含了不伤一物的公平博爱之意。如果有一物受到伤害，就不能称之为“太平”；伤二物就如同使自然受到了刑法；伤三物，大批生命就会受到伤害；直至伤十物，整个生态系统崩溃，生物灭绝。所以对“太平”的理解不是我们通常所说的社会地位上的人人平等、财富分配上的人人平均，而是把整个世界，不仅包含人的发展，更包含万物的自然生长，统统作为其研究的范围，关注每一个生命体自然的生长和发展，使万物各得生养，各得安宁，也就是《太平经》所讲的“广而不伤为最善”之意。让每个生命体能自由发展，已经不仅仅是道德规范上的范畴，而且是以更广阔的视域、更开阔的思维空间，让人与万物自在、和谐发展，这就是“太平”，是最广泛意义上的“善”。

二、太平之世

《太平经》中把历史分为上古、中古、下古三个阶段，并多次谈到这三个阶段。《守三实法》中说：

> 上古所以无为而治，得道意，得天心意者，以其守本不失三急。中古小多事者，以其小多端也。下古大多忧者，以其大多端而生邪伪；更以相高上而相愁也，因生邪奸出其中也。

三皇在位的上古时代，尧、舜、禹采取“无为而治”的方法得道意，俭朴务实，不尚奢华，关注“三急”，即饮食、男女、穿衣。“三急”又可分为“二大急、一小急”（《三急吉凶法》）。饮食与男女相许，二者为“大急”。因为人不饮不食便死，是一大急；而男女不相得，便绝无后世，也是一大急。穿衣则为小急或半急，但这些问题都不能马虎，否则“天下无人，不可治也”（《守三实法》）。紧抓饮食、男女等这些涉及人类生存延续的事情，便可实现无为而治。五帝为中，三王“大中下”；中古就有所退化，多事多端，“中古人半愚，轻小用刑”，亲近小人而多用刑罚，所以“半贼其半”；下古大愚，五霸则“最下”，经历了“皇、帝、王、霸”的退化过程，以刑为常发，“故多不得寿”，沦为乱世。在《来善集三道文书诀》中也谈到“古者贤圣之治，下及庶贱者，乐得异闻，以称天心地意，以安其身也。故其治独常安平，与天合同也”。上古时期，圣人治世，选用贤良，上下同心，一切讲求合天心、顺地意。但是自中古以来则开始发生变化，虽有教化但道德堕落。“太上中古以来，人教化多妒真道善德，反相教逃匿之，闭藏绝之，反以邪巧道相教，导化愚人，使俱为非。”（《妒道不传处士助化诀》）社会风气江河日下，人心不古。故而“太上古之臣多仙寿，故能使其君寿；中古臣多知怀道德，故能使其君常无忧；下古臣多无真道而愚，故多使其君愚甚。君愚，其治常乱愦，不得天心”（《事师如事父言当成法诀》）。

《太平经》所设想的最佳统治就是：“前古神人治之，以真人为臣，以治其民，故民不知上之有天子也，而以道自然无为自治。”（《太平经》卷十八至三十四）经书中有神人、真人、仙人等具有道教色彩的人物设定，效法天道自然无为，假托神人统治，民众安居乐业，却不知天上有天子也，这是神人善治的结果。同时，也表明理想统治的核心是“以道自然无为自治”。“无为自治”并非以智慧治国，不会因“下智过于上”而导致以下欺上。“故以猾智知国，国之大贼也。”（《事师如事父言当成法诀》）另外，还有真人为治、仙人为治以及霸治，其治理效果依次递减。霸治是最坏的统治，“不详择其臣，民多冤而乱生焉，去治渐远，去乱渐近”（《太平经》卷十八至三十四）。

《太平经》所追求的理想之世不是现代意义上所谓平等主义的社会制度，

而是回到上古三皇之世，“是故上古三皇垂拱，无事无忧也”（《上善臣子弟子为君父师得仙方诀》）。君、臣、民能得天地之心，守天地元气，顺万物之自然，就能“天地病除，帝王安且寿，民安其所，万物得天年，无有怨恨，阴阳顺行，群神大乐且喜悦”（《经文部数所应诀》）。当太平气降临于世时，“元气自然乐，则合共生天地，悦则阴阳和合，风雨调。风雨调，则共生万二千物。……三光乐而合，则四时顺行。春乐生，夏乐长，秋乐收，冬乐藏。四时乐喜，五行不逆，则人民兴。人民兴则帝王寿，帝王寿则凡民乐……万国不战斗，盗贼贪猾绝矣”（《太平经》卷一百一十五至一百一十六）。经书中多处畅想太平盛世的景象：

> 上平气来矣，颂声作矣，万物长安矣，百姓无言矣，邪文悉自去矣，天病除矣，地病亡矣，帝王游矣，阴阳悦矣，邪气藏矣，盗贼断绝矣，中国盛兴矣，称上三皇矣，夷狄却矣，万物茂盛矣，天下幸甚矣，皆称万岁矣。（《校文邪正法》）

这是一幅风调雨顺、万物自由生长、人民安居乐业、欣欣向荣的国家昌盛之画卷，吸引着后世无数人为之努力和奋斗。

第五节 “致太平”的施政原则

“太平”之世是古人们所设想的最理想的政治模式，而致太平则是道家全部著作的出发点[①]，是贯穿经书的中心线索。因此，如何在政治活动中“致太平”是我们探讨的重点。

一、法天效地，遵循大顺之道

在《太平经》看来，“自然”是人类社会追求的最高价值，在政治实践中实现“自然”价值的途径就是要秉承自然之道，遵循“大顺之道”，以实现太平之世的理想模式。《太平经》中非常重视“顺”，仅“顺”字的出现在全篇就有三百二十余次，与“太平”出现的次数相当，如“顺天地”“顺四时”等。“顺”，《释名》曰“循也”，本义是沿着同一方向行进，与“逆”相对。在社会

① 参见王明：《道家和道教思想研究》，110页。

政治实践中，顺天地之道，因万物之性，应任其所适，顺物自然而天下治矣。即“乃所以承天心而顺地意，可以长安国家，使帝王乐者也”（《妒道不传处士助化诀》）。

“帝王上法皇天，下法后地，中法经纬，星辰岳渎，育养万物。故曰大顺之道。”（《太平经钞癸部》）帝王施政欲天下太平，必须上法天，下效地，顺阴阳之法而合气，谨顺四时、五行之运行。“天地为法，王相之气主太平也……故太平之岁，凡物具生，多善物，是明证也，天地之大效也。”（《某诀第二百四》）天地自然之道，只可顺而不可逆，即“天道可顺，不可逆也。顺天者昌，逆天者亡”（《太平经钞壬部》）。

“然夫地之有大德，专以顺天之道，以好养万物，扰扰之属，莫不被恩德，养成其中者。”（《六罪十治诀》）天地有顺天道之美德，衣养万物。只有顺天地四时，顺万物自然之性，统治才能长久，才能与道相合。“故顺天地者，其治长久。顺四时者……与道合同。”（《合阴阳顺道法》）“天地之行，尚须阴阳相得相合，然后太平”（《太平经钞壬部》），人顺应自然而不妄为，顺应道之自然而不偏私，守虚静之道，处无为之事，乃可治身，得大平安。前文谈到，《太平经》认为，人的善恶是以合天心、顺天道为依据的。“以故自欲为善行孝顺之义。”（《为父母不易诀》）而这里的“顺”，不仅仅是顺父母，更多是顺自然、顺天道。“是天上孝善之人……有顺之心，天不逆意也。”（《某诀第一百九十二》）“最相顺相乐为善为吉，相逆相愁苦为凶为恶。相顺相乐为善声，相逆相愁苦为凶声……故当乐之顺之昌之也。”（《某诀第二百四》）

人们在生活中应顺天道行事而不失法，为善则奖，为恶则弃。即“善者乃上行，恶者乃下降。天道无私，乃有自然，故不失法也，其事若神”（《西壁图》）。如果不顺天道，违背天命，施恶废善，则很快就会招致恶果。也就是经书所讲“天命之为不顺，施恶废善，何可久存”（《贪财色灾及胞中诫》），“不顺天道而不为善，常好杀伤者，天甚咎之，地甚恶之，群神甚非之”（《天神考过拘校三合诀》），所以“人为其喜乐顺善”（《敬事神十五年太平诀》），故“聚谨顺善不止，因成大涤师，其德乃之助天养欲生之物，助地养欲长之物……不复知其凶恶”（《六罪十治诀》）。

国家政治的管理就是要顺从天地之常道，“君者，当承天地，顺阴阳，常务得其意，以理道为事”（《太平经》卷七十三至八十五）。君王治理国家只需专心致志体察天心，大顺天地，和合阴阳，顺四时，保五行，就可以与天意相合，天下太平，祥瑞并生。即“大顺天地，不失铢分，立致太平，瑞应并兴”

(《和三气兴帝王法》)。太平之世自然降临，所呈现的景象就是：“大顺之路，使王者无忧无事致太平。夫天地不大动摇，风雨不横行，百神安其居，天下无灾矣。万物各居其处，则乐无忧矣。”(《王者无忧法》)顺应天地之道落实到君臣、父子、师与弟子的社会伦理关系上，就要求臣忠、子孝、弟子顺。“君者当以道德化万物，令各得其所也。……阴顺于阳，臣顺于君”《安乐王者法》)，“子不孝，则不能尽力养其亲；弟子不顺，则不能尽力修明其师道；臣不忠，则不能尽力共敬事其君”。如果子不孝、弟子不顺、臣不忠，就会“天地憎之，鬼神害之，人共恶之”(《六极六竟孝顺忠诀》)。

二、守道而行，清静无为

“道”是老庄哲学的核心观念，被视为万物之本、生命之源。《老子》开篇：“道可道，非常道；名可名，非常名。无名天地之始，有名万物之母。”“道”是“天地之始”“万物之母”，万物皆由“道”化生。“道冲而用之或不盈。渊兮似万物之宗。”(《老子》四章)道体虚空但作用不竭，蕴含了无尽的创造生机，好似万物宗主。

庄子继承并发挥了老子的这一思想。《庄子·知北游》中把“道”称为“本根”，“惛然若亡而存，油然不形而神，万物畜而不知。此之谓本根”。“道”亭毒群生，畜养万物，使宇宙万物生生不息，永不枯竭。“天不得不高，地不得不广，日月不得不行，万物不得不昌，此其道欤!”天高地广、日月运行，万物昌盛都是顺道之自然。

《太平经》继承老庄的观点，也认为“道”是天地万物之源。“夫道何等也？万物之元首，不可得名者。六极之中，无道不能变化。元气行道，以生万物，天地大小，无不由道而生者也。”(《守一明法》)“道”是万物创生的终极根源，天地万物皆由“道”而生。“夫道者，乃大化之根，大化之师长也。”(《天咎四人辱道诫》)“道”也是天地万物演化的最高准则，落实到社会政治运行中就是要“守道而行”。

> 道无所不能化，故元气守道，乃行其气，乃生天地，无柱而立，万物无动类相生，遂及其后世相传，言有类也。……自然守道而行，万物皆得其所矣。天守道而行，即称神而无方。上象人君父，无所不能制化，实得道意。地守道而行，五方合中央，万物归焉。三光守道而行，即无所不照察。雷电守道而行，故能感动天下，乘气而往来。四时五行守道而行，故能变化万物，使其有常也。阴阳雌雄守道而行，故能世相传。凡事无大无

小，皆守道而行，故无凶。今日失道，即致大乱。（《安乐王者法》）

“道”是宇宙万物都要遵循的自然秩序，包括元气、自然、天地、三光、雷电、四时等，不分大小都要守道而行，这样才能“无凶”。如果“失道”，则天下大乱。《太平经》曰：

> 天地开辟贵本根，乃气之元也。欲致太平，念本根也，不思其根，名大烦，举事不得，灾并来也。此非人过也，失根基也。离本求末，祸不治，故当深思之。夫一者，乃道之根也，气之始也，命之所系属，众心之主也。（《修一却邪法》）

要达到天下太平，就必须牢牢守住“道”这一本根。“如不力行真道，安得空致太平乎？”（《敬事神十五年太平诀》）所以力行真道，才能致太平。不仅如此，经书还提出“人心”也要善守道：“人心善守道，则常与吉；人心恶不守道，则常衰凶矣。”（《万二千国始火始气诀》）人守道为善，则吉；不守道为恶，则凶。故“天道有常运，不以故人也。故顺之则吉昌，逆之则危亡”（《天文记诀》）。故《安乐王者法》曰：“自然守道而行，万物皆得其所矣。”此外，经书还认为，守道而行不仅能促使天下吉昌，而且有利于得道成仙，即“守道而不止，乃得仙不死；仙而不止，乃得成真；真而不止，乃得成神”（《分解本末法》）。

“守道而行”就要清静无为，“求道之法，静为基先”（《太平经佚文》），以清静为求道最重要的法则。

> 天乃专一，昼夜行道而不言，故能独吉也；地乃昼夜行道而不言，爱养万物，故能长独安也；四时乃独行道，昼夜不止，故能常独兴王而不止也；三光乃独行真道而不言，故能常明，随天运行也；五行乃独行真道而不言，故能与天地为常也。凡天下之为道行者，象此不可胜书也。故能爱利，口不妄言，则道可得也。（《为道败成戒》）

与上文相对应，天地、四时、三光、五行行真道而不言，不言就是不妄言，口不妄言则相应地行动上也不妄为，清静无为才能得道。“故天地立身以靖，守以神，兴以道。故人能清静，抱精神，思虑不失，即凶邪不得入矣。其真神在内，使人常喜，欣欣然不欲贪财宝，辩讼争，竞功名，久久自能见神。”（《盛身却灾法》）人清静无为，不恋财争功，则凶邪避而远之，且能得神之庇佑。所以“王者行道，天地喜悦；失道，天地为灾异。夫王者静思道德，行道安身，求长生自养。和合夫妇之道，阴阳俱得其所，天地为安”（《行道有优劣法》)。

“守道而行”还要无为而治。“自然”是自然政治哲学的核心价值，而“无为”则是实现“自然”的途径。《太平经》沿袭先秦老庄和黄老道家政治思想，也主张无为而治。“夫道者，乃无极之经也。前古神人治之，以真人为臣，以治其民，故民不知上之有天子也，而以道自然无为自治”(《太平经》卷十八至三十四)。天道自然，万物之性自然，故人顺天地自然之性而不妄为。“天地之性，独贵自然，各顺其事，毋敢逆焉。道兴无为，虚无自然，高士乐之，下士恚焉。”(《虚无无为自然图道毕成诫》)“常乐帝王垂拱而自治也，其民臣莫不象之而孝慈也。其为政治，但乐使王者安坐而长游，其治乃上得天心，下得地意，中央则使万民莫不欢喜，无有冤结失职者也。”(《上善臣子弟子为君父师得仙方诀》)帝王垂拱而治，能得天地之意，则百姓欢喜无忧，安居乐业。经书还指出：“欲正大事者，当以无事正之。夫无事乃生无事，此天地常法，自然之术也，若影响。上士用之以平国，中士用之以延年，下士用之以治家。此可谓不为而成，不理而治。”(《令人寿治平法》)以“无事”为天地之常法、自然之术来治国、治身和治家，就能达到“不为而成、不理而治”的良好效果。

三、三合相通，太平气至

元气有三名，太阳、太阴、中和。形体有三名，天、地、人。天有三名，日、月、星，北极为中也。地有三名，为山、川、平土。人有三名，父、母、子。治有三名，君、臣、民，欲太平也。此三者常当腹心，不失铢分，使同一忧，合成一家，立致太平，延年不疑矣。(《和三气兴帝王法》)

(1) 自然界中，有“太阳”“太阴”与“中和”三气，三气交感合为“太和”，“太和”即出太平之气。

“断绝此三气，一气绝不达，太和不至，太平不出。阴阳者，要在中和。中和气得，万物滋生，人民和调，王治太平。”(《和三气兴帝王法》)三气相通相合，万物滋生，人民和乐，而致太平。“纯行阳，则地不肯尽成；纯行阴，则天不肯尽生。”只有“当合三统，阴阳相得，乃和在中也”(《和三气兴帝王法》)。

(2) 宇宙中，天、地、人是一个和谐有序的整体。

“然夫天地人本同一元气，分为三体”(《三五优劣诀》)，天、地、人同根同源，秉一气而化为不同的形态，三者相互依存、相互协调、相合相通。“夫天地人三统，相须而立，相形而成。”（《万二千国始火始气诀》）南北朝时期的《黄帝阴符经》也提出天、地、人相须相形、相生相长。人处天地之间不能妄自尊大，而要顺应天地自然，协调阴阳、四时，保持宇宙的和谐。“故道人属天，德人属地，仁人属中和。故三统不和，三贤理之。故太平气至，万物皆理矣。”（《太平经钞壬部》）

《太平经》曰：“天者主生，称父；地者主养，称母；人者主治理之，称子。”（《起土出书诀》）宇宙是按照天主生、地主养、人主治理的原则生成的。天生地养万物，为人类提供必要的物质资料，人与万物相互依赖，和谐共存。所以人应该保护天地父母不受伤害，顺万物本性而不妄为。而现实的状况却是：“人乃甚无状，共穿凿地，大兴起土功，不用道理，其深者下著黄泉，浅者数丈。”（《起土出书诀》）人不遵循生养之道，肆意穿凿土地，大兴土木，毁坏山林，把大地挖得满目疮痍，使天地父母愁苦。“天地，人之父母也，子反共害其父母而贼伤病之，非小罪也。”（《起土出书诀》）伤害天地父母可谓罪孽深重。“泉者，地之血；石者，地之骨也。”泉水和山石是大地的骨血，所以“凡动土入地，不过三尺”，即挖土不得超过三尺。如果“过此而下者，伤地形，皆为凶”（《起土出书诀》）。经书还要求人们禁烧山林丛木，“饮食诸谷，慎无烧山破石，延及草木，折华伤枝”（《写书不用徒自苦诫》）。草木山林都有生存的权利，不得任意损毁。

（3）家庭中，父、母、子相通，和睦相处，这其中包含了男与女、父母与子的两层递进关系。

第一，男女相爱相通，相互依赖，夫妻和谐。《太平经》曰：

> 男子，阳也，主生；女子，阴也，主养万物。雄，阳也，主生；雌，阴也，主养。……天下凡事，皆一阴一阳，乃能相生，乃能相养。一阳不施生，一阴并虚空，无可养也；一阴不受化，一阳无可施生统也。阳气一统绝灭不通，为天大怨也。一阴不受化，不能生出，为大咎。（《太平经》卷五十六至六十四）

如同阴阳相合，男女也要彼此协调，相生相养。在生活中，男女要同心协力，共同维持家庭的和睦，即“男女各出半力，同志和合，乃成一家”（《太平经壬部》）。如果“夫妇不并力，子孙无从得长，家道无从得立”（《两手策字要记》）。夫妇二人并力同心，使家道传承延续，否则就会带来灾祸。

第二，“男女同心而生子”（《三合相通诀》）。在家庭中，男女同心同德，相亲相爱，生育子女，这是人生存之大本。“人无子，绝无后世。”“若家人父母忧无子，无子以何自名为父母?”“故男不能独生，女不能独养，男女无可生子，以何而成一家，而名为父与母乎？故天法皆使三合乃成。”（《三合相通诀》）男女相通共生子，三人相通，并力同心，共治一家，并将此上升为“天法”。所以《太平经》坚决反对当时贼杀女婴的残忍行为，指出：“今天下失道以来，多贱女子，而反贼杀之，令使女子少于男，故使阴气绝，不与天地法相应。”（《分别贫富法》）“夫男者乃承天统，女者承地统；今乃断绝地统，令使不得复相传生，其后多出绝灭无后世，其罪何重也！此皆当相生传类，今乃绝地统，灭人类，故天久久绝其世类也。”（《分别贫富法》）残杀女婴会导致男女比例失调，是绝地统、灭人类的做法，要坚决予以抵制。“夫父母与子，极天下之厚也，不得困愁焉，不宜杀之也。毋乃杀其子，是应寇贼之气，大逆甚无道也。故其乱帝王治最深。”（《分别贫富法》）

所以在父母与子女的关系上，一方面，父母应慈爱子女。《太平经》中曰：“大慈孝顺间第一：慈孝者，思从内出，思以藏发，不学能得之，自然之术。”（《太平经》卷七十三至八十五）认为父慈子孝是自然而然的事。“父母养子，善者爱之，恶者怜之，然后能和调家道。”（《以乐却灾法》）父母慈爱子女，家庭才能相亲相爱，和睦相处。另一方面，子女要孝顺父母，“天下之事，孝为上第一”（《某诀第一百九十二》）。《太平经》曰：“为人父母，亦不容易。子亦当孝，承父母之教。乃善人骨肉肢节，各保令完全。父母所生，当令完，勿有刑伤。父母所言，非敢还言，有美辄进。……数问消息，知其安危……是善之善也。”（《为父母不易诀》）“孝”，首先就是要保全父母给予自己的身体，这与《孝经》所谈的“身体发肤，受之父母，不敢毁伤，孝之始也”是一致的。其次对父母的话要言听计从，不可顶撞，恭敬地赡养父母，并时时关心父母的身体安康，这就是“善之善也”。子女在侍奉患病的父母时，“心中恻然，叩头医前，补写孝言。承事恭敬，以家所有，贡进上之”（《某诀第一百九十二》）。要尽心尽善，这样才能打动医生、邻居，从而获得他人的热情相助。不仅如此，经书中提出了“上善第一孝子者”的要求，即“上善第一孝子者，念其父母且老去也，独居闲处念思之，常疾下也”（《上善臣子弟子为君父师得仙方诀》），要为父母的衰老而担忧，至诚竭力地奉养父母，使他们快乐生活而延年益寿。父母子三人相通、并力同心，共治一家，努力做到“父慈、母爱、子孝、兄长、弟顺、夫妇同计，不相贼伤，至死无怨”（《急学真法》）。

（4）《太平经》将家庭中的血缘关系推及政治领域。

“故君为父，象天；臣为母，象地；民为子，象和。……悉当三合相通，并力同心，乃共治成一事，共成一家，共成一体也”（《三合相通诀》）。政治领域中的君、臣、民犹如家庭中父、母、子的关系，三者必须同心同德，共治一国。

一方面，君臣有别。“天生人凡有三等：第一天生，第二地生，第三人种类。受命天者为人君，受命地者为人臣，受命人者为民。君者应天而行，臣者应地而行，顺承其上；为民者属臣，转相事。”（《救四海知优劣法》）君属第一等级，受命于天；臣属第二等级，受命于地；而民则属第三等级，俯首听命于君臣。另一方面，君臣相须，并力同心。“故君者须臣，臣须民，民须臣，臣须君，乃后成一事，不足一，使三不成也。故君而无民臣，无以名为君；有臣民而无君，亦不成臣民；臣民无君，亦乱，不能自治理，亦不能成善臣民也。此三相须而立，相得乃成，故君臣民当应天法，三合相通，并力同心，共为一家也。”（《三合相通诀》）君、臣、民三者之间应当相须而立，相得乃成，治成一事，共成一家，不可无一也。如果“一事有冤结，不得其处，便三毁三凶矣”（《三合相通诀》）。“君导天气而下通，臣导地气而上通，民导中和气而上通。”（《三合相通诀》）君、臣、民各以其能，各受其命，要“应天”“应地”“顺常”（《救四海知优劣法》），各应而行，自然就会“立平立乐，灾异除，不失铢分也”（《三合相通诀》），天下自然太平无事，整个社会自然安乐祥和。

君、臣、民达到相合相通，就要求君明、臣忠、民顺。经书中曰：“为人君上者，当象天而行，乃以道德仁为行三统。君上乐欲无事者，朝常念道，昼常念德，暮常念仁，既无一事矣。”（《太平经钞壬部》）“故上之安者，其臣良也；臣职理者，其民顺常；民臣俱善，其君明，其治长。”（《救四海知优劣》）君主以道、德、仁来施贤明之政；臣子贤良，恪尽职守；人民从善，顺从纲常。这样就能达到三气共一治，就能成就功业，达到长治久安。“故君臣民三，并力同心相通，故能相治也。如使不同心为一家，即乱矣。”（《三合相通诀》）

天、地、人并力同心，则天地长安、万物和谐；父、母、子并力同心，则家庭相亲相爱、和睦相处；君、臣、民并力同心，则国家长治久安、和谐稳定。

四、解承负之责

“承负”是《太平经》中一个非常重要的概念，是“道教立教的理论根据”[1]，“也是《太平经》所独有的一个概念。在《太平经》之前和之后，这个概念都没有被使用过”[2]。实现“致太平”理想，就是“解承负之责”。

《太平经》曰：

> 承者为前，负者为后；承者，乃谓先人本承天心而行，小小失之，不自知，用日积久，相聚为多，今后生人反无辜蒙其过谪，连传被其灾，故前为承，后为负也。负者，流灾亦不由一人之治，比连不平，前后更相负，故名之为负。负者，乃先人负于后生者也；病更相承负也，言灾害未当能善绝也。(《解师策书诀》)

“承”就是人们承继前人的功与过，并将这一代人的功与过遗留给后辈。前人为善，则后人亦得福荫。“负”，先人的“小小失之”，日积月累，代代相传，遗祸于后人，纵有积善之功也不能抵消其负；而善行积累亦可造福后人，纵有恶行，亦可承先人之功而去其祸。可以看出，所谓的“承负”说，与儒家所讲的“积善之家必有余庆，积不善之家必有余殃”思想有密切的联系。

“力行善反得恶者，是承负先人之过，流灾前后积来害此人也。其行恶反得善者，是先人深有积畜大功，来流及此人也。”(《解承负诀》) 由于“承负”的影响，行善并非吉，行恶并非凶，凶吉并未遂人愿。由先人功过之因导致今人善恶之果，所谓祸延子孙，就是“无辜承负先人之过”。“胞胎及未成人而死者，谓之无辜承负先人之过。”(《解承负诀》) 文中列举了大量多头疾者、多足疾者、多五内疾者、多病四肢者、多病寒热者等，认为他们都承负了先人的过失之责，并举例说：“比若父母失至道德，有过于邻里，后生其子孙反为邻里所害，是即明承负之责也。”(《试文书大信法》) 如果父母曾对邻居失德，那么子孙后代若受到邻居有意或无意的伤害，就是后代无辜地承担了先人的过失。由此可以看出，承负理论非常重视古代宗法血缘制度，它不仅说个人的善恶福祸，而且将个人和整个家族联系在一起。一个人的善恶行为关系到五代子孙的福祸，而其当世的福祸也是先人善恶行为的结果。所以对一个家族来讲，前人积恶，久传相教，则后辈受祸，先人行善，久传相教，则后人得福。

《太平经》不仅将个人的善恶与家族联系在一起，并延展至整个国家的治与乱。“今天地阴阳，内独尽失其所，故病害万物。帝王其治不和，水旱无常，盗贼数起……失节无常，万物失伤”(《解承负诀》)。现实社会中的水旱之灾、

① 卿希泰：《中国道教史》，第1卷，120页，成都，四川人民出版社，1988。

② 陈静：《〈太平经〉中的承负报应思想》，载《宗教学研究》，1986。

兵病之难，混乱失序，既是当今为政者的责任，也是承负先王统治之失的结果。“今先王为治，不得天地心意，非一人共乱天也。天大怒不悦喜，故病灾万端，后在位者复承负之”（《试文书大信法》）。经书还提到，“中古以来，多失治之纲纪，遂相承负，后生者遂得其流灾尤剧，实由君臣民失计”（《三合相通诀》）。而君、臣、民承负的时间也有所不同。“承负者，天有三部，帝王三万岁相流，臣承负三千岁，民三百岁。皆承负相及，一伏一起，随人政衰盛不绝。今能法此，以天上皇治而断绝”（《解承负诀》），无论承负时间间隔多长，都必然会出现承负之果。今世承负先王统治过失，即使帝王有高尚的品德，慈心于天下，仍无法实现太平。所以解承负，每个人就要行善积德，为子孙、为后世积累福荫，君、臣、民也要并力同心减灭承负，以达到“为皇天解承负之仇，为后土解承负之殃，为帝王解承负之厄，为百姓解承负之过，为万二千物解承负之责”（《五事解承负法》）的目标。

“欲解承负之责，莫如守一。守一久，天将怜之。一者，天之纪纲，万物之本也。思其本，流及其末。”（《五事解承负法》）解承负最好的方法就是“守一”。“以思守一。何也？一者，数之始也；一者，生之道也；一者，元气所起也；一者，天之纲纪也。故使守思一，从上更下也。”（《五事解承负法》）“一”就是万物之始、天之纲纪，就是“道”。所谓“守一”就是守道。《太平经》曰：“守一之法，为善，效验可睹。”（《太平经佚文》）人要合天心、顺天道，守道而行，行善而止恶，达到“夫守一者，可以度世，可以消灾，可以事君，可以不死，可以理家，可以事神明，可以不穷困，可以理病，可以长生，可以久视”（《太平经佚文》）的最高境界。

虽然“承负”说指出了为善并非吉、为恶并非凶的特殊现象，但是也不能因承继先人之负而自暴自弃，应该继续行善积功，“为人先生祖父母不容易也，当为后生者计，可毋使子孙有承负之厄”（《乐生得天心法》）。慢慢就可以解除先人的“余殃”而福荫后人了。“能行大功万万倍之，先人虽有余殃，不能及此人也。”（《解承负诀》）如果能够成倍地积善累功，虽有为前人承负之余殃，但也可解去承负之责。

五、以民为本，多民为富

中国自古以来就具有民本思想，重视民众的生产生活和民心向背，始终把安民作为国家治理的头等大事。《老子》四十九章曰：“圣人无常心，以百姓心为心。”孟子提出：“民为贵，社稷次之，君为轻。”荀子将君民喻为舟与水的关系，“水则载舟，水则覆舟”。汉代的贾谊也主张：“闻之于政也，民无不为本也。国以为本，君以为本，吏以为本。”徐复观说：“中国的政治思想，除法家以外，都可说是民本主义，即认定民是政治的主体。”①

《太平经》同样强调以民为本。经书中明确提出：“故治国之道，乃以民为本也。无民，君与臣无可治，无可理也。是故古者大圣贤共治事，但旦夕专以民为大急，忧其民也。”（《三合相通诀》）治国之道应以民为本，百姓是国家的根基，百姓的生产活动为整个国家的生存和发展提供了物质基础。如果没有民，则“君臣无可治”，国将不成其国。所以要以民为本，急民之所急，忧民之所忧，保障人民的生产生活，国家才能长治久安。北宋时期道教的代表人物陈景元也认为“夫民者，国之本也”（《道德真经藏室纂微篇》卷十）。

前文提到“君者须臣，臣须民，民须臣，臣须君，乃后成一事，不足一，使三不成也。……此三相须而立，相得乃成，故君臣民当应天法，三合相通，并力同心，共为一家也”，君、臣、民三须而立、三合相通，共建一国。可以看出，经书将民的地位提升至与君、臣相平行的高度。“常使君臣民都同，命同，吉凶同”（《三合相通诀》），表明君与民是同吉凶、共命运的。“人民兴则帝王寿，帝王寿则凡民乐”（《太平经》卷一百一十五至一百一十六），所以君主要注重民生、民情。因为“君少民，乃衣食不足，令常用心愁苦”（《三合相通诀》），民众的多少直接关系到国家物资的储备。换句话来说，人民是国家财富创造的主体。“故治国之大要，以多民为富，少民为大贫困。”（《天谶支干相配法》）治国的关键在于多养民。民众越多，从事生产活动的人就越多，创造的社会财富也就越多，社会的衣食之供则更有保障。

所以国家治理要以民生为大计，关心民众的利益，“旦夕专以民为大急”，切实解决关乎民生的“三急”问题，即饮食、男女和穿衣问题。“不饮不食便死，是一大急也。……男女不相得，便绝无后世。……夫人不衣，固不能饮食，合阴阳，不为其善。……守此三者，足以竟其天年，传其天统，终者复始，无有穷已。故古者圣人以此为治也，其余不急，召凶祸物者悉已去矣。”（《守三实法》）国家治理就是要紧抓饮食、男女等这些涉及人类生存延续的大事、急事，使人们安居乐业，共享太平。

国家治理不仅要关心民生民情，而且要在治国方式上下功夫。《太平经》提出治国有七事：“德、仁、义、礼、文、法、武”（《七事解迷法》），而“德”

① 徐复观：《中国的治道》，见《徐复观集》，123页，北京，群言出版社，1993。

在治国要领中居于首位，要以道德治国。“国有道与德，而君臣贤明，则民从也。国无道德，则民叛也。”（《天谶支干相配法》）帝王治国要有道德，君明臣良，关心民众，民众才会乐于归附；如果不顾百姓利益，肆意掠夺，民众就不思归附，远走他乡，那么国家统治就会日渐衰败。“故古者圣贤帝王，未尝贫于财货也，乃常苦贫于士，愁大贤不至，人民不聚，皆欲外附，日以疏少，以是不称皇天心，而常愁苦。”（《道无价却夷狄法》）国家治理不是担心财富的贫寡，而是心忧“贫于士”而“大贤不至”“人民不聚”。要想百姓心悦诚服地归顺，为政者要向古之圣贤学习，“故古者圣贤，乃贵用道与德，仁爱利胜人也，不贵以严畏刑罚，惊骇而胜服人也”（《服人以道不以威诀》）。“古者圣人君子威人以道德，不以筋力刑罚也”（《案书明刑德法》），“好用刑罚者，其国常乱危而毁也”（《六极六竟孝顺忠诀》）。君主重德轻刑，以道德仁爱感化人民，人民自然诚心归附；如果一味使用严刑峻法，只会制造矛盾，激起民众反抗，导致社会混乱、国家无序，离太平之世的理想也渐行渐远。“夫欺刑者，不可以治，日致凶矣，不能为帝王致太平也”（《分别贫富法》），所以“常思太平，令刑格而不用也”（《乐生得天心法》），“君者当以道德化万物，令各得其所也”（《安乐王者法》）。

此外，经书还认为“天之授万物，无有可私也”（《分别四治法》）。要“致太平”就应当效法天道的无私精神，调均贫富，实现社会公正。万物都是平等的，每一个生命体都有生存的权利。《太平经》提出了“周穷救急”的策略，以保障人的衣食生养的权利。“此财物乃天地中和所有，以共养人也。此家但遇得其聚处，比若仓中之鼠，常独足食，此大仓之粟，本非独鼠有也；少内之钱财，本非独以给一人也；其有不足者，悉当从其取也。”（《六罪十治诀》）社会的财富是天下所共有的，那些私敛财富的人就如“仓中之鼠”，不能独占“大仓之粟”。既然社会财富也不能一人独占，那么那些贫困“不足者”都可以获得这些财富。如果有人“或积财亿万，不肯救穷周急，使人饥寒而死，罪不除也”（《六罪十治诀》），家有亿万之财却不肯周穷救急，最终导致人饥寒而死，这样的罪孽深重而不能消除。

“众万二千物皆生中和地中，滋生长大……是天使奉职之神，调和平均，使各从其愿，不夺其所安。”（《大寿诫》）天对万物都是平等的，公正而无偏私，“粗细靡物金银彩帛珠玉之宝，各令平均”（《有过死谪作河梁诫》）。金银珠宝这些财富也属社会共有，各自均平。那些聚敛财物却不肯“周穷救急”的做法是违背天意的，所以要“常力周穷救急，助天地爱物，助人君养民”（《六罪十治诀》)。但如果“赐予富人，绝去贫子，令使其饥寒而死”，就会招致“与天为怨，与地为咎，与人为大仇，百神憎之”的恶果(《六罪十治诀》)。所以一国之君要“致太平”，就要行仁道，“见饥者赐以食，见寒者赐以衣”(《王者赐下法》)，对民众广施博爱，增强济世度人的社会责任感，保障百姓的生存权利，周穷救急，爱物养民，从而有利于社会的和谐稳定。

第六节 政治实践——黄巾起义

中国传统的自然政治哲学具有丰富的理论内涵，为国家治理、政治运行提供了强大的智力支持。《老子》中便有不少章节在谈如何治国，如“治大国若烹小鲜”(《老子》六十章)、“我无为而民自化，我好静而民自正，我无事而民自富，我无欲而民自朴”(《老子》五十七章)。到了汉代，黄老之学大兴，将自然无为的政治哲学运用到了社会治理的实践之中，使当时经济恢复、社会发展，取得了良好的效果。到了东汉末年，张角利用《太平经》创立太平道，组织和发动民众，进行武装斗争，目标就是推翻现有政权，试图建立一个太平的理想之世，从而真正做到了理论与实践的结合。

《后汉书·襄楷列传》中曰：“初，顺帝时，琅邪宫崇诣阙，上其师干吉于曲阳泉水上所得神书百七十卷，皆缥白素朱介青首朱目，号《太平清领书》。其言以阴阳五行为家，而多巫觋杂语。有司奏崇所上妖妄不经，乃收臧之。后张角颇有其书焉。”《太平经》在传播之初，并未得到当政者的赏识，反而被束之高阁。后来为张角所得，于是得以广泛传播，逐渐流传开来。虽然有少数学者认为《太平经》与黄巾起义无关[①]，但是学界普遍流行的观点则认为，张角所领导的黄巾起义是以《太平经》为指导，以“苍天已死，黄天当立，岁在甲子，天下大吉”为口号的一次有组织、有计划、有领导、有目标的农民起义。虽然最终起义失败了，但是对中国历史的发展具有重要意义和深远影响。

《三国志·魏书·张鲁传》中，裴注引《典略》曰：“熹平中，妖贼大起，三辅有骆曜。光和中，东方有张角，汉中有张修。骆曜教民缅匿法，角为太平道，修为五斗米道。太平道者，师持九节杖为符祝，教病人叩头思过，因以符

---

① 熊铁基认为《太平经》与黄巾无关，参见熊铁基：《〈太平经〉的作者和思想及其与黄巾和天师道的关系》，见《六朝史考实》，1～34页，北京，中华书局，2000。

水饮之，得病或日浅而愈者，则云此人信道，其或不愈，则为不信道。”张角创立太平道，以符水、符咒给人治病，并宣传其道。在《后汉书·皇甫嵩列传》也提到：“初，钜鹿张角自称‘大贤良师’，奉事黄老道，蓄养弟子，跪拜首过，符水咒说以疗病，病者颇愈，百姓信向之。角因遣弟子八人使于四方，以善道教化天下，转相诳惑。十余年间，众徒数十万，连结郡国，自青、徐、幽、冀、荆、扬、兖、豫八州之人，莫不毕应。遂置三十六方。方犹将军号也。大方万余人，小方六七千，各立渠帅。讹言‘苍天已死，黄天当立，岁在甲子，天下大吉’。”张角自称大贤良师，以《太平经》为主要经典，事奉“黄老道”，以善道教化天下，通过给人符水治病的方式大肆宣传，广招弟子，发展力量，十数年间，徒众数十万，遍布八州，影响巨大。

一、《太平经》何以作为理论指导

在《太平经》的多方面指导下，张角所领导的太平道发展迅速，十余年间，已达数十万人之众。中平元年（184 年，甲子年）初，张角命三月五日各地同时起义。但起事前一月，因叛徒告密，张角派人飞告各方提前起义。于是三十六方“一时俱起”，天下响应。起义初期，黄巾军的主力分散在巨鹿、颍川、南阳等地，他们攻城夺邑，焚烧官府，势如破竹，州郡失守，吏士逃亡，京师震动。但黄巾军各自为战，缺乏战斗经验，以致东汉王朝能集中兵力逐个击破。颍川、陈国、汝南、东郡和南阳的黄巾军相继失败。冀州黄巾军在张角病死后，由张梁统率固守广宗。当年十月，皇甫嵩率官军偷袭黄巾军营，张梁阵亡。三万多黄巾军惨遭杀害，五万多人投河而死，张角被剖棺戮尸。这场声势浩大的农民起义以失败告终，太平道随之瓦解。

但是黄巾起义沉重打击了东汉王朝的统治，使之元气大伤，一蹶不振，名存实亡。取而代之的是靠镇压黄巾起义发迹的各路军阀，他们割据一方，征战不已，进而演变成三足鼎立的局面。黄巾起义与之前的农民起义相比，有其自身的特点，如：利用宗教形式进行宣传、组织工作，具有很强的隐蔽性，为起义做足了准备工作；在起义过程中提出宣传口号，目标明确，试图建立一个新的太平之世。清代中期川陕白莲教起义宣扬“黄天将死，苍天当生，大劫在迩，人民有难”的谶语，明显受其影响。太平道中师持九节杖、着黄衣、戴黄冠，采用符水咒语为人治病消灾等也一直延续了下来。

《太平经》何以作为黄巾起义的理论指导？这要从当时的社会环境和《太平经》本身的理论吸引力两方面来说明。

1. 适应当时社会环境

张角所处的东汉末年，政治黑暗，经济凋敝，宦官与外戚竞相争权，争斗不止。豪强地主迅速崛起，地方割据严重，政局腐败，社会动荡。而且边疆战事不断，国势日趋疲弱。又恰逢水、旱、蝗虫之灾不断，广大民众苦不堪言，“百姓饥穷，流冗道路”，甚至出现“死相枕藉”“民相食”的人间惨剧。其中，黄河南北，受灾尤为严重，“豫州饥民死者四五”，“冀州尤甚”。广大民众痛苦万分，走投无路，已接近崩溃的边缘。所以在这种情况下，人们特别期盼有人出来拯救自己，过上一个幸福安宁的“太平”之世。此时《太平经》的出现，恰恰点燃了人们的希望。

2.《太平经》的思想具有吸引力

《太平经》的思想内容具有巨大的吸引力，使得人们愿意并从心底接纳它。经书里提出君主要以道德治国，选用贤才，减轻刑罚，避免重刑死罪，使人们的生命得到一定保障。宣扬“善者致善，恶者致恶”、要乐生、好善、忠孝、慈仁、诚信等，符合人们所预期的道德规范。反对贵族豪强穷奢厚葬、奢靡浪费，主张“大仓之粟，本非独鼠有也”，要对贫苦百姓“周穷救急”，得到广大人民的普遍认可。尤其是《太平经》指出要重视“三急”问题，即人生最大、最急迫的三件事——男女、饮食、穿衣，这对当时食不饱腹的百姓来说无疑具有巨大的吸引力。“元气自然乐，则合共生天地，悦则阴阳和合，风雨调。风雨调，则共生万二千物。……三光乐而合，则四时顺行，春乐生，夏乐长，秋乐收，冬乐藏。四时乐喜，五行不逆，则人民兴。人民兴则帝王寿，帝王寿则凡民乐……万国不战斗，盗贼贪猾绝矣。”(《太平经》卷一百一十五至一百一十六)《太平经》所勾勒出来的是一个自然和谐、人民安乐、天下太平的美好蓝图，使广大人民向往和为之努力。

二、《太平经》具有何种指导作用

《太平经》对黄巾起义的组织名称、宣传口号和组织方式等方面都进行了理论指导，充分体现了它们之间的密切联系。

1.“太平道”(组织名称)

张角研习《太平经》后，创立了自己的组织“太平道”，为之后发动黄巾起义奠定了组织基础，而且“太平道”一词直接来源于《太平经》。

《太平经钞辛部》曰：“太平道，其文约，其国富，天之命，身之宝。近出胸心，周流天下。此文行之，国可安，家可富。”太平道文辞简约，可富国强民，是天之命脉、人之重宝。依太平道而行，国可长治久安，家可富裕兴盛。这对陷于水深火热之中的民众无疑具有很强的吸引力。

经书还两次提到“太平之道”。第一处为：“天乐其道行，而人未明信之，以乞雨止雨而明效之。行太平之道，乞请皆应；不行太平之道，乞请不应，明天道至在大平也。“（《太平经钞壬部》）乞雨、止雨是古代因旱灾或水灾而举行的祭祀，属吉礼。前文提到，东汉末年水灾、旱灾频发，人民极度贫困。如果行用太平之道，人们的乞愿就会灵验；若不行太平之道，就不能如愿以偿。所以人们要行太平之道，因为天道最终就是为了实现天下太平。第二处为：“圣贤得以度世，小人得之，不相克贼。此皆道也。……急教帝王，令行太平之道。道行，身得度世，功济六合含生之类矣”。（《救迷辅帝王法》）圣人得天道可以超凡成仙，百姓得天道可以保全性命，所以要敦促帝王行用太平之道。只要遵道而行，就能够度世成仙，就能救助上下四方的一切生物。正由于《太平经》所述之行太平之道的巨大功效，张角便将自己的组织命名为“太平道”，广泛宣扬行太平之道后所展现出来的美好社会图景，吸引人们纷纷加入，从而使规模和影响不断扩大。

2. 太平道信奉的最高神“中黄太一”

“太一”又作“太乙”或“泰一”。《史记·天官书》认为太一居紫微宫北辰，张守节《史记正义》认为“泰一，天帝之别名也”。是天神中最尊贵者，居天中央主宰四方的最高之神。《史记·封禅书》中也说：“天神贵者太一，太一佐曰五帝。”而《太平经》中也信奉太一之神。

《太平经》中云：“然天地之道所以能长且久者，以其守气而不绝也。……乃上从天太一也，朝于中极，受符而行，周流洞达六方八远，无穷时也。”（《包天裹地守气不绝诀》）“太一”居于中央，可通达六方八远。在《太平经钞甲部》中也提到“长生大主号太平真正太一妙气、皇天上清金阙后圣九玄帝君”。

太平道在“太一”之前冠以“中黄”二字，与阴阳五行相关。东汉光武帝以“赤伏符”兴起，以火德自居。五行相生说以木、火、土、金、水为序，火可生土，五行中土居中，色尚黄，为大吉之色。所以太平道就加“中黄”二字，隐含之意就是要以土黄取代赤火的东汉王朝，建立黄天太平的理想社会。张角自称“黄天”，头裹“黄巾”，提出“汉行已尽，黄家当立”的口号。

3. 太平道的人员构成

《后汉书·皇甫嵩列传》中讲到“初，钜鹿张角自称‘大贤良师’”，《后汉书·杨赐列传》也提到“黄巾帅张角等执左道，称大贤，以诳耀百姓。天下繦负归之”。而“大贤良师”的称谓亦来源于《太平经》。

《太平经》非常重视“师”的作用，认为“夫师者，乃天地凡事教化之本也”（《两手策字要记》），并把师提升至与君、父相并列的地位。“夫师，开蒙为道之端，君父及师，天下命门，能敬事此三人，道乃大陈。”（《太平经》卷九十四至九十五）“夫人乃得生于父母，得成道德于师，得荣尊于君”（《上善臣子弟子为君父师得仙方诀》），师可以助人成道塑德，与父母、君主同处于权威地位。人要感念君、父、师的恩德，如果“夫为人臣子及弟子为人子，而不从君父师教令，皆应大逆罪，不可复名也”（《上善臣子弟子为君父师得仙方诀》）。

经书中常提到大贤、中贤、小贤等词，《太平经》曰：“其中大贤者，乃日奏上其功于帝王。其中小贤，日举之于乡里。”（《六罪十治诀》）“故金城九重，不如事一大贤也。是故古者圣贤皆事明师，以解忧患也。”（《冤流灾求奇方诀》）大贤是治国理政必备之人，身重比金。“复当冤大贤。少而学善，顺良有真道德，当为帝王辅助其理阴阳。帝王得之，抱腹因心，垂拱而无忧。”（《冤流灾求奇方诀》）帝王能得大贤助其理政，就能垂拱无忧。《太平经》又曰：“众星亿亿，不若一日之明也。柱天群蚑行之言，不若国一贤良也。”（《核文寿长诀》）故张角以“大贤良师”自居，就把自己看作圣贤先知，树立权威，吸引民众，扩大影响，以实现天下太平之梦想。

在太平道中，张角与两个弟弟分别被冠以“天公将军”“地公将军”和“人公将军”的称号，依据的是《太平经》所讲的“天道、地道、人道”，或“天神、地神、人神”，与“天主生，地主养，人主成”也是相符的（参见《国不可胜数诀》）。

4. 宣传口号

太平道提出的“苍天已死，黄天当立，岁在甲子，天下大吉”的宣传口号，以宗教预言的方式来宣传其政治主张。

“苍天已死，黄天当立”与两汉流行的五行五德思想关系紧密。“苍天已死”与“汉行已尽”意义相似，都表示东汉王朝气数已尽。在曹操宗族墓中发现的“仓天乃死”墓砖辞，说明“苍天已死”的观念已是时人的共识。[①]《三国志·魏书·武帝纪》注引《魏书》也说：“昔在济南，毁坏神坛，其道乃与中黄太乙同，似若知道，今更迷惑。汉行已尽，黄家当立。天之大运，非君才力

① 《关于凤凰山一六八号汉墓座谈会纪要》，载《文物》，1975（9）。

所能存也”。汉家气数尽，取而代之的是“黄天”或“黄家”。《三国志·吴书·孙破虏讨逆传》也记载，“中元元年，黄巾贼帅张角起于魏郡，托有神灵，遣八使以善道教化天下，而潜相连结，自称黄天泰平”。

苍即青，青者木色也，代表木德。“黄者，代汉之色。”（《后汉书·志·五行》）黄，土德之代表，是东汉末年盛行的土德王说。根据五行相生相克，木生火，火之后为土，而木克土，与黄巾起义所提出的“苍天已死，黄天当立”看似是冲突的，其实不然，原因就在于《太平经》。

《太平经》中木和火常常连用，如“木王则土不得生”“木行大惊骇无气，则土得王起”（《断金兵法》），“木绝元气，土得王”（《天谶支干相配法》）。木旺则土不得生，而木绝则土大兴。“苍天已死”就是木绝，预示汉家气数将尽；“黄天当立”就是以土代木，以农民的力量推翻现有的政权。《太平经》推崇土黄，《天谶支干相配法》曰：“水王则火少气，火少气则化为灰，化成灰则变成土，便名为火，付气于土也。”又说：“天地之格谶，西方北方，下属于地。故万物至秋冬，悉落下归土也。人民蚑行至秋冬，悉入穴而居。故地之为色也，外黄白象土金，内含水而黑，象北行也。”所以张角在起义过程中打出“黄天”的旗帜，并让起义者头包黄巾，身穿黄衣。这在史书中记载非常多。如“皆著黄巾为标帜，时人谓之‘黄巾’，亦名为‘蛾贼’。杀人以祠天”（《后汉书·皇甫嵩列传》）。司马彪《续汉书·黄巾传》记载：“始起兵，皆著黄巾，以相识别，故世谓‘黄巾贼’。”《后汉纪·孝灵帝纪》中也提到，张角“党皆著黄巾，故天下号曰‘黄巾贼’”。其所要表达的就是以黄色代汉之意。

“岁在甲子，天下大吉”亦根据《太平经》而来。《太平经》曰：“凡物生者，皆以甲为首，子为本，故以上甲子序出之也。”（《解师策书诀》）万物以“甲子”为首，“甲，天也，纲也，阳也；飲也，子也，水也，阴也，纪也。故天与地常合，其纲纪于玄甲子初出，此可为有德上君治纲纪也”（《解师策书诀》）。以甲子初出，为有德之君治政的纲纪。这样语句频现于经书之中：“天皇起于上甲子”（《太平经钞壬部》），“今甲子，天正也”（《三者为一家阳火数五诀》）。选在甲子年甲子日，即中平元年三月五日发动起义，而不是前一年或后一年，是有特殊意义的。张角对此大肆宣传，就是意在说明只要在这一年发动起义，就会带来翻天覆地的变化，让人们摆脱痛苦，实现天下太平的目标。

5. 传播方式

《三国志·魏书·张鲁传》注引《典略》：

太平道者，师持九节杖为符祝，教病人叩头思过，因以符水饮之，得病或日浅而愈者，则云此人信道，其或不愈，则为不信道。

从中我们可以看出张角持“九节杖”，通过“叩头思过”和“符水饮之”的方式，为人治病，从而深得人心，得到人们的拥护。这些方法《太平经》中亦有多次论及。

东汉末年曾屡次发生疾疫，灵帝年间尤其频繁。在黄巾起义爆发之前的熹平二年（173年）及光和二年（179年）都发生了“大疫”。面对日益猖獗的疫情，统治者却束手无策，使得百姓病魔缠身，无药可医，出现“人病积多，死者不绝”（《太平经》卷十八至三十四），“诸家患毒，亲属中外皆远去矣”（《大寿诫》）的惨境。此时张角“符水咒说以疗病，病者颇愈”（《后汉书·皇甫嵩列传》），这无疑给人们带来生存的希望和精神的安慰。且《太平经》提到“卖药治病，不得多受病者钱”（《有功天君敕进诀》），张角秉承之。如此为民众贴心周全地考虑，必然得到民众的欢迎和真心拥护，使得教徒遍布天下。

张角手持的“九节杖”为符祝。九节杖应该是具有九节的行杖，是召神劾鬼的工具，实施巫术的法器。陈寅恪先生曾指“据《真诰》所说，‘竹者为北机上精，受气于玄轩之宿也。所以圆虚内鲜，重阴含素’”，认为“竹”曾被天师道视为灵物。① 之所以“九节”，是因为《太平经》非常重视“九”。

《解师策书诀》曰：“九者，究也，竟也，得行此者，德乃究洽天地阴阳万物之心也。”《九天消先王灾法》曰：“治得天心意，使此九气合和，九人共心，故能致上皇太平也。如此九事不合乖忤，不能致太平也。”九人分别为神人、大神人、真人、仙人、大道人、圣人、贤人、凡民和奴婢。只要这九种人同心同德，就能致太平。《真道九首得失文诀》曰：“道有九度……然一事名为元气无为，二为凝靖虚无，三为数度分别可见，四为神游出去而还反，五为大道神与四时五行相类，六为刺喜，七为社谋，八为洋神，九为家先。一事者各分为九，九九八十一首，殊端异文密用之，则共为一大根，以神为使，以人为户门。……其上三九二十七者，可以度世；其中央三九二十七者，可使真神吏；其下三九二十七者，其道多耶”。“九节杖”召神劾鬼，统摄天地万物，度人得道。张角手持九节杖，就代表了一种宗教的权威。

（1）“叩头思过”之法。

《太平经》认为“不称天心为过”（《三合相通诀》），人之过，是不合天心

---

① 参见陈寅恪：《天师道与滨海地域关系》，见《金明馆丛稿初编》，上海，上海古籍出版社，1980。

所致。“天以至道为行，地以至德为家，共以生万物，无所匿，无可私也。”（《妒道不传处士助化诀》）“过无大小，上闻于天。”（《病归天有费诀》）所以人要“退使思过”（《三合相通诀》），注重反省悔过，以求原省。人要“思其诚心”（《天报信成神诀》），“复思我过”（《大寿诫》），“为叩头自搏，欲求其生”，“得病且死”但向天“首过自搏叩头”可“得苏息”（《病归天有费诀》），“自责过无解已，更为上善人”（《善仁人自贵年在寿曹诀》）就可却病消灾。

《太平经》曰：“今欲解此过，常以除日于旷野四达道上四面谢，叩头各五行，先上视天，回下叩头于地。”（《妒道不传处士助化诀》）“故所以当于旷野者，当于鲜明地。所以四达道上者，道者主通事。所以四达者，当付于四时。天之使气也，且为子上通于天也。四时者，仁而生成，且解子过于天地也，后有过者，皆象子也。”（《妒道不传处士助化诀》）人通过跪拜祈求天神地祇宽恕自己，以消除自己所犯之过。

（2）“符水饮之”之法。

《后汉书·皇甫嵩列传》说张角“畜养弟子，跪拜首过，符水咒说以疗病，病者颇愈，百姓信向之”，以巫术与医学相结合通过治病来进行传教。

《太平经》曰：“欲除疾病而大开道者，取诀于丹书吞字也。”（《要诀十九条》）所谓“取决于丹书吞字”，即取决于符水。《太平经》曰：“请问重复之字何所主，主导正，导正开神为思之也。……精者吞之，谓之神也；不精者吞之，谓之不神也。……以丹为字，以上第一，次下行将告人，必使沐浴端精，北面西面南面东面告之，使其严以善酒，如清水已饮，随思其字，终古以为事身。……或见其字，随病所居而思之，名为还精养形。”（《洞极上平气无虫重复字诀》）吞精即吞符，以丹为字即以朱笔书写的神符，是一种笔画屈曲、似字非字的图形。所谓符水疗病，就是把神符焚烧成灰，用酒或水和合饮下，即为吞符。吞符就是使符存于心中，心有所思，符的神力就随之发出，神力发出，百病驱散，人就会恢复健康，精神饱满，所以《太平经》说：“今日吞吾字，后皆能以他文教，教十十百百而相应，其为道须臾之间，乃周流八方六合之间，精神随而行治病。”（《洞极上平气无虫重复字诀》）这就是张角的符水疗病咒，亦作祝，即神的言辞，它法力无边，念念它，就可祛疾治病。《太平经》又说：“天上有常神圣要语，时下授人以言，用使神吏应气而往来也。人民得之，谓为神祝也。祝也祝百中百，祝十中十，祝是天上神本文传经辞也。其祝有可使神伭为除疾，皆聚十十中者，用之所向无不愈者也。但以言愈病，此天上神谶语也。”（《神祝文诀》）“以言愈病”，无有不愈，经常念神咒，百病就可以消除。“符水咒说”是具有浓厚神学色彩的方术，即使符咒没有奏效，也可以说是人不信道所导致的。

6. 组织构成

太平道的组织形式是“方”，张角“蓄养弟子”，然后“遣弟子八人使于四方，以善道教化天下”。吸收各地流民之后，“遂置三十六方。方犹将军号也。大方万余人，小方六七千，各立渠帅”（《后汉书·皇甫嵩列传》）。统领“方”的称“渠帅”，每位渠帅统帅一方，共三十六方，数十万人，“连结郡国，自青、徐、幽、冀、荆、扬、兖、豫八州之人，莫不毕应”。

“方”是古代军队的编制。《太平经》在论述“一师四辅”为核心的神仙谱系之后说：“其余公卿有司仙真圣品大夫官等三百六十一，从属三万六千人，部领三十六方，人民则十百千万亿倍也。”（《太平经钞甲部》）这与张角署置三十六方，“大方万余人，小方六七千”，是一致的。张角数十万徒众中大部分是流民，将他们整编为三十六方，让他们在这种集体性组织中共同生活、共同劳动，有利于他们之间的团结互助。所以当黄巾起义爆发时，三十六方，数十万人，同日而起，组织严密，声势浩大，在我国古代农民战争史上极为罕见。

秦晓慧

参考文献

班固．汉书．北京：中华书局，1962.

范晔．后汉书．北京：中华书局，1965.

孔颖达．礼记正义．上海：上海古籍出版社，2008.

阮元．十三经注疏．北京：中华书局，1980.

朱熹．周易本义．北京：中华书局，2009.

朱熹．四书章句集注．北京：中华书局，1983.

陈立．白虎通疏证．北京：中华书局，1994.

郭庆藩．庄子集释．北京：中华书局，1961.

王先谦．荀子集解．北京：中华书局，1988.

李隆基，刑昺．孝经注疏．北京：北京大学出版社，1999.

刘文典．淮南鸿烈集解．北京：中华书局，1989.

焦循．孟子正义．北京：中华书局，1987.

楼宇烈．王弼集校释．北京：中华书局，1980.

王明．太平经合校．北京：中华书局，1960.

杨寄林．《太平经》今注今译．石家庄：河北人民出版社，2002.

杨寄林．太平经．北京：中华书局，2013.

王明．道家和道教思想研究．北京：中国社会科学出版社，1984.

汤用彤．汉魏两晋南北朝佛教史：上册．北京：商务印书馆，1938.

饶宗颐．老子想尔注．北京：中华书局，1991.

段致成．《太平经》思想研究．台湾：花木兰文化出版社，2011.

姜守城．《太平经》研究：以生命为中心的综合考察．北京：社会科学文献出版社，2007.

王平．《太平经》研究．台北：文津出版社，1995.

刘泽华．中国政治思想史：秦汉魏晋南北朝卷．杭州：浙江人民出版社，1996.

许地山．道教史．上海：上海古籍出版社，1999.

卿希泰．道教与中国传统文化．福州：福建人民出版社，1992.

胡孚琛，吕锡琛．道学通论：道家·道教·丹道．增订本．北京：社会科学文献出版社，2004.

第五章
王通的正统论与道统论

王通，字仲淹，河东郡龙门县通化镇人（今山西省运城市万荣县通化乡平原村）。隋时隐世大儒，历经隋文、隋炀二朝，逝世时年仅三十五岁。[①] 王通续六经、倡明周孔道统，在儒学史上颇具特色。在唐末和北宋初年，王通成为学术界关注的核心人物之一，其兴复儒学之功屡被二程、朱子等大儒提及。[②] 但明清学者较少关注王通。自 20 世纪 80 代以来，学者又开始逐渐关注王通的思想，并取得了丰富的学术成果。相关论述多专注于王通承周孔道统、复王道和三教可一的思想，并多将王通思想研究纳入理学研究视域，展现王通开理学先声之大功。[③] 从其两部传世著述《中说》和《元经》中可见，王通更加关注用王道思想来思考两个具体的政治议题：北魏是否正统和两汉是否值得取法。通过对这两个议题的论述，王通重塑了王道在政治中的核心地位，并具体探讨了王道正统论和王道模式论。

---

① 由于相关史料的缺失和《中说译注》的真伪问题，历代学者对于王通生平与著述多有争议。相关述评见李小成：《文中子考论》，上海，上海古籍出版社，2008。

② 朱子言："太宗朝一时人多尚文中子，盖见朝廷事不振，而文中子之书颇说治道故也。"（《朱子语类》卷一百二十九）另见郭畑：《宋儒对于王通续经的不同评价及其原因》，载《河南师范大学学报》，2001（4）。

③ 相关论述见尹协理、魏明：《王通论》，北京，中国社会科学出版社，1984。李小成：《文中子考论》。

第一节　王道正统论

正统是中国政治关注的核心议题之一。正统概念源自正朔。正，年之始；朔，月之始也；正朔，定一年之开始。从《春秋》可见，正朔最初是涉及天象的概念。[①] 后多为历法之用，即确定年之首月是十一月、十二月还是一月。[②]

正朔实质是新王即位后对历法体系的变更。对于经学家而言，正朔意义重大，是朝代更迭之际新王改制的象征，是王者自上天获取合法性的象征。[③]

正朔这种象征王权合法性的意义逐渐演变为观念性的正统论，即正朔指代王权合法性的意义被“正统”这个概念所承接，被用来专门指代君王统治天下的合法性。[④]

从文献看，正统有两重使用。首先，被用来指代王氏宗族的正统。宗法制度下，皇权合法性的最直接依据就是皇族内部血缘宗族顺序。故正统在史书中多指代皇位继承是否符合宗族之正、宗族之统。

> 《宋史·礼志》熙宁二年……知大宗正丞事李德刍言：“礼法诸侯不得祖天子，公庙不设于私家。今宗室邸第并有帝后神御，非所以明尊卑崇正统也，望一切废罢。”

正统，即皇室之正宗正统，是皇权变更之时需要考虑的首要因素。

---

① 《春秋公羊传·隐公三年》：“春，王二月，己巳，日有食之。何以书？记异也。日食则曷为或日或不日？或言朔或不言朔？曰‘某月某日朔。日有食之’者，食正朔也。”朔，初也。食正朔即月食发生在初一。

② 《史记·历书》言：“夏正以正月，殷正以十二月，周正以十一月。盖三王之正若循环，穷则反本。”正朔为历朝所重视，例如汉武帝时的《太初历》用夏正朔，以正月为岁首。董仲舒三统论的重要内容便是改正朔。

③ 董仲舒明言正朔同王者合法性的关联，言“王者必受命而后王。王者必改正朔，易服色，制礼乐，一统于天下，所以明易姓，非继人，通以已受之于天也”。董仲舒更详述了正朔正月之重要性，“其谓统三正者，曰：正者，正也，统致其气，万物皆应，而正统正，其余皆正，凡岁之要，在正月也。法正之道，正本而末应，正内而外应，动作举错，靡不变化随从，可谓法正也”（《春秋繁露·三代改制质文》）。可见董仲舒将正朔视作正统之核心。

④ 雷戈教授在2004年第6期《史学月刊》上所发表的《正朔、正统与正闰》一文也持此观点。雷教授详细论述了正朔至正统的转变，认为必须严格区分史料中对正统的两种不同意义的使用维度：论证国家合法性的使用维度和论证皇位继承合法性的使用维度。

其次，正统在政治领域中更主要被用来指代王朝统治天下的合法性。这种合法性是由皇位代际继承的合法性扩展而来的。欧阳修从此维度对正统作了经典的诠释。

> 正者，所以正天下之不正也；统者，所以合天下之不一也。（《正统论》）

正，将天下不正之状态归于正之意；统，将天下分裂不一归于一统之意。正统指向天下不正不一之时，即战乱和外族入侵造成天下分崩之际。此时正天下成为政治参与者的共同追求，而正统则成为促使天下一统的重要思想资源：正统断定了不同政权中谁拥有政权合法性，正统还进一步为后续的争夺天下的政治、军事行为背书。此即“正者，所以正天下之不正也；统者，所以合天下之不一也”。这使得正统成为一种现实的匡正天下的思想力量。回顾历史，无论汉末三国时期、南北朝时期，还是宋辽金时期，天下分崩之际正是正统受到集中关注的时期。

所以在分析朝代历史变更时，如何判定正统是学者所重视的议题。[①] 任公对古代学者所论的正统标准曾做出总结，言有六法：以得地多者为正；以据位久者为正；以前代血胤为正；以居前代旧都为正；以后代所承者为正；以中国种族为正（参见《饮冰室合集·新史学·论正统》）。而儒家政治哲学视域内的正统论，其关注焦点不再是原初的正朔或皇位继承之合法性，而是关涉正统之本即王道正统论，以及正统之所在即王道中国论，王通亦然。

北魏正统论是王通政治哲学中最具时代特色的部分。王通认为北魏有王道之行，践行以夏变夷，安定天下，故得正统。与此相对，南朝弃先王之道，不思复中国，弃民于水火，故王通斥南朝为夷狄。王通进而肯定了北魏的保中国之功。

王通具体关注了南北朝的正统议题。[②] 在南北朝这一时代，为了展现自己的正统性，南北双方相互攻讦，斥责对方为“夷”“虏”。北朝史家讥称南朝

---

① 欧阳修著《正统论》，以《春秋》“大一统”观念为正统论的基础，言自尧舜至宋，正统“三绝而复续”，言北魏、南朝因未统一中国而皆非正统。司马光则重功业论，在《资治通鉴》中以政权是否能统一中国为正统标准。朱子则从客观角度倾向于认为无正统。参见饶宗颐：《中国史学上之正统论》，上海，上海远东出版社，1996。

② 后代学者多用三种方法处理南北朝正统议题：有的将魏晋南北朝割裂，认为正统的问题只关涉两头，即西晋和隋朝，期间南北朝乱世略去不谈，如司马光《资治通鉴》；有的按夷夏之别，归正统于南朝，如皇甫湜《东晋元魏正闰论》；有的分立南北正统，如李延寿《南史》《北史》。

宋、齐、梁三朝为“岛夷桓玄”“岛夷刘裕”“岛夷萧道成”“岛夷萧衍”（《魏书》）。而南朝自认“魏朝甚盛，犹曰五胡。正朔相承，当在江左”（《资治通鉴》卷一百四十三），贬北朝为“索虏”“魏虏”“夷贼”等。王通极为关注南北朝的正统议题，他一方面承接前代儒家的夷夏观，断北魏得正统，另一方面还结合具体的历史，用经权之中道展现了正统论丰富的理论内涵。

一、孰为正统

王通尤重《春秋》，其《元经》即仿《春秋》而作。他认为《春秋》之作是因为西周名存实亡，故孔子作此以现赏罚而尊周王。《元经》之作是因为中国无主，故作《元经》定正统，以行赏罚而尊中国。[①] 故王通言“修《元经》以断南北之疑”，又言“《春秋》一国之书也。其以天下有国而王室不尊乎？故约诸侯以尊王政，以明天命之未改：此《春秋》之事也。《元经》天下之书也。其以无定国而帝位不明乎？征天命以正帝位，以明神器之有归，此《元经》之事也。”（《中说·魏相篇》）由此可见，王通是通过《元经》来展现自己对正统的思考的。

《元经》是“天下之书”，起于西晋惠帝太熙元年（290年），意为自西晋惠帝起，天下失主。晋惠帝是史籍留名的昏主，几乎将西晋的赫赫文功武业尽数葬送。《元经》终于隋灭陈之开皇九年（589年），意为隋文主中国，中国有主。

虽然南北朝诸君王多有安民之举，多有统一中国之能，但皆无法一中国而安天下，故皆不是中国之主。但《春秋》所作之意为虽西周失治天下之能，但王道不可断，故孔子作《春秋》行赏罚而现王道。《元经》所作意为天下虽无主，但王道不可不明，故辨南北正统以行王道之功。[②]

> 子谓叔恬曰：“汝为《春秋》《元经》乎？《春秋》《元经》于王道，是轻重之权衡、曲直之绳墨也，失则无所取衷矣。”（《中说·事君篇》）

具体而言西晋承接曹魏之治统，一统中国，正统尚在。东晋以降，南朝皆

---

① 文中子曰：“天下无赏罚三百载矣，《元经》可得不兴乎？”薛收曰：“始于晋惠，何也？”子曰：“昔者明王在上，赏罚其有差乎？《元经》褒贬，所以代赏罚者也。其以天下无主而赏罚不明乎？”薛收曰：“然则《春秋》之始周平、鲁隐，其志亦若斯乎？”子曰：“其然乎！而人莫之知也。”薛收曰：“今乃知天下之治，圣人斯在上矣；天下之乱，圣人斯在下矣。圣人达而赏罚行，圣人穷而褒贬作。皇极所以复建，而斯文不丧也。不其深乎？”再拜而出，以告董生。董生曰：“仲尼没而文在兹乎？”（《中说·王道篇》）

② 此处成为朱子陈亮之辩的核心。朱子从天理言天理超越历史，故王道亦然；陈亮则似王通，言王道长存。但朱子陈亮并非具体指向正统，而是论述汉唐功业。

无一天下之能，勉强偏安南方，多昏主，不思安民，大失中国之所为，使得中国无主。但王通认为东晋、刘宋依旧保有正统。王通对此解释为：

子曰："《元经》其正名乎？……晋、宋之王，近于正体，于是乎未忘中国，穆公之志也。"（《中说·问易篇》）

东晋、刘宋之君主多按王道所为且多保中华之礼仪典章，积极北复中原。故王通认为此二朝近于正体，未忘光复中国，仍以正统称之。

子曰："江东，中国之旧也，衣冠礼乐之所就也。永嘉之后，江东贵焉，而卒不贵，无人也……"叔恬曰："晋、宋亡国久矣，今具之，何谓也？"子曰："衣冠文物之旧，君子不欲其先亡；宋尝有树晋之功，有复中国之志，亦不欲其先亡也。"（《中说·述史篇》）

永嘉之乱后，东晋、刘宋保护汉文化之衣冠礼仪有功，为"衣冠礼乐之所就"，而且二朝多有北伐光复中原之举[①]，"有复中国之志"，故王通认为皆是正统，为中国主。

但北魏皇始年前后成为中国正统转换的关键：北地北魏奉汉法而安民，皇始之时道武帝一统中原；与此同时，南朝为萧齐代宋之际，深陷内乱纷争，君主则多弃先王礼法，社会衰败不堪。两相比较，南北政权性质发生了实质性的改变，正统由此发生转移。

子曰："《元经》其正名乎！皇始之帝，征天以授之也。……以明中国之有代，太和之力也。"（《中说·问易篇》）

王通在《元经》中言皇始之时的北魏道武帝得中国之帝位，是"征天以授之"，得自天命。太和之时的北魏孝文帝则是有中国，"中国之有代"，意为得中国的正统。

接着王通详解元魏正统。

董常曰："《元经》之帝元魏，何也？"子曰："乱离斯瘼，吾谁适归？天地有奉，生民有庇，即吾君也。且居先王之国，受先王之道，予先王之民矣，谓之何哉？"（《中说·述史篇》）

---

① 东晋先后有祖逖、庾亮、殷浩、桓温北伐，但皆无大功。刘宋之主刘裕则北破慕容南燕，西夺巴蜀，破关中氐人后秦，携功得禅于东晋，建宋；其子承父志北拒北魏，形成南北分治之形势，可谓功业大矣。参见张岂之主编：《中国历史·秦汉魏晋南北朝卷》，北京，高等教育出版社，2001。

“乱离斯瘼，吾谁适归”借自《诗经·小雅·四月》之“乱离瘼矣，爰其适归”一句，言南北朝之时天下纷乱，万民深陷水火，祈求天降安民之君以庇护。

儒家政治哲学的基础是天人和君民二分。天人二分：天需借人道来实现自身；人则法天道以现天情。君民二分：君主、士人者，本性自足，天赋之以牧民之责；万民者，虽是天之所护，政治之本，但本性不足，无法建构正常运转的社会政治秩序，所以需要接受君主、士人的教化而安身。[①] 天、君为政治的实有者和实施者，二者地位不同。天为政治社会形而上的保障，故天设君长以安民。《尚书·泰誓》言“天佑下民，作之君，作之师，惟其克相上帝，宠绥四方”。而天以民心考校君主之所为，降灾异祥瑞以现天情，行监督之能。这也是儒家政治哲学的基础假设。所以从儒家的角度看，天不可弃其民，万民不可一日无君，君不可一日无民。

君王从政治功能角度而言是要祭祀尊奉天地和庇护万民：前者向天，政治之本源；后者向民，政治之实体。一方面，北魏君主多有安民之举，力求万民安生。另一方面，北魏君主不仅有激进的以夏变夷政策，还施行了一系列再造正朔、祭祀天地的举措：重定五德，以元魏为木德，承西晋之金德；多次朝祭黄帝陵，尧、舜庙，以行奉天地之举。[②] 故在王通看来北魏之君是合格君主，在此基础上方能讨论北魏得正统之实。

王通此处还提及了北朝拥有的一系列正统因素。首先，“居先王之国”。宋时学者多重视得天下之正对中国正统的重要性，而此处“居先王之国”即言北朝尽有中原之地，得天下之正。其次，“受先王之道”。此处之先王之道即王通所重之王道。最后，“予先王之民”。北魏不以夷夏别中国，夷夏之人皆受恩泽。

这三个正统因素中，王通更加注重先王之道。先王之道不仅仅是器物制度，即先王之礼仪典章和王道制度，还是纯然的德性王道。南朝断定自己是正统的标志仅仅是器物制度，“衣冠礼乐之所就也”，以及带有民族意义的夷夏之辨，但却无视王道的德性政治之心。故王通虽肯定南朝为“中国之旧也，衣冠

---

① “故曰：‘君子以德，小人以力；力者，德之役也。’百姓之力，待之而后功；百姓之群，待之而后和；百姓之财，待之而后聚；百姓之势，待之而后安；百姓之寿，待之而后长。父子不得不亲，兄弟不得不顺，男女不得不欢。少者以长，老者以养。故曰：‘天地生之，圣人成之。’此之谓也。”（《荀子·富国》）儒家认为，民皆不足自性，必须借助圣人君子的教化和帮助才能富足有德。

② 参见康乐：《从西郊到南郊——国家祭典与北魏政治》，台北，稻乡出版社，1995。

礼乐之所就也”，但终究还是未把南朝视作正统。反观北魏，其彻底的以夏变夷政策不仅重建先王之道的器物制度，即汉法和汉家礼仪典章，还真正实践了王道之德政，安民休息，多行善政缓解了民族之间的紧张和冲突。北魏所行的先王之道要远远比南朝完善。

再回到具体的历史背景，在夷夏对抗的背景下，南朝用夷夏之别来证明自身的正统性，但王通却认为夷夏观的民族视角已不再重要，北魏以夏变夷之政策已经消解了这个因素，故王通否定了北魏之时民族性对正统之限制。

> 子述《元经》皇始之事，叹焉。门人未达。叔恬曰：“夫子之叹，盖叹命矣。《书》云：天命不于常，惟归乃有德。戎狄之德，黎民怀之，三才其舍诸？”子闻之曰：“凝，尔知命哉！”（《中说·王道篇》）

皇始为北魏道武帝一统中原时的年号。王通认为，北魏君主庇养万民，行先王之道，故通天地人三才之道，得天命而为正统。天命不因夷夏之别而有所区别。

二、权义之中

王通并不是简单地二分南北朝为两个正统的时代，而是巧妙地用春秋笔法彰显自己的中道。

《元经》在南朝最后一朝陈亡之时非直接书“陈亡”，而是言南朝五朝皆此时亡，即“晋、宋、齐、梁、陈亡”。在《中说》中，王通详细解释了其原因。

> 叔恬曰：“敢问《元经》书陈亡而具五国，何也？”子曰：“江东，中国之旧也，衣冠礼乐之所就也。永嘉之后，江东贵焉，而卒不贵，无人也。齐、梁、陈于是乎不与其为国也。及其亡也，君子犹怀之，故书曰：‘晋、宋、齐、梁、陈亡’，具五以归其国，且言其国亡也。呜呼，弃先王之礼乐以至是乎？”叔恬曰：“晋、宋亡国久矣，今具之，何谓也？”子曰：“衣冠文物之旧，君子不欲其先亡；宋尝有树晋之功，有复中国之志，亦不欲其先亡也。故具齐、梁、陈以归其国也，其未亡则君子夺其国焉。”曰：“中国之礼乐安在？其已亡，则君子与其国焉？”曰：“犹我中国之遗人也。”（《中说·述史篇》）

先言“具五国”之原因，五国处江东，为汉人避夷狄乱华之处，保有中国之衣冠礼乐典章。虽然有“贵”之时，但终因无能而自取灭亡。“且言其国亡也”中的“亡”为自取灭亡之意，非外敌所灭。南朝为北朝所灭，但王通依旧认为南朝灭亡源自其内而非其外，故借春秋笔法以行经权。[①]

五朝可分为二种。前二朝东晋和宋还近于道，有保中国衣冠文物之旧、北伐中原之志。故王通称其为国，即承认其为中国正统。故二朝虽先后被取代，而《元经》不记载二朝灭亡，“不欲其先亡也”。二朝依旧存在，只是去其名以示夺国之意，即“其未亡则君子夺其国焉”。但后三朝齐、梁、陈则皆失王道而乱天下，丧正统。“齐、梁、陈于是乎不与其为国也”，王通不再视其为中国。此时中国转为北魏，即“中国之有代，太和之力也。”

王通虽然对北魏多有褒赞，但依旧不忘南朝汉人的故国。这不难理解，在他看来北魏虽有大德，但毕竟还是本自夷狄。王通无法遗忘南北朝五胡乱华的沉重历史，无法释怀此间汉文明的挫败。“君子犹怀之”，故行权变之法。东晋、刘宋虽被灭，但只是夺其国名，因其有复中国之心而肯定其存在。南朝终究被北周和隋代所取代，但王通不认为它们是被夷狄消灭的，而只是自取灭亡。“具五国”，即认为南朝五代为一个整体，陈朝灭亡之时《元经》记载为“晋、宋、齐、梁、陈亡”，意思是南朝作为汉人朝代之整体，此时方灭亡。

弟子叔恬问，南朝后三朝失中国之礼乐，不为中国正统，为何不按正统论的旧有模式，将南朝视作伪政权，反而依旧“与其国”，即给予其同正统北魏一样的国的地位？王通言“犹我中国之遗人”，华夏之人终究无法遗忘自己的民族性。他哀叹汉人丢弃先王礼乐：“呜呼，弃先王之礼乐以至是乎？”他能做的只是权变，借《元经》以保华夏之国。

王通痛心于汉文化的自我衰败，他还借帝位和年号之不同变化来表达自己的权变。

> 董常曰：“敢问皇始之授魏而帝晋，何也？”子曰：“主中国者，将非中国也。我闻有命，未敢以告人，则犹伤之者也。伤之者，怀之也。”（《中说·述史篇》）

《元经》自北魏皇始[②]前只用东晋的年号，但皇始元年起出现两种年号。[③]

---

① 《春秋·僖公十九年》曰：“冬，公会陈人、蔡人、楚人、郑人盟于齐。梁亡。”《公羊传》解曰：“此未有伐者，其言梁亡何？自亡也。”亡，言自败而亡非外敌灭之。

② 皇始（396年7月——398年12月）是北魏道武帝拓跋珪的年号，历时两年有余。道武帝此期间基本平定中原。此期间亦为东晋太元二十一年和隆安元年，分别为晋孝武帝司马曜与晋安帝司马德宗之年号。

③ 例如《元经》第七卷开篇并用两种年号：“经安帝隆安元年春正月即位加元服。魏道武帝皇始元年。”传曰“二帝何也？文中子曰‘《元经》抗帝而尊中国，其天命之所归乎？皇始之帝也，征天命以授魏也，晋宋之主，近于正体，于是未忘中国’。”

先为东晋年号，后跟北魏年号，意为北魏也得正统。将二者同列为帝，北魏之帝、东晋之帝，意即此时正统不再为东晋专享，因此本为单一的年号、帝位出现并列两个。王通对此解释为“主中国者非中国”，即主华夏者非诸夏之人，乃为夷狄。虽然“戎狄”有德，本应得正统，但因感伤华夏失德丧中国，故同列二者。

直至魏孝文帝之时，王通才在《元经》中将正统全然归于北魏，尽弃南朝正统年号和帝位，全用北魏年号帝位。

> 子曰：“……齐、梁、陈之德，斥之于四夷也，以明中国之有代，太和之力也。”（《中说・问易篇》）

《元经》称齐朝为“伪”朝，称梁陈二朝为“篡”朝。《中说》更斥三朝为“夷”。一则斥其失德，不思复中国，故丧失“王”之名号。二则以示对比，此“夷”对“夏”，表示夷夏文明在政治层面上的不同。此时北魏为文化之“夏”，是中国正统；南朝则为文化之“夷”，丧失正统。

太和，魏孝文帝的年号。“中国之有代”，意为北朝代替南朝为中国，即正统之实质转变，孝文帝之时北魏终于取代了东晋、刘宋的正统，得到中国之正统。

魏孝文帝之所以得正统得帝位，源于其政近王道。

> 或问魏孝文，子曰：“可与兴化。”（《中说・天地篇》）

兴化，即兴王道之教化。魏孝文帝多有兴教化之举。

> 子谓：“太和之政近雅矣，一明中国之有法。惜也不得行穆公之道。”（《中说・问易篇》）

雅，训做正，意为王道之正。魏孝文帝之政近于王道，但可惜其不能起用王通之四世祖穆公来全面实践王道。[1]

总之，魏孝文帝之时北魏实现了帝位、年号、正统三者合一，成为全然的中国之主，中国之正统。

由此可见，王通对北魏正统的讨论不仅基于王道之经，还基于夷夏观的权变，通过对年号、帝位王位的论述和写史笔法的运用表现自己对华夏文明的观

---

① 《录关子明事》记载穆公（王通四世祖王虬）之奏策多得孝文帝采纳，然即将被重用之时孝文帝崩，穆公逾年亦过世。王虬仅是孝文帝时的秘书郎，为官时间亦不长，王通此处的感慨或有夸耀之嫌。

照和对汉家衣冠礼仪的怀念。

> 文中子曰：“《元经》有常也，所正以道，于是乎见义。《元经》有变也，所行有适，于是乎见权。权义举而皇极立矣。”（《中说·魏相篇》）

王通希望通过在《元经》中对经权的具体运用来展现自己对王道的理解，即“皇极立矣”。

宋人阮逸对王通断南北正统做了一个全面的总结，其于《元经》“修元经以断南北之疑”处注云：“晋东迁，故南朝推运历者，以齐、梁、陈为正统。魏据中原，故北朝推运历者，以北齐、周、隋为正统。于是南北二支夷虏相乘，而天下疑矣。《元经》者，所以尊中国也。中国无主，故正统在东晋及宋，中国有主，则正统归于后魏、后周”。南北朝正统成为政治的核心议题，双方各执一词，莫衷一是。在中国无主之时，南北皆乱，本无正统。但王通看到东晋与刘宋的复中国之心和近王道之举，故从权而将其视作天下的正统。在中国有主之后，即北魏因以夏变夷和多行王道而具有一统中国的实力和可能后，王通将正统明确归于北魏及之后的北周。

三、王道中国论

天下观是“中国”概念的基础。天下观首先是地理层面的。天下以华夏之族在天下之中心即以中国建立的国家为核心①，外围则是借由朝贡、羁縻制度控制的蛮夷外邦。中国为正为统，夷狄为外为服，合而为天下之整体。故自西周中国兴起后，天下模式就产生了。

> 溥天之下，莫非王土；率土之滨，莫非王臣。（《诗经·小雅·北山》）

普天之下，无论中国还是夷狄，皆为王所统治。

天下模式的重要维度在社会文明层面。天下为好德之民之所在，《诗经·大雅·烝民》曰“天生烝民，有物有则，民之秉彝，好是懿德”。故天下为政教所加、王道流行之所。《尚书·大禹谟》曰：“帝德广运，乃圣乃神，乃武乃文。皇天眷命，奄有四海，为天下君。”

---

① 夏商周三代实际统治领域为黄河流域，多自称为邦畿、王畿或中国等。参见童书业：《童书业历史地理论集·中国疆域沿革史》，17页，北京，中华书局，2004。

天下模式的重要特征是一元性，即天下之中为一统的中国政权①，偏外为臣服的夷狄部族。这种天下模式在整个中国历史中得到成功沿袭。从客观的地理、气候环境等原因看，这样的体系有着一定的必然性。例如：和欧洲、西亚相比，相对封闭的中国地理环境使得政治地缘自发地倾向单一化；千百年以来固定的南农耕北游牧，使得经济社会模式同一。从社会历史层面来看，汉文明在东亚长期保持着文化、军事、经济、政治的优势和霸权，这能够保障一元天下模式得以实现。从思想文化层面来看，中国文化在语言、习俗、思维模式、宇宙观等方面保持着长久的一元样态。这些因素都使得天下模式有着客观的必然性。

中国是一元天下观的核心。中国先前只是地理概念，中之国，多指代黄河流域之国。《尚书·梓材》："皇天既付中国民越厥疆土于先王。"中国指代殷周统治的中原区域。② 随后有文献自文明方面对"中国"做出了解释，如孔颖达疏解《左传·定公十年》言"中国有礼仪之大，故称夏；有服章之美，谓之华"。"华夏"有文明光辉之意。

但伴随夷狄之辨的凸显，中国的概念开始具有政治意义。自种族、地理看，夷夏分而后有天下；自政治、文化观看，有天下而后中国立。夷夏在彼此对比分立中有了天下观，内诸夏而外夷狄而为天下。随着政治和社会的发展，天下观演化出了中国。天下之中正处为诸夏之所在，为华夏文明之所在，为中国③；天下之偏之最外处为夷狄之所在，为华夏文明所扩充之所，为中国之枝叶。

1. 礼乐中国

从《中说》和《元经》中可以看到，王通大量使用"中国"一词，但对中国的理解则有自己的新意。

王通认为，中国为先王之所居，为礼乐之所在。中国一统，则圣贤居中国而明王道；中国纷争，则圣贤居中国而消弭之。

---

① 中国传统思想有着一元天下观，古代学者多有天下必一统的信仰。例如：孟子答梁惠王"天下恶乎定"之问，曰"定于一"；荀子言"全道德，致隆高，綦文理，一天下，振毫末，使天下莫不顺比从服，天王之事也"（《荀子·王制》）；董仲舒言"春秋大一统者，天地之常经，古今之通谊也"（《汉书·董仲舒传》）。而从政治意识来看，这种一元天下观更多的是指由商周而来的政治传统经西汉经学加以理论化论述确证并最终成为中国历史的主流政治地理诠释系统。

② "中国"一词最早出现于何尊，似指殷商之领土，参见何振鹏：《何尊铭文中的中国》，载《文博》，2011（6）。

③ 这种文明与地理重合的中国概念多被古代学者接受。例如，扬雄《法言·问道》明言："或曰：'孰为中国？'曰：'五政之所加，七赋之所养，中于天地者为中国。'"

> 董常曰：“大哉中国！五帝三王所自立也，衣冠礼义所自出也，故圣贤景慕焉。中国有一，圣贤明之；中国有并，圣贤除之邪?”子曰：“噫！非中国不敢以训。”（《中说·述史篇》）

上文最后之“训”，张沛先生释为法则、典范之意。王通认为王道只有也只能在中国被奉法和实施。王道同中国有着紧密的关联，中国需假王道以保有；王道需借中国之土、之圣贤、之礼乐文化而展现。中国为王道施行之所，王道为中国所见之特质。①

但南北朝时期中国同王道出现了分离的形态，中国失道在先，四夷交侵在后，终使得中国失先王之民，失先王之道，成为夷狄之处所。

> 子曰：“中国失道，四夷知之。”魏徵曰：“请闻其说。”子曰：“《小雅》尽废，四夷交侵，斯中国失道也，非其说乎?”徵退谓薛收曰：“时可知矣。”（《中说·关郎篇》）

自经学看，孔子作六经并非仅仅为了承绝学，而且是回应具体的历史境遇。在王通看来，《诗经·小雅》反映着王道衰败之时，而《小雅》尽之时正是《春秋》作之始。故《小雅》的结束意味着王道尽失，诸侯纷争而乱世渐起。孔子遂作《春秋》以行褒贬，即“《小雅》尽废而《春秋》作矣”。王通借此比附魏晋南北朝，言中国失道而四夷知，遂交侵不绝而终成南北朝中国之危局。

西晋失道；东晋、刘宋虽有复中国之土、行中国之道之举，但终究无复中国之能；齐、梁、陈则弃复中国之志、存中国之道之行，故王通用春秋笔法斥之为“夷”。② 中国之主失道，无法卫中国之民，保中国之道，万民惨遭四夷屠戮，弃中国而逃至蛮夷之地。夷狄反占据中国之土，慕行中国之道，卫中国之民，终有中国之正统，成中国之主。故“中国之有代”，北朝方为中国之所在。

之前的正统论多是基于礼仪文化的角度，而王通则将王道视作正统的核

---

① 董仲舒持相近的看法，言“三统五端，化四方之本也，天始废始施，地必待中，是故三代必居中国。法天奉本，执端要以统天下，朝诸侯也”（《春秋繁露·三代改质文》）。中国为礼仪文化之所在，王道必在中国方显。赵武灵王行夷狄法胡服骑射，群臣争谏，公子成言：“中国者，聪明睿知之所居也，万物财用之所聚也，贤圣之所教也，仁义之所施也，诗书礼乐之所用也，异敏技艺之所试也，远方之所观赴也，蛮夷之所义行也。今王释此，而袭远方之服，变古之教，易古之道，逆人之心，叛学者离中国，臣愿大王图之。”（《战国策·赵策二》）

② 前文对夷夏互变有详述。“程子亦云：‘《春秋》之法，中国而用夷道，即夷之。’是故卫而戎焉（隐七年），邾娄、牟葛（桓十五年），郑（闵二年，成三年）、晋（昭三年）而狄焉。既内而我鲁，亦以城邾娄葭而狄焉（哀六年）。以此见中国夷狄之判，圣人以其行，不限以地明矣”（《春秋繁露义证·竹林》）。诸夏之卫、郑、晋、鲁皆因行夷狄行而被贬为夷狄。

心，将政治视作正统的内容。借助《春秋》贬夏为夷之笔法，王通展现了此时中国之大转变：夷狄主中国，因行王道而被视为正统；诸夏之国退于四夷，因失王道而被贬为夷狄。而这正是王通经权之后的必然结果。

2. 行王道而保中国

十六国胡族君主多有安民休息、统一中原之功业，例如前秦、后燕。但王通并未将功业视作正统之标准，故并未视这些政权为正统。王通之所以认同北魏为正统，不仅基于北魏安天下之功业，还在于其主动实行以夏变夷之举，在于其行王道之举，在于其保中国之大功。

保中国不仅是保中国之民、保中国之土，更在于保中国之道。

> 子曰："……元魏之有主，其孝文之所为乎？中国之道不坠，孝文之力也。"（《中说·周公篇》）

中国之道即自上古而来的王道政治传统。北魏成为中国之主，多赖魏孝文帝的王道之举，尽从汉文化之典章制度，尽从王道安民之德性政治。①

故中国为北魏所保，尊中国必须肯定北魏之所为。

> 子曰："吾于《续书》《元经》也，其知天命而著乎！……感帝制而首太熙，尊中国而正皇始。"（《中说·关郎篇》）

故行王道者即为中国之主，中国之主得正统。即得正统者不必为华夏之族，夷夏皆可为中国之主。

> 子述《元经》皇始之事，叹焉。门人未达。叔恬曰："夫子之叹，盖叹命矣。《书》云：天命不于常，惟归乃有德。戎狄之德，黎民怀之，三才其舍诸？"子闻之曰："凝，尔知命哉！"（《中说·王道篇》）

皇始之年，北魏分享了中国正统。北魏鲜卑君主庇养万民，行先王之道，故通天地人三才之道，得天命而为正统。天命不因夷夏之别而有所区别。

王通更以苻秦比齐桓，认为夷夏民族的差异无损于天命。

> 子曰："齐桓尊王室而诸侯服，惟管仲知之；苻秦举大号而中原静，

---

① 王通并未在《中说》和《元经》中提及魏孝文帝具体的王道之行，只是言"太和之政近雅矣"，"太和之主有心哉"。言魏孝文帝之政近王道之正，言魏孝文帝有行王道之心。但前文已提及了魏孝文帝一系列彻底的以夏变夷的汉化措施，例如迁都、变姓氏、断北语、禁胡服、改官制、定律令、定郊祀礼、行均田制等。这些政策不仅有着以夏变夷的色彩，更有着儒家王道安民的色彩。正是基于这两个层次的行动，使得北魏一方面消解了夷夏民族性对政治的挑战，另一方面安定了治下万民，有保中国之功，可谓王道之行。

惟王猛知之。”或曰“苻秦逆”。子曰：“晋制命者之罪也，苻秦何逆”？昔周制至公之命，故齐桓、管仲不得而背也；晋制至私之命，故苻秦、王猛不得而事也。其应天顺命、安国济民乎？是以武王不敢逆天命、背人而事纣，齐桓不敢逆天命、背人而黜周。故曰：晋之罪也，苻秦何逆？三十余年，中国士民，东西南北，自远而至，猛之力也。(《中说·周公篇》)

西晋君主倒行逆施，“至私之命”，故王通质疑西晋之合法性。王通不认为苻秦为逆，“晋制命者之罪也，苻秦何逆”，反而将苻秦统一中原视作顺应天命之举动，“其应天顺命、安国济民”。有趣的是王通将苻坚、王猛比作齐桓、管仲。齐桓、管仲以尊王攘夷为名，但苻秦却是夷狄夺天下，王通却将二者同等看待。由此可见，王通认为夷夏民族差异不是政治的制约，夷狄也可得中国之天命。

而不行王道者则终丧中国，失正统。故虽为诸夏汉人之国亦被斥为夷狄，非为中国主。即“齐、梁、陈之德，斥之于四夷也”。

王通更明言自己著《元经》就是为了明天命归于保中国之北魏。

《春秋》一国之书也，其以天下有国而王室不尊乎？故约诸侯以尊王政，以明天命之未改：此《春秋》之事也。《元经》天下之书也，其以无定国而帝位不明乎？征天命以正帝位，以明神器之有归，此《元经》之事也。(《中说·魏相篇》)

子曰：“……《春秋》抗王而尊鲁，其以周之所存乎？《元经》抗帝而尊中国，其以天命之所归乎？”(《中说·魏相篇》)

《春秋》尊王攘夷，明天命未改，周朝依旧为天下主；《元经》尊中国而赞北魏，明中国失汉人政权之保护，无帝王行保中国之举。故正帝位明正统，肯定北魏行王道保中国而有帝位和正统，以明天命归于保中国的北魏。

第二节　王道道统论

从学术史上看，王通对三代两汉的论述最被后世学人重视。王通运用“中道”对三代两汉的王道政治做了很多论述，得出了富有价值的结论。其观点核心为认定三代两汉皆是王道道统的环节。恰如陈启智先生所言，“王通倡导王道仁政，不专以渺茫的上古三代帝王为效法偶像。而是通过表彰近古两汉的'七制之主'，使之成为近代便于持循的榜样"[1]。在《中说》中王通详细地论述了宗三代和法两汉这两个维度之间的关联。

一、宗三代

三代作为理想政治所在，其内部是有所区分的。简而言之，夏商周三代开国之主皆为儒家所赞赏，但儒家关注的重点却落在西周上。儒家"宪章文武"，取法三代思想的主要承载是周代的礼仪典章。

孔子提到他在三代之中取周礼的原因。

> 子曰："殷因于夏礼，所损益，可知也；周因于殷礼，所损益，可知也；其或继周者，虽百世可知也。"（《论语·为政》）
>
> 朱子注曰："三纲五常，礼之大体，三代相继，皆因之而不能变。其所损益，不过文章制度小过不及之间，而其已然之迹，今皆可见。则自今以往，或有继周而王者，虽百世之远，所因所革，亦不过此，岂但十世而已乎！"（《论语集注·为政》）

对于孔子而言，一方面文献不足，故无法深究夏商之礼乐；一方面恰如朱子所注，三代之法与道无损，故习周礼足矣。

对于儒家学者而言，西周的王道是他们最为熟知的内容：《尚书》《周礼》《礼记》等经学文本皆详细记述了周代各种制度。王通亦然，其论述的三代实指周代。

> 文中子曰："四民不分，五等不建，六官不职，九服不序，皇《坟》帝《典》不得而识矣。不以三代之法统天下，终危邦也。"（《中说·关郎篇》）

四民，出自《尚书·周官》，为成王平淮夷后宣讲周之官制之文。"司空掌邦土，居四民"，士农工商之别。五等，出自《礼记·王制》，周时实行爵禄制，有公侯伯子男之分。六官、九服，见于《周礼》，谓周代开创之六卿官制和邦国九等之别。此皆周代承接前代而新创之礼仪制度。既是三代之法，国家如若不行，终陷于危难。

此外，王通宗周的另一个原因是其对周代有深厚的感情。王通认为自己为周代之后。

---

[1] 陈启智：《中国儒学史·隋唐卷》，174页，北京，北京大学出版社，2011。

> 子居家，不暂舍《周礼》。门人问子，子曰："先师以王道极是也，如有用我，则执此以往。通也宗周之介子，敢忘其礼乎？"（《中说·魏相篇》）

介子，即庶子。王氏宗族之先为周代王族，故王通言己为"宗周之介子"。对于王通而言，宣周道即为承先祖之道。

从《中说》中可见，王通对西周王道并无过多具体论述和新见[①]，但依然可见两种新意，一为展现周公之"中"道，二为明言封建、井田之法。

1. 周公中道

王通极为褒赞周公，论述了周公之道的绝对性。

> 文中子曰："卓哉，周孔之道！其神之所为乎？顺之则吉，逆之则凶。"（《中说·王道篇》）

王通所重的周公之道并不是具体的周政，而是周公的中道。

> 子谓周公之道："曲而当，私而恕，其穷理尽性以至于命乎？"（《中说·周公篇》）

周公之所为，若无儒家修饰，看上去就很成问题。僭成王之权，分封天下，诛管、蔡，经营东都洛邑等，都不应是臣子所为，皆可视作曲、私。但周公行事以当、以恕，即中道，作《金縢》以自证，行善政而安天下厚苍生，故所为即穷理尽性所为。[②]

王通补周公自辩之言，用以论证周公外不因谤而废王道、内则至公而达道的行为。

> 子曰："美哉，公旦之为周也！外不屑天下之谤而私其迹，曰必使我子孙相承，而宗祀不绝也；内实达天下之道而公其心，曰必使我君臣相安，而祸乱不作。深乎！深乎！安家者，所以宁天下也；存我者，所以厚苍生也。故迁都之义曰：洛邑之地，四达而平，使有德易以兴，无德易以

---

① 张岱年先生认为，"（《中说》）书中思想虽然无甚新奇殊异之论"，但是由于王通"在隋代佛学隆盛之时表扬孔学"，并且在宋代"受到司马光等人的推崇"，所以值得加以研究。参见张岱年：《〈文中子中说新注〉序》，载《运城高专学报》，1992（2）。

② 在汉学和宋学中，周公的地位有着明显的区别，但尊周公是先秦两汉以来儒家一直奉行的传统。周公之德行超越禹、汤、武王三王。例如，《孟子·离娄下》言："禹恶旨酒而好善言。汤执中，立贤无方。文王视民如伤，望道而未之见，武王不泄迩，不忘远。周公思兼三王，以施四事；其有不合者，仰而思之，夜以继日；幸而得之，坐以待旦。"王通独尊周公，以周公指代三代理想政治的实践者在当时语境中并不突兀。

衰。”(《中说·事君篇》)

王通重周公不仅由于他的经学背景，还在于对周公“中”道的认同。更为重要的是，王通视周公、孔子为一体，认为他们皆为王道之昌明者。周公得位而行王道，孔子定六经而行王道。王通明言自己的人生便受到了周孔之影响：少而学周公行现实王道，隋文帝不用，遂学孔子续六经讲学以行王道。[①]

2. 复周制

王通复周制的思想为后世所关注。《中说》中言及封建、世卿和井田。

> 房玄龄问郡县之治，子曰：“宗周列国，八百余年；皇汉杂建，四百余载；魏晋已降，灭亡不暇。吾不知其用也。”(《中说·事君篇》)

对于封建，顾颉刚先生解释说：“国王把自己的土地和人民分给他的子弟和姻戚叫做‘封建’，封是分划土地，建是建立国家。”[②] 封建不仅仅是一种领土统治方式，还是宗族权力继承权与政治科层制度的综合体。

封建在夏商之时远未显著，多是册封之意。至周公之时为重[③]，并为后世儒生所推崇。封建制成为西周理想政治的一个重要内容，古代学者并未过多重视封建制对周朝开疆拓土之大功[④]，而更重视其带来的伦理文化价值。周代礼

① 王通自言：“《十二策》若行于时，则六经不续矣。”(《中说·述史篇》) 意即若《十二策》行则行王道，不用则退而续六经。另见杜淹《文中子世家》记载：“仁寿三年，文中子冠矣，慨然有济苍生之心，西游长安，见隋文帝。帝坐太极殿召见，因奏《太平策》十有二，策尊王道，推霸略，稽今验古，恢恢乎运天下于指掌矣。帝大悦曰：‘得生几晚矣，天以生赐朕也。’下其议于公卿，公卿不悦。时将有萧墙之衅，文中子知谋之不用也，作《东征之歌》而归，曰：‘我思国家兮，远游京畿。忽逢帝王兮，降礼布衣。遂怀古人之心乎，将兴太平之基。时异事变兮，志乖愿违。吁嗟！道之不行兮，垂翅东归。皇之不断兮，劳身西飞。’帝闻而再征之，不至。四年，帝崩。大业元年，一征又不至，辞以疾。谓所亲曰：‘我周人也，家于祁。永嘉之乱，盖东迁焉，高祖穆公始事魏。魏、周之际，有大功于生人，天子锡之地，始家于河汾，故有坟陇于兹四代矣。兹土也，其人忧深思远，乃有陶唐氏之遗风，先君之所怀也。有敝庐在茅檐，土阶撮如也。道之不行，欲安之乎？退志其道而已。’乃续《诗》《书》，正《礼》《乐》，修《元经》，赞《易》道，九年而‘六经’大就。”可见王通学周公做孔子之事皆有原因。

② 顾颉刚：《周室的封建及其属邦》，见《顾颉刚古史论文集》，第2册，329页，北京，中华书局，1998。

③ 很多学者认为周代之封建制为周公开创。《左传·僖公二十四年》曰：“昔周公吊二叔之不咸，故封建亲戚以藩屏周。”梁启超先生持相同观点，参见梁启超：《先秦政治思想史》，49页。

④ 封建类似殖民之举。上古之时，社会经济水平落后，不足以支撑过多政治分工的阶层和职能。一个国王没有能力亲自管理、控制新得的广袤疆土。封建作为维系国家存在的政治形式体系，一则承接夏、商氏族邦国联盟之精神，一则能较好地管理疆域领土。例如鲁国故地为商之盟国奄国，卫国为商都。封建制成熟之后，中央王朝的统治区域由狭小的黄河流域扩展到现代中国东中部的大部分区域，即《诗经·小雅·北山》所言“溥天之下，莫非王土；率土之滨，莫非王臣”，从而构成了秦汉以降汉文化区域的核心。

乐文化的政治基础即封建制。在封建制下，政治分工和社会分层能够较好地实现。《左传·桓公二年》曰："故天子建国，诸侯立家，卿置侧室，大夫有贰宗，士有隶子弟，庶人、工、商，各有分亲，皆有等衰。是以民服事其上，而下无觊觎。"《荀子·王霸》亦明言周时政治分工体系中诸侯封建之地位，曰"农分田而耕，贾分货而贩，百工分事而劝，士大夫分职而听，建国诸侯之君分土而守，三公总方而议，则天子共己而止矣"。周之礼乐制度、井田制、世卿制也皆以封建制为基础。

与封建制对应的则是郡县制。[①] 郡县制自楚秦始，是战国时代中央集权之产物，是后代主要的领土管理形式。

学者对封建、郡县何者为优一直存在争议。王通赞同封建制的原因很有代表性。依照王通的观点，从功业看，行封建之周存八百年，杂封建郡县的两汉存四百年。[②] 而更重要的是封建制有着理论的完满性，是三代理想政治的核心制度之一。封建之上有世卿、井田、周之制度文采，而郡县之上则无法架构完善的王道制度，反而多导致国家的纷乱。

王通借《续诗》言封建郡县之高下，批郡县制丧王道。

> 子曰："郡县之《政》，其异列国之《风》乎？列国之风深以固，其人笃，曰：'我君不卒求我也。'其上下相安乎？……郡县之政悦以幸，其人慕，曰：'我君不卒抚我也。'其臣主屡迁乎？……虽有善政，未及行也。……故曰：三代之末，尚有仁义存焉；六代之季，仁义尽矣。何则？导人者非其路也。"（《中说·事君篇》）

《续诗·政》为王通仿《诗经·国风》而作。列国即周代之诸侯。封建制至公，周王和诸侯安民以休息。民曰"我君不卒求我也"，言封建制下，君臣诸侯为民，皆不苛民而足己欲，上下相安而仁义王道存。郡县制下君臣导民以利，其民风一反封建之笃固，上下交相利。无世卿制度，"其臣主屡迁"，皆不把治下百姓视作己之子民。民曰"我君不卒抚我也"，言君臣为己之私利，不

① 县者，悬也。君王派官员直接管理所得的新领土，非按旧例分封给贵族做采邑，故无封建之独立性。春秋之际楚秦多征伐兼并小国，领土扩张过速，设郡县初多为权宜之法。后蔚然成风，郡县制渐渐取代了封建制。

② 其实从史实看，周代自武王伐商至平王东迁不过二百多年（前1046—前770年），之后的春秋战国，周王朝名存实亡矣。而比照周朝，西汉封建制并未成为主流。汉朝设封建为反思秦二世而亡之结果，时人多认为秦"内无骨肉本根之辅，外无尺土藩翼之卫"，故天下乱而无法平。而西晋之时，反思曹魏"圈闭亲戚，幽囚子弟"而丧天下，故分封宗室。西汉、西晋所复之封建不全然是西周之封建，皆有现实考量，可西汉、西晋之封建确实给社会带来战乱，西晋甚至因此亡国。

抚慰万民。故三代之末的春秋，有封建，故从《诗经》之《国风》中尚见仁义，而六代（东晋、刘宋、北魏、北齐、北周、隋之六代）之季，无封建，仁义尽失。

王通赞世卿制，言世卿制下君臣之位稳，故其政固。

> 子见牧守屡易，曰："尧舜三载考绩，仲尼三年有成。今旬月而易，吾不知其道。"薛收曰："如何?"子曰："三代之兴，邦家有社稷焉；两汉之盛，牧守有子孙焉。不如是之亟也。无定主而责之以忠，无定民而责之以化，虽曰能之，末由也已。"（《中说·事君篇》）

邦家者，阮逸注为"诸侯称邦，卿大夫称家，立社稷，世奉其祀"。《尚书大传》言"其后子孙虽有罪黜，其采地不黜，使其子孙贤者守之"。周代行封建制，故诸侯、大夫皆有受分封采邑之地，并世代相传、独立管理。王通认为世卿制稳，君臣之位固，故视治下之民为己出。万民有稳定的君臣以尽忠，君臣有稳固的万民以教化。[①] 三代两汉之王道稳固多赖之。

王通还提及井田制，言"人不里居，地不井受，终苟道也，虽舜禹不能理矣"（《中说·关郎篇》）。封建而后有乡遂制度，后有国野之分，井田以此建立。"终苟道也"，王通言里居制、井田制为王道之表现。

总而言之，王通推崇周公，因为他的中道观使得周代王道兴盛，使得周代成为政治道统的核心。王通推崇三代的具体政治制度，因为他认为这些制度能够安民兴化而广王道，使得三代成为王道道统的开端。

二、法两汉

历史上赞两汉之功业者众多，王通无疑是引人注目的学者之一。王通之肯定两汉不仅仅在于功业，而且还在于两汉与三代之质同。[②] 此外，王通还详述两汉之政文以现其王道。

---

① 朱子观点与之相近。朱子言："若论三代之世，则封建好处，便是君民之情相亲，可以久安而无患；不似后世郡县，一二年辄易，虽有贤者，善政亦做不成。"（《朱子语类》卷一百零八）但朱子明言封建不可行于后世，周时与两汉的"封建只是历代循袭，势不容已"。

② 汉人多有自誉汉近三代者，班固《汉书·武帝纪》中言："孝武初立……后嗣得遵洪业，而有三代之风。如武帝之雄才大略，不改文景之恭俭以济斯民，虽《诗》《书》所称，何有加焉!"王充也多言汉同三代，"宣汉之篇，论汉已有圣帝，治已太平；恢国之篇，极论汉德非徒（常）实然，乃在百代之上"（《论衡·须颂》）。朱子也点出了王通将两汉同三代的观点，言"它（王通）有个意思，以为尧舜三代也只与后世一般，也只是偶然做得著"（《朱子语类》卷一百三十九）。

1. “七制之主”“与民更始”

王通先谈两汉安天下之大功。

> 薛收曰：“敢问《续书》之始于汉，何也？”子曰：“六国之弊、亡秦之酷，吾不忍闻也，又焉取皇纲乎？汉之统天下也，其除残秽，与民更始，而兴其视听乎？”（《中说·王道篇》）

更始，意味着重新开始。《上林赋》言：“出德号，省刑罚，改制度，易服色，革正朔，与天下为更始。”“兴其视听”，借《尚书·泰誓》“天视自我民视，天听自我民听”之语，俞樾解为“发动民之耳目也”（《诸子平议补录·文中子》）。

战国纷乱，秦暴虐，王通认为其间无有“皇纲”之王道。而汉之建立，安天下，使得中国百年的战乱为之一清，故从中取王道。王通仿《尚书》作《续书》，意为表赞王道。王通认为《尚书》始于尧舜王道之起，终于周幽王道尽失之时；而《续书》起于西汉，意味着汉承周，以王道治天下。

王通有两汉“七制之主”的说法。七制之主，即两汉七位贤明之主——汉高祖、汉文帝、汉武帝、汉宣帝、东汉光武帝、东汉明帝、东汉章帝。《中说》中对“七制之主”多有褒赞，如：

> 子曰：“七制之主，其人可以即戎矣。”（《中说·王道篇》）

《中说》多有仿借《论语》之处，此句中的“即戎”即出自《论语·子路》“善人教民七年，亦可以即戎矣”。上文言“七制之主”善养教民，百姓心甘情愿为之作战。

王通接言“七制之主”有王道之实。

> 文中子曰：“二帝三王，吾不得而见也，舍两汉将安之乎？大哉七制之主！其以仁义公恕统天下乎！其役简，其刑清；君子乐其道，小人怀其生；四百年间，天下无二志，其有以结人心乎？终之以礼乐，则三王之举也。”（《中说·天地篇》）

上古尧、舜和三代禹、汤、文王之王道皆不足见于文献典章，舍两汉何以寻觅可效法的王道之行？两汉有王道之实，“七制之主”统天下以仁、义、公、恕之德[1]，恰如周公之所为。其政事见王道：除暴秦之弊，简民之劳役，清酷

---

① 阮逸详注仁、义、公、恕，“仁若文帝感缇萦去肉刑，义若武帝杀钩弋防后族之乱，公若明帝不许管陶求郎，恕若章帝赦楚王徙者是也”。此皆“七制之主”的具体行事。

刑之加民。其安天下四百年，凝结天下万民之心，可谓大功。王通明言“七制之主”之时王道为盛，“七制之主，道斯盛矣”（《中说·礼乐篇》），但还是少了礼乐。若袭三代之礼乐，则为“三王之举”，即三代圣王之业。

2. 两汉政文

值得注意的是，王通还具体分析了两汉之政文体例，赞两汉近同三代，其政文光显王道。

> 文中子曰：“汉魏，礼乐其末，不足称也；然书不可废，尚有近古对、议存焉；制、志、诏、册则几乎典诰矣。”（《中说·述史篇》）

汉之礼乐不足称，多有悖礼徇私之行[①]，但其制、志、诏、册“几乎典诰矣”。其中“典诰”是指《尚书》之体例，典即《尧典》《舜典》，诰即《康诰》《酒诰》等九诰。此处言汉代制、志、诏、册近似于三代上古王道之政文。[②]制、志等名词指代政事文本，王通著《续书》的目的之一即以这些文本展现王道。

> 贾琼问《续书》之义，子曰：“天子之义列乎范者有四：曰制，曰诏，曰志，曰策。大臣之义载于业者有七：曰命，曰训，曰对，曰赞，曰议，曰诫，曰谏。”（《中说·周公篇》）

天子之文有四，制、诏、志、策。

“制”，侧重表现明君“尽美于恤人”，对万民之关怀。“诏”，侧重“其见王者之志”，诏书以展现王者之志向。“志”，侧重君王之反省，“志，其惭德于备物乎”。“策”，“其言也典，其致也博，悯而不私，劳而不倦，其惟策乎”（《中说·问易篇》）侧重文书之典雅博览，从中展现君主至公、勤政之意。

臣子文书有七，命、训、对、赞、议、诫、谏。“命”，为君主表彰大臣之文，表现了“君臣经略”的行为。王通赞作命之君臣：“进退消息，不失其几乎！道甚大，物不废，高逝独往，中权契化，自作天命乎!”（《中说·问易

---

① 子曰：“妇人预事而汉道危乎，大臣均权而魏命乱矣，储后不顺而晋室堕矣。此非天也，人谋不臧咎矣夫？”（《中说·述史篇》）汉朝多外戚干政，王莽之乱、董卓之乱皆由外戚而起。王通视两汉之亡与曹魏、西晋相同，皆是人为。子曰：“封禅之费，非古也，徒以夸天下，其秦汉之侈心乎？”（《中说·王道篇》）此即王通批汉之奢欲。

② 自汉武帝独尊儒术后，皇帝的诏书形式为之一变。其格式开篇为称颂先圣王，接着言现实之问题，而后援引经学文献，引上古解决之法并加以解释，最终言具体解决方法。汉元帝时，各项政令与诏书多引经为据。元帝常问大臣“经义何以处之”，要求政事“顺经术意”。

篇》）“对”为贤臣之奏对。“广仁益智，莫善于问；乘事演道，莫善于对。非明君孰能广问？非达臣孰能专对乎？其因宜取类，无不经乎！洋洋乎，晁、董、公孙之对！”（《中说·问易篇》）王通赞晁错之削藩之对，董仲舒、公孙弘之儒学之对，赞君臣问对间体现出的君臣关怀天下福祉之意。“议”为贤臣之议政，“议天子所以兼采而博听也，唯至公之主为能择焉”（《中说·礼乐篇》）。王通盛赞君主至公方能凭贤臣之议了解时局并集思广益。“议其尽天下之心乎？昔黄帝有合宫之听，尧有衢室之问，舜有总章之访，皆议之谓也。大哉乎，并天下之谋，兼天下之智，而理得矣，我何为哉？恭己南面而已。”（《中说·问易篇》）“赞”未详述，王通大抵以此表臣子赞君王德政之文。“诫”，指的是臣子进言以使君王慎行。“诫其至矣乎？古之明王，敬慎所未见，悚惧所未闻，刻于盘盂，勒于几杖。居有常念，动无过事，其诫之功乎！”（《中说·礼乐篇》）“谏”，指的是臣子质责君主之过，“谏其见忠臣之心乎？其志直，其言危”。

王通《续书》多按上文之体例收录两汉君臣王道之政文，惜其不存。王通赞许两汉的政文多显王道之心，近于三代王道之典诰。

3. 援汉法以救时政

王通对取法两汉制度的讨论有着鲜明的现实指向性。王通多批时政之弊，言隋之丧王道。

> 子在长安，杨素、苏夔、李德林皆请见。子与之言，归而有忧色。门人问子，子曰：“素与吾言终日，言政而不及化；夔与吾言终日，言声而不及雅；德林与吾言终日，言文而不及理……二三子皆朝之预议者也，今言政而不及化，是天下无礼也；言声而不及雅，是天下无乐也；言文而不及理，是天下无文也。王道从何而兴乎？吾所以忧也。”门人退，子援琴鼓《荡》之什，门人皆沾襟焉。（《中说·王道篇》）

王通入长安之时，隋文方盛。然隋文喜法恶儒[①]，朝臣多私。“古之仕也以

① 隋文帝即位之初颇重儒学，《隋书·儒林传》序中说：“高祖膺期纂历，平一寰宇，顿天网以掩之，贲旌帛以礼之，设好爵以縻之，于是四海九州强学待问之士靡不毕集焉……于是超擢奇隽，厚赏诸儒，京邑达乎四方，皆启黉校。齐、鲁、赵、魏，学者尤多，负笈追师，不远千里，讲诵之声，道路不绝。中州儒雅之盛，自汉、魏以来，一时而已。”然隋文帝本心喜佛，又尚刑名，《隋书·儒林传》序后言：“及高祖暮年，精华稍竭，不悦儒术，专尚刑名，执政之徒，咸非笃好。暨仁寿间，遂废天下之学，唯存国子一所，弟子七十二人。”儒学为之而衰。王通《中说》中有批刑名者，言“古之为政者，先德而后刑，故其人悦以恕；今之为政者，任刑而弃德，故其人怨以诈”（《中说·事君篇》），盖有批隋中后期多重刑名之意。

行其道，今之仕也以逞其欲，难矣乎！”（《中说·事君篇》）是故天下无礼乐，“王道从何而兴乎？”

隋炀帝好大喜功不恤民力，朝政崩坏。王通言隋炀征辽东为灭败之始。

> 辽东之役，子闻之曰：“祸自此始矣。天子不见伯益赞禹之词，公卿不用魏相讽宣帝之事。”（《中说·周公篇》）

“魏相讽宣帝之事”指的是如下内容：魏相为汉宣帝时丞相，谏宣帝勿因好大喜功而攻匈奴，朝廷遂不以兵威而使匈奴归附。王通担忧隋炀帝因好大喜功而征伐辽东，恐致国政败乱。隋炀帝即位后多次征召王通，王通皆拒之。在认为隋炀帝之时兴王道彻底无望后，王通发出“王道从何而兴乎”之叹，遂续六经以待后贤。

> 文中子曰：“制命不及黄初，志事不及太熙，褒贬不及仁寿。”叔恬曰：“何谓也？”子泫然曰：“仁寿、大业之际，其事忍容言邪？”（《中说·立命篇》）

仁寿、大业间即隋文崩而隋炀立之时。时人多以隋炀帝弑父夺位，王通亦然，故泫然而不言。其子王福畤所作《录关子明事》言：“仁寿四年甲子，文中子谒见高祖，而道不行。大业之政甚于桀、纣。于是文中子曰：‘不可以有为矣。’遂退居汾阳，续《诗》《书》，论礼乐。”王通视隋炀帝为桀纣，王道尽失。两汉尊孝，轻刑，重儒，安民休息，这些同隋时形成巨大的反差。所以王通讨论两汉可法的目的在于救时弊。

三、经权之中——太平可致

王通论宗周法汉并未落在讨论如何恪守周汉的具体制度上，而是用中道具体分析了西周、两汉，并得出了自己的王道道统论。

王通虽赞两汉，但指出两汉未“终之以礼乐”。两汉虽近王道，然王通言其礼法之衰，故唯取其制度。

> 薛收曰：“帝制其出王道乎？”子曰：“不能出也。后之帝者，非昔之帝也。其杂百王之道，而取帝名乎？其心正，其迹谲，其乘秦之弊，不得已而称之乎？政则苟简，岂若唐、虞、三代之纯懿乎？是以富人则可，典礼则未。”（《中说·问易篇》）

此段提及两种帝王，“昔之帝”为三代的帝王，“后之帝”特指两汉的帝王。虽两汉多有行王道之实，但终与三代之圣王不同。王通批评两汉帝王虽有王道之心，即“其心正”，但其行多有违道之举，即“其迹谲”，以“帝”称之只是表彰其除暴秦之弊安天下之大功，非言“七制之主”可与三代圣王等同。故两汉只能使民富足，不能行三代之礼乐而使得政事达三代至善。

但三代也非全然可法。

> 子曰：“唐虞之道直以大，故以揖让终焉，必也。有圣人承之，何必定法？其道甚阔，不可格于后。夏商之道直以简，故以放弑终焉，必也。有圣人扶之，何必在我？其道亦旷，不可制于下。如有用我者，吾其为周公所为乎？”（《中说·天地篇》）

三代之理想政治意指三代立国之初禹、汤、文、武之圣王时代。三代之末皆有昏主，桀、纣、幽王是也。唐虞之道以揖让者，“揖让”即禅让制度。禅让之行宽阔至公，不可为后世所法。[①] 夏商君主禹汤皆为圣王，然其道简而旷，故终以桀纣，不可为后世所法。[②] 三代之政治模式中，王通唯取周代礼乐典章和周公之道。

王通又言，从功业看，三代之君主不如两汉君主显赫。

> 贾琼曰：“《书》无制而有命，何也？”子曰：“天下其无王而有臣乎？”曰：“两汉有制、志，何也？”子曰：“制其尽美于恤人乎？志其慚德于备物乎？”（《中说·问易篇》）

“制”是表彰君主大德的政文。记载三代王道的《尚书》中只有表彰大臣之“命”的政文，而无表彰君主王道的制文。王通认为其原因是三代之时虽有粹然王道，但行王道之君主多是开国之君，随后的君主之王道功业不如其臣子显见。“天下其无王而有臣乎？”《尚书》凡九“命”，多为君王表彰臣子之文，

---

① 不过王通还是多赞让国之举的。《中说·王道篇》中贾琼习《书》至《桓荣之命》，曰：“洋洋乎！光、明之业。天实监尔，能不以揖让终乎！”光武帝太子让国与弟，即汉明帝。贾琼为王通弟子，习王通之《续书》而言王通赞明帝之兄的让国之举。王通赞让国之举动，又言“陈思王可谓达理者也，以天下让，时人莫之知也”（《中说·事君篇》），将曹植之举视作让国，此观点颇奇异。此或有时政之影响，文帝代周建隋即以禅让之法。王通赞让国之举或从此来。

② 儒家对二帝三王多有高下判分。《孟子·尽心下》言：“尧舜，性者也；汤武，反之也。”尧舜体善性，汤武必须反身而有。故儒家并未将三代视作绝对完满，只是对这方面少有论及。

如《微子之命》《蔡仲之命》[①]《文侯之命》[②]。而《续书》中则多载两汉“制”“志”的君王政文，彰明两汉君主之行王道。“制”，“其尽美于恤人乎?”；而“志”意为明君王德性尚不足，需借“志”以表惭愧之意。两汉之行王道，虽未有三代君主之纯德，但对万民多有安恤，而且多借“志”文以鞭策上进。

故王通之宗周法汉是分而言之的。不以三代之美而尽复之，三代因法阔简而不可恪守，取其礼乐与周公之中道；不以两汉近王道而尽法之，两汉因其违道之迹而不可恪守，取其安天下之举，取“七制之主”君臣王道之政文。故王通言三代之法不可废，两汉之制亦不可废。

> 文中子曰：“四民不分，五等不建，六官不职，九服不序，皇《坟》帝《典》不得而识矣。不以三代之法统天下，终危邦也。如不得已，其两汉之制乎？不以两汉之制辅天下者，诚乱也已。”(《中说·关郎篇》)

故三代为至极，周公起，分四民，立五等六官，设九服，礼乐明而典诰光，必法之以复理想至世。两汉次之，以政法显，故必法之以救时弊。二者皆是王道道统之组成。若不行两汉之制，则天下为乱失；若行两汉之制，而不加之以三代之法，则天下虽不乱失然终危矣。

王道道统的实践和延续不是复归三代之制，也不是仿习两汉之制，而是取周汉二者之中。

> 贾琼问：“太平可致乎?”子曰：“五常之典，三王之诰，两汉之制，粲然可见矣。”(《中说·问易篇》)

王通认为，太平之世不再是全然的上古三代，而是三代两汉之中道。

值得注意的是，这种对理想政治分而论之的方法也见诸其他学者，例如荀子言法后王，其意在于言孟子之学“略法先王而不知其统”，不知法先王者为法道统，非具体之三代礼仪法度。法先王之后更要损益先王之法方可。梁启雄先生就认同此观点，并认为荀子法先王者言法先王之道，法后王者言法后王之政教。二者间并无高低先后之分。[③] 这种思考路径同王通颇有类似之处。

王通的思想核心是王道思想。他从儒家政治哲学视角入手，详细分析了北

---

① 二文皆是周公平武庚、蔡叔管叔之乱后，代天子之责，策命微子、蔡仲之文，皆是彰周公之功文。

② 该文为周平王表彰晋文侯之文。文侯佐东周，平幽王所引犬戎之乱。《尚书》虽有古文今文之争，然“命”多是君主表彰臣子之德的政文。

③ 参见梁启雄：《荀子简释》，230页，北京，中华书局，1983。

魏正统论和取法两汉论。在具体的论述中，王通展现了王道是如何在具体历史政治环境中被运用的：通过正统论来说明王道观在夷夏之别的天下中的运用；通过道统论来展现王道观如何从理想政治走入现实实践。王通政治哲学思想的目的在于重新塑造王道在现实政治中的本然地位。

在具体的历史中，对王道实践而言，夷夏议题有时是一种挑战。虽然儒家思想自上古起就认同以文化区分夷夏，坚持以夏变夷，认同王道观具有统摄夷夏双方的普世性。但在血腥的民族冲突面前，夷夏双方皆通过分立彼此的文化政治以获得民族凝聚力，皆选择夷夏大防而相互对抗征伐。此时的王道思想看似不合时宜。夷狄有自身的政治价值体系，有着强大的军事和政治实力，以夷变夏是很自然的选择。王道观并不是一个必选项。对于此时的华夏政权，抵抗夷狄入侵尚且勉强，何谈以夏变夷？华夏视夷狄为“非我族类，其心必异”，故王道思想此时不再具有普世性的价值。但王通的探讨却展现了王道观的积极维度。通过经权王道，王通具体分析了南北朝时期的正统议题，指出夷夏皆为中国之所在，而北魏视己为中国主，故主动以夏变夷，保中国之道全，保中国之民安。这些王道之行是其得正统的原因。这些思考和论述彰显了王道是中国之道的事实，打破了夷夏双方王道观的局限性，展现了解决夷夏议题和王道实践二者冲突的可能途径。

王道实践中的另一个具体困境是如何看待王道实践，即王道只是三代的理论架构还是历史中的具体实践，如何建构出王道的道统？[①] 从历史来看，无论三代还是汉唐等典范，其被后世推崇的理想政治都有着黑暗的一面。例如，《竹书纪年》中所记尧、舜、禹之夺天下，孟子言武王“流血漂橹”之事等。但从理论建构的角度，儒家思想需要设定纯然王道的三代，并在此基础上承载王道道统。理论和历史冲突的结果是学者将三代神话，将汉唐妖魔化，无视其间具体的政治得失。而王通的态度则要中肯得多。王通详细考察了三代两汉作为理想政治的存在。他看到了具体历史境遇之下王道有着不同的展现，故认为三代两汉有同于王道之处，皆可取法，但二者也皆有不可格于后之处。三代展

---

① 此即陈亮与朱子之辩的核心。陈亮论点之基础是“人不立则天地不能以独运，舍天地则无以为道矣”，赞汉高唐宗者，“亦非专为汉唐分疏也，正欲明天地常运而人为常不息”。故汉唐君主功业之盛正是因其行王道。若同朱子所言王道不行于三代之后，那么“信斯言也，千五百年之间，天地亦是架漏过时，而人心亦是牵补度日。万物何以阜蕃，而道何以常存乎？”而朱子论点之基础为“不必求之于古今王伯之迹，但反之于吾心义利邪正之间”。汉唐君主之行皆出私欲，虽功业至伟，然本就假仁之举，何来褒赞？而三代以王道治世，其理粹。这场辩论影响深远，牟宗三先生评此为中国哲学史十大争论之一。

现了王道之价值意义，但缺失了现实制度意义；两汉展现了王道的制度价值，却不能显明王道的德性价值。所以王道道统不能限制于三代两汉，而应着眼于经权后的现实。故王道之体亘古长存，于周取其礼、乐，于汉取其政、制。每个时代都可以在不同的王道实践中展现自己对理想政治的思考，展现自身基于历史、社会境遇而选择的不同的王道实践，展现自身对王道道统的继承。

应当看到，无论是论及正统论和道统论，王通都展现出了强烈的重塑王道的使命感。《中说》首篇就是《王道篇》，在《王道篇》的首段，王通称："余小子获睹成训，勤九载矣。服先人之义，稽仲尼之心，天人之事，帝王之道，昭昭乎!"王通称，自己承接先辈之学，九年而续六经，承孔子之道统，最终昭明天人之事、帝王之道。重塑王道成为王通理论的最终指向。

王通的思想对初唐政治有着一定的积极作用。例如，王夫之就认为王通"有开唐之文教"之功[①]，而龚鹏程先生认为"王通那种着重政教制度的精神，已经具体表现于（初唐政治的）事功之中"。这些内容值得进一步深入研究。

此外，还要注意到王通中道观的重要价值。王通在讨论正统议题之时，未以夷夏别而否定北魏之功，未因华夏尊而忽视南朝之弊。在讨论理想政治议题时，未以三代尽美而尽法，未以两汉之弊而弃其法制，皆从中道而不落两偏。故王通言"化至九变，王道其明乎"（《中说·王道篇》）。"通其变，天下无弊法；执其方，天下无善教。"（《中说·周公篇》）这种中道观的学术意义也值得进一步深入研究。

刘璞宁

参考文献

康乐．从西郊到南郊：国家祭典与北魏政治．台北：稻乡出版社，1995.

俞樾．诸子平议补录·文中子．北京：中华书局，1956.

朱熹．四书章句集注．北京：中华书局，1983.

钱穆．宋明理学概述．北京：九州出版社，2010.

陈启智．中国儒学史·隋唐卷．北京：北京大学出版社，2011.

汪继培，彭铎．潜夫论笺校正．北京：中华书局，1985.

陈连开．中国民族史纲要．北京：中国财政经济出版社，1999.

翁独健．中国民族关系史纲要．北京：中国社会科学出版社，2001.

刘泽华．中国传统政治哲学与社会整合．北京：中国社会科学出版社，2000.

钱穆．中国文化史导论．北京：商务印书馆，1994.

---

① 参见陈启智：《中国儒学史·隋唐卷》，60页。

第六章
韩愈的仁义道统论和文化中国说

苏轼在《潮州韩文公庙碑》一文中历数："自东汉以来，道丧文弊，异端并起，历唐贞观、开元之盛，辅以房、杜、姚、宋而不能救。独韩文公起布衣，谈笑而麾之，天下靡然从公，复归于正，盖三百年于此矣。文起八代之衰，而道济天下之溺；忠犯人主之怒，而勇夺三军之帅：此岂非参天地，关盛衰，浩然而独存者乎?"(《东坡后集·潮州韩文公庙碑》)这里被苏轼所激赏和推重的韩文公就是唐代著名的儒者、一代文豪韩愈。

韩愈，字退之，生于公元 768 年（唐代宗大历三年），卒于公元 824 年（唐穆宗长庆四年），河南河阳（今河南焦作孟州市）人，但韩姓郡望在昌黎郡（今辽宁省义县，一说河北省昌黎县），因此韩愈自称昌黎韩愈，世称"韩昌黎"。其晚年任吏部侍郎，又称"韩吏部"，卒谥"文"，又称"韩文公"。

韩愈出生于一个累世官宦的书香之家，"幼刻苦学儒，不俟奖励"(《旧唐书·韩愈传》)。受到家学熏陶，他自幼便深深服膺于儒家文化，"非三代两汉之书不敢观，非圣人之志不敢存"(《答李翊书》)。韩愈自幼便崇信孔孟之道，立志于学，据记载，韩愈一日能记诵数千言，言出成文。所学包括经、史、百家之言，以儒家文化的经典为主。[①] 在不断学习和思考中，他逐渐形成了有别于流俗的独到的思想主张。成年之后的韩愈尊崇儒家道统，并自任正统；力辟佛老"异端"，重新为中唐的社会注入了儒家思想的新风；对先秦两汉的古文也情有独钟，力倡"古文运动"以矫正时文的绮靡无力与矫揉造作；大力提携后进，形成韩孟、苦吟等诗派。韩愈在文化上的影响和贡献颇多。

---

① 《新唐书·韩愈传》："愈自知读书，日记数千百言，比长，尽能通《六经》、百家学。"

儒家的政治哲学是仁义政治哲学，仁义是儒家政治哲学的基本价值。韩愈等人所发起的“古文运动”，是一场以文学运动形式所开展的思想运动，同时也是一场儒家文化复兴运动。韩愈对儒家仁义之道的重申，确立了一个新儒学运动的典范：每一次儒学复兴运动，必定是以重新发扬仁义之道作为开端。本文从政治哲学的视角出发，关注的重点是韩愈从儒家视角出发对仁义道统和文化中国的新思考。

第一节　唤醒儒家的古文运动

韩愈给儒家文化以及中国文化带来的冲击是巨大的。“诗豪”刘禹锡在《祭韩吏部文》中对他有一段绝高的评价——

> 君自幽谷，升于高岑。鸾凤一鸣，蜩螗革音。手持文柄，高视寰海。权衡低昂，瞻我所在。三十余年，声名塞天。(《刘宾客外集·卷十》)

诚然，韩愈所搅动的无一不是最富争议、最易为人所挑战甚至质疑的话题。就连他的去世都成为千古争讼的话题①，更遑论他辟佛老、摒时文，自任道统、开启古文运动。他不仅仅是时代的旗手，更是文化的先驱。

作为文坛诗坛的领袖，他广交文友，提携奖掖，不遗余力。他不仅大力称赞比他年长的孟郊，还奖拔比他年轻的贾岛，又鼓励李贺这位天才诗人，为他因避父讳而不得参加科举而大声疾呼。此外，他还与皇甫湜、卢仝、樊宗师、刘叉、李翱等有密切交往。因此，在韩愈生前身后，都有一批重要的思想和文化的追随者。

同样，韩愈作为古文运动的倡导者和旗手，也作为高扬儒家道统的儒者，对唐末李翱、皇甫湜的儒学思想以及宋、明时代的儒家思想也有深刻的影响。甚至儒家核心经典《大学》《中庸》被重点关注直到成为儒家的核心经典“四书”中的一分子，都和韩愈、李翱的重视和传承分不开。尽管宋儒对韩愈的为

① 五代时的陶穀在《清异录》中说：“昌黎公愈晚年颇亲脂粉。服食用硫磺末搅粥饭啖鸡男，不使交，千日烹庖，名‘火灵库’。公间日进一只焉，始亦见功，终致绝命。”但清代方崧卿、李季可、钱大昕等都认为陶穀的说法是“诬谤前贤”。李季可、钱大昕提出，韩愈曾在去世前一年写过一篇《李干墓志》，批评了六七个人，这六七个人都是因为炼丹服药而死的。韩愈不可能是表面上斥责别人，而暗地里却自己“试祸”之人。

人和思想评价不一，但宋初开始的宋明理学思想便继承了韩愈对佛教的批判精神。尤其是南宋的朱熹以“辟佛”为己任，称“异端虚无寂灭之教，其高过于大学而无实”（《大学章句序》），“异端之说日新月盛，以至于老佛之徒出，则弥近理而大乱真矣”（《中庸章句序》），把佛学当作当代的墨翟杨朱之学大加挞伐。虽然韩愈的谏迎佛骨在当时没有达到他期待的效果，但在几年、几十年以后，他的“辟佛”思想在社会上产生了极大影响。在宋儒的眼中，汉唐诸儒教人直如痴人说梦，“只有个韩文公，依稀说得略似耳”（《朱子语类》卷九十三）。正是这个“依稀说个略似”的韩愈，把醉心于三教合流而失了本根的儒生们从睡梦中唤醒，教会他们思考什么是儒家区别于其他学派的“定名”，让儒生们认识到记载儒家圣贤言论的典籍并不是取决于个人兴趣的玩好，而是对文化中国的守护。

一、“三教可一”误儒生

常言道：“文必秦汉，诗必盛唐。”人们看到的往往是以诗歌与战争为重要载体的盛唐气象所造就的唐人积极进取的性格气度与宏远辽阔的时代格局。但在此气度与格局的背后，是深厚的文化底蕴的温养和浸润。换句话说，是唐人对儒释道三家思想兼收并蓄的广博心胸和对道德人格的高度坚持造就了大唐盛世。

站在唐代的历史时空下，回顾儒释道三家，可以看到悠久博厚的文化底蕴以及盛况空前的思想依皈。

在儒家思想经历了魏晋玄学的时期与道家思想的交融以及南北朝时期与佛学的互通之后，儒释道三家的思想在现实社会中以不同的教化和影响方式成为中国社会牢不可破的文化底色。尤其到了唐代，上至帝王将相，下到市井小民，社会对三教文化的热衷是迥超前代的。

在隋末大儒文中子王通“三教可一”思想的影响下，在他的诸位出色弟子如魏徵、房玄龄、杜如晦等人的经营下，儒家思想从道德认知到社会法律制度各个方面都呈现出新的活力。与此同时，道家思想与佛学思想也得到了充分的重视和发展。朝廷讲论三教思想并不断对三教之先后顺序进行调整，尤其是释道思想在唐代政权的确立与政权的更替过程中甚至起到了决定性的作用。

唐朝李姓，奉老子李耳为其先祖，故此初唐以降，道家思想的地位便显得无比尊崇。武德八年，唐高祖李渊曾将三家排序，为道家争名，颁布《先老后释诏》：“老教孔教此土先宗。释教后兴宜崇客礼。令老先次孔末后释宗。”

(《续高僧传·释慧乘传》)

虽然尊崇老子，但唐代并未将道家思想定为一尊，而是在释道之争中维持一种文化的微妙平衡。而且在武德九年，高祖李渊还是接受了南北朝时期佞佛的历史教训，以“京师寺观不甚清净”为由，下诏淘汰不合格的僧尼道士，减少并规定道观寺院的数量：

近代以来，多立寺舍，不求闲旷之境，唯趋喧杂之方。缮采崎岖，栋宇殊拓，错舛隐匿，诱纳奸邪。或有接延鄽邸，邻近屠酤，埃尘满室，膻腥盈道。徒长轻慢之心，有亏崇敬之义。且老氏垂化，本[1]贵冲虚，养志无为，遗情物外。全真守一，是谓玄门，驱驰世务，尤乖宗旨。

朕膺期驭宇，兴隆教法，志思利益，情在护持。欲使玉石区分，薰莸有辨，长存妙道，永固福田，正本澄源，宜从沙汰。诸僧、尼、道士、女冠等，有精勤练行、守戒律者，并令大寺观居住，给衣食，勿令乏短。其不能精进、戒行有阙、不堪供养者，并令罢遣，各还桑梓。所司明为条式，务依法教，违制之事，悉宜停断。京城留寺三所，观二所。其余天下诸州，各留一所。余悉罢之。事竟不行。(《旧唐书·高祖本纪》)

唐高祖的这一做法，无疑是建立在维护李唐王朝长治久安的目的之上的，但结果是以李渊高祖之威，其诏令的落实竟然是“事竟不行”，由此亦可见经历了南北朝时期和隋代皇帝的尊崇提倡，佛道思想在士大夫心中以及世俗社会中已经产生了巨大而广泛的影响。

面对如此现状，尽管唐太宗李世民也崇信佛道，但他也十分清楚治理国家的要害所在，因此他在即位之初便明确了治国的思路。《贞观政要》开篇便记载：

贞观初，太宗谓侍臣曰：“为君之道，必须先存百姓。若损百姓以奉其身，犹割股以啖腹，腹饱而身毙。若安天下，必须先正其身，未有身正而影曲，上治而下乱者。朕每思伤其身者不在外物，皆由嗜欲以成其祸。若耽嗜滋味，玩悦声色，所欲既多，所损亦大，既妨政事，又扰生民。且复出一非理之言，万姓为之解体，怨讟既作，离叛亦兴。朕每思此，不敢纵逸。”(《贞观政要·君道第一》)

“若安天下，必须先正其身，未有身正而影曲，上治而下乱者”，此语与孔

---

① “本”，他本作“实”。

子之言——“其身正，不令而行；其不正，虽令不从”（《论语·子路》）及曾子之言——“壹是皆以修身为本。其本乱而末治者否矣”（《大学》）何其相似。不论唐太宗李世民此语发自肺腑还是统治所需，其认知与儒家圣哲思想是完全相通的。因此，在他即位之初便着力于重用儒生，倡导儒学。

> 太宗初践阼，即于正殿之左置弘文馆，精选天下文儒，令以本官兼署学士，给以五品珍膳，更日宿直，以听朝之隙引入内殿，讨论坟典，商略政事，或至夜分乃罢。又诏勋贤三品以上子孙为弘文学生。（《贞观政要·崇儒学》）

弘文馆就是唐高祖李渊在武德四年置于门下省的修文馆。太宗即位后，改名弘文馆。置学士，学士除了负责校正经籍、教授生徒之外，还参议政事。

此外，唐太宗还对唐朝的教育制度进行了重大的改革。将隋朝设立的国子学改称国子监，并将其作为独立的教育行政机构，极大地提高了国子监的地位和作用。据《旧唐书》所载：“凡六学[①]，皆隶于国子监。”（《旧唐书·高宗本纪》）

> 贞观二年，诏停周公为先圣，始立孔子庙堂于国学，稽式旧典，以仲尼为先圣，颜子为先师，两边俎豆干戚之容，始备于兹矣。是岁大收天下儒士，赐帛给传，令诣京师，擢以不次，布在廊庙者甚众。学生通一大经以上，咸得署吏。国学增筑学舍四百余间，国子、太学、四门、广文亦增置生员，其书、算各置博士、学生，以备众艺。太宗又数幸国学，令祭酒、司业、博士讲论，毕，各赐以束帛。四方儒生负书而至者，盖以千数。俄而吐蕃及高昌、高丽、新罗等诸夷酋长，亦遣子弟请入于学。于是国学之内，鼓箧升讲筵者，几至万人，儒学之兴，古昔未有也。（《贞观政要·崇儒学第二十七》）[②]

在国子监举行以孔子为主的祭祀，重用通经的儒生，增加国子监的招生规模，全国儒生乃至诸藩属国子弟都竞相投考国子监。甚而太宗多次亲临国子监令祭酒、博士讲论，听取当代大儒讲论经典。在当时，能通一部经典便可以得到署吏之职。其后，太宗再次颁诏，厘定“五经”，崇祀先代大儒：

> 太宗又以经籍去圣久远，文字多讹谬，诏前中书侍郎颜师古考定《五经》，颁于天下，命学者习焉。又以儒学多门，章句繁杂，诏国子祭酒孔

---

① 所谓六学，即国子学、太学、四门学、律学、书学和算学。

② 其事亦见于《旧唐书·儒学传序》。

颖达与诸儒撰定《五经》义疏，凡一百七十卷，名曰《五经正义》，令天下传习。十四年，诏曰："梁皇侃、褚仲都，周熊安生、沈重，陈沈文阿、周弘正、张讥，隋何妥、刘炫等，并前代名儒，经术可纪。加以所在学徒，多行其疏，宜加优异，以劝后生。可访其子孙见在者，录名奏闻，当加引擢。"二十一年，又诏曰："左丘明、卜子夏、公羊高、谷梁赤、伏胜、高堂生、戴圣、毛苌、孔安国、刘向、郑众、杜子春、马融、卢植、郑玄、服虔、何休、王肃、王弼、杜元凯、范宁等二十一人，并用其书，垂于国胄。既行其道，理合褒崇。自今有事太学，可与颜子俱配享孔子庙堂。"其尊重儒道如此。(《旧唐书·儒学传序》)

太宗对儒家思想的重视与热衷于此可见一斑。但经历了汉代儒学理论化和谶纬化的重大变革之后，唐代尊儒不同于两汉，也有别于宋明。唐朝的儒学是务实而稳健的，既不过分讲求《春秋》的微言大义，也不侈谈"天人交感"等儒学的奥义，但对于像《孝经》这样可以实现"以顺天下，民用和睦，上下无怨"(《孝经·开宗明义章》) 的儒学经典则颇为重视。唐代儒学淡化了理论色彩，而更加强调儒学的经世致用功效。唐初以来以魏徵、房玄龄、杜如晦、李靖等为代表的儒生都致力于儒学对当下社会生活的规范和改造。从严格意义上来说，除了韩愈与李翱，唐代几乎找不到儒家的思想家和理论家，但唐代社会对儒学的尊重和重视是一以贯之的。

贞观十七年十一月，唐太宗有了皇太孙之后，亲自到太子府中告诫太子："尔国之储贰，府藏是同。金玉绮罗，不足为赐。但先圣典籍，可为鉴诫耳。因赐《尚书》《毛诗》《孝经》各一部。"(《唐会要·皇太孙》) 太子太傅萧瑀"陈其要旨，申明义趣。可为深诫者，皆委曲言之"(《唐会要·皇太孙》)。

仪凤三年三月，唐高宗敕令将《孝经》与《道德经》列为上经，"贡举皆须兼通"(《唐会要·选部下》)。武则天长寿年间曾一度停习《老子》，但《孝经》始终是科举考试的指定科目。

开元十年六月，唐玄宗把自己亲自注解的《孝经》颁于天下及国子学。天宝二年二月，玄宗又把重注的《孝经》颁行于天下。[1] 天宝三年十二月再次敕令：

① 《唐会要·修撰》："十年六月二日，上注《孝经》，颁于天下及国子学。至天宝二年五月二十二日，上重注，亦颁于天下。"

> 敕自今已后，宜令天下家藏孝经一本，精勤教习。学校之中，倍加传授。州县官长，明申劝课焉。（《唐会要·学校》）

玄宗把尊儒和普及教育结合起来，也主要是着眼于儒学的社会效用。唐人务实之风于此可以明见。

但这种务实一旦过头便会产生极端的功利主义。《唐摭言》记载：“（太宗）私幸端门，见新进士缀行而出，喜曰：‘天下英雄入吾彀中矣！’”（《唐摭言·卷一》）《旧唐书》也记载：“高宗嗣位，政教渐衰，薄于儒术，尤重文吏。……及则天称制，以权道临下，不吝官爵，取悦当时。其国子祭酒，多授诸王及驸马都尉。……至于博士、助教，唯有学官之名，多非儒雅之实。……生徒不复以经学为意，唯苟希侥幸。”（《旧唐书·儒学传序》）皇权对儒学的利用所产生的负面影响是巨大的。孔子说“学而优则仕”（《论语·子张》），但一旦将儒学变成入仕的敲门砖、名利的垫脚石，孔子所倡导的德位相配的儒家精神境界便不复存在了。

唐朝社会儒释道三家思想之所以可以兼收并蓄，共同发展，得益于当时社会风气的开放和多民族多地域文化的融合。

儒家思想在产生之后就不断与其他思想进行着交融和碰撞。先秦百家争鸣时期儒家思想与道家墨家、法家思想的论辩姑且不论，在政治与社会层面上，儒家思想在汉初已经经历过一次与黄老思想的交融与碰撞，因此才会产生董仲舒的“天人三策”，才会有两汉谶纬之学的盛行。这种融合首先体现在了思想和文化的层面上。

从东汉末年的藩镇割据开始，魏晋南北朝经历了近400年的漫长的社会动荡。而恰恰是在这一时期，中国的原生态宗教道教出现了。道教的产生虽然和道家有着千丝万缕的关系，但其并非道家思想发展的必然结果，反而是当时社会中生活在社会底层的民众对东汉时期日渐腐朽的权贵豪强奋起反抗的一种手段，因此道教就天然不同于道家的超凡脱俗，具有极强的现实和功利的色彩。所以儒家思想中的人神关系、礼仪文化随处可见。也可以说东汉张道陵所开创的道教，是道家思想与儒家思想共同的产物。这次融合更多地体现在社会政治层面上。

同时，在这动荡的400年中，佛教思想在中国也经历了一个无比迅猛的发展时期。但佛教在中国的四次巨大的劫难——“三武一宗”[①] 灭佛——有三次

---

① 在中国佛教史上，先后经历过北魏太武帝、北周武帝、唐武宗、后周世宗四位皇帝的灭佛，这四位皇帝被后世称为“三武一宗”。

发生在这一时期。换句话说，这一动荡时期佛教思想的盛衰也是这一南亚传来中土的外来思想与中国本土思想的交融与碰撞的结果。佛教所言中土的大乘气象正是儒家思想在入世担当层面上的表现。而佛教在中国广大地区的兴盛所形成的诸如禅宗、净土宗、华严宗、天台宗等，无一不是融合吸收了儒家思想和道家思想的新兴宗教。

从这个意义上说，儒释道三家思想从其相接触的开始便处在不断的碰撞和交融过程中。而在这融合的过程中，儒家思想始终处在主流和中心地位。即使在汉朝黄老思想盛行的时期，《论语》与《孝经》《孟子》《尔雅》也始终改造和影响着整个社会。东汉经学家赵岐在其《孟子题辞》中有言："汉兴，除秦虐禁，开延道德，孝文皇帝欲广游学之路，《论语》《孝经》《孟子》《尔雅》皆置博士。"（《孟子正义》）汉代皇帝十分重视孝道孝行，也一直把"以孝治天下"（《孝经·孝治章》）作为刘氏王朝的治国理念。在官员的选用上，以"举孝廉"[①] 为目的的"察举"与"征辟"制度首先看重的是被选用者的孝行和方正廉洁这些德行，这都是儒家思想最核心的价值。即使是魏晋南北朝时期的玄学思想，也饱含了儒家"明哲保身"[②] 的思想和活在当下的现实关怀。晋代以及随后的南北朝的多个朝代，由于权力的不断快速更迭，以及皇权的取得不够光明正大，统治者没有足够的底气强调忠君，而是把孝道思想发挥到了登峰造极的地步，并希望通过对《孝经》——准确地说是对《孝经》中提出的"移孝作忠"[③] 的思想——的大力提倡，解决臣下不敬、不忠的问题和政权合法性的问题。到了隋唐时期，由隋文帝所创立的"科举"考试虽然有不同的考试要求，但"明经科""进士科"却始终都以儒家思想为重要考核内容。[④] 即使自认为是虔诚的佛门中人的女皇武则天，也非但没有破坏这一人才选拔机制，而且还将其改进完善，使其更加合乎儒家思想的特质。

同时，从汉代"引经入律""春秋决狱"开始，中国的法律制度便始终都以儒家的思想和礼的精神作为底色。尤其是代表中华法系最高水准的《唐律疏

---

① 举孝廉是汉代察举制中最为重要的岁举科目，"名公巨卿多出之"，是汉代政府官员的重要来源。被推选为孝廉的人必须符合下列条件："一曰德行高妙，志洁清白；二曰学通行修，经通博士；三曰明达法令，足以决疑，能案章覆问，文中御史；四曰刚毅多略，遭事不惑，明足以决，才任三辅令。"（《后汉书·百官志一·注》）

② 语本《诗·大雅·烝民》："既明且哲，以保其身。"孔颖达疏："既能明晓善恶，且又是非辨知，以此明哲，择安去危，而保全其身，不有祸败。"

③ 《孝经·广扬名章》："子曰：'君子之事亲孝，故忠可移于君。'"

④ 参见刘海峰、李兵：《中国科举史》，上海，东方出版中心，2004。

议》，是法律儒家化的最完美的表现，充分体现了儒家“德礼为政教之本，刑罚为政教之用”（《唐律疏议·名例》）的治国思想。

而且，中国社会传承千年的“宗法制”“氏族门阀”都是在儒家思想的不断作用下日渐完善成熟的自组织体系。《大学》中所揭示的“修身”“齐家”“治国”“平天下”的“大学之道”，既是君子修身的不二法门，也是实现良好的社会治理的理想模型，而“宗法制”以及后世出现的乡约族规便是齐家过程中的自然产物。

儒家思想虽然经常被称作三教之一，如前面提到的文中子也在其主张中强调“三教可一”，但也并未以宗教的面貌示人[①]，更没有脱离于世俗之外形成一套自洽自足的思想体系。儒家思想积极入世的特点使其在社会生活的诸多方面都起到了主导作用，儒家的教化与现实社会中的人伦道德教化已经水乳交融、密不可分了。这也是儒家思想居于主导地位的主要表现。

二、“文以载道”原道统

古文运动的口号是“文以载道”。“文以载道”，载的究竟是什么道？这个决定古文运动根本宗旨的理论问题，是由韩愈来回答的。

韩愈生活的中唐时期，“安史之乱”的创伤尚未恢复，王维、李白、杜甫等大诗人也相继去世，盛唐气象日渐衰微，盛唐诗人所独有的远大的理想与抱负、济世救民的思想情怀已经被盛世不再、英雄迟暮的忧伤与个人时运不济的伤感与惆怅所替代，仍然不时地关注着社会、试图在拯救社会中实现自己的抱负和理想者寥若晨星。于是乎自六朝以来便一直在宫廷和文人间占据一席之地的绮靡艳丽的宫体诗，在这些对前途失望的王孙贵族、文人士子或逃避现实或追求病态的情调的心态下，得到了更为广泛的追捧。大历、贞元以来的诗文格局日下，观察细致、体验入微，但想象力不足，气势单薄。韩愈的诗则一洗当时诗坛平庸的颓风，以其宏大的气魄、丰富且奇崛险怪的想象，抒情言志、嬉笑怒骂，自成一格。晚唐诗论家司空图对其诗评价为“驱驾气势，若掀雷抉电，奋腾于天地之间”（《题柳柳州集后》）。

韩愈多数的诗气势雄伟，想象奇特。如《山南郑相公樊员外酬答为诗其末咸有见语樊封以示愈依赋十四韵以献》：

---

① 严格来说，儒家思想在其发展的几千年中，从未被明确地定义为宗教意义上的儒教，历代出现的被称作儒教或者孔教的组织也不是严格意义上的宗教组织，而是一种社会人文教化的形式。

梁维西南屏，山厉水刻屈。禀生肖劚刚，难谐在民物。
荣公鼎轴老，享斡力健倔。帝咨女予往，牙纛前岔坲。
威风挟惠气，盖壤两劘拂。茫漫华黑间，指画变恍欻。
诚既富而美，章汇霍炳蔚。日延讲大训，龟判错衮黻。
樊子坐宾署，演孔刮老佛。金舂撼玉应，厥臭剧蕙郁。
遗我一言重，跽受惕斋栗。辞悭义卓阔，呀豁疚掊掘。
如新去耵聍，雷霆逼飓飑。缀此岂为训，俚言绍庄屈。

这首诗不仅构思奇特，用词也很险怪，如“呀豁疚掊掘”，不知所云。“帝咨女予往，牙纛前岔坲”，充满想象。“诚既富而美，章汇霍炳蔚”，将说教巧妙地蕴含在独具一格的文字海洋中。但韩愈在汪洋恣肆的创作气势中依然没有忘记自己的初心——“演孔刮老佛”，坚定不移地捍卫儒家思想的正统地位。

同时，韩愈与他周围志趣相投、风格相近的诗人如孟郊、贾岛、李贺、皇甫湜、卢仝等人形成了一个注重“苦吟”的诗歌派别，与元稹、白居易等人提倡的“新乐府运动”相呼应，不仅在其生活的时代掀起了一场影响巨大的诗歌革新运动，更直接影响了宋代的“诗文革新运动”。

叶燮在《原诗》中指出，“韩愈为唐诗之一大变，其力大，其思雄，崛起特为鼻祖。宋之苏（舜钦）、梅（尧臣）、欧（阳修）、苏（轼）、王（安石）、黄（庭坚），皆愈为之发其端”。

除了诗歌方面的成就，作为有唐一代的文化旗手，韩愈在散文上的成就及影响更为不凡，甚至都超越了他的诗歌成就。韩愈的文虽然从主观上是用来“载道”和“传道”的，但其在艺术方面的造诣不容小觑。他擅长各种文体，且都有独到之处。明代的茅坤对此有十分精辟的评价：“昌黎之奇，于碑志尤为巉削，予窃疑其于太史迁之旨或属一间，以其盛气摺抉，幅尺峻而韵折少也。书记序辩解及他杂著，公所独倡门户，譬则达摩西来，独开禅宗矣。”（《昌黎文钞引》）

时人和后世对韩文的推崇也是显而易见的。杜牧把韩愈的文章与杜甫的诗歌并列，赞为“杜诗韩笔”[①]；苏轼则称赞他“文起八代之衰”；苏洵也说“韩子之文，如长江大河，浑浩流转”（《上欧阳内翰书》）。后人则将其散文造诣与苏轼并列，赞其文风为“韩海苏潮”[②]。

---

① 杜牧《读韩杜集》：“杜诗韩笔愁来读，似倩麻姑痒处搔。”

② 俞樾《茶香室丛钞》卷八：“国朝萧墨《经史管窥》引李耆卿《文章精义》云：‘韩如海，柳如泉，欧如澜，苏如潮。’”也被称作“韩潮苏海”。

孟子说过："独乐乐，与人乐乐，孰乐？"（《孟子·梁惠王下》）儒家文化不是孤芳自赏的行为艺术，而是试图在自我道德成就的同时影响和改变社会和时代的风气。儒者的自任与担当不但使韩愈成为道统思想的捍卫者，更使他成为一个坚定不移的行动者。韩愈不遗余力地提携后进，发起并主导了一场主张明确、思想深入、意义深远的古文运动，其目的便在于此。根据史书的记载我们看到：

> 愈性弘通，与人交，荣悴不易。少时与洛阳人孟郊、东郡人张籍友善。二人名位未振，愈不避寒暑，称荐于公卿间，而籍终成科第，荣于禄仕。后虽通贵，每退公之隙，则相与谈宴，论文赋诗，如平昔焉。而观诸权门豪士，如仆隶焉，瞪然不顾。而颇能诱厉后进，馆之者十六七，虽晨炊不给，怡然不介意。大抵以兴起名教，弘奖仁义为事。（《旧唐书·韩愈传》）

名教观念是孔子思想的基础，也是儒家思想的核心追求。即如宋代曾巩所说："重名教，以矫衰弊之俗。"（《上杜相公书》）孔子强调："名不正，则言不顺；言不顺，则事不成；事不成，则礼乐不兴；礼乐不兴，则刑罚不中；刑罚不中，则民无所措手足。"（《论语·子路》）意即，通过定名分来教化天下，以维护社会的伦理纲常。面对世道的衰微，"兴起名教，弘奖仁义"，这便是韩愈一生的追求。他不仅通过《答李湖书》《答李秀才书》《与冯宿论文书》《答刘正夫书》《答尉迟生书》《送权秀才序》《送孟东野序》等一系列作品明确提出了古文运动的中心内容和具体要求，宣传和号召大家积极响应儒学复兴运动，还通过"五原"与《进学解》《师说》等文章全面深入地阐述了儒家的道统思想，更通过《论佛骨表》明确自己崇儒辟佛的坚定信念。这些作品无一不是高超的艺术水平和优秀的思想内容相结合的典范之作。同时，韩愈更与张籍、孟郊以及柳宗元、李翱等同声相应、同气相求，不仅在学术和文学上产生了一些影响，更对中晚唐的思想以及后世的文化产生了持续的影响。随着宋代的欧阳修及"三苏"、曾巩、王安石等人对"文以载道"思想的继承和发扬，"唐宋八大家"这样一个煊赫的名词代表的不仅仅是一个文学团体，更是一群有着强烈的社会责任感和担当精神的思想者。

在韩愈的作品中，可以清晰地感受到他对儒家文化的捍卫和尊崇。在唐德宗贞元十七年写的《答李翊书》中，韩愈对李翊的发问明确提出了自己的看法：

> 生所谓“立言”者是也；生所为者与所期者甚似而几矣。抑不知生之志蕲胜于人而取于人邪？将蕲至于古之立言者邪？蕲胜于人而取于人，则固胜于人而可取于人矣；将蕲至于古之立言者，则无望其速成，无诱于势利，养其根而俟其实，加其膏而希其光。根之茂者其实遂，膏之沃者其光晔；仁义之人，其言蔼如也。
>
> 抑又有难者：愈之所为，不自知其至犹未也，虽然，学之二十余年矣。始者非三代两汉之书不敢观，非圣人之志不敢存，处若忘，行若遗，俨乎其若思，茫乎其若迷。当其取于心而注于手也，惟陈言之务去，戛戛乎其难哉。其观于人，不知其非笑之为非笑也。如是者亦有年，犹不改，然后识古书之正伪，与虽正而不至焉者，昭昭然白黑分矣，而务去之，乃徐有得也。

“将蕲至于古之立言者，则无望其速成，无诱于势利”是韩愈为文的态度；“当其取于心而注于手也，惟陈言之务去”是韩愈为文的追求。韩愈认为为文首先应该重视的是“道”，他说：“夫所谓文者，必有诸其中，故君子慎其实；实之美恶，其发也不揜：本深而末茂，形大而声宏，行峻而言厉，心醇而气和；昭晰者无疑，优游者有余，体不备不可以为成人，辞不足不可以为成文。”（《答尉迟生书》）作文不仅仅是在言辞上“惟陈言之务去”，更要在思想上“必有诸其中”，承载了道的文章方可“本深而末茂，形大而声宏，行峻而言厉，心醇而气和”。作文必须有所师法，而师法的对象应为古圣贤人：

> 有来问者，不敢不以诚答。或问：为文宜何师？必谨对曰：宜师古圣贤人。曰：古圣贤人所为书具存，辞皆不同，宜何师？必谨对曰：师其意，不师其辞。又问曰：文宜易宜难？必谨对曰：无难易，惟其是尔。如是而已，非固开其为此，而禁其为彼也。（《答刘正夫书》）

“师古圣贤人”要“师其意，不师其辞”，这就是韩愈所倡导的“古文运动”。这不是一种简单的模仿因袭，而是对儒家文化的自觉自任。面对现实，他赞赏“物不得其平则鸣”（《送孟东野序》），其实这正是他的真实心境。面对当时的现实，韩愈说：“人之于言也亦然，有不得已者而后言。”（《送孟东野序》）他的笔下有许多荒诞不经的文字——在《送穷文》中有与穷鬼的对话交谈；《鳄鱼文》[①] 中有对鳄鱼的反复教谕；《原鬼》中对鬼的形象描述——“有

① 《韩昌黎文集校注》收有《鳄鱼文》，但在《古文观止》中的篇名则为《祭鳄鱼文》。

形而无声者，物有之矣，土石是也；有声而无形者，物有之矣，风霆是也；有声与形者，物有之矣，人兽是也；无声与形者，物有之矣，鬼神是也”（《原鬼》）。无穷无尽的奇思妙想辅之以奇崛险怪、佶屈聱牙的文风和甚至不知所云的文字，都让我们看到了一个有血有肉、充满真性情的韩愈。这一方面可以说是其文学主张——“惟陈言之务去”——去除陈词滥调，力求有所创新的结果，另一方面更是其对现实不满不平的一种反抗形式。韩愈的反抗虽然有些惊世骇俗，但并没有离经叛道。就像他在《上宰相书》中谈及自己的为文宗旨时说：

> 其所著皆约六经之旨而成文，抑邪与正，辨时俗之所惑，居穷守约，亦时有感激怨怼奇怪之辞，以求知于天下，亦不悖于教化，妖淫谀佞诪张之说，无所出于其中。（《与宰相书》）

《鳄鱼文》中，在面对为祸一方的鳄鱼时，他用略带调侃的语调对鳄鱼提出了警告和劝诫：

> 昔先王既有天下，列山泽，罔绳擉刃，以除虫蛇恶物为民害者，驱而出之四海之外。及后王德薄，不能远有，则江汉之间，尚皆弃之以与蛮夷楚越，况潮岭海之间，去京师万里哉？鳄鱼之涵淹卵育于此，亦固其所。今天子嗣唐位，神圣慈武，四海之外，六合之内皆抚而有之；况禹迹所揜，扬州之近地，刺史县令之所治，出贡赋以供天地宗庙百神之祀之壤者哉？鳄鱼其不可与刺史杂处此土也。

就韩愈对鳄鱼的“谆谆教诲”，后世毁誉不一。苏轼在《潮州韩文公庙碑》中赞扬韩愈：“约束鲛鳄如驱羊”“能驯鳄鱼之暴”；王安石则在《送潮州吕使君》诗中告诫当时的潮州太守说：“不必移鳄鱼，诡怪以疑民。”近现代学者如胡适等人对此文大多持否定态度，认为这是韩愈自造的神语，甚至认为他是为了欺世盗名。以上对韩愈《鳄鱼文》的看法都带有过度的主观好恶。客观而言，在此文中，韩愈性格中不随流俗、不畏横暴的特质尽显无疑。看似在劝诫鳄鱼，实则是在对现实世界中的恶进行抨击和警示，也是对儒家德政德化以及“仁民而爱物”（《孟子·尽心上》）思想的一次寓言化表达。如果过度强调其现实性则有涉“怪力乱神”，无论赞美还是否定，都有违儒家教化的本旨。

韩愈是儒家思想坚定的捍卫者，他以其雄健激昂的气概、鞭辟入里的思想、丝丝入扣的雄辩，涤荡了当时文坛绮靡柔弱的风气。他高扬“文以载道”

的大旗，反对时人所重的专尚骈俪、以藻绘相饰、文格遂趋卑靡的骈体文。他主张继承先秦两汉散文传统，开辟了唐以来古文的发展道路。他坚决反佛排道，大力提倡儒学，以继承儒学道统自居，开宋明理学家之先声。韩愈提出，“愈之为古文，岂独取其句读，不类于今者邪？思古人而不得见，学古道则欲兼通其辞；通其辞者，本志乎古道者也”（《题欧阳生哀辞后》）。黄宗羲认为，以古文来复“古道”，“古文自唐以后为一大变”（《南雷文定》）。

孟子说：“五百年必有王者兴，其间必有名世者。由周而来，七百有余岁矣。以其数则过矣，以其时考之则可矣。”（《孟子·公孙丑下》）儒家的道统传承自尧舜至禹汤，自禹汤至文武周公，皆五百余年而圣人出。其间辅佐圣王，德业闻望可名于一世者，若皋陶、稷、契、伊尹、莱朱、太公望、散宜生之属史不绝书。依孟子的论断，自周公到孔子，恰恰又是五百年，但从孔子开始德位相离，千秋素王，无功而返。因而孟子感慨“以其数则过矣，以其时考之则可矣”。

对孟子的这个判断，韩愈是深信不疑的。在《原道》之中，韩愈说：

> 古之时，人之害多矣。有圣人者立，然后教之以相生养之道。为之君，为之师，驱其虫蛇禽兽而处之中土。寒，然后为之衣，饥，然后为之食；木处而颠，土处而病也，然后为之宫室。为之工，以赡其器用；为之贾，以通其有无；为之医药，以济其夭死；为之葬埋祭祀，以长其恩爱；为之礼，以次其先后；为之乐，以宣其壹郁；为之政，以率其怠倦；为之刑，以锄其强梗。相欺也，为之符玺、斗斛、权衡以信之；相夺也，为之城郭、甲兵以守之。害至而为之备，患生而为之防。今其言曰：“圣人不死，大盗不止；剖斗折衡，而民不争。”呜呼，其亦不思而已矣！如古之无圣人，人之类灭久矣。何也？无羽毛鳞介以居寒热也，无爪牙以争食也。是故：君者，出令者也；臣者，行君之令而致之民者也；民者，出粟米麻丝，作器皿、通货财，以事其上者也。君不出令，则失其所以为君；臣不行君之令而致之民，民不出粟米麻丝，作器皿、通货财，以事其上，则诛。今其法曰：“必弃而君臣，去而父子，禁而相生养之道。”以求其所谓清净寂灭者；呜呼！其亦幸而出于三代之后，不见黜于禹汤文武周公孔子也；其亦不幸而不出于三代之前，不见正于禹汤文武周公孔子也。

数千年来儒家的思想传承，于外是圣圣相传的天命王道，于内是心心相印的至善至德，这就是朱子所说的“道统”①。朱子认为子思子作《中庸》便是为了倡言道统。他说：

> 《中庸》何为而作也？子思子忧道学失其传而作也。盖自上古圣神继天立极，而道统之传有自来矣。(《中庸章句序》)

“道统”一词虽始创于朱子，但“道统”一说却无疑是韩愈首倡。在韩愈心中，儒家有一个始终一贯的有异于佛老的“道”之传承谱系。他明确无疑地说：“斯吾所谓道也，非向所谓老与佛之道也。尧以是传之舜，舜以是传之禹，禹以是传之汤，汤以是传之文武周公，文武周公传之孔子，孔子传之孟轲，轲之死，不得其传焉。”(《原道》) 这就是韩愈坚信不疑的“道统”。

无论是“天乃锡禹‘洪范’九畴，彝伦攸叙。……建用皇极”(《尚书·周书·洪范》)，还是“古之王者建国君民，教学为先”(《礼记·学记》)，儒家的道统与当下现实的政统、学统都是密不可分的。儒者的使命便是推行以人伦为基础、以教学为保障的天地人之间、君臣民之间相生相养之道。具体而言，即是敦伦明道。所以韩愈在《原道》开篇就讲：“博爱之谓仁，行而宜之之谓义，由是而之焉之谓道，足乎己，无待于外之谓德。仁与义，为定名；道与德，为虚位：故道有君子小人，而德有凶有吉。”这便是儒家道统中一脉相传的先王之道、先王之教。之后韩愈又进一步对其进行了条分缕析的细化——

> 夫所谓先王之教者，何也？博爱之谓仁；行而宜之之谓义；由是而之焉之谓道；足乎己，无待于外之谓德。其文《诗》《书》《易》《春秋》，其法礼乐刑政，其民士农工贾，其位君臣、父子、师友、宾主、昆弟、夫妇，其服麻丝，其居宫室，其食粟米果蔬鱼肉：其为道易明，而其为教易行也。是故以之为己，则顺而祥；以之为人，则爱而公；以之为心，则和而平；以之为天下国家，无所处而不当。是故生则得其情，死则尽其常，郊焉而天神假，庙焉而人鬼享。曰：斯道也，何道也？曰：斯吾所谓道也，非向所谓老与佛之道也。尧以是传之舜，舜以是传之禹，禹以是传之汤，汤以是传之文武周公，文武周公传之孔子，孔子传之孟轲。轲之死，不得其传焉。荀与扬也，择焉而不精，语焉而不详。由周公而上，上而为

---

① 彭永捷《论儒家道统及宋代理学的道统之争》一文中就此有明确清晰的论述——“道统”一词是由朱子首先提出的，他曾说过：“子贡虽未得承道统，然其所知似亦不在今人之后。”(《朱文公文集·答陆子静·六》)“若谓只‘言忠信，行笃敬’便可，则自汉唐以来，岂是无此等人，因其道统之传却不曾得？亦可见矣。”(《朱文公文集·答陆子静·六》)“《中庸》何为而作也？子思子忧道学之失其传而作也。盖自上古圣神继天立极，而道统之传有自来矣。”(《中庸章句序》)

> 君，故其事行；由周公而下，下而为臣，故其说长。然则，如之何而可也？曰：不塞不流，不止不行。人其人，火其书，庐其居，明先王之道以道之，鳏寡孤独废疾者有养也，其亦庶乎其可也？（《原道》）

于此，韩愈清晰地阐明了儒家之道所涵盖的各个层面，同时厘清了儒与佛老甚至醇儒与儒之别。

韩愈的这种判教与坚持是极其可贵的。首先，在他所处的中唐时期，因为皇家的大力提倡，三教思想日渐交融，本来应该是儒士的士大夫阶层为了迎合上意也对佛道思想有不同程度的涉猎，甚至不少人醉心其中。随着安史之乱的影响，盛唐气象已经日薄西山，而功利之风甚嚣尘上又将曾经带给唐代巨大动力和活力的儒家进取与务实的精神庸俗化为对“终南捷径”等投机行为的竞逐。就连曾经照亮中国文坛的唐诗也不复清新刚健、风骨超绝的气象。取而代之的更多的是迎合科举取士以求取功名利禄的应制诗和夤缘攀附渴望权贵赏识的干谒诗。社会风气江河日下。在如此的时代风气下，韩愈直面佛老，高扬儒家道统精神，同时提倡并推动“古文运动”，高扬“文者以明道”“文以载道”[①] 的旗帜，绝非沽名钓誉或故作惊人之语，而是一份源自儒家思想的毅然决然的自任和担当。即使在其入仕不久担任四门博士时期，尽管与出家人文畅法师交游甚密，也没有影响他对佛教的批评和对儒家道统思想的坚持。在送别文畅法师时，他明确地说：

> 浮屠师文畅喜文章，其周游天下，凡有行，必请于搢绅先生以求咏歌其所志。贞元十九年春，将行东南，柳君宗元为之请。解其装，得所得叙诗累百余篇；非至笃好，其何能致多如是邪？惜其无以圣人之道告之者，而徒举浮屠之说赠焉。夫文畅，浮屠也。如欲闻浮屠之说，当自就其师而问之，何故谒吾徒而来请也？彼见吾君臣父子之懿，文物事为之盛，其心有慕焉；拘其法而未能入，故乐闻其说而请之。如吾徒者，宜当告之以二帝三王之道，日月星辰之行，天地之所以著，鬼神之所以幽，人物之所以蕃，江河之所以流而语之，不当又为浮屠之说而渎告之也。
>
> 民之初生，固若禽兽夷狄然；圣人者立，然后知宫居而粒食，亲亲而尊尊，生者养而死者藏。是故道莫大乎仁义，教莫正乎礼乐刑政。施之于天下，万物得其宜；措之于其躬，体安而气平。尧以是传之舜，舜以是传

---

① “文者以明道”的观点出自柳宗元《答韦中立论师道书》，韩愈并未明言，但他在《答陈生书》中说：“愈之志在古道，又甚好其言辞。”所以后世基本认为“文以明道”“文以载道”是韩柳提倡“古文运动”的核心观点。

之禹，禹以是传之汤，汤以是传之文武，文武以是传之周公孔子；书之于册，中国之人世守之。

今浮屠者，孰为而孰传之邪？夫鸟俛而啄，仰而四顾；夫兽深居而简出：惧物之为己害也，犹且不脱焉。弱之肉，强之食；今吾与文畅安居而暇食，优游以生死，与禽兽异者，宁可不知其所自邪？夫不知者，非其人之罪也；知而不为者，惑也；悦乎故不能即乎新者，弱也；知而不以告人者，不仁也；告而不以实者，不信也。余既重柳请，又嘉浮屠能喜文辞，于是乎言。（《送浮屠文畅师序》）

在韩愈的眼中，儒家所倡言的仁义道德、礼乐刑政，于外而言，“施之于天下，万物得其宜”；于内而言，“措之于其躬，体安而气平”。与此相较，佛家的思想就像深居简出的禽兽，“惧物之为己害也，犹且不脱焉”。但由于信仰，对儒家思想是“拘其法而未能入”。而对于道家，韩愈认为：

老子之小仁义，非毁之也，其见者小也。坐井而观天，曰天小者，非天小也；彼以煦煦为仁，孑孑为义，其小之也则宜。其所谓道，道其所道，非吾所谓道也；其所谓德，德其所德，非吾所谓德也。凡吾所谓道德云者，合仁与义言之也，天下之公言也；老子之所谓道德云者，去仁与义言之也，一人之私言也。（《原道》）

韩愈在此对道家已经提出了直言不讳的批评——“老子之所谓道德云者，去仁与义言之也，一人之私言也”，儒家所倡言的道德，“合仁与义言之也，天下之公言也。”

韩愈在此对佛道的批评和对儒家的捍卫是直言不讳的，我们可以批评他此言并非持中之论，但身处佞佛崇道成风而罔顾仁义道德的时代，韩愈的做法是需要决然担当的大勇气的，因为这不仅仅是简单的笔墨官司、文字游戏，更是要付出仕途甚至生命的大代价的。这份勇气源自他傲岸耿介的性格，更源自他对儒家道统的自任和担当。尽管宋明时期，在以程朱为代表的理学家心中，韩愈不在他们胪列的儒家道统精神的传承体系中。但韩愈确定无疑是在为儒家捍卫着道统的。他说：“师者，所以传道授业解惑也。”（《师说》）可以说为师者以传“道”为天职，此“道”指的自然是儒家以人伦日用为基础，既“费”且“隐”的君子之道。①

① 《中庸》中有言：“君子之道费而隐。”朱子将其解释为：“君子之道，近自夫妇居室之间，远而至于天地之所不能尽，其大无外，其小无内，可谓费矣。然其理之所以然，则隐而莫之见也。”

韩愈对道统的坚守不仅仅体现在他的诸如《原道》《原性》《师说》等作品所体现的思想的建构之上，更体现在他谏迎佛骨、驱逐鳄鱼、关心天旱人饥、随军平定淮西等等具体的事功上。虽然韩愈并非毫无私欲瑕疵的圣贤，但其一生却是在儒家“内圣外王”之路上坚信不疑地践行着。

三、穷理尽性至于命

自古及今，西方的哲学家们始终都在思考着哲学的终极命题——我是谁？我从哪里来？要到哪里去？但是这个命题用儒家思想来看似乎没有那么复杂。《礼记》讲：“故人者，其天地之德，阴阳之交，鬼神之会，五行之秀气也。……故人者，天地之心也，五行之端也，食味、别声、被色而生者也。”（《礼记·礼运》）人在这里被赋予了可以与天地鬼神、阴阳五行相通的德行。生命源自天地，自然还要回归于天地。但在韩愈的思想中，人之所以为人，是有别于禽兽的，而这种人禽之别是因为人有圣人的教化和引导，有一以贯之的文化传承。他说：

> 民之初生，固若禽兽夷狄然；圣人者立，然后知宫居而粒食，亲亲而尊尊，生者养而死者藏。是故道莫大乎仁义，教莫正乎礼乐刑政。施之于天下，万物得其宜；措之于其躬，体安而气平。尧以是传之舜，舜以是传之禹，禹以是传之汤，汤以是传之文武，文武以是传之周公孔子；书之于册，中国之人世守之。（《送浮屠文畅师序》）

这段文字清晰地勾勒出了中国文化传统中对性与天道自然、历史文化的终极性思考，这是韩愈哲学思想的一次质的飞跃。其后，“五原”（《原道》《原性》《原毁》《原人》《原鬼》）的创作标志着韩愈哲学思想的日趋成熟。在这五篇文章中，韩愈站在儒家的立场上旗帜鲜明地倡言儒家的道统传承，讨论了道德仁义的实现，性与情的问题，责己待人的问题，人与天地的关系，人与鬼的关系。这些问题基本上涵盖了儒家对于形而上和形而下的全部思考。尽管后世对韩愈的观点褒贬不一，但不可否认，韩愈所思考的是无论古今中外都为人所广泛关注的生命中的重大问题。

> 性也者，与生俱生也；情也者，接于物而生也。性之品有三，而其所以为性者五；情之品有三，而其所以为情者七。曰何也？曰：性之品有上中下三。上焉者，善焉而已矣；中焉者，可导而上下也；下焉者，恶焉而已矣。其所以为性者五：曰仁、曰礼、曰信、曰义、曰智。上焉者之于五

也，主于一而行于四；中焉者之于五也，一不少有焉，则少反焉，其于四也混；下焉者之于五也，反于一而悖于四。性之于情视其品。情之品有上中下三，其所以为情者七：曰喜、曰怒、曰哀、曰惧、曰爱、曰恶、曰欲。上焉者之于七也，动而处其中；中焉者之于七也，有所甚，有所亡，然而求合其中者也；下焉者之于七也，亡与甚，直情而行者也。情之于性视其品。

孟子之言性曰：人之性善；荀子之言性曰：人之性恶；扬子之言性曰：人之性善恶混。夫始善而进恶，与始恶而进善，与始也混而今也善恶；皆举其中而遗其上下者也，得其一而失其二者也。叔鱼之生也，其母视之，知其必以贿死；扬食我之生也，叔向之母闻其号也，知必灭其宗；越椒之生也，子文以为大戚，知若敖氏之鬼不食也：人之性果善乎？后稷之生也，其母无灾，其始匍匐也，则岐岐然，嶷嶷然；文王之在母也，母不忧，既生也，傅不勤，既学也，师不烦：人之性果恶乎？尧之朱、舜之均、文王之管蔡，习非不善也，而卒为奸；瞽叟之舜、鲧之禹，习非不恶也，而卒为圣：人之性善恶果混乎？故曰：三子之言性也，举其中而遗其上下者也；得其一而失其二者也。曰：然则性之上下者，其终不可移乎？曰：上之性，就学而愈明；下之性，畏威而寡罪；是故上者可教，而下者可制也。其品则孔子谓不移也。

曰：今之言性者异于此，何也？曰：今之言者，杂佛老而言也；杂佛老而言也者，奚言而不异！（《原性》）

韩愈以其一贯的雄辩表明了自己对人性的看法，首先揭示了性与情的关系，性为先天的，情为后天的。其次提出性与情都有上中下三品。再次区分性之五种类别——仁义礼智信，情之七种类别——喜怒哀惧爱恶欲。但他论性之上中下三品对应到善、可善可恶、恶；论情之三品则没有区分已发、未发的不同。韩愈的条分缕析于先秦儒家思想而言，既有继承和发展，也有反动。这也正是后世对其思想言人人殊的原因所在。

孔子没有明言性之善恶，只强调“性相近也，习相远也”（《论语·阳货》）这里将“性”与“习”相对，并非对性之本体进行的阐释，朱子说：“此所谓性，兼气质而言者也。气质之性，固有美恶之不同矣。然以其初而言，则皆不甚相远也。但习于善则善，习于恶则恶，于是始相远耳。”（《论语集注·阳货》）。程子也说：“此言气质之性。非言性之本也。若言其本，则性即是理，理无不善，孟子之言性善是也。何相近之有哉？”（《论语集注·阳货》）。宋儒将性分为“天地之性”和“气质之性”。张载说：“形而后有气质之性，善反之则天地之性存焉，故气质之性，君子有弗性者焉。”（《正蒙·诚明》）宋儒的思考虽然晚于孔子千年以上，但由于要回应当时佛教的诸多挑战，他们对人性的思考和理解要比前代更加全面，同时也有自己的创见。

从宋儒的这种区分中我们可以看出其对韩愈“性情三品说”的修正。

首先，孟子说过：“天下之言性也，则故而已矣。”（《孟子·离娄下》）任何时代人群对人性的抽象思考都离不开对现实当下具体问题的理解和判断。孟子通过对人们见孺子将入于井时油然而生的恻隐之心的判断得出人有恻隐、羞恶、辞让、是非心之四端，并由此判断人性本善[①]；荀子则通过对人“生而有好利”“疾恶”“好声色”等的判断，得出“人之性恶”（《荀子·性恶》）的结论；扬雄则认为孟子、荀子皆得其一偏而遗其本实，从而判断“人之性也，善恶混”（《法言·修身》）。董仲舒的人性观在上述思想的基础上又进行了较为细致的论述。首先他将人性分为三品——“圣人之性”“中民之性”和“斗筲之性”。他说：“圣人之性不可以名性，斗筲之性又不可以名性，名性者，中民之性。”（《春秋繁露·实性》）而且他第一次将性情结合在一起思考：

> 性而瞑之未觉，天所为也。效天所为，为之起号，故谓之民。民之为言固犹瞑也，随其名号以入其理，则得之矣。是正名号者于天地，天地之所生，谓之性情。性情相与为一瞑。情亦性也。谓性已善，奈其情何？故圣人莫谓性善，累其名也。身之有性情也，若天之有阴阳也。言人之质而无其情，犹言天之阳而无其阴也。穷论者，无时受也。名性，不以上，不以下，以其中名之。性如茧如卵。卵待覆而成雏，茧待缫而为丝，性待教而为善。此之谓真天。天生民性有善质，而未能善，于是为之立王以善之，此天意也。民受未能善之性于天，而退受成性之教于王。王承天意以成民之性为任者也。今案其真质，而谓民性已善者，是失天意而去王任也。（《春秋繁露·深察名号》）

这是儒家思想中对性的几种具有代表性的认识。韩愈将孟子、荀子、扬雄的三种人性论进行调和，既混同了性之善恶，也混同了天地之性与气质之性。

上面所说的几种观点，再加上被孟子所反对的告子的人性观：“性犹湍水也，决诸东方则东流，决诸西方则西流。人性之无分于善不善也，犹水之无分

① 具体表述可见《孟子·公孙丑上》与《孟子·告子上》。

于东西也”（《孟子·告子上》），中国在人性方面的思考不外乎这几种。佛教与道教因其所关注的并非当下今生，所以对人性问题表述得很含混。道家强调自然本性，老子曾说：“常德不离，复归于婴儿。”（《老子》二十八章）虽然在这个角度上老子所言与儒家所追求的“如保赤子”（《尚书·周书·康诰》）类似，但道家追求的是超尘脱俗，无所为无所不为，其所关注的并不在人性善恶的问题上。同样在佛家看来作为生命的主体，阿赖耶识是非善非恶的，是一个中性的仓库，好、坏东西都可以堆到里面去。

道家在人性问题上虽然并未明确阐述，但却认为善与恶相去不远，老子认为“善之与恶，相去何若？”（《老子》二十章），这和佛家认为人性是无记的，无记是一种中性，不能计别是善是恶的思路是一致的，所以如果要强行为之归类，佛道二家当认为人性是非善非恶的。

人性是善，是恶，有善有恶，非善非恶，无善无恶……本就是中国文化对人性的深层次思考和探求，也是区分思想与派别的前提。而“人性善”① 是儒家思想的选择，是一种基于仁爱的对人性的理解和判断。

在《中庸》中，子思子对性的源起做出了判定——“天命之谓性”，这一判定可以说是破天荒的，因为至少从孔子开始，儒家其实确立了一个有别于诸多思想流派的一个原则——“不语怪，力，乱，神”（《论语·述而》），也就是慎言天道、慎言神异。所以子贡才会感慨：“夫子之文章，可得而闻也；夫子之言性与天道，不可得而闻也。”（《论语·公冶长》）但这一原则却被其孙子思打破了，这当然是不得已而为的。正如朱子所言——

> 中庸何为而作也？子思子忧道学之失其传而作也。盖自上古圣神继天立极，而道统之传有自来矣。其见于经，则“允执厥中”者，尧之所以授舜也；“人心惟危，道心惟微，惟精惟一，允执厥中”者，舜之所以授禹也。尧之一言，至矣，尽矣！而舜复益之以三言者，则所以明夫尧之一言，必如是而后可庶几也。（《中庸章句序》）

儒门心法一脉相传，本是秘而不宣的叮咛授受。但从周公以降，道统不得其传，因此孔子才在周公殁后500多年后再续道统。但孔子殁后，在接续其道统传承方面却没有更加合适的人选了。曾子可称得上是得孔子真传的弟子，他将其所学尽授子思子，从而开创了战国时期的“思孟学派”。这一传承有道统

① 《孟子·滕文公上》开篇便讲：“滕文公为世子，将之楚，过宋而见孟子。孟子道性善，言必称尧舜。”

传承的意味，后世也基本认为曾子“三千虽多，独得其宗”①，但曾子是否得于师——从孔子处尽得其传；甚或得于心——从其自身理解和了知上是否尽得其传，后儒众说纷纭，不得而知。同样，西河设教的子夏、传法东南的澹台灭明以及于孔子思想各有所得的子贡、子张、子游等等在传承儒家文化方面各有可观之处，也绝非丝毫不得其传，但孔子在颜回去世时的慨叹：“噫！天丧予！天丧予！”（《论语·先进》），以及去世后的追念——“有颜回者好学，不迁怒，不贰过。不幸短命死矣！今也则亡，未闻好学者也”（《论语·雍也》），绝非无端而发，也绝非可以明言之语。

于孔子而言，学问有传承，道统难为继。故而孔门之学在性与天道方面的思考便受到了诸家的冲击：

> 然当是时，见而知之者，惟颜氏、曾氏之传得其宗。及曾氏之再传，而复得夫子之孙子思，则去圣远而异端起矣。子思惧夫愈久而愈失其真也，于是推本尧舜以来相传之意，质以平日所闻父师之言，更互演绎，作为此书，以诏后之学者。盖其忧之也深，故其言之也切；其虑之也远，故其说之也详。其曰“天命率性”，则道心之谓也；其曰“择善固执”，则精一之谓也；其曰“君子时中”，则执中之谓也。（《中庸章句序》）

子思子的忧惧之心我们虽不能尽知，但其对“性”与“天道”的思考确能让我们感觉到他的用心所在。朱子所言，确为智者所虑。通过子思子的阐述，我们对儒门的心传有所把握了，“天命率性”“择善固执”“君子时中”，皆为根本。而这一忧惧之心其实在尧传道于舜、舜传之于禹之时便已经显露出来：

> 帝曰：“来，禹！降水儆予，成允成功，惟汝贤。克勤于邦，克俭于家，不自满假，惟汝贤。汝惟不矜，天下莫与汝争能。汝惟不伐，天下莫与汝争功。予懋乃德，嘉乃丕绩。天之历数在汝躬，汝终陟元后。人心惟危，道心惟微，惟精惟一，允执厥中。无稽之言勿听，弗询之谋勿庸。可爱非君？可畏非民？众非元后，何戴？后非众，罔与守邦？钦哉！慎乃有位，敬修其可愿，四海困穷，天禄永终。惟口出好兴戎，朕言不再。”禹曰：“枚卜功臣，惟吉之从。”（《尚书·虞书·大禹谟》）

这里的舜传位传法于禹时之所言，与尧传之于舜时所言何其相似：

---

① 可参见乾隆的《宗圣曾子赞》，见山东嘉祥曾庙门前乾隆御碑，这一观点也是朱子的看法，下文便有论及。

尧曰：“咨！尔舜！天之历数在尔躬。允执其中。四海困穷，天禄永终。”（《论语·尧曰》）

正如朱子所思考的那般：

夫尧、舜、禹，天下之大圣也。以天下相传，天下之大事也。以天下之大圣，行天下之大事，而其授受之际，丁宁告戒，不过如此。则天下之理，岂有以加于此哉？（《中庸章句序》）

《中庸》确实明白无误地揭示了儒家一脉心传的心法，使得儒家的道统传承不致断绝，但这种心传之法一旦著于文字之后对其神圣与精微必然是极大的消解，所以儒家之学在宗教家的眼中便不再有至上超越的意味了。但对儒门自身而言，道法自在，明悟与自得并非不可能，后儒接续道统也自有其定数。于是子思子才慨言：

故君子之道：本诸身，征诸庶民，考诸三王而不缪，建诸天地而不悖，质诸鬼神而无疑，百世以俟圣人而不惑。（《中庸》）

孟子也同样充满期待地说：“五百年必有王者兴，其间必有名世者。”（《孟子·公孙丑下》）而可以接续道统之人，必然是“知性、知天”① 之人。

因此在儒家思想中，“性”是至高无上的。“天以阴阳五行化生万物，气以成形，而理亦赋焉，犹命令也。于是人物之生，因各得其所赋之理，以为健顺五常之德”（《中庸章句》），上天赋予了人类远高于其他世间万物的德行。于是，“圣人因人物之所当行者而品节之，以为法于天下，则谓之教，若礼、乐、刑、政之属是也。盖人之所以为人，道之所以为道，圣人之所以为教，原其所自，无一不本于天而备于我”（《中庸章句》）。

圣人之教是本于天道天命的，而人从圣人之教中所获得的必然便是本于天而备于自身的，这便是“天命”，便是“性”之本源。基于这样的理解，人得之于天的“性”便是纯善无恶的，这也便是在《大学》中所言的人“明明德”之后所最终极的归向之处——“至善”②。孟子申言“性善”，正是得儒门一脉心传的确证。同理，无论是荀子言“性恶”，还是扬雄谈“性善恶混”、董仲舒分“性三品”、韩愈讲“性三品、情三品”，虽都有得儒家思想之一体，但对儒家的道统传承而言，皆有所偏了。正如程子所言：“荀子极偏驳，只一句性恶，

① 《孟子·尽心上》有：“尽其心者，知其性也。知其性，则知天矣。”

② 《大学》开篇便讲：“大学之道，在明明德，在亲民，在止于至善。”

大本已失。扬子虽少过，然亦不识性，更说甚道。”（《孟子序说》）真可谓一语中的。

于是乎荀子后学如韩非、李斯之徒尽信法家，以及韩愈以道统自任但二程朱子虽敬其学但不尊其为接续道统者，诸如此类的看法便不难理解了。

> 自诚明谓之性，自明诚谓之教。诚则明矣，明则诚矣。唯天下至诚，为能尽其性。能尽其性，则能尽人之性。能尽人之性。则能尽物之性。能尽物之性，则可以赞天地之化育。可以赞天地之化育，则可以与天地参矣。（《中庸》）

既然儒家承认人性本善，那么只要能够尽其性，便可得天之正，赞天地之化育，成为可以与天地同参同久的存在。这就是儒家对人的自信可以成就德行的期许，也是儒家认为人可以由自性而不假外求便可成就圣人之德的根本依据。即如阳明所言："所以为圣者，在纯乎天理，而不在才力也。故虽凡人。而肯为学，使此心纯乎天理，则亦可为圣人。犹一两之金，比之万镒，分两虽悬绝，而其到足色处，可以无愧。”（《传习录》）孟子指出“人皆可以为尧舜”（《孟子·告子下》）[①]，也基于此。程子赞美孟子说：“未敢便道他是圣人，然学已到至处。……孟子有大功于世，以其言性善也。”（《孟子序说》）而历代诸家思想对孟子“言性善”的批评甚至荀子从“人性恶”的角度立论，都属于将后天之欲加之于先天之性的错误做法：

> 人生而静，天之性也。感于物而动，性之欲也。物至知知，然后好恶形焉。好恶无节于内，知诱于外，不能反躬，天理灭矣。夫物之感人无穷，而人之好恶无节，则是物至而人化物也。人化物也者，灭天理而穷人欲者也。（《礼记·乐记》）

朱子也说：

> 然人莫不有是形，故虽上智不能无人心；亦莫不有是性，故虽下愚不能无道心。二者杂于方寸之间，而不知所以治之，则危者愈危，微者愈微，而天理之公卒无以胜夫人欲之私矣。精则察夫二者之间而不杂也，一则守其本心之正而不离也。（《中庸章句序》）

儒家之于“性”，在此立场上便庶几无偏矣。韩愈之人性观站在儒门的角

---

① 此语是曹君之弟曹交对孟子的问话，朱子认为：“疑古语，或孟子所尝言也。”

度审视，显然有所违离了。

韩愈关于人性的思考和董仲舒是一脉相承的。董仲舒明确提出“性虽出善，而性未可谓善也”（《春秋繁露·实性》），“质于禽兽之性，则万民之性善矣；质于人道之善，则民性弗及也。万民之性善于禽兽者许之，圣人之所谓善者弗许。吾质之命性者异孟子。孟子下质于禽兽之所为，故曰性已善；吾上质于圣人之所为，故谓性未善。善过性，圣人过善”（《春秋繁露·深察名号》）。“圣人之性”是天生的“过善”之性，是一般人先天不可能，后天不可及的。“人之继天而成于外也，非在天所为之内也。天所为，有所至而止。止之内谓之天，止之外谓之王教，王教在性外，而性不得不遂。故曰性有善质，而未能为善也。岂敢美辞，其实然也。”（《春秋繁露·实性》）而“中民之性”，也就是“万民之性”，是“有善质而未能善”，必须通过王者的教化才能成善。“今按圣人言中，本无性善名，而有善人吾不得见之矣。使万民之性皆已能善，善人者何为不见也？观孔子言此之意，以为善甚难当。而孟子以为万民性皆能当之，过矣。”（《春秋繁露·实性》）“斗筲之性，又不可以名性”，则与禽兽无异了。对董仲舒的“性三品”说，韩愈更加具体地表述为，“性之品有上中下三。上焉者，善焉而已矣；中焉者，可导而上下也；下焉者，恶焉而已矣”（《原性》）。同时，韩愈更提出了“情三品”的主张。韩愈的思想虽有其现实的意义，也是基于从汉代以来儒者对“天命率性”的一种思考与生发，但依照他的说法，上品之人永远只是少数，下品之人似乎也很难通过个人在修养上的努力而到达上品，这不仅与孔孟关于人可以通过学习而成圣成贤的思想相悖，更使得他本人所区分的“中焉者，可导而上下也”在实际操作中变得不可能，而其所言的“下焉者，恶焉而已矣”更加将人的向善之路彻底堵塞。这显然与他所自任的孔孟之道有很大的偏差。所以他的这一看法不仅未被后世儒者所认可和接受，就连和他有师生之谊的李翱也对其主张提出驳正，其《复性书》开篇即讲：

> 人之所以为圣人者性也，人之所以惑其性者情也。喜怒哀惧爱恶欲，七者皆情之所为也。情既昏，性斯匿矣。非性之过也，七者循环而交来，故性不能充也。（《复性书上》）

李翱认为“情”过正是“性”不明的根源，只有不过情才能尽复其性。这与韩愈所说的“性也者，与生俱生也；情也者，接于物而生也。……情之于性视其品”（《原性》）大相径庭。

李翱认为，人人都具有善的根性，“桀纣之性，犹尧舜之性也。其所以不睹其性者，嗜欲好恶之所昏也，非性之罪也”（《复性书中》），后天的善恶只与情相关。就性的本质而言，人人都可为善，但是为情所蔽，便有人为善，有人为恶。这并非“性之罪”，因此便不能将人性简单地分为几品。于是李翱的思想便跳出了董仲舒、韩愈的理论框架，直接回到了孟子的性善论。他说：

> 於戏！性命之书虽存，学者莫能明，是故皆入于庄、列、老、释。不知者谓夫子之徒不足以穷性命之道，信之者皆是也。有问于我，我以吾之所知而传焉，遂书于书，以开诚明之源，而缺绝废弃不扬之道，几可以传于时，命曰《复性书》，以理其心，以传乎其人。於戏！夫子复生，不废吾言矣。（《复性书上》）

李翱在理论上“开诚明之源”，肯定人性本善，相信人都有可以为尧舜的可能，不仅将汉代以来对人性的认识上的偏颇重新拉回到正途，也为儒家的“心性论”回应佛教的“佛性论”提供了充分而强大的理论支持。

在唐代，佛教已经进入了鼎盛时期。经过东汉到魏晋南北朝时期与儒家、道家思想的不断碰撞、交融，到了唐代，佛教基本上融通了大乘佛教与儒道思想。禅宗明确提出的“一切众生，皆有佛性”“即心是佛”“平常心是道”“明心见性”“识心见性，自成佛道”“直指人心，见性成佛”“教外别传，不立文字”等一系列的主张无一不与儒道思想暗合。并且这些主张巧妙地将人性转化为佛性，在与当下的生活不相背离的基础上体现了一种别具一格的“极高明而道中庸”，很容易被大众所认可和接受，从而在社会的各个阶层大行其道。李翱的《复性书》正是基于这一现实，以儒家的核心经典《中庸》为依据，进一步落实韩愈并未真正实现的“辟佛”的主张。

李翱将《大学》中的“格物致知”，《中庸》中的“天命”“率性”“修道”“诚”等核心概念都进行了清晰深刻的阐述，进而确立了儒家以德行为主、以性命为正的修身之路，进一步明确了儒家思想对人性的思考，他说：

> 是故诚者，圣人之性也。寂然不动，广大清明，照乎天地，感而遂通天下之故，行止语默无不处于极也。复其性者，贤人循之而不已者也，不已则能归其源矣。（《复性书上》）
>
> 率性之谓道，何谓也？曰：率，循也，循其原而反其性者，道也。道也者，至诚也。至诚者，天之道也。诚者，定也，不动也。修道之谓教，何谓也？曰：诚之者，人之道也；诚之者，择善而固执之者也。修是道而归其本者明也。教也者，则可以教天下矣。（《复性书中》）

同时，在《复性书》中，通过先秦儒家“乾道变化，各正性命”（《周易·乾卦·彖辞》），“朝闻道，夕死可矣”（《论语·里仁》），“性善”（《孟子·滕文公上》），“未知生，焉知死?”（《论语·先进》）等儒家核心思想，李翱又进一步阐述了儒家的天人观：

> 天地之间，万物生焉，人之于万物，一物也，其所以异于禽兽虫鱼者，岂非道德之性全乎哉？受一气而成其形，一为物而一为人，得之甚难也。生乎世，又非深长之年也。以非深长之年，行甚难得之身，而不专专于大道，肆其心之所为，则其所以自异于禽兽虫鱼者亡几矣。（《复性书下》）

李翱的思想立足于儒家思想的本源，明确提出“复性”的主张。虽然孟子所主张的“人皆可以为尧舜”（《孟子·告子下》）仅仅是一种理论上的可能，面对纷繁复杂的现实生活，这种可能很难真正转化为现实，但至少在人性的思考上，它使人坚信凡民之性与圣人之性本无差别，区别之处只在于圣人可以保有天性而不为情所感，凡民则溺于情而不能复性，所以真正的教化不是惩处凡民之恶行，而是要将其导向正道，尽其性、复其性。这不仅是对当时佛教思想的驳正与回应，更是对韩愈思想的超越与发展。

> 能尽其性，则能尽人之性。能尽人之性。则能尽物之性。能尽物之性，则可以赞天地之化育。可以赞天地之化育，则可以与天地参矣。（《中庸》）

只有如此，才能使个人的修身养性和“天人合一”的圣人境界相应，即使不能达到，也让人方向明确，思路清晰，不致在思考生命时茫然不知所措。因此，李翱的《复性书》不仅修正了韩愈在人性观上的偏颇之处，完善了儒家的心性理论，开宋明理学之先河，而且高扬儒家“性”与“天道”的神圣与超越以回应佛教思想的挑战，在很大程度上解决了儒佛之间在信仰层面的矛盾与冲突。

李翱的“复性”说虽然在“辟佛”，但也很明显地借用了佛学的叙事方法，故而朱熹评价李翱“只是从佛中来……至说道理，却类佛”（《朱子语类》卷一百三十七）。这也体现了中唐以后儒家思想与佛道思想是在交融和并立的过程中不断发展的，儒者对佛老思想始终保持着冷静与清醒的批判意识。无论孙复、石介、二程还是朱熹，宋代理学思想在发展过程中始终都在回应佛老思想的挑战，其主张和韩愈、李翱的思想是一脉相承的。

第二节　世存经典辨华夷

儒家素来注重华夷之辨。孔子主张“尊王攘夷”，赞扬管仲辅佐齐桓公“九合诸侯，一匡天下”，挑头汇合中原诸侯讨伐进攻中原的楚国，拯救了中原文化。儒家的“中国”概念，不是以血缘论，也不是以种族论，而是以文化论。所谓“中国则中国之，夷狄则夷狄之”，即认同中国文化者视作中国，不认同中国文化者视为夷狄。文化中国的观念，体现了古代中国人对自身文化成就的珍视与热爱，以及对文明开化的推崇和对野蛮愚昧的拒斥。韩愈继承了儒家传统的华夷观念，结合唐代开放包容、杂糅百族，却未从文化上融合各族这一隐含着深刻文化危机的现实，重新引导时人思考：在什么意义上，中国之谓中国？

《原道》一文的前半篇，主要讲儒家的仁义道统论，后半篇则重点论述了文化中国说。

一、以文化辨夷夏

帝之与王，其号名殊，其所以为圣一也。夏葛而冬裘，渴饮而饥食，其事殊，其所以为智一也。今其言曰：曷不为太古之无事？是亦责冬之裘者曰：曷不为葛之之易也？责饥之食者曰：曷不为饮之之易也？传曰：“古之欲明明德于天下者，先治其国；欲治其国者，先齐其家；欲齐其家者，先修其身；欲修其身者，先正其心；欲正其心者，先诚其意。”然则，古之所谓正心而诚意者，将以有为也。今也欲治其心，而外天下国家，灭其天常；子焉而不父其父，臣焉而不君其君，民焉而不事其事。孔子之作春秋也，诸侯用夷礼，则夷之；进于中国，则中国之。经曰：“夷狄之有君，不如诸夏之亡。”诗曰：“戎狄是膺，荆舒是惩。”今也，举夷狄之法，而加之先王之教之上，几何其不胥而为夷也！（《原道》）

韩愈对人性的理解虽然有偏颇，但其对夷夏大防的思考却恪守了儒家的立场。上引是韩愈对“夷夏之辨”的一段完整而清晰的论述。儒家经典中明确谈到“夷夏之辨”的有两部书，一部是《春秋公羊传》，其中记载说，“《春秋》内其国而外诸夏，内诸夏而外夷狄。王者欲一乎天下，曷为以外内之辞言之。

言自近者始也”（《春秋公羊传·成公十五年》）；一部是《孟子》，孟子在与尽弃儒家之学而师事许行转学农家的陈相的对话中谈道：

吾闻用夏变夷者，未闻变于夷者也。陈良，楚产也，悦周公、仲尼之道，北学于中国。北方之学者，未能或之先也。彼所谓豪杰之士也。子之兄弟事之数十年，师死而遂倍之。昔者孔子没，三年之外，门人治任将归，入揖于子贡，相乡而哭，皆失声，然后归。子贡反，筑室于场，独居三年，然后归。他日，子夏、子张、子游以有若似圣人，欲以所事孔子事之，强曾子。曾子曰：“不可。江汉以濯之，秋阳以暴之，皓皓乎不可尚已。”今也南蛮鴃舌之人，非先王之道，子倍子之师而学之，亦异于曾子矣。吾闻出于幽谷迁于乔木者，未闻下乔木而入于幽谷者。《鲁颂》曰：“戎狄是膺，荆舒是惩。”周公方且膺之，子是之学，亦为不善变矣。（《孟子·滕文公上》）

从以上文字我们不难看出，韩愈在《原道》中所谈的“夷夏之辨”的思想深受孟子思想影响。

孟子在这里所谈的“夏”指的是“华夏”，也便是《春秋公羊传》中的“中国”。其核心思想便是中国的礼义之教，韩愈称之曰“先王之教”。先王行此礼义之教便可不战而屈人之兵，变化蛮夷之人为文明之人，从而实现“儒以道得民”（《周礼·天官》）的效果，在文化、政治乃至经济、军事诸方面都立于不败之地。就像孟子所言及的商汤征伐葛伯、周武王诛灭商纣王时所出现的场景：

孟子对曰：“臣闻七十里为政于天下者，汤是也。未闻以千里畏人者也。《书》曰，‘汤一征，自葛始。’天下信之。东面而征，西夷怨；南面而征，北狄怨，曰：‘奚为后我？’民望之，若大旱之望云霓也。归市者不止，耕者不变。诛其君而吊其民，若时雨降，民大悦。《书》曰，‘徯我后，后来其苏。’”①

孟子曰：“有人曰，‘我善为陈，我善为战。’大罪也。国君好仁，天下无敌焉。南面而征，北狄怨；东面而征，西夷怨，曰，‘奚为后我？’武王之伐殷也，革车三百两，虎贲三千人。王曰：‘无畏！宁尔也。非敌百

① 语见《孟子·梁惠王下》，《孟子·滕文公下》也有近似的表达：“东面而征，西夷怨；南面而征，北狄怨，曰：‘奚为后我？’民之望之，若大旱之望雨也。归市者弗止，芸者不变，诛其君，吊其民，如时雨降。民大悦。”

> 姓也。’若崩厥角稽首。征之为言正也，各欲正己也，焉用战？”（《孟子·尽心下》）

“奚为后我”是夷狄之人对华夏文化的向往和追求，也是以德服人、以道得民的成果。文明有高下，文化有优劣，但文明没有界限。中国的礼义之教无疑优于夷狄之鄙文陋俗，但这种差距不仅是地域上的差异，更是文化上的不同。儒家的礼义之教正是要突破这种文化和地域的限制，让夷狄之人受到文明的教化而产生向往和归附之心，让蛮荒之地得到文化的滋养进而成为文明之地。正如《礼记》所言：

> 曾子曰：“夫孝，置之而塞乎天地，溥之而横乎四海，施诸后世而无朝夕。推而放诸东海而准，推而放诸西海而准，推而放诸南海而准，推而放诸北海而准。《诗》云，‘自西自东，自南自北，无思不服。’此之谓也。”（《礼记·祭义》）

这里曾子谈的是孝道与孝行不受时空地域的限制，可以放之四海、施诸后世。孝道正是儒家文化的原点与核心，这种对以孝为核心和基础的德治思想自发自为的高度期待是儒家文化所独有的。正是出于这种理念，儒家才相信人性是本善的，人人只要保有其“赤子之心”不失便可以成为有高尚道德的“大人”①，便有可能实现尧舜的境界。同时，以夏变夷、以孝治天下的理想也是可以实现的。这种天下观和历史观也正是夷夏之辨的思想基础。

“溥天之下，莫非王土。率土之滨，莫非王臣”（《诗经·小雅·谷风之什·北山》）是对夷夏关系的一种思考。“声名洋溢乎中国，施及蛮貊；舟车所至，人力所通；天之所覆，地之所载，日月所照，霜露所队；凡有血气者，莫不尊亲，故曰配天”（《中庸》）也是对夷夏关系的一种思考。这种思考随着历史和时代的发展也在发生着变化。

儒家最初对天下观念及华夷之辨的思考是对客观地域环境的一种认知。

儒家的早期文献《尚书》中记载有：“禹别九州，随山浚川，任土作贡。”（《尚书·夏书·禹贡》）②

“九州”涵盖极广但说法不一。在《尚书·禹贡》中具体描述为冀、衮、青、徐、扬、荆、豫、梁、雍九州。但在《尔雅·释地》中有幽、营州而无

---

① 《孟子·离娄下》：“大人者，不失其赤子之心者也。”

② 对《尚书·禹贡》的成书年代学界多有争议，但依据晚近的考古发现基本可以认为其中对九州的定名、排序以及物产贡赋等的描述当属舜禹时期的史实。兹不赘述。

青、梁州；在《周礼·夏官·职方》中有幽、并州而无徐、梁州。“九州”的提法虽有不同，但其所指出的区域涵盖了当时人们所认知的“天下”，也就是后世所说的“华夏”（也称为“中国”）和“四夷”。

在《禹贡》中，除了记载各州不同的文明形态，也明确记载了生活在冀州的岛夷和生活在雍州的西戎：

> 冀州。既载壶口，治梁及岐。既修太原，至于岳阳。覃怀厎绩，至于衡漳。厥土：惟白壤，厥赋：惟上上，错。厥田惟中中。恒卫既从，大陆既作。岛夷皮服。夹右碣石入于河。
>
> 黑水、西河惟雍州：……织皮昆仑析支渠搜，西戎即叙。（《尚书·夏书·禹贡》）

岛夷便是生活在东方海岛上的民族。夷是对东方民族的统称。依《后汉书》所载，“夷有九种，曰畎夷、于夷、方夷、黄夷、白夷、赤夷、玄夷、风夷、阳夷”（《后汉书·东夷传》）①。

在《尚书》之《大禹谟》《旅獒》《毕命》诸篇中也多次明确提到“四夷”的概念。唐代的孔颖达为之作传称：“言东夷、西戎、南蛮、北狄，被发左衽之人，无不皆恃赖三君之德。”四夷之地也是普天之下的王土，四夷之人也是普天之下的王臣。

有关“中国”与“四夷”的具体描述，《礼记》中的表达全面而清晰：

> 中国戎夷，五方之民，皆有性也，不可推移。东方曰夷，被发文身，有不火食者矣。南方曰蛮，雕题交趾，有不火食者矣。西方曰戎，被发衣皮，有不粒食者矣。北方曰狄，衣羽毛穴居，有不粒食者矣。中国、夷、蛮、戎、狄，皆有安居、和味、宜服、利用、备器。五方之民，方语不通，嗜欲不同。达其志，通其欲，东方曰寄，南方曰象，西方曰狄鞮，北方曰译。（《礼记·王制》）

显然，儒家文化中的天下是由中国和四夷共同构成的，中国之于四夷——夷蛮戎狄，在文化上是有着很大的进步性的。《战国策》中记载：

> 中国者，聪明睿知之所居也，万物财用之所聚也，贤圣之所教也，仁义之所施也，诗书礼乐之所用也，异敏技艺之所试也，远方之所观赴也，蛮夷之所义行也。（《战国策·赵策二》）

---

① 亦见于北宋邢昺所作的《尔雅注疏》。

在如此的文化传统和文化认知下，中国人有着与生俱来的文化自豪感和教化引领四夷的文化责任感。但随着文化的不断进步与交融，夷夏之别便渐渐突破地域的限制，成为一种文化的自我认同和归属。这种选择也是儒家受远来思想的影响与风化德政思想长期熏陶浸润的必然结果。这一点在《尚书·尧典》的开篇有十分清楚的阐述：

> 允恭克让。光被四表，格于上下。克明俊德，以亲九族；九族既睦，平章百姓；百姓昭明，协和万邦。

这也正是孟子所言的“以夏变夷”[①] 的过程。有了仁义礼智之德行，“夷”就成为了“夏”；反之，如果失去了德行，“夏”就会变成“夷”。唯有有“道”的圣贤，方可“克明俊德”。至此，夷夏之辨不再是地域之辨，而发展成为文化之辨。正如唐代陈黯在其《华心》一文中所言：

> 以地言之，则有华夷也。以教言，亦有华夷乎？夫华夷者，辨在乎心。辨心在察其趣响，有生于中州而行戾乎礼义。是形华而心夷也。生于异域而行合乎礼义，是形夷而心华也。（《全唐文·卷七六七》）

在韩愈的眼中，所谓的“夏”便是此“道”的立根之地。有此“道”便是“夏”，无此“道”便是“夷”。基于这样的文化情怀，辟佛老便成为顺理成章之事。佛老虽然也在悟道、修道，但此“道”非彼“道”。韩愈说：

> 斯吾所谓道也，非向所谓老与佛之道也。尧以是传之舜，舜以是传之禹，禹以是传之汤，汤以是传之文武周公，文武周公传之孔子，孔子传之孟轲，轲之死，不得其传焉。（《原道》）

显然，韩愈不仅受孟子的影响十分深刻，对孟子的推崇也是石破天惊的。在韩愈之前，孟子在儒门的地位显然没有如此之高。汉初经学复兴过程中，子夏、仲弓到荀子再到汉初齐鲁等地的儒生的学脉传承比较受重视。虽然汉文帝时期也将《孟子》一书列为“传记博士”之一[②]，但孟子并未受到太多重视，《汉书·艺文志》也按照西汉刘歆的划分，仅将其与诸子并列。

韩愈作为有唐一代文学和思想的巨擘，确实识见不凡，慧眼如炬。他认识了到孟子在儒家的价值，将孟子的地位抬升到赓续儒家道统者的高度，并且言

---

① 《孟子·滕文公上》：“吾闻用夏变夷者，未闻变于夷者也。”

② 东汉赵岐《孟子题辞》有：“汉兴，除秦虐禁，开延道德，孝文皇帝欲广游学之路，《论语》《孝经》《孟子》《尔雅》皆置博士。”

之凿凿地宣称："孔子传之孟轲；轲之死，不得其传焉。"由于韩愈的高度推崇，孟子及其《孟子》在后世受到更高的重视。到五代十国时期的后蜀时，后主孟昶命令人楷书十一经刻石，其中包括了《孟子》，这是《孟子》最早被列入"经书"的记载。北宋神宗熙宁四年（1071年），《孟子》首次被列为科举考试科目之一，之后《孟子》一书不断升格。南宋朱熹将其与《论语》《大学》《中庸》合为"四书"。孟子的地位也不断抬升，元朝至顺元年（1330年），孟子被加封为"亚圣公"，以后就被称作"亚圣"，地位仅次于孔子，其思想与孔子思想合称为"孔孟之道"，其人也与孔子合称为"孔孟"。可以说儒家文化的这一新局面是韩愈独到的眼光和境界所开辟的。

韩愈明确提出："斯吾所谓道也，非向所谓老与佛之道也。"在这里，"道"被赋予了特定的含义，也就是上文提到的"孔孟之道"，是从尧舜禹汤文武周公一脉相承而来的文化精神和文化血脉。这是由往圣先贤历代儒者维护的最高宗旨、最大共识。

二、力辟佛老

韩愈所处的时代，是三教共生的时代，也是三教并峙的时代。

陈寅恪先生曾经谈道，南北朝时即有儒释道三教之目（北周卫元嵩撰《齐三教论》七卷。见《旧唐书·经籍志下》），至李唐之世，遂成固定之制度。如国家有庆典，则召集三教之学士，讲论于殿廷，是其一例。故自晋至今，言中国之思想，可以儒释道三教代表之。[①]

陈寅恪先生所说的讲论于殿廷在唐朝蔚为风气，《旧唐书》中便记载了德宗时期的情形："贞元十二年四月，德宗诞日，御麟德殿，召给事中徐岱、兵部郎中赵需、礼部郎中许孟容与渠牟及道士万参成、沙门谭延等十二人，讲论儒、道、释三教。"（《旧唐书·韦渠牟传》）

在德宗皇帝的诞辰如此重要的日子，在麟德殿这座可以容纳3 500人以上宴饮聚会的大明宫中最重要的建筑，德宗御驾亲临，由朝中重臣与道士、和尚共同讲论儒释道三教，可见唐朝皇家讲道弘法的盛况以及对佛道的优渥待遇。

从初唐到盛唐时期，文学、艺术、美学乃至社会生活都深深浸染了儒释道的精神。但在对待佛道思想的态度上，唐朝的历代皇帝又充满了纠结和矛盾。

唐高祖李渊时期，太史令傅奕于武德四年（621年）六月上《请废佛法

① 参见陈寅恪：《冯友兰〈中国哲学史〉下册审查报告》。

表》，坚决地反佛。武德七年（624年），傅奕再次上《请除释教疏》，主张禁断佛教。据《旧唐书》记载：

> 七年，奕上疏请除去释教，曰：佛在西域，言妖路远，汉译胡书，恣其假托。故使不忠不孝，削发而揖君亲；游手游食，易服以逃租赋。演其妖书，述其邪法，伪启三涂，谬张六道，恐吓愚夫，诈欺庸品。凡百黎庶，通识者稀，不察根源，信其矫诈。乃追即往之罪，虚规将来之福。布施一钱，希万倍之报；持斋一日，冀百日之粮。遂使愚迷，妄求功德，不惮科禁，轻犯宪章。其有造作恶逆，身坠刑网，方乃狱中礼佛，口诵佛经，昼夜忘疲，规免其罪。且生死寿夭，由于自然；刑德威福，关之人主。乃谓贫富贵贱，功业所招，而愚僧矫诈，皆云由佛。窃人主之权，擅造化之力，其为害政，良可悲矣！……今之僧尼，请令匹配，即成十万余户，产育男女，十年长养，一纪教训，自然益国，可以足兵。四海免蚕食之殃，百姓知威福所在，则妖惑之风自革，淳朴之化还兴。（《旧唐书·傅奕传》）

由于朝臣信佛者甚众，傅奕的上疏引起了激烈的争论，中书令萧瑀带头发难，但傅奕不畏权势，与萧瑀激烈论争：

> 中书令萧瑀与之争论曰："佛，圣人也。奕为此议，非圣人者无法，请置严刑。"奕曰："礼本于事亲，终于奉上，此则忠孝之理著，臣子之行成。而佛逾城出家，逃背其父，以匹夫而抗天子，以继体而悖所亲。萧瑀非出于空桑，乃遵无父之教。臣闻非孝者无亲，其瑀之谓矣！"瑀不能答，但合掌曰："地狱所设，正为是人。"高祖将从奕言，会传位而止。（《旧唐书·傅奕传》）

武德九年（626年），高祖李渊发布《沙汰僧道诏》，虽未完全接受傅奕的建议彻底废止佛教，但其对为逃避现实而出家甚至妖言惑众的僧人明确表达了反感：

> 乃有猥贱之侣，规自尊高；浮惰之人，苟避徭役。妄为剃度，托号出家，嗜欲无厌，营求不息。出入闾里，周旋阛阓，驱策田产，聚积货物。耕织为生，估贩成业，事同编户，迹等齐人。进违戒律之文，退无礼典之训。至乃亲行劫掠，躬自穿窬，造作妖讹，交通豪猾。每罹宪网，自陷重刑，黩乱真如，倾毁妙法。譬兹稂莠，有秽嘉苗；类彼淤泥，混夫清水。（《旧唐书·高祖本纪》）

唐高祖的这一做法既是对傅奕反佛奏疏的回应，更应该是他自己对佛教的态度。傅奕反佛态度的坚定不仅仅影响了高祖，唐太宗也深以为然：

太宗常临朝谓奕曰："佛道玄妙，圣迹可师，且报应显然，屡有征验，卿独不悟其理，何也？"奕对曰："佛是胡中桀黠，欺诳夷狄，初止西域，渐流中国。遵尚其教，皆是邪僻小人，模写庄、老玄言，文饰妖幻之教耳。于百姓无补，于国家有害。"唐太宗颇然之。（《旧唐书·傅奕传》）

贞观十一年，唐太宗巡幸洛阳时下了一道制立宪法式的诏书，对道、佛两教的地位做了规定：

帝幸洛京，乃下诏云：老君垂范义在清虚，释迦贻训则理存因果。求其教也，汲引之迹殊途；论其宗也，弘益之风齐致。然大道之兴肇于遂古，源出无名之始，事高有形之外。迈两仪而远行，包万物而亭育。故能经邦致治反朴还淳。至如佛教之兴基于西域，逮于后汉方被中土。神变之理多方，报应之缘匪一。……自今已后斋供行立。至于称谓，道士、女道士可在僧、尼之前。庶敦反本之俗，畅于九有，贻诸万叶。时京邑僧徒各陈极谏，诏书颁发，京邑沙门，各陈极谏，有司不纳。（《集今古佛道论衡·太宗下敕道先佛后僧等上谏事第四》）

这道诏书引起了佛门的强烈反弹，但却没有改变唐王朝以道家为尊的立场和主张。耐人寻味的是，太宗尊崇道家的理由除了认为老子是其自家祖先之外，另一个重要的理由是"大道之兴，肇于遂古，源出无名之始，事高有形之外"，并且主张"敦反本之俗"。从这个理由似乎可以看出唐王朝受到傅奕所言佛教之害的影响。而其后的韩愈在其反对宪宗遣使者往凤翔迎佛骨入禁中时提出了这一主张——"佛者，夷狄之一法耳。自后汉时始入中国，上古未尝有也"（《新唐书·韩愈传》），从中我们明显可以看到其继承了傅奕的思想主张。

韩愈所处的时代已经是唐代由辉煌转向衰落的转折期，儒家文化给社会带来的积极进取精神也日渐式微。佛道思想在当时已然成为主流文化之一，其受追捧程度隐然有超越儒家思想之势头。从平民百姓到文人雅士，乃至帝王将相，出入于佛老，泛滥于辞章成为一时之风气。而佛道二教本身又以凌驾于儒家思想之上的姿态干预甚至主导当时的社会，在思想乃至社会经济方面都给国家和人民带来了沉重的负担和压力。面对如此现实，韩愈着重指出：

周道衰，孔子没，火于秦，黄老于汉，佛于晋、魏、梁、隋之间。其

> 言道德仁义者，不入于杨，则入于墨；不入于老，则入于佛。入于彼，必出于此。入者主之，出者奴之；入者附之，出者污之。噫！后之人其欲闻仁义道德之说，孰从而听之？老者曰：孔子，吾师之弟子也。佛者曰：孔子，吾师之弟子也。为孔子者，习闻其说，乐其诞而自小也，亦曰：吾师亦尝师之云尔。不惟举之于其口，而又笔之于其书。噫！后之人虽欲闻仁义道德之说，其孰从而求之？甚矣，人之好怪也！不求其端，不讯其末，惟怪之欲闻。
>
> 古之为民者四，今之为民者六；古之教者处其一，今之教者处其三。农之家一，而食粟之家六；工之家一，而用器之家六；贾之家一，而资焉之家六；奈之何民不穷且盗也！（《原道》）

“农之家一，而食粟之家六；工之家一，而用器之家六；贾之家一，而资焉之家六。”佛道二教已经不仅仅在思想上造成了狂热的影响，也真真切切地给社会和人民带来了沉重的经济负担，所以他感慨“奈之何民不穷且盗也!”韩愈辟佛老的出发点是国计民生。

史载，宪宗元和十四年，“中使迎佛骨至京师，上留禁中三日，乃历送诸寺，王公士民瞻奉舍施，惟恐弗及，有竭产充施者，有然香臂顶供养者”（《资治通鉴·唐纪五十六》）。对此，韩愈站在儒家的立场上予以坚决反对。他上表劝谏宪宗，强调佛教只是夷狄之法，并非中国所固有，因而不合先王之道。而且佛教的流行对当时的社会弊大于利。“哀民生之多艰”（《离骚》）和“欲为圣明除弊事”的双重责任感和使命感在韩愈的心中萦绕，最终促使他写下了轰动时代和历史的名篇《论佛骨表》：

> 臣某言：伏以佛者，夷狄之一法耳，自后汉时始流入中国，上古未尝有也。昔黄帝在位百年，年百一十岁；少昊在位八十年，年百岁；颛顼在位七十九年，年九十八岁；帝喾在位七十年，年百五岁；帝尧在位九十八年，年百一十八岁；帝舜及禹年皆百岁：此时天下太平，百姓安乐寿考，然而中国未有佛也。其后殷汤亦年百岁，汤孙太戊在位七十五年，武丁在位五十九年；书史不言其年寿所极，推其年数，盖亦俱不减百岁。周文王年九十七岁，武王年九十三岁，穆王在位百年：此时佛法亦未入中国，非因事佛而致然也。
>
> 汉明帝时，始有佛法，明帝在位才十八年耳；其后乱亡相继，运祚不长。宋齐梁陈元魏已下，事佛渐谨，年代尤促。惟梁武帝在位四十八年，前后三度舍身施佛，宗庙之祭，不用牲牢，昼日一食，止于菜果，其后竟

为侯景所逼，饿死台城，国亦寻灭。事佛求福，乃更得祸；由此观之，佛不足事，亦可知矣。

高祖始受隋禅，则议除之。当时群臣材识不远，不能深知先王之道、古今之宜，推阐圣明，以救斯弊，其事遂止，臣常恨焉。伏惟睿圣文武皇帝陛下，神圣英武，数千百年已来，未有伦比。即位之初，即不许度人为僧尼道士，又不许别立寺观。臣常以为高祖之志必行于陛下之手；今纵未能即行，岂可恣之转令盛也？

今闻陛下令群僧迎佛骨于凤翔，御楼以观，舁入大内，又令诸寺递迎供养。臣虽至愚，必知陛下不惑于佛，作此崇奉以祈福祥也；直以年丰之乐，徇人之心，为京都士庶设诡异之观、戏玩之具耳。安有圣明若此，而肯信此等事哉！然百姓愚冥，易惑难晓，苟见陛下如此，将谓真心信佛，皆云："天子大圣，犹一心敬信；百姓何人，岂合惜身命!"焚顶烧指，百十为群，解衣散钱，自朝至暮，转相仿效，惟恐后时；老少奔波，弃其业次。若不即加禁遏，更历诸寺，必有断臂脔身以为供养者；伤风败俗，传笑四方，非细事也。

夫佛本夷狄之人，与中国言语不通，衣服殊制，口不言先王之法言，身不服先王之法服，不知君臣之义，父子之情。假如其身至今尚在，奉其国命，来朝京师，陛下容而接之，不过宣政一见，礼宾一设，赐衣一袭，卫而出之于境，不令惑于众也；况其身死已久，枯朽之骨，凶秽之余，岂宜令入宫禁？

孔子曰："敬鬼神而远之。"古之诸侯行吊于其国，尚令巫祝先以桃茢祓除不祥，然后进吊。今无故取朽秽之物，亲临观之，巫祝不先，桃茢不用，群臣不言其非，御史不举其失，臣实耻之。乞以此骨付之有司，投诸水火，永绝根本，断天下之疑，绝后代之惑，使天下之人知大圣人之所作为出于寻常万万也。岂不盛哉！岂不快哉！佛如有灵能作祸祟，凡有殃咎，宜加臣身，上天鉴临，臣不怨悔。无任感激恳悃之至，谨奉表以闻。臣某诚惶诚恐。(《论佛骨表》)[①]

在韩愈眼中，社会生活的主流当然是儒家思想，佛道思想已经越过了其本应恪守的文化和思想边界。尤其是宪宗皇帝将释迦牟尼佛骨迎入了宫中供养三日，举国若狂，甚至有百姓烧指灼背而供养，种种行为深深触动了韩愈，让他

① 亦见于《旧唐书·韩愈传》。

如鲠在喉，不吐不快。韩愈也因此触怒宪宗，将被处以极刑，因裴度、崔群等力救，被贬为潮州刺史。

韩愈当时的地位大大提高了他反佛思想的影响。作为两度执教国子监的博士，以及现职的刑部侍郎，加之其性格的耿介孤傲，韩愈是引人注目的。因此，韩愈的谏迎佛骨在当时受到了极大的关注，唐宪宗虽然震怒之下几乎处死韩愈，但他也深知韩愈所言是有道理的，而且韩愈此举是为了捍卫国家和皇家的利益。所以他说："愈言我奉佛太过，犹可容；至谓东汉奉佛以后，天子咸夭促，言何乖剌邪？愈，人臣，狂妄敢尔，固不可赦。"（《新唐书·韩愈传》）皇帝虽然佞佛，但其原因并非是无知和愚昧的盲信，更多的是出于自己的政治需要，甚至是将佞佛作为自己的挡箭牌或者遮羞布，所以韩愈的作为虽然险些给自己招致杀身之祸，但却为后世帝王限制佛教乃至唐武宗灭佛做了舆论准备。

韩愈卒后，佛教的命运又历经大起大落。尽管唐朝立国以来历代皇帝都对佛教青睐有加，到宪宗迎佛骨入禁中，佞佛之风达到高潮，但当时的唐朝已经由盛转衰，唐末三大问题——宦官专政、朝廷党争、藩镇割据日渐显露，人民徭役日重，故多入寺院以为逃避，寺院又乘乱与贵族势力勾结，广置奴婢，偷逃赋税，另外还放高利贷多方牟利，佛教成为别有用心者破坏经济甚至干预政治的工具。唐武宗即位后，面对如此不利的局面，首先想到的是抑制佛教的发展：

> 朕闻三代已前，未尝言佛，汉、魏之后，佛教浸兴。是由季时，传此异俗，因缘染习，蔓衍滋多。以至于蠹耗国风，而渐不觉；诱惑人意，而众益迷。洎于九州山原，两京城阙，僧徒日广，佛寺日崇。劳人力于土木之功，夺人利于金宝之饰，遗君亲于师资之际，违配偶于戒律之间。坏法害人，无逾此道。且一夫不田，有受其饥者；一妇不蚕，有受其寒者。今天下僧尼，不可胜数，皆待农而食，待蚕而衣。寺宇招提，莫知纪极，皆云构藻饰，僭拟宫居。晋、宋、齐、梁，物力凋瘵，风俗浇诈，莫不由是而致也。况我高祖、太宗，以武定祸乱，以文理华夏，执此二柄，足以经邦，岂可以区区西方之教，与我抗衡哉！贞观、开元，亦尝厘革，铲除不尽，流衍转滋。朕博览前言，旁求舆议，弊之可革，断在不疑。而中外诚臣，协予至意，条疏至当，宜在必行。惩千古之蠹源，成百王之典法，济人利众，予何让焉。其天下所拆寺四千六百余所，还俗僧尼二十六万五百人，收充两税户，拆招提、兰若四万余所，收膏腴上田数千万顷，收奴婢为两税户十五万人。隶僧尼属主客，显明外国之教。勒大秦穆护、祆三千

余人还俗，不杂中华之风。於戏！前古未行，似将有待；及今尽去，岂谓无时。驱游惰不业之徒，已逾十万；废丹雘无用之室，何啻亿千。自此清净训人，慕无为之理；简易齐政，成一俗之功。将使六合黔黎，同归皇化。尚以革弊之始，日用不知，下制明廷，宜体予意。（《旧唐书·武宗本纪》）

武宗已经清晰地意识到了佛教的无度发展与奢华之风在当时给社会生活带来的巨大危害。他通过灭佛，“驱游惰不业之徒，已逾十万；废丹雘无用之室，何啻亿千”。其对国计民生的用心与北魏太武帝灭佛诏书中所言的“欲除伪定真，复羲农之治”（《魏书·志第二十·释老志》）如出一辙。

会昌五年（845年），“八月壬午，大毁佛寺，复僧尼为民”（《新唐书·本纪第八·穆宗、敬宗、文宗、武宗、宣宗》）。“其上州望各留寺一所，有列圣尊容，便令移于寺内；其下州寺并废。其上都、东都两街请留十寺，寺僧十人。”（《旧唐书·武宗本纪》）这是佛教“三武一宗之难”四次大劫难中的“会昌之难”。“其天下所拆寺四千六百余所，还俗僧尼二十六万五百人，收充两税户，拆招堤、兰若四万余所，收膏腴上田数千万顷，收奴婢为两税户十五万人。”

这次灭佛规模之大是空前绝后的，但因为没有优秀的思想者，所以并没有从思想层面对佞佛行为予以深入批判，对其后的即位者也没有告诫和警醒，于是在武宗驾崩后，第二年五月，刚刚即位的唐宣宗就“诏上京增置八寺，复度僧尼”。而唐懿宗继宣宗即位之后，对佛教愈加痴迷，佞佛的行为也变本加厉。据《资治通鉴》记载：

（咸通十四年）春，三月，癸巳，上遣敕使诣法门寺迎佛骨，群臣谏者甚众，至有言宪宗迎佛骨寻晏驾者。上曰：“朕生得见之，死亦无恨！”广造浮图、宝帐、香舆、幡花、幢盖以迎之，皆饰以金玉、锦绣、珠翠。自京城至寺三百里间，道路车马，昼夜不绝。夏，四月，壬寅，佛骨至京师，导以禁军兵仗、公私音乐，沸天烛地，绵亘数十里；仪卫之盛，过于郊祀，元和之时不及远矣。富室夹道为彩楼及无遮会，竞为侈靡。上御安福门，降楼膜拜，流涕沾臆，赐僧及京城耆老尝见元和事者金帛。迎佛骨入禁中，三日，出置安国崇化寺。宰相已下竞施金帛，不可胜纪。（《资治通鉴·唐纪十八》）

仿佛是历史的再现和轮回，这次的迎佛骨场景与当年韩愈上书宪宗谏迎佛骨时所描述的情形何其相似。但表面的繁华热闹已经不能掩盖佛教的衰落，武宗灭佛所用的雷霆手段对佛教的打击是十分沉重的，晚唐的社会豪强兼并和盛世的没落使得佛教没有时间和财力重新恢复盛唐的辉煌，佛教从此元气大伤，盛况不再。

三、石介的《中国论》

在当时的“古文运动”中与韩愈齐名的另一位代表人物柳宗元却对韩愈的做法略有微词。

柳宗元的一生较之韩愈更为坎坷，他参与王叔文的“永贞革新”，又因为改革失败而被贬为永州司马，之后更被远贬为柳州刺史，最终病卒于柳州。他与韩愈交厚，并与韩愈相互呼应共同发起“古文运动”，但他的思想又与韩愈的思想略有不同。韩愈对柳宗元的为人、为文多有赞誉，他说：

> 子厚少精敏，无不通达。逮其父时，虽少年已自成人，能取进士第，崭然见头角；众谓柳氏有子矣。其后以博学宏词授集贤殿正字。俊杰廉悍，议论证据今古，出入经史百子，踔厉风发，率常屈其座人；名声大振，一时皆慕与之交；诸公要人争欲令出我门下，交口荐誉之。……虽使子厚得所愿，为将相于一时；以彼易此，孰得孰失，必有能辩之者。（《柳子厚墓志铭》）

但对于柳宗元喜好佛教，韩愈也是多次有所批评的，就此柳宗元在其名篇《送僧浩初序》中说：

> 儒者韩退之与余善，尝病余嗜浮屠言，訾予与浮屠游。近陇西李生础自东都来，退之又寓书罪余，且曰：“见《送元生序》，不斥浮屠。”浮屠诚有不可斥者，往往与《易》《论语》合，诚乐之，其于性情奭然，不与孔子异道。退之好儒，未能过扬子，扬子之书，于庄墨申韩皆有取焉。浮屠者，反不及庄墨申韩之怪僻险贼耶？曰：“以其夷也。”果不信道而斥焉以夷，则将友恶来盗跖，而贱季札由余乎？非所谓去名求实者矣。吾之所取者与《易》《论语》合，虽圣人复生不可得而斥也。退之所罪者其迹也，曰：“髡而缁，无夫妇父子，不为耕农蚕桑而活乎人。”若是，虽吾亦不乐也。退之忿其外而遗其中，是知石而不知韫玉也。吾之所以嗜浮屠之言以此。与其人游者，未必能通其言也。且凡为其道者，不爱官，不争能，乐

山水而嗜闲安者为多。吾病世之逐逐然唯印组为务以相轧也，则舍是其焉从？吾之好与浮屠游以此。今浩初闲其性，安其情，读其书，通《易》《论语》，唯山水之乐，有文而文之。又父子咸为其道，以养而居，泊焉而无求，则其贤于为庄墨申韩之言，而逐逐然唯印组为务以相轧者其亦远矣。李生础与浩初又善。今之往也，以吾言示之。因北人寓退之视何如也。

柳宗元认为韩愈“以其夷也”是只看到佛教的表面，并没有看到其精神实质，“退之所罪者其迹也”。柳宗元自身对佛教的态度其实也是十分复杂的。他自称“吾自幼好佛，求其道，积三十年。世之言者罕能通其说，于零陵，吾独有得焉”（《送巽上人赴中丞叔父召序》），但他在其一生之中并未像佛弟子一样参禅悟道，而是“唯以中正信义为志，以兴尧舜孔子之道利安元元为务”（《寄许京兆孟容书》）。正如苏轼所言：“柳子厚南迁，始究佛法。”（《书柳子厚大鉴禅师碑》）柳宗元作为王叔文一党，“贬邵州刺史，不半道，贬永州司马”（《新唐书·柳宗元传》），一贬再贬，而且宪宗明确下诏“左降官韦执谊、韩泰、陈谏、柳宗元、刘禹锡、韩晔、凌准、程异等八人，纵逢恩赦，不在量移之限”（《旧唐书·本纪第十四顺宗宪宗上》），即使国家大赦特赦，也不在赦免范围之内，也就意味着宪宗对柳宗元等人的态度是永不叙用，这就等于在政治上判了死刑。虽然柳宗元有“拔去万累云间翔”（《笼鹰词》）的志向，但皇帝却如此决绝，断绝了他内心中经邦济世的期待，这时，佛教思想应该是他慰藉心灵的一种选择。

应该说柳宗元经历了政治生涯的失意后在思想上有避世退隐的想法，但在其人格上始终都保持着一种孤高傲世的态度，就像他在诗中所表达的那样——“孤舟蓑笠翁，独钓寒江雪”（《江雪》）。他对自己的道德人格依然有着强大的自信，在现实中也可以保持随遇而安的良好心态并为官一任，造福一方。无论是被贬永州还是后来再次被贬更加荒远的柳州，他都是积极的、入世的，这正是柳宗元立足儒家思想的态度所致。他的学术思考，也是在儒学的基础和框架内融合佛老，进而融合诸家之说而成。他认为“浮屠诚有不可斥者，往往与《易》《论语》合，诚乐之，其于性情奭然，不与孔子异道”，所以应该用更加积极的态度从佛教思想甚至老子抑或“杨墨申商刑名纵横之说”中寻求与儒家思想可以通而同之的东西，他强调：

太史公尝言：世之学孔氏者，则黜老子；学老子者，则黜孔氏，道不同不相为谋。余观老子亦孔氏之异流也，不得与相抗，又况杨墨申商刑名纵横之说，其迭相訾毁牴牾而不合者，可胜言耶？然皆有以佐世。太史公没，其后有释氏，固学者之所怪骇舛逆其尤者也。今有河南元生者，其人闳旷而质直，物无以挫其志；其为学恢博而贯统，数无以踬其道。悉取向之所以异者，通而同之，搜择融液，与道大适，咸伸其所长，而黜其奇衺，要之与孔子同道，皆有以会其趣，而其器足以守之，其气足以行之。（《送元十八山人南游序》）

儒家思想从来都不是一个保守封闭、唯我独尊的系统，而是基于“一统而多元”的文化立场，不断吸收其他学派的可取之处。佛教的义理，只要不与儒学相冲突，便可以进行适当的吸收、转化与调整，柳宗元认为佛教义理往往与儒家的基本精神相合，不能因为它是“夷”法而加以摒斥。佛教并不排斥与儒家思想的融通，有些思考非但与儒学的原则毫不冲突，而且在有些方面似乎还可弥补儒学之不足。在《送元暠师序》中，他认为：

今观世之为释者，或不知其道，则去孝以为达，遗情以贵虚。今元暠衣粗而食菲，病心而墨貌。以其先人之葬未返其土，无族属以移其哀，行求仁者以冀终其心，勤而为逸，远而为近，斯盖释之知道者欤？释之书有《大报恩》十篇，咸言由孝而极其业。世之荡诞慢訑者，虽为其道而好违其书，于元暠师，吾见其不违且与儒合也。

姑且不论汉传佛教对儒家思想的吸收和改造这一不争的事实，就柳宗元自身而言，儒佛思想对其的影响都是极其明显而深刻的。在儒家和佛教两种文化的浸润之下，柳宗元的思想形成了更加融通和平实的特点，他的思想与韩愈的思想恰好可以相互生发、相互补充。无论柳宗元内心是否有着清晰的宗教信仰，在其一生的政治和文化、学术生涯里，他实现的是“利安元元为务”的责任与担当。

“宋初三先生”之一的孙复对佛老思想的弊端进行了直接的批判，他说：

汉、魏而下，则又甚焉。佛老之徒横于中国，彼以死生祸福、虚无报应为事，千万其端，绐我生民，绝灭仁义，屏弃礼乐，以涂塞天下之耳目。……于是其教与儒齐驱并驾，峙而为三。吁，可怪也！去君臣之礼，绝父子之戚，灭夫妇之义。儒者不以仁义礼乐为心则已，若以为心，得不鸣鼓而攻之乎？（《宋元学案·卷二·泰山学案》）

石介师事胡瑗，与胡瑗、孙复并称为“宋初三先生”。较之孙复，他的

《中国论》在辟佛老、辨华夷、坚守儒家道统方面堪称奇文：

夫天处乎上，地处乎下，居天地之中者曰中国，居天地之偏者曰四夷。四夷外也，中国内也。天地为之乎内外，所以限也。

夫中国者，君臣所自立也，礼乐所自作也，衣冠所自出也，冠婚祭祀所自用也，缞麻丧泣所自制也，果瓜菜茹所自殖也，稻麻黍稷所自有也。东方曰“夷”，被发文身，有不火食者矣；南方曰“蛮”，雕题交趾，有不火食者矣；西方曰“戎”，被发衣皮，有不粒食者矣；北方曰“狄”，衣毛穴居，有不粒食者矣。其俗皆自安也，相易则乱。

仰观于天则二十八舍在焉；俯察于地，则九州分野在焉；中观于人则君臣、父子、夫妇、兄弟、宾客、朋友之位在焉。非二十八舍、九州分野之内，非君臣、父子、夫妇、兄弟、宾客、朋友之位，皆夷狄也。二十八舍之外干乎二十八舍之内，是乱天常也；九州分野之外入乎九州分野之内，是易地理也；非君臣、父子、夫妇、兄弟、宾客、朋友之位，是悖人道也。苟天常乱于上，地理易于下，人道悖于中，国不为中国矣。

闻乃有巨人名曰“佛”，自西来入我中国；有庞眉曰“聃”，自胡来入我中国。各以其人易中国之人，以其道易中国之道，以其俗易中国之俗，以其书易中国之书，以其教易中国之教，以其居庐易中国之居庐，以其礼乐易中国之礼乐，以其文章易中国之文章，以其衣服易中国之衣服，以其饮食易中国之饮食，以其祭祀易中国之祭祀。虽然，中国人犹未肯乐焉而从之也。其佛者乃说曰：“天有堂，地有狱，从我游则升天堂矣，否则挤地狱。”其老亦说曰：“我长生之道，不死之药，从我游则长生矣，否则夭死。且又有为耒耜以使人农也，为《诗》《书》以使人士也，为器材以使人工也，为货币以使人商也，臣拜乎君，子事乎父，弟事乎兄，幼顺乎长，冠以束乎发，带以绳乎腰，履以羁乎足，妻子以待乎养，宾师以须乎奉，缞麻丧泣之制使人为哀，礼祀祭享之位使人为孝，尔之劳也如是，我皆无是之苦。”

于是人或惧之，或悦之。始有从之者。既从之也，则曰“莫尊乎君父，与之伉礼，无兄以事也，无长以顺也，无妻子以养也，无宾师以奉也，无发以束也，无带以绳也，无缞麻丧泣以为哀也，无礼祀祭享以为孝也。中国所为士与农、工与商者，我皆坐而衣食之，我贵也如此。”故其人欢然而去之也，靡然而趋之也。噫！今不离此而去彼，背中国而趋佛、老者几人？

或曰："如此，将为之奈何？"曰："各人其人，各俗其俗，各教其教，各礼其礼，各衣服其衣服，各居庐其居庐，四夷处四夷，中国处中国，各不相乱，如斯而已矣。则中国，中国也；四夷，四夷也。"

在这里石介从《礼记·王制》中对中国与四夷的描述入手，直接从地理地缘上论述中国与四夷文明的高下，并将佛教和老子的道家思想都归于外来文化，认为他们是"乱天常""易地理""悖人道"的，"苟天常乱于上，地理易于下，人道悖于中，国不为中国矣"。以此立论，证明儒家文化才是"中国之道""之俗""之书""之教"；"中国之居庐""之礼乐""之文章""之衣服""之饮食""之祭祀"莫不由儒家而兴。依此，石介构建了一个内外分明、高下立判的文化综合体，并期待形成"各人其人，各俗其俗，各教其教，各礼其礼，各衣服其衣服，各居庐其居庐，四夷处四夷，中国处中国，各不相乱"的良好秩序。

从先秦到汉唐，儒家在对待夷夏之辨的问题上已经基本上跳出了地缘说的范畴。晚唐时期皇甫湜的观点是具有代表性的，他说：

所以为中国者，以礼义也；所谓夷狄者，无礼义也。岂系于地哉？杞用夷礼，杞即夷矣；子居九夷，夷不陋矣；沐纣之化，商士为顽人矣；因戎之迁，伊川为陆浑矣。非系于地也。(《东晋元魏正闰论》)

在这样的文化背景下，石介的立论极易为后人所诟病，尤其是将老子定性为外来之胡人，更为牵强附会之说。但是作为儒者，石介当然不会对历史一无所知，他如此放言立论，自有其深意所在。

《宋史》记载：

介为文有气，尝患文章之弊、佛老为蠹，著《怪说》《中国论》，言去此三者，乃可以有为。又著《唐鉴》以戒奸臣、宦官、宫女，指切当时，无所讳忌。(《宋史·石介传》)

于此我们可以看到，石介对当时社会诸多弊端的批评是无所忌讳的。这一方面是其耿介的性格使然，另一方面却体现了他要用矫枉必须过正的手段唤醒世人沉睡已久的文化自信。

儒家文化本应让人归于中庸，但孔子也曾说过："不得中行而与之，必也狂狷乎！狂者进取，狷者有所不为也。"(《论语·子路》)石介的所作所为是符合猥者的行事风格的。正如他自己在《怪说》中自承：“佛、老以妖妄怪诞之教坏乱之……吾学圣人之道，有攻我圣人之道者，吾不可不反攻彼也。”（《怪说》）

以石介所处的时代为坐标，刚刚过去的五代十国是中国历史上政权最为动荡、思想最为淆乱复杂的时期，较之西晋末年的“五胡乱华”所造成的大混乱犹有过之。面对思想上的极度混乱，石介用如此激烈明确的态度对待佛老，尽管不无偏颇之处，但其所体现出的问题意识和忧患意识是值得我们深思的。

在“宋初三先生”之后，面对佛老思想的日益滋蔓，程颐明确指出：“杨墨之害，甚于申韩；佛氏之害，甚于杨墨。盖杨氏为我疑于义，墨氏兼爱疑于仁，申韩则浅陋易见。故孟子止辟杨墨，为其惑世之甚也。佛氏之言近理，又非杨墨之比，所以为害尤甚。”（《孟子集注·滕文公章句下》）到了朱熹所处的时代，“异端之说日新月盛，以至于老佛之徒出，则弥近理而大乱真矣”（《中庸章句序》）。这种文化的坚守与自任并非一己之成见，而是对社会与时代的一种责任和担当。这种责任与担当也影响了后世如明清时期的王阳明、王夫之、顾炎武、刘蕺山、颜元等人，以及近现代的曾国藩、马一浮等儒者。兹不赘述。

杨汝清

参考文献

四书五经．北京：中国书店，1985.

朱熹．四书章句集注．北京：中华书局，1983.

孔颖达．尚书正义．上海：上海古籍出版社，2007.

郑玄，贾公彦．周礼注疏．上海：上海古籍出版社，2010.

孔颖达．礼记正义．上海：上海古籍出版社，2008.

张清常，王延栋．战国策笺注．天津：南开大学出版社，1993.

苏舆．春秋繁露义证．北京：中华书局，1992.

魏收，等．魏书．北京：中华书局 ，2000.

王溥．唐会要．北京：中华书局 ，1955.

王定保．唐摭言．上海：上海古籍出版社，1978.

全唐文．北京：中华书局，1985.

全唐诗．北京：中华书局，1960.

刘煦．旧唐书．北京：中华书局，1975.

欧阳修，宋祁．新唐书．北京：中华书局，1975.

吴兢．贞观政要．上海：上海古籍出版社，1984.
茅坤．唐宋八大家文钞．黄山：黄山书社，2010.
吕大防．韩愈年谱．北京：中华书局，1991.
马其昶．韩昌黎文集校注．上海：上海古籍出版社，1998.
吴文治．韩愈资料汇编．北京：中华书局，1983.
石介．徂徕石先生文集．陈植锷，点校．北京：中华书局，1984.
东坡后集（一）//苏轼．东坡集．北京：线装书局，2001.
司马光．资治通鉴．北京：中华书局，1956.
脱脱，等．宋史．北京：中华书局，1977.
王阳明．传习录．郑州：中州古籍出版社，2010.
王夫之．读通鉴论．北京：中华书局，1975.
黄宗羲．宋元学案．北京：中华书局，1986.
汤一介，李中华．中国儒学史．北京：北京大学出版社，2011.
冯友兰．中国哲学史．上海：华东师范大学出版社，2011.
袁行霈．中国文学史．北京：高等教育出版社，1998.
章培恒，骆玉明．中国文学史．上海：复旦大学出版社，2004.
刘海峰，李兵．中国科举史．北京：东方出版中心，2004.
邓洪波．中国书院史．北京：东方出版中心，2004.
李长之．韩愈传．北京：东方出版社，2010.
卞孝萱，张清华，阎琦．韩愈评传．南京：南京大学出版社，2011.
钱基博．韩愈志．北京：华夏出版社，2010.
高海夫．唐宋八大家文钞校注集评·昌黎文钞．西安：三秦出版社，1998.
汤用彤．隋唐佛教史稿．南京：江苏教育出版社，2007.

第七章
王安石的新外王政治哲学

由明在我之明德的内圣，而开治国平天下的外王，这便是儒家的德治思想逻辑。王安石是北宋时期著名的政治改革家，他的“荆公新学”从儒家经典出发，通过重新诠释儒家经典，试图使儒家的内圣通向变法维新、兴利除弊、经营天下、成就事功的新外王。道德性命与经世济民如何有机地结合在一起，着实是儒家面临的新课题。

王安石融合儒道，将道家的理论思维引入儒家的政治实践，建构起天道性命与礼乐刑政相贯通的政治哲学，为儒家政治宪纲做出理论论证。王安石肯定杨朱“为己”的合理性，表现出对个体物质利益、生命权利的关注，同时又区分了“生”与“性”，力求做到“为己”与“为人”的统一。如果说程朱还只是中世纪的思想家的话，那么，王安石的一只脚已经迈向了近代。王安石的政治哲学也存在内在的矛盾，其天道本体带有浓厚的道家色彩，主要是为儒家的礼乐刑政提供形上依据，而没有或无法为儒家的仁学奠定理论根基。他虽然重视个人的感性生命和物质利益，但认为一般的百姓只知“生”，不知“性”，没有赋予个体应有的自由和权利，因此说，王安石的另一只脚还停留在古代。

第一节　北宋儒学的整体规划与引庄入儒——王安石政治哲学的历史、思想背景

内圣外王一语沉寂数百年之后，在北宋重新受到人们的关注，不是偶然

的，而是多种社会、学术因素综合作用的结果。首先，这是北宋儒学复兴整体规划在思想观念上的反映，是对新出现的、不同于汉唐经学的“新儒学”的概念化表达。

一、宋代政治积弊

赵宋王朝建立后，确立了重文抑武的基本国策，剥夺方镇的权力，收精兵由中央统一指挥，粮饷由中央负责供给，以文臣代替飞扬跋扈的武人充任将帅，同时增设机构、官职，以便分化事权，使官吏相互牵制，结果造成机构臃肿，效率低下，财政上冗官冗费不胜负担，军事上在与辽、西夏的对抗中屡屡处于劣势，不得不割地赔款，输纳币帛，陷入积贫积弱的恶性循环之中。故北宋以文立国，虽经八十年升平世，但法久必弊，政久必腐，至仁宗时各种矛盾已充分暴露出来，迫切需要一场变革来扭转颓势。范仲淹在《答手诏条陈十事》中称：

> 我国家革五代之乱，富有四海，垂八十年，纲纪制度，日削月侵，官壅于下，民困于外，夷狄骄盛，寇盗横炽，不可不更张以救之。

宋王朝在政治上“不可不更张以救之”，在思想文化上同样面临种种危机与挑战。赵宋立国之后，沿袭了唐代儒、道、释三教并行的政策，积极扶持佛、道二教的同时，尤关注儒学的复兴，采取了一系列措施提高儒学的地位。北宋政府倡导、崇奉的儒学乃是汉唐以来的注疏之学，这种儒术恪守于章句训诂，拘束于名物制度，存在着“穷理不深，讲道不切”的弊端，成为博取功名利禄的手段，显然已不能适应时代的需要了。与之相反，佛、道二教则由于相对超脱于政治之外而得到迅速发展，并分别从缘起性空和天道自然的角度对宇宙人生做了形而上的理论阐发。佛教视现实人生为虚幻烦恼，认为其不过是苦难轮回的一个阶段，道教则追求长生不死、变化飞升，视现实世界为获得自由幸福的羁绊，二者都主张在名教之外去寻找生命的最终归宿和精神寄托，这对积极入世、视生生之仁为宇宙人生本质的儒学形成极大的冲击和挑战。据宋释志磐《佛祖统纪》记载：

> 荆公王安石问文定张方平曰：“孔子去世百年而生孟子，后绝无人，或有之而非醇儒。”方平曰：“岂为无人，亦有过孟子者。”安石曰：“何人?”方平曰：“马祖、汾阳、雪峰、岩头、丹霞、云门。”安石意未解。方平曰：“儒门淡薄，收拾不住，皆归释氏。”安石欣然叹服，后以语张商

英，抚几赏之曰："至哉，此论也！"

"收拾不住"说明此时官方倡导的儒术在社会上已失去了影响力，在佛、道的出世主义面前败下阵来。而一种学说一旦失去了打动人心的力量，只能靠政府的提倡维持表面风光，那就离真正的没落不远了。这样，作为对官方化儒术的反动，仁宗庆历时期一场声势浩大的儒学复兴运动在民间士人中不可遏制地出现了，儒者蜂拥而起，各立学统，力图突破章句注疏之学的束缚，回归孔孟，重新阐释儒家经典，从六经中寻找振衰救弊的思想方法。这一儒学复兴运动的主题有二：一是阐发道德性命之学，以解决人生的价值和意义的问题；二是复兴三代礼乐王政，以重建人间秩序和政治宪纲。这某种程度上实际是回到了以孔子为代表的早期儒学仁、礼并重的整体规划——以仁确立人生意义、价值原则，以礼建构政治制度和人伦秩序。北宋儒学复兴的两大主题具有内在的联系，其中礼乐刑政、名教事业以天道性命为理论依据，而天道性命则以名教事业为落实处，故是天道性命与礼乐名教并重。但在历史的演进中，二者的结合则经历了一个过程。庆历时期的学者主要关注的是治道问题，对天道性命相对涉及较少，视之为不急之务，在学术思想上，主要是一种经世之学。但到了神宗熙宁前后，道德性命却成为学者热议的话题，并经由对《论语》"性与天道"、《易传》"穷理尽性以至于命"、《中庸》"天命之谓性"等命题的诠释，构成儒学复兴的又一主题。其中新学、蜀学、关学、洛学等对道德性命这一主题均表现出强烈的理论兴趣，而尤以王安石为代表的新学派开风气之先，所不同者只是各派对道德性命的具体理解而已。

二、首倡道德性命

王安石首倡道德性命之功，在宋代学者中已有共识。王安石之婿、曾拜尚书左丞的蔡卞称："宋兴，文物盛矣，然不知道德性命之理。安石奋乎百世之下，追尧舜三代，通乎昼夜阴阳所不能测而入于神。初著《杂说》数万言，世谓其言与孟轲相上下。于是天下之士始原道德之意，窥性命之端云。"[①] 南宋学者郭孝友亦称："熙（熙宁）丰（元丰）间，临川王文公又以经术自任，大训厥辞，而尤详于道德性命之说，士亦翕然宗之。"（《江西通志·六一祠记》）这都是肯定经过王安石的倡导，道德性命之说才开始成为士人热衷的话题。北宋

① 语见蔡卞所著《王安石传》，此书已遗。引文见马端临的《文献通考》卷二百十四《经籍考·王氏杂说》。

儒家学者关注道德性命问题有其内在的原因，首先是从天道或道体的高度寻绎性命本真，以解决人生信仰和意义的问题。姜广辉先生指出："宋明时期的'问题意识'是解决人生焦虑或曰'内圣'问题，此一时期，儒者突破经典笺注之学，在'性与天道'的深层次的哲学问题上探讨人生的意义与价值的本原。"① 《论语》有子贡"夫子之言性与天道，不可得而闻也"（《论语·公冶长》）之语，似表示对于"性与天道"之类的问题，孔子与弟子尚未有深入讨论，而此时它们却成为学者们热议的话题。究其原因，就是要从儒学内部寻找资源以应对信仰危机，解决精神超越的问题。其次是推论天道、道体为自然、社会的统一性、普遍性原理，为政治宪纲寻找形上依据。这样，经过北宋儒者的不懈努力，儒学终于突破了章句注疏之学的藩篱，打开了义理诠释的新方向，将天道性命与礼乐刑政融合在一起，一方面推阐天道性命以作为礼乐刑政的理论依据，另一方面又锐意于名教事业以作为天道性命之落实处，故是天道性命与礼乐名教并重，形成了不同于汉唐章句注疏之学的新儒学。

在北宋三教并行的文化政策下，庄学与道家（教）其他学说一样，也得到了一定的重视和发展，太宗、真宗朝都有提倡《庄子》的举措。② 但《庄子》受到士人的关注，言《庄》成为一时之风气，则是在北宋中期儒学复兴运动开始之后，而真正推动庄学发展的则是当时两位儒学复兴运动的代表人物——王安石和苏轼。此于文献有徵，如宋人黄庭坚说："吾友几复，讳介，南昌黄氏。……方士大夫未知读《庄》《老》时，几复数为余言……其后十年，王氏父子以经术师表一世，士非庄、老不言。"（《黄庭坚全集·正集·黄几复墓志铭》）据黄氏之说，在王安石父子以经术师表一世，并大力倡导老庄之前，士大夫中仅有少数人关注《庄子》。但经王氏父子大力倡导之后，便出现了士大夫"非庄、老不言"的局面。今人郎擎霄也说："庄学得王苏之提倡，故当时治《庄子》者已次第臻于极盛，而《庄子》之学遂如日之中天矣。"（《庄子学案》）我们知道，北宋中期开始兴起的新儒学在对待佛老的问题实际存在着两种不同的态度：一种是虽然也坚持儒家的基本立场，但对佛老则采取了开放、包容的态度，并自觉吸收、接纳佛老的思想以运用于新儒学的理论建构之中，一定程度上延续了隋唐代以来三教合一的思想方式。另一种则是严守儒家的价值立场，对佛老持批判、排斥的态度，其受佛老的影响主要表现在思维方式上或者是"隐形"的。在这二者之中，张载、二程等人无疑属于后者，而王安

① 姜广辉：《中国经学思想史》，第三卷，18页。

② 参见方勇：《庄子学史》，第2册，6～7页，北京，人民出版社，2008。

石、苏轼则为前者。王安石、苏轼对庄子的肯定和提倡，正可以从这一点去理解。因此，在北宋儒学的复兴运动中，庄学实际起到了推波助澜的作用，以庄学的宇宙意识和道体观念扩宽自身理论思路和思想视野，某种程度上也是北宋儒学复兴运动的内在要求。

王安石等人关注《庄子》不是偶然的，《庄子》不同于先秦诸子的一个突出特点，是其以宏阔的宇宙意识和超越精神，打破了自我中心，抛弃了个人成见，以道体的眼光来看待人世间的分歧和争执，视各家各派所见不过是主观给予外界的偏见，并非道体之全、宇宙之真。在《齐物论》中，庄子批评当时争论不休的"儒墨之是非"，不过是"以是其所非而非其所是"，主张"欲是其所非而非其所是，则莫若以明"，也就是以破除了成见之后的虚静之心关照人间之是非。而《庄子》中的《天下》《天道》等篇，则着力阐发了"天地之纯，古人之大体"，也就是大道或道体大全，以之针砭道术为天下裂的时代弊病，破除诸子百家的精神局限，同时兼取各家之长，表现出统合百家的宏大气魄。因此，当王安石等人希望通过吸收佛老以创新、发展儒学，并为此寻找理论依据时，把目光投向《庄子》便是自然而然的了。正如卢国龙先生所说，"从某种意义上说，得之于《庄子·天下篇》的道体大全观念，或许就是王安石作为一个理想主义政治家力主改革的思想根源。从庄子的逍遥一世之上到王安石的以天下为己任，差距似乎很大，但二者的背后都有一个道体大全作为精神支撑"①。需要说明的是，王安石接受的主要是庄子后学黄老派的思想，《天下》《天道》等篇均属于黄老派的作品，而黄老派与庄子的最大不同，便是一改其超然出世、消极无为为循理而动、积极进取。从这一点看，庄子后学黄老派的内圣外王理想与王安石的以天下为己任之间，差距似乎便没有那么大了。

王安石引庄入儒，对其做儒学化阐释，主要是因为在当时的士人阶层中儒学有绝对的影响，不如此便无法消除其对庄子的排斥和反感，另一方面也是为其融合儒道做理论铺垫。在王安石看来，儒家固然缺乏对道体的关注，但道家同样忽视了礼乐教化，二者存在着融合、借鉴的必要。在《老子》一文中，王安石对"道"做了"本""末"的区分："道有本有末。本者，万物之所以生也；末者，万物之所以成也。本者出之自然，故不假乎人之力，而万物以生也；末者涉乎形器，故待人力而后万物以成也。""本"是天道自然，不需要人力的参与而生化，以自然而成为特征；"末"指人类以礼乐刑政等方式参与到

① 卢国龙：《宋儒微言》，119页，北京，华夏出版社，2001。

自然的造化之中，使其具有人文化成的意味，因为涉乎形器，需要人力方可完成。“夫其不假人之力而万物以生，则是圣人可以无言也、无为也；至乎有待于人力而万物以成，则是圣人之所以不能无言也、无为也。”因此，道家的无言、无为只适用于天道自然之体，而不适用于礼乐刑政之末。“故昔圣人之在上，而以万物为己任者，必制四术焉。四术者，礼乐刑政是也，所以成万物者也。”但是，老子不明白这一点，“以为涉乎形器者，皆不足言也、不足为也，故抵去礼乐刑政，而唯道之称焉。是不察于理而务高之过矣”（《临川先生文集·老子》）。故是明于天道而暗于人道。与此相反，汉唐儒学有一套礼乐刑政的治世理论，但缺乏对天道性命的思考，是详于人道而略于天道。道家在礼乐刑政人道方面的缺失，表明儒家仍有其不可替代的地位和作用。而对于儒家而言，同样也需要以道家之天道补其人道，将自然天道与礼乐刑政相结合，才能建构起不同于汉唐儒学的新儒学。

第二节　天道性命与礼乐刑政——王安石的政治哲学建构

王安石引庄入儒，是以天道推论人道，从天道性命的角度对礼乐刑政做出论证和说明，将《庄子》的大道、道术与儒家的治世理论结合在一起，而王安石完成这一结合的理论根据，正是来自属于庄子后学黄老派的《庄子·天道》篇。在《九变而赏罚可言》一文中，王安石引用《天道》篇“先明天而道德次之”一段文字为据，展开铺陈和论述：

> 万物待是而后存者，天也。莫不由是而之焉者，道也。道之在我者，德也。以德爱者，仁也。爱而宜者，义也。仁有先后，义有上下，谓之分。先不擅后，下不侵上，谓之守。形者，物此者也；名者，命此者也。……因亲疏贵贱任之以其所宜为，此之谓因任。因任之以其所宜为矣，放而不察乎，则又将大弛，必原其情，必省其事，此之谓原省。原省明而后可以辨是非，是非明而后可以施赏罚。故庄周曰：“先明天而道德次之，道德已明而仁义次之，仁义已明而分守次之，分守已明而形名次之，形名已明而因任次之，因任已明而原省次之，原省已明而是非次之，是非已明而赏罚次之。”是说虽微庄周，古之人孰不然？古之言道德所自出而属之天者，未之有也。（《临川先生文集·九变而赏罚可言》）

《天道》篇的这段文字意在通过区分“道之序”“采儒墨之善”“撮名法之要”，将仁义、形名、赏罚等纳入大道之中，建构起黄老派的政治纲领。王安石的立论则与此稍有不同，其目的是将道家的形上理论与儒家政治实践相结合，阐明天道以建立政治宪纲，建构儒家的政治哲学。王安石认为，《天道》篇所言实际揭示了政治运作的普遍原则，在儒家《六经》中可以找到根据，二者具有一种对应关系，如“尧者，圣人之盛也，孔子称之曰，‘惟天惟大，惟尧则之’，此之谓明天；‘聪明文思安安’，此之谓明道德；允恭克让，此之谓明仁义；次九族，列百姓，序万邦，此之谓明分守；修五礼，同律度量衡，以一天下，此之谓明形名”（《临川先生文集·九变而赏罚可言》）等等。因此，以《天道》篇的“九变而赏罚可言也”为纲，将道家的理论思维引入儒家的政治实践，以庄补儒，建构起儒家政治宪纲，克服君主直申己意的弊端，便成为合理的选择。

一、天道

在王安石看来，居于权力顶峰的君主究竟以什么为意志，是天命、天道，还是其个人的好恶之情，将最终决定国家的命运，是个需要穷根究底、认真对待的问题。汉代董仲舒曾提出“屈君而伸天”，试图在君主的个人意志之上建立起一个更高的人格神——天，认为“国家之失乃始萌芽，而天出灾害以谴告之；谴告之而不知变，乃见怪异以惊骇之，惊骇之尚不知畏恐，其殃咎乃至。以此见天意之仁而不欲陷人也”（《春秋繁露·必仁且智》[①]），视天为儒家价值的体现者，“仁之美者在于天。天，仁也。天覆育万物，既化而生之，有养而成之……察于天之意，无穷极之仁也”（《春秋繁露·王道通三》），试图以此神学化、伦理化的天规范君主的行为，限制其肆意妄为，建构起汉唐儒学的政治宪纲，在历史上曾产生过一定的积极影响。但由于其粗陋的天人感应的论证形式，这一主张逐渐遭到人们的怀疑和否定，由此走向了另一个极端，根本怀疑、否认天的神圣、超越性存在，认为其不过为头顶上的自然现象而已，“仰而视之曰：‘彼苍苍而大者何也？其去吾不知其几千万里，是岂能如我何哉？吾为吾之所为而已，安取彼？’”认为天与人事包括政治活动根本无关。于是君主不再相信个人之上还有更高的权威和法则，“遂弃道德，离仁义，略分守，

① 此段文字原属《必仁且智》，钟肇鹏认为，“旧本有‘其大略之类……而况受天谴也’一大段，与仁、智无关，乃《二端篇》之文，错简于此。今移入《二端篇》末”（钟肇鹏主编：《春秋繁露校释·二端》，上册，588页，石家庄，河北人民出版社，2005）。

慢形名，忽因任，而忘原省，直信（申）吾之是非，而加人以其赏罚”。君主凭一己之私意判定是否，施行赏罚，最终导致天下大乱。因此，如何恢复天的权威，重建儒家政治宪纲便成为急迫的理论课题。而在神学感应论和怀疑论已经难以为继的情况下，王安石把目光投向了《庄子》，取《天道》篇的大道概念为己所用，作为其理论的重要基石。与董仲舒神学意义的天有所不同，王安石的天是指“万物待是而后存者”，即万物赖以存在的形上依据，实际也就是道，故说“天与道合而为一”“道者天也”[①]。道的另一层含义是“莫不由是而之焉者”，即万物所遵循的理则、法则，而掌握、认识了这一理则便是德，根据德去爱便是仁，爱而得其宜便是义，故我们也可以说王安石将天理则化了。由于天是“万物待是而后存者”，故理则也存在于万事万物之中，是人们包括君王所必须遵守、服从的。具体到政治实践中，君主必须遵守、执行“九变而赏罚可言”的政治程序，将主观意志客观化，消解其因权力而产生的非理性冲动，将权力运作纳入理性轨道，以实现对君主权力的规范和制约。王安石钟情于《庄子》，正在于这一点，故其认为庄子（实际为庄子后学黄老派）的“五变而形名可举，九变而赏罚可言”，“语道而非其序，安取道?”“圣人亦不能废。”（《临川先生文集·九变而赏罚可言》）这样，通过引入庄子（实际是其后学）大道和天的概念，王安石重建了儒家的政治宪纲，既可以坚定地主张“灾异皆天数，非关人事所得失所致”，又消除了人们对于“人君所畏惟天，若不畏天，何事不可为者”的担忧（《宋史·富弼列传》），对儒学理论做出了重要发展。

在大道的九变之序中，天、道德为天道自然，属于本；仁义、分守、形名等，功能上类似于礼乐刑政，属于末。这样王安石便从本、末的角度，对道家的天道自然与儒家的礼乐刑政做了区分和说明，并试图将二者融为一体。一方面，儒家的礼乐刑政应以道家的天道自然为依据，需建立在理性原则的基础之上，符合“天下之正理”。另一方面，礼乐刑政又是“人力”的产物，需要符合人心人性，随人心人性的历史变化及时代特征而进行调整。只讲天道而不讲人为，则流于道家式的消极无为，“蔽于天而不知人”（《荀子·解蔽》）；只讲人为而不讲自然，则流于法家式的刻薄寡恩，“蔽于法而不知贤”（《荀子·解蔽》）。故在《礼论》篇中，王安石明确提出，“夫礼始于天而成于人，知天而不知人则野，知人而不知天则伪”。这里的“天”指天道，也指人之天性，由于天道性命贯通，二者实际是一致的。而“人”指人为制作。虽然礼出于人为

---

① 容肇祖：《王安石老子注辑本》，23、45页，北京，中华书局，1979。

制作，但必须符合天道、人性，否则便蜕化为法家之法，成为外在的强制和压迫。基于这种认识，王安石推阐性命之理，探讨人性善恶，并进而对礼乐刑政做出了论证和说明。

二、性命

在人性问题上，王安石对于孔子以后的各种观点均持否定态度，而主张回到孔子的“性相近，习相远”，这可以说是王安石对于人性的基本态度。在对“性相近”的理解上，王安石早期曾一度接受了孟子的性善说，以性善理解“性相近”①，后又以太极言性，持自然人性论，这与其受到《庄子》的影响，以自然天道为本显然存在一定的联系。在《原性》一文中，王安石提出：“夫太极者，五行之所由生，而五行非太极也。性者，五常之太极也，而五常不可以谓之性。”（《临川先生文集·原性》）太极即道，太极不同于具体的五行，故不可以五行理解太极。同样道理，性作为太极，也不同于具体的仁、义、礼、智、信五常，亦不可以五常视之。这代表了王安石成熟时期的思想。在王安石看来，性与情不同，存在“未发”“已发”，也就是体用的区别。“喜怒哀乐好恶欲未发于外而存于心，性也。喜怒哀乐好恶欲发于外而见于行，情也。性者情之本，情者性之用。故吾曰，性情一也。”人们所说的善恶只能是就情而言，而不能指性。“性情之相须，犹弓矢之相待而用。若夫善恶，则犹中与不中也。”（《临川先生文集·性情》）“喜怒爱恶欲而善，然后从而命之曰仁也义也；喜怒爱恶欲而不善，然后从而命之曰不仁也不义也。故曰，有情然后善恶形焉。然则善恶者，情之成名而已矣。”（《临川先生文集·原性》）所谓善恶只能存在于人的社会关系之中，是对于一定的社会伦理准则而言的，情感的表达符合此准则便是善，不符合便是恶。因此，在王安石那里，仁、义是一个伦理性的概念，是对情感表达结果的判断和称谓，而不是心性中固有的内在品质。②它们只能说明情和习，而不能规定性。故对于孟子的性善说、荀子的性恶说，

① 今《临川文集》中收录有《性论》篇，该文原见《圣宋文选》，实际主张性善论。陈植锷认为，王安石的人性论经历了由早年的“性善论”向成熟时期的“性情一也”和“以习言性”的转变，并将《性论》看作王安石前一阶段的作品（见陈植锷：《北宋文化史述论》，278～279页，北京，中国社会科学出版社，1992）。

② 王安石某些表述似乎也承认性有善有恶，如“盖君子养性之善，故情亦善；小人养性之恶，故情亦恶”（《临川先生文集·性情》）。“道有君子有小人，德有吉有凶，则命有顺有逆，性有善有恶，固其理又何足以疑。”（《临川先生文集·再答龚深父〈论语〉〈孟子〉书》）但这里的善恶应是指性中所具有的可能导致善恶的倾向或因素，与情之善恶有所不同。

以及韩愈的性三品说，王安石均持否定的态度，认为其所讲都是情、习，而非性。“诸子之所言，皆吾所谓情也、习也，非性也。”相比较而言，扬雄的性善恶混相对可取，但仍未摆脱以习言性的藩篱。“杨子之言为似矣，犹未出乎以习而言性也。”（《临川先生文集·原性》）他认为表达人性最为恰当，最有价值的，还是孔子的观点。“孔子曰：‘性相近也，习相远也。’吾是以与孔子也。”（《临川先生文集·性说》）

与其他人性观点不同的是，孔子的“性相近”没有对人性做善恶的判断，只是指出其有相近或相同的本性，这为理解人性的丰富性、复杂性增添了一个独特的视角。人性本来就有多种表现，而最突出的莫过于情感和欲望，这些表现又往往是相近的，是人类所共有的。对于人性而言，重要的是相近和共有，至于善恶倒在其次，或者说可共存、共有的便是善，不可共存、共有的便是恶。将这一理念应用到政治中，便是执政者不可用预先设定的道德标准对民众做“穷天理，灭人欲”式的道德教化，而是应努力发现民众共有之本性，以立法的形式承认其合理性，将其列入国家政治宪纲，作为行政举措的重要内容。这，或许就是王安石从孔子“性相近”命题中获得的启示。的确，与北宋时期突出道德人性，严分天地、气质之性的理学家相比，王安石的思想更多地体现了对民众的物质利益、情感欲望的关注和肯定。如，“世俗之言曰，‘养生非君子之事’，是未知先王建礼乐之意也。养生以为仁，保气以为义”（《临川先生文集·礼乐论》）。这是明确肯定先王制作礼乐的目的就在于养生，并以养生和保气来理解仁、义，这不仅在北宋时期显得较为特殊，在整个思想史上都值得特别关注。正因为如此，王安石高度肯定杨朱“为己”的合理性，其人性论实际是从“为己”讲起的。“杨子之所执者为己，为己，学者之本也。墨子之所学者为人，为人，学者之末也。是以学者之事，必先为己，其为己有余，而天下之势可以为人矣，则不可以不为人。……由是言之，杨子之道，虽不足以为人，固知为己矣。墨子之志，虽在于为人，吾知其不能也。……故杨子近于儒，而墨子远于道，其异于圣人则同，而其得罪则宜有间也。”（《临川先生文集·杨墨》）与孔子的为己之学不同的是，杨朱的为己不是就修身、成德而言，而是包含了对个体物质利益、生命权利的关注。王安石主张“为己，学者之本也”，正是着意于这一点。但是“杨子知为己之为务，而不能达于大禹之道也，则亦可谓惑矣”，杨朱没有由“为己”进一步达到“为人”，“失于仁义，而不见天地之全”（《临川先生文集·杨墨》），这是其不足和问题所在。而儒家则是在“尽己之性”的同时，又“尽人之性”，是为己、为人的统一，是全学，而非偏学，而这，恰恰是建立在“性相近”的基础之上的。

在王安石看来，每一个体都有其喜怒哀乐未发之性，包含潜在的情感、欲望等，代表了个体的感性存在。但个体之性还只是一己之私性，会受外物的引诱而流于褊狭，甚至导致个体之间的冲突。但由于“性相近”，人与人之间的性是相近、相通的，可在个己之性的基础上归纳出彼此都可认可的共性，既肯定个己之性，又不侵害他人之性，使天下之人各遂其性。这可以说是王安石从“性相近”命题中引出的一个重要思想，它已触及近代政治哲学的主题，在思想史上具有非凡的意义。对于个己之性，王安石也称为“生”，而对由其进一步发展出的共性，王安石则称为“性”，此性也可称为“大中”之性。[①] “大”言其普遍也，“中”言其恰当也。根据古代“即性言性”的传统，生、性往往可互训，生也就是性，但在王安石这里，生、性则是有区别的。王安石在《礼乐论》一文称：“生浑则蔽性，性浑则蔽生，犹志一则动气，气一则动志也。”生指个己之性，其不明则会遮蔽大中之性。同样的道理，不确立起大中之性，个己之性也无法真正实现。二者相依而相成，正如志、气可以互相影响一样。一般的人喜欢随情逐欲，向外追求，故其面对的往往是“生”，而难以认识到普遍的“性”。只有少数的圣人能够通过反求诸己、推己及人，发现普遍之“大中”之性。“圣人内求，世人外求，内求者乐得其性，外求者乐得其欲，欲易发而性难知，此情性之所以正反也。”如果说“性本情用”是从本体、本源立论的话，那么“欲易发而性难知”则是从作用、表现而言。“性情一也”与“情性相反”在形式逻辑上似乎是矛盾的，但若换一个角度，二者又是统一的。前一命题从本体的角度肯定了性情的统一性，后一命题则从功夫、实践的角度提示人们，还需由情及性，由个己之“生”达至普遍之“性”。对此，王安石有详细的描述：

> 神生于性，性生于诚，诚生于心，心生于气，气生于形。形者有生之本，故养生在于保形。充形在于育气，育气在于宁心，宁心在于养诚，养诚在于尽性，不尽性不足以养生。（《临川先生文集·礼乐论》）[②]

这段文字涉及“形”“气”“心”“诚”“性”“神”等概念，是王安石思想中最为晦涩难懂，也是最值得关注的部分。以往研究者或有意回避，或语焉不

① 王安石常常使用“大中”的概念，如，“闻古有尧舜也者，其道大中至正”（《临川先生文集·上张太博书二》）。“伏维皇帝陛下，绍膺丕绪，懋建大中。”（《临川先生文集·贺南郊礼毕表》）

② 李之亮认为《礼论》《礼乐论》等篇皆荆公“元丰（神宗年号，1078－1085年）初年居金陵时作”（《王荆公文集笺注》），故代表了王安石变法政治实践时的思想。

详，鲜有探其旨意者。其实，这段文字乃是从功夫、实践的角度阐明由“生”到“性”乃至于“神”的提升过程，是破解王安石政治哲学的关键所在。“形”是“生”之载体，有生则有形。由“形”生发出“气”，此气与形相连，故属于与人之生命力有关的血气、情气[①]，指的是情感、欲望。由“气”生发出“心”，也就是理智开始发挥作用，对由气而来的情感、欲望等做出选择、判断、取舍等。在“心”之上又有“诚”，此诚即《中庸》之诚，不仅指真诚、真实无妄的内心境况，还指推己及人的感通能力，所谓“唯天下至诚，为能尽其性。能尽其性，则能尽人之性”（《礼记·中庸》）。王安石看重诚，并将其置于心之上，其用意也在于此。“诚”之后才是“性”，此性乃大中之性，是普遍之性，其源于生而又不同于生。“性”之上又有“神”，此神乃“与道为一”“同于大通”后所获得的神秘的感知、领悟能力。由于神的获得是在由生及性的提升之后，故王安石称“去情却欲，而神明生矣，修神致明，而物自成矣”（《临川先生文集·礼乐论》），“去情却欲”不同于李翱的“灭情”[②]，不是要完全否定情，而是要舍弃不符合大中之性的情，实际涉及的还是生和性的关系。在王安石看来，生与性是相依相成的，“生与性之相因循，（犹）志之与气相为表里也”。一方面“不养生不足以尽性也”，养生的目的是为了尽性——此“尽性”虽来自孟子，但不同于孟子的扩充四端之心，是要达至大中之性。另一方面“不尽性不足以养生”，不确立起大中之性，不确立起社会的秩序、法度，则不能使天下人养其生。“先王知其然，是故体天下之性而为之礼，和天下之性而为之乐。”（《临川先生文集·礼乐论》）先王体察天下之性，通过制礼作乐，以立法的形式将其确立下来，使天下之人得以“养生守性”，这是礼乐得以产生的原因，也是礼乐在人类社会中的价值和作用所在。

> 衣食所以养人之形气，礼乐所以养人之性也。礼反其所自始，乐反其所自生，吾于礼乐见圣人所贵其生者至矣。
>
> 圣人之遗言曰：“大礼与天地同节，大乐与天地同和。”盖言性也。大礼性之中，大乐性之和。
>
> 礼者，天下之中经；乐者，天下之中和。礼乐者，先王所以养人之神，正人气而归正性也。（《临川先生文集·礼乐论》）

---

① 参见梁涛：《“德气”与“浩然之气”》，载《中国哲学史》，2008（1）。

② 李翱有“复性”说，认为“人之所以为圣人者，性也；人之所以惑其性者，情也。喜怒哀惧爱恶欲，七者皆情之所为也。情既昏，性斯匿矣。非性之过也，七者循环而交来，故性不能充也”。“性者天之命也，圣人得之而不惑者也；情者性之动也，百姓溺之而不能知其本者也。”（《复性书》）

衣食是养人之形气，即个己的情感、欲望，礼乐则是“养人之性”，此性为大中之性，普遍之性，而“养性”的目的仍然是为了“贵其生”。只有圣人帮助我们确立了普遍的性，我们才能更好地满足生，这正是圣人制定的礼乐所具有的功能，因为其既符合天道，又合于人性，是“性之中”“性之和”，所以能够“正人气而归正性”，规范个体的情感、欲望，使其达于普遍之性。这样圣人制定的礼乐便成为国家政治的基本原则、大纲大法，而刑政则是实现这一原则的法律制度、行政举措等。

三、礼乐刑政

由于王安石强调礼乐之“养生”“贵生”，其论刑政更多将理财作为重要内容。“政事所以理财，理财乃所谓义也。一部《周礼》，理财居其半，周公岂为利哉？”（《临川先生文集·答曾公立书》）他在《上仁宗皇帝言事书》中指出，“盖因天下之力，以生天下之财，取天下之财，以供天下之费，自古治世，未尝以不足为天下之公患也”（《临川先生文集·上仁宗皇帝言事书》）。在《与马运判书》中则提出，“富其家者，资之国，富其国者，资之天下，欲富天下，则资之天地”（《临川先生文集·与马运判书》）。“资之天地”即通过发展生产，向大自然索取财富。不过，政事的根本还不在于生财，更重要的是理财，即财富的分配。“盖聚天下之人，不可以无财；理天下之财，不可以无义。”（《临川先生文集·乞制置三司条例》）这里的“义”便是财富分配中应遵循的道义、正义。王安石接受了孟子“民之为道也，有恒产者有恒心，无恒产者无恒心”（《孟子·滕文公上》）和“明君制民之产”（《孟子·梁惠王上》）的思想，主张使民“得其常产”，“得其常产则富矣……使人失其常性，又失其常产，而继之以扰，则人不好德矣”（《临川先生文集·洪范传》）。但在井田（均田）废弃、土地可以自由买卖的情况下，土地兼并成为不可逆转的事实，结果只能是贫者益贫、富者益富，“富者兼并百姓，乃至过于王公，贫者或不免转死沟壑”（《续资治通鉴长编》）。究其原因，就是因为“世人外求……外求者乐得其欲”（《临川先生文集·礼乐论》），一般人只知生，不知性，故寻情逐欲，不知节制；而只有少数圣人可以通过内求，发现普遍的性，故“世之所重，圣人之所轻；世之所乐，圣人之所悲”（《临川先生文集·礼乐论》）。历史上，《周易·谦》卦曾提出“君子以裒多益寡，称物平施（孔疏：称此物之多少，均平而施）”，《老子》更是宣称“天之道，损有余以补不足”。在王安石看来，这些都是属于“圣人内求”的见道之言，故多次引用，表示赞叹和欣赏[①]，并作为变法实践的指导思想，主张以“义”重新分配财富，真正实现“先王建礼乐之意”。

> 夫以义理天下之财，则转输之劳逸，不可以不均；用度之多寡，不可以不通；货贿之有无，不可以不制；而轻重敛散之权，不可以无术。（《临川先生文集·乞制置三司条例》）

“不可以无术”指对“轻重敛散[②]之权”必须有所控制。王安石认识到，要想均转输、通用度、制货贿，就必须让国家掌控“轻重敛散之权”。北宋虽然建立起了中央集权的政治制度，但由于采取了不抑兼并，相对宽松的经济政策，“出纳敛散之权一切不归公上”（《续资治通鉴长编》），国家经济命脉并不掌握在国君之手，而是被大官僚、大地主、大商人所控制。他们聚敛财富，造成贫富悬殊，加剧社会内部的对立。然而当时的“俗儒”却对这种兼并、聚敛熟视无睹，采取宽容、放任的态度。“俗儒不知变，兼并可无摧。利孔至百出，小人私阖开”（《临川先生文集·兼并》），结果是“有财而莫理，则阡陌闾巷之贱人皆能私取予之势，擅万物之利，以与人主争黔首，而放其无穷之欲”（《临川先生文集·度支副使厅壁题名记》）。要改变这一状况，就必须将“轻重敛散之权”收归国家，“人主擅操柄，如天持斗魁。赋予皆自我，兼并乃奸回。奸回法有诛，势亦无自来”（《临川先生文集·兼并》）。只要国家重新掌握了“轻重敛散之权”“取予之势”，就可“以政令均有无，使富不得侵贫，强不得凌弱”（《续资治通鉴长编》），“裒多益寡”“损有余补不足”，“均天下之财，使百姓无贫”（《续资治通鉴长编》）了。

第三节　孔孟之道与孔荀之制——王安石政治哲学的定位与评价

王安石通过吸收道家尤其是《庄子》中的大道、道术概念，并对其做本、末的区分，将道家的天道自然与儒家的政治伦理相结合，为儒家的政治宪纲寻

---

① 参见《临川先生文集》中《易象论解》《与孟逸秘校手书》两篇中的叙述。

② 轻重，即“币重”“币轻”，指货币价格的变化。敛散，即聚集和发散，指国家对粮食物资的买进和卖出。

找形上根据，建构起天道性命与礼乐刑政相贯通的新儒学体系。这一体系曾在北宋产生了广泛、深远的影响，随着北宋的灭亡以及理学的兴起，又遭到彻底的否定和批判。今天如何重新审视这一曾产生重大影响的儒学体系，对其作出合理的评价，检讨其所得和所失，仍是一个值得深入探讨的理论问题。从内容上看，荆公新学的突出特点是融合儒道，这样如何协调道家之体与儒家之用的关系便成为理解和评价其思想的关键。如有学者指出的，荆公新学的不足就在于没有将道家的自然理性与儒家的人文情怀有机地结合起来，自然理性被看作第一义的，人文情怀被作为第二义的，关于天道的解释不受人道人文、人心所向的制约，这就难免走向独断，成为政治强势的特权。[①] 不过从王安石的思想来看，他还是试图贯通天道与人道，认为政治实践既要体察天道，符合天下之正理，又要考察人心人性，并上升为性命之理。只不过其所谓天道是自然天道，其所谓性命是自然人性，人道则主要落实为礼乐刑政，这与程朱理学以天理或仁义为中心所建构的天道性命之学显然有着根本差别。或许我们可以说，王安石将自然理性看作是第一义的，将道德仁义看作是第二义的，道德仁义甚至要服从理性的法则。在北宋儒学以仁确立人生意义、价值原则，以礼建构政治制度和人伦秩序的两大主题中，王安石明显偏向后者，其所建构的主要是一种政治儒学，是外王之学，而没有从仁学的角度建构起儒家的内圣之学或心性儒学。

一、孔、荀之学

从儒学内部的发展来看，孔子创立儒学重在仁与礼，仁指成己、爱人，主要属于道德的范畴；礼的核心是名分，代表人伦秩序，偏重于政治。仁与礼的关系如何，或者如何使二者得到统一，便成为儒学内部的一个基本问题。所谓内圣外王，某种意义上实际也就是仁学与礼学的关系问题。从孔子的本意来看，他是想以仁成就礼，以礼落实仁，故一方面称“人而不仁，如礼何？人而不仁，如乐何?”（《论语·八佾》），另一方面又强调“克己复礼为仁。一日克己复礼，天下归仁焉”（《论语·颜渊》）。但不论是仁还是礼，都有自身的性质和特点，有自身的发展逻辑和理论建构。就人性论而言，由于仁代表一种自觉向上的道德力量，突出的是人的自主性、主体性，故由仁出发必然走向性善论，后孟子认为“道性善”，提出“仁，人心也”（《孟子·告子上》），以四端

① 参见卢国龙：《宋儒微言》，24 页。

之心释仁，使夫子之旨“十字打开”“更无隐遁”，可谓对孔子仁学的合乎逻辑的发展，后世将二者思想合称为“孔孟之道”，确乎有因。与之相反，礼则代表了一种规则和秩序，其本质是对人的情感、欲望及需求的调适和节制，更多强调的是规范性、外在性，故以礼为本往往会走向自然人性论，甚至强调人性之恶，后竹简《性自命出》提出“礼作于情”，荀子主张“礼者养也”，认为礼之作用是消弭纷争，“养人之欲，给人之求”（《荀子·礼论》），可谓是这一理路的必然发展。先秦儒学史上同样存在着“孔荀之制”。如果说孟子主要继承了孔子的仁学，发展出一套心性儒学的话，那么，荀子则发展了孔子的礼学，建构起一种制度儒学。前者偏重于道德，后者侧重于政治，二者虽互有联系，但却有不同的适用范围，遵循不同的原则，自然也有着不同的人性论建构。就形上学而言，以仁为中心，为仁学寻找形上根据，必然突出天的道德属性，以德（仁、诚、心等）为联系天人的纽带，《中庸》提出“诚者，天之道也；诚之者，人之道也”，一方面讲“天命之谓性”，另一方面又讲“能尽其性，则能尽人之性。能尽人之性，则能尽物之性”，乃至“赞天地之化育”“与天地参”（《礼记·中庸》）。孟子提出“此天之所与我者”（《孟子·告子上》），同时主张“尽其心者，知其性也。知其性，则知天矣”（《孟子·尽心上》），走的均是这条路线。相反，突出礼的地位，为礼学寻找形上根据，往往会侧重天的自然属性，荀子讲“礼有三本”，认为“天地者，生之本也”，这里的天地主要侧重自然生长意，其学说也落在“天生人成”之上。从这一点看，王安石取道家之天道，“其道存乎虚无寂寞不可见之间”，又持自然人性论，虽然“始原道德之意，窥性命之端”，开一时之风气，但其所建构的主要是一种道家的形上学，其言天道性命带有浓厚的道家色彩，主要是为儒家的礼乐刑政提供了形上依据，作出了理论论证，而没有或无法为儒家的仁学奠定理论根基。所以王安石虽然在思想、情感上更倾向孟子，并一度接受性善论，但部分由于道家形上学的缘故，其最终还是选择了自然人性论。在政治实践上，王安石重视的也是孟子善、法并重的有关论述，而不是其“以不忍人之心，行不忍人之政”（《孟子·公孙丑上》），过分强调性善作用的主张。表面上看，孟子和王安石都主张仁政不难，尧舜易法，但孟子强调的是“人皆有不忍人之心”“以不忍人之心，行不忍人之政，治天下可运之掌上”（《孟子·公孙丑上》），而王安石则是说明圣人之政、先王之法并非高不可及，而是根据常人的情性、需求制定的。“尧舜所为，至简而不烦，至要而不迂，至易而不难。但末世学者不能通知，常以为高不可及，不知圣人经世立法，以中人为制也。”（《东都事略·王安石传》）

孟子由于突出仁心、善性，认为“君仁莫不仁，君义莫不义，君正莫不正。一正君而国定矣”，故将“格君心之非”视为政治的关键和根本（《孟子·离娄上》）；而王安石则强调在君主之上有更高的天或天道，并将礼乐刑政的建构以及“九变而赏罚可言也”的权力运作作为政治的主要内容。就此而言，王安石虽然对荀子存在较多误解和批评①，而与孟子思想一度更为密切，但其所延续的仍主要是“孔荀之制”，而不是“孔孟之道”，即他选择的是孔荀的路线，而不是孔孟的路线。

当然，作为生活于北宋并受到佛老影响的思想家，王安石不是简单回归早期儒学，而是从形上本体或天道性命的高度对儒家基本问题作出论证。一方面由天而人，推天道以明人事，将天道的普遍原则贯彻到具体的人事之中；另一方面由人而天，从具体的人性中抽绎出普遍之性，安身崇德，以德配天，二者存在双向互动的关系。不过由于王安石将道理则化，认为“莫不由是而之焉者，道也”，认为道乃万物普遍遵循的理则、法则，故在思想上表现出重“理一”，以“理一”统摄“万殊”的倾向。在《致一论》中，王安石称：

> 万物莫不有至理焉，能精其理则圣人也。精其理之道，在乎致其一而已。致其一，则天下之物可以不思而得也。《易》曰“一致而百虑”，言百虑之归乎一也。苟能致一以精天下之理，则可以入神矣。既入于神，则道之至也。夫如是，则无思无为寂然不动之时也。虽然，天下之事，固有可思可为者，则岂可以不通其故哉？此圣人之所以又贵乎能致用者也。致用之效，始见乎安身，盖天下之物，莫亲乎吾之身，能利其用以安吾之身，则无所往而不济也。无所往而不济，则德其有不崇哉？故《易》曰“精义入神以致用，利用安身以崇德”，此道之序也。（《临川先生文集·致一论》）

“至理”即最高的理，是万物遵循的普遍原理。掌握了这一“至理”，将其运用到具体的事物中，就可以执一御万，“不思而得也”。认识“至理”的方法在于“致其一”，这里的“致一”不仅仅指内心的专注、专一，更重要的是从万殊之理中认识最高的理，“百虑之归乎一”。一方面，“至理”是最高的，体现在万物之中；另一方面，事物的理又是具体的，具有分殊的特点，故需要从分殊之理中体会、把握、认识最高的理。“圣人之学至于此，则其视天下之理，

---

① 王安石对荀子的批评或出于误解，或出于成见，在《荀卿》《周公》（《临川先生文集》两文中有所体现，关于王安石与荀学的复杂关系，将有专文讨论，此处就不展开讨论了。

皆致乎一矣。天下之理皆致乎一，则莫能以惑其心也。”（《临川先生文集·致一论》）这样便进入“入神”的境地，是为道之极致。入神属于道之本，是形而上的，是“无思无为寂然不动”的，其目的则是要致用。致用属于道之末，是形而下的，是“可思可为”的，其表现则首先是要安身。王安石突出安身，主张“利其用以安吾之身”，表现出对个体感性生命及物质利益的关注，显示了鲜明的时代特色。不过王安石既谈“爱己”也谈“爱人”，“爱己”“为己”恰恰要通过“爱人”“为人”来实现。如果说爱己主要体现在安身上，那么爱人便要崇德了，只有从个己之性中发现普遍的“大中之性”——实际也就是理，以此制礼作乐，完成制度建构，才可以“安身以崇德”矣。故在天道方面，王安石强调“致一”“入神”，要求认识、掌握普遍的理，并将其运用到具体的人事中，“推天道以明人事”；而在具体的致用过程，则要求从人性、人事中发现普遍的理，“明人道以达天理”，呈现为双向互动的过程。王安石说：

> 语道之序，则先精义而后崇德，及喻人以修之之道，则先崇德而后精义。盖道之序则自精而至粗，学之之道则自粗而至精，此不易之理也。（《临川先生文集·致一论》）

从“道之序”也就是理论上讲，应该是先明理而后致用，“先精义而后崇德”。但从“学之”（“修之”）也就是实践道的秩序上讲，则应在致用中以明理，“先崇德而后精义”。前者是自抽象到具体，“自精而至粗”；后者是自具体到抽象，“自粗而至精”。这是对“精义”和“崇德”而言，若联系到“入神”和“安身”也是同样的道理，“夫不能精天下之义，则不能入神矣。不能入神，则天下之义亦不可得而精也。犹之人身之于崇德也，身不安则不能崇德矣，不能崇德，则身岂能安乎？凡此宜若一，而必两言之者，语其序而已也”（《临川先生文集·致一论》）。如果将“精义入神”看做内圣，将“利用安身”理解为外王的话，那么在王安石这里，显然是存在着由内圣而外王——“精义入神以致用”，和由外王而内圣——“利用安身以崇德”两个向度。二者虽然也可以说是一个整体，但就“语其序”而言，又是有所不同的。一个是“道之序”，一个是“学之”即实践道的秩序。

二、内圣与外王的矛盾

王安石融合儒道，贯通天道性命与礼乐刑政，建构起儒家的政治宪纲，主要是解决了儒学的制度建构，也就是外王的问题，没有对儒家的核心价值观——仁义作出有效论证，没有建立起儒家的心性或内圣之学，没有确立起儒家的人生信仰。在其思想中，天道自然与道德仁义依然存在着不一致的地方，二者关系如何仍需进一步探讨。特别是当其理论思考与变法实践相结合，不得不服从后者的需要时，这一情况更是增加了其思想的复杂性。例如，王安石倾心于《庄子》的“天地之纯，古人之大体”，也就是“道体大全”，试图打破个人成见，兼取各家之长，为其融合儒道包括各家提供理论基础，表现出开放、包容的宏大气魄。但在具体理解上，王安石又将道理则化，提出“莫不由是之焉者，道也”，认为世间存在着最高的“至理”，以之为政治运作、是非善恶的终极标准，甚至主张“百虑之归乎一”，又表现出一元、独断的思想特点。毕竟，所谓“道体大全”只能是观念的产物，是一种价值原则，只能从“无”去理解，而一旦进入“有”，进入实践的层面，就必然要落实为可认知、可把握的理甚至是法，王安石正是走了这样一条由自然之道衍生出严苛之法的路线。再如，王安石钟情于《庄子·天道》篇中的“大道”及“道之序”的观念，本意是要在君主的政治意志之上建立起某种更高的理性原则，通过“九变而赏罚可言也”的政治程序，将君主的主观意志客观化，将权力运作纳入理性轨道，实现对君主权力的规范和制约。但是当变法实践遇到反对势力时，王安石又不得不寄希望于君主的权力，毕竟能够认识、把握“大道”或“至理”的只能是现实中的君主，而既然政治运作的根据在于“至理”而不是其他，那么，君主一旦把握了这一最高“至理”，便可“天变不足畏，祖宗不足法，人言不足恤”[①]，其权威反而被进一步强化，不可动摇。这样，王安石从规范、约束权力出发，又以强化、巩固权力终结，走入了自我矛盾的怪圈。还有，王安石重视“己”或个体，强调“为己，学者之本也”，表现出对个体感性欲望及物质利益的关注。如果说程朱标榜“存天理，灭人欲”，还只能算是中世纪的思想家的话，那么，王安石的一只脚显然已经迈向了近代。[②] 他认为“先王之道德，出于性命之理，而性命之理，出于人心”（《临川先生文集·虔州学记》）。这里的道德是广义的，包括了礼乐刑政在内的社会规范。道德或礼乐刑政的根据不仅在于

① “三不足”是司马光对王安石的影射，但学者认为这一表述基本符合王安石的思想。参见邓广铭：《北宋政治改革家王安石》，92～111页，北京，三联书店，2007。

② 肖永明说：“王安石早在北宋中期，就突破了孔孟以来绵延千年的传统偏见，强调义与利的统一，的确不愧是具有特见著识的杰出思想家。如果理学学者能够以理性平和的态度对待新学，汲取其中这些有价值的见解，在注重精神锻造、道德建设的同时，也对制度建设及物质财富的生产、管理予以同样的重视，使二者不偏废，使新学与理学相互取益、相须为用，则无疑北宋以后儒学会朝着更为健康、理性的方向发展，历史不容假设，却能给人以思考与启示。”（肖永明：《北宋新学与理学》，235～236页，西安，陕西人民出版社，2001）

天道，更重要的是要符合人道，符合人心人性。人心指百姓的情感愿望、物质需求等，而性命之理则是对其的进一步抽象和升华。在王安石看来，一般的百姓只知“生”，不知“性”；只知“为己”，不知“为人”，还需要王安石这样的圣人“为生民立命”，为其确立人生的行为法则。虽然政治的目的在于仁民、安民、富民，但政治举措却不能以百姓的具体感受为依据，不能以眼前的利益为取舍，“民可由而不可知”，只有从具体的“人心”中抽绎出更为普遍的“性命之理”，“任理而不任情”，这样才可为礼乐刑政奠定人道的根基。这一点又暴露了王安石思想的局限和不足，他虽然强调为己，重视个人的感性生命和物质利益，但没有赋予个体应有的自由和权利，因此说王安石的另一只脚还停留在古代。正因为如此，王安石强调政治运作固然要以仁民爱物为主要内容，但还需要符合天道、至理，“后学者专孑孑之仁，而忘古人之大体，故为人则失于兼爱，为己则失于无我，又岂知圣人之不失己，亦不失人欤?”[①]“古人之大体”也就是“大道”或“道体”，在王安石那里往往也可理解为至理，如果知仁而不知理，难免流于妇人之仁，结果不仅“失己”而且“失人”。“天地之于万物，圣人之于百姓，有爱也，有所不爱也。爱者，仁也。不爱者，亦非不仁也。……天地之于万物，当春生夏长之时，如其有仁爱以及之；至秋冬万物凋落，非天地之不爱也，物理之常也。”“圣人之于百姓，以仁义及天下，如其仁爱。及乎人事有终始之序，有死生之变，……此亦物理之常，非圣人之所固为也。此非前爱而后忍，盖理之适焉而。故曰：不仁乃仁之至。庄子曰：‘至仁无亲，大仁不仁。’与此合矣。”[②] 仁与不仁不在于其表面形式，还要考虑人事的“终始之序”“死生之变”以及“物理之常”，只要“理之适焉”，表面的不仁、不爱实际也可以是仁和爱。“爱民者，以不爱爱之乃长。治国者，以不治治之乃长。惟其不爱而爱，不治而治，故曰‘无为’。”[③] 据史载，新法推行后，“开封民避保甲，有截指断腕者，知府韩维言之，帝问安石，安石曰：‘此固未可知，就令有之，亦不足怪。今士大夫睹新政，尚或纷然惊异，况于二十万户百姓，固有蠢愚为人所惑动者，岂应为此遂不敢一有所为邪?’帝曰：‘民言合而听之则胜，亦不可不畏也’”（《宋史·王安石传》）。民众为了规避保甲法，竟有“截指断腕者”，连神宗都有所不忍，王安石却不为所动，斥之为蠢愚之人的个别行为。这实际已经不是“不爱而爱”的“无为”了，而是由“任理而

① 容肇祖：《王安石老子注辑本》，11 页。

② 同上书，9～10 页。

③ 同上书，18 页。

不任情”走向了刚愎自用和一意孤行。这也就是为什么王安石的某些变法措施虽然从爱民、惠民出发，然而在具体的实践过程中却走向了扰民、害民的原因所在。

梁　涛

参考文献

王安石．临川先生文集．北京：中华书局，1959.
容肇祖．王安石老子注辑本．北京：中华书局，1979.
李焘．续资治通鉴长编．北京：中华书局，2004.
王称．东都事略·王安石传．孙言诚，崔国光，点校．济南：齐鲁书社，2000.
脱脱．宋史·王安石传．北京：中华书局，1977.
姜广辉．中国经学思想史．北京：中国社会科学出版社，2003.
卢国龙．宋儒微言．北京：华夏出版社，2001.
陈植锷．北宋文化史述论．北京：中国社会科学出版社，1992.
邓广铭．北宋政治改革家王安石．北京：三联书店，2007.
肖永明．北宋新学与理学．西安：陕西人民出版社，2001.

第八章
司马光的礼治政治哲学

司马光（1019—1086 年），字君实，北宋陕州夏县（今山西夏县）涑水乡人，我国历史上杰出的史学家、思想家、儒者型的政治家。他一生“孝友忠信，恭俭正直，居处有法，动作有礼”（《宋史·司马光传》），并“于物淡然无所好，于学无所不通，惟不喜释、老，曰：‘其微言不能出吾书，其诞吾不信也’”（《宋史·司马光传》）。他一生谨守儒家教义，学之甚精，行之亦力，以之修身，以之齐家，以之治国，行之不衰，死而后已。后人对其有这样的评价，“三代而下，宰相学术，司马文正公一人而已”。此可谓极致但并非过誉之词，观其一生，诚如是也。

宋承五代而起，建立了一个相对统一的王朝。这种承接不只是时间顺序上的承接，更多的是宋王朝必须反思五代乱象所遗留下来的历史教训，从政治、文化、军事等等各方面去解决其遗留下来的问题。对宋初统治者和士大夫而言，五代乱象可谓殷鉴不远，是那个时代的大话题，它常常萦绕在政治家的头脑中，存在于士大夫的笔端。史载宋太祖“谓宰相曰：‘五代诸侯跋扈，有枉法杀人者，朝廷置而不问。人命至重，姑息藩镇，当若是耶？自今诸州决大辟，录案闻奏，付刑部复视之。’遂著为令”（《宋史·本纪·太祖三》）。作为开国之君的赵匡胤，注意到五代诸侯跋扈，原因在于地方重权在握，朝廷对其无能为力，只能听之任之，姑息从便。分析此现象之后，他得出的结论是“作相须读书人”（《宋史·本纪·太祖三》）。

欧阳修撰《新五代史》“法严词约，多取《春秋》遗旨”（《宋史·欧阳修传》），也在表达以五代乱世为鉴的主张：“呜呼！五代之乱极矣！……当此之时，臣弑其君，子弑其父，而缙绅之士安其禄而立其朝，充然无复廉耻之色者皆是也。”欧阳修看到，五代之所以乱极，一个重要原因是，在朝之缙绅尸位素餐，内失廉耻之心，外无担当之义，对各种悖逆乱常之事安之若素。这是文化价值导向出了问题。

作为宋代杰出的政治家与思想家，司马光自幼便受儒家“修己以安人，修己以安百姓”精神的熏陶和塑造，以天下安危为念。[①] 与其他有责任感的思想家一样，五代乱象也是他绕不开的话题：“至于有唐之衰，麾下之士有屠元帅者，朝廷不能讨，因而抚之，拔于行伍，授以旄钺。其始也，取偷安一时而已。及其久也，则众庶习于闻见，以为事理当然，不为非礼，不为无义。……成者为贤，败者为愚，不复论尊卑之序，是非之理。陵夷至于五代，天下荡然，莫知礼义为何物矣。是以世祚不永，远者十余年，近者四五年，败亡相属，生民涂炭。”（《司马光奏议·谨习疏》）在司马光看来，唐朝末期，朝廷对地方的控制力减弱，对一些破坏纲纪的悖逆之事不仅不能讨伐，反而姑息纵容，时间久了，大家便会对无礼、无义之事习以为常。至五代，“天下荡然”“莫知礼义为何物”，也就是人们失去了判断是非对错的标准了。他最后得出的结论是“知天下之祸乱生于无礼也”（《司马光奏议·谨习疏》）。

对于五代乱象的反思在于如何避免其弊端，从而由乱至治，建立长治久安之道。从赵匡胤的“作相须读书人”到欧阳修对仕宦阶层的批评再到司马光“知天下之祸乱生于无礼”，其间已蕴含着由浅入深、由具体政策到文化整体的反思进程。

儒家创始人孔子重视“仁”也重视“礼”，主张内在的仁与外在的礼的统一。仁是内在的情感，礼是表达和体现仁爱的具体实践方式，仁与礼可谓是一体两面。儒学发展史上，每一代的新儒学，既是重新诠释和发扬仁义的新仁学，同时也是重新诠释礼义的新礼学。不同的儒家学者侧重点会有所不同。司马光政治思想的抱负，是重新以礼治天下，重塑历史翻过唐宋间黑暗一页后的人间秩序。

---

① 据《司马光年谱》载：“公初宦时年尚少，家人每每见其卧斋中，忽蹶起，著公服、执手板危坐，久，率以为常，竟莫识其意。淳夫尝从容问之，答曰：‘吾时忽念天下事。’夫人以天下安危为念，岂不可敬耶！”

第一节　国家治乱本于礼

对于有宋一代，我们更多瞩目于其深沉的哲思睿智，实际上沉思的背后都带着浓郁的政治责任，理气心性的精微辨析目的是合理地导出人间秩序。正如余英时所说的，“理学（或道学）的起源和发展首先必须置于宋代特有的政治文化的大纲维之中，然后才能得到比较全面的认识”[①]。理学鼻祖周敦颐“志伊尹之所志，学颜子之所学”，可见其内圣与外王一体并重之思路。从思想的逻辑上看，当以内圣开出外王，而从现实发展的秩序上看，是外王之事催生了内圣之思，内圣之事以外王之业为基础和归宿。对于宋之士大夫而言，首先就是“志伊尹之所志”“得君以行道”，他们首要的任务是反思五代之教训，重新塑造一种合理的人间秩序。

我们现在熟知的一些概念诸如性、命等在起初是不被提倡甚至是被反对的。被反对的原因就是这些概念无益于治道。“圣朝大儒柳仲涂……著书数万言，皆尧、舜、三王治人之道。”（《徂徕先生文集·送刘先之序》）推重柳的原因在于他重视推崇“三代之治”，还未涉及理气心性等“内圣”之学的概念。大儒欧阳修则直接反对性命之论而倡经世致用之学。他说：“修患世之学者多言性，故常为说曰，夫性，非学者之所急，而圣人之所罕言也。《易》六十四卦不言性，其言者动静得失吉凶之常理也。《春秋》二百四十二年不言性，……《诗》三百五篇不言性，……《书》五十九篇不言性……”他认为《六经》皆不言性，而只说一些切于日用、齐家治国的平实道理。因此，心性之说是“无用之空言”，作为一个君子，应“以修身治人为急，而不穷性以为言”。

司马光则从科场入手，认为奢谈性命、流入老庄之学者，朝廷不得录用。他在《论风俗札子》中说：“窃见近岁公卿大夫好为高奇之论，喜诵老庄之言，流及科场，亦相习尚。……且性者，子贡之所不及；命者，孔子之所罕言。今之举人，发言秉笔，先论性命，乃至流荡忘返，遂入老庄。……彼老庄弃仁义而绝礼学，非尧舜而薄周孔，死生不以为忧，存亡不以为患，乃匹夫独行之私言，非国家教人之正术也。”理由就是性命之学对于治国不仅无益，反而有害。

---

① 余英时：《宋明理学与政治文化》，“自序”3页，长春，吉林出版集团有限责任公司，2008。

不独欧阳修、司马光然，苏辙在评述其父兄的学问时说道："父兄之学，皆以古今成败得失为议论之要。"（《历代论一·并引》）他认为"蜀学"的主要兴趣在于关乎国家成败安危的现实问题，而不倾心于探究心性善恶意欲等内在形上的话题。程颐也说："君子之道，贵乎有成，有济物之用，而未及乎物，犹无有也。"（《二程集·程氏粹言·论学篇》）主张道之有成在于能济民利物，如果不能济民利物，这样的道便是失败的。张载"为天地立心，为生民立命，为往圣继绝学，为万世开太平"四句，最明显地体现了内圣、外王之学一体不二的特色，但最终目的还是要为万世开太平。[①]

要之，"宋代理学家讲学的最终目的是要培养'治天下'的人才，以承担重建秩序的重任。……周敦颐'志伊尹之所志，学颜子之所学'一语，已透露了此中消息"[②]。我们可以理解欧阳修、司马光起初为何反对性命之学，因为在他们看来，这非国家当务之急，无益于治道。我们也可以理解二程兄弟为何标举"天理"，张载为何究心"太虚"，原因在于在他们看来，这些有益于治道，能从中合理地推导出人间秩序，为合理地构建人间秩序找到更为深厚的根基。无论留心于形而上还是驻足于形而下，他们的共同目的都是要为人间建立合理的秩序。这是宋士大夫们的共同目标。

那么，如何重建合理的人间秩序呢？对于国家治乱之根由，司马光有一个总的看法，即"国家之治乱本于礼"。礼是什么？司马光又是如何通过礼来重整纲常以建立人间秩序的呢？

一、礼之为礼

"何谓礼？纪纲是也。何谓分？君、臣是也。何谓名？公、侯、卿、大夫是也。夫以四海之广，兆民之众，受制于一人，虽有绝伦之力，高世之智，莫不奔走而服役者，岂非以礼为之纪纲哉！是故天子统三公，三公率诸侯，诸侯制卿大夫，卿大夫治士庶人。贵以临贱，贱以承贵。上之使下犹心腹之运手足，根本之制支叶，下之事上犹手足之卫心腹，支叶之庇本根，然后能上下相保而国家治安。故曰天子之职莫大于礼也。"（《资治通鉴·周纪一》）这是司马

① 关于宋代礼学的文献成果可参看如下文献。李国玲、杨世文：《从〈周礼〉一书略说宋代周礼学》，载《四川图书馆学报》，2005（3）；潘斌：《宋代〈礼记〉学文献综论》，载《古籍整理研究学刊》，2008（6）；夏微：《宋代周礼学文献论述》，载《史学集刊》，2008（4）；杨世文、李国玲：《宋儒对仪礼的注解与辩疑》，载《四川大学学报》，2004（4）。

② 余英时：《宋明理学与政治文化》，"自序"6页。

光从国家制度层面对礼及其作用的说明。在他看来，对于天子来说最大的事情莫过于以礼来统领天下；礼最重要的本质规定就是“分”，分就是分出尊卑主从、君臣上下；而“分”的体现就在于“名分”，所谓名即是公、侯、卿、大夫等级有差的身份。只有严格按照等级区分，循名而责实，各个有名号之人严格按照身份等级来行事，各尽其职，各安其分，才不会生觊觎争夺之心，才能实现“贵以临贱，贱以承贵”的贵贱相安的局面并最终实现上下如心腹手足、根本枝叶相辅相成的良性循环。

“夫礼，辨贵贱，序亲疏，裁群物，制庶事，非名不著，非器不形；名以命之，器以别之，然后上下粲然有伦，此礼之大经也。名器既亡，则礼安得独在哉！昔仲叔于奚有功于卫，辞邑而请繁缨，孔子以为不如多与之邑。惟名与器，不可以假人，君之所司也；政亡则国家从之。卫君待孔子而为政，孔子欲先正名，以为名不正则民无所措手足。夫繁缨，小物也，而孔子惜之；正名，细物也，而孔子先之；诚以名器既乱则上下无以相保故也。夫事未有不生于微而成于著，圣人之虑远，故能谨其微而治之，众人之识近，故必待其著而后救之；治其微则用力寡而功多，救其著则竭力而不能相及也。《易》曰：‘履霜坚冰至’，《书》曰：‘一日二日万几’，谓此类也。故曰分莫大于名也。”（《资治通鉴·周纪一》）礼之大经从纵向而言是分上下尊卑，使其等差有序；从横向而言是定亲疏远近，使其粲然有伦。然而礼是通过身份名号、礼器等实物来体现的，离开这些实物，礼便无从体现。名器不在，礼便无从体现，也随之而亡。孔子之所以建议国君多与仲叔土地，而不愿与之“繁缨”，就是因为“名”与“器”乃国君之大宝，不可随意假借于人。名、器是体现礼的实物，它本身传达着礼的尊卑亲疏秩序，故它不只是一物，而潜含了深刻的文化内涵。器以物体观之，不过一物，然以礼观之则是礼之大经的实物表现，故圣人重之。凡俗之士多以物观礼器，以为无足轻重，唯有圣人能知微见著，知其有大用。[①]

“礼之为物大矣！用之于身，则动静有法而百行备焉；用之于家，则内外有别而九族睦焉；用之于乡，则长幼有伦而俗化美焉……岂直几席之上，户庭之间得之而不乱哉！”（《资治通鉴·汉纪三》）这是从礼的外延和作用上对其进行的说明。“礼”不仅是维系国家命运的纲纪大法，而且无物不礼。从最宽泛的外延上说，它包括政治秩序、伦理秩序、家庭规范、行业规则及民俗风情等等一切有规则事物。凡是有秩序的地方，礼便存在于其中，礼可大可小，无物

---

① 参见李泽厚：《历史本体论·己卯五说》，384 页，北京，三联书店，2003。

不入。

二、礼之所起

司马光认识到了礼的巨大作用，同时他也像以往的思想家一样，追寻探讨礼的本源和根据。

第一，礼源于“天道”。从根源上，司马光认为礼是阴阳天道规律在人类社会的贯穿。司马光把“太极”作为宇宙本源，把阴阳视为宇宙本体，阴阳有分有合的易道贯穿天人，因而自然成为礼的本源。他说：“《易》者，先天而生，后天而终，细无不该，大无不容，远无不臻，广无不充，惟圣人能索而知之，逆而推之，使民识其所来而知其所归，夫《易》者，自然之道也。”（《易说·总论》）易道贯穿天人，分阴分阳，阳为乐，阴为礼，礼主分，乐主和，礼为尊尊，乐为亲亲。故他又说：“《易》者，阴阳之变也，五行之化也，出于天施于人被于物，莫不有阴阳五行之道焉。故阳者，君也、父也、乐也、德也。阴者，臣也、子也、礼也、刑也。五行者，五事也，五常也，五官也。”（《易说·总论》）因此，礼、乐、刑、法并非出于圣人的“胸臆”，而是“有所本”，本于天地阴阳之道，本于“一阴一阳之谓道”的“易道”，“在天为寒燠雨旸，在国为礼乐赏刑”（《传家集·答李大卿孝基书》）。阴阳分合变化受“中正”原则支配，故礼乐之间当张弛有度，而礼本身也受“中正”原则支配。“中正”或曰“中和”是司马光对“本体”的体贴，是关于“度”的艺术。由此可见，司马光接受了董仲舒等人的论点，把礼的本源向上推溯，走向外在超越的维度，但他对礼的阐明也有超越前人之处，即司马光作了本体论的阐明。在《潜虚》“戛”行中司马光论述道：“戛，礼也。天高地下，制礼之经；尊隆卑杀，饰礼之文。人不知礼，进退无度，手足罔措；国不闲礼，纪纲不举，四邻之侮。”（《潜虚述义》）并在其下撰“仰天府地，正名辨位，以定民志”（《潜虚述义》）。

第二，礼的社会学根源。司马光不仅从“天道”的高度分析了礼产生的根源，而且从社会学的角度分析其所产生之必然。他对古时的社会状况进行了推测和分析：“古之人食鸟兽之肉，草木之实，而衣其皮，鸟兽日益殚，草木日益稀，人日益众，物日益寡，视此或不足，视彼或有余，能相与守死而勿争乎？争而不已，相贼伤，相灭亡，人之类盖可计日而尽也。圣人者愍其然，于是作而治之，择其贤智而君长之，分其土田而疆域之，聚其父子兄弟夫妇而安养之，施其礼乐政令而纲纪之，……是以民相与安分而保常，养生而送终，繁衍而久长也。”（《传家集·闻喜县修文宣王庙记》）礼之所以产生主要是为了解决人多而物寡引起的人与人之间的矛盾。因为人多而物寡，所以人与人之间便会相互争夺，争夺的结果是贫富不均，或为有余，或为不足。在各自为战引起的大混乱中，圣人怜悯众人之不幸，于是把人从自发的个体通过各种方式联结成一个群体，这些方式中有家庭，有国家，有亲情，有尊卑。

在另外一个地方，他这样说道：“夫人爪牙之利，不及虎豹；膂力之强，不及熊罴；奔走之疾，不及麋鹿；飞飏之高，不及燕雀。苟非君聚以御外患，则反为异类食矣。是故圣人教之以礼，使之知父子兄弟之亲。……岂徒使其粲然条理以为荣观哉！乃实欲更相依庇，以捍外患也。”（《家范》卷三）人一生下来，便一片空白，力不如兽，技不如禽，禽兽从出生的第一天起便自然携带了生存之能，而人在遗传的生存本能方面皆不如它们。人类为了维护自身的繁衍生息，就必须采取群居的方式以抵御外患，而群居时所采用的秩序原则便是“礼”。人虽然在遗传本能之方面与禽兽差距甚远，但正因为“本能为之松弛减弱，便留给后天以发明创造和学习的地步”①，“礼”便在人本能松弛之地方有成立之可能，它是人类社会初期为抵御外患而产生的社会组织原则。

第三，人性论的分析。从资料看，礼的产生有一部分原因是因为人性中有恶的因素，这样才会通过礼来把其恶的因素限制在一定范围之内。他说：“夫民生有欲，喜进务得而不可厌者也。不以礼节之则贪淫侈溢而无穷也。是故先王作，为礼以治之，使尊卑有等，长幼有伦，内外有别，亲疏有序，然后上下各安其分而无觊觎之心，此先王制世御民之方也。”（《温公易说·卷一》）这里司马光又接受了荀子的观点，认为礼之所以起，是因为人生而有欲的一面，“贪侈”“喜进务得而不可厌”，因此，圣人“索而知之”“逆而推之”天地阴阳之“易道”，据其而作礼，使得“尊卑有等，长幼有伦，内外有别”等，目的是使社会各阶层各安其分而不生觊觎之心。

“民生有欲”只是对人性的一个事实描述，也只是泛说。司马光还对人性做了进一步的价值界定。他既不同意孟子的性善论，也不同意荀子的性恶论，而独认同扬雄性善恶混的论点。在《性辩》中他说道：“孟子以为人性善，其不善者，外物诱之也；荀子以为人性恶，其善者，圣人教之也，是皆得其一偏而遗其大体。”（《传家集·性辩》）他认为孟、荀二人皆有所见又皆有所偏，“孟子以为仁义礼智，皆出乎性者也，是岂可谓之不然乎？然不知暴慢贪惑亦

① 梁漱溟：《人心与人生》，11页，上海，上海人民出版社，2005。

出乎性也。是知稻粱之生于田，而不知藜莠亦生于田也。荀子以为争夺残贼之心，人之所生而有也，不以师法礼义正之，则悖乱而不治，是岂可谓之不然乎？然殊不知慈爱羞愧之心亦生而有也。是知藜莠生于田而不知稻粱之亦生于田也。”（《传家集·性辩》）值得玩味的是，着力“解蔽”的荀子的观点在司马光看来也是“蔽于一曲而暗于大理”。孟子见善不见恶，荀子知恶而不识善，人心如田地，善恶如稻草，皆是田地自家本有，善不是圣人教成，恶并非外物诱惑，在人心的田地里，善恶都如天生地长一般，有自己的根系。

相比孟、荀二人，扬雄的看法则显得全面而中肯，“扬子以为人之性善恶混，混者，善恶杂处于身中之谓也。顾人择而修之何如耳，修其善则为善人，修其恶则为恶人，斯理也，岂不晓然明白哉！如孟子之言，所谓长善者也，荀子之言，所谓去恶者也，杨子则兼之矣”（《传家集·性辩》）。在通观前人人性论观点后，司马光认同扬雄而贬斥孟荀，并提出了自己的观点，他说：“夫性者，人之所受于天以生者也。善与恶必兼有之，是故虽圣人不能无恶，虽愚人不能无善，其所受多少之间则殊矣，善至多而恶至少则为圣人，恶至多而善至少则为愚人，善恶相半则为中人。圣人之恶不能胜其善，愚人之善不能胜其恶，不胜则从而亡矣。故曰：‘惟上智与下愚不移’，虽然不学则善日消而恶日滋，学焉则恶日消而善日兹，故曰：‘惟圣罔念作狂，惟狂克念作圣’，必曰圣人无恶则安用学矣，必曰愚人无善则安用教矣。”（《传家集·性辩》）司马光的人性论，强调“虽圣人不能无恶，虽愚人不能无善”，二者之间的差异在于善恶之“所受多少”，这其实是承认教化范围的普遍性，虽圣如孔子亦不能不学，虽恶如盗跖亦不可不教。承认人性中有善的部分，视其自责而移其善恶，则是承认人有道德自觉之根基，人可以通过内心之良知、诚敬而自觉使其行为与礼相合，这是对“礼”向内之维度的开掘。同时，承认人性中又有恶的部分，则是为礼走向他律强制的维度开启了方便之门。对于知恶而不能改，知善而不能迁的意念、行为必须以礼来防止，采取强制性的他律，才能保障社会稳定有序。

如上所论，司马光对礼之根源的探寻分析，可以概括为两个方面三个维度。两个方面：一是基于对阴阳“易道”的贯彻；二是基于对人性的透彻分析。三个维度：阴阳天道是超越性的宗教维度，要人自觉而畏惧；人性之善则是内向道德之维度，要人自觉以诚敬；而人性之恶则是外在他律强制之维度，要人畏惧而顺从。人性善恶兼有，故圣人便制定礼来轨导人生。对于人性之善，礼是其自然的外在流露与表征，对于人之恶，礼便起到了防范强制的作用。

三、习民以礼

司马光不仅注意到“齐家”与治国之间的联系，而且他还看到风俗对社会稳定和国家治理的作用。他说：“窃以国家之治乱本于礼，而风俗之善恶系于习。”（《司马光奏议·谨习疏》）“习”就是民众平日耳所见、目所闻、足所行的日常事务。凡人都生于斯，长于斯，习于斯。“习”是塑造、培养和导引人们的文化环境。

首先，“习”具有引导性。“赤子之啼，无有五方，其声一也。及其长，则言语不通，饮食不同，有至死莫能和为者。是无他焉，所习异也，至于古今亦然。有服古之衣冠于今之世，则骇于州里矣；服今之衣冠于古之世，则戮于有司矣。”（《司马光奏议·谨习疏》）“习”一旦形成，便导引着人们的价值观，凡习以为常者则安之，凡不常见者则非议之；习以为常者则认为应当如此，凡不常见者则认为不当如此；认为当如此者则人无怨，认为不当如此者则生怨。故统治者于“习”不得不谨。

其次，“习”具有稳定性。风俗习气一旦形成，摩民以渐，浸民以深，则难以改变，“非圣人得位而临之，积百年之功，莫之能变也”（《司马光奏议·谨习疏》）。而这种风俗习惯一旦遭到破坏，则如大河决堤，非严刑、重赏等手段所能抵挡得住，“及夫风化已失，流俗已成，则虽有辩智弗能论也，强毅不能制也，重赏不能劝也，严刑不能止也”（《司马光奏议·谨习疏》）。这种隐藏于民间的文化环境一旦形成，就具有相当强的稳定性，并成为人们判断是非的标准。

“习”的这种引导性和稳定性在历史上也得到了正反两方面的证明。从正面说：“昔三代之王皆习民以礼，故子孙数百年享天之禄。及其衰也，虽以晋楚秦齐之强，不敢暴蔑王室。岂其力不足哉，知天下之不己与也。……降及汉氏，虽不能若三代之盛王，然犹尊君卑臣，敦尚名节，以行义取士，以儒术化民。是以王莽之乱，民思刘氏，而卒复之。赤眉虽群盗，犹立宗氏，以从民望。……曹操挟献帝以令诸侯，而天下莫能与之敌。操之心岂不欲废汉而自立哉！然没身不敢为者，畏天下之人疾之也。”（《司马光奏议·谨习疏》）三代之所以能立国长久，就是因为民皆习礼，知道君尊臣卑，并以其为当然。东汉之所以复兴，汉末之所以曹操不敢自立，也是因为礼之遗风余俗未绝，导引着人们的价值观。从反方面来说：“自魏晋以降，人主始贵通才而贱守节，人臣始尚浮华而薄儒术，……于是风俗日坏，入于偷薄。……至于有唐之衰，麾下之士有屠逐元帅者，朝廷不能讨，因而抚之，拔于行伍，授以旄钺。……及其久也，则众庶习于闻见，以为事理当然，不为非礼，不为无义。……陵夷至于五代，天下荡然，莫知礼义为何物矣。是以世祚不永，远者十余年，近者四五年，败亡相属，生民涂炭。"（《司马光奏议·谨习疏》）司马光以其史学家的大视野，把五代之衰的原因一直追溯到魏晋以降，认为其后之所以衰乱的一个重大原因是由于儒术不行、节士不用，从而导致风俗日坏，入于偷薄，人们不复知礼义为何物了！

司马光得出的结论是"习民以礼"。礼就是"天子之令必行于诸侯，诸侯之令必行于卿大夫士，卿大夫士之令必行于庶人。……此礼之本也"（《司马光奏议·谨习疏》）。在司马光看来，"礼"最根本的地方就是国家纲纪制度，而这种制度的核心是君尊臣卑的上下等级秩序。

那么如何习民以礼？司马光指出，"上行下效谓之风，薰烝渐渍谓之化"（《司马光奏议·谨习疏》），风化之形成，根本的推动力在于朝廷。"夫朝廷者，四方之表仪也。朝廷之政如是，则四方必有甚者矣。"（《司马光奏议·谨习疏》）在司马光看来，君王作为最高的权力掌握者，尤其要使得国家等级分明，上下粲然有序。同时，君权不能轻易分给别人，因为如果权力落入德性不好的人之手，就会产生上下陵替的混乱，就会导致纲纪的破坏，从而产生祸乱。

综上所述，司马光所谓的"习民以礼"，主要的是让人们明白、熟悉并以君尊臣卑、上下各有职分和等级为理所当然。这种风俗一旦形成，就会成为稳定的文化环境，从而有利于朝廷的统治，也有利于社会的稳定。

四、礼者中和之法

司马光对礼的思想进行了全面论述，礼不仅包括纲常名教、社会规则，也包括家族伦理、民俗乡约，礼几乎无所不包，它构成了其治国思想的方方面面。可以这样说，礼是其关于秩序的思想，凡是涉及秩序的地方无不以礼统之。但礼在其思想体系中并不是终极性的范畴，在其上至少还有仁爱与中和作为变化损益的根据和指归。司马光的《家范》等著作就是在损益前人的基础上结合现实而写成的，朱熹说："二程与横渠多是古礼，温公则大概本仪礼，而参以今之可行者。要之，温公较稳，其中与古不甚远，是七八分好。"（《朱子语类·论后世礼书》）

礼是规则，并不具有灵活性，当一些规则之间发生冲突时，如何通权达变？这就需要有更高的价值指导原则。

《经》曰："身体发肤，受之父母，不敢毁伤，孝之始也。……"或曰："亲有危难则如之何？亦恍身不救乎？曰：非谓其然也。孝子奉父母之遗体，平居一毫不敢伤也；及其徇仁蹈义，虽赴汤火无所辞，况救亲于危难乎！古已死徇亲者多矣。"（《家范·子上》）

"身体发肤，不敢毁伤"是具体伦理的要求，只具有相对的意义，它的旨归不在于身体发肤本身，而指向内在之孝心。相对于对父母之孝，仁义大道才具有更高的意义，如若抛开这个指向，死守不敢毁伤之教，则陷入褊狭而流于异端，便不再具有意义。这是根据仁的原则对礼的具体规定作出的灵活解释。

在司马光的思想体系中，还有一个具有终极意义的范畴就是"中和"。他说，"中者，天下之大本也，和者，天下之达道也。智者，知此者也，仁者，守此者也，礼者，履此者也，乐者，乐此者也，政者，正其不然者也，刑者，威其不从者也，合而言之谓之道，道者，圣贤之所共由也，岂惟人哉！天地之所以生成万物靡不由之"（《传家集·中和论》）。"中和"是什么意思呢？"适宜为中，交泰为和。"（《传家集·四言铭系述》）这里所说的"中"就是无过无不及、不偏不倚、恰到好处；"和"指的则是性质相反的两种事物动荡相摩、融合互补，从而产生和畅通达的状态。万物无不以"中和"为指导和规则，它是一种存在于万事万物之中的"度"和状态，但中和指的并非一个具体的事物："齐者中也。包干万物，故无位。"（《潜虚述义·卷四》）

具体到"礼"与"中和"的关系，司马光只提出了一个命题，即"礼者，中和之法"，没有更多的发挥。但明确无误的是，"礼"是对"中和"精神的外在阐释，并以其为旨归。"中和"的本体地位在于"礼"之导向与归依在此，"礼"之作用，在于它正是实现"中和"的方法。在社会领域中"礼"就是"中和"的具体展开，这也就是荀子说礼仪便是"中"的原因所在。司马光对先贤思想的发展在于，他不仅认识到了"礼"的作用，更认识到了"和为贵"的价值。"礼之用，和为贵"，"和"虽然是"礼"之价值归依，但仍是从属于"礼"而言的；而"礼者，中和之法"则与之相反，"中和"处于本体地位，而"礼"至少从逻辑意义上说，变成了一个从属性的范畴。"确实，儒家的'和'，凡是指称社会和谐的，一般都与'礼'直接相关。'礼之用，和为贵'，'和'就是'礼'之内在结构性功能，刘宝楠谓'和是礼中所有'，正表明了'和'与'礼'的本质联系。"[①]

---

① 参见朱贻庭：《义分则和——关于构建和谐社会的儒家智慧》，见《儒家文化与和谐社会》，上海，学林出版社，2005。

第二节　礼治秩序

相比以往，宋初的士大夫更加强调家国的同构性，强调家风对国事的影响，对《大学》“修身、齐家、治国、平天下”的秩序有更为自觉的认同。这不仅是纯粹理论的设想，更是对过往历史沉痛反思所得的教训。对宋人来说，五代的政权频繁更迭，固然要使他们要引以为鉴，去积极总结历史教训，但使他们更为惊悸的则是唐帝国的崩溃。一个可与汉朝媲美而直追三代的统一王朝，为何会不可避免地沦亡崩塌？五代政权倏忽兴亡的殷鉴不远，而大唐帝国由盛而衰的警示更值得沉思。其中有一条清晰的脉络即是重新反思“齐家”与“治国”的秩序及关系，要求家国同构，政治伦理化的趋势愈来愈明显；而在操作步骤上，则强调家国的同构一贯性，自觉认同伦理范畴的孝、悌与政治范畴的忠、义的相通性。

一、以礼正家

北宋时期对于家庭秩序和家庭建设所存问题的反思，可以从欧阳修对《旧唐书》的态度中看出。欧阳修之所以弃《旧唐书》而作《新唐书》，是因为不满足五代对唐的反思，从而另辟新径，以图有益于当下。“唐自穆宗以来八世，而为宦官所立者七君。然则唐之衰亡，岂止方镇之患？盖朝廷天下之本也，人君者朝廷之本也，始即位者人君之本也。其本始不正，欲以正天下，其可得乎！”（《新唐书·僖宗皇帝纪》）在欧阳修看来，唐朝衰落之根本原因不仅仅在于藩镇之乱，宦官专权，其肇始者莫不如说是大唐的开国君主：李渊父子起兵于晋，可谓不忠于朝廷；李世民弑兄逼父，可谓不孝不悌；大唐虽国力强盛，然而却不知礼义廉耻。唐王朝如此不重纲常礼教，不重名分等级，积习已久，便重而难返，适有后来宦官专权、藩镇割据之弊。欧阳修的反思正是从帝王修身、齐家与治国关系的角度而发的。与司马光同修《资治通鉴》的范祖禹精于唐史，著有《唐鉴》。在开篇论及李渊父子太原起兵事时，范祖禹即将批评的矛头指向唐代的开国帝王，批评其“图王业，举大事”却发端不正：“太宗陷父于罪而胁之以起兵，高祖昵裴寂之邪，受其宫女而不辞，又称臣于突厥，倚以为助，何以示后世矣！”并继而说：“夫创业之君，其子孙则而象之，如影响之应形声，尤不可不慎举也。是以唐世人主无正家之法，戎狄多猾夏之乱。”（《唐鉴·卷一》）在《唐鉴》一书的最后，范祖禹总结唐代教训说：“昔三代之君，莫不修身齐家，以正天下，而唐之人主，起兵而诛其亲者，谓之‘定内难’；逼父而夺其位者，谓之‘受内禅’。此其闺门无法不足以正天下，乱之大者也。其治安之久者，不过数十年；或变生于内，或乱作于外，未有内外无患、承平百年者也。”显然，范祖禹是将帝王的正家之法与治国之政联系起来看的。[①] 与司马光同时代的苏轼也有类似的看法：“唐有天下，如贞观、开元间，虽号治平，然亦有夷狄之风。三纲不正，无父子、君臣、夫妇，其原始于太宗也。故其后世子孙，皆不可使。”（《苏轼文集·历代世变》）唐朝虽然有贞观、开元之治世，但却不懂得父子、夫妇、君臣之道，家风不正，故有后来之败亡。

家风不正，尤其是帝王的家风不正，就会上行下效，长此以往，就会破坏风俗、毁坏礼仪、乱了纲常，可以说这是祸乱的根源。对唐与五代的反思，使得宋人更加重视对礼仪纲常制度的维护和建设，他们一方面自觉培育礼仪纲常的根基，自觉排佛老而加强对儒学内在心性的建设，一方面则注重对儒家礼仪纲常文化的自觉倡导，使朝野上下都受其熏染而形成风气。在礼学的实践过程中，礼具备了更为严肃的意义，而齐家之伦理与治国之精神也联系得更为紧密。“自从赵宋统治稳定之后，士大夫治家之法的严整与否，日渐进入人们视野。成文的家法、家训、家规频频出现，成为建立并维护民间社会家族秩序的准则。确立这类‘世世守之’的规式，目的在于‘为私门久远之法’。更值得注意的是，在注重秩序建设的大环境之下，士大夫家族的家法，事实上已经走出了私门，不仅广泛弥散于民间社会，也成为朝廷关注的对象。”[②]

正是在这样的思想共识和时代背景下，司马光在家规、家范、家仪等方面做了大量的工作。司马光一生关于家规、家范、家礼的著作就有《司马氏书仪》《居家杂仪》《涑水家仪》《温公家范》《说家杂仪》及《三家冠婚丧祭礼》。在这几部著作中，他对家族伦理、礼仪格外重视，家礼是其主要论述的对象。

所谓家国同构，一定意义上讲是说二者的组织原则及价值理念是相通的，在具备社会模型的家族里已包含了社会当中的各种关系，尤其是家中之父子关系在社会之中便可幻化成政治上之尊卑关系。司马光在《潜虚·行图·考》中

① 参见邓小南：《祖宗之法——北宋前期政治述略》，46～47页，北京，三联书店，2006。

② 邓小南：《祖宗之法——北宋前期政治述略》，59页。

说："考，父也。君为尊矣，患于不亲；母为亲矣，患于不尊。能尊亲者，其惟父乎！慈而不训，失尊之义；训而不慈，害亲之理，慈训曲全，尊亲斯备。"在众多关系之中，父子这一伦常是最为重要的，它完美体现了"亲亲"与"尊尊"相互结合的道理，二者张弛有度、不偏不倚、不过无不及，这不仅是处理父子关系的要道，也是处理社会各种关系的主轴与精华。君之所以与父在一定意义上能相通，就是因为君主在治理国家时，不仅要定尊卑，使之纲常有序，而且要通和上下，要与民融为一体。政治伦理化、伦理政治化最典型的体现便是君臣、父子，父子、君臣之间关系的互融互通。他同时引用《周易·家人》的彖辞说："家人有严君焉，父母之谓也。父父，子子，兄兄，弟弟，夫夫，妇妇，而家道正；正家而天下定矣。"（《家范》）家国同构的道理在《大学》《孝经》中都有所论述，司马光也引用相关材料来证明其道理。所有这些论述不过是要证明"其家不可教而能教人者，无之。故君子不出家而成教于国。孝者，所以事君也；弟者，所以事长也；慈者，所以使众也"的道理。

在"家正而天下正"的原则指导下，司马光又提出了"治家莫如礼"的思想，对家族伦理思想做了详细的规定和发挥。他的家族伦理思想可从两方面进行考察：一是关于家庭之中各种伦理关系的抽象道理；二是关于居家之时具有不同伦理身份的个体所应遵守的具体规范。前者是礼义，为本质；后者是礼仪，为形式。司马光在其主张中讨论的对象包括祖、父、母、子、女、孙、伯叔父、侄、兄、弟、姑姐妹、夫、妻、妾、乳母等具有不同伦理身份的个体所应具备的伦理规范与道德要求。[①] 从其所作之规定来看，他秉承了传统之忠恕、挈矩之道，讲求权利与义务的对等，并不赋予某一方绝对的权利与义务。在这里我们对其家族伦理思想不做具体展开，需要提及的是，司马光虽然提出了"家正而后天下正"的治国思想，但其实在家族伦理的相互角色中更多贯穿的是忠恕之道，讲究的是相对伦理，并不能将家族伦理直接转换为君臣之间的礼仪纲常。这是我们需要注意的。

孟德斯鸠在《法意》中有一段对中国儒家思想的评议，在这里同样适用于司马光："是故，支那孝之为义，不自事亲而止也，盖资于事亲，而百行作始。彼惟孝敬其所生，而一切有于所生表其年德者，皆将为孝敬之所存，则长年也，主人也，官长也，君上也，且从此而有报施之义焉。以其子之孝也，故其亲不可以不慈，而长年之于稚幼，主人之于奴婢，君上之于臣民，皆对待而起

① 参见司马光：《家范·治家》，卷一，北京，蓝天出版社，1998。

义。凡此之谓伦理，凡此之谓礼经，伦理礼经，而支那所以立国者胥在此。”①

二、以礼治国

“中和”思想在司马光的思想体系中处于非常重要的地位，他的总体思想倾向强调事物双方的相互平衡、不可偏废，即使在涉及君臣关系时他也强调这一点：“阳非阴则不成，阴非阳则不生，阴阳之道，表里相承。……王者尊之极也，为臣之荣，从王役也。不敢专成，下之职也。承事之终，臣之力也。物以阳生，得阴而成。令由君出，得臣而行。故阳而不阴，则万物伤矣。君而不臣，则百职旷矣。阴阳同功，君臣同体，天之经也，人之纪也。”（《温公易说》）他在这里采用的依然是推天道明人事的思路，用阴阳之间的关系来说明君臣相处之道。他认为阴阳有分，阳主阴从，二者有合，阴阳不离，将此理推至人事上自然是君尊臣卑，君臣相倚。阳虽然处于主导地位，但离开阴则无所成，所以说，“阴阳同功，君臣同体”。阴从是从于阳，更从于“易道”之规律；君卑是卑于君，但更是卑于“治道”的规定。阳主阴从，君尊臣卑，是道当如此，忠君是忠君的名号、位分，而不是忠于某个人。他在不同场合说过，不到万不得已不能废君，但从反面理解，有些不称职的君主是可以废掉的。他对周灭商废纣的赞赏就是这一思想的流露。

不过，司马光在不同场合对“君”做了理论上的强势肯定，他说：“自古人臣有功者，谁哉？愚以为，人臣未尝有功，其有功者，皆君之功也。何以言之？夫地有草木，天不雨露之，则不能以生；月有光华，日不照望之，则不能以明；臣有事业，君不信任之，则不能以成，此自然之道也。”（《传家集·功名论》）这可能不仅是理论上的强势肯定，更是对现实的真实写照。

在司马光看来，“礼”是国家之治具，“礼”之本、“礼”之大节就在于君尊臣卑、上下等级，因此，他从“国家之治乱本于礼”便可以合理地推导出“国之治乱，尽在人君”的结论。“君”作为“礼”的最高等级，也自然成为权力的核心。在司马光的思想体系中，“尊君”和“重礼”是统一的，他不像法家那样只注重君主的权力，把所有的人都当作利欲熏心的工具，从而维护一种专制统治，而是秉持了儒家的传统理念，在赋予君王最高权力的同时，也赋予了其极大的责任。他说：“人君之大德有三：曰仁，曰明，曰武。仁者，非妪煦姑息之谓也。兴教化，修政治，养百姓，利万物，此人君之仁也。明者，非

① ［法］孟德斯鸠：《孟德斯鸠法意》，严复译，415页，北京，商务印书馆，1981。

烦苛伺察之谓也。知道谊，识安危，别贤愚，辨是非，此人君之明也。武者，非强亢暴戾之谓也。惟道所在，断之不疑，奸不能惑，佞不能移，此人君之武也。故仁而不明，犹有良田而不能耕也；明而不武，犹视苗之秽而不能耘也；武而不仁，犹知获而不知种也。三者兼备，则国治强；缺一则衰；缺二则危；三者无一焉则亡。”（《司马光奏议·三德》）这是对孔子“三德”的直接运用，所不同的是孔子那里所谓的仁、智、勇具有普遍适用性，而司马光则专对人君而言，并对其内涵作了具体规定。所谓兴教化、修政治等，目的是生养百姓，利导万物，使人顺其生，物遂其性，仁的主要意义为“生”。“明”的主要意思为根据道义识安危、别贤愚、辨是非。而“武”则是唯道是从，是行道的勇气与毅力，内不屈于自己之私欲，外不迷于佞臣之奉承。从三者关系来看，仁是基础，犹如良田，必有生养万物之仁，方可既明又勇。有仁而无明，犹如有田而不知耕种，难免混淆视听，姑息两可。在前两者的基础上，必须有当机立断、勇猛践行的勇气。很明显，司马光对皇帝的期望与理想是“圣王”，希望君主内有仁、明、武之德，外有养百姓、利万物之实。这种思想贯彻司马光的一生，之所以如此，是因为“臣历观古今之行事，竭尽平生之思虑，质诸圣贤之格言，治乱安危，存亡之道，举在于是，不可移易”（《司马光奏议·进修心治国之要札子》）。

除了仁、明、武三大德之外，君王还必须有驾驭群臣的手段，司马光有一篇奏折，名字就叫《御臣》，在文中他说：“臣闻致治之道无它，在三而已。一曰任官，二曰信赏，三曰必罚。”（《司马光奏议·御臣》）“任官”的原则是“度材而授任，量能而施职”，具体展开则是“有德行者掌教化，有文学者待顾问，有政术者为守长，有勇略者为将帅，明于礼者典礼，明于法者主法”（《司马光奏议·御臣》）。天生万物，长短不齐，人之才能，各有所长，用人才的标准当取其长避其短，则天下无不可用之人；同时要有功必赏，有罪必罚，但切忌“采名不采实，诛文不诛意”“夫以名行赏，则天下饰名以求功；以文行罚，则天下巧文以逃罪。如是则为善者未必赏，为恶者未必罚”（《司马光奏议·御臣》）。司马光认为皇帝能行此二者，则“唐虞三代之隆，何远之有”。

仁、明、武与用人、赏功、罚罪之间的关系是内外、体用的关系：“仁、明、武，所出于内者也；用人、赏功、罚罪，所施于外者也。……施于外者，施之当，则保其治，保其安，保其存；不当，则至于乱，至于危，至于亡，行之由己者也。所以能当，在于至明；所以能明，在于至公。”（《司马光奏议·进修心治国之要札子》）所谓“至公”即是“赏不以喜，罚不以怒。赏不厚于所爱，罚不重于所憎”（《司马光奏议·进修心治国之要札子》）。在《二先札子》中他论述得更为清晰详备：“爵禄者，天下之爵禄，非以厚人君之所喜也。刑罚者，天下之刑罚，非以快人君之所怒也。故古者爵人与朝，与士共之。刑人于市，与众弃之。”（《司马光奏议·二先札子》）“至公”从心性本体上来说就是“中和”，即喜怒哀乐之未发，心体坦然澄澈，虚灵不昧，是“至公”之本体，是“中”；及其已发，则无不中节，喜其当喜，怒其当怒，不以喜怒哀乐影响事理之当然，则无不和矣，无不当矣。从具体表现上来看，则应将“人君”之私与“天下”之公区分开来，不当以人君之私利害天下之公义。由此看来，司马光的“尊君”思想并不是为尊君而尊君，“尊君”并不是最高的原则，而天下之公、合理的人间秩序才是他的最终诉求。这里我们也似乎看到了司马光的政治哲学中所透露出来的现代曙光。

司马光的政治哲学思想总括一句话便是“以礼治国”。“礼”在他这里就是秩序，这种秩序既包括君尊臣卑、上下等级的国家纲纪，也包括父慈子孝、兄友弟恭等家庭伦理秩序，还包括化礼成俗的民间风俗道德习惯。“礼”是国家、社会、家庭和人与人之间的组织原则，一切个体都可以通过一定的方式纳入到“礼”的大系统之中。“礼”既是目的，又是手段。作为目的而言，它代表着一种统贯天人的确定不移的合理秩序；作为手段而言，它又是治国牧民之工具，通过对“礼”的恢复和具体运用，变无序为有序，变无道为有道。

对“礼”的重视，对秩序的诉求，是基于有宋一代的士大夫对唐末及五代之乱的深刻反思，他们看到并着意突出了齐家和治国的深刻勾连，并认识到了民情风俗对治理国家的重要作用。在司马光的思想体系中，“礼”之大本、大节就是纲常名分、上下尊卑，其他的家庭伦理、民俗风情都是围绕着这个大本、大节而展开的。司马光通过对人性的考察、对社会根源的分析，论证了“礼”的起源和深层根据。他在家规、家范方面下了大量的功夫，目的是通过“正家”而后“正天下”。他不断向当时的皇帝上疏，要求“谨习”，注意“风俗”，也体现了其“以礼治国”的思想。

在司马光的政治哲学中有一个比较突出的特点是“尊君”，但他的“尊君”和“重礼”思想是统一的。“尊君”是基于唐末及五代纲常崩坏、君权不张的历史教训，更重要的是，“尊君”是基于“礼”的秩序要求。所以，在他的思想体系中，他才对“君”提出极高的要求，要求“君”要尽“君”之本分，并把“君”和“天下”分开，不能以“君”之私意害天下之公义。这种思想在司马光的政治哲学中虽然语焉不详，但一定是自觉的，“爵禄者，天下之爵禄，非以厚人君之所喜也。刑罚者，天下之刑罚，非以快人君之所怒也”（《司马光奏议·二先札子》）。正是这种自觉的体现。在他的思想体系中，“重礼”必然“尊君”，“尊君”是为了更好地“重礼”，其背后的目的都是导出和塑造一种合理的人间秩序。而为了防止礼的僵化和片面性，他又提出“礼者中和之法”这一重要命题，把“礼”纳入到“中和”原则的指导之下。

应当说，“以礼治国”的思想是儒者之共识，非独司马光以为然，在现代思想的大视野下，我们该如何评价这种思想？钱穆先生有一些观点令人深省，他说，礼之外面像是等级的，其实却是平等的；法之外面像是平等的，其实则是等级的。礼是导人走向自由的，而法则是束缚限制人的行为的。礼是社会性的，而法则是政治性的。礼是由社会向上推之于政府的，而法则是由政府而下行之于社会的。法的重要性，在保护人之权利。而礼之重要性，则在规范人之情感。权利是对峙的，而情感则是交流的。人类不能没有社会，但不一定不能没有政治。人类是为了有社会而始须有政治的，并不是为了有政治而始须有社会的。中国的礼治思想，是想把政治融入社会，不是让政府统治社会。中国人提倡礼治，正是要政府无能，而多把责任寄放在社会。因此想把风俗来代替了法律，把教育来代替了治权，把师长来代替了官吏，把情感来代替了权益。[①]

现代的研究成果也表明，政府和社会的形成如果完全基于自私的人性和理性的计算，就会陷入没有出路、不可自拔的“囚徒困境”。要解决这个“囚徒困境”，唯一的办法是建立一个“利维坦”，而它所产生的问题比解决的更多。在高压专制之下，包括统治者自己的生活都和霍布斯所说的自然状态一样“糟糕、野蛮和短命”。这在中外历史上都有血的教训。[②]

在当今社会，自由、民主、人权、法制固然是我们追求的目标，但我们也要从传统的治理模式如“礼治”中去汲取有益的经验，以补其不足。

段海宝

参考文献

司马光．传家集．长春：吉林出版集团有限责任公司，2005.

苏天木．潜虚述义//续修四库全书·子部·术数类．

① 参见钱穆：《晚学盲言》，桂林，广西师范大学出版社，2004。

② 参见张千帆：《为了人的尊严——中国古典政治哲学批判与重构》，北京，中国民主法制出版社，2012。

马峦，顾栋高．司马光年谱．北京：中华书局，1990.

司马光．资治通鉴．胡三省，音注．北京：中华书局，1956.

司马光．温公易说//四库全书·经部．

司马光奏议．王根林，点校．太原：山西人民出版社，1986.

石介．徂徕石先生文集．陈植锷，点校．北京：中华书局，1984.

程颢，程颐．二程集．王孝鱼，点校．北京：中华书局，1981.

脱脱，等．宋史．北京：中华书局，1985.

苏轼文集．孔凡礼，点校．北京：中华书局，1989.

黎靖德．朱子语类．北京：中华书局，1994.

欧阳修，宋祁．新唐书．上海：上海古籍出版社，1989.

范祖禹．唐鉴．上海：上海古籍出版社，1984.

钱穆．晚学盲言．桂林：广西师范大学出版社，2004.

余英时．宋明理学与政治文化．长春：吉林出版集团有限责任公司，2008.

李泽厚．历史本体论·己卯五说．北京：三联书店，2003.

梁漱溟．人心与人生．上海：上海人民出版社，2005.

邓小南．祖宗之法：北宋前期政治述略．北京：三联书店，2006.

朱贻庭．义分则和：关于构建和谐社会的儒家智慧//儒家文化与和谐社会．上海：学林出版社，2005.

张千帆．为了人的尊严：中国古典政治哲学批判与重构．北京：中国民主法制出版社，2012.

第九章
朱熹的天理秩序

朱熹是我国南宋时期著名的思想家、政治家和教育家。他以宋明理学集大成者的身份，为后人所熟知和敬仰。后人对他的评价多是将其定位为开创儒学新局面的道学先生，是宋明理学的翘楚。现代学者则主要将朱熹定位为哲学家和思想家，对其进行的研究主要集中在其哲学的范畴、体系、义理的阐发等方面，却忽视了朱熹作为政治家的一面。余英时先生认为："宋代儒学的整体动向是秩序重建，而'治道'——政治秩序——则是其始点。"[①] 利用参政、上书、建设社仓等机会，朱熹积极地为重建理想的社会秩序而努力。而朱熹的政治实践又以其政治哲学为理论基础。

朱熹不但积极参政，而且通过编纂图书来评价、干预政治。朱熹撰写的《四书章句集注》《资治通鉴纲目》《诗集传》等典籍曾经长期是科举必读书，在人才选拔、治国理政等政治实践中发挥了重要作用。朱熹编纂的《资治通鉴纲目》和《八朝名臣言行录》不仅体现了朱熹用其政治哲学对政治的评判，还是君王、宰相学习治国理政之术的必读书。而朱熹编纂的《家礼》则是推动礼仪下行、实行礼治、实行礼教的重要物质载体。

研究朱熹的政治哲学具有重要的理论意义和现实意义。尽管现当代学者已经对朱熹做了多向度的研究，可是，以仁爱思想为切入点，从天理与秩序的视角论述朱熹对理想政治秩序的构建和政治制度的设计，仍有其必要性和可能性。

宋代开国皇帝赵匡胤问丞相赵普："天地间什么最大？"赵普回答说："天

① 余英时：《朱熹的历史世界》，118页，北京，三联书店，2004。

地间道理最大。”“道理最大”遂成为宋代文人群体的政治信条和朝野的政治共识。在宋代理学家眼里，儒家倡导的仁爱就是天地间最大的道理，“天理云者，这一个道理，更有甚穷已？不为尧存，不为桀亡”（《河南程氏遗书》卷二上）。天理，乃是仁之别名，以天云者，谓生生乃天地本性，“天地之大德曰生”（《周易·系辞下》）。天理即为生理、仁理。朱熹是宋代理学的集大成者。朱子理学中的人间世界，是一个奠基于仁爱天理的世界，规范这个世界的秩序是以仁爱组织和安排的天理秩序。

在朱熹看来，天理是世界观与价值观的统一。天理又是三纲五常所代表的理想政治秩序的形而上基础。张立文先生认为：“在朱熹的世界图式中，‘理’不仅是形而上本体，而且是人类社会的最高原则。”①

天理不但是形而上之道，而且与气密不可分。在理气的共同作用下，万物各具特点、各有其理。

第一节　天理——世界观和价值观的统一

不论是自然万物，还是人伦道德，都离不开天理。朱熹说：“天地中间，上是天，下是地，中间有许多日月星辰，山川草本，人物禽兽，此皆形而下之器也。然这形而下之器之中，便各自有个道理，此便是形而上之道。”（《朱子语类》卷六十二）在自然界中，日月星辰、山川草木、人物禽兽都是形而下的器物。朱熹认为，在形而下的器物背后，都有形而上的道理——天理。

一、天理是世界观

从内涵上看，天理又是“当然之则”与“所以然之故”。朱熹说：“至于天下之物，则必各有所以然之故，与其所当然之则，所谓理也。”（《朱子全书·大学或问》）陈来先生解释说：“‘所当然’是指社会准则和规范。‘所以然’是指事物的本质、规定性、规律乃各种机理、机制。”② 可见，天理具有双重含义，既可以将其理解为本质、规律，又可以将其理解为准则和规范。

天理既可以从万物一本的高度去理解，又可以从万物分殊之理的层面去了

---

① 张立文：《宋明理学研究》，360页，北京，人民出版社，2002。

② 陈来：《中国近世思想研究》，83页，北京，商务印书馆，2003。

解。一理和万理又是不矛盾的。朱熹说："万殊便是这一本，一本便是那万殊。"（《朱子语类》卷二十七）实际上，一理与万理即是抽象与一般、共性与个性的关系。"天地万物皆是一理，可散在万物却使万物各具一理。前之一理与万物所各具之理，应当皆是一理，是一个统一的理。"[①] 从总体来看，在万物背后，都有同一个天理；就分殊而言，在万物之中，天理又有具体表现。每一物中的天理都既具有个性，又具有共性，即都是同一个天理的不同表现。正如蒙培元先生所云："一理同万理，不是各自孤立存在的，一理中有万理，万理中有一理。"[②]

天理展现开来，即是万事万物。朱熹说："天下之物，皆实理之所为，故必得是理，然后有是物。"（《四书章句集注》）正是以天理为依据，万事万物才有产生的依据。可是天理无法独自化生万物。万物要化生成形，还需要气的作用。

理气不离不杂。虽然万物的产生需要理气的共同作用，可是理气之间却是不离不杂的。就先后关系而言，理与气之间也有讲究。

首先，理与气紧密联系。朱熹说："天下未有无理之气，亦未有无气之理。"（《朱子语类》卷一）虽然理与气有形而上与形而下之分，二者之间却存在着密切联系。二者之间的关系，正如张立文先生所云："形而上之道与形而下之器之间，即朱熹所建构的形而上学本体的理与形而下的事物之间，是一种和合关系。"[③] 在朱熹看来，理和器密不可分。朱熹又说："然谓此器则有此理，有此理则有此器，未尝相离，却不是于形器之外别有所谓理。"（《朱子语类》卷九十五）理是气的依据，气又是理的挂搭、安顿之处。朱熹说："道，须是合理与气看。理是虚底物事。无那气质，则此理无安顿处。"（《朱子语类》卷七十四）离开气，理无法独立存在。可见，理气之间存在着紧密联系。理为气提供形而上依据。气为理提供挂搭、附着之处，理借助气来生成世界。冯友兰先生认为，亚里士多德所说的形式因和目的因可以归结为理，而质料因和动力因则可以归结为气。[④]

其次，理与气又是截然区分的。朱熹说："天地之间，有理有气。理也者，形而上之道也，生物之本也；气也者，形而下之器也，生物之具也。是以人物

---

① 彭永捷：《朱陆之辩——朱熹陆九渊哲学比较研究》，75 页，北京，人民出版社，2002。

② 蒙培元：《理学范畴系统》，85 页，北京，人民出版社，1989。

③ 张立文：《宋明理学形上学追究的理路》，载《哲学研究》，1994（2）。

④ 参见冯友兰：《中国哲学史新编》，下卷，186 页，北京，人民出版社，1999。

之生，必禀此理然后有性，必禀此气然后有形。”（《朱子全书·答黄道夫》）在朱熹看来，形而上的天理与形而下的气截然不同，不可混淆。朱熹说：“所谓理与气，此决是二物。但在物上看，则二物浑沦，不可分开各在一处，然不害二物之各为一物也；若在理上看，则虽未有物而已有物之理，然亦但有其理而已，未尝实有是物也。大凡看此等处须认得分明，又兼始终，方是不错。”（《朱子全书·答刘书文》）虽然就具体事物而言，理和气是密不可分的；可是，从本质上看，理与气却不可混为一谈。

再次，理在气之先。朱熹说：“理与气本无先后之可言，但推上去时，却如理在先，气在后相似。”（《朱子语类》卷一）就事物的化生而言，理气无先后之分。从逻辑上来讲，理在气之先。彭永捷先生认为：“有此理方有此气，从逻辑上言，当先有理然后有气，而就理气本身而言，则又无先后可言。”① 此即朱熹所说的“若论本原，即有理然后有气，故理不可以偏全论。若论禀赋，则有是气而后理随以具”（《朱子全书·答赵致道书一》）。

在朱熹的哲学体系中，气是沟通天理和万物的中介。张立文先生说：“‘气’不仅把‘理’和‘物’联系、沟通起来，使‘理’借于‘气’而派生万物，以克服其体系的矛盾，而且使‘理’有了‘挂搭’和‘附着’的地方。”②

最后，万物理同气异。虽然万事万物都是在理气的共同作用下产生的，然而，由于气禀不同也，所以万物各有特点。朱熹说：“论万物之一原，则理同而气异；观万物之异体，则气犹相近而理绝不同也。气之异者，粹驳之不齐；理之异者，偏全之或异。”（《朱子全书·答黄商伯》）从本源、依据来看，万物是同理的；从气禀来看，万物又各有特色。由于禀受的气有清浊、厚薄、粹驳之分，所以，具体事物都既有天理作为其存在依据，又各有其特点。

与此同时，由于禀气不同，所以具体事物分得的天理也有偏颇、整全的差异。朱熹说：“花瓶便有花瓶底道理，书灯便有书灯底道理。水之润下，火之炎上，金之从革，木之曲直，土之稼墙，一一都有性，都有理。人若用之，又着顺它理，始得。若把金来削做木用，把木镕作金用，便无此理。”（《朱子语类》卷九十七）因为各有其理，所以花瓶与书灯都有自己的特性。人们应该按照事物的本性来利用它们。

正因为万事万物各有特点，所以人类社会中的每个人也都各有禀赋和优

---

① 彭永捷：《朱陆之辩——朱熹陆九渊哲学比较研究》，70页。

② 张立文：《宋明理学研究》，364页。

势。要想让人类社会维持良好秩序，就必须充分发挥每个人的优势。作为掌握知识、具备管理能力的人才，政治家应该全心全意为民众创造足以安居乐业的社会秩序和有利条件，而忙于生计、无暇参与政治事务的民众则应恪尽职守、完粮纳税。

天理不但是万事万物背后的根据，而且是伦理道德背后的价值基础。所以，天理又具有价值观的内涵。

二、天理是价值观

天理既是道德的价值来源，又可以展现为理想政治秩序。天理与仁、礼具有异曲同工之妙。

天理是道德的价值来源。朱熹说："夫天下之事莫不有理，为君臣者有君臣之理，为父子者有父子之理，为夫妇、为兄弟、为朋友以至于出入起居、应事接物之际，亦莫不各有理焉。"（《朱子全书·行宫便殿奏札二》）君臣之义、父子之亲、夫妇之别、兄弟之爱、朋友之信都是具体道德范畴，它们都要以天理为价值基础。彭永捷先生说："'君臣父子夫妇长幼朋友'乃儒家所讲的'五伦'，也称'五常'，而'皆必有当然之则'则是'五伦'或'五常'之'理'。"[①] 具体的道德范畴是天理的具体展现。朱熹说："万物皆有此理，理皆出一原。但所居之位不同，则其理之用不一。如为君须仁，为臣须敬，为子须孝，为父须慈。物物各具此理，而物物各异其用，然莫非一理之流行也。"（《朱子语类》卷十八）

如上所述，天理既是当然之则，又是所以然之故。在价值观的层面上，天理也可以这样理解。朱熹说："如事亲当孝，事兄当弟之类，便是当然之则，然事亲如何却须要孝，从兄如何却须要弟，此即所以然之故。"（《朱子语类》卷十八）就理事关系而言，朱熹认为，理在事先。他说："未有这事，先有这理。如未有君臣，已先有君臣之理；未有父子，已先有父子之理。不成元无此理，直待有君臣父子，却旋将道理入在里面！"（《朱子语类》卷九十五）

理想政治秩序是天理的体现，天理又可以展现为理想政治秩序。朱熹说："父子、君臣、夫妇、长幼所不能无者……而有天理，则于君臣、父子、夫妇、长幼之间，应对、酬酢、食息、视听之顷，无一而非理者，亦无一之可紊。一有所紊，天理丧矣。"（《朱子全书·答廖子晦》）如果不循理而为，政治就会失

① 彭永捷：《朱陆之辩——朱熹陆九渊哲学比较研究》，88 页。

序。因此，朱熹非常看重以三纲五常为代表的理想政治秩序。他说："三纲五常，天理民彝之大节，而治道之本根也。"（《朱子全书·戊申延和奏札》）

在三纲五常中，父子之仁和君臣之义又是重中之重。他说："仁莫大于父子，义莫大于君臣，是谓三纲之要、五常之本、人伦天理之至，无所逃于天地之间。"（《朱子全书·癸未垂拱奏札》）冯友兰先生说："朱熹认为，每一类事物都有其理，国家和社会也是一类事物，也必有其理。本此理以治国家，则国家治，不本此理以治国家，则国家乱。"① 天理为理想政治秩序做了价值论证。"朱熹把三纲五常说成天理，目的是借助天理的权威性、普适性论证以仁为核心的伦理道德的天然合理性和天经地义性。"② 可见，天理又是理想政治秩序的价值基础。

仁、礼与天理是一回事。朱熹说："礼即理也，但谓之理，则疑若未有形迹之可言；制而为礼，则有品节文章之可见矣。人事如五者，固皆可见其大概之所宜，然到礼上方见其威仪法则之详也。节文仪则，是曰事宜。"（《朱子全书·答曾择之》）礼的本质是相互尊重，其思想内涵是仁，可以在维系社会秩序方面发挥重要作用。张千帆先生认为："'礼'的社会功能正在于它作为一部'社会宪章'，为传统中国社会提供了统一的道德法则，通过共同的道德实践将每个年轻人社会化，并使之成为超越道德底线的值得信赖的成年人。"③ 朱熹将年轻人的社会化分为小学和大学两个阶段，并做了具体的制度设计。此点留待第二节"亲亲、尊尊——理想家庭秩序的设计"再行论述。

朱熹主张礼治、德治。他比较了德治与刑治的不同施政效果，说："愚谓政者，为治之具。刑者，辅治之法。德礼则所以出治之本，而德又礼之本也，此其相为终始，虽不可以偏废，然政刑能使民远罪而已，德礼之效，则有以使民日迁善而不自知。故治民者不可徒恃其末，又当深探其本也。"（《中庸章句》）

性即理。在朱熹之前，程颐提出："性即理也，所谓理，性是也。"（《河南程氏遗书》卷二十二上）向世陵先生认为："'性即理'的构架不仅在说明人性即天理，同时也通过'所谓理，性是也'的反向路径，使实理在实性的基础上

① 冯友兰：《中国哲学史新编》，下卷，206页。
② 魏义霞：《论朱熹的仁学思想》，朱子学与文化建设学术研讨会，2012。
③ 张千帆：《为了人的尊严——中国古典政治哲学批判与重构》，133页。

真正得以落实。”[①] 二程提出的性即理的解释架构对朱熹有很大影响。“朱子‘性即理’，实是承自程颐。”[②]“性即理”需要以气为载体，才能化生、成就万物。“性即理”需要和理气关系联系起来加以理解。朱熹说：“性，即理也。天以阴阳五行化生万物，气以成形，而理亦赋焉，犹命令也。于是人物之生，因各得其所赋之理，以为健顺五常之德，所谓性也。”（《四书章句集注》）天化生万物，理气都蕴含在具体的人、物中。性即是在理的作用下，人、物所具有的天命之性。天命之性是万事万物之本。朱熹说：“大本者，天命之性，天下之理皆由此出，道之体也。”（《四书章句集注》）朱熹认为，性即理，是形而上者，气是形而下者。在具体的器物上面，虽然性和气兼备，可是，性和气却有明显的差别。朱熹说：“其性其形虽不外乎一身，然其道器之间分际甚明，不可乱也。”（《朱子全书·答黄道夫》）

在朱熹看来，每个人都禀受了源自天理的天命之性。他说：“天命之性，万理完具；总其大目，则仁义礼智，其中遂分别成许多万善。”（《朱子语类》卷一百一十七）人的善性是天理在人身上的落实。“天命之性作为大本道体，为天下万理之渊源。”[③]

朱熹认为，万事万物都是在理气的共同作用下才产生的。他说：“人物之生，同得天地之理以为性，同得天地之气以为形。”（《四书章句集注》）由于气禀不同，所以每个人身上不仅有天命之性，还有气质之性。气质之性的提出，解决了人性本善为何会有恶行的问题。刘泽华先生认为，气质之性的提出“为君主制度的必然性、合理性和绝对性找到一个理论的支点”[④]。李锋先生也说：“朱熹却从理与气两方面论性，为人的本性之善与现实人性的差别找到了理论依据，同时也成功地论证了人先验的不平等。”[⑤] 笔者认为，天命之性为人们过上有道德的生活提供了道德层面的可能性，气质之性则为人们接受教育、提高德性修养提供了理论基础。朱熹说：“盖人性虽无不善，而气禀有不同者，故闻道有蚤莫，行道有难易，然能自强不息，则其至一也。”（《四书章句集注》）

人类社会必然存在等级和秩序，也存在分工与合作。朱熹说：“人在天地间，自农商工贾等而上之，不知其几，皆其所当尽者。小大虽异，界限截

① 向世陵：《性之本体是如何——朱熹性论的考究》，载《孔子研究》，2011（3）。

② 彭永捷：《论理学人性论的两个方向——以朱子和象山为中心》，载《东方论坛》，2000（4）。

③ 向世陵：《宋代理学的“性即理”与“心即理”》，载《哲学研究》，2014（1）。

④ 刘泽华主编：《中国政治思想史·隋唐宋元明清卷》，326页，杭州，浙江人民出版社，1996。

⑤ 李锋：《朱熹政治哲学研究》，天津，南开大学博士学位论文，2009。

然……但必知夫所处之职，乃天职之自然，而非出于人为。”（《朱子语类》卷十三）张立文先生认为，此举意在“为社会安排了一个人人地位、等级不同的秩序，要求人人各守其分，安于所得的地位”[①]。实际上，君臣关系不仅是秩序的体现，还体现了社会分工。即使以今人的眼光来看，也会发现在任何社会中都存在特权和等级。因此，我们应该保持对传统文化的温情、敬意，不应该站在西方文化中心主义的立场上来苛责古人。

在笔者看来，朱熹虽然主张人类社会必然存在秩序和等级，却反对君主滥权、侵夺民众利益。朱熹说：“陛下目见耳闻，无非不公不正之事……及其作奸犯法，则陛下又未能深割私爱……是以纲纪不能无所挠败。”（《朱子全书·戊申封事》）朱熹提倡纲常，却反对君主肆意妄为。因此，君主制不过是朱熹用来实现其理想政治秩序的工具而已。朱熹认为：“性者，人之所得于天之理也……以理言之，则仁义礼智之禀，岂物之所得而全哉？此人之性所以无不善，而为万物之灵也。”（《四书章句集注》）人人都有天赋的善性，这是政治家导民向善的价值依据。朱熹说：“天只生得许多人物，与你许多道理。然天却自做不得，所以生得圣人为之修道立教，以教化百姓，所谓‘裁成天地之道，辅相天地之宜’是也。盖天做不得底，却须圣人为他做也。”（《朱子语类》卷十四）圣人是知晓自身禀受天赋善性的先知先觉者，有义务启发后知后觉的民众。这即是孟子所说的先知觉后知、先觉觉后觉。

五伦是天理的具体表现。虽然作为价值来源的天理只有一个，可是在处理五伦关系时，天理又有不同的具体表现。朱熹多次提点学生：

> 理只是这一个，道理则同，其分不同。君臣有君臣之理，父子有父子之理。（《朱子语类》卷六）
>
> 万物皆有此理，理皆同出一原。但所居之位不同，则其理之用不一。如为君须仁，为臣须敬，为子须孝，为父须慈。物物各具此理，而物物各异其用，然莫非一理之流行也。（《朱子语类》卷十八）

在君臣之义、父子之亲、夫妇之别、兄弟之爱等道德范畴背后，都有天理作为依据。理是万事万物的本体。正因为有了理，天地才能成为天地，万事万物才有了性。

总之，天理既是世界观，又是价值观。正如朱熹所云：“天理流行，触处皆是。暑往寒来，川流山峙，‘父子有亲，君臣有义’之类，无非这理。”（《朱

① 张立文：《朱熹思想研究》，203页，北京，中国社会科学出版社，2001。

子语类》卷四十）在谈及理学的政治意涵时，干春松先生说：“这种以天来证明现存秩序合理性的方式，到了宋代进一步被引申来证明这种方式本身的合理性，即试图通过对儒家本身的天理化来证明儒家所维护的秩序的合理性。这就是理学的关键所在。”[①]

三、内圣功夫的政治意味

既然天理既是世界观，又是价值观。那么，理想政治秩序的构建就要以天理为价值依据。作为国家元首，君主负有修身齐家治国平天下的政治责任。君主只有提升自身的道德修养，才能在施政时收到上行下效、令行禁止、风行草偃的效果。要想提高道德修养，君主就要从格物致知、正心诚意等内圣功夫开始。

在过去，学界往往将格物致知、正心诚意看作内圣修养功夫。实际上，它们也具有政治意味。如果以君王、宰相为代表的政治家能够做好内圣修养，就能提高他们的施政能力、道德感召力，也就有助于实现善治。朱熹说：“臣闻大学之道，‘自天子以至庶人，壹是以修身为本’。而家之所以齐，国之所以治，天下所以平，莫不由是而出焉。然身不可以徒修也，深探其本，则在乎格物以致其知而已。”（《朱子全书·癸未垂拱奏札一》）那么，何谓格物致知？朱熹说：“致，推极也。知，犹识也。推极吾之知识，欲其所知无不尽也。格，至也。物，犹事也。穷至事物之理，欲其极处无不到也。”（《四书章句集注》）在他看来，学习儒家经典、应接事务、学习古圣先王的治国经验等，都是格物致知的手段。作为修养功夫，格物致知“即是在日常事务上彰显人的本心，而不让私欲蒙蔽了意念的实化过程”[②]。朱熹的格物穷理“归其大要，则专注于从事物上体会儒家的伦理并内化为道德”[③]。朱熹说：“圣人只说‘格物’二字，便是要人就事物上理会，且自一念之微，以至事事物物，若静若动，凡居处饮食言语，无不是事，无不各有个天理人欲。”（《朱子语类》卷十五）格物的目的在于致知，而致知又是为了正心、诚意，正心、诚意的结果则是穷理。

朱熹希望发挥内圣功夫的政治效用。他看重对皇帝的辅佐和对太子的教育，希望让他们了解治国之道，并达到正心诚意的目的。朱熹解释说：“盖‘致知格物’者，尧舜所谓精、一也。‘正心诚意者’，尧舜所谓执中也。自古

---

① 干春松：《制度化儒家及其解体》，82页。

② 温海明：《儒家人己关系与社群民主》，国际儒学论坛，2008。

③ 彭永捷：《朱陆之辩——朱熹陆九渊哲学比较研究》，198页。

圣人口授心传而见于行事者，惟此而已。”（《朱子全书·壬午应诏封事》）在朱熹看来，对皇帝的辅佐和对太子的教育，都是正君心的必要环节。君心正，则百官正、万民正、四方正。

朱熹所谓治国之道，即是周孔之道。朱熹说：“自天地以先，羲黄以降，都即是这一个道理，亘古今未尝有异。……不是尧自是一个道理，舜又是一个道理，文王周公孔子又别是一个道理。”（《朱子语类》卷十三）通过学习，皇帝不仅应该坚信儒家的治国之道，还应该在道德水准上“止于至善”。在解释“止于至善”时，朱熹说：“止者，必至于是而不迁之意。至善，则事理当然之极也。”（《四书章句集注》）不但君主自身应该止于至善，而且要通过官员来引导民众止于至善。朱熹“明德教民的教化理论，重点在明明德，以恢复人性之善为人生与政治之目的”[①]。从政治哲学的视角来看，君王的格物致知即是学习治国能力、提升道德感召力。经筵制度、君权与相权的互动等都是即物穷理的体现。而地方官的勤政爱民，则是天理在人间的落实。

总之，朱熹认为，天理不但是万事万物存在的依据，而且是伦理道德背后的价值依据。宇宙本体也是道德本体。朱熹说：“宇宙之间，一理而已。天得之而为天，地得之而为地，而凡生于天地之间者，又各得之以为性。其张之为三纲，其纪之为五常，盖皆此理之流行，无所适而不在。”（《朱子全书·读大纪》）天地因有了天理而成其为天地，人间的伦理道德因天理而存在，人间的理想政治秩序也是以天理为理论基础的。具体来说，理想政治秩序又包括理想家庭秩序、理想君民秩序和理想社会秩序。

第二节　亲亲、尊尊——理想家庭秩序的设计

理想家庭秩序是朱熹理想政治秩序的起点，又是其有机组成部分。原因是“家庭与亲情是近在手边的，是我们把爱与同情延伸至人类以至于万物的自然起点”[②]。只有以家庭为基础，仁爱的推衍才能顺理成章。倘若家庭出现问题，理想政治秩序也就成了空中楼阁。在构建理想家庭秩序时，朱熹对前人的思想

---

① 孟淑慧：《朱子及其门人的教化理念与实践》，165页，台北，台湾大学出版委员会，2002。

② 白彤东：《中西、古今交融、交战下的先秦政治哲学——关于比较哲学方法的一些思考》，载《云南大学学报》（社会科学版），2009（1）。

也多有继承。

在谈及个体、家庭、国家、天下之间的关系时，孟子云：“天下之本在国，国之本在家，家之本在身。”（《孟子·离娄上》）笔者认为，在中国古代的政治结构中，家庭是国家和个人之间的中介。而家族则是具有共同的父系血缘关系、以宗法观念组织起来、由若干小家庭组成的大家庭。作为社会的细胞，家庭不仅是儿童社会化的场所，而且是亲人相互扶持、相互依存的共同体。因此，要构建理想的政治秩序，就必须重视家庭秩序设计。

在五代时期，家庭秩序混乱，社会也极度失序。即使到了北宋时期，社会上仍然有纲纪不振的情形。李觏说：“周衰法弛，斯道以亡，庶匹商者有之矣，幼陵长者有之矣。祖以世断，远则忘之矣，族以服治，疏则薄之矣。骨肉或如行路。”（《李觏集·五宗图序》）为了重建人伦道德，宋代学者非常重视家庭秩序的建设。原因是“人类之搏结，族而已矣”[①]。

在朱熹之前，儒家学者已经发现了家族对社会秩序建设的作用。例如，张载看到了族谱在维持秩序、化民成俗等方面的价值，提出：“管摄天下人心，收宗族，厚风俗，使人不忘本，须是明谱系世族与立宗子法。”（《张载集·经学理窟·宗法》）二程论述了合族的必要性与可能性，说：“凡人家法，须令每有族人远来，则为一会以合族，虽无事，亦当每月一为之。……然族人每有吉凶嫁娶之类，更须相与为礼，使骨肉之意常相通。”（《河南程氏遗书》卷一）儒家学者不仅论述了家庭秩序构建的必要性，而且进行了具体实践。例如，范仲淹在苏州等地设立了义庄、义学，对家庭秩序的重建做了尝试。

在前辈学人已有成果的基础上，朱熹以仁爱为思想内涵，以亲亲、尊尊为核心理念，进行了其理想家庭秩序的设计。朱熹对理想家庭秩序的构建，集中体现在《朱子家礼》中。另外，从《资治通鉴纲目》和《八朝名臣言行录》中，我们也能发现一些相关条文。以下，笔者拟结合相关资料，对其加以论述。

一、《朱子家礼》中的家庭秩序

在朱熹看来，要重建理想政治秩序，首先就要建设理想家庭秩序。而要建设理想家庭秩序，就需要借助家族这一政治实体。朱熹认为，五代之所以会出现政治失序，原因就在于士大夫只懂得功名利禄，忘记了仁义之道。直到宋

① 吕思勉：《中国制度史》，219 页，上海，上海教育出版社，2005。

代，这一问题依然没有改观，很多儒生读书只为膏粱谋，却不关心圣贤之学和秩序维护。在当时，官学出现了严重的腐败。朱熹批评官学说：“其所以教者，既不本于德行之实，而所谓艺者，又皆无用之空言。”（《朱子全书·学校贡举私议》）因而，要想重塑儒生的人生信念和淑世精神，就得借助书院、族学等新兴教育机构。

与此同时，一方面宋代朝廷面临冗官、冗费、冗军并存的窘境，地方政府也面临财力不足的窘境，二者均无力承担县级以下的公共服务。朱熹说：“本朝鉴五代藩镇之弊，遂尽夺藩镇之权，兵也收了，财也收了，赏罚刑政一切收了，州郡遂日就困弱。”（《朱子语类》卷一百二十八）因此，地方政府无法承担县级以下的治理费用，需要与家族合作来治理基层。另一方面，为了维护自身利益，家族也愿意与官方合作，来实现内部整合和秩序维护。家族的存在，不但可以维护其自身的整体利益，而且可以实现地方自治，有助于避免政府权力对社会事务的过度干预，可以实现政府与社会的和谐相处。可见，通过家族来重建社会秩序，不但有利于建设理想的政治秩序，而且有助于实现地方自治，还有助于实现基层与朝廷的政治权力的合理分享、妥善安排。

在朱熹看来，族人之间的普遍性可以用亲亲来概括，宗族内部的秩序可以用尊尊来涵括。只有亲亲、尊尊并重，家族的理想秩序才有可能得以构建。要实现亲亲、尊尊并重，就离不开“礼”，因为“‘礼’是对人的要求，是人生存在社会中就应该接受的伦理准则和行为方式”[①]。早在先秦时期，儒家学者就已对礼做了诸多论述。他们认为，礼具有“经国家，定社稷，序民人，利后嗣”（《左传·隐公十一年》）的作用，可以“定亲疏，决嫌疑，别同异，明是非”（《礼记·曲礼》）。《礼记·冠义》说：“成人之者，将责成人礼焉也；责成人礼焉者，将责为人子、为人弟、为人臣、为人少者之礼行焉。”成人礼，不仅意味着个体已经成年，更是个体完成社会化的象征。荀子对礼也有很多论述。他说：“礼者，以财物为用，以贵贱为文，以多少为异，以隆杀为要。”（《荀子·礼论》）荀子认为，在维护秩序方面，礼有“贵贱有等，长幼有差，贫富轻重皆有称者也”（《荀子·礼论》）的重要作用。

朱熹也看重礼在维护秩序方面的作用。他说：“礼者，天理之节文，人事之仪则也。……盖礼之为体虽严，而皆出于自然之理，故其为用，必从容而不迫，乃为可贵。”（《四书章句集注》）他认为，礼仪既有共时性，又有历时性，

① 温海明：《儒家人权道德的自然主义版本》，载《学术月刊》，2013（5）。

因此反对泥古。他说："古今异便，风俗不同，虽有崇儒重道之君，知经好礼之士，亦不得尽由古礼，以复于三代之盛。其因时述作，随时讨论，以为一国一家之制者，固未必皆得先王义起之意。"（《朱子全书·跋古今家祭礼》）由于宋代的社会情况与先秦时期相比已有许多不同，因此，"程、朱理学之教士大夫，是以《四书》为中心进行德性启蒙，而其教天下民庶，则是改制立法，损益礼乐，制作家礼、乡约，通过礼乐重建，使道德在一般庶民生活中成为日用而不知的纲常伦纪"①。朱熹打破"礼不下庶人"的传统观念，积极整理古代礼仪制度，并结合社会实际，将礼仪从上层精英的专属物品变成普通民众也能弄懂、遵从的公共物品。而《朱子家礼》则是朱熹整理古代礼仪制度、为时人制礼作乐的思想结晶。在实践中，朱熹积极采取措施，推动礼仪深入民间。

二、亲亲、尊尊的规范

朱熹认为，理想家庭秩序首先体现在亲亲、尊尊的规范上。亲亲、尊尊在家族中有明显表现。"虽然中国的家族制度一直在发生变化，但其核心精神并没有变化，那就是以父子关系为中心，以血缘关系为纽带，以孝和服从为基本规则。"② 在维系家族方面，亲亲、尊尊的作用又各有特色，前者有助于强化族人之间的共性，有助于弥补社会保障的不足，而后者则是秩序的体现。

以亲亲来睦族。第一，朱熹尊重普通民众的生命权。儒家学者一贯重视普通民众的生命权，孟子云："行一不义、杀一无辜而得天下，皆不为也。"（《孟子·公孙丑上》）朱熹赞同孟子的观点，认为每个人的生命权都有价值，都应该得到尊重。既然如此，具有血缘关系的族人更应该彼此珍视，相互关爱。他说："天下者，天下之天下也，非一人之私有故也。"（《四书章句集注》）既然天下并非一人一姓的私产，那么，家族也并非宗族领袖——宗子一人之家族，而是族人友爱互助的共同体。

第二，朱熹认为，家人、族人在人格上是平等的。他说："凡为人子弟者，不敢以贵富加于父兄宗族。加，谓恃其富贵，不率卑幼之礼。"（《朱子全书·朱子家礼》）他主张人与人之间相互尊重、以礼待人，反对富人、贵人欺凌穷人、普通人。正因为人与人在人格上是平等的，因此，在家族内，人人都有获取基本生活资料的权利。朱熹说："上下之衣食，及吉凶之费，皆有品节，而

① 陈壁生：《理教与经教之间——朱子政治哲学中的帝王、士大夫与庶民》，载《现代哲学》，2014（6）。

② 干春松：《制度化儒家及其解体》，84页。

莫不均一。”（《朱子全书·朱子家礼》）这句话体现了朱熹公正与平等并重的思路。平等体现为人人都有获取基本生活资料的权利，公正体现为社会产品的分配考虑族人的年龄、辈分等因素，力求实现对老人、儿童等利益最易受损人群的照顾，以期实现家族层面的利益妥善分配。

第三，朱熹主张族人都能各得其所。这一方面，朱熹主要是通过礼来实现的。“礼具有区别社会等级、划分社会角色的功能。”① 朱熹说：“礼，亲疏贵贱相接之体也。”（《四书章句集注》）因此，礼具有别贵贱、序尊卑的作用。朱熹自叙：“尝欲因司马氏之书，参考诸家之说，裁订增损，举纲张目，以附其后，使贤之者得提其要，以及其详，而不惮其难行之者，虽贫且贱，亦得以具其大节，略其繁文，而不失其本意也。”（《朱子全书·跋三家礼范》）在朱熹看来，《朱子家礼》不但能够让贤者提纲挈领、严格执行，而且能够让贫寒之人删繁就简、不失本意。

朱熹还对家庭成员之间的动止语默、事上接下、出入交际等事宜制定了详细的行为规范。朱熹说：“此乃家居平日之事，所以正伦理笃恩爱者，其本皆在于此，必能行此，然后其仪章度数有可观焉，不然则节文虽具，而本实无取，君子所不贵也。”（《朱子全书·朱子家礼》）为了实现这一目的，朱熹主张做好儿童的社会化工作。在《朱子家礼》中，朱熹提出了儿童社会化的行动纲领。

首先，儿童教育应该秉持德育为先、知识为辅的教育方针。在饮食举止、交接进退方面，幼童都要严守长幼尊卑之名分。在做好道德教育的同时，成人还应该按照儿童的年龄，做好知识教育和生活技能教育。在教育儿童时，成人考虑儿童在心智、性别等方面的差异，采取不同的内容。其次，冠礼，代表儿童期的结束，代表社会化的成果。朱熹将冠礼看作一个人立身处世的重要节点。他借用司马光的话说：“古者二十而冠，所以责成人之礼，盖将责为人子，为人弟，为人臣，为人少者之行于其人，故其礼不可以不重也。”（《朱子全书·朱子家礼》）在加冠、加髻之后，一个人就被他人当作成年人，就有机会参与族内事务。

第四，朱熹反对族人蓄积私财。“古代财产，本为一族所公有。为族长者，持操其管理之权耳。”② 这是从家族的整体利益考虑的。从古至今，小家庭都可能面临家人罹患重病、遭遇灾荒等冲击。如果应对不当，家庭就会面临极大的

① 李方泽：《朱子礼学思想研究》，北京，中国人民大学博士学位论文，2007。
② 吕思勉：《中国制度史》，232页。

麻烦，轻则陷入窘境，重则陷入灭顶之灾。解决小家庭的经济风险问题有两条路，一是通过社会保障、保险来解决，二是其他家庭伸出援手，帮助陷入困境的家庭。在现代社会，人们往往是通过社会保障或保险来解决问题的。在古代中国，由于政府的税源主要是农业税，财政收入有限。在满足政府运转经费需求之外，政府无法为民众提供足够的社会保障。

在朱熹之前，二程已经注意到社会保障的重要性。二程说："当春秋、战国之际，天下小国介于大国，奔命不暇，然足以自维持数百年。此势却似稻塍，各有界分约束。后世遂有土崩之势，道坏便一时坏，陈涉一叛，天下遂不支梧。今日堂堂天下，只西方一败，朝廷遂震，何也？盖天下之势，正如稻塍，各有限隔，则卒不能坏。今天下却似一个万顷陂，要起卒起不得，及一起则汹涌，遂奈何不得。"（《河南程氏遗书》卷二上）所以，二程反对集权，主张政府向社会分权。他们认为，通过发挥社会的自组织能力，来实现民间的自救，可以弥补社会保障的不足。正因为社会保障不足，所以，家族内部的相互救助就显得极为重要。如果缺乏家族互助，小家庭就无法面对疾病、灾荒等冲击。朱熹赞成二程的观点，认为家族作为社会的一部分，有必要通过自组织、自我积累、相互帮助，来实现社会保障的功能。为此，朱熹主张家庭成员不蓄私财，提倡族人之间的患难相扶、和衷共济。

如上所述，朱熹反对家人蓄积金钱，主张"俸禄及田宅所入，尽归之父母、舅姑，当用，则请而用之"，这主要是从孝亲方面来考虑的。他说："夫人子之身，父母之身也。身且不敢自有，况敢有私财乎？若父子异财，互相假借，则是有子富而父母贫者，父母饥而子饱者。贾谊所谓：'借父耰鉏，虑有德色。母取箕帚，立而谇语。不孝不义，孰甚于此。'"（《朱子全书·朱子家礼》）从政治哲学的角度来看，这是通过牺牲为人子女者的财产自由，来保障老年人安享晚年。朱熹解决问题的思路是牺牲自由来换取公正。从另一角度来看，享受父母的抚养，是做子女的权利；而子女为父母养老，则是做父母的权利。表面看来，儒家伦理确实有义务导向的特色。然而，正如张千帆先生所云，"义务的背面也能折射出权利"[①]。因此，朱熹既肯定了每个人都有尊严，又对人们的权利与义务做了妥善安排。

以尊尊展现秩序。理想家庭秩序还体现在尊尊上面。

第一，在小家庭层面，家长还要严格治家，约束家人和仆妇，使之不得独

---

① 张千帆：《为了人的尊严——中国古典政治哲学批判与重构》，3页。

断专行。朱熹引用司马光的话说："号令出于一人，家政始可得而治矣。"（《朱子全书·司马氏居家杂仪》）朱熹提醒家长谨守礼法，为其他家庭成员树立榜样。

第二，在大家族层面，宗子行使主祭权，对族内事务拥有管理权和决策权，家族长老拥有建议权和参政权利。在祭祀时，宗子代表家族行使祭祀权。宗子在处理家族公共事务和族人家庭事务等方面也有管理权。例如，在举办丧礼时，"若宗子自为丧主，则叙立如虞祭之仪。若丧主非宗子，则宗子主妇分立两阶之下，丧主在宗子之右，丧主妇在宗子妇之左，长则居前，少则居后，余亦如虞祭之仪"（《朱子全书·朱子家礼》）。此举凸显了宗子在家族事务中的领袖地位。

第三，在男女关系上，朱熹主张男女有别，各得其所。朱熹看到了分工的必要性，主张男主外，女主内。在日常相处时，家人应牢记男女有别的古训，按照男主外、女主内的原则来处理家庭事务。他要求："男子昼无故不处私室，妇人无故不窥中门。"（《朱子全书·朱子家礼》）严辨内外，有利于避免成奸。如果遇到水火盗贼之类的突发事件，则可以从权。

在男女关系上，朱熹主张，男为主，女为从。在祭祀时，男女也应分立。朱熹说："众丈夫叙立，如告日之仪。主妇西阶下，北向立。主人有母则特位于主妇之前，诸伯叔母诸姑继之。嫂及弟妇姊妹在主妇之左，其长于主母主妇者，皆少进，子孙妇女内执事者，在主妇之后重行，皆北向东上，立定。"（《朱子全书·朱子家礼》）他之所以要在祭祀时打破小家庭，就是为了强调家族的整体利益。祭祀处处体现男女有别，力求实现"男有分，女有归"的目标。这一做法有利于打破族人之间的贫富差距，营造族人和睦相处、休戚与共的良好氛围。

三、长幼有序的秩序体现

为了照顾最不利者，孟子提出："五十者可以衣帛矣……七十者可以食肉矣。"（《孟子·梁惠王上》）照顾老人，体现了孔子所说的"老者安之"。朱熹赞同孔孟的主张，也重视年龄、辈分上的差异。朱熹说："宗庙之礼，所以序昭穆也；序爵，所以辨贵贱也；序事，所以辨贤也；旅酬下为上，所以逮贱也；燕毛，所以序齿也。"（《四书章句集注》）对年龄、辈分的重视，使得朱熹的理想家庭秩序具有等级制的特点。在该秩序中，"礼仪实践的个人化程度各不相同，且其确立的角色是分等级的，这些角色形成了井然有序的社会结构，通过协同式的敬重（deference）产生意义（meaning）”[①]。朱熹对长幼有序的理想秩序的设计，主要体现在他收入《朱子家礼》中的由司马光撰写的《司马氏居家杂仪》当中。朱熹将其全文收入，说明他赞同司马氏的观点。

第一，朱熹提倡孝亲。

他认为，晚辈应该尊重父母，养成昏定晨省的习惯。他要求子女感恩父母、尊重长者，做到“容貌必恭，执事必谨。言语应对，必下气怡声；出入起居，必谨扶卫之。不敢涕唾、喧呼于父母、舅姑之侧。父母、舅姑不命之坐，不敢坐；不命之退，不敢退”（《朱子全书·朱子家礼》）。子女还要关心父母的身体健康，尽到奉养的职责。司马光云：“药物，乃关身之切务，人子当亲自检数、调煮、供进，不可但委婢仆，脱若有误，即其祸不测。”（《朱子全书·朱子家礼》）

第二，虽然子女应当尊重父母，可是，朱熹反对愚孝。

《孝经》记载：“曾子曰：‘若夫慈爱、恭敬、安亲、扬名，则闻命矣。敢问子从父之令，可谓孝乎？’子曰：‘是何言与，是何言与！昔者，天子有争臣七人，虽无道，不失其天下；诸侯有争臣五人，虽无道，不失其国；大夫有争臣三人，虽无道，不失其家；士有争友，则身不离于令名；父有争子，则身不陷于不义。故当不义，则子不可以不争于父；臣不可以不争于君；故当不义则争之。从父之令，又焉得为孝乎！’”（《孝经·谏诤章》）朱子赞同《孝经》作者的观点，也反对愚孝。

因此，一方面，朱熹主张“凡子受父母之命，必籍记而佩之，时省而速行之，事毕则返命焉。或所命有不可行者，则和色柔声，具是非利害而白之，待父母之许，然后改之。若不许，苟于事无大害者，亦当曲从”（《朱子全书·朱子家礼》），如果并非于己于人有大害，子女就应该屈从父母。另一方面，如果父母确实犯错，则子女应该和颜悦色地谏诤。司马光说：“凡父母有过，下气怡色，柔声以谏。谏若不入，起敬起孝，说则复谏；不说，与其得罪于乡党州闾，宁孰谏。父母怒，不说，而挞之流血，不敢疾怨，起敬起孝。”（《朱子全书·朱子家礼》）对待父母的过错，子女应该立场坚定、态度温和。即使父母责打，子女也不能有怨恨之心。这也符合儒家所提出的“门内之治恩掩义，门外之治义断恩”（《礼记·丧服四制》）。父母责打子女的做法具有时代性，不宜在今天提倡。以今人的眼光来看，家庭暴力不可取，应该反对。

---

① 安乐哲：《以礼仪为权利——儒家的选择》，载《江汉论坛》，2013（6）。

第三，朱熹主张，亲情重于爱情。

司马光说："凡子事父母，父母所爱，亦当爱之；所敬，亦当敬之。至于犬马尽然，而况于人乎?"(《朱子全书·朱子家礼》）朱熹认为，一旦儿媳与公婆发生矛盾，儿子应该听从父母的意见。他说："凡子妇未敬未孝，不可遂有憎疾，姑教之；若不可教，然后怒之；若不可怒，然后笞之；屡笞而终不改，子放妇出，然亦不明言其犯礼也。子甚宜其妻，父母不悦，出；子不宜其妻，父母曰是善事我，子行夫妇之礼焉，没身不衰。"(《朱子全书·朱子家礼》）在朱熹看来，如果儿媳犯了不敬公婆、不孝舅姑的过错，应该先对其进行教导。如果她屡教不改，夫家就可以对其进行鞭笞。若是责打后，仍然拒不悔改的，丈夫就可以将其休掉。在休妻时，夫家应该为其保留情面，以免对方因一时想不开而做出傻事。丈夫在考虑应否休妻时，要以是否有利于父母养老为第一要务。至于夫妻感情，只能在考虑时被当作次要因素。原因是，"夫妇关系之'本'在于繁衍出父子君臣关系，即它是为建构上下尊卑的父子关系服务的"①。以今人的眼光来看，这属于重视父母子女之间的亲情，漠视夫妻之间的爱情。这是儒家孝道的历史局限性。

在这一点上，朱熹和先秦儒家的观点大不相同。先秦儒家认为，夫妇为人伦之始。《周易序卦传》讲"有夫妇然后有父子"。《中庸》说："君子之道，造端乎夫妇。"现代心理学也认为，夫妻关系是家庭关系的主轴。只有夫妻关系融洽，才能解决好养老问题和子女教育问题。笔者以为，朱熹之所以会这么设计，原因可能有如下几点：

其一，孝道为重。

在当时，公共服务不足，养老没能实现社会化。考虑父母的感受，让父母的养老有保障，体现了孔子所说的"老者安之"。所以，孝道是时代的产物。在社会保障日益健全的现代社会，与其提倡偏重亲情、漠视爱情的孝道，不如提倡夫妻恩爱、敬老爱幼。

其二，秩序第一。

只有强调父母的养育之恩，兄弟之间的共性才能得以强化，和睦相处才有基础。如果强调夫妻关系，就会影响家庭内部的共财，大家庭就可能会分崩离析。为了家族的整体利益，朱熹只好牺牲夫妻之间的爱情，以大家族的整体利益为重。可见，在社会保障不健全的时代，爱情也是奢侈品。

---

①　向世陵：《从以孝为核心看家庭伦理与社会国家伦理的一体性》，载《现代哲学》，2002（1）。

四、仁爱的价值取向

朱子对亲亲、尊尊这一规范和长幼有序这一秩序的设计，都是以仁爱为价值取向的。

首先，仁爱是维系族人感情和家族秩序的理论基础。

在家族中，族人之间既有共性，又有差异性。就共性而言，族人都是开基祖的后代。就差异而言，经济上有贫富差异，年龄、辈分上又有长幼区别，还有官职等社会地位的差异。如果不能妥善处理族人之间的共性与差异性，家族秩序就会出现问题。要是仅重视共性，家族就会出现长幼不分、亲疏混淆的悲剧；要是仅重视差异性，家族内就会出现族人形同陌路、家族分崩离析的危险。因此，要建设理想的家族秩序，我们就必须强调族人之间的共性。在朱熹看来，仁爱正好可以用来强化族人之间的共性。

其次，睦族的过程体现了仁爱的推衍过程。

仁爱的推衍，既有普遍性，又有差异性。孟子提出："亲亲而仁民，仁民而爱物。"（《孟子·尽心上》）在他看来，仁的实现，要从事亲、从兄开始，逐渐推广到普通人。在实现人类的妥善安置之后，人们还应该关爱以山川河流、花草树木为代表的自然万物，原因是"亲亲而仁民，仁民而爱物，所谓以其所爱及其所不爱也"（《四书章句集注》）。

在家族中，对每个族人来讲，仁爱的实现，都应该遍及家族内部的每个人。不管是达官贵人、富商大贾，还是平头百姓，都应该相互关爱。在朱熹看来，族人中的强者应该为弱者提供经济帮助等社会支持，而弱者则应当服从强者的管理。当然，帮助和服从都应该以人格平等、相互尊重为前提。

最后，族谱既集中体现了族人的共性，又是以仁爱来睦族的物质保证。

族谱记载了族人的姓氏源流、世系传承，是族人之间求同存异的必要载体。离开族谱，族人之间就无法理清家族内部的亲疏远近关系，合族、睦族就无法进行，甚至会出现同族之人形同陌路的悲剧。因此，要维护和延续家族秩序，我们就必须重视续修族谱。

第三节　格正君非的政治设计

在朱熹之前，程颐曾对君主与臣民之间的关系做了分析。程颐说："人之生，不能保其安宁，方且来求附比。民不能自保，故戴君以求宁；君不能独立，故保民以为安。不宁而来比者，上下相应也。”（《二程集·周易程氏卷第一·周易上经上》）余英时先生认为，这一说法“最近于社会契约说，因为其中不但强调了‘上下相应’，而且分别指出了‘民’之所以依附于‘君’是为了换取‘保护’，而‘君’若不能尽到‘保民以为安’的责任，则‘民’必中止‘依附’”[①]。

朱熹赞同程颐的观点，也主张君臣之间是契约关系。他说：“害仁者，凶暴淫虐，灭绝天理，故谓之贼。害义者，颠倒错乱，伤败彝伦，故谓之残。一夫，言众叛亲离，不复以为君也。……盖四海归之，则为天子；天下叛之，则为独夫。所以深警齐王，垂戒后世也。”（《四书章句集注》）臣民拥戴君主，就是与君主签订了契约。如果君主荒淫无道，就是单方面撕毁契约，臣民就有必要通过推翻暴政来维护自己的利益。“‘社会契约’的发生不是因着命运的强制，而是出自每个缔约者自己。”[②] 就缔结契约而言，君主与臣民都亲身参与其中。在《资治通鉴纲目》中，朱熹也收录了类似的言论。例如：

> 范氏曰：上下之等，以势相扶而已矣。天子以一身而寄天下之上，合而从之则为君，离而去之则为匹夫。明皇享国几五十年，一旦失国出奔，不四十里而已无食。天子之贵，四海之富，其可恃乎！（《朱子全书·资治通鉴纲目》）

由此可见，实行仁政，对君主来说，不仅是道义要求，而且是政治责任。如果不实行仁政，君主就会违反契约，就有被推翻政权的危险。要实现仁政，就需要道德教化和制度设计。孟子说：“徒善不能以为政，徒法不能以自行。”（《孟子·离娄上》）此处的善可以理解为道德教育，此处的法可以理解为制度约束。在孟子看来，再好的制度也需要人来执行。如果人的道德素质较差，就会钻制度的空子，再好的制度也会变成一纸空文。朱熹解释说：“有其心，无其政，是谓徒善；有其政，无其心，是为徒法。程子尝言：‘为政须要有纲纪文章，谨权、审量、读法、平价，皆不可阙。’而又曰，‘必有关睢麟趾之意，然后可以行周官之法度’，正谓此也。”（《四书章句集注》）朱熹所说的“有其心，无其政”，指的是有仁心，无仁政，缺乏必要的制度设计和施政措施；而所谓“有其政，无其心”，指的是仅有法制，缺乏教化。在谈及皇帝如何施政

① 余英时：《宋明理学与政治文化》，145 页。

② 黄克剑：《“社会契约论”辨正》，载《哲学研究》，1997（3）。

时，朱熹说："盖君犹表也，民犹影也，表正则影无不正矣；君犹源也，民犹流也，源清则流无不清矣。"（《朱子全书·经筵讲义》）

要想让皇帝既有仁心，又能推行仁政，就要对皇帝进行道德教育。正如范纯仁所说："国之本在君，君之本在心。人君之学，当正心诚意，以仁为体，使邪僻浮薄之说，无自而入，然后发号施令，为社稷宗庙之福。"（《朱子全书·八朝名臣言行录》）只有皇帝保持正心，才能合理使用手中的权力，也才能造福苍生。要让皇帝妥善使用权力，既要有制度约束，又离不开道德教育。

程颐曾说："天下治乱系宰相，君德成就责经筵。"（《二程集·论经筵第三札子》）宰相对皇帝的制约，属于制度层面的硬约束。而经筵要发挥的是对皇帝的道德教育作用，是希望从思想上来制约君主，使其成为尧舜那样的明君。程颐对宰相如何约束皇帝言之不多。与宰相的制度约束相比，程颐更加看重经筵对皇帝的教育作用，而朱熹则是二者并重。"朱熹在政治思想上继承二程，把'格君心之非'或君主的'正心诚意'作为治道的'大根本'。"[①]

一、格君心之非

君主既有正心，又可能有非心。如果君主的正心压倒非心，就能天下大治。反之，如果君主仅有非心，就会天下大乱。格君心之非，正是要启发、巩固皇帝的正心，限制、革除皇帝的非心。经筵、天灾警诫等都是格君心之非的手段。从董仲舒开始，儒家学者大都重视正君心。董仲舒说："故为人君者，正心以正朝廷，正朝廷以正百官，正百官以正万民，正万民以正四方。四方正，远近莫敢不壹于正，而亡有邪气奸其间者。是以阴阳调而风雨时，群生和而万民殖，五谷孰而草木茂，天地之间被润泽而大丰美，四海之内闻盛德而皆徕臣，诸福之物，可致之祥，莫不毕至，而王道终矣。"（《汉书·董仲舒传》）

二程说："治道亦有从本而言，亦有从事而言。从本而言，惟从格君心之非，正心以正朝廷，正朝廷以正百官。"（《河南程氏遗书》卷十五）二程认为，正君心是天下大治的必要前提。"相对于传统儒家正君心以正天下的主张，朱熹采用了反推的方式来阐发，即在规定省赋、治军以为恤民之本的前提下，最后将诸大务、大本都立在了君主的正心术上。"[②]他说："天下事有大根本，有小根本。正君心是大本。"（《朱子语类》卷一百零八）他认为：

① 李存山：《程朱的"格君心之非"思想》，载《中国社会科学院研究生院学报》，2006（1）。

② 向世陵：《刍议汉儒到宋儒的"正君心"说》，载《社会科学战线》，2011（3）。

“人主之心一正，则天下之事无有不正；人主之心一邪，则天下之事无有不邪。”（《朱子全书·己酉拟上封事》）只有君主正心术、立纲纪，才能治军、省赋、恤民。

1. 君主的正心与非心

君主忧心天下，处事公正，虚心好学，为正心。节制心、孝心、虚心、爱心也都是正心。而私心、功利心、聚敛心、功名心、游乐心等都是非心。倘若君主有非心，就会出现用人有失、政事乖谬，最终必然会天下大乱。下面将对君主的正心与非心分别详细阐释。

第一，仁心。

朱熹认为，只要皇帝推广仁心，就能实现仁政。他说：“人君当黜霸功，行王道。而王道之要，不过推其不忍之心，以行不忍之政而已。齐王非无此心，而夺于功利之私，不能扩充以行仁政。”（《四书章句集注》）他将仁心解释为“爱人之心”（《四书章句集注》）。只要皇帝推广仁心，就能实行仁政。《八朝名臣言行录》载：

> 此特真宗皇帝小善尔。推其心以及天下，则仁不可胜用也。……今恩足以及禽兽而不及于百姓，岂不能哉，盖不为耳。……皇帝陛下仁孝发于天性，每行见昆虫蝼蚁，违而过之，且敕左右勿践履，此亦仁术也。臣愿陛下推此心以及百姓，则天下幸甚。（《八朝名臣言行录》）
>
> 治天下之道，不必过求高远，止在审识人情而已。识人情不难，以己之心，推人之情，则可见矣。……陛下诚能常以利民为本，则民富矣；常以忧民为心，则民乐矣；赋役非人力所堪者去之，则劳困息矣；法禁非人情所使者蠲之，则郁窒通矣。推此而广之，尽诚心而行之，则神孙观陛下之法，不待教而自成圣德；贤士闻陛下之风，不烦谕而争宣忠力矣。（《八朝名臣言行录》）
>
> 欲救其弊，陛下宜躬自俭刻，身先天下，无夺农时，勿害商旅，如是可矣。（《八朝名臣言行录》）

在朱熹看来，人皆有不忍人之心，皇帝也不例外。皇帝应该推广自己的不忍人之心，实行先王之道——仁政。要实行仁政，皇帝应该顺应天理、人心，尊重民众的生命权、财产权。“无夺农时，勿害商旅”即是要求皇帝尊重民众的生产、经营，体现的是对经济自由、生命权和财产权的尊重。

第二，虚心。

在用人时，如果皇帝能够保持虚心，就能用人所长。君主还要“善于学习，要放下架子，虚心接受别人的意见，吸取别人的长处”[①]。只有保持虚心，才能与人为善。朱熹说：“善与人同，公天下之善而不为私也。己未善，则无所系吝而舍以从人；人有善，则不待勉强而取之于己，此善与人同之目也。”（《四书章句集注》）《八朝名臣言行录》载：

> 正人在朝，则朝廷安，人君无过举，天下平治；邪人一进，则朝廷便有不安之象。非谓一人便能如此，乃其类应之者众，上下蒙蔽，人主无由得知，不觉养成祸患尔。……自古君子小人，无参用之理。……君子与小人竞进，则危乱之基也。……人主常欲虚心平意，无所偏系，观事以理，则事之是非，人之邪正，自然可见。（《八朝名臣言行录》）
>
> 陛下以读书为乐，天下幸甚。大抵圣贤之学，非造次可成，须在积累。积累之要，在专与勤。（《八朝名臣言行录》）
>
> 愿为宗庙社稷自重，却罢宴饮，安养神气，后宫嫔御，进见有度，左右小臣，赐予有节，厚味腊毒，无益奉养者，皆不宜数御。（《八朝名臣言行录》）

皇帝应该保持虚心，不能刚愎自用。原因是皇帝精力、能力有限，只有与士大夫同心协力，才能共治天下。只有保持虚心，皇帝才能用贤，才会学习儒家的治国要道。在私生活方面，皇帝也应该节制，不能因为女色、物欲、私恩等外在因素而伤害身体和公义。

第三，孝心。

儒家提倡孝道，认为皇帝也应遵循三年之丧的礼仪。《中庸》说：“三年之丧，达乎天子。父母之丧，无贵贱，一也。”在天子守丧期间，宰相依然可以治国，朝廷依然可以运转。《论语·宪问》载：“子张曰：‘书云：‘高宗谅阴，三年不言。’何谓也？’子曰：‘何必高宗，古之人皆然。君薨，百官总己以听于冢宰三年。’”朱熹解释说：“百官听于冢宰，故君得以三年不言也。”（《四书章句集注》）朱熹也赞同皇帝守丧三年，认为只要皇帝任命的宰相能够统领百官恪尽职守，就不会耽误皇帝的治国安邦。在《八朝名臣言行录》和《资治通鉴纲目》中，朱熹多次收录了有关天子之孝的内容。例如：

> 治身莫先于孝，治国莫先于公。（《八朝名臣言行录》）
>
> 司马公曰：三年之丧，自天子达于庶人，此先王礼经，百世不易者

① 邵汉明：《原始儒家君臣观的历史演变》，载《社会科学战线》，1998（4）。

也。汉文师心不学，变古坏礼，绝父子之恩，亏君臣之义，后世帝王不能笃于哀戚之情，而群臣谄谀，莫肯厘正。至于晋武独以天性矫而行之，可谓不世之贤君；而裴、傅之徒，固陋庸臣，习常玩故，不能将顺其美，惜哉！（《朱子全书·资治通鉴纲目》）

有人认为，皇帝治理好国家，也是行孝。朱熹不同意这种观点，认为天子也应该守丧三年。只有天子奉行孝道，才能上行下效、化民成俗。“中国人是必须在家和亲情之爱中‘成为人’的，因此中国文化中对人民真正的爱，就必须体现为鼓励人民经营亲情。”① 而天子行孝，正好是鼓励人民重视亲情、善待父母的有效示范。如上所述，在天子守孝期间，治国要务依然可由宰相来办理。可见，守孝与治国并不矛盾。某位大臣如果劝皇帝不必行三年之丧，就是佞臣，就是在导君为恶。

第四，私心。

与仁心、虚心、孝心等正心相反，功利心、功名心、沉溺物欲等都是皇帝不应当有的私心、非心。“从政治上说，古代社会的君主身系天下安危，他有责任修身禁欲；而从道德上说，君主也有义务禁欲。”② 朱熹要求皇帝节制欲望，学会爱惜民力。如果皇帝有了私心、非心，就会沦为率兽食人的昏君。在《四书章句集注》中，朱熹引用了李氏的观点，李氏曰：“为人君者，固未尝有率兽食人之心。然殉一己之欲，而不恤其民，则其流必至于此。故以为民父母告之。夫父母之于子，为之就利避害，未尝顷刻而忘于怀，何至视之不如犬马乎？”（《四书章句集注》）因此，王者应有公心，以制度约束和道德教化来实现官员手中的权力与其私利的分离。

首先，皇帝不应有玩乐心。朱熹说：“盖钟鼓、苑囿、游观之乐，与夫好勇、好货、好色之心，皆天理之所有，而人情之所不能无者。然天理人欲，同行异情。循理而公于天下者，圣贤之所以尽其性也；纵欲而私于一己者，众人之所以灭其天也。二者之间，不能以发，而其是非得失之归，相去远矣。故孟子因时君之问，而剖析于几微之际，皆所以遏人欲而存天理。”（《四书章句集注》）皇帝应该遏制自己的欲望，学会限制手中的权力。《八朝名臣言行录》对此也有记载：

苏轼劝诫皇帝说：“臣窃意陛下求治太急，听言太广，进人太锐，愿陛下

① 方朝晖：《人伦重建是中国文化复兴必由之路》，载《文史哲》，2013（3）。

② 胡发贵：《朱熹“格正君心”与儒家禁欲思想中的政治关切》，载《黄山学院学报》，2004（4）。

安静以待事来，然后应之。……会上元，有旨市浙灯，公密疏：‘旧例无有，不宜以玩好示人。’”（《八朝名臣言行录》）苏颂也对皇帝说：“人主不宜有所好，有所好则腹心肝胆皆在人矣。”（《八朝名臣言行录》）朱熹将二人的言论收入《八朝名臣言行录》中，说明二人的观点有可取之处。治国安邦应该是皇帝的责任，任何于此有碍的事务，如贪玩、大兴土木等，皇帝都应该抛开。否则，皇帝不但会耽误治国，而且可能会有生命危险。隋炀帝正是因留恋扬州才会身死国亡。

其次，皇帝不能有功名心。急于求成、穷兵黩武等都是皇帝功名心作祟的表现。韩维对宋神宗说：“圣人功名，因事始见，不可有功名心。”（《八朝名臣言行录》）宋神宗表示赞同。如果皇帝有功名心，就会让小人乘虚而入。正是因为宋神宗希望励精图治，才会让王安石、吕惠卿等有机会秉政。《八朝名臣言行录》载：“初，神宗皇帝以英杰绝人之资，励精求治，凛凛乎汉宣帝、唐太宗之上矣。而宰相王安石用心过当，急于功利，小人得乘间而入，吕惠卿之流以此得志，后者慕之，争先相高，而天下病矣。”（《八朝名臣言行录》）从某种程度上可以说，正是由于宋神宗的急于求成，加上宋钦宗的刚愎自用，才会酿成靖康之耻的惨剧。如果皇帝穷兵黩武，就会让百姓的生活惨不忍睹。

最后，皇帝应当制怒。在宋真宗因为不能随心所欲授官而发怒时，富弼对皇帝说：“窃以天子亦有怒焉，出九师以伐四夷，否则陈斧钺以诛大臣。今日陛下之怒，不为常事除目也，必以臣等有大过恶可怒者，何不斩臣以谢天下！”（《八朝名臣言行录》）吕公著劝诫皇帝说：“古之人君，一怒则伏尸流血，则于兴师动众，不可不慎。”（《八朝名臣言行录》）可见，皇帝不应随便发怒。

2. *格君心之非的手段*

格君心之非的手段包括通过经筵来对皇帝进行规劝和正面引导，还有结合天灾来警诫皇帝等。原因是“在当时社会里，皇权离不开对天的信仰，不管是对皇权合法性的论证，对皇权的维护，还是对皇权的限制”①。朱熹正是借用皇帝对天的信仰，来限制皇权。

第一，正面引导。

由于宋朝秉持重文轻武的立国方针，所以，从宋太宗开始，皇帝就重视对儒学的研习。到了宋真宗在位期间，经筵制度得以创立。这一制度最早由王曾提议。“天圣初，公（按：王曾）尝诠录古先圣贤事迹凡六十事，绘事以献。

① 张建民：《天变灾异与熙宁变法》，载《安徽史学》，2015（4）。

上嘉纳之，降诏褒美，仍敕镂板模印，均赐近侍，因命禁署，月绘二十轴以进焉。公又建议，请择名儒劝讲。寻命孙奭、冯元更侍经筵。”（《八朝名臣言行录》）吕夷简也“以主上方富春秋，宜导之典学，擢孙奭等居讲席，以经义辅导。后又增置崇政说书、天章阁侍讲之职，以广闻见”（《八朝名臣言行录》）。虽然皇帝赞同经筵制度意在以儒治国、稳固统治，可是，“经筵作为特殊的教育场合，为士大夫利用儒家观念引导帝王提供了制度性平台”[①]。

朱熹认同经筵制度在导君向善方面的作用。他认为：“纲纪不能以自立，必人主之心术公平正大，无偏党反侧之私，然后纲纪有所系而立。君心不能以自正，必亲贤臣、远小人，讲明义理之归，闭塞私邪之路，然后乃可得而正也。古先圣王所以立师傅之官、设宾友之位、置谏诤之职……惟恐此心顷刻之间或失其正而已。原其所以然者，诚以天下之本在是，一有不正，则天下万事将无一物得其正者，故不得而不谨也。”（《朱子全书·庚子应诏封事》）因此，经筵是正君心的必要手段。

在《八朝名臣言行录》中，朱熹选取了不少有关侍讲言行的资料。例如：

> 公（按：吕公著）既侍经筵，时仁宗春秋高，公于经传同异，训诂得失，皆粗陈其略。至于治乱安危之要，闻之足以戒者，乃为上反复深陈之。（《八朝名臣言行录》）
>
> 君（按：司马康）为讲官，尝上疏历陈前世治少而乱多，祖宗创业之艰难，积累之勤劳，以劝上及时向学，守天下大器。（《八朝名臣言行录》）
>
> 公（按：吕希哲）为说书凡二年，日夕劝导人主，以修身为本，修身以正心诚意为主，心正意诚，天下自化，不假它术；身不能修，虽左右之人且不能谕，况天下乎！（《八朝名臣言行录》）

经筵制度是士大夫得君行道的重要环节。从根本上讲，“经筵制度首先是一种教育制度，是一种帝王教育制度”[②]。在为皇帝讲解儒家经典时，侍讲（讲官）应该规劝皇帝，帮助他了解儒家的治国要道。这样做既可以开阔皇帝的眼界，又可以提升皇帝的治国能力和道德水准。

第二，反面警示。

以天灾来警诫皇帝，也是格君心之非的重要手段。因为皇帝自称天子，所以，董仲舒希望通过天意对皇帝进行约束。他说：“凡灾异之本，尽生于国家

---

① 姜鹏：《北宋经筵中的师道实践》，载《学术研究》，2009（7）。

② 陈东：《中国古代经筵概论》，载《齐鲁学刊》，2008（1）。

之失。国家之失乃始萌芽，而天出灾害以谴告之；谴告之而不知变，乃见怪异以惊骇之，惊骇之尚不知畏恐，其殃咎乃至。以此见天意之仁而不欲陷人也。”（《春秋繁露·必仁且智》）他认为，灾异是上天对国家政事乖谬的警示，体现了上天的好生之德。原因是，“社会人事和政治的好坏会影响天道的运行，天通过祥瑞和灾异来表达它对现实社会政治的评判，以教化天下”[①]。如果皇帝不知悔改，上天就会降下更大的灾难。此后，“‘君权神授’成为历代皇帝所代天行事的炫目的光轮，为历代皇帝所谨守而不敢僭越”[②]。在宋代，儒家学者也喜欢将灾祸与国家政事联系起来，希望借此推动皇帝实行仁政。因此，一旦出现日食、地震、灾荒等异常情况，大臣往往建议皇帝修身、罪己，以便攘除灾祸。在宋代，士大夫也把天灾看作格君心之非的契机。《八朝名臣言行录》载：

神宗问政府地震之变。曾公曰：“阴盛。”上曰：“谁为阴？”曾公曰：“臣者君之阴，子者父之阴，妇者夫之阴，夷狄者中国之阴，皆宜戒之。”上问长文，长文曰：“但为小人党盛耳。”（《八朝名臣言行录》）

臣（按：司马光）以为日食四方见京师不见，天意人君为阴邪所蔽，天下皆知而朝廷独不知，其为灾当益甚，皆不当贺。（《八朝名臣言行录》）

天蓄方作，民食未充，正君臣侧身畏惧，忧恤百姓之时，乃相与饮食燕乐，恐无以消复天变，导迎和气。（《八朝名臣言行录》）

《书》曰：“惟先格王正厥事。”愿陛下痛自责己，下诏广求直言，以开雍蔽；大发恩令，有所蠲免，以和人情。（《八朝名臣言行录》）

在朱熹看来，天灾的出现，是推动皇帝改良政治的良机。他认为，大臣应该借机导君向善。正如吕公著所云：“自昔人君遇灾者，或恐惧以致福，或简诬以致祸。上以至诚待下，则下思尽诚以应之。上下至诚，而变异不消者，未之有也。”（《八朝名臣言行录》）在宋代，因天灾而进行的政策调整，不在少数。“每当有灾害发生，都会促使统治者调整政策，采取一些措施来缓和各种社会矛盾。”[③] 就政治层面来讲，下罪己诏、求直言、整顿吏治、减轻刑罚、减免赋税、赈济灾民等是常见措施。朱熹希望借由天灾来格君心之非，也与此类政策的推出有一定关系。

---

① 朱人求：《董仲舒教化哲学研究》，载《福建师范大学学报》（哲学社会科学版），2007（5）。

② 漆侠：《宋学的发展和演变》，332页，石家庄，河北人民出版社，2002。

③ 杨晓红：《灾异对宋代社会的影响》，载《云南社会科学》，2007（5）。

二、存天理，灭人欲

朱熹主张严辨理欲。他说："天理存，则人欲亡；人欲胜，则天理灭，未有天理人欲夹杂者。"（《朱子语类》卷十三）在朱熹看来，所谓天理，指的是符合公众利益、有利于构建理想政治秩序的想法、举措。所谓人欲，是指只从一人、一姓之私利出发，因私害公。

1. 天理与人欲的区分

天理与人欲是截然相反的。朱熹说："天理人欲之间，每相反而已矣。"（《四书章句集注》）凡是仅从个人私利出发的想法、行为，都属于人欲；凡是从公心、公利出发的行为，都属于人欲。天理和人欲的区分，又与人心和道心的区分密切关联。朱熹说："只是这一个心，知觉从耳目之欲上去，便是人心；知觉从义理上去，便是道心。"（《朱子语类》卷七十八）如果心的知觉灵明是发于理的，就是天理；如果是发于欲望的，就是人欲。

天理、人欲又与义利具有密切关系。朱熹说："义者，天理之所宜。利者，人情之所欲。"（《四书章句集注》）义是天理的体现，利是人欲的表现。所以，朱熹又主张严辨义利。原因是，"'义'与'利'是两种不同质且不可相互化约的价值"[①]。皇帝用人时，也要以对待义利的态度为标准来分辨君子与小人。君子有道德操守和政治责任感，小人是只关心一己私利的政客。用人应该选用君子，罢黜小人。

从政治哲学的视角来看，天理与人欲的区分，适用于一举一动牵涉公共利益的政治家。若是以此来约束普通人，则难免矫枉过正。清人戴震正是在天理与人欲相对立的层次上，批评宋儒以理杀人。戴震说："上以理责其下，而在下之罪，人人不胜指数。人死于法，犹有怜之者；死于理，其谁怜之！"（《孟子字义疏证·理》）应当说，戴震的批评也有一定道理。"后来的统治者往往强调朱熹的'遏人欲而存天理'的观念，突出宣扬两者之间的不容并立的方面，而发展出'以理杀人'的恶果。"[②] 戴震之所以会强烈批评朱熹的理欲观，关键原因在于二者的"学术介入角度不同"[③]。戴震立足民间，希望统治阶层能够关心民瘼；而朱熹则是希望以天理来约束君主，使其实行仁政。戴震对朱熹理欲

---

① 李明辉：《儒家视野下的政治思想》，59页，北京，北京大学出版社，2005。

② 张立文：《朱熹评传》，480页，南京，南京大学出版社，1998。

③ 武道房：《对戴震批评朱熹理欲观的再认识》，载《安徽大学学报》（哲学社会科学版），2003（5）。

观的批评，客观上也在推动清代社会道德下滑方面起了一定作用。梁启超先生批评说："虽然，人生而有欲，其天性矣，节之犹惧不㙁，而岂复劳戴氏之教猱升木为也。二百年来学者，记诵日博，而廉耻日丧，戴氏其与有罪矣。"[①] 梁先生的说法正好说明了朱熹政治哲学的合理之处。

实际上，朱熹不但看到了天理与人欲之间的截然对立，而且注意到了二者之间的紧密联系。

2. 天理与人欲的联系

天理与人欲不仅有区别，还有密切联系。朱熹说："有个天理，便有个人欲。盖缘这个天理须有个安顿处，才安顿得不恰好，便有人欲出来。"（《朱子语类》卷十三）人欲是天理的安顿出了问题。

朱熹并不主张禁欲。他说："若是饥而欲食，渴而欲饮，则此欲亦岂能无？但亦是合当如此者。"（《朱子语类》卷九十四）朱熹认为，"饥而欲食，渴而欲饮"是人的基本生活需要，应该得到满足。这样的需要属于天理。他又说："饮食者，天理也；要求美味，人欲也。"（《朱子语类》卷十三）可见，朱熹对沉溺物欲的危害保持了高度的警惕。"朱熹对维持生命所需的自然生理欲望是持肯定态度的，他所反对的只是人们对欲望的陷溺沉迷与过度追求。"[②] 朱熹反对的是过分的物质欲望、过度追求物质享受。

朱熹对基本生活需要的肯定，体现了他对人的生命权的尊重，而尊重生命权又与教化民众密切关联。只有满足了民众的基本生活需要，教化民众、化民成俗才有可能。正所谓"仓廪实，则知礼节；衣食足，则知荣辱"（《管子·牧民》）。进而，理想政治秩序的实现才有可能。以马斯洛的需求层次理论来看，生存的需要属于低层次需要。只有生存不成问题，人们才有可能追求情感归属、尊重、自我实现等高层次需要的满足。而教化正好可以满足人们的高层次需要，使其可以获得归属感、尊严，并通过成为圣贤来自我实现。所以，肯定人的基本生活需要，是朱熹构建理想君民秩序的起点。

3. 天理与人欲的政治内涵

推崇天理，反对人欲，既反映了朱熹对社会公平的思考，又体现了他对物欲横流的危害性的警觉。

第一，存天理，灭人欲，可以尽可能满足更多人的基本物质生活需要。与人类的需要相比，人类社会的物质资源总是有限的，生产力也是有限的。如果

---

① 梁启超：《论中国学术思想变迁之大势》，122页，上海，上海古籍出版社，2001。

② 郭振香：《宋明儒学公私观之初探》，载《江淮论坛》，2013（6）。

达官贵人占据太多的生活资料，就会有不少穷人衣食无着。穷人一旦衣食无着，就会铤而走险，轻则出现社会动荡，重则可能推翻政府。如果出现类似情形，就会出现不但皇帝、大臣利益受损、生命受威胁，而且民众朝不保夕的多方皆输的零和局面。在当时，政府税收有限，无力提供足够的社会保障，加之社会缺乏保险等救济机制，穷人的生活很难得到保障。所以，政府施政不仅应该鼓励效率，还应该重视公平。在社会竞争中落败的穷人，也应有机会生存下去。朱熹从维护社会秩序、关爱每一个人的角度入手，主张达官贵人应该节制欲望，让穷人有机会解决生存问题。他说："圣贤千言万语，只是教人明天理，灭人欲。"（《朱子语类》卷十二）实际上，这体现了兼顾效率与公平的政治考虑。只有从这一角度入手，我们才能理解朱熹反对人欲的良苦用心。

第二，政治家是存天理、灭人欲的重点对象。

朱熹将存天理、灭人欲的重点放在皇帝、大臣等政治家上面。他说："凡一事便有两端：是底即天理之公，非底乃人欲之私。"（《朱子语类》卷十三）首先，皇帝行事应该出于公心。"作为掌管中央集权核心权力的君主，其君权的授受和实施都要符合天理。"[①] 其次，由宰相统领的政府施政，也应该以是否合乎天理为考察标准。朱熹建议皇帝说："自今以往，一念之萌，则必谨而察之，此为天理耶，为人欲耶？果天理也，则敬以扩之，而不使其少有壅阏；果人欲也，则敬以克之，而不使其少有凝滞。推而至于言语动作之间、用人处事之际，无不以是裁之。"（《朱子全书·戊申延和奏札五》）皇帝考虑问题、用人，都要自省，认真考虑是否合乎天理。他说："人只有天理、人欲两途，不是天理，便是人欲。……克得那一分人欲去，便复得这一分天理来。"（《朱子语类》卷四十一）只有以皇帝为代表的政治家行事从公心出发，才能实现公平、良治。朱熹此举意在"倡导一种高尚的政治情操，应该说在实际上亦不乏制度上的保障机制"[②]。

第三，沉溺物欲，会导致民众堕落、社会溃败。孟子说："上下交征利而国危矣。"（《孟子·梁惠王上》）物质欲望是人类的自然属性，是人和动物的共性。追求功利、沉迷于物质欲望，会蒙蔽人的本性，会让人混同于禽兽。朱熹认为，在满足基本生活需要之后，人们应该通过提高道德修养水平，过上有道德的生活。他说："尽其性者德无不实，故无人欲之私，而天命之在我者，察之由之，巨细精粗，无毫发之不尽也。人物之性，亦我之性，但以所赋形气不

① 张立文：《论集权与分权——由朱熹的集权与分权说推致》，载《哲学动态》，2014（8）。

② 林存光：《公与私——中国传统思维偏向散论》，载《聊城大学学报》（社会科学版），2003（2）。

同而有异耳。能尽之者，谓知之无不明而处之无不当也。”（《四书章句集注》）个体只要注重道德修养，就能提升自己的人生境界。

天理人欲之辨，寄托了朱熹对社会公平的考虑，目的是尽可能满足社会中每一个人的基本生活需要。“理学家们讲天理、人欲之辨，所要辨明、分清的乃是合做与不合做，当为与不当为，是与非，好与不好；所强调的乃是人们行为、动机的合理性、正确性。”[①] 就朱熹而言，是非、应当的衡量标准则在于是否有利于理想君民秩序的构建。

三、经世济民

政府应该体恤民众，而民众则应该服从秩序。朱熹说：“下不安分，上不恤民，皆非理也。”（《四书章句集注》）以皇帝、宰相为代表的政治家应该“与民同好恶而不专其利”（《四书章句集注》），让民众能够乐利、安居乐业。只要政府提供足够的公共服务，民众自然就会安居乐业。

1. 政府提供公共服务，民众安居乐业

在谈到仁政的制度设计时，朱熹说：“省刑罚，薄税敛，此二者仁政之大目也。……君行仁政，则民得尽力于农亩，而又有暇日以修礼义，是以尊君亲上而乐于效死也。”（《四书章句集注》）君主与民众之间存在着契约关系，前者通过实行仁政，来为后者提供公共服务；后者通过努力耕作，不仅足以维生，还能提供维持政府运转的税收。“因为人们建立国家或‘立宪’，首先为了提供公共物品。”[②] 在国家富庶之后，官员还应该教化民众。在此处，所谓“省刑罚”，即是政府专注于提供公共服务；所谓“薄税敛”，即是税率应该合理，反对横征暴敛；而“修礼义”，则是官员教化民众的过程，也是政府为民众提供公共服务的过程。至于“尊君亲上而乐于效死也”，则代表了民众对政府权威的认同，也体现了官员化民成俗的成效。所以，先富后教，代表的正是政府公共服务的内容，即首先提供安居乐业的环境，进而引导民众过上理想生活。

朱熹认为，赈灾不能代替公共服务。朱熹引用杨氏的观点，说：“移民移粟，荒政之所不废也。然不能行先王之道，而徒以是为尽心焉，则末矣。”（《四书章句集注》）杨氏认为，赈灾只是解决了灾民的温饱问题，不能代替公共服务。只有实行王道政治，才能为民众提供足够的公共服务。他希望“君子野人各有定业，而上下相安者也”（《四书章句集注》）。此处的君子，实际上是

---

① 张锡勤：《“天理”、“人欲”小议》，载《道德与文明》，2005（1）。

② 陈明：《儒家思想与宪政主义试说》，载《湖南大学学报》（社会科学版），2008（6）。

承担治理任务、为民众提供公共服务的政治家，而野人则是安居乐业、缴纳政府赖以维持运转所需税收的普通民众。《八朝名臣言行录》载：

> 公（按：欧阳修）尝语人曰："治民如治病。……凡治人者，不问吏材能否，设施何如，但民称便，即是良吏。"……吾之所谓宽者，不为苛急耳；所谓简者，不为繁碎耳。（《八朝名臣言行录》）

在朱熹看来，良吏的判断标准是民众的认可。为官以宽简不扰为上，则是明确政府只提供公共服务，不与民争利。原因是"正确处理义利，是中国文化中实现善治的最重要条件之一"[①]。在征税方面，朱熹主张十一而税，反对横征暴敛。他说："恭则能以礼接下，俭则能取民以制。"（《四书章句集注》）他认为，夏商周三代实行十一而税的税制，说明百分之十的税率符合天理人情。他引用了范氏的观点："古之耕者什一，后世或收大半之税，此以赋敛为暴也。文王之囿，与民同之；齐宣王之囿，为阱国中，此以园囿为暴也。后世为暴，不止于关，若使孟子用于诸侯，必行文王之政，凡此之类，皆不终日而改也。"（《四书章句集注》）可见，百分之十的税率足够维持政府运转，又不够政府实施穷兵黩武、大兴土木等害民、害国行为。所以，超过百分之十的税率，都属于横征暴敛。因此，税收只够用来维持政府的运转，无力承担社会保障的职能。《八朝名臣言行录》载：

> 薛简肃公（按：薛奎）天禧初为江淮发运使，辞王文正公（按：王曾），王无他语，但云："东南民力竭矣。"……张士逊出为江西转运使，辞公于政事堂，且求教。公从容曰："朝廷榷利至矣。"（《八朝名臣言行录》）

王曾告诫薛奎，应该爱惜民力。王曾对当时政府过度催缴粮税的行为，表示了不满。他希望薛奎能够爱惜民力，专注于为民众建立公共服务。公共服务不仅包括建立民众可以安居乐业的社会秩序，还包括清理危害社会秩序的人。朱熹说："关市之吏，察异服异言之人，而不征商贾之税也。……恶恶止其身，不及妻子也。先王养民之政：导其妻子，使之养其老而恤其幼。不幸而有鳏寡孤独之人，无父母妻子之养，则尤宜怜恤，故必以为先也。"（《四书章句集注》）"异服异言之人"可能破坏政治秩序，应该加以防范。

2. 政府不应与民争利

在朱熹之前，孟子已经关注到了民众与士人的差异，提出民众只有有恒产

---

① 方朝晖：《政道重要还是治道重要?》，载《江汉论坛》，2014（4）。

才会有恒心，士人无恒产也会有恒心。要让民众有恒产，就不仅需要政府提供足够的公共服务，还应该避免政府与民争利，真正做到“从天下之公而非一己之私出发造福天下”[①]。朱熹说：“仁者必爱其亲，义者必急其君。故人君躬行仁义而无求利之心，则其下化之，自亲戴于己也。”（《四书章句集注》）君主应该实行仁政，不应有求利之心。

朱熹重视君主的政治动机，反对仅以效果作为评价、考察政治的标准。他认为，无论是皇帝、太子，还是官员，都不应与民争利。《资治通鉴纲目》载：

> 魏太子晃监国，颇信任左右，营园田，收其利。高允谏曰：“天地无私，故能覆载；王者无私，故能容养。今殿下国之储贰，万方所则，而营立私田，畜养鸡犬，乃至酤贩市廛，与民争利，谤声流布，不可追掩。夫天下者，殿下之天下，富有四海，何求而无，乃与贩夫贩妇竞此尺寸之利乎！”（《朱子全书·资治通鉴纲目》）
>
> 胡氏曰：食禄之家，无得与民争利，此以廉耻待士大夫之美政也。然古之仕者世禄，故仕则不稼；后世用人不慎，升黜无常，则此制将有不可行者。必也仕者视其品而给之田，进而任用，则有禄以酬其劳；置而不用，则有田以资其生；必有大罪，然后收其田里。如此，则不得争利之法可行，而廉耻之风益劝矣。（《朱子全书·资治通鉴纲目》）
>
> 昔公仪休相鲁，犹能拔葵、去织妇，未闻万乘之主鬻蔬果也。（《朱子全书·资治通鉴纲目》）

《八朝名臣言行录》也有记载：

> 福州无职田，岁鬻园蔬收其直，自入常三四十万。公曰：“太守与民争利，可乎？”罢之。（《八朝名臣言行录》）

政府不应与民争利，体现了朱熹对居民财产权、经济自由的尊重。“朱熹继承孟子的经界说，把经界看作给予土地所有权以法律效力。”[②] 朱熹尊重财产权，说：“经界，谓治地分田，经画其沟涂封植之界也。此法不修，则田无定分，而豪强得以兼并，故井地有不钧；赋无定法，而贪暴得以多取，故谷禄有不平。此欲行仁政者之所以必从此始，而暴君污吏则必欲慢而废之也。有以正之，则分田制禄，可不劳而定矣。”（《四书章句集注》）他着眼于现实，认为井

---

① 陈明：《儒家政治哲学的特点及其范式建构——以亚里士多德〈政治学〉为参照》，载《哲学动态》，2007（12）。

② 张立文：《朱熹评传》，425页。

田不可复，所以他又提出："宜以口数占田，为立科限，民得耕种，不得买卖，以赡贫弱，以防兼并。"（《朱子全书·井田类说》）让民众拥有足以维生的耕地，又不允许买卖土地，以防富商大贾、达官贵人兼并土地。这一设计就为民众提供了财产保障和经济自由。

朱熹还关注弱势群体的保护。他说："文王发政，必先鳏寡孤独，庶人之老，皆无冻馁，故伯夷、太公来就其养，非求仕也。"（《四书章句集注》）鳏寡孤独都是社会竞争中的最不利者。理想政治秩序应该有关怀最不利者的制度安排。以今人的眼光来看，对待弱势群体的态度决定了文明的程度。需要说明的是，朱熹并不主张政府直接提供养老服务。他所期望的是政治家尊老行孝，以道德感召来带动天下为人子女者行孝。这是朱熹的政治主张与现代西方社会的养老观念的差异。

在社会保障方面，朱熹主张主要通过民众之间的互助来实现社会保障，而社仓正是民众互助的有效形式。

朱熹认为，政治家应该经世济民。衣食是民众最为迫切的需求。二者之中，又以饮食为重。可是，在宋代，官府和民间都不重视粮食储备。鉴于此，理学家对此多有关注。蒙文通先生说："汉儒言政，精意于政治制度者多，究心于社会事业者少。宋儒则反是，于政、刑、兵、赋之事，谓'在治人不在治法'。其论史于钱、谷、兵、刑之故，亦谓'则有司存'，而谆谆于社会教养之道。"[①] 早在北宋时期，二程已经认识到问题的严重性。程颢说："古者民必有九年之食，无三年之食者，以为国非其国。臣观天下耕之者少，食之者众，地力不尽，人功不勤，虽富室强宗，鲜有余积，况其贫弱者乎？或一州一县有年岁之凶，即盗贼纵横，饥羸满路。如不幸有方三二千里之灾，或连年之歉，则未知朝廷以何道处之，则其患不可胜言矣。岂可曰昔何久不至是，因以幸为可恃也哉？固宜渐从古者，均田务农，公私交为储粟之法，以为之备。"（《二程集·论十事札子》）程颐在《为家君应诏上英宗皇帝书》中说："保民之道，以食为本。今自京师至于天下，计平时之用，率无三年之蓄，民间空匮，则又甚焉。以万室之邑观之，有厚蓄者百无二三，困衣食者十居六七，统而较之，天下虚竭可知矣。丰年乐岁，饥寒见于道路，一谷不稔，便致流转，卒有方千里连数年之水旱，不知可以待之？奸盗蜂起于内，夷狄乘隙于外，虽欲为之，未如何矣。"（《二程集·为家君应诏上英宗皇帝书》）如果不重视粮食储备，就会给政治秩

① 蒙文通：《儒学五论》，131页，桂林，广西师范大学出版社，2007。

序的维持留下巨大隐患。因此，政府应该为社仓建设提供有利条件，以便在灾荒年月满足民众的饮食需求。以民间豪强和地方士人为主体的“公心好义之士大量涌现”①，也积极参与到社仓建设当中。

朱熹重视社仓建设。他说：“本军（指南康军）日前灾伤，人户多致流移，一离乡土，道路艰辛，往往失所。甚者横有死亡，抛下坟墓、田园、屋宇，便无人为主，一向狼藉，至今遗迹尚有存者。……今劝人户各体州县多方救恤之意，仰俟朝廷非常宽大之恩，各且安心着业。……不可容易流移，别致后悔。”（《朱熹集·公移》）鉴于此类情况，朱熹创立社仓法。在修纂《八朝名臣言行录》和《资治通鉴纲目》时，朱熹也注意搜集相关资料。例如：

> （李沆）居重位，实无补万分，唯中外所陈利害，一切报罢之，唯此少以报国尔。朝廷防制，纤悉备具，或徇所陈请，施行一事，即所伤多矣。（《八朝名臣言行录》）
>
> 王旦：文正公（按：王旦）通判郑州，建言请天下置常平仓，以抑兼并。（《八朝名臣言行录》）
>
> 魏主诏群臣言事。魏主访群臣以安民之术。秘书丞李彪上封事，曰：去岁京师不稔，移民就丰，既废营生，又损国体。曷若豫储仓粟，安而给之。宜析州郡常调九分之二，京师度支岁用之余，各立官司，年丰籴粟积之于仓，俭则加私之二粜之于人。年登则常积，岁凶则直给。数年之中，谷积而人足，虽灾不为害矣。（《朱子全书·资治通鉴纲目》）

朱熹不但重视搜集资料，而且在政治实践中推动社仓建设。在五夫里，朱熹创立了社仓制度。社仓应该由民间自发建设，由德高望重的乡间贤达来管理，政府不应介入。朱熹的这一制度设计，意在让社会自治，“让社会自然形成的自组织系统运转起来发挥功能”②。这一设计体现了政府对社会的让步，有助于节省行政开支、降低管理成本。

在宋代，士大夫“从一开始便要求重建一个理想的人间秩序，……由于对现状极端不满，他们时时表现出彻底改造世界的冲动”③。虽然宋代打破了五代

① ［日］斯波义信：《南宋“中间领域”的登场》，见佐竹靖彦等编著：《宋元时代史的基本问题》，185～203页，东京，汲古书院，1996。

② 陈明：《儒学的现实意义与历史作用略说——兼驳刘泽华所谓王权主义叙事》，载《学术界》，2008（6）。

③ 余英时：《朱熹的历史世界》，5～6页。

十国的乱局，重建了政治秩序，可是仍然面临着内外交困的局面，外有辽和西夏的窥探威逼，内有纲纪不振、粮食储备欠缺等诸多问题。为了解决上述问题，朱熹开始了构建政治哲学的历程。

首先，朱熹以天理为价值基础，为社会制度、政治秩序提供了坚实的道德基础。朱熹说："秦汉以来，道不明于天下，而士不知所以为学。……是以天理不明而人欲炽，道学不传而异端起。"（《朱子全书·韶州州学濂溪先生祠记》）由于天理是超越于人间的哲学范畴，所以它为人间的政治秩序提供了价值保证。

其次，朱熹以仁爱来实现理想政治秩序，又以政治秩序来保障仁爱的落实。这就实现了仁爱与秩序的完美结合。朱熹对儒家道统的传承过程做了说明。在《中庸章句序》中，朱熹说："自是（尧、舜、禹）以来，圣圣相承，文、武之为君，皋陶、伊、傅、周、召之为臣，既皆以此而接夫道统之传，若吾夫子，则虽不得其位，而所以继往圣，开来学，其功反有贤于尧、舜者。"（《四书章句集注》）在他看来，孔子虽然"不得其位"，却因为构建了足以针砭政治现实、垂范后世的政治哲学，而于国于民有大功。在《大学章句序》中，朱熹说："宋德隆盛，治教休明。于是河南程氏两夫子出，而有以接乎孟氏之传。……然后古者大学教人之法、圣经贤传之指，粲然复明于世。虽以熹之不敏，亦幸私淑而与有闻焉。"（《四书章句集注》）朱熹不承认韩愈继承道统，认为二程才是孟子之后继承儒门道统的哲人。他认为，自己也对儒门道统的传承有所贡献。

最后，朱熹用其政治哲学对当时的政治现实做了评价。他说："祖宗之境土未复，宗庙之仇耻未除，戎虏之奸谲不常，生民之困悴已极。……天下之事至于今日，无一不弊而不可以胜陈。"（《朱子全书·壬午应诏封事》）这体现了政治哲学对现实的批判功能。虽然朱熹立朝仅四十六天，在地方做官时间也不长，可谓对政治现实影响不大，可是，他的政治哲学却具有重要价值。原因正如刘述先先生所云："在朝廷的政治统治下，只有维持一超越的理想，才能对现实政治产生一规约制衡的力量。"[①] 通过天理、仁爱，朱熹力图对政治家施加影响，使他们能够以人为本、具有人文关怀。

岳　晗

① 刘述先：《朱子哲学思想的发展与完成》，544页，台北，台湾学生书局，1984。

参考文献

章太炎．国学讲演录．上海：华东师范大学出版社，1995.

钱穆．中国历代政治得失．北京：三联书店，2001.

钱穆．朱子新学案．台北：联经出版事业公司，2010.

钱穆．朱子学提纲．北京：三联书店，2014.

冯友兰．中国哲学史新编：下卷．北京：人民出版社，1999.

冯友兰．中国哲学史．重庆：重庆出版社，2009.

陈寅恪．金明馆丛稿二编．北京：三联书店，2001.

萧公权．中国政治思想史．北京：新星出版社，2010.

蒙文通．儒学五论．桂林：广西师范大学出版社，2007.

陈钟凡．两宋思想述评．北京：商务印书馆，1933.

牟宗三．心体与性体．南京：正中书局，1969.

陈荣捷．朱学论集．上海：华东师范大学出版社，2007.

吕思勉．中国制度史．上海：上海教育出版社，2005.

任继愈．中国哲学史：三．北京：人民出版社，1964.

侯外庐．中国思想通史：第四卷下册．北京：人民出版社，1960.

侯外庐，等．宋明理学史．北京：人民出版社，1984.

张立文．朱熹思想研究．北京：中国社会科学出版社，2001.

张立文．宋明理学研究．北京：人民出版社，2002.

张立文．朱熹评传．南京：南京大学出版社，1998.

张立文．和合哲学论．北京：人民出版社，2004.

李泽厚．论语今读．合肥：安徽文艺出版社，1998.

周桂钿．中国传统政治哲学．石家庄：河北人民出版社，2007.

蒙培元．理学范畴系统．北京：人民出版社，1989.

漆侠．宋学的发展和演变．石家庄：河北人民出版社，2002.

余英时．朱熹的历史世界．北京：三联书店，2004.

余英时．宋明理学与政治文化．长春：吉林出版集团有限责任公司，2008.

余英时．士与中国文化．上海：上海人民出版社，2003.

刘述先．朱子哲学思想的发展与完成．台北：台湾学生书局，1984.

杜维明．道学政——论儒家知识分子．上海：上海人民出版社，2000.

彭永捷．朱陆之辩——朱熹陆九渊哲学比较研究．北京：人民出版社，2002.

白彤东．旧邦新命——古今中西参照下的古典儒家政治哲学．北京：北京大学出版社，2009.

金春峰．朱子哲学思想．台北：东大图书公司，1998.

陈来．朱子思想研究．上海：华东师范大学出版社，2000.
陈来．中国近世思想研究．北京：商务印书馆，2003.
干春松．制度化儒家及其解体．北京：中国人民大学出版社，2003.
李明辉．儒家视野下的政治思想．北京：北京大学出版社，2005.

第十章
南宋浙东学派的经世哲学

南宋浙东学派发展出的事功思想，曾被萧公权先生视为两宋政治思想的真正重心。这一看法虽不免有轻视理学之取向，却也把握到了这派主张的核心用意与主要贡献。[①] 相对而言，南宋浙东诸儒的确更能代表近世新兴儒学的政治维度，其所贡献者又绝非“事功”二字可概括。由思考秩序精义而聚焦治体法度，以经世实践精神而维系其经制事功理想，殆可撮要其思想主旨。

这一派儒者群英荟萃，若按传统地域区分，大体可划为两系：一为永嘉之学，由薛季宣发其端，郑伯熊、郑伯英兄弟唱和之，陈傅良承续之，而叶适总其成；一为婺州永康之学，吕祖谦、陈亮、唐仲友等人为其杰出代表。其中，吕祖谦思想兼具理学与事功学之特征，其与朱熹、张栻并为当世理学三贤。若以学派特征衡量，非但东莱，即便季宣、傅良、陈亮，也或深或浅兼受理学传统之影响。而至叶水心，则洗去这一重色彩，深入质疑理学玄思之虚妄，把这一脉新儒学的政治性逻辑推演至极。

概言之，吕祖谦、陈亮、叶适之政治思想，当时声闻赫赫，足以与朱、陆之理学分庭抗礼。所憾者，后者成为后世儒学之主流，浙东一脉虽赓续不绝，却未能充分发扬光大。直至明清之际黄梨洲、王船山出，后人视之为中国政治思想之石破天惊，考其实，却是南宋浙东政学传统之潜进、回响，绝非平地高楼之奇观可知也。而关于对现代中国的政治思考，若法治云云，实践云云，此一派之价值仍需被重新认知与透彻估量。

---

① 参见萧公权：《中国政治思想史》，296 页，北京，新星出版社，2005。

第一节　观察浙东学派的新视角

政治思想不似一般哲学思想，其产生源自思想家对所处之时世更为明确强烈的现实关怀。以往观察南宋浙东，不外乎强调诸儒与朱子等人所共同为之焦虑的内忧外患问题，如对金和战，如变法富强。更常见的，是把浙东置于与理学家相比较的学术思想脉络之中，据其反对空疏、讲求实功来确定论述重点。

这一视角并非舛误，而是过于浅窄。南宋浙东据以运思的时代尺度，绝非限于与并起之理学家一争短长，其致意者更在于对有宋一代政教传统之反思，对理学的异议仅此一反思的面相之一。

一、以有宋立国政教为思考视野

儒者对于世道人心之关切，每每落实于现实秩序之政教传统，而浙东诸子于此概深有发明。内忧外患，自是其念兹在兹者，而关于何以至此、何以解决之思考，则透露出思想家眼光、见地之不同，境界、水准之高下。浙东诸贤所关切者，尤在于宋代政教传统之奠立、传续与变革，治体特质、取向和架构。太祖（艺祖）立国精神是什么？如何影响秩序法度之架构？这一架构如何发展，有何问题，如何应对？儒者在其中的角色是什么？这是我们了解浙东政学传统的起始点。

约言之，浙东诸贤高度评价宋代的立国精神，他们在三代典范的参照系下赞扬太祖立国的宽仁厚泽、厚重质实，并积极肯定宋代前期对这一基础的夯实维系。这一传统自真宗，特别是仁宗时期开始经历较大的变化，形成了影响深远的某种政教模式。这些变化反映在两个基本方面，一个是法度主义治理模式（“任法”）的形成，一个是围绕法度主义及其变革的公共舆论之兴起。可以说，前者构成了浙东诸儒非常关切的宪制挑战，后者则切于应对这一挑战所形成的政治参与形态。

在这个中心思考之下，儒者如何应对、如何解决，包括范仲淹、欧阳修、王安石以至于理学家在内的儒家士大夫群体是否应对得当，有何经验教训值得总结？这是理解其思考的另一维度。以往的研究过于注重其理学异议者的层面，这无疑是一种过于狭隘的观察视角。

二、从“经制”到“统纪”：秩序型核心观念的道法复合构造

以法度为中心的秩序关怀，是自永嘉薛季宣开始就明确显露出来的思想特征。传统学案将季宣、傅良、仲友等人擅长的学术称为“经制之学”“经制事功之学”。所谓“经制”，以前的研究并未清楚把握其义理规模，或者想当然地将之解作经典、经常之制度。明儒邱濬对此的解释颇为精到：“经者，百世之常道；制者，一时之成法。”（《大学衍义补》卷八十二）。这揭示出经制之学关注的恰是构成秩序的道与法、精神、价值、原则与法度的构造。这是一个秩序型的核心概念，而非仅仅关注一般性军政经济制度的工具性、技术性概念。这对于我们观察浙东诸儒的思想体系非常重要。

叶水心追溯薛季宣的思想旨趣，言其“独究体统”，此处“体统”与“经制”一样，乃是兼指道法而言，直指根本纲要。浙东其他诸儒，如吕祖谦重视治体研究，思想中的类似概念，如“规模”“政体”“政事”，都表达出同样宏阔的秩序关切。至叶适处，特重标举“统纪”，同样是就理想秩序之大纲大法来强调政治思考的关键所在。从经制之学到统纪之学，这种秩序关怀在浙东学术中堪称是一以贯之、不断推进的。

这种秩序关怀下的思考，呈现出一个涵盖道法的整全架构。而关于浙东学术对于道的理解，以往的研究关注不足。要言之，他们在这方面的思考，仍属于近世新儒学一种广义上的天理世界观，并未丧失道德性命之学的维度。

从思想渊源上看，浙东诸儒本就内在于北宋儒学以降的思想脉络之中，永嘉永康的前贤先驱大部分服膺于以二程为代表的理学，薛季宣的老师袁溉也是程门中人，陈亮对北宋理学高度致敬，陈傅良接受吕祖谦、张栻的理学主张并与陆九渊一派唱和往来。以季宣这个关键性转折为例，笔者曾指出，北宋儒学中的理学、苏轼蜀学、王安石新学等学派共享的道德性命之义理旨趣对季宣皆有直接影响。[①] 季宣继承了天理学说包含的哲学关怀，其特出之处在于主张从更为经验、事实、实务的角度来体证天理所指代的大道根本。这种思想特色表现在具体的知行论、人性论与历史观中，下文会详细论述。这种特质可以说是浙东学派的普遍特征。即使质疑理学甚力的叶水心，也并未否定天理、道德性命本身的思想意义，而是从一种更注重“物—理”均衡的视野来阐发自己的道论。

---

① 参见任锋：《薛季宣思想渊源新探》，载《中国哲学史》，2006（2）。

要把握浙东一派在道论之秩序关切方面的特色，不妨从他们对于政治秩序地位的论述入手，窥见其精神。

浙东理解经世政治，多重《尚书》《洪范》之皇极，以其为中道在政治秩序上之体现。以季宣、叶适一先一后为例，二人都比较重视结合《中庸》《皇极》为一系统的解释。季宣认为《洪范》“次皇极于中数，九畴用中于建也。尧舜之禅，传是中也。孔颜之学，明是中也”，反对以灾异之书视之，以《中庸》的性命道教来参解《皇极》的大中之道（“中极之道”），作有《皇极解》，强调在诚与明之间，由明而即诚的致曲优先（参见《薛季宣集》）。

叶适更综合《大学》来厘定道、学、政之间的精妙关系。在水心看来，中庸之道本身特别强调世间万物的相维系与相节制，重视对于物的经营编排应符合其自身的存在法则。近世以来，儒家通过发扬理性精神，推阐文教，伸张人之主体性，为实现中庸之道贡献良多。但是，这一聚现于《大学》之中的学统努力，有其偏执之处，即过于以己度物，自是而愚物，己是而人非。要矫正这一偏执，水心强调重新认识《皇极》蕴含的经世政治之道。由此可见，对于政治事务的思考，在这里是被放置于中庸所体现的整体天人秩序的框架下，并且在与学统之精神追求的互相矫正中得以均衡发展。水心晚年更大力批评《中庸》首三句纲要，批评理学式的解读，更显示出以皇极秩序为中心、注重物则之道的思考取向（参见《习学记言序目》）。

再如唐仲友，《周礼》是他建立经制之学的核心依据，其代表作《帝王经世图谱》一书的框架就是模仿《周礼》而设。在《〈周礼〉发题》中他指出，如果只从礼制仪度的层次理解《周礼》，并不能认识到它的经典意义。他强调，只有“因〈周官〉之制度文为悟〈易〉之道德性命”，才能把握儒家的“大经大法”，才是完备的“诚实之学”（《九经发题·周礼》）。在学术方法上，唐氏认为孔子以降的颜子、曾子、子思、孟子抓住了儒道的命脉，即“心”在知识论意义上的关键地位。由此中正无蔽之心去问学和修身实践，才能对于圣贤传承的文化传统获得真实不妄的心得成就（参见《说斋文钞》）。可见，道德心性的精义把握也构成了唐氏经世之学的内在思想维度。

对宋代新儒学的深切反思还使唐氏抱持一种多样化的道论观，批评学术思想的独断性，主张对于诸家学问的广泛吸收。这种反思主要来自对于王安石新学和二程洛学的观察。前者利用政府力量统一学术思想，传播芜杂而有疑的论调，严重损害了儒学的生命力；后者自视崇高，贬斥其他学说，同样想要垄断对于儒道的解释权。[1] 唐氏认为众家意见都是纷纷射向靶心（道）的箭矢，不可以一概全。他强调道的公共性，“道未始私于圣人，圣人未始私于后学”（《九经发题·论语》）。这种包容、开放的立场使唐氏可以积极吸收各家的思想元素，避免偏狭自闭。它也构成浙东一派学者比较普遍的学术风格，即较少受偏狭门户之见的束缚。

第二节　浙东学派的法度论

上文初步指出浙东学派在道论方面的特点，接下来让我们考察他们如何思考道法关系中的法，这方面是他们最有贡献的地方，也更能帮助我们理解其整体思想的特质。

首先应该指出，在他们的思想中，法本身包含了几层不同的含义。与大多数古典思想相近，法在最广大、最根本的意义上指示天人秩序中的一些普遍原则和道理，比如人心之正、仁义规则；在中层意义上，则指涉政治社会的多种规则和制度，如具有宪制意义的惯例、礼法、政体，以及更为一般性的制度、政策和法令。“法度”一词更多是在这一层面上使用的。另外，“法度”一词有时也会指向权谋法术意义，不过这并非浙东思想之主流。

浙东政治思想最有独特性的一点，就在于更为积极、深入地凸显了法度在思考人类政治事务中的重要性。法度与道、法度与治理、法度与政治历史、法度与政治现实、法度与治人，这些都构成了浙东诸儒进行秩序思考的主要议题。其中，尤以陈亮、叶适等人为系统性的代表。

一、陈亮的法度论

陈亮从人类文明秩序的高度来评价法度的基础性价值，把它看作“人极”也即人之规范标准得以确立的前提，仁义礼乐也是在此基础上得以培育的，所谓“夫法度不正则人极不立，人极不立则仁义礼乐无所措，仁义礼乐无所措则圣人之用息矣”（《陈亮集·二先生论事录序》）。

儒家传统自孔子始，就把德礼视为优越于政刑的治理模式，通常强调道德

---

① 对王安石的批评，集中见于唐仲友《九经发题》的《书》《诗》《周礼》；对程氏的批评，可见《九经发题》的《论语》《礼记》。

和礼乐的关键作用。而陈亮此处的论断则显示出法度自觉、法度意识的一个跃升。这并不是认定法度优越于仁义礼乐，而是指出其具有的基础价值，或者说规则意识透过法度概念而凸显出来，进而笼罩仁义礼乐的传统论域。陈亮曾批评当时儒者两种常见的法度观：或者反对关注法度，或者动辄依赖法度。他希望能提供一个合乎常理的判断，法度的重要性不可忽视，然而儒者的理解又不能陷入“任法”代表的法度主义逻辑。

陈亮对法度基础性的认定，乃是基于他对于人性人心的一个判断，即人心多私，而“以法为公”。人心最容易被各种私欲、私情诱惑牵扯，法则是人们建构出来的用以约束这种私性的公共规则，是公共价值与信念的规则载体。法度显示出人类秩序文明的积极作为，显示出人类规则能力（发现、确立与修正规则的能力）的成长，而这种规则能力整体上又需与天人秩序的根本原理相协调。“时者天之所为也，法者人之所为也。法立而时不能违，则人谋足以定天命”（《陈亮集·问古今治道治法》）。

法度构成陈亮理解政治治理事务的重要视角。这反映在他对中国政治历史与宋代政治现实的双重解读之中。他指出，在公共原则的指导下，法度遵循因时制法的演变规律，体现为人道立人极的公共精神，所谓“彰法度以存公道，相时宜以立民极”“至公而时行”（《陈亮集·丙午复朱元晦秘书集》）。

陈亮提出了一个以法度为中心的文明史叙事。远古时期为法度雏形阶段，人类尚处于天真未失的初民社会，本性淳朴，法度简要。政治领袖由人民根据才能和道德标准共同推选与认可。陈亮认为这种政治权威不是自相尊异、凌驾于民众之上，也不是依据世袭制原则产生，体现出了人民直接参与政治事务的公共精神（参见《陈亮集·问答》）。

然而，由于社会发展开始复杂化，人们的品质变得良莠混杂，上述黄金时代的法度不免成为一种难以重现的乌托邦。到三代时期，礼乐刑政等法度构成了君道之根本，以适应复杂化的人情风俗。特别是在尧之时，政治社会开始建立起“君臣有定位，听命有常所”的法度，政治领导与决策的产生、政治社会地位的厘定，都有专门确定的机构、程序和方法，不再由天下人直接决定。最高领导的产生，经过了从禅让制到世袭制的过渡，政体上走向周代的宗法分封制度。

无论禅让制抑或世袭制，都需要体现公天下的精神。如尧传贤不传子，就是以天下为公。由于圣贤不可常得，所以转而采用统治家族内部的世袭制，商朝兼用兄终弟及，周代确立嫡长子继承制。从形式上看，世袭制把国家政权系于一部分特定的统治家族，正是后世儒学抨击的私天下。但是陈亮的理解取径不同，他更注重政治法度的秩序功能，认为相应于纷繁复杂的民情，这种制度可以树立一个明确的权威中心，消弭人们对于最高权位的种种觊觎，使政治社会免于潜在的争夺动荡。法度的权威性及其稳定功能，也是其满足公共利益的重要指标。而且在治理中，这种权威秩序要符合五典五常等客观规则，以天下公利为宗旨，受到天下人公议的制约。如果统治者不能胜任，人们可以通过革命进行置换（参见《陈亮集·问答》）。

作为道德蜕变、私性滋长的产物，夏、商、周以家天下为实质的法度在精神和形式上都不及远古时期更能彰显公共性，但却适合逐渐复杂世故的民情风俗，成为后世典范，并体现出不可遏止的演化趋势。“人心之多私，而以法为公，此天下之大势所以日趋于法而不可御也。”（《陈亮集·人法》）可见，陈亮观察历史的视角更注重法度而不采用传统的道德主义话语。另外，从这种历史演变角度，陈亮指出，被儒者圣化的三代政治也并非纯然完美，其实是经过孔子等人净化的“正大本子”（《陈亮集·又乙巳秋书》）。三代与后世都要面对一些根本性的永恒难题，如“才有人心便有许多不净洁”（《陈亮集·又乙巳秋书》）的幽暗性，这也成为陈亮在历史观上能够避免乌托邦主义、平视三代和汉唐的一个人性论基点。

周法堪称古代法度的典范，“昔者夏商之衰，天下之法尝弊矣，一圣人起而易之，而大纲无以异于夏商之初”（《陈亮集·问古今文质之弊》）。在事变人情的广泛领域中，周法通过全面而合理的规则确保了政治共同体的公共与自由，人道由此臻至完备状态，政治权威由此获得充分坚实的保障。周代长达八百年的国祚，根基于这种理想法度。但是随着历史的发展，周法“及周之衰，文弊既极，华靡淫浮，变而为权谋谲诈”，穷尽其形式主义，过于求备详密，并且针对民众的背法而著于条目，转向成文法，间接开启了重视刑罚的法家趋势。法家法度并非全恶，但是严密控制人们的生活，丧失了周法中基本的自由精神，乃是周法衰变的产物（参见《陈亮集·问古今文质之弊》）。

秦不知变通，独取法家学说，放弃了周法的德治关怀，强化了法度流弊，导致权威独大，君民悬隔，并且以天下迎合统治者的私欲，严重违背了法度的公共精神。这种法度使人道无法确立，君主的政治权威自然也难以维系长久，因此秦二世而亡。秦之后的政治没有再现三代法度的辉煌，但是正如陈亮与朱熹反复申辩的，秦以后也并非一团漆黑，其中汉唐建立了值得相当肯定的功业。这个漫长时期并非依靠权谋强力维持时日，而是处于法度不完善的状态。

一方面，相对于三代典范表现出的取法与背离很大程度上决定了汉唐政治的成败；另一方面，不同朝代根据时代情势，在法度规模上也形成了各自的特点，如汉初“公卿多用军吏，执持法度，终始一律”（《陈亮集·问两汉用相》）。陈亮赞同王通的见解，著《汉论》肯定汉代高祖、文、景等七位明君的治功。如汉兴在于结束了秦朝苛政，建立了宽大的制度，使民众重获自由［“而天下之人得以阔步高谈，无危惧之心”（《陈亮集·问古今法书之详略》）］。又如汉唐在政体上的分封、藩镇等制度，在精神上继承了三代遗意，有利于国家政权的维系。

可以看出，陈亮对于法度历史的评价首先显示出了对于政治权威之产生法度、政权获取与转移的高度注重。在这方面，他肯定一种民主意味的公共性，也从现实秩序稳定的角度认可那些次优级的政体安排，同时坚持其对维系儒家的规范。其次，他特别注重两个主体因素，一个是政治精英的参与能否得到肯定和鼓励，一个是一般民众的基本生活自由是否能得到保障。他的关注更显示出对于法度之治理价值的重视，共治和自由是优良治理法度或曰宪制的两个基本指标。

对于汉唐以来的政治文化，陈亮认为难以再用汉儒提出的三代忠、质、文循环的理论模式进行概括。不同于对信仰文化与政治气质的体系性解释，他突出了法度化的演变视角，尝试提供一种更加符合历史特征的解释，如“汉，以法付人者也，唐，人法并用者也，本朝则专用人以行法者也。纪纲法度真若有继承之理于其间，夫子之所谓损益者岂在是乎”（《陈亮集·问古今损益之道》），“汉，任人者也；唐，人法并行者也；本朝，任法者也”（《陈亮集·人法》）。在陈亮看来，这三个重要的朝代代表了三代法度典范的三种变异类型。

“以人行法”是陈亮对于宋代政治的理想期许，“任法”则表达了他的现实批判。陈亮肯定宋初确立的法度规模，认为宋太祖、太宗针对唐末五代以来的弊政建立了国家法度，把行政、财政、军事各种权力集中于中央政府，从权力结构上树立了后者强大的威势，在当时有其现实合理性。在实际政策上，多元灵活的选材方法使大臣持重稳健，朝廷威严得以建立，重视地方守令则使州府宽裕不迫，同时为富商巨室和天下豪杰提供了一个宽松的法度环境。这些都有助于立国初期的国势。后来法度发展偏离了国初规模，法度数量增加，设置繁密僵化，人们难以熟悉，加之政体结构的中央高度集权导致地方权力日轻，这一切使得国家基础变得脆弱，政府权威难以巩固。从这个角度来看，宋代几次改革都没有解决这个问题。

庆历改革虽然在用人、经济上有可取的措施，但是大臣争相议论变法削弱了中央政府的权威，按察使制度又削弱了州府实力，导致不仅没有增强，反而进一步削弱了国家实力。改革的失败进一步激发了王安石变法。后者以正法度为号召，虽然在改革官制、财政上有积极效果，但是实际上进一步把地方的军事、财政权力集中于中央，经济上压制商贾富民，政治上排斥豪杰士人，恶化了国初政治体制中的偏弊。这种不知立国本末的变法同样难以成功。南宋以来，国家法度基本上延续了北宋的规模利弊，没有值得一提的改变。孝宗实政仍落入王安石变法的思维窠臼，因此勤政而乏效，国势日困（参见《陈亮集·上孝宗皇帝第一书》）。

总之，以法度化为主要角度，陈亮对宋代现实政治提出了一些颇具洞察力的判断。他认为“本朝以儒道治天下，以格律守天下”（《陈亮集·戊申再上孝宗皇帝书》），“本朝以绳墨立国，自是文法世界”（《陈亮集·又书》），士大夫“以议论为政，以绳墨为法”，孝宗“以绳墨取人，以文法莅事”（《陈亮集·上孝皇帝第一书》）。宋代演变成为高度依赖法度的法度繁密之世，“举天下皆由于规矩准绳之中”，乃至“宛转于文法之中，而无一人能自拔者”（《陈亮集·戊申再上孝宗皇帝书》）。陈亮的法度观正是为应对这种现实特征而发展起来的。

陈亮对于宋代政治的批判可概括为法度主义，具体表现为“任法”“以法为定”“使法自行”“持法深”等方面。它集中指这样一种法政心智和行为模式：将法度理解为一套确定的、自动运转的、不断精密化的规则体系，使其支配政治世界中的人与事。看起来，这似乎是一种公正治理的理想。然而，陈亮犀利地指出，在这种理念背后，促成的其实是专权独大的君主与日益萎缩无力的政治精英，而根底上是政治权威的专制倾向对于共治传统的抑制和掣肘。

君主的专制倾向使其试图依赖于一套客观确定的法度自我运转即可实现治理目标，在应对问题时能够不断因弊立法。陈亮认为这种君主任法（或可称为君主法度主义）的政治理念恰恰暴露出君主的权力私性，而士大夫政治精英受其怂恿，逐渐放弃在法度事务中的主体地位，最终沦为俯首听命的执法工具，丧失掉政治责任感与能动性。陈亮对于专制君权的批判，因此显示出不同于一般理学家道德主义的维度，更注重法度宪制意义上的规约。另外，他对于这种法政模式下各种利益集团包括士大夫官僚群体的谋私，同样进行了批评。君权专制的私性政治无法杜绝利益群体政治的腐败蔓延，因为其根底上已违背了法度的公共性原则。

对于法度主义，陈亮提出的解决之道在于从根底上确定法度的公共性原则，并且在治理模式上深化维系君主与士大夫共治天下的传统，即所谓“立法以公，以人行之”。“大概以法为定，以人行之，而尽去其使法自行之意，上合天理，下达人心，二百年变通之策也。”（《陈亮集·人法》）君主真正把自己作为国家公共的政治权威，从天理人心、公理的层面上维系法度的精神，并以共治模式来保障之。法度要想合乎天理人心，正应在政治权威、政治精英的领导与合作下，不断积极地寻绎发现法义，从而确立法度、公正执行、有力监督。陈亮认为这是在宋代现实政治传统中所能发现的最佳路径。人们不能完全推翻任法模式，比如返回汉唐模式；也不能任由其弊端恶化，无所作为。

具体而言，相对于宋代过于强调防制范围的现实宪制精神，陈亮强调的是公理指导下的共治。共治在央地关系上要破解中央高度集权的体制弊病，增强地方的权力。在中枢政体上，主张继承优良的分权传统（“祖宗上下相维之法”即君主与宰执、台谏的分权制衡），君主“立政之大体，总权之大纲，端拱于上而天下自治”（《陈亮集·论执要之道》）。君道在于对自己的权力意志能够自觉其限制，而尊重此维制结构，这本身是君主的政治智慧。君主的功能——君体，近于一种精神性、道德性的机体，与更加强调事务性和责任性的治理机制共同组成政治体制。

进一步看，陈亮对于法度主义的批评，蕴含了他对于政治权力（包括君权）、法度权力边界的自觉。君主不能依赖一套客观严密的法度统治人群，法度本身面对社会秩序也自有其边界。这从根本上包含了陈亮代表的儒家对于社会秩序的基本认知，即一个基于人性、人情、物事之常道的秩序，依靠内蕴于自身的规则运作互动，而法度尤其是成文法须对此顺循，以防止成为一个异化的、高高在上的、在外的规则体系。

在对汉宣帝的评论中，陈亮针对孝宣代表的君主权力意志（“作意”）指出了法度主义的弊病，“夫急于效者，有术中之隐患，详于禁者，有法外之遗奸，求备于民者，民将至于不能自胜也”。真正的治体规模，在于充分尊重民众的社会活力，自觉其法度边界，“古之圣人，其图回治体，非不欲震之而使整齐也，然宁纾徐容与以待其自化，而不敢强其必从”。“自化”是陈亮理想政治社会秩序的精义，从中我们可见儒家对于秩序自发演进之信念。因此，法度不能成为牢笼，“礼足以使之逊则已，不过求其尽曲折纤悉之仪；法足以使之畏则已，不过求其备节目品式之繁”。汉初法制成功之处就在于“所以创立规模、经画治体者，务在宽厚……与斯民盱盱睢睢，而法令礼文之事皆不敢穷其情，惧其有以震之也”（《陈亮集·孝宣》）。这是陈亮的善治理念。

永康之学的另外一员健将唐仲友也显示出类似的秩序理念。在《馆职策一》里，他对此有一概括：“因其势而利导之，探其本而力救之，通其变使乐而不倦，神其化使由而不知。待之以驯致而不迫，处之以忠厚而不暴。法若甚宽而其严不可犯如江河然，功若不显而其利不可胜计如天地然。此唐虞三代之所先务而五霸汉唐之所不及也。”（《说斋文钞·馆职策一》）驯致不迫、忠厚不暴、因势利导、通变神化，都蕴含着对于民众社会秩序之性情的高度尊重和保护，以之为政治法度的根基、政治事功的前提。政治权力不迫不暴，才能使民众顺其理道乐而不倦、由而不知，法度才能甚宽而严不可犯，才会获得源源不断的效用。这与陈亮的“自化”理念是相通的。也是在这个意义上，道德感化、习俗养成才具有法度根基与前提的重要价值。

二、叶适的法度论

自薛季宣起，浙东学派对于纪纲法度的关注就比较突出。纪纲法度，对季宣来说，主要是一个宪制型概念，纪纲指向比较根本的、持久的体制原则原理，法度则是可以随时代情境调整的具体制度安排。陈傅良的《唐制度纪纲如何》，同样是在体制的意义上运用和区分制度、纪纲，探讨它代表的法与儒家之道的关系。他试图反驳一个自二程起即流行的儒学观点，即认为三代政治纯任道，后世政治纯任法。唐代政治虽存在制度纪纲，在政治道义精神上却欠缺，或曰有法无道。傅良认为这个观点分裂了道和法之间的有机联系，没有认识到唐代制度纪纲背后存在的政治道义精神。他指出，这样的观点在三代认知上宣扬三代完全以道治天下，实则犯了同样的错误，即片面强调道的作用。其实这是晚周时期一些儒者面对当时礼崩乐坏状况时的激语，后世儒者却受此误导，轻视法度在政治中的作用。他肯定汉唐等后世的成功政治其实在制度纪纲上都体现出道的精神，只是由于对三代理想政治的把握有深浅，对于经制的了解有精粗，所以产生了政治效果上的高低之别。但不能认为它们只有法度，没有道义精神，片面割裂二者。这里，傅良延续了季宣的问题意识，即通过制度纪纲来探求政治中常与变、经与权之间的关联，并将其上升到道与法的理论高度。

至叶水心，指出“纪纲、法度，一事也，法度其细也，纪纲其大也”。共治、封建、郡县、巡狩，是属于纪纲层面的重要制度。在水心看来，这关系到为国之道，立国之本，对于国势影响最重。他与陈亮一样，认为有宋的政体，尤其是在央地关系上，过于集权，遏制了地方、精英的活力，“夫以二百余年所立之国，专务以矫失为得，而真所以得之之道独弃置而未讲”（《叶适集·法度总论二》），出路在于“正其纪纲，明其内外，分划委任而责成功”（《叶适集·纪纲三》）的分权思路。

对于纪纲法度的思考内置于理想秩序观之中。我们可以根据水心的《洪范》皇极论来进一步了解他关于理想政治秩序的观点。水心于《大学》《中庸》外，更重此篇，他在前期和晚年对此进行了深入的探讨，由此阐发对于理想政治的理解。围绕物、极、道与王权、秩序等命题，我们可窥测到水心政治哲学的核心构造。

首先，水心从经典诠释的角度指出，《洪范》九畴虽然晚出于武王访箕，其实质内容却与陈述六府、三事、九功的《尚书·大禹谟》一脉相承，都记载了三代“经世之成法”“先圣之治法”（《习学记言序目·周书》）。汉儒以阴阳灾异说主导《洪范》的义理解释，流入神秘诡怪，背离了儒家政治“顺五行之理以修养民之常政”的基本精神。

其次，水心发扬宋代洪范学的主题，以第五畴皇极为政治中心，特别将其视作王道标识。而其皇极论实际蕴含了一套关于政治秩序构造的基本看法（参见《叶适集·进卷·皇极》）。这个构造的基础是水心的道—物论述。重视物的具象实践性，是薛季宣、陈傅良、陈亮以来的思想基本取向，在他们的皇极论中也已有部分体现。水心在《习学记言序目·皇朝文鉴一》中进一步指出：“……物之所在，道则在焉，物有止，道无止也，非知道者不能该物，非知物者不能至道；道虽广大，理备事足，而终归之于物，不使散流，此圣贤经世之业，非习为文词者所能知也。”如何使物不至于散流，这就关系到经世成法的秩序原理。以道的秩序关切为根本，水心强调对于物性的认知，提出“极”对于物之为物的关键价值。“极”作为根本的构成法则，指向物之存在的规范状态，以物本身内在秩序的优良为表征，轮之为轮，室之为室，人之为人，国之为国，都有自身的所谓“极”。而皇极作为天下万物的整体秩序，是指这样一种优良的治理秩序：在其间，人的各种生存层级及衍生团体，由一人至家国天下以及职业族姓，都能保持自身的存在特性，并且相互之间能够存异和谐。[①] 那么，如何落实这样的秩序理想？这就需要有进一步的体制建设与政

① 水心在现实政论中，向宁宗指出“治国以和为体，处事以平为极”，“善调味者，必使众味不得各执其味；而善制器者，必能消众不平使皆效其平”（《叶适集·上宁宗皇帝札子一》）。

治素养予以保障。

一方面，君主代表的最高政治权威与民众之间以“极”之有无为纽带建立起“锡民”和“锡君”这样带有契约意味的关系。“人君有极，则能敛福以锡民，民亦能锡君以保极；人君不极，则与民同受六极之罚；此洪范之正义也。”（《习学记言序目·汉书二》）民众的福祉是政治权威确立的条件，是政治人物致力的理想。这里，水心甚至提出了对于君主的惩罚正义，将其置于皇极正义的规则之下。水心据此批评道：“然则千有余岁，覆载之广，合离成坏之多，求其能调和血气志虑以整顿当世者，不曾一二而得，况欲望其亶聪明，备道德，为百姓请命上帝而保佑之乎！”（《习学记言序目·唐书一》）政治人物的使命就在于“为百姓请命上帝而保佑之”，而大部分政治人物最终的事业“无异以尽民财为能，以尽民命为功”（《习学记言序目·皇朝文鉴四》）。可见，保障民众的财产、生命和福祉是对于政治权威的要求，是具有超越意志维度的政治使命。

另一方面，水心着重强调皇极理想的关键不仅在于正确的理解，更在于广大宏远的实践，即所谓“建极”。三代理想政治显示，建极并非最高政治权威一人的行动（“独建”），而是一种具有公共面向的事业，需要联合一定时期内对于政治社会事务做出重大贡献的精英人物，进行“共建”“众建”“大建”。这种共治实践也符合皇极秩序的深层构成逻辑，要在民众群体的各类组织、职业和族群之间形成包容和谐，势必需要在各方面具有卓越才能智慧的人们协作共和。这种思考也引向对于实际权力格局的敏锐判断，根据整体秩序之维持运行的目的不断进行权力体制的调整。另外，政治实践的广阔性、丰富性也得到强调，皇极一畴需要五事、八政、稽疑等其他范畴的政治具体活动来充实，不同于理学家对于五事修身养性的过度倚重。

可以看出，水心的共建皇极理念，与陈亮一样主张深化儒家的共治传统，并且依据的是对于天理天道的物本论认知。这也使得皇极代表的理想政治秩序内在地生成了对于政治权力进行规范制约的宪制因素。水心早年着重从正面阐发皇极秩序的积极实践意义，而在晚期的《习学记言序目》中则频频从批判王权主义的视角强调理想秩序的宪制精义，比如批评王权自作正义，不注重自修而强调威权，君臣不能共治，待民狭薄，违背天听民听的古道，衍生出后世法家王权主义的端倪。理想秩序应该是具有公共面向而宽广仁义的，在这一秩序中，民众与精英人物都能获得应有的尊严与自由，最高政治权力与之形成仁厚共治的关系（参见《习学记言序目》卷五）。

水心据此批评王权意志的独断："古人立公意以绝天下之私，捐私意以合天下之公；若夫据势行权，使物皆自挠以从己，而谓之如意者，圣贤之所禁也。"（《习学记言序目·皇朝文鉴三》）物能由其自性，合乎其极地在秩序中生存，免于政治权势的压制，才是皇极理想的根本目的。"据势行权"恰恰是对于人世秩序不能尊重这一情形下的权势意志之独断。不使物"自挠从己"，这与陈亮的"自化"理念也是相通的。三代理想蕴含的宪制因素，生发出对于王权主义的批判维度，"盖秦汉以后，执权当位者皆有一种操切裁制之习，虽（诸葛）亮亦不免也"（《习学记言序目·宋书》）。另外就是认识到秩序构成复杂性中的多样和特殊，反对一元主义的化约处理，据此对于儒家习见中的"一道德、同风俗"理想保持警惕态度，这一点具有宽容、妥协的多元主义潜能。

基于这样的秩序理念，叶水心提出了政治秩序建设的几个要点。

首先，国家实力的基础在于以民众共同体为根本的活力之发展。国家应按照是否有利于保护和鼓励社会的积极活力，实现秩序中的活力，恰当处理利害关系，将其作为自身确立之基础。这就导向了上文提及的现实权力格局的体制性安排。水心对于有宋近世以来的权力秩序之变动具有一种极为敏锐、深刻和通达的意识。比如，他批评宋代祖宗家法为了防范权力旁落而"矫失以为得"，防弊太甚，对于疏导发展社会活力反倒没有积极正面的制度关怀。他希望通过与封建制的比较，增强宋制的公共性和开放性。

另外，水心肯定士大夫参与的积极价值，重视宰相权、史官的制衡监督作用，主张君主与士大夫的和衷共治。统纪之学的目的之一就是着眼于士大夫政治才能智慧的提升。对社会权势演变的客观认知，也被水心积极地纳入到秩序建构的视野中进行评价和安排。他积极肯定工商阶层与富民等社会精英的政治重要性，指出权不再垄断于上的时代客观趋势，主张在政治上对他们予以吸收、支持和认可。他对于仇富反富论调的反驳，对于"宗"作为社会治理精英的新解，对于社会公共事务自治的承认，都体现出其对于现实秩序构成的客观理解与更新推动，蕴含了丰富的具有历史远见的洞识（参见《叶适集》中的《民事》《东嘉开河记》两篇与《习学记言序目》卷五十）。

其次，水心在树立理想秩序理念的前提下，指出政治体制建设的历史经验性，强调传统在其间的重要性。他坦陈宋代立国乃是处于军事外交方面与外敌缔结和约的前提下，这一点很难根本改变。然而，不能因此无所作为，而应着手于内部体制的变革，逐渐增强国势，扭转国力对比（参见《习学记言序目》

卷四十八、《叶适集》卷十二。三代治法传统和宋代政治传统构成他政治运思的两重视野。在他的前期思想中，他汲汲于沟通二者，以前者指导后者改革的意向更为主动明确。比如，从积极方面指出宋代国家的根本在于百年来逐渐确立的礼臣和恤刑，立国之初的重大政治行为在具备一定时期的延续性后成为国家政治的本原法则，显示出与傅良、祖谦等人相同的当代政治传统意识（参见《叶适集·国本》）；从消极方面试图改革宋代的中央集权制、官制、科举制等的弊病。在他的晚期思想中，他虽仍坚持三代理想相对于后世政治的优越性，但其现实政论则从三代治法逐渐颓败的视野中指出宋代体制改革之难成，立场上更偏于认同以司马光为代表的元祐士人，渐同于祖谦式的保守温和立场，对于再现三代之治不似早期之积极乐观。

最后，水心重视政治权威的角色，认为政治权威应该具有公共回应性、法度性。然而，和陈亮一样，他认为士大夫诉诸舆论推动变法，又夹以党争循环，这种方式大大削弱了宋代中央政府的权威基础，也对变法形成掣肘，无益于公共权威的树立，实在是宋代政治的重要病灶。在法度化方面，他遵循三代之法的公共性原则，坚决批评法家或儒法合流的政治权威。以汉宣帝为例，水心批评他以对待家事的态度处理国政，“以天下为私，侍中尚书终身不迁”（《习学记言序目·汉书一》），不能从天下为公的立场举任贤良。水心指出：“前于孔子，固已纯任政刑矣。”（《习学记言序目·乐记》）法家者流以刑赏为理想政治原则，宣帝声称王霸杂用，法度严格主义中渐失宽大和平之意，后世却“皆以王道儒术缘饰申韩之治”（《习学记言序目·汉书一》），不能明了儒家礼乐政治的体制内涵。而“今以礼乐刑政融会并称，而谓其不二，则论治之浅，莫甚于此。其终礼乐不用而以刑政为极功，儒者之过也”（《习学记言序目·乐记》）。与陈亮一样，水心尖锐地揭示了宋代实政同样用儒术正论来包装君主专权下的法度主义，并不合乎基于人情事理之上的三代大法（参见《叶适集》卷十二）。

治理天下国家，需要把握其中的普遍道理，这依赖于对于政治历史经验的深刻观察，并在此基础上形成政治判断与行动。“夫观古人之所以为国，非必遽效之也。故观众器者为良匠，观众方者为良医，尽观而后自为之，故无泥古之失而有合道之功。”（《叶适集·水心别集·法度总论一》）叶适强调不应受限于具体政体的束缚，比如封建、郡县之争，而要把握维持上下之势的法度精神，深究其间得失天下之理，特别是得天下之道。相对于一段时期内的政治有其内在机理，如三代有相因之法，秦汉有相因之法，立国之道在于从根本上把握其中的得天下之道，而不是矫失以为得，否则也“必丧其得”（《叶适集·水心别集·法度总论二》）。

天下国家之得，有赖于纪纲规模的确立。叶适用“一家”的譬喻来指示：“譬如一家，藩篱垣墉，所以为固也；堂奥寝处，所以为安也。固外者宜坚，安内者宜柔；使外亦如内之柔，不可为也。”（《叶适集·水心别集·纪纲二》）国家政治的内外两个层次，分别以“固”和“安”为价值标准，对应“坚”与“柔”两种精神。对外应该形成稳固独立、不受侵扰撼动的秩序，在内部事务上则强调对于社会的安顿、安定，不同于对付外敌之道的柔服。唐代的问题在于内外皆坚，人不能自安；宋代内外皆柔，内部虽能自安，整体国势却有“大不可安者”（《叶适集·水心别集·纪纲二》）。内外之分，有强大的人情现实作为基础，是治势之所在。“使其外不失为捍患而内无以伤吾乐，患去功成而饮酒歌舞者不知焉”（《叶适集·水心别集·治势下》），承认人情的积习取向，形成了比较保守现实的政论基调，对于激进的变化不乐观，“强其所未能，废其所已能，其要在于天下之皆能也，皆能而臣忧其患有不可胜讳者矣”（《叶适集·水心别集·治势下》）。最为根本的问题就在于“二百余年所立之国，专务以矫失为得，而真所以得之之道独弃置而未讲”（《叶适集·水心别集·法度总论二》），防范各种君主以外的权力坐大，变成立国思维。水心指出，真正的解决之道在于重新厘定纪纲内外的规模，注入分划委任的精神，做到“坚外柔内，分划委任，群臣合力，功罪有归”，绝不能“欲以人主之一力守之”（《叶适集·水心别集·纪纲三》）。

对于宋代政治传统的成功智慧，水心在国本论中有积极评价。所谓“国本”，就是为国之本。这方面，他强调不必限制于传统儒者关于政治根本的论述，如民本论。他指出，“夫国与天地，必有与立，亦必有与亡”，并从植物这样的有机体养成的比喻视角解释如何理解一个政治体的国本，即不仅要透过植物的“华叶充荣”观察其“根据盘互者”，而且应注重“自其封殖培养之始，必得其所以生之意”（《叶适集·水心别集·国本上》）。这意味着，要特别注意观察一个政治体在确立初期，国家创立者所体现出的“祖宗之意”。在这个意义上的国本自觉，会决定该政治体的兴衰，“继世而有天下，其中才者固能守祖宗之意，其贤圣者则增益祖宗之意，其好谋而寡德者徒以变乱祖宗之意，而昏童不肖者则又不知祖宗之意。故其为兴、亡、治、乱，皆可考而无疑”（《叶适集·水心别集·国本上》）。他具体将礼臣与恤刑视为宋代的两个国本。比如前者源自三代西周的政治传统，基于君主与天下贤能的共治精神，尊重士人，礼遇备至，避免君主以刑法御其臣。太祖新立厚用故相，太宗择吉日命拜大臣，真宗仁宗不轻退执政大臣、奖擢勇于谏诤之臣，神宗增益宫观优待冗员，形成了一系列政治惯例、先例、制度，都体现出礼臣的国本精神。“夫不以刑法御臣下而与臣下共守法，此岂非祖宗为国之本意与舜、文王之俗然欤!”（《叶适集·水心别集·国本中》）

第三节　治人主体的政德养成问题

对于政治法度的宪制性注重，是浙东诸子的政治思想之中心。除此之外，他们对于法度之行动主体同样有独到的理解和评价。特别是作为这个主体核心群体的士人、士大夫，应该具备什么样的文化与政治素养，成为我们了解浙东学派政治思想的另一重要视角。

一、薛季宣

早在薛季宣这里，我们就可以看到他对于宋代儒家士大夫传统的反思，这在他对于宋初三先生之一胡瑗的推重中可窥见其精神动向。陈亮对于理学家的批评为人所熟知，而其理想所寄，也在其对宋初人物的褒奖中透露取向。同样，在吕祖谦的思想中，我们也可发现其对儒家实践精神的强调，与其法度思考相呼应。这个方面在叶水心对于宋代士大夫政治文化的集中批评中得到了比较充分的展现。

孝宗乾道七年至八年间（1171—1172 年），出任湖州知府不久的薛季宣致信在闽中家居的朱熹，愿意联谊通好、切磋学问，并劝说朱熹出山再仕，一同实现经世抱负。去信末尾，季宣谈到胡瑗当年在湖州兴学的历史意义：“湖学权舆于胡安定，本朝人物之盛，由来造端于此。今也斋室如故，流风泯灭。”季宣有心重振，希望朱熹提出积极的建议。朱熹在回信中积极回应了季宣学术交流的意愿，对于出仕则委婉谢绝。慨叹湖学兴衰之余，朱熹提出了一个令自己感到困惑的问题：

> 然窃尝读安定之书，考其所学，盖不出乎章句诵说之间。以近岁学者高明自得之说校之，其卑甚矣。然以古准今，其虚实淳漓、轻重厚薄之效，其不相逮至远。是以尝窃疑之，敢因垂问之及而请质焉。（《晦庵集·

答薛士隆》)

季宣同意朱熹的观察:“教以安定之传,盖不出乎章句诵说,校之近岁高明自得之学,其远不相逮。要终而论,真确实语也。”他对朱熹的疑问又作了具体解释:“尝谓翼之先生所以教人,得于古之洒扫应对进退,知其说者徐仲车(徐积)尔。余子类能有立于世,是皆举其一端。介甫诗以宰相期之,特窥其绪余耳。成人成己,众人未足以知之。且君子道无精粗、无小大,是故致广大者必尽精微,极高明者必道中庸,滞于一方,要为徒法徒善。汉儒之陋,则有所谓章句‘家法’。异端之教,则有所谓不立文字。稽于政在方册,人存乃举,礼仪威仪,待人以行,智者观之,不待辨而章矣。”(《薛季宣集·又与朱编修书》)

季宣指出胡瑗的学术教育宗旨在于重视“古之洒扫应对进退”的小学。这个观念值得注意。季宣极为重视小学,他认为:“古人以小学训习童蒙,皆大学之具也,大学之道,但神而明之尔。小学之废久矣,为大学者失其养心之地,流于异教,不过空寂之归。开物成务之功,宜无望于贤者。”(《薛季宣集·答石应之书》)他与弟子陈傅良共勉:“冀吾人共事斯于日用,小学纯全,大体具焉。”(《薛季宣集·答君举书二》)陈傅良总结季宣的学术宗旨曰:“大抵以古人小学,神而明之。大学之道,传远说离,故汉儒守器数章句,名家小知穿凿。异端之徒,乃一切屏事,忘言后已。高沦虚无,而卑知滞物,卒不合。合归于一,是为得之。”(《宋右奉议郎新改差常州借紫薛公行状》)可以看出,季宣向朱熹强调小学,强调高明之道的实践根基,绝非偶然,而是深思熟虑的结果,与他的儒学宗旨相契合。

具体而言,他对于小学的理解,是在一个系统性的论述脉络中进行的。只有把握到这个脉络整体,才能领会季宣小学观念背后的实践意识。这个脉络可以从以下三个层面揭示出来:

首先,就小学与大学的关系而言,小学虽为大学养心的基础,意义却非同一般。季宣认为大学养心如果离开小学,就会流于佛老,也无法进一步实现开物成务的理想,可见小学不可或缺。为什么季宣如此强调小学的意义?这个观点根基于他的哲学观念,即对于道与事、物、形器关系的认识。就小学而言,季宣几次指出,洒扫应对虽然只是威仪之一,但是不可忽视。因为根据道无本末的原理,这些仪式细节本身乃是道表现自身、不可分离的载体。根据同一逻辑,他进一步指出,政治性的“法守”也是“道揆”得以表现自身的重要形式。对于威仪和法守的重视,区别于“任心而作”的修养与异端离法守言道体的“贰本”错误。[①] 这种重视正是季宣反对离事物形器言道的观念的体现。他的道器观突出了事物形器的载体价值，这一点可见于他和陈亮等人的多处论述中。[②] 所以，小学威仪与法守制度是被视作体道之物而得到重视的。[③] 它们分别构成小学以及大学道德实践与大学之政治实践的必要基础。

由此可引出论述的第三个层面，即季宣强调的“明而诚”“致曲”的中庸格物之道。他评论胡瑗时提出的“致广大者必尽精微，极高明者必道中庸”揭示出季宣得到的思想启发，这个启示的理论重心在“道中庸”上，尤其体现出其中的实践本位特征。季宣提出，“君子虽极高明，道实中庸”（《薛季宣集·与潘文叔》），“高明，所以覆物者。中庸，所以成物者”（《薛季宣集·中庸解》）。他并不否认“先立其大者”确立天理根本的高明，但他最为心仪的还是“由当然以即本然”的致曲之道和格物思想。[④] 他批评当时学者突出“诚而明”的理路容易引人堕入虚无，转而积极提倡“明而诚”，即通过对于道德规范和法守制度的广泛学习与积极实践，而非对于义理的深入讨论或沉思，培养儒者的道德素养和实践能力，奠定通往高明境界的实践基础。[⑤] 这就把对于体道之

---

① “法守之事，此吾圣人所以异于贰本者。空无之家不可谓无所见，迄无所用，不知所谓不贰者尔。未明道揆，通于法守之务，要终为无用，洒扫进退虽为威仪之一，古人以谓道无本末者，其视任心而作，居然有间。”“故须拔萃豪杰，超然远见，道揆、法守，浑为一途，蒙养本根，源泉时出，使人心悦诚服，得之观感而化乃可为耳。此事甚大，既非一日之积，又非尽智穷力所到，故圣人难言之。后世昧于诚明、明诚之分，遂谓有不学而能者。彼天之道？何与于人之道，致曲未尽，何以能有诚哉！”（《薛季宣集·沈应先书》）“古人以为洒扫应对进退之于圣人，道无本末之辩，《中庸》‘曲能有诚’之论，岂外是邪！学者眩于‘诚明明诚’之文，遂有殊途之见。且诚之人之道，安有不由此而能至于天之道哉？今之异端，言道而不及物，躬行君子，又多昧于一贯，不行之叹，圣人既知之矣。”（《薛季宣集·抵沈叔晦》）

② 集中见于季宣与陈亮的通信中：“上形下形曰道曰器，道无形埒，舍器将安适哉！且道非器可名，然不远物，则常存乎形器之内。昧者离器于道，以为非道遗之，非但不能知器，亦不知道矣。下学上达，惟天知之，知天而后可以得天之知，决非学异端、遗形器者之求之见。”（《薛季宣集·答陈同父书》）“灭学以来，言行判为两途旧矣，其矫情之过者，语道乃不及事，论以天何言哉之意，其为不知等尔。”（《薛季宣集·抵杨敬仲》）

③ 季宣强调，道和器不能被直接比拟为体和用，否则将导致道揆和法守蜕化成徒善与徒法的偏颇分离形态：“道之不可迩，未遽以体用论。见之时措，体用疑若可识。卒之何者为体？何者为用？即以徒法徒善为体用之别，体用固如是邪？”（《薛季宣集·答陈同父书》）这表露出他对于体用范畴在政治思考过程中的适用性的怀疑，其中实际包含了对于理学体用论的反思，以避免道德实践与政事制度实践的价值高下分离，违背其所主张的道揆法守混合论。

④ 季宣认为，“大学之道无它，在乎格物而已”（《薛季宣集·大学解》），“惟能平其谓忿懥恐惧、好乐忧患，复六情之未发，心不失正，良知良能，其何远之有乎？用之读书，用之正身，用之事物与人，皆是物也”（《薛季宣集·答石应之书》）。《洪范》“皇极”也是格物，见《薛季宣集·大学解》。

⑤ “性，本然者也。教，当然者也。本然者未尝不著，由当然以即本然，则本然之性见矣。故虽圣人，未有不由学而至者。所谓致曲也，知所谓教，自愚而圣无难者，诚明盖一道尔。”（《薛季宣集·中庸解》）

物的重视正式转化成了积极的实践意识，道德实践与政治实践成为儒者区别于佛老异端、体认天理的根本途径。

总而言之，季宣主张根据小学的道德实践，学者于节文中修养身心，构成大学养心的主要形式和途径。学者于日常生活中时时反省检查内心，保持心志精神的平正和精进，日久必当有所体会。[①] 道德实践的重心和特色在于以小学为本位形式的身心训练，通过对体道之物"致曲"实践的强调，培养出具有实践精神和道德修养的治人主体。这种主体在大学的政治实践中能够适当处理道德修养与政事制度的关系，保障道揆与法守的融合，从而全面实现"开物成务"的目标。小学、大学的道德实践与政治实践相互依存，前者树立了政治实践的治人主体，后者确保了主体实践的进一步扩展，实现由己及人。[②] 而通过整个实践的过程，学者逐渐走向对于天理的深刻体认和把握，最终印证"明而诚"的理念。[③]

季宣称胡瑗"成人成己，众人未足以知之"，不能像王安石一样只以宰相事业（"绪余"）去评价胡瑗，其儒学真谛值得认真思考。在他看来，胡瑗达到了高明广大的境界。而这种境界，与朱熹批评的"近岁高明自得者"不同，特别重视"道中庸"的广阔实践，把握到了高明与中庸、精微与广大之间的正确关系和重心。

胡瑗带给季宣的启示也符合季宣对于道学发展的认识，对于时病具有很强的救治意义。所谓时病，一是道学的内倾化末流忽视中庸实践的经世理想，一是季宣在湖州感触颇深的"利害之场与刑名之习"的政治风气，近于法家的刑名功利(参见《薛季宣集·又与朱编修书》)。强调道德与政治的实践，注重经世事功，可以纠治前者；而坚持实践意识的天理自觉，可以避免后者对于儒家原则的偏离。综合上述原因，他对胡瑗情有独钟，学术上表现出向宋学源头回溯的意向。他把胡瑗学术当作重振宋代儒学的门径，数次向朱熹、沈焕等人强调湖学学术是

---

① 如季宣勉励陈亮严格修身，"曾子日且三省其身，吾曹安可辄废检察"，"以同父天资之高，检察之至，信如有见，必能自隐诸心"(《薛季宣集·答陈同父书》)；"君臣之义，父子之亲，天理昭昭，不容与易，惟居之以平荡，持之以兢业，终身可以无畔，其至要当有见，必自得而后能安之也"(《薛季宣集·与潘文叔》)。

② 从人格理想上看，季宣也努力把个人成德（"为己"）与政治追求（"事功"）绾合为一。其挚友郑伯英评价他："圣贤不作，道丧文弊。问学事功，岐而为二。事功维何？惟材与力。问学维何？书痴传癖。学不适用，用者无学。为己为人，在在乖错。公之探讨，专用律身。推而放之，于以及人。"(《薛季宣集》附录一)

③ 如季宣告诉陈亮，在格物经世过程中，"第于事物之上，习于心无适莫，则将天理自见，持之以久，会当知之"(《薛季宣集·答陈同父书》)。

宋代精英才干的摇篮，由此寄托培养治才、经世实践的理想。湖州“年来法家之学却有师传，士大夫之家知习此尔。狂澜既倒，未知所以回之，更须日月图之，不可则已，傥未罪斥，尚望为我筹之”（《薛季宣集·答沈县尉书》）。[①]

二、吕祖谦

对于经世实践的高度强调，在吕祖谦那里也有充分体现。他思想中的实学、实材、实德等观念中包含着一种高度独立的实践性主体意识。“有实理然后有实心”，实心是人们“身之所实”的根本，借此打通实理与实德、实事、实用之间的通道。每个人据此获得的知见，应该是真正有得于已的知见，而不是缺乏主体判断力地附和于经典文本、圣贤权威或者群众意见（参见《左氏博议》卷六，《丽泽论说集录·易说上》）。这种认识论上对于主体独立性的强调，指向一种积极的行动主义实践观。即，对于儒学传统的学术和政治智慧，一方面要在理论上“实剖”“实评”“实相讲磨”，获得真实深入的认知（参见《东莱集·太学策问》），另一方面，要把这些理论智慧转化为主体的积极实践，这样才能确保实学成为主体自身的实德。

吕氏的实践观指出了行动的义理规范性，学者需要通过深厚的实践达诸道体天理，明确理论导向。更突出的是，他对于停留在理论、言语层次或名实不符的儒学始终抱有深刻的焦虑，担心学者立心不实，人云亦云，不能真正“从事所以言者”（参见《东莱集·太学策问》）。因此他要求学者能够明确讲学的志向和规划，对于学术政治问题的探讨要具体、翔实，付诸行动，并且将行动的实用效果作为衡量标准。理论正确，难免流为一种意识形态意义上的姿态。而实学的真正确立、主体实德的真正养成取决于长期具体的充分实践。

作为实践的整体归宿，事功凝聚了仁义道德和政事体制的最终成果。吕氏指出，儒学实践应该最后实现事功，而且是真正的王者事功。在比较孔门高足与管仲时，他指出，在蕲向上，前者选择仁义无疑远过于后者的功利之学，是优秀品等的“种子”。虽然偶尔流露出怀疑，但吕氏仍强调儒者蕲向经过充分的实践，在功业上应该超越管仲（参见《丽泽论说集录·孟子说》）。王者事功不仅是围绕国家—君主本位的富强目标，而且要实现民众生活的最大幸福乃至

---

① 季宣同朱熹说湖学“学中旧存当时赐书与孔子伯鱼画像，亡轶殆尽，比方略整齐之”，表示“‘为之师匠’，某何者，而辱望以此邪！然与朋友共成之，不敢不勉”（《又与朱编修书》）；对石塾说，“湖学，国朝人物所起，惟故馆在，未知教养之道，殊无术以兴之。有可警督其愚，无惜规诲乃荷”（《答尤溪石宰书》）。

整个宇宙世界的和谐安详。在仁义纪纲代表的治体与政治共同体的事功之间，吕氏强调，只有遵循儒家治体规则，才能实现真正广大深远的事功。如果违背这一规则，则会落入急功近利、好大喜功等政治歧途。从另一角度看，这种实践事功观，通过仁义伦理规范与法度建设，不仅确保了政治的正当性，而且肯定其有效性。结合吕氏针对宋朝治体的评论，我们可以看到他沟通规则与结果、为国家事功做论证的用心。

吕氏的实践观包含了个人成德与政治事功两个维度，这种“穷理经世”的实践成果对于确认儒者身份意义重大。如果没有它，儒者将不能免于武人和俗吏的嘲讽，变得与“闾巷人”“常人”“老成人”无异，无法彰显自己的政治文化特质（参见《丽泽论说集录·杂说二》）。真正的儒者实践将造就超迈一时风气的豪杰，无论身逢创业还是承平、衰乱的时代，都能够振发有为，推动社会发展。按照吕氏的说法，“天下之事向前则有功，不向前百年亦只如此”（《丽泽论说集录·易说上》）。因此，身处南宋前期，他对改革可能出现的僵局有敏锐的观察：

> 天下之患，方其未形也，则人以为难知。及其既验也，则人以为尚浅而可忽。及其方盛也，则又以为力之所不能为。至其极甚也，则遂熟眡退听之而已矣。此四者，使有一智者出而维持经营之，犹可以稍善其后。其最难者，遭极甚之时，天下耳目之所习熟，同知其患而以无如之何而遂已者也！（《历代制度详说·兵制》）

三、陈亮

陈亮同样针对宋代政治传统的实际问题，从治人角度提出了自己的睿见与豪杰理想。他反复强调宋代政治形成了两个特点：以议论为政，以绳墨为法。士大夫好发议论，注重推动公共参与的舆论影响，言往往高于行。针对这一点，陈亮回溯宋代立国之初的精神，高度褒奖当时的政治风气，所谓“而艺祖皇帝以宽仁质实临抚天下，而士大夫以端简厚重成风，天下以笃厚朴素成俗”（《陈亮集·问古今损益之道》）。这种体现笃厚、厚重的士风、世风，在陈亮看来一直延续到嘉祐时期。

这里其实包含了陈亮对于庆历以来士风的批评，“庆历诸臣亦尝愤中国之势不振矣。而其大要，则使群臣争进其说，更法易令，而庙堂轻矣”（《陈亮集·上孝宗皇帝第一书》）。他认为这种纷纷争言的议论型政治，并不能促进法度的有效改进，无益于政治的持续发展。“夫法制一定，子孙世守之，小弊则为之损益，大弊则度德顺时，一易而定矣。纷纷而争言之，扰扰而迭易之，上下汩乱，不知所守，此岂为国久长之道邪！”（《陈亮集·问科举》）士人度德顺时，准确把握时政弊病的症结，顺应时势机遇，进行有力改革，这才是应当发展的政治才能。宋初的端简厚重（或以为“朴陋”），而不是追求文章、道德、议论、政事的花样迭出与不断推新，才真正值得后世人取法。这对北宋盛世如仁宗时期欧阳修、苏轼等士人代表的儒家人格理想，其实是一种损抑和回转，与陈亮对于政治传统精神的领会密不可分。

另外，针对以绳墨为法的宋政，陈亮指出这样的政治法度其实扼杀了士人的活力，使其循规蹈矩、按部就班，失去从事政治活动应有的气魄、胆识和大智慧。这是陈亮思想中被反复提及的一个问题，从政治哲学角度来看，这其实涉及日常政治与非常之人的关系：如何超越日常政治，为非常之人施展才能提供空间？在向皇帝的上书中，陈亮每每强调这个重要问题。“臣闻有非常之人，然后可以建非常之功。求非常之功而用常才、出常计、举常事以应之者，不待智者而后知其不济也。前史有言：‘非常之原，黎民惧焉。’古之英豪岂乐于惊世骇俗哉！盖不有以新天下之耳目，易斯民之志虑，则吾之所求亦泛泛焉而已耳。”（《陈亮集·戊申再上孝宗皇帝书》）要解决这个问题，不仅仅在于提倡一种英雄主义的人格，陈亮更强调改变宋代以绳墨为法、束缚人之活力与自由的政治架构。

他认为这一点在宋代立国之初做得很好，所谓“于格律之外有以容奖天下之英伟奇杰”（《陈亮集·上孝宗皇帝第一书》）。但后世政治越来越强调常规格式，斫丧了士人的精神。“本朝以儒道治天下，以格律守天下，而天下之人知经义之为常程，科举之为正路，法不得自议其私，人不得自用其智，而二百年之太平由此而出也。至于艰难变故之际，书生之智，知议论之当正而不知事功之为何物，知节义之当守而不知形势之为何用，宛转于文法之中，而无一人能自拔者。陛下虽欲得非常之人以共斯世，而天下其谁肯信乎！”（《陈亮集·戊申再上孝宗皇帝书》）

而理学心性之学的流行，加剧了这个状况：“昔祖宗盛时，天下之士各以其所能自效，而不暇及乎其他。自后世观之，而往往以为朴陋，而不知此盛之极也。其后文华日滋，道德日茂，议论日高，政事日新，而天下之士已不安于平素矣。众贤角立，互相是非，家家各称孔孟，人人自力稷契，立党相攻以求说之胜。最后章蔡诸人以王氏之说一之，而天下靡然……二十年之间，道德性命之说一兴，迭相唱和，不知其所从来。后生小子读书未成句读，执笔未免手颤者，已能拾其遗说，高自誉道，非议前辈以为不足学矣。世之为高者，得其机而乘之，以圣人之道为尽在我，以天下之事无所不能，能麾其后生以自为高而本无有者，使惟己之向，而后欲尽天下之说一取而教之，顽然以人师自命。虽圣天子建极于上，天下之士犹知所守，吾深惑夫治世之安有此事乎，而终惧其流之未易禁也。”（《陈亮集·送王仲德序》）又云：“自道德性命之说一兴，而寻常烂熟无所能解之人自托于其间，以端悫静深为体，以徐行缓语为用，务为不可究测以盖其所无，一艺一能皆以为不足自通于圣人之道也。于是天下之士始丧其所有，而不知道从矣。为士者耻言文章、行义，而曰‘尽心知性’；居官者耻言政事、书判，而曰‘学道爱人’。相蒙相欺以尽废天下之实，则亦终于百事不理而已。”（《陈亮集·送吴允成运干序》）

北宋盛世士大夫在文化、政治上的繁荣，在学说上的多元，并不意味着治理的进步，反倒构成政治恶性竞争的渊源。陈亮将理学的兴起和流行也放置在同样的脉络中去观察。他眼中的理想状态是宋代立国之初的“天下之士各以其所能自效，而不暇及乎其他”，朴实而节制，学者官吏能安于职分，奉行有节制而审慎的政治德行伦理［“各务其实而极其所至，人各有能有不能，卒亦不敢强也”（《陈亮集·送吴允成运干序》）］。“天下之士各以其所能自效，而不暇及乎其他”，这种务实、节制、稳健的文教精神，与季宣那里对于胡瑗典型的领会是相通的，都是对于儒者在广大多样的活动领域进行朴实实践的强调。对于北宋立国之初与中后期之间的差异，特别是对于经世人材的演变，叶适也表达出类似看法：“太祖之事，如姚内斌、董遵诲、郭进、冯继业之流，皆守一郡，官卑兵少，然而丰财厚禄，久任责成，边警无虞，而太祖能以其力内平僭伪，盖雄略如此，而窃叹后之不能。不知此固昔者为国之本然，曩以惩创五季太甚之故，削损已多，隄防已严，此特其未能去者，而至其后则尽去之耳。”对于真宗之后的人材则提出严厉批评：“自景德以后，王旦、王钦若，以歌诵功德撰次符瑞为职业。上下之意，以为守邦之大猷当百世而不变，盖古人之未至，而今日之独得也，奚暇他议哉！纪纲之失犹其粗者耳，并与人材皆坏。”（《叶适集·纪纲二》）

上述问题，既牵扯到宋代政治架构，也产自儒家文教自身的发展。出路之一，就在于在政治的根本层次，充分发扬与士人共治天下的精神，给予后者更为充分的政治自由，而不仅仅是将士人当作法度的执行者、遵从者。这一点在前文曾述及，此处不再重复。就人格理想本身来说，“夫人之所以与天地并立而为三者，仁智勇之达德具于一身而无遗也。孟子终日言仁义，而与公孙丑论一段勇如此之详，又自发为浩然之气，盖担当开廓不去，则亦何有于仁义哉！气不足以充其所知，才不足以发其所能，守规矩准绳而不敢有一毫走作，传先民之说而后学有所持循，此子夏所以分出一门而谓之儒也，成人之道宜未尽于此”（《陈亮集·又甲辰秋书》）。在陈亮看来，儒家的成人之道，追求的是超越常态政治世界、有所担当、有所开辟的大儒理想。

如果说理学家的人格形象根本上是在天赋性命下复性修身的道德人，那么陈亮眼中的人就是勇于在政治世界中跋涉，进而参赞天地之道的行动人、政治人。陈亮认为要实现实践功效，在儒术上也不能囿于个体心性的修养，而要面向广阔世界的开物成务。在新儒学的发展道学化之后，士大夫的政治素养呈现出明显的不足，空知议论、节义，不通事功、形势。因此，培养政治人的实践智慧，包括谋略、意志和行动能力，就成为陈亮不同于理学家的显著用心处。英雄的事功理想，最能代表陈亮对于儒家实践者的期望。在现实政治中，他们是与君主共治天下的重要力量，是一世才用的中流砥柱，正所谓“堂堂之阵，正正之旗，风雨云雷交发而并至，龙蛇虎豹变见而出没，推倒一世之智勇，开拓万古之心胸”（《陈亮集·又甲辰秋书》）者。陈亮所召唤复归的是儒家刚健进取的用世精神。

陈亮的思想提醒我们思考：什么是理想的治人主体？这一点需要从实践政治的视角去观察。他表达出了对于一种文化政治的不满，对于一种接近于意识形态狂热之政治竞争的警惕。文化政治、政治竞争一步步侵蚀了宋代立国之初营造的政治文化根基，无益于儒家理想治人的养成。这种反思，在叶适那里有了更为充分的表达。

四、叶适

水心对于士大夫政治和文化的反省，构成其晚年思想的一个重要维度。其批评范围，上溯中晚唐的韩愈、宋初的王禹偁，中涉王曾、王旦、范仲淹、韩琦、富弼，下及司马光、王安石、苏氏、程氏，词锋鞭及南宋当世，寓意深切尖锐，几若树近世新儒学之叛帜，让人有抽薪破釜之感。

我们可将水心批判的内容划分为政治智识、政治能力、政治风气、政治志向几个方面，以此来了解水心的意见。

政治智识关注的是士大夫政治精英的知识思想基础，即所谓平素讲学的大旨应该为何。比如军事外交问题，在批驳以杨亿为代表的士大夫弃地论时，水心指出，“然则见利害不尽，设策画不精，泛滥缀缉，以空言误后人，乃今世儒生学士大病也”（《习学记言序目·皇朝文鉴二》）；韩琦阴营洛阳以备敌的建议，则被视为肤浅的“书生意貌之论”（《习学记言序目·皇朝文鉴二》）。再如评价吕大钧的恢复封建井田论：“若存古道，自可如此论；若实欲为治，当更审详尔。”（《习学记言序目·皇朝文鉴一》）这里的区分显示，实际政治的考量与纯粹学术或者道学激情的议论应该有所不同，而杨、韩二例正在于对于实际政治的思考谋划明显不足，落入空言空想，这一点被水心看作是宋代儒家士大夫的重大病症。对于士大夫政治文化的典型人物如欧阳修，水心批判他过于注重文词学问，对于事关实物实理的政治重视较晚，政治见解和做法也因而问题多多。比如名义上尊古批今，实际上既不知古，也不能知今；在法度上偏向汉唐，不能把握三代精华；古文运动教条地模仿三代，对于秦汉后训诰合乎实情实理大体的地方又不能汲取。流风所及，“后世以经术起之，无不欲上继尧禹而鄙陋汉唐；然古人论议断绝皆尽，而偏歧旁径，从横百起，莫觉莫知，而皆安之以为当然也，岂不可叹哉”（《习学记言序目·皇朝文鉴二》）！再如欧阳修的朋党论。水心文中虽仅言及欧、苏，实则触及宋代政治的大关目。君子可以成党，以战胜小人之党，这一论调自王禹偁以来，范仲淹、司马光、苏轼乃至秦观等人都有阐发推进。其中包含了士大夫与君主共治天下这个格局下新的组织发展问题，政治利益和意见的分化寻求得到了客观形式的表达。欧阳修此论最能代表以正义自许的士大夫之政治进取意向。然而，水心却从君主制的前提出发，直陈这种论调在实际政治中只能增加君主的猜忌疑惑，不利于进取人士的立足，因此“徒使人悲伤而不足以为据”（《习学记言序目·皇朝文鉴四》）。水心秉持的是“小人为党，君子不为党”的古训。另外，借用水心对石介《庆历圣德颂》的批评，这样也会“明发机键以示小人，而导之报复……宜其不足以助治，而徒以自祸也”（《习学记言序目·皇朝文鉴三》）。水心的立场虽没有欧阳修等人的道义激情，却颇体现出实际运筹中的冷静审慎。衡之以庆历以后宋代政治的发展，变法派和反对派之间以及各个派别内部的斗争多以正邪互相构陷，党争恶化循环，耗尽了北宋政治的元气精神。水心的立场虽嫌保守和无奈，却揭示出当时政治格局之基本逻辑的致命限制。

政治能力强调的是士大夫在政治实践过程中形成处理各类事务的技艺策略、意志度量和战略谋划。比如水心批评寇准在澶渊之盟中，既不能知人善用，也不具备军事和外交谋略，而挟君冒险，以和约为己功；又批评范仲淹在庆历变法中对于改革事项的轻重缓急安排失当，轻率激化了既得利益集团的反弹，有志而不成（参见《习学记言序目》）。又如神宗初年，对于冗兵冗费问题，执政大臣不能“公共为上别白言之，图其至当而决于必行，事既广远，非十数年功绪不就，则人主之志已定，而其他纷纷妄言改作者不复用矣”，也属于缺乏远大可行的战略规划。再如批评元祐诸人在元祐初“不能以轻改祖宗政事为熙丰小人正名定罪，治其尤无良者，倒戈以授仇人，此大失也”（《习学记言序目·皇朝文鉴三》）。水心希望在元祐期间稳固确立“尊祖之义”，从政治合法性上杜绝王安石变法的反复。这个假设性建议是否能够奏效是另外一个问题，不过从中可见水心的长远战略意识。

政治风气侧重于士大夫精英在政治活动中的个人作风和群体行动特征以及由此生成的政治社会氛围与情势。这方面最为人所瞩目的就是水心对于以欧阳修为代表的、弥散于近世士大夫群体中的好议论风气的激烈批判。庆历变革中，韩、范等人因此而受制，欧阳修作为议论宗主而在濮议中被攻击。还有一处，就是在评论王禹偁上奏真宗语“简直不回护”时，指出“禹偁受知太宗，夫世有直道自有直气，而为真宗言此不疑，真宗亦未尝以为谤者，直道素明也。自庆历后，议论浮杂，直气空多，直道已散，至治平熙宁，纷争于言语之末，而直道荡灭无余矣”（《习学记言序目·皇朝文鉴二》）。结合水心的多处分析，庆历之后的风气恶化之始作俑者自是欧、范等人。这部分是由以欧阳修为代表的士大夫在学问思想上的病症造成的。在水心看来，思想议论不能合乎事理，夸张求奇，而又纷纷以正道自居，遇到异议则攻击他人不遗余力；在现实中经庆历而形成了一种动员舆论、挑战权威的舆论政治风气。挑战者固然可以借助它赢得政治空间，而他们成功掌权后又得面对新一轮的舆论政治风潮。水心痛心不已的，就是政治淹没在言语和意气的纠缠中日渐沉沦，和衷共济、实事求是的政治作风难以重现。[①] 这也是伴随北宋党争恶化循环出现的一个重症。

政治志向则关乎士大夫精英的政治意志、政治理想和目标以及贯彻的精神。王曾中第后称“平生之志不在温饱”，水心认为类似的欧阳之志最后都与庸众的温饱无异。水心指出，士大夫应当有建立事功的使命感，“而况沈酣势利，以玉帛子女自厚，在世俗最为浅下”（《习学记言序目·皇朝文鉴三》）。他肯定范仲淹的改革志在开济，批评富弼晚年无为益昏；也称许司马光面对王安石的强势变法，不屈不挠地予以反对，坚持主张恢复祖宗旧法。水心对于理想政治和实际政治目标都有深思熟虑，这里只是从政治人格的角度揭示他对于政

---

① 关于近世以降儒家公论观念及其政治蕴含，参见任锋：《公论观念与政治世界》，见《知识分子论丛》，第十辑，南京，江苏人民出版社，2012。

治志向的重视。“尽心竭节，灼然树立”这个标准，宋代士大夫群体中鲜有能符合者。与陈亮相似，水心也表现出回溯士人风气根源、超越仁宗庆历而回转立国早期的意向。这都牵涉到对理想治人的理解问题，水心赞同的是一种扎根于政治文化实践的厚重朴实人格，而非以思想、文化之根本解决为先导取向的竞争性、党派性人格。

治人主体的政德，可以说是浙东诸儒深切反思宋代政教传统后提出的另一大问题。这个问题与其宪制法度思考一起，构成了他们治体论述的一个重要维度。

第四节　浙东学派的历史观和浙东道论中的认识论与本体论取向

浙东学派重视史学，其中蕴含了他们对于儒家道法、天理人欲、王霸义利等复杂关系的认知，相比理学家，浙东学派的主张更显示出对于政治人事功和法度之核心尺度的一贯运用，因而他们反对强调上述关系范畴之中的对立割裂，注重延续转化。

一、浙东学派的历史观

关于政治的评价标准，陈亮与朱熹进行了反复辩难。朱熹以道德动机的纯驳作为评判王霸之道、评判三代和汉唐的绝对标准，树立了高高在上的政治标尺，对于现实政治持一种悲观主义的态度，总体上接近于宗教神学的二元历史视野。他认为，三代尧舜之道是真正的天理流行世界，人欲不张狂，而后世即便是汉高祖、唐太宗，也不过是假借仁义行其私心。朱熹说：“若以其能建立国家，传世久远，便谓其得天理之正，此正是以成败论是非，但取其获禽之多，而不羞其诡遇之不出于正也。千五百年之间，正坐如此，所以只是架漏牵补过了时日，其间虽或不无小康，而尧、舜、三王、周公、孔子所传之道，未尝一日得行于天地之间也。若谓道之常存，却又初非人所能预，只是此个自是亘古亘今常在不灭之物，虽千五百年被人作坏，终殄灭他不得耳。汉唐所谓贤君，何尝有一分气力扶助得他耶！”（《陈亮集·寄陈同甫书之六》）

陈亮不同意朱熹对于汉唐以来历代政治的评价。他一方面指出三代政治的不完美处，另一方面为汉唐政治进行辩护，认为后者绝不是一团漆黑，而是于儒家道义或有所暗合，或有所大明。这一点尤其能通过政治的实际效果得到印证，譬如反儒的刘邦结束秦之暴政，部分恢复人民的生活常态和自由，事实上契合了儒家宽厚仁义的政治精神。

陈亮指出："故亮以为：汉唐之君本领非不洪大开廓，故能以其国与天地并立，而人物赖以生息。"（《陈亮集·又甲辰秋书》）又说："诸儒自处者曰义曰王，汉唐做得成者曰利曰霸，一头自如此说，一头自如彼说；说得虽甚好，做得亦不恶；如此却是义利双行，王霸并用。如亮之说，却是直上直下，只有一个头颅做得成耳。"（《陈亮集·又甲辰秋书》）理学家根据天理人欲、道义智力褒贬古今，使人们不能正视政治世界之所以成立运行的道理。"千五百年之间，天地亦是架漏过时，而人心亦是牵补度日，万物何以阜蕃，而道何以常存乎？"（《陈亮集·又甲辰秋书》）一般儒者评价王霸，最后都落入"义利双行，王霸并用"的二元论。陈亮认为自己的主张是真正协调统一的。他的主张实际上是"王霸一元论"和"义利一元论"。陈亮的论述强调了事功和王道的内在统一性，进而表明了事功不仅是合理的、正当的、与王道不悖的，而且是王道必然内含的。要认识到政治家的精神复杂性，彰明其理想义（"英雄之心"），批判其差误，即所谓"发出三纲五常之大本，截断英雄差误之几微"（《陈亮集·又甲辰秋书》）。

陈亮上述观点的立论基础是他关于道、物关系的哲学观念。与理学家主张的"理一分殊"不同，陈亮主张"何物非道""道在物中"。他说："夫道岂有他物哉，喜、怒、哀、乐、爱、恶得其正而已；行道岂有他事哉，审喜、怒、哀、乐、爱、恶之端而矣。"（《陈亮集·勉强行道大有功》）又说："天地之间，何物非道？赫日当空，处处光明。闭眼之人，开眼即是，岂举世皆盲，便不可与共此光明乎！眼盲者摸索得着，故谓之暗合。不应二千年之间有眼皆盲也。亮以为：后世英雄豪杰之尤者，眼光如黑漆，有时闭眼胡做，遂为圣门之罪人；及其开眼运用，无往而非赫日之光明，天地赖以撑拄，人物赖以生育。"（《陈亮集·又乙巳秋书》）在陈亮看来，道并不神秘，它存在于日常生活之中，人们都可以接触到道。

薛季宣、陈傅良同样不同意从二元主义的角度看待三代与后世、天理与人欲、道与法的关系。在王霸问题上，季宣认为霸者仍然能够继承王者的一部分治道，只有这样才能取得一定的成就。完全舍弃王道，在政治上将一事无成。因此他肯定管仲、商鞅等人的积极意义，尊王而不黜霸。"当周之衰，周礼盖不行于天下矣。诸侯略能循周之法，虽甚无道，犹足以为强；率意妄为，未有不抵于乱亡者。”“愚谓诸侯略能循周之法，虽甚无道，犹足以为强者，齐与三国是也。”“惟秦商鞅耕战之法，获五甲首而隶五家，什伍之意或存焉，尚不害于兵农之一，卒兼六国，此其故欤！”（《薛季宣集·拟策一道并问》）

汉唐政治也得到季宣的高度评价，比如汉代的官员才能，比如唐代君臣之间的谏诤和纳言，推动唐代几乎达到三代成、康之治的水平。[①] 在冗官冗兵的改革问题上，他远引三代，近法东汉、后周，指出简易之道可行。[②] 在保伍、方镇制度问题上，他屡屡引北宋旧制作为依据。在政治的取法资源上，他主张王霸之道，不排斥霸道，汉、唐和周代一样都有可取之处。[③]

陈傅良日后对朱熹和陈亮关于王霸义利的评论，可以更清楚地显示出他思想的基本格局。他对朱熹以道德动机和原则、陈亮以事功效果来评价政治历史的做法均不满意。前者倾向于肯定三代、否定后世，事实上等于指出汉唐政治完全缺乏正当性，则“汉祖唐宗贤于盗贼不远”，暗示天下可以苟得，这样容易纵养乱臣贼子；后者纯以事功效果论道德，易于消解三代圣贤的道德价值，使人们认为完全依靠权谋诈术可以得天下，君主将对天道缺乏敬畏之心。“二君子立论，不免于为骄君乱臣之地。”（《陈傅良文集·答陈同父》）傅良更倾向于以体制法度作为理解和评价政治历史的优先视角，认为体制法度本身是道德精神的客观化形式，也是事功的政治保障。三代圣贤的道德精神通过周礼一类的体制落实为事功，汉唐君主的成就也能够通过他们的立法建制表达其道德精神。二者虽有境界差异，在政治原理上却是相通的，都通过体制法度体现出道法两面一体的结构。或者说，傅良通过体制法度来兼摄政治中的天理道德与事功，并使得他对于三代与汉唐的关系总体持一种贯通一

① 《薛季宣集·上张魏公书》引用汉唐果断平定内乱的事例，称赞“是皆汉、唐鹰扬计画之臣，才诚足以集事，其论如此，校然甚明”。《薛季宣集·朝辞札子三》提倡君臣相谏，兼听广览：“其君臣致治之美，庶几成、康有由矣。”“臣不敢远引三代，姑以所学稽于唐之君臣致治之美，为陛下献。”《薛季宣集·都堂审察札子》亦云：“是故大臣格君心之非，惟务引之当道。是虽战国之事，盖三代大臣之遗法也。”

② 《薛季宣集·召对札子二》：“光武并省郡县百官职员，而汉道中兴，周世宗汰斥老弱增壮禁卒，而王室始振，皆后事之师也。”

③ 《薛季宣集·拟上宰执书》：“夏之政忠，商之政质，周之政文，三者不同而其为政之规摹，有不可移者，是以有三王之治。文王事獯鬻，勾践事吴，少康谍穷，汉高间楚，四者不同而其制胜之规摹有不可移者，是以有王伯之功。”“守邦之术，得贤为固。伯王之主，不异代而求贤。天下之材，未尝乏也，患居上者求之非其道，而用之非其术耳。”

元的看法。[①]

傅良的政治历史意识大体近于陈亮。他并没有将三代代表的古典时代与后世代表的现实政治截然二分，主张将古今历史看作一个基本同质的整体，其中的政治原理没有诸如道德与人欲、道德与法度的断裂。在他看来，古今之间只有政治原理在应用及其效果上的程度差别，尽管这个差别要比陈亮指出来的显著，却并不构成历史的二元对立。他追求的复古，并非对具体政治形态的趋附模仿，而注重政治精神上的呼应一致。这一点导致他特别强调在现实政治的基础上理解其政治精神、明了其实际优劣，进而根据理想政治精神来谋划变革。因此他的政治思想一方面呈现出对古典政治的高度关注，另一方面特别强调现实意识，强调对于自身所处传统的精深把握。他的历史意识与现实意识是高度贯通的，这构成了其政治心智、改革取向的显著特色（“知今”）。后者实际上构成了他实现理想政治的基点，成为在当世重现古典理想精神的重心。

浙东重视史学，后世尤重吕祖谦之地位，以为其乃“六经皆史”说的渊源。在吕祖谦的秩序关怀中，历史性维度既构成了知识来源、解释原则，本身也蕴含了不少富有政治哲学意味的观念，深刻影响了对于秩序原理的理解以及实践导向的判断。[②]

对于秩序理念的把握，无论是其中的性理学抑或政事论，都依赖于历史学眼光下对于儒家经典和文献的探索。后世所谓“究性命于史”“六经皆史”的观念都可溯其渊源至东莱，其根本动机是一种政治经世关怀。他强调人在历史中的实践主体地位，并且指出，六经记载的只是古代圣王没有完备的法度，孔子也没有充分对其进行实践。经典系统并不是已完成了的封闭的人类经验，而是具有面向未来的开放性，有待后世人们不断实践以求施用（参见《东莱外集·策问》）。这种观点没有主张经典在价值上的绝对化，表现出很强的历史化理解的意味。与此相应，吕氏对于道统的认识也透露出一种重视历史维度的特别倾向。他指出，儒家之道从尧舜文武直至孔子的传承无疑是道之大全正统。然而，在他们其间的各个历史时期，道也都经由一些重要的贤哲而薪火相续，

① 陈傅良最亲密的弟子蔡幼学曾经聆听傅良与陈亮的学术辩论，并对陈亮指出“道一尔，奚皇帝王霸之云”（《宋元学案·止斋学案》）。案冯梓材云，蔡氏学术“大率在古人经制治术讲求，终其身固未尝名他师也”（《宋元学案·止斋学案》）。这条材料似乎说明，傅良讲求的道注重古今之一贯，对于陈亮根据事功划分的政治形态之差异并不刻意强调，而是寻绎其中的连贯变迁。

② 关于吕祖谦的历史思想，参见董平：《论吕祖谦的历史哲学》，载《中国哲学史》，2005（2）。

如商之甘盘、春秋之闵子马（参见《左氏传说·周原伯鲁不说学》）。这个观点较之典型的理学道统观，更彰显出道本质上的延续相接，而非断裂突兀。质言之，道是在人类活动的长期过程中连续地显示其存在的，而且面向未来呈现出广阔而开放的实践空间。

从认识论来看，只有对于人类历史经验整体而连续地深入了解，认识到其中的诸多动因及其变化，才可能真正地"通达治体（国体）"。吕氏对于司马迁的积极肯定，主要是由于太史公能够认识到三代的统纪规模。由于历史本质上是心灵的呈现和记录，观察者可以跨越古今的时空距离，通过富有想象力的敏锐心灵尝试认识其真实。读史人应该对历史现象做身临其境的拟想与运思，从当事人角度剖析所处的事势演变，进行权衡判断。这种情境主义的思考方法大有益于学者把观史转化为智慧养成的训练，其实践意义不言而喻。总体上，他的历史理解重视人事现象的脉络性，把它们放在具体变动的历史阶段和环境中，努力客观把握实际上的整体表现，据此进行价值判断。

他的王霸论体现出上述认识论特征，多见于他对从三代到春秋战国的历史解释。他特别注意每个历史时期政治文化特征（"时节"）的不同，这构成了评价的一个基本尺度。比如春秋时期，他认为其关键性在于三代的法度风俗从此崩坏，然而散而未尽，其政治文化具有鲜明的过渡特征，如霸主迭兴、孔子修经。战国时期则法度彻底瓦解，政治极端恶化。他的王霸之辨显示出如下特点：一方面，受理学正统的影响，注重从道德动机的角度来尊王贬霸，比如认为王道尚德、霸道尚力，王者关怀天下的公义、霸主关怀自己国家的私利；另一方面，在历史性考察中，又往往从时代形势、实际行动和客观效果的角度，超越道德两极化的价值判断，比如认为王者用兵也严酷不贷，霸主也不是完全舍弃道德。例如，晋文公襄王利民，讲求礼信，可以说以德辅力，成就了霸业（参见《左氏传说》卷十二）。这说明王霸之间有一些相似处，政治成功包含了道德、军事这些共同的因素。又如，在王纲解纽的乱世，霸主虽然存在僭越王道的地方，但是只限于一国，他们对于整个政治秩序的扶持这一功绩值得肯定。战国由于没有霸主的维持，混战更加严重，秩序崩溃到极点。这充分显示了吕氏根据历史局势的演进与客观效果来评价政治现象的特点。另外，从政治行为上看，霸主之间也因为德性、规模等因素，呈现出层次上的优劣高低之分。比如齐桓公在管仲的辅佐下，能够数十年如一日地积聚实力，君臣关系比较和谐，功业稳健扎实。而后来的晋文公等人，领土规模比较狭小，称霸心态却更为急迫，缺乏长期经营，功效不及齐桓公。这些不落窠臼的评价，显示出其对政治现象的理解和评价，虽然仍受到一些价值教条的支配，但是也呈现出历史化、客观化的趋向与相对化的弹性。

这种历史化理解贯彻于吕氏政治秩序理念的诸要素及其关系中。比如对宋代治体的评价：太祖开国之初的政治是否称得上宽仁？吕氏以酒禁制度为例，当时违背酒禁一石处死，单独来看惩罚确实严苛，但是放到五代以来的历史脉络中观察，只有认识到五代曾有以涓滴杀人的酷刑，才会理解太祖立法实际上体现了政治的渐进改善，开启了后世仁政。只有这样历史地理解政治，才会明白“当贤君良臣不得已之中，于此亦未尝无一个省节，示此意于天下”（《历代制度详说》卷六），德性精神是在具体的制度演进中曲折表现的。

总体上，他肯定三代政治秩序的理想性，比如井田制的公平分配、选材任人的慎重和优待、完备的荒政防险体制、财货上的与民共享，可为后世典范。不过，在三代内部，体制也有相对演进。比如由于人口数目与经济实力的不同，三代贡、助、彻之法轻重不同；由于人们的道德素质和互动方式不同，三代在敬老礼制上经历了从默然感通到诉诸乞言的变化（参见《丽泽论说集录》卷五）。从整体来看，秩序体制从三代到后世呈现出衰变、恶化的趋向。首先，秩序根本精神出现了从民众本位到君主国家本位的转变。三代秩序体现了政治精英以民众生命、财产、道德和幸福为根本关怀的精神，而后世在君主官吏代表的国家与一般的民众之间，出现了对后者的蔑视、侵夺与戕害。比如三代军事制度，根本上是服务于民众对于自身生命、财产的保护的，而到了后世，这一制度却成为君主利用民众和聚敛私财的工具；比如酒的管理，三代制度着眼于对民众德性的培养而限制饮用，后世国家却为了从酒榷获取巨利，不惜诱导民众沉湎其中。其次，制度本身的形式合理性和功能也表现出一种衰变。比如在选官任用制度上，三代在选拔机制上设置多层详备的筛选，正式任用前认真试用考察，对于筛选出的人才则礼遇有加。而汉唐之后“自重而渐轻，自缓而渐速”，选拔过程大为缩减，防范措施日密，正式任官也更仓促（参见《历代制度详说》卷一）。又如屯田制度，宋代斥地于敌、守内虚外、以常为便，从根本上违背军事防御的常理，造成兵费负担庞大而实际效用极微的悖论（参见《历代制度详说》卷十）。

就制度变迁的复杂性来看，三代以来各种制度的衰变又不是突然、急促而全盘发生的。它经历了漫长的时期，各个制度的关键转折在时期上前后不同，衰变深浅也有程度差异，不能一概而论。这意味着，有的尚能够部分体现三代体制的精神，如汉代的三老制、乡举里选，唐代的租庸调制、府兵制、均田制。它们一时还能够发挥三代治体的客观效果，比如租庸调制明确赋役的基本名目界限，能够限制暴君污吏的随意征收。吕氏对这些制度的相对合理性抱持积极肯定的态度。有的则完全违背了三代体制的精神，如唐代的两税制、宋代的兵制，吕氏对此持严厉批判态度。如两税制合并赋税名目，为法外征收开启方便之门，无形中取消了对于暴君污吏的制约。

吕氏指出，三代以来的这种转变，很大程度上出于政治主体的活动，如精英人物的应对策略、士人的修养。比如管仲、商鞅、桑弘羊、汉武帝、杨炎等人各种军事、财政制度上的举措，或追求国家利益，或迎合君主私欲，或急于应对危机，变更治体，导致君主国家利益独大，民众生活受到侵害。吕氏从价值取向上批评管仲等人追逐便己私利的政治动机，然而也认识到这种变化已经形成了一种很难逆转的趋势和格局，呼应了历史发展的一些客观需求。比如国家生存竞争的客观压力的确需要相当财政军事实力的支撑，整个社会经济的发展导致了货币秩序的必需。

从制度改革来看，理想出路当然是对于三代体制的全面恢复。吕氏认识到这种激烈复古的难度，因此其实际主张，注重在现有制度格局下尽量按照三代政治精神进行调整或变革，比如可以先部分取法汉唐的体制，温和渐进地迈向理想政治。

由于这种重视历史现实的思维，吕氏在政治文化上体现出重视经验积累和传统的实践态度。经典和文献，以及作为传统承载者的前辈先哲，都是人类经验财富的积淀和结晶，为后人提供了智慧源泉。以宋代而论，他对于从庆历到元祐诸儒再到渡江诸老的前辈儒者，景仰而习熟，继承了他们的政治文化志向。他编成《宋文鉴》一书，总集有宋一代的重要文献，志向便是“欲约一代治体归之于道”（《习学纪言·吕氏文鉴》）。他主张把宋代的祖宗之法确定为治体基础，在继承的前提下扬长补短，进行温和渐进的改革，纠正王安石激进变法的错误。对于科举制下缺乏历史感的士人，吕氏批评他们不识前辈姓名，轻视传统经验，政治实践难免成为“杜撰”。这种重视经验传统的态度，包含了对于道德—政治实践的一种特定看法，即于接续传承中向前开拓、形格势禁而能积极有为。

二、浙东道论中的认识论与本体论取向

浙东一脉在学术思想上早期主要受到理学的影响。周行己等“元丰八先生”即是显例。发展至薛季宣，对洛学的内在吸收也十分重要。其师袁溉的学

思特征在这方面的作用尤为突出。我们不妨以洛学为中心，从向心和离心两个角度来观察。在引导季宣接受洛学的向心角度时，袁氏把二程学术的一些基本观念和理论传授给了季宣，比如天理观、大中之道、心体观等等。季宣曾经有志于整理二程的语录，后来因为文献过多、力不从心而作罢（参见《薛季宣集》）。他告诫弟子，对待二程的语录不要只是口头背诵，一定要领会其中的义理。据说，他对二程语录的讲解也曾经与吕祖谦、张栻等人的一起流传于当世。[①]

导致季宣偏离洛学正统方向的离心性因素值得特别关注。首先，袁氏在洛学门人中属于博学多知的通儒类型，学问涉猎广泛，对经典礼制造诣很高，这直接启发了季宣学术思想的发展格局。他概括袁氏的学术云："先生学，自六经百氏，下至博弈、小数、方术、兵书，无所不通，诵习其言，略皆上口，于《易》《礼》说尤邃。"（《薛季宣集·袁先生传》）而他自己也是"自六经之外，历代史、天官、地理、兵刑、农末，至于隐书小说，靡不搜研采获，不以百氏故废。尤邃于古封建、井田、乡遂、司马之制，务通于今"（《薛季宣集·宋右奉议郎新改差常州借紫薛公行状》）。相应地，袁氏对于义理之辨，认为"学者当自求之！他人之言善，非吾有"。季宣认可这种对道德思考之自主性的强调，立志"终身诵服斯语"（《薛季宣集·袁先生传》）。这个宣称其实隐含了一种对于义理讨论的低调态度，导向"默而识之"的道德践行观。[②]季宣后来批评乾道年间逐渐兴盛的道学辩论风气，提出"义理之说不必深穷"（《东莱集·别集·与朱侍讲》）的激言，即以此为渊源。其思想格局受袁溉的影响，演化出学术性知识旨趣优先于思辨性义理关怀的倾向。这一点后来受到朱熹等道学家的责难，认为他背离正统，有沦为异端的危险（参见《晦庵集·答吕伯恭》）。

其次，袁氏思想中的事功意识，与其经世实践的人格理想，成为季宣事功思想与精神特质的主要来源之一。季宣曾指出，袁溉将自己的学术分成四类，其中三类曰理、曰义、曰事，而最后一类季宣声称遗忘了（参见《薛季宣集》）。以季宣之博闻强记，如此关键的纲要遗忘其一，实属可疑。按照上述三类的划分联系，第四类极可能与事功有关，或在功、利、物、用之间。季宣托

① 俞文豹：《吹剑录外集》，482页，上海，上海古籍出版社，1987。

② 季宣的这种道德实践观注重主体的内在体验和确认，对此一问题的知性讨论持低调态度，"默而识之"成为他告诫学者的基本修养原则。如《薛季宣集·答陈同父书》："此事自得则当深知，殆未可以言言之也。以同父天资之高，检察之至，信如有见，必能自隐诸心。"

言健忘，或许是顾虑到贬抑功利之言的时风趋向。[①] 而衡以袁溉对于季宣的人格影响，追求经世事功的精神是非常明显的。他高度评价袁氏文武兼济、积极实践的一生，推许他为“言行文章皆足为世楷式”的君子儒。季宣的思想强调学术与经世的内在统一，事功精神成为支配其一生的精神特质，也使他有别于朱熹一路的洛学传人。[②] 另外，师徒传授中的一个具体情节也影响了季宣对于洛学的接受，反映出思想传承过程中的偶然性。袁溉曾和季宣相约入蜀搜访二程遗书，传授学问，后来二人在蜀中错过，没能达成所愿。按陈亮记述，程颐曾经撰述礼学方面的著作，未成而散落四川民间，袁溉可能对此有所收获。季宣由此而失去学习程氏礼学的一个良机。这点如果属实，也可以视为季宣思想偏离洛学轨道的一个历史线索（参见《陈亮集·伊洛礼书补亡序》）。

季宣对洛学思想的消化状况对于理解其洛学渊源具有实质性的意义。就经典解释和思想构建的关系而言，季宣十分注重《大学》《中庸》《论语》和《易传》等儒家经典，他的《大学解》《中庸解》《皇极解》就是其经制思想的理论纲领。他告诫弟子陈傅良：“史书制度自当详考，不宜造次读过。《中庸》《大学》《系传》《论语》，却须反覆成诵，勿以心凑泊焉。”（《薛季宣集·答君举书一》）我们往往注重薛氏经制之学对于制度和史学的研究，对其义理基础不甚留意。这个基础是夯实在上述经典解释上的，对这些经典的重视则来自理学思潮对于四书的特别推崇。尽管季宣后期对于道学运动盛谈《大学》《中庸》义理表示不满、担忧，但其思想体系的理论基建仍以它们为核心，这一点正是源自他学术上的洛学根底。

在哲学和政治观念上，季宣对洛学一方面继承，另一方面进行了独特诠释，形成了自己的理论特色。首先来看其哲学观念。一方面，季宣接受了天理观，把它作为本体论意义上的核心概念，指导道德和政治活动的至高准则。他指出，如果经世实践没有天理原则的引导，就会浅薄无根、效用不彰。[③] 另一

---

① 季宣积极追求事功，被朱熹等人视作“功利之徒”。这在明确区分事功、功利的永嘉诸子看来，无疑误解了他们的思想。陈傅良在为其师撰写行状时，谨慎下笔，说季宣“尝掇拾管、乐事为传，语不及功利”。由此也可体会到道学内部主流思想对此问题的敏感，季宣隐而不发，或许职此之故。

② 季宣挚友郑伯英对薛氏思想的概括，极精准地彰显了其学术的事功精神：“圣贤不作，道丧文弊。问学事功，岐而为二。事功维何？惟材与力。问学维何？书痴传癖。学不适用，用者无学。为己为人，在在乖错。公之探讨，专用律身。推而放之，于以及人。”（《薛季宣集》附录一）

③ 这个观点在他和陈亮的通信中有突出的表达（参见《薛季宣集·答陈同父书》）。季宣的《书古文训》中天理观的比重十分明显，另外还可参见《答石应之书》《与潘文叔》。

方面，季宣特别注重发挥天理观念的实践性意涵，强调在道德和经世活动中不断地认知天理。他在《读〈伊川易传〉》一诗中提出："至密退藏那有迹，惟几成务尚容研。"（《薛季宣集·读〈伊川易传〉》）。这既道出天理（易道）无形无象的超越性，又着重指出开务成物对于彰显天理的关键意义。他认为"人事之尽即天理所在，代天之道因人事而为之"（《书古文训·皋陶谟》），明显脱转自《伊川易传》中的"即事尽天理"（《二程集·二先生语二上》），但理论重心发生了变化。二程是主张在具体的人事世界里处处体会天理，季宣则强调天理的存在是通过人事的充分实践体现的。就对中庸之道的诠释而言，二程侧重中庸理念高明而超越的抽象意义，季宣则认为"致广大者必尽精微，极高明者必道中庸"，凸显"中庸"成物的实践意涵，由"而"至"必"可见其思想意向的强化。综合来讲，季宣的哲学观把握到了天理和人事（道和器）的辩证关系，也契合二程的体用论架构（"体用一源，显微无间"）。[①] 在这一点上，称薛氏学术得统于程氏，有其思想根据。关键是，在这种统绪架构中的思想意向出现了重要的变化，实践性的关怀上升至主导地位。这是季宣对于洛学思想的侧重性拓展，受到了多种思潮的影响（其中，地方学统的作用的确不可轻视）。在洛学其他传人着重义理探讨的风气的反衬下，他的拓展自然呈现出不同的特性，甚至蕴含异端的因素。

在政治思想上，季宣同样继承和发展了二程的学说。大中之道是二程政治哲学的中心理念，季宣从袁溉那里有所继承，以之为政治思想的根本大纲。他对孝宗说："臣学于师以事陛下，惟中道尔。"（《薛季宣文集·宋右奉议郎新改差常州借紫薛公行状》）其经制思想即根据《中庸》《大学》代表的以中道为理想政治的永恒原则，指导制度和政事的实践。在对二程基本政治原则的继承下，季宣对与政治实践有关的制度和史事特别用心，这成为其经制之学的主要特征。这是袁溉对其影响的直接反映，在前文中已经指出。实践性天理观的具体发挥，对制度和史学的研究势必超越洛学的学术规模，博采众家，在思想内涵上遂有洛学不能范围之处。举礼制为例，二程论礼就人性的本善处着眼，认为礼制是人性呈现外化的天秩天序；而季宣运用二程的天理和人欲概念，认为由于人欲具有极为强大的内在堕落倾向，与天理形成紧张关系，礼制的确立就是要引导和克服人欲及其弊端，保障天理的规范意义。季宣的主张在对洛学概

① 虽然季宣对于体用论的范畴有所保留，但他对天理和事物、道和器（事、法）关系的论述并没有否定二程的基本思路。我们可以从他和陈亮、沈有开的通信中印证这一点（参见《答陈同父书》和《沈应先书》）。

念加以采纳时，内里却应用了荀子一路的礼制论证思路。①

基于对儒道精神的这种理解，季宣对当时流行的体用论政治观持保留和怀疑的态度。宋儒的体用观在胡瑗的学术中已有清晰的表述，他以仁义礼乐纲常为体，把它们在现实中的举措应用称为用。② 其后的儒者逐渐扩大了体、用的价值间距，“体”升华（缩窄）到仁义天理的层次，“用”则代表天理在世界中的应用，如礼乐制度等等。二程的“体用一源，显微无间”就本此义。季宣认为体用论在政治中很容易落入徒善、徒法论，偏执于道德伦理或礼法制度一端。道揆和法守不得相通，落入佛老和申韩的偏颇之中。“夫道之不可迩，未遽以体用论，见之时措，体用疑若可识。卒之何者为体？何者为用？即以徒善徒法为体用之别，体用固如是邪？”（《薛季宣集·答陈同父书》）仁义义理和礼法制度都是政治秩序的主体部分，不能分高低上下。因此季宣在其经制思想中，把价值等级意味很强的“体用”代之以相维并行的道德实践和礼法实践。这是对体用论政治观的一种修正，在理论精神上和胡瑗更为接近。③

傅良关于道和法丰富复杂的思考可见于《止斋论祖》。傅良对于道的理解突出地显示出来自理学潮流的影响，他频繁地交错使用“理、道、一、心、中、诚、神”等概念来表达对于宇宙世界的形而上理解，其中尤其重视“心”这个概念。④ 这些概念指示宇宙的本源与本体，也是心性根本。在本体和功夫的意义上，它们代表了一种天人、物己真正消除区隔的大公神圣境界，是道德学习与实践的根本指向、政治事业的根本精神。傅良这方面的论述，比如《颜渊天下归仁》中，有张载《西铭》式的浓厚道德宗教意味，显现出他自身强烈

---

① 季宣对礼制正当性的论证，还有根据人性经验表现之偏执而立论运思的，得自传统经学解释的启发，也非洛学思路能够约束（参见《薛季宣集·周礼释疑》）。

② 胡瑗的弟子刘彝曾经总结胡的思想要领：“圣人之道，有体、有用、有文。君臣父子、仁义礼乐，历世不可变者，其体也；《诗》《书》史传子集，垂法后世者，其文也。举而措之天下，能润泽斯民，归于皇极者，其用也。”“故今学者明夫圣人体用，以为政教之本，皆臣师之功，非安石比也。”（《宋元学案·安定学案》）

③ 从季宣混用“治道”“治法”二词来看，二者基本上被认为是同位同义的概念。季宣更常用“治道”代表政治的方法途径，它包括大学之道，也包括礼法制度、用人之道等意义，季宣对这两个概念并没有像程颐一样进行严格的分别。程颐有言：“治身齐家以至平天下者，治之道也。建立治纲，分正百职，顺天时以制事。至于创制立度，尽天下之事者，治之法也。圣人治天下之道，唯此二端而已。”（叶采：《近思录集解》，卷八，549页，上海，上海古籍出版社，2002。）

④ 关于这方面可参见《止斋论祖》中的《天人相与之际》《圣人之于天道》《博爱之谓仁》《学者学所不能学》《下学而上达》《告子先孟子不动心》《学至乎礼而止》《虞夏不言损益》《回也其庶乎屡空》《君子所性》《荀氏在轲雄之间》《圣心万物之镜》《动静见天地之心》《韩愈所得一于正》等篇。

的超越意识（参见《止斋论祖》丁之体）。这些理学色彩明显的论述，与其他文章中傅良对于颜、孟学统的高调赞颂，可以说是内在一致的。他高度赞扬颜回屡空对于上达之道的领悟，坚守孟子的性善论，批驳荀子、扬雄、韩愈的人性论，强调公私之辨。

其次，傅良关于形而上学理论的讨论同时显示出两个值得关注的趋向，这对理解其后来的哲学态度意义重大。一个是在论述道、理的玄妙超越时，傅良同时指出它们并非空虚无物，而是要在形、器、事、为中努力把握，“圣人于稊稗瓦甓而见道，舟车器械其中即礼”（《止斋论祖·下学而上达》）。这种具有庄子道家色彩的重视具象性的观点，经由一种对于道和理的低调认识论得到强化，转而滋生出倡导经验实践的思想倾向。

所谓低调的认识论，是指傅良多次强调道理的广大精微、散乱无统，人们很难把握到其全体精髓。然而人们的认识本性往往诱惑他们将一时局部的印象认定为道理的要旨。傅良将其视为一种认识论上的私性。有鉴于此，傅良对于道理的探讨，并不优先鼓励通过语言探讨来分辨真伪高下，对于人们大言论理、争论纷起的消极社会影响心怀警惕。[①] 在这个逻辑下，我们发现傅良对于天下之理和人情，往往表现出重视经验、重视实践的理论风格，强调通过亲身实践来了解纷繁复杂的宇宙事物。[②] 这个特点与上述具象性的观点相结合，形成了形而上哲学前提下的某种政制实践定向。

在道、法论述上，傅良成熟期的思想相对于《止斋论祖》显示出轻重隐显的变迁。先来看其道的论述。首先，原先关于道体如理、一、心、空的充满理学特色的论述大大减弱了，这方面的理论关切明显淡化多了。然而，这并不代表傅良彻底丧失了对于形而上学问题的关切，更确切地说是这种关切变得隐而不彰，或者转化成了更具德性论和政论性质的表述形式。所谓隐而不彰，自然有来自季宣“义理之说不必深究”的思想影响，有前期思想对于哲学问题采取低调态度的推力。而同时，通过傅良与季宣、祖谦、伯熊等人的通信往来，可以发现他们的论学仍然围绕性理一类的问题展开。从朱熹对傅良的一些评论来看，傅良以孟子性善论解释《洪范》，赞同天人、人己、理心为一的一体论思想，也从侧面印证了傅良对于所谓理心、心性的问题仍然延续了前期思想的关

① 参见《止斋论祖》中的《仁与义为定名》《下学而上达》《博爱之为仁》《告子先孟子不动心》等篇。

② 参见《止斋论祖》中的《为治顾力行何如》《使功不如使过》《山西诸将孰优》《下学而上达》等篇。

切，只是表现程度大为减弱，在自觉意识上有意地回避理论争辩。[①]

从傅良更为积极论述的道论观念来看，源自宇宙形而上学背景的观念更多地在德性论和政治论的范围内被表达出来。一个突出的枢纽就是傅良的心论及相关的德性论。他的政治思想中屡屡言及天心、天命、人心、民心、君心、群心。所谓天心、天命，其实与傅良前期思想中的道、理、一、心等相通，意指宇宙—政治秩序得以存在、维系的根本，是现实政治的价值精神根基。而要保障这个根基，也就是确保政治生活的维系和更进，可取的着力之点是把握人心，既包括民心、群心的凝聚，也包括君心、士心的敕戒。在这个思想前提下，傅良特别强调以精神上的兢业、兢畏作为德性根本。这个观点其实在伯熊、季宣的思想中已经存在，至傅良而发扬光大。[②] 傅良在 1180 年代中晚期，最终将其确立为六经儒学大义的关键。这种极度强调人的敬畏、警戒、恐惧、健行、勤勉等精神质素的德性，构成傅良道德实践与政治观念的一个核心。它不是现代论者所说的唯物论意义上的事功经世，而是在深厚的超越意识支配下的实践美德。没有关于宇宙本体根源的新儒学理解，对于天心、人心的敬畏警戒就只是无根之木，我们也难以理解傅良的道德政治论述。[③] 傅良对这一点把握深为自得，多次向身边的学友论证这个心得的关键意义。它关联着思想家个人精神追求与事功经世这内外的两面，既与自身的道德成就、安身立命紧密联系，也支撑着政治事业中的主体精神与制度规范。

吕祖谦对于天理、人欲“同体异用，同行异情”的判断也构成浙东学派的特色（参见《东莱集·别集·与朱侍讲》）。在他看来，二者交融一体、不易分离，在不同情状下发用则有分殊。比如他把人心区分为内心和外心，内心代表了人性本真，属于本心、天理，而外心代表了受外物吸引的利益欲望，属于人欲。就道德实践而言，吕氏推崇本心、内心，批评外心逐物，主张回复本心，这与一般理学家同调。但是如果细致观察吕氏对于政事制度等领域的理解，他对人性的利欲性和争斗性，并没有简单采取道德主义的态度，而是从一种较为

---

① 参见《朱子语类》卷二十“黄问《学而》首章”条、“问《学而》首章”条，卷一百二十三“先生问德粹”条、“陈君举得书云”条。

② 伯熊的思想特点前面正文已揭。季宣在给傅良的信中说，“兢业之心，平荡之道，盖非一非二，知言知德，诚有不可载”（《薛季宣集·答君举书三》）。

③ 比如傅良在嘉王生辰诗后指出诗颂不只是歌功颂德，而且也可以寄托敕戒的意思，所谓“君臣相敕”“战战恐惧、善始善终者”。这个意思在三代还有，在秦始皇、李斯之后就消亡了。楼钥特别表彰了傅良这个颠覆流俗常见的见解，表示“臣于傅良平日所畏至是益以叹服”（《陈傅良文集·跋御书所进嘉邸生辰诗》）。

客观的经验论角度，承认、正视政治现象与这些人性属性之间的事实联系。他基于这种现实主义的认知，结合道德思考，去讨论权力、国家、体制安排等问题，产生了不少比较新颖的观念意识。

比如对于政治中的人性，他不仅看到理想人性中趋善的道德理性，更加看到诸如众人之性中难以克治的非理性激情（如意气、争斗），自律性道德实践不能够完全解决群体社会中由此引发的冲突（参见《左氏博议》卷三）。人性中的激情和欲望在权力运用的过程中极易产生腐化和罪恶，权力与人性的易腐蚀性之间相互催化，因此对于政治权位应该严格分配，严密防范。吕氏对此表现出了相当自觉的幽暗意识（参见《左氏博议》卷十三）。他还指出国家是一个具有极大利益诱惑性的实体，势必引发人们的争夺。从确保稳定的秩序理性来看，取决于生理原则的嫡长子世袭制能比较有效地排除围绕最高权位产生的无穷争斗（参见《左氏博议》卷三）。另外，政治事务的本质之一是在人群中调配利益，事关少数人对于多数人的控制、动员和实现公共利益，从而展露出一种相对独立的领域属性（参见《东莱集·乾道六年轮对劄子二首》）。反映在个人伦理上，家庭社会和国家政治的不同性质，也产生了不同的德性标准。[①]在对礼所代表的秩序观的诠释上，吕氏虽也指出礼作为天理规则而自然呈现，但特别强调的却是一种近似于荀学的思路，论证人在生活中随时可能被欲望腐化，招致自我和群体的毁灭，所以需要礼法约束、规范，以免于暴死非命的厄运（参见《左氏博议·桓公与文姜如齐》）。另外，公共法度的建设事关治体根本，优越于由统治者个人品质决定的政治规模，可以更有效地保障政治秩序的运行（参见《丽泽论说集录·门人集录论语说》）。这些往往来源于吕氏历史观察和体认的识见，相当程度上超越了道德理想主义的理学思维定势。似乎可以说，道德主义对于天理的价值肯定，与制度主义对于人欲经验的知性承认，指示出不同的实践立场，这恰恰体现了吕氏关于天理人欲“同体异用，同行异情”的理解，与“内外相维持”的秩序样式相呼应。

这种区分对待的处理方式自然在其整体的秩序观中形成了内在的两歧性。政治国家既是担负道德使命的精神实体，也是一种处理利益协调的体制性存在。

这种双重性格具有很强的张力结构，既互补相济，也内含了不少模棱、冲突甚至矛盾。可能正是由此缘故，朱熹批评吕氏学思中道理与作为、道德与制

① 参见《左氏博议》卷十六关于“君子勇于公而怯于私”的论说。

度之间出现了相分离的趋向。因为它没有纯然以仁义道德为政治的根本，并从仁义道德推导出天理正当意义上的典礼法度，而是在道德主义的视界以外，通过承认人性的欲望、利益、争斗性与有限性来着力论证各种制度程序的必要性。从现代西方政治哲学的角度来看，吕氏制度主义的思路已经开始逐渐脱离将政治活动道德化的套路，指示出近世儒学法度化的积极趋向。然而，这种发展并没有最终突破道德主义的限制。君主在智慧才能上的有限性与德性上的不足都已经进入吕氏视野，但是他对于道德理想人格的信念却根深蒂固，最终抑制了他对于最高权力进行客观制约的宪政化思考。

最后谈一下水心的本体论和认识论特征。统纪之学讲求治道统绪、兼重体制与素养，水心却屡屡指出治道难言、法度难革、豪杰难求（参见《叶适集》卷十五）。正视政治经验与实践的儒家道问学之不易得，是水心遍视古今、亲历实政之后的大感慨。在时贤中，他继承浙东学脉，对于朱、陆的等道学则持异议。检视起来，他的浙东俦侣在思想上仍然表现出来自早期理学的深刻影响，于经制事功之外杂以程度不等的道德形上学色彩。这一点至水心晚期，可以说被洗刷殆尽，水心以统纪之学的政治中心论对理学进行了鲜明彻底的批判。而这种批判的根本视野是上文不断指出的儒者政治之成熟、近世士大夫政教之反省。在知识论上，他继承了新儒学关于道与主体能动性的基本看法，并不否认心的明道角色。不同于理学的是，他对于心和物能够持一种大体均衡的立场，并且更注重物对于道的实践论含义。① 在此意义上，古文运动、道学思潮都有偏失，对于儒者的道德和政治实践都有蔽障之见。② 水心提出的“内外交相成”，可以说为季宣的道法合体、祖谦的内外维持等论述赋予了知识论的成熟基础。

对于《礼记》中提到的“人生而静，天之性也，感于物而动，性之欲也”，叶适认为：“但不生耳，生即动，何有于静？”理学由此而生发出主静之论，强调本性安宁、受物欲鼓动而出现偏差。在水心看来：“以性为静，以物为欲，尊性而贱欲，相去几何？”（《习学记言序目·皇朝文鉴二》）对于人性与事物的关系，《礼记》中的看法过于偏颇，贬低了事物的地位。

---

① 蒙培元先生从德性之学的角度对水心有较为深入的探讨。参见蒙培元：《叶适的德性之学及其批判精神》，载《哲学研究》，2001（4）。

② 水心从理想政治的角度，指出“其文则必皆知道德之实而后著见于行事，乃出治之本，经国之要也”（《习学记言序目·皇朝文鉴二》）。所谓“道德之实”，就是正文皇极部分指出的物、道、极的恰当关系。

同样，在批评《乐记》中的“好恶无节于内，知诱于外……物至而人化物也”时，水心也指出“知与物皆天理之害也，余固以为非”。理学的天理人欲二元论，容易把天高度神圣化而对人采取一种极端的看法，或者全是人欲，或者全臻天理。水心不同意这样的天人之论，更平实地承认人内在的情欲和道德张力，认为这是儒门修己功夫的出发点，批评“近世之论学，谓动以天为无妄，而以天理人欲为圣狂之分者，其择义未精也”，“近世之学，谓动以天为无妄，动以人则有妄，夫卦之画，孰非天者？偶震与乾合，而遂谓动以天为无妄，则他卦之妄者多矣，岂足以教人哉！且人之动，则固人而已矣，又孰从而天之？不见其天而强名焉，是将自掩而为妄不可止也”（《习学记言序目·周易二》）。

《大学》强调格物的首要地位，二程解“格物”为穷理，而水心认为，《大禹谟》“人心惟危，道心惟微”、孔子“非礼”之论都不论有物无物，格物只是入德之门，而非穷理之境，后世学者纠结于格物或绝物或通物，容易迷失方向。水心把致知作为首要，“知者，心意之师”，“所知灵悟，心意端壹，虽未至于趋诣简捷之地，而身与天下国家之理贯穿通彻”（《习学记言序目·礼记·大学》）。但需要注意，水心并非贬低格物的重要性。相反，格物需要持久通贯的实践，需要真正进入内在与外在之事物的世界，而不能一味与物隔离甚或拒斥。下面还会谈到。

对于人性论，水心从历史演进的视角来理解各家各派的说法，指出孟子在三代没落的世界中大力提倡性善论，于诸家中让人们认识到“人性之至善未尝不隐然见于搏噬、纱夺之中，此孟子之功所以能使帝王之道几绝复续，不以毫厘秒忽之未备为限断也”（《习学记言序目·孟子·告子》）。然而，水心自己的立场更强调超越善恶来进行理解，这才是更为正确的方式：“余尝疑汤‘若有恒性’，伊尹‘习与性成’，孔子‘性近习远’，乃言性之正，非止善字所能弘通。”（《习学记言》卷十四）常性蕴含丰富广阔的经济、社会与政治内容，不是用道德善恶的伦理主义的单一视角就能完全概括到位的，而是更强调从一种习惯、习俗、习性养成的角度来理解其构成和性质。或者说，水心的性是一个远比道德构成性丰富的概念，更体现一种广阔的法度演进性。

在性命道德论上，水心通过回溯《尚书》这样的根源经典来阐发自己对于理学论述的异议。这一点在他对《中庸》首三句的批评中有典型表述。对于“天命之谓性”，他引用《尚书·汤诰》中的“惟皇上帝，降衷于下民”指出，可以说“降衷”，不可言天命为性。因为万物与人类生于天地，都出于上天之命，而唯有衷是只有人可以得到的，“盖人之所受者衷，而非止于命也”（《习学记言序目·礼记·中庸》）。由于这个原因，人类受衷，“故能得其当然者，若其有恒，则可以为性”（《习学记言序目·礼记·中庸》），在行动中践履、保持规范之延续恒久，这才是性的本义。由于人类具备得之于天的独特禀赋，故而能在实践中形成常道常行。而“率性之谓道”，在人负普遍天命的假设上，不能把握降衷之独到命意，“不可知其当然也，而以意之所谓当然者率之，又加道焉，则道离于性而非率也”（《习学记言序目·礼记·中庸》）。只有人类独有的降衷、受衷才能使他们真正得其当然，知其当然，若有恒性；反之，泛泛的（泛灵论式的）天命论只能诱使人类运用自身的私意去揣度道德之当然、天地万物之所谓普遍命理，这并不能导致率性，而会导致道违背人类的本性。

接下来，水心对“修道之谓教”的“修”提出意见，认为如“克绥厥猷惟后”所言，“盖民若其恒性而君能绥之，无加损焉耳。修则有所损益而道非其真。道非其真，则教者强民以从己矣”（《习学记言序目·礼记·中庸》）。按照水心的分析，《中庸》的修道最终导致的是根基于私意的强制，并且是一种自以为掌握了道而实际上违背人性、人道的强制。水心认为，古典智慧中，性与道是结合为一体的，而“率性之谓道”，实际上“以道合性，将各徇乎人之所安，而大公至正之路不得而共由矣”（《习学记言序目·礼记·中庸》）。

水心强调的是，用降衷—有恒—绥猷之间的公共性逻辑，去破除天命之性—率性—修道之间逻辑中的我私、我执（“意之所谓”、加之损益的强民从己）。应该认识到合乎人性受衷的常道、大道，切莫陷入以己意揣度、设限、推行的独断逻辑。

对于“道也者不可须臾离，可离非道也”，水心引用孔子的“谁能出不由户，何莫由斯道也”指出，由户而出是行道的恰当譬喻，“不可须臾离”则意味着“无往而非户也，无往而非户，则不可须臾离者有时而离之矣”，这毋宁说是一种过于泛化、普遍化的道论，不若孔子论道之“明而切”。可见，水心是运用《尚书·汤诰》的“惟皇上帝，降衷于下民。若有恒性，克绥厥猷惟后”来对治《中庸》纲领这一理学性命论的大根据。

其间的紧要处就在于，道的根据究竟是人类独受的降衷，还是天地万物的普遍天命。水心紧扣人类的道德和政治领域来思考，支持从一种有限度的形而上学视角来确定与人类的相关性。这种形而上学并不否认万物与超越之天的关联，只是并不将天物关系与天人之际混为一谈。理学思路则根据全包式的形而上学演发出一套当然之规范，在水心看来这已经是人类私意、私智的发挥，容易陷入人人各执己见的纷争，违背了人类普遍遵行的大道。更为关键的是，水心认为依据这种私意、私智，形成了自以为是、独断性质的强民从己，从根本上违背了民的恒性厥猷，对于事物秩序的内在机理形成了一种不当的宰制。而这种不当，配合以了悟天地万物的普遍命理自负，容易形成一种道德和政治的宇宙浪漫主义，为政治领域增添不必要的重累（“自掩而为妄不可止”）。水心根据孔子的“老安少怀”，批评近世学者以为如是则与天地同量的浮言：“且天地虽大也，亦乌能安老而怀少哉?”（《习学记言序目·论语·公冶长》）这个思路的政治思想陷阱即在于此。

这种理学政治观表现在基本的修身之道上。不能正视事物、欲望、情欲的正当性，往往“抑情以徇伪，礼不能中，乐不能和，则性枉而身病矣”。而水心依据《周礼》司徒、宗伯，指出民伪是动作文为辞让度数之辨，由于其不可见而匿情，属性为阴；民情是耳目口鼻四肢之节，其可见而能灭伪，属性为阳。对于人情民情的抒发、行为规则之辨明，各需要乐和礼来予以规范校正（“防”），因此“礼乐兼防而中和兼得，则性正而身安，此古人之微言笃论也”（《习学记言序目·周礼·春官宗伯》）。修身之道要实现人情和规则合乎中和原则的兼得，其中不能过度抑制人情、欲望、事物的地位。

在秩序经纶上，水心批评学者是己非人、自智愚物，也包含了对于理学末流轻视事物、实践的批评。“余每患儒者不知以伦类之通开物之所有，而好以亿虑之私疑人所不能，自智而愚物，而不知己之愚自是始也。”（《习学记言序目·孔子家语·颜回》）水心把五行视为政理之精义所在，认为在《洪范》中，箕子首告以五行，希望武王“顺天行而万物并育，不欲其私人力而一家独利”。政治人应该做到德、智、力兼备，做到“顺五行之理以修养民之常政”（《习学记言序目·汉书二》）。遵循天理是良政的前提，这一点水心与理学家相同，关键在于理学家强调人的道德主体优越性之关键地位，而水心强调德、智、力兼备的实践主体面对事物经纶应有的谦逊和审慎。从道德观到经世观，水心的思路都不同于理学一派的思路。

儒家的道与学，其全体规模表现为“为仁由己”“克己复礼”的“具体”与“出门如宾，使民如祭”（《习学记言序目·论语·里仁》）的操术。孔子揭示“一以贯之”的道理，则此道学“贯通上下，应变逢原，故不必其人之可化，不必其治之有立，虽极乱大坏绝灭蠹朽之余，而道固存，学固常明，不以身没而遂隐也”。此处可见水心的道论仍与理学共属近世新儒学一路精神。然而，对于曾子以“忠恕”解“一贯”，水心并不认同，指出“忠以尽己，恕以及人，虽曰内外合一，而自古圣人经纬天地之妙用固不止于是”。水心认为孔子继承圣王一道以教育学生，后者所受各不同，不能认为曾子独受独传。水心以颜子的“克己复礼”批评曾子的“动容貌，斯远暴慢”之论，前者体现的精神是“己不必是，人不必非，克己以尽物可也”，则后者自以为是、非人非物的狂妄可见，“专以己为是，以人为非，而克与未克，归与未归，皆不可知，但以己形物而已”。这里对于曾子的批评，正是对理学本源的批评，如水心自述“传之有无，道之大事也。世以曾子为能传而余以为不能，余岂与曾子辨哉？不本诸古人之源流，而以浅心狭志自为窥测者，学者之患也”（《习学记言序目·论语·泰伯》）。

水心也肯认道、德、性、理一类概念的重要性，而他的理解明显地体现出对于事物与此类抽象概念之关联的高度强调，批评舍弃前者、空谈性理道德的取向。如所谓“理本不虚立”（《习学记言序目·左传二·昭公》）、“德兼物”（《习学记言序目·左传一·成公》）、“订之义理，亦必以史而后不为空言”（《习学记言序目·孟子·万章》）。前文述及其皇极哲学，盖“夫极非有物，而所以建是极者则有物也”（《习学记言序目·皇朝文鉴三》）。因此，水心思想的形而上学层面，是主要从经纶秩序的角度来加以阐明的，它不同于理学家宗教性体验意味极强的形而上学境界。水心指出：“君子必将即其所以建者而言之，自有适无，而后皇极乃可得而论也。”（《叶适集·水心别集·皇极》）德义礼道，都是通过事物的经纶秩序得以显现的，“物之所在，道则在焉……道虽广大，理备事足，而终归之于物，不使散流，此圣贤经世之业”（《习学记言序目·皇朝文鉴一·四言诗》），“夫物之推移，世之迁革，流行变化，不常其所，此天地之至数也，圣人已见之矣。是故道以易天下而不待其自易，迎其端萌，察其逆顺而与之终始”（《叶适集·水心别集·易》）。“圣人迭起而能以道易天下”，事物合乎其本性地被安顿编排，以形成优良之秩序，这是水心经纶为本之形而上学的观念。

这种经纶性形而上学的观念精神，在水心对于《易》之乾卦的解读中最能体现出来。他不满于易传系统对于阴阳关系的辩证解读，而高度强调乾之首出地位，将其理解为宇宙生生不已之力量的根本，“道者，阳而不阴之谓也”，因此表彰“独乾”“独阳”的价值。阴只是对于这种力量的破坏和抑制，“杀其已生，坏其已成者，性情使之尔”，不具备根本意义（参见《习学记言序目》）。乾是宇宙形而上意义的根本，阳刚之德代表了人文与天地的根本力量，人应当把握这个根本来指导道德与政治领域的活动，彰扬一种刚健有为而不至于妄的进取精神。我们也可说这是水心所谓天人之间“降衷”的核心。

如果把这个观念放在水心乃至浙东学派的整体思想中去领会，我们可以说它代表了一个根本性的人格活力、社会活力、秩序活力的概念，指向社会政治世界中那些生发、经纶、进取、刚健的根本力量，比如吕祖谦对于天下事往前进取的强调，季宣、陈亮对于英雄豪杰人格的推重。水心对于育德振民、乾阳应物的提倡，对于为国之道中立国活力的强调（培育释放而非一味防范秩序的构成性力量如地方活力，批驳“以矫失为得”），对于社会经济领域财富创造、秩序维系之有生力量的尊重（反对贬低商贾、为富民辩护），在陈亮思想中同样有鲜明的展示，当然还包括那种对于英雄人格、共治主体的推扬。乾道发扬，这是三代盛治的根本，“若夫乾之二为见龙，三为夕惕，四为跃渊，五为飞龙，其君以是道，其臣亦以是道，所别者位而已矣，此唐虞三代之所以为盛也”（《习学记言序目·周易一》）。承续、包容、转化社会政治中那些元气淋漓、阳刚进取的要素，使之形成一种自由、公正而可持续演进的优良秩序，这一南宋浙东经世哲学的基调可以在水心对于乾卦独具一格的解释中得到根本印证。

由思考秩序精义而聚焦治体法度，以经世实践精神维系其经制事功理想，由此言之，南宋浙东诸儒的确更能代表近世新兴儒学的政治维度。为了进一步认识近世政治传统中的道法关系、儒法关系、治体政德、士大夫政教问题，这个传统提供的丰富资源需要在现代语境下被再度发掘和发扬。

任　锋

参考文献

陈亮．陈亮集．增订本．北京：中华书局，1987.

吕祖谦．东莱集．上海：上海古籍出版社，1987.

萧公权．中国政治思想史．北京：新星出版社，2005.

薛季宣．薛季宣集．上海：上海社会科学院出版社，2003.

叶适．习学记言序目．北京：中华书局，1977.

第十一章 黄宗羲的分权政治哲学

黄宗羲是明末清初著名的儒家学者，与顾炎武、王夫之并称“明末清初三大思想家”，与弟黄宗炎、黄宗会号称“浙东三黄”，与顾炎武、方以智、王夫之、朱舜水并称“明末清初五大家”，与陕西李颙、直隶容城孙奇逢并称“海内三大鸿儒”。

黄宗羲学问极博，思想深邃，著作宏富，一生著述多达50余种，300多卷，其中最为重要的有《明儒学案》《宋元学案》《明夷待访录》等。

明末清初是中国历史上“天崩地解”的时代，当满族以骑马民族的强悍最终进驻北京时，那些自小就受教于儒学，严守“华夷之大防”的士子们即以果敢的精神进行深刻的反思，黄宗羲就是其中的代表人物。他以明代政治之得失为出发点，以三代之治为理想范型，思考整个中国政治之兴衰沉浮，进而构建其政治理想，并进行制度层面的设计，从而使儒家政治哲学实现了创造性的转化。本章即基于他的名篇《明夷待访录》展开对其政治思想的探寻。

第一节 以三代之治为理想目标的政治设计

黄宗羲认为自古以来的社会形态到当时为止经历了三个阶段，即自然社会、以三代为典范的理想社会以及三代以下的有缺失的社会。通过对三代理想社会以及三代以下人类社会的对比剖析，黄宗羲凸显了三代作为他的理想社会范型的意义。当然，以三代为理想范型，一定意义上是黄宗羲在对历史上所谓的作为儒家政治理想的三代之治的基本特征加以损益的基础上提出来的，其核心思想就是“天下为主，君为客”。

一、作为儒家理想的三代之治

三代之治是儒家以三代礼乐之制为典范而建立起来的理想社会政治和状态，也称为礼乐之治。夏、商、周三代相似的社会经济结构，构成了三代之文化一体的重要基石①，建立在这一社会结构基础上的社会政治文化制度也具有一贯性，这一政治文化制度，即礼乐之制，其最终在西周得以集大成。儒家则以西周礼乐之制所体现的纲纪规范和理论原则为基础，尤其以德治和礼义两方面的内容为核心对其进行深化与总结，以此作为三代之治的主要内容，这一工作之所以由儒家来完成，就在于儒家本身实乃三代礼乐制度培养出的、与这种社会组织管理和教化方式同一的、特殊的社会成员群体，他们以三代之治为原型来构筑自己的政治理想乃顺理成章。在儒家以三代之治作为政治理想的形成过程中，孔子、孟子是关键人物。孔子的贡献在于，他对三代礼乐之制进行理论总结和道德升华，从而建立起自己理想的政治制度，并以此观照、批判现实

---

① 当然，三代文化政治制度的嬗变关系，以及三代政治制度文化究竟是同大于异还是异大于同，一直是学界争论的热点问题之一，争论的焦点则殷周之变。有学者认为，社会文化政治制度的变化与社会经济结构之间并没有直接的对应关系，殷周之间虽然社会经济政治结构并没有发生很大的变化，但文化与政治制度却发生了剧变，如王国维先生即谓：“中国政治与文化之变革莫剧于殷周之际。”“殷周间之大变革，自其表言之，不过一姓一家之兴亡与都邑之移转，自其里言之，则旧制度废而新制度兴，旧文化废而新文化兴。”“欲观周之所以定天下，必自其制度始矣。周人制度之大异于商者，一曰立子立嫡之制，由是而生宗法及丧服之制……二曰庙数之制。三曰同姓不婚之制。此数者皆周之所以纲纪天下，其旨则在纳上下于道德，而合天子、诸侯、卿、大夫、士、庶民以成一道德之团体。”其变革的中心在周之有德：“殷周之兴亡乃有德与无德之兴亡。”“欲知周公之圣，与周之所以王，必于是乎观之矣。”（《观堂集林》卷十）强调三代文化在殷周交替之际发生跃迁。而持相反观点的，早有“周监于二代，郁郁乎文哉”（《论语·八佾》）之论；现代学者则除陈梦家、裘锡圭、张光直等先生外，有的还从殷周两朝社会生产力和社会结构的相对稳定性出发，分析殷周之际变化之同大于异：“反观商周之际的社会，虽亦在政治制度与文化形态诸方面出现了令人瞩目的变化，但却很难说商周两代在生产力性质及人们从事生产劳动的方式上有什么根本的不同。两代的社会结构（如家庭或家族组织结构）也不能说有什么实质性的差异。”［沈长云：《论殷周之际的社会变革——为王国维诞辰120周年及逝世70周年而作》，载《历史研究》，1997（6）。］

政治。这样，本是历史性概念的三代之治，被转化为价值性概念。[①] 孟子则在霸道全面崛起的战国时代，进一步把历史性的三代之治转化为价值性概念，并继《尚书·洪范》王道之称谓，将三代之治明确称为王道之治，王道仁政明确成为儒家之政治理想。同时，他以鲜明的立场尊王贱霸，通过王霸之辨凸显王道理想的价值优越性和王道途径的有效性。因此，在儒家政治哲学中，与三代之治密切相连的还有一个重要的范畴，那就是王道，王道之原型和典范就是三代之治。

理学家们在以其理本论或心本论、良知论构筑其形上体系的基础上，同样以三代之治作为理想政治之范型。他们认为三代之所以能成为理想政治之范型，恰恰是因为其乃天理流行的时代或良知流行发用的时代。朱熹即言："道者，古今共由之理……尧所以修此道而成尧之德，舜所以修此道而成舜之德，自天地以先，羲黄以降，都是这一个道理，亘古今未常有异，只是代代有一个人出来做主。"（《朱子语类》卷十三）也就是说，三代之所以为三代，在于其合于天理，而自秦汉到隋唐，帝王以"利欲"之心治天下，致使人欲横流，黑暗混乱。

王阳明也对三代推崇备至。"唐、虞以上之治，后世不可复也，略之可也；三代以下之治，后世不可法也，削之可也；惟三代之治可行。"（《王阳明全集·传习录上》）在劝诫明武宗勿一味好佛的《谏迎佛疏》中，他即指出："诚使陛下好佛之心果已真切恳至，不徒好其名而必务得其实，不但好其末而务必求其本，则尧、舜之圣可至，三代之盛可复矣。"（《王阳明全集·谏迎佛疏》）而三代之所以能成为理想社会范型和目标，就在于它是良知自然发用的时代。他说：

---

① 在《论语》中，孔子没有明确提出"王道"这一概念，但在讲"礼之用"，以和为贵时，有"先王之道斯为美"之说，所谓"先王之道"即先王所创设的政治制度、政治原则，在一定意义上，此可谓孔子所因损创制的理想政治制度，即孔子所谓的王道。当然，此章乃有子所言："有子曰：'礼之用，和为贵。先王之道斯为美，小大由之。有所不行，知和而和，不以礼节之，亦不可行也。'"但体现的是孔子的思想。除此之外，其他典籍则明言孔子倡王道，《汉书·地理志下》载："孔子闵王道将废，乃修六经，以述唐虞三代之道，弟子受业而通者七十有七人。"《礼记·乡饮酒义》载："孔子曰：'吾观于乡，而后知王道之易易也。'"《淮南子·泰族训》有："孔子欲行王道，东西南北七十说而无所偶，故因卫夫人、弥子瑕而欲通其道。"（《淮南子集释》）《史记·十二诸侯年表》有："是以孔子明王道，干七十余君，莫能用，故西观周室，论史记旧闻，兴于鲁而次《春秋》，上记隐、下至哀之获麟，约其辞文，去其烦重，以制义法，王道备，人事浃。"战国楚简《孔子诗论》中也有："行此者丌（其）又（有）王乎？孔子曰：诗亡（毋）离志，乐亡（毋）离情，文亡（毋）离言。""第一简"整理者说："行此"一句"据辞文，是论述王道的"，紧接着的《子羔》中，孔子对其弟子子羔提出的"三王者之作"等问题进行了回答，虽然由于残缺不全看不出多少内容，但从孔子对子羔"三王者之作也，皆人子也"的称"善"，和回答子羔"如埶在今之世则可（何）若"时说"其埶可胃（谓）受命之民矣"的言语中，可以看出孔子对三王之治（德治）的总结和赞叹。[马承源主编：《上海博物馆战国楚竹书（一）》，124 页，上海，上海古籍出版社，2001。]

“尧、舜、三王之圣，言而民莫不信者，致其良知而言之也；行而民莫不说者，致其良知而行之也。是以其民熙熙皞皞，杀之不怨，利之不庸，施及蛮貊，而凡有血气者莫不尊亲，为其良知之同也。呜呼！圣人之治天下，何其简且易哉！”（《王阳明全集·传习录中·答聂文蔚》）也就是说，先王之所以能治理天下并保证其政治活动的正当性，就在于他们本着良知而言行，因此，要实现三代之治，其中一个重要前提就是“世之君子惟务致其良知”（《王阳明全集·传习录中·答聂文蔚》），通过共明良知于天下的努力，使天下人都克去己私，具有良善德性，使每个人都成为圣人。这样，或许可以恢复三代之治。王阳明还用大段文字描写了三代王道之世的理想图景：

> 日中以前，礼仪交会，气象秩然，就是三代世界。（《王阳明全集·传习录下》）
>
> 当是之时，人无异见，家无异习，安此者谓之圣，勉此者谓之贤，而背此者虽其启明如朱亦谓之不肖。下至闾井、田野、农、工、商、贾之贱，莫不皆有是学，而惟以成其德行为务。何者？无有闻见之杂，记诵之烦，辞章之靡滥，功利之驰逐，而但使之孝其亲，弟其长，信其朋友，以复其心体之同然。是盖性分之所固有，而非有假于外者，则人亦孰不能之乎？学校之中，惟以成德为事，而才能之异或有长于礼乐，长于政教，长于水土播植者，则就其成德，而因使益精其能于学校之中。迨夫举德而任，则使之终身居其职而不易，用之者惟知同心一德，以共安天下之民，视才之称否，而不以崇卑为轻重，劳逸为美恶；效用者亦惟知同心一德，以共安天下之民，苟当其能，则终身处于烦剧而不以为劳，安于卑琐而不以为贱。当是之时，天下之人熙熙皞皞，皆相视如一家之亲。其才质之下者，则安其农、工、商、贾之分，各勤其业以相生相养，而无有乎希高慕外之心。其才能之异若皋、夔、稷、契者，则出而各效其能，若一家之务，或营其衣食，或通其有无，或备其器用，集谋并力，以求遂其仰事俯育之愿，惟恐当其事者之或怠而重己之累也。故稷勤其稼，而不耻其不知教，视契之善教，即己之善教也；夔司其乐，而不耻于不明礼，视夷之通礼，即己之通礼也。盖其心学纯明，而有以全其万物一体之仁，故其精神流贯，志气通达，而无有乎人己之分，物我之间。（《王阳明全集·传习录中·答顾东桥书》）

从以上描述中可以看出，王阳明还将作为理想政治范型与目标的“三代之治”与“万物一体”的观念紧密联系在一起。“圣人有忧之，是以推其天地万物一体之仁以教天下，使之皆有以克其私，去其蔽，以复其心体之同然。其教之大端，则尧、舜、禹之相授受，所谓‘道心惟微，惟精惟一，允执厥中’。”（《王阳明全集·传习录中·答顾东桥书》）而其关目则舜之命契，所谓“‘父子有亲，君臣有义，夫妇有别，长幼有序，朋友有信’五者而已。唐、虞、三代之世，教者惟以此为教，而学者惟以此为学”（《王阳明全集·传习录中·答顾东桥书》）。

可以看出，自孔子开始，儒家即以三代之治为其外王事业所指向的理想目标，孜孜不倦地进行建构。因此，对于儒家三代之治的构建，不能斥之为荒诞不经，恰恰相反，“其中蕴含着儒学社会理论的基本价值，以及从这一价值力倡对社会变迁中政制正义性之丧失的批评和抨击”①。也正因为如此，当儒家学者以其为主体，进行具体的政治实践，尤其是推动政治改革时，回归三代是其必然的选择，庆历诸儒以及熙宁新政中的王安石即为明证。② 但他们认为，回归三代不是原始的复古，正如前述，对何谓三代，不同时代有不尽相同的解释一样，如何回到三代，三代给予当下的是什么，是那些儒家政治思想的践行者们所深入思考的。在他们看来，回归三代，就是法先王之所以为法，师古以用今：“夫已今之世，去先王之世远，所遭之变，所遇之势不一，而欲一二修先王之政，虽甚愚者，犹知其难也。然臣以谓今之失，患在不法先王之政者，以谓当法其意而已……法其意，则吾所谓改易更革，不至于倾骇天下之耳目，嚣天下之口，而固已合乎先王之政矣。”（《王文公文集·上皇帝万言书》）在法先王之所以为法的基础上，要因时致治。以王阳明为例，他一方面对三代之治推崇备至，另一方面绝不泥古，而所谓的三代之治是在良知论的基础上基于历史情势的展开：

> 爱曰：“如《三坟》之类，亦有传者，孔子何以删之？”先生曰：“纵有传者，亦于世变渐非所宜。风气益开，文采日胜，至于周末，虽欲变以夏、商之俗，已不可挽，况唐、虞乎！又况羲、黄之世乎！然其治不同，其道则一。孔子于尧、舜则祖述之，于文、武则宪章之。文、武之法，即是尧、舜之道。但因时致治，其设施政令已自不同。即夏、商事业，施之于周，已有不合，故周公思兼三王，其有不合，仰而思之，夜以继

---

① 陈明：《儒学的历史文化功能：以中古士族现象为个案》，16页，北京，中国社会科学出版社，2005。

② 当然，以回归三代作为理想目标，又和儒家学者对三代以后时代的基本判定相关。以庆历诸儒为例，他们之所以主张回到三代，现实的考量还在于唐之藩镇、汉之外戚作为反面典型，俱不可借鉴。

日。况太古之治，岂复能行？斯固圣人之所可略也。（《王阳明全集·传习录上》）

周公制礼作乐以示天下，皆圣人所能为，尧、舜何不尽为之而待于周公？孔子删述《六经》以诏万世，亦圣人所能为，周公何不先为之而有待于孔子？是知圣人遇此时，方有此事。（《王阳明全集·传习录上》）

所有这些关于三代之治的观点，都是黄宗羲建立其政治理想范型的重要思想资源。

二、作为理想范型的三代之治

以阳明后学自任的黄宗羲，一方面以三代之治为理想政治的范型，另一方面立足于对明代政治弊端的剖析，展开了对整个中国古代传统政治的深刻反思，建构了他所谓的三代之治。

以三代为王道流行的时代，以汉唐为霸道把持的时代，王霸对举、尊王贱霸，乃以二程为代表的宋代理学家所坚持的观点。黄宗羲亦然，因此，他对三代之治的褒扬一定程度上也是在对王道的赞美，以及与霸道的对举中体现出来的。他在《孟子师说》中曰："霸者只在事功上补凑，王者在心术上感动，民之应之，亦截然不同。'欢虞'者，民为法制所缚，无争斗作乱之事，皞皞则孝悌忠信，相感而化，所谓'必世而后仁'者是也。王者未必不行霸者之事，而霸者不能有王者之心，就如汉唐之治，当其太平之时，民自欢虞，终不免于杂霸。三代之治，即其末也，故家遗俗，流风善政，尚有王者气象。后世之民，但有啼号愁惨，求欢虞亦无矣。王者吾不得而见之，得见霸者斯可矣。"（《黄宗羲全集·孟子师说》）首先要说明的是，就这段引文而言，黄宗羲似乎并没有将三代看作王道之盛世，"三代之治，即其末也"，但此处之"末"当理解为时间上的"末"，而非程度上的"末"。在黄宗羲这里，理想社会是"三代及以上"时期。其次，黄宗羲以"心术"与"事功"分王霸，一定意义上与二程、朱子以天理、事功分王霸，以及王阳明认为王道即是良知流行的时代具有一致性。但在黄宗羲这里，王者之"心术"的核心是什么呢？他说："王霸之分，不在事功而在心术：事功本之心术者，所谓'由仁义行'，王道也；只从迹上模仿，虽件件是王者之事，所谓'行仁义'者，霸也。"（《黄宗羲全集·孟子师说》）即"心术"之"核心"即在仁义，就此而论，黄宗羲并不反对事功，差别主要在于"由仁义行"和"行仁义"。"由仁义行"意味着仁义乃一切行为之依据，是目的，就此而论，所谓事功必须是在此依据之上的结果，不可倒果为因；而"行仁义"一定意义上是以"仁义"为手段，作为目的的则是事功，也正因为不以仁义为目的，因此所成就的功业也是为私欲所驱动的、只重事功的霸道：王霸之间于此判然有别。由此也可见，黄宗羲并不反对事功，但事功一定是仁心之自然结果。而他对朱陈之辩的评述也是立足于此。他认为二人的观点均有不当之处，并认为朱子不知三代之事功与汉唐之事功不同，故讳言事功；但事功其实不必讳言，只是需要仁义来保证其价值正当性而已，也就是他所谓的"心术"："夫朱子以事功卑龙川，龙川正不讳言事功，所以终不能服龙川之心。不知三代以上之事功与汉唐之事功迥乎不同。"（《黄宗羲全集・宋元学案・龙川学案》）"夫事功必本于道德，节义必原于性命。离事功以言道德，考亭终无以折永康之论；贱守节而言中庸，孟坚究不能逃蔚宗之讥。"（《黄宗羲全集・明名臣言行录序》）当然，朱子也并不是讳言事功，而是同样强调事功是否体现了天理："古之圣人，至诚心以顺天理，而天下自服，王者之道也。后之君子，能行其道，则不必有其位，而固已有其德矣。故用之则为王者之佐，伊尹、太公是也；不用则为王者之学，孔、孟是也。"（《朱子全书・四书或问・孟子或问》）也正因为如此，朱子非常看重统治者的心术，认为人主之心术乃纲纪之所系，人主心术正，则天下万事无不正，"然而纲纪不能以自立，必人主之心术公平正大，无偏党反侧之私，然后纲纪有所系而立"（《朱熹集・庚子应诏封事》）。相反，假仁义以济私欲，即是霸道，"若夫齐桓、晋文，则假仁义以济私欲而已，设使侥幸于一时，遂得王者之位而居之，然其所由，则固霸者之道也。故汉宣帝自言汉家杂用王霸，其自知也明矣"（《朱子全书・四书或问・孟子或问》）。在他看来，"尝谓'天理''人欲'二字，不必求之于古今王伯之迹，但反之于吾心义利邪正之间。察之愈密，则其见之愈明；持之愈严，则其发之愈勇"（《朱熹集・答陈同甫》）。汉高祖、唐太宗纵然有盖世之事功，但难掩其私欲，尤其唐太宗，"无一念之不出于人欲也"（《朱熹集・答陈同甫》）。故王与霸的区别，"在心不在迹"，"太宗诛建成，比于周公诛杀管蔡，只消以公私断之。周公全是以周家天下为心，太宗则假公义以济私欲者也"（《朱子语类》卷一百三十六）。朱熹坚决反对："若以其能建立国家、传世久远，便谓其得天理之正，此正是以成败论是非，但取其获禽之多而不羞其诡遇之不出于正也。千五百年之间，正坐如此，所以只是架漏牵补，过了时日。"（《朱熹集・答陈同甫》）在朱熹看来，国家富强是王道的结果，但不能因此而认为富强均因行王道而得，若如此，则是以成败论英雄。这可能是朱熹认为陈亮之重在事功，而非真正"察其真心"的原因，也是他视汉唐诸君专以私欲行事的原因。就此而论，黄宗羲得于朱子处甚多，但他对朱子本身的观点也有误解。

在黄宗羲对“仁心”的阐述中，有一个非常重要的特点，那就是非常强调仁心作为公心的一面，进而认为三代之所以为三代，就在于三代之君有公心，因此，作为管理者的君主，一定要“不以一己之利为利，而使天下受其利；不以一己之害为害，而使天下释其害”（《明夷待访录·原君》）。黄宗羲强调公心，即在反对君主以天下为私产。他认为后世一切纷争恰恰都源于此：“是故秦变封建而为郡县，以郡县得私于我也；汉建庶孽，以其可以藩屏于我也；宋解方镇之兵，以方镇之不利于我也。此其法何曾有一毫为天下之心哉！”（《明夷待访录·原法》）“盖天下之治乱，不在一姓之兴亡，而在万民之忧乐。”（《明夷待访录·原臣》）公心首先意味着在君与民的关系格局中，在天下视野中，君主必须以天下作为根本的价值出发点，把观察社会治乱的立足点和价值出发点放在万民之忧乐上，包括君主在内的所有社会管理者都应当“以天下为本”。

黄宗羲还明确表明三代可复。他从气运的角度，说：“余尝疑孟子一治一乱之言，何三代而下之有乱无治也？乃观胡翰所谓十二运者，起周敬王甲子以至于今，皆在一乱之运。向后二十年交入‘大壮’，始得一治，则三代之盛犹未绝望也。”（《明夷待访录·题辞》）并确信，“吾虽老矣，如箕子之见访，或庶几焉”（《明夷待访录·题辞》）[①]。

---

① 黄宗羲在这里所谓的“人各自私，人各自利”的“有生之初”的状态，从表面上看，与荀子所谓的人所具有的“饥而欲饱，寒而欲暖，劳而欲休”的自然属性一样，但仔细分疏，实乃不同。在黄宗羲这里，一定意义上，“人各自私，人各自利”只是人之情，这从下文可以看出来：“夫以千万倍之勤劳而己又不享其利，必非天下之人情所欲居也。”黄宗羲解读后世古代君主“逃”位的原因，也基于此，“故古之人君，量而不欲入者，许由、务光是也；入而又去之者，尧、舜是也；初不欲入而后不得去者，禹是也。岂古之人有所异哉？好逸恶劳，亦犹夫人之情也”（《明夷待访录·原君》），并认为喜逸而恶劳乃人情之常态。在黄宗羲这里，“人之情”与“人之性”是不同的：“夫人只有动静而已，寂然不动，感而遂通，动静之谓也。情贯于动静，性亦贯于动静，故喜怒哀乐，不论已发未发，皆情也，其中和则性也。”（《黄宗羲全集·明儒学案·诸儒学案中一》）性是情之中，情则有过与不及。就性而言：“性以理言，理无不善，安得云无善？”（《黄宗羲全集·明儒学案·泰州学案五》）以理言性，性善无恶。他也以气言性，性为气之中，“窃以为气即性也，偏于刚，偏于柔，则是气之过不及也。其无过不及之处，方是性，所谓中也”（《黄宗羲全集·明儒学案·南中王门学案三》）。（在儒家那里，气质上的刚柔缓急与人性上的善恶都属于人性论的讨论范围。）相反，气之偏或“气之杂糅”则导致不善：“夫不皆善者，是气之杂糅，而非气之本然。其本然者，可指为之性，其杂糅者，不可以言性也。”（《黄宗羲全集·明儒学案·北方王门学案》）但在荀子那里，他首先认为，“凡性者，天之就也，不可学，不可事……而在人者，谓之性”（《荀子·性恶》），表现为“饥而欲饱，寒而欲暖，劳而欲休”（《荀子·性恶》），在这里，这种与生俱来的、质朴的自然属性是性，而且，在如下意义上，荀子还给予它们以否定的恶的评价，由此而认为性恶：“然则从人之性，顺人之情，必出于争夺，合乎犯分乱理而归于暴。故必将有师化之法，礼义之道，然后出于辞让，合于文理，而归于治。用此观之，然则人性之恶明矣，其善者伪也。”（《荀子·性恶》）

三、作为核心理念的“天下为主，君为客”

如前所论，黄宗羲以三代之治为理想社会的范型，但就人类社会的类型而言，他认为，人类社会之始并不是三代，在三代之前，还有一个自然社会的状态。由此他关于人类社会起源的观点也得以展开，而这一观点又是和他对人的一个基本判定紧密联系在一起的，那就是“有生之初，人各自私也，人各自利也”（《明夷待访录·原君》）。普通的老百姓可以按照其本然的人性去追求其私利。这样的状态下的人类社会不是最差的社会，也不是最好的社会，因为个体利益没有得到最大化的体现，“天下有公利而莫或兴之，有公害而莫或除之”（《明夷待访录·原君》），因此从“兴公利，除公害”的角度而言，人类需要“有人者出，不以一己之利为利，而使天下受其利；不以一己之害为害，而使天下释其害”（《明夷待访录·原君》）。这种对人类社会发展的讨论是和对君长权力来源的解释紧密联系在一起的。当然，从君长的角度谈论人类社会文明程度的高低也是儒家政治思想的主要特征之一，之所以如此，是因为在传统社会之中，统治者的作为乃政治文明与否的绝对影响因素。也正因为如此，君以及君臣关系、君民关系乃儒家政治思想的主要论题。黄宗羲也不例外，他对三代之治的理解在心术，而所谓心术，当然是君主的心术。这也正是黄宗羲为什么会把对人类社会之起源的探讨落脚到君长出现的必要性这一问题上，并把对理想社会的探讨基于君当何为来展开。

从黄宗羲对“有生之初”人类自然社会的描述可以看出：一则黄宗羲的历史观不能简单地被归于进化论或退化论；二则他非常看重君长存在的必要性和合理性，由此也说明他不是无君论者；三则他肯定了人的自私性，他之所以认为三代及以上是理想社会，正是因为在承认人的自私性的前提下，那个脱颖而出的人能够适当“兴公利”“除公害”，由此而成为君长。就此而论，在黄宗羲这里，一个社会之所以能正常运转，正在于对人的自私性能够予以恰当的保护，而作为管理者的君主的作用是在维护人的自私性的基础上实现人际共赢。

如果说黄宗羲以君长之心术作为判断一个社会理想与否的标准，并逻辑地推出君主当以天下为本，实际上与传统儒学并没有多少差别的话，那么当他说出“以天下为主，君为客”（《明夷待访录·原君》）时，就不仅仅是将君本位转换为民本位了，因为以民为本的背后尚可以问谁以民为本，回答很显然是君，因而仍然逃不脱君与民的二元格局，君以民为本意味着君主虽然必须为民服务，但民一定意义上还是被动的承受者，其本身的作用仅在王权转替之际作为政权合法性的依据被放大，其本身在国家制度建构以及具体的政治生活中发挥什么作用，似乎极少被涉及。但“天下为主”则不然，它所指向的是天下所有人，就此而论，无论是君还是民都是天下的主导者，只是由于分工的不同，君主享有更多的权利，负有相应的义务，并接受相应的约束与限制，其“客”之为“客”也当作如是解。

因此，在基于王霸以心术论三代及以上理想社会之后，黄宗羲又在君与天下这个维度下展开其对理想社会的探讨。“古者以天下为主，君为客，凡君之所毕世而经营者，为天下也。”（《明夷待访录·原君》）“原夫作君之意，所以治天下也。”（《明夷待访录·置相》）即君主是手段而非目的，设立君主就是为了使天下在“各得自私”“各得自利”的前提下“兴公利”“除公害”。古代的君主因为能够以天下为主，“二帝、三王知天下之不可无养也，为之授田以耕之；知天下之不可无衣也，为之授地以桑麻之；知天下之不可无教也，为之学校以兴之，为之婚姻之礼以防其淫，为之卒乘之赋以防其乱”（《明夷待访录·原法》），故而“古者天下之人爱戴其君，比之如父，拟之如天，诚不为过也”（《明夷待访录·原君》）。在黄宗羲看来，一个理想的社会统治应该是在“公天下”的政治体制中能够使万民顺畅地实现属于自己的“私利”，而那些本不应该施加给他们的东西则是后世君主在“私天下”的政治体制中强加给他们的“公害”。而且，就天下所指向的是天下人，包括万民而言，黄宗羲将以天下为本作为政权合法依据的思想与孟子将以民为本作为政治统治合法性依据的思想有相似之处。同时，在孟子那里，万民之私利也是得到普遍承认与肯定的：“无恒产而有恒心者，惟士为能，若民，则无恒产，因无恒心。……是故明君制民之产，必使仰足以事父母，俯足以畜妻子，乐岁终身饱，凶年免于死亡，然后驱而之善，故民之从之也轻。”（《孟子·梁惠王上》）因此，就强调满足民众生存需要而言，孟子并不是否定功利，相反，功利具有相对的独立性。孟子之所以在义利之辨中强调义，是要引导统治者以义为价值取向，统治者若能以义为价值取向，就不会夺民之利，就能满足民众对利的需求，最终实现天下之大利，即王道。在他看来，所谓“饥寒起盗心”，本质上不是教化而是生存的问题，是老百姓在无以为生的困厄中为自己找一条活路，并非是他们天生品质恶劣。也就是说，“无恒产者无恒心”并不是否认道德形上层面的善心善性，而是在有效地处理各种外部因素的影响的基础上实现人之所以为人的本质。但黄宗羲与孟子还是不同，正如前文所论，孟子之民本其实只是要求作为主导者的君明白百姓在政权隆替中的重要价值，民还是君要养教的对象，其本身在政权体系中除了在极端情况下以“闻诛一夫纣矣”体现出极强的摧毁力量外，在和平时期没有发挥多少主导作用，但黄宗羲不同，当他以“天下为主，君为客”作为其理想政治的核心时，天下之民在政权体系中的地位和作用，就不仅仅是被决定和被教养了，一定意义上，他们与君主本身一起构成了国家治理的共同力量。从黄宗羲孜孜于制度建构，提出限制君权、扩大相权、倡导学校的议政功能中都可以看出，他已经从民本中侧身而出。当然，这里需要探讨的是，黄宗羲是如何从看重君王之心术，从对君王存在的合理性及必要性的肯定，跨越到了君为客、天下为主的，以及这一跨越是如何实现的。

四、作为思想基础的心、力行与变

黄宗羲的政治思想与其以“心”为本的哲学思想、重变并倡导经世应务的历史观有密切的关系。

对于黄宗羲的哲学思想，学者们众说纷纭，有如梁启超般认为其乃“王学的修正者”[①]的，也有如刘述先般认为“他不只变成王学的殿军，也变成了整个宋明理学思想的统绪的殿军”，“他代表了一个时代的终结，却又在无意之中促进了另一个时代的开始”[②]，更有学者认为其乃“宋明道学之异端”[③]。笔者基本认同梁启超的观点，即黄宗羲思想当属王学，但对王学有修正。首先，就以心为本这一方面，黄宗羲明确说：“盈天地皆心也，变化不测，不能不万殊……故穷理者，穷此心之万殊，非穷万物之万殊也。”（《黄宗羲全集》）故“苟此心之存，则此理自明，更不必沿门乞火也”（《黄宗羲全集》）。这明显是对阳明关于“心”的思想的继承。其次，黄宗羲对阳明之学有修正，正如上段引文，在“不能不万殊”之后，他接着说：“心无本体，工夫所至，即其本体。”这里，所谓“心无本体”并不是要否定心的本体地位，恰恰是要在本体与功夫的对举中，凸显功夫的重要性。当然，王阳明也有类似的观点：“功夫熟后，渣滓去得尽时，本体也明尽了。”（《王阳明全集·传习录下》）这里虽然强调功夫的重要性，但于功夫而言，本体则是有一定界分的目标，要到“熟了”，且“渣滓去得尽时”，方能“明尽了”。而黄宗羲的观点则在对功夫的强调中，使本体成

---

① 梁启超：《中国近三百年学术史》，145页，上海，复旦大学出版社，1985。

② 刘述先：《黄宗羲心学的定位》，1页，杭州，浙江古籍出版社，2006。

③ 侯外庐主编：《中国思想史》，第5卷，北京，人民出版社，1980。

为一个依功夫而得以动态呈现的过程，这可以说是对阳明本体功夫论的修正。当然，不仅王阳明，黄宗羲对刘宗周的思想也有继承和发展，但由于本章的重点不在于探讨黄宗羲思想的渊源，而只是在对其哲学思想的勾勒中，探究其哲学思想与其政治思想之间的关系。而且，这里对黄宗羲与阳明思想关系的探讨，也仅仅是为了确定其学派归属和思想主旨，以更明晰地呈现其政治思想的哲学渊源。从一定意义上而言，黄宗羲以“心术”言“王霸之别”，正是以其心本论作为基础的。

与强调功夫所至即是本体相一致，在解读阳明的“致良知”时，黄宗羲认为：“先生之格物，谓‘致吾心良知之天理于事事物物，则事事物物皆得其理，以圣人教人只是一个行，如博学、审问、慎思、明辨皆是行也。笃行之者，行此教者不已是也’。先生致之于事物，致字即是行字，以救空空穷理，只在知上讨个分晓之非。”（《黄宗羲全集》）强调力行功夫。这样，“致良知”就成了“行良知”，这种对力行的重视非黄宗羲所首创，阳明本身也作如是解。在《论语》中，孔子即以“文、行、忠、信”教人，认为若能躬行践履，“虽曰未学，吾必谓之学矣”（《论语·学而》），并多次在言与行的对举中，讲到行的重要性，认为只有通过行，儒家的仁道才能修己、安人、安百姓，从而得以弘扬。《中庸》也引孔子言曰：“好学近乎知，力行近乎仁，知耻近乎勇”，强调履仁的重要性，认为“知斯三者，则知所以修身；知所以修身，则知所以治人；知所以治人，则知所以治天下国家矣”（《中庸》）。在宋明理学中，不同的学者对知与行孰先孰后、孰轻孰重进行探讨，进而由此阐发他们关于修身、治国的观点，因为在他们看来，知行问题不仅关乎修身的成败，而且决定王朝之隆替。也就是说，知行问题不仅属于伦理学中的道德理论与践行的问题，也是社会政治学中的重要问题。对于这一点，在王阳明论及他何以提出知行合一说时就体现得非常突出。他说，他之所以倡导知行合一，正是为了抨击时弊，整饬人心。在王阳明看来，朱子的格物穷理导致求仕途的学子们皓首穷经，脱离事功、事能，造成明中后期的空虚腐败现象，因此，“某今说个知行合一，正是对病的药”（《王阳明全集·传习录上》）。就此而论，他是要以“知行合一”强调行的重要性，因此，在其论证何谓“知行合一”时，便有“真知即所以为行，不行不足谓之知”（《王阳明全集·传习录中·答顾东桥书》）之论，而在《教条示龙场诸生》之“勤学”中便有“笃志、力行、勤学、好问”的表述。但黄宗羲的重要贡献在于在继承王阳明关于知行关系的重要思想之后，将“致”字明确解释为“行”，一方面从根本上批判了当时天下皆畅言良知，以致出现在学风上游谈无根、束书不观，在面对社会问题时消极回避的空疏之风，另一方面也在对行良知以及力行的倡导中，积极面对现实问题，力图在此基础上构建他的经世思想。在下面这段引文中，他以倡力行而积极经世的思想得到了鲜明体现：

> 儒者之学，经纬天地，而后世乃以语录为究竟，仅附答问一、二条于伊洛门下，便侧儒者之列，假其名以欺世。治财赋者则目为聚敛，开阃扞边者则目为粗材，读书作文者则目为玩物丧志，留心政事者则目为俗吏，徒以“生民立极，天地立心，万世开太平”之阔论钤束天下。一旦有大夫之忧，当报国之日，则蒙然张口，如坐云雾。世道以是潦倒泥腐，遂使尚论者以为立功建业别是法门，而非儒者之所与也。（《黄宗羲全集》）

也就是说，讲力行并以“为天地立心，为生民立命，为往圣继绝学，为万世开太平”（《张子语录》）为志向，积极于建功立业，是儒者的本分。他的政治思想也正是基于此认知以及抱负而提出的。

与几乎所有儒者一样，黄宗羲的政治思想也是他基于历史的反思而提出来的。一般来说，现实社会所面临的问题是他们思考的切入点，在此基础上，他们通过对历史的深刻剖析，提出了自己的政治观点；黄宗羲则以明代政治作为思考的出发点，进而从历史中去寻找答案，对中国传统的政治思想进行深刻的理念层面和制度层面的反省。因此，黄宗羲非常看重读史的重要性，并认为：“二十一史所载，凡经世之业无不备矣！”（《黄宗羲全集·南雷文定四集·补历代史表序》）他批评当时科举制度很重要的一个方面就是扼杀了史学，确切地说扼杀了史学所强调的经世应务的精神：“自科举之学盛，世不复知有书矣。六经子史，亦以为冬华之桃李，不适于用……而先王之大经大法，兵、农、礼、乐，下至九流六艺，切于民生日用者，荡为荒烟野草。由大人之不说学以致之也。”（《黄宗羲全集·南雷文定三集·传是楼藏书记》）

在倡力行以经世应务的同时，黄宗羲还强调因时致治，“一一通变”：“为之远思深览，一一通变，以复井田、封建、学校、卒乘之旧。”（《明夷待访录·原法》）正如三代之治在不同时代的思想家那里具有不同的内容，黄宗羲所主张回到的三代，也是在“一一通变”前提下的三代，这在下文将谈及的具体制度设计中一一可见。

第二节 “天下为主，君为客”的具体落实

也正因为是“君为客”，所以对黄宗羲而言，在具体的制度落实中，不是君以一己私欲向自己统治下的臣民分配权力，而是在以天下人的私欲为合法性依据的基础上，君民共治天下。因此，要把这一理念落到实处，就要实现对君的地位的创造性转换，使君主从政权体系中的主导者变为合作者，成为为天下之利而服务的君，黄宗羲认为可以通过这两个重要原则——一为制约君权，一为削分君权，同时以学校、士人议政等方式，充分发挥士人的作用，扩大民众参政议政的权力——达此目的。同时，他还以“工商皆本”为原则，改革田税货币政策，带动全社会政治经济秩序的修正，由此“天下为主”的理念也得以有效落实。同时，由于君权在传统社会中的重要地位，一定意义上而言，摆正君主的地位，明确其职分和权力界限，意味着社会格局的基本确立，因此黄宗羲也非常看重这一点，而本节在下面的论述中，也将先以对“君为客”的具体落实来展开。

一、约束君权

所谓约束君权正在于作为为天下万民服务的君也是人，基于黄宗羲人各自私的理论，作为人的君主自然也需要约束，以防止其私欲过分膨胀，最终损害天下人的利益，因此，一定要“明乎为君之职分”（《明夷待访录·原君》）。这一点非黄宗羲首创。孟子之所以苦口婆心地劝导君王要加强自身的道德修养，一方面在于“先王有不忍人之心，斯有不忍人之政矣。以不忍人之心，行不忍人之政，治天下可运之掌上”（《孟子·公孙丑上》）。另一方面，还在于人本身的欲望恰恰是需要约束的。故孟子虽然在人性之本然性上倡性善，但在现实性上，还是讲寡欲，同时“惟仁者宜在高位，不仁而在高位，是播其恶于众也”（《孟子·离娄上》）。但孟子在如何约束君主的欲望方面，还是从道德到道德，一再劝诫君主要加强自身的道德修养，而黄宗羲不同，他重在通过制度的建构来有效地约束君权，将君主制下原本无限的君权装到制度的笼子里，将私天下还于公天下。

1. *有治法而后有治人*

黄宗羲指出，君主有其特殊性，但这种特殊性恰恰不在权力的无限和享乐

的无度，而是“此其人之勤劳必千万于天下之人”（《明夷待访录·原君》），掌握权力的人是天下最辛苦的人，是为公共利益服务的人，即“使天下受其利”“释其害”，而要真正达到这个目的，必须使君主的权力有所限制，“天子之所是未必是，天子之所非未必非，天子亦遂不敢自为非是”（《明夷待访录·学校》）。首先，君主必须受到法的制约，黄宗羲认为，三代之所以为三代，正是因为有法：“三代以上有法，三代以下无法。”（《明夷待访录·原法》）日本学者岛田虔次即认为：“他（黄宗羲）所说的‘三代之法’的详细形象我尚未很清楚，总之是主张即使天子、宰相也不能逃脱的法律应该存在，这大概是可以肯定的。”[①] 当然，黄宗羲所谓的“法”是不是现代语义学意义上的“法律”之法还需细究，但一定不是先秦法家之法。在黄宗羲看来，法家所谓的法不过是法律条文，且最主要的是，它只服务于皇帝一人；而他的法不一样。他在论述“三代之法”时说：“三代之法，藏天下于天下者也。山泽之利不必其尽取，刑赏之权不疑其旁落，贵不在朝廷，贱不在草莽也。”（《明夷待访录·原法》）三代之法的制定原则，就是“藏天下于天下”，要保护每个个体的合法权益，权力不专属某个个体，就此而论，每个个体因法的普惠性而具有了相对的平等性。而这一原则体现的是古圣王的恻隐爱人之心，并具体落实在井田、封建、学校、卒乘之具体制度设计中。这与其说是在论述三代之法，不如说就是黄宗羲心目中的理想之法。可是三代之后，“夫古今之变，至秦而一尽，至元而又一尽。经此二尽之后，古圣王之所恻隐爱人而经营者荡然无具”（《明夷待访录·原法》），不仅先王立法之用心不存，古法之制度设计也荡然无存。后世所谓的法，不过是“非法之法”，是“藏天下于筐箧者也。利不欲其遗于下，福必欲其敛于上；用一人焉则疑其自私，而又用一人以制其私；行一事焉则虑其可欺，而又设一事以防其欺。天下之人共知其筐箧之所在，吾亦鳃鳃然日唯筐箧之是虞，故其法不得不密。法愈密而天下之乱即生于法之中，所谓非法之法也”（《明夷待访录·原法》）。可以看出，后世之法之所以为“非法之法”，就在于立法者包藏私心，“不胜其利欲之私”（《明夷待访录·原法》），试图将本属于每个个体的利益据为己有，就此而论，正如余英时先生引狄百瑞之论曰：“黄宗羲首先关心的是确立‘法之基础’，它应当是‘统治体系或者统治制度的本质而非法律术语，它应当代表人民的利益，并与道德律法相一致。”[②] 但也有

① 转引自［日］小野和子：《明季党社考》，李庆、张荣湄译，5～6页，上海，上海古籍出版社，2006。

② 转引自余英时：《民主、人权与儒家文化》，见 http://book.ifeng.com/shupingzhoukan/special/duyao74/wenzhang/detail_2012_05/08/14389555_0.shtml。

学者认为："在黄宗羲这里，'原法'的'法'并不是'刑'，而是由'三代'先王所确立的政治哲学与政治体制，既是一种'模型'，也是一种'范式'。这是涵盖了'观念'与'制度'的整体性的概念，而不是一个具体的指陈。"[①] 笔者同意这一观点，但同时认为，由于君这一对象在中国传统政治中的特殊地位，因此黄宗羲对法的阐述，实际上是从对君，以及君与天下关系的维度，通过对君权力的限制，彰显法的"观念"与"制度"的意义的，无论在哪个层面，法都是在确立其以天下为主、君为客的政治制度的本质，指出君主权力必须受到制约。

与法治相关，对人治，黄宗羲认为"有治法而后有治人"（《明夷待访录·原法》）。"自非法之法桎梏天下人之手足，即有能治之人，终不胜其牵挽嫌疑之顾盼，有所设施，亦就其分之所得，安于苟简，而不能有度外之功名。使先王之法而在，莫不有法外之意存乎其间。其人是也，则可以无不行之意；其人非也，亦不至深刻罗网，反害天下。故曰有治法而后有治人。"（《明夷待访录·原法》）在他看来，所谓的人治恰恰是后世之法不能有效地发挥作用之后的苟且之举。[②] 而且即便是有"能治之人"，终因"非法之法"的牵绊而不敢成就王道之大业。就此而论，先王之法，即他在这里所谓的"治法"，是管理者能够有效管理国家的制度保障。因此，首先是确定立法原则，限制君权，并制定相应的法，其次是在法的规范下管理国家，这是黄宗羲所认为的善治的首要前提，在此基础上分权于百官。

2. 建立约束机制：便殿议政

即便是在提倡君主专制者那里，君权也不是无所限制的，如前所论，这种限制一方面通过对君主道德人格的约束而实现，如孟子，另一方面，在中国传统政治中，也有不乏从制度层面建构的对君权的约束机制，如在明朝就有"廷推""廷议""封驳"等程序性的行政惯例，以防止君权的过度膨胀。所谓"廷推"，即凡朝廷遇有重大政事，或遇有文武大臣出缺，皇帝必诏令廷臣会议，

---

① 黄勇军：《儒家政治思维传统及其现代化》，209页，湖南，岳麓书社，2010。

② 当然，荀子曾经明确说："有乱君，无乱国；有治人，无治法。羿之法非亡也，而羿不世中；禹之法犹存，而夏不世王。故法不能独立，类不能自行，得其人则存，失其人则亡。法者，治之端也；君子者，法之原也。故有君子，则法虽省，足以遍矣；无君子，则法虽具，失先后之施，不能应事之变，足以乱矣。"（《荀子·君道》）但荀子在这里并不是认为人可以凌驾于法律之上，尤其不认为以满足私欲为目的的人可以凌驾于法律之上，其目的只是说明法律需要人去执行，没有人执行的法律无非一纸空文，故而，由什么样的人来执行法律就非常重要，君子的重要性由此凸显。就此而论，荀子与黄宗羲在这一点上并不矛盾，只是他们思考的侧重点不一致。黄宗羲也非常看重立法者的立法本意，否则他也不会比较上古之君与今世之君的差异。

以共相计议，衡量至当，然后报请皇帝，取旨定夺。其有关政事得失利弊之研商者，谓之“廷议”；其有关人事升补任用之拟议者，则谓之“廷推”。有关廷议之重大事项大致有：（1）议立君立储。（2）议建都。（3）议郊祀。（4）议典礼。（5）议宗藩。（6）议漕运。（7）议边事等等。参与廷议之人员，一般有六部尚书、都御史、六科给事中、通政使、大理卿及掌道御史等；而实际参与人员，则以所议事项之性质内容为依据，全由皇帝批示指定。以廷推为例，万历皇帝曾在不经廷推的情况下任命阁臣，在招致臣下质疑后，他也曾表示接受批评。至于封还皇帝失宜诏令、驳正臣下奏章违误的“封驳”，古已有之，汉代有封驳之实，但无封驳之名，也无专官执掌。唐制规定，凡诏敕须经门下省，如认为有失宜的书可以封还，有错误者则由给事中驳正。五代时废止。宋太宗淳化四年（993 年）恢复唐制。元朝也有同封驳类似的覆奏举措。对于明代的封驳制度，顾炎武曾言：“本朝（明代）虽罢门下省长官，而独存六科给事中，以掌封驳之任。旨必下科，其有不便，给事中驳正到部，谓之科参。六部之官无敢抗科参而自行者，故给事中之品卑而权特重。万历之时，九重渊默，泰昌以后，国论纷纭，而维持禁止，往往赖抄参之力，今人所不知矣。”（《日知录·封驳》）可见这一制度在明代皇权不能有效发挥作用时，对政治生活的正常运转发挥了一定的作用。但这些制度的有效性，很大程度上取决于皇帝本人的个性及其统治风格，如上所举例都和万历皇帝有关。

黄宗羲政治理念及制度的建构都是建立在对包括明代在内的前代政治制度的深刻了解之上的，而且，一定意义上而言，明代政治是其建构政治思想的思考起点。但在黄宗羲这里，对君权的约束主要是通过设置宰相、建立以宰相为主体的百官与皇帝相互牵制的机制而实现的。他首先对朱元璋废宰相深不以为然：“有明之无善治，自高皇帝罢丞相始也。”（《明夷待访录·置相》）因此主张恢复宰相之位，“使宰相不罢，自得以古圣哲王之行摩切其主，其主亦有所畏而不敢不从也”（《明夷待访录·置相》）。在这里，宰相以古圣哲王之行鞭策提点人主，一定意义上指的还是对人主的道德教育和约束，与孟子所谓的要求君主修身的主张具有一致之处。但黄宗羲不限于此，他认为宰相的重要作用还在于在便殿议政制度中发挥重要作用，实现对君权的有效制约。所谓便殿议政制度，具体而言即：“宰相一人，参知政事无常员。每日便殿议政，天子南面，宰相、六卿、谏官东西面以次坐。其执事皆用士人。”（《明夷待访录·置相》）就其议政的步骤而言：第一，便殿议政的主题主要来源于百官的奏疏；第二，六科给事中拥有对所有奏折进行初步审阅的权力；第三，给事中在审阅完毕后提交宰相；第四，宰相在再次审阅后提交皇帝；第五，由皇帝、宰相、参知政事、六卿、谏官、六科给事中共同商议，最终做出决策；第六，由皇帝与宰相批红，下六部执行。“凡章奏进呈，六科给事中主之，给事中以白宰相，宰相以白天子，同议可否。天子批红。天子不能尽，则宰相批之，下六部施行。”（《明夷待访录·置相》）由此可见，在这里，皇帝虽然还是最高权力代表者，但其权力不仅通过程序的设定而被加以约束，在实际层面也得到限制，如奏折在给事中、宰相审阅后才提交皇上，而皇上也只能在与宰相、参知政事、六卿、谏官、六科给事中共同商议后，最终做出决策。显然，无论从程序层面，还是实体层面，这都已经不是私天下意义上的皇帝一人独断权力。当然，这与其说是约束了君权，不如说是通过对君权的约束，既保证了面向天下的权力的正当性，也使君权在受到约束的同时，其有效作用能够得以切实发挥和保障。

二、削分君权

黄宗羲认为，分权的依据就在于，君主与整个社会的其他管理者一起，共同管理这个社会，君主不过是众多职分之一种：“孟子曰：‘天子一位，公一位，侯一位，伯一位，子男同一位，凡五等。君一位，卿一位，大夫一位，上士一位，中士一位，下士一位，凡六等。’盖自外而言之，天子之去公，犹公、侯、伯、子、男之递相去；自内而言之，君之去卿，犹卿、大夫、士之递相去。非独至于天子遂截然无等级也。”（《明夷待访录·置相》）他甚至认为：“又岂知臣之与君，名异而实同耶？”（《明夷待访录·原臣》）

1. 分权于臣下

具体而言，在遵从法的前提下，君主还必须出让一部分权力，与臣子共享。这是因为，一方面从国家治理的角度而言，“天下不能一人而治”：“原夫作君之意，所以治天下也。天下不能一人而治，则设官以治之；是官者，分身之君也。”（《明夷待访录·置相》）即从现实的可操作性上讲，治天下之权力不可能由一人独揽。另一方面，臣也是“为天下，非为君也；为万民，非为一姓也”（《明夷待访录·原臣》）。也就是说臣的设置归根结底是为天下之治理，为天下之公，而非君主之私。因此，“以谓臣为君而设者也。君分吾以天下而后治之，君授吾以人民而后牧之，视天下人民为人君橐中之私物”（《明夷待访录·原臣》）的观点是他要批判的。如果能认识到这一点，权力就应该由君主一人之手而分散、扩展到百官之手，由君主集权专制转向百官分权制约，那么，私天下的局面就能得以改变，这也正是黄宗羲所谓“君与臣，共曳木之人也”的原因，重点在一个“共”字。基于此，君臣关系也仅仅是基于社会管理而结成的职能关系，君主之为君主仅在于其是否能担当得起君主这一职能所赋予的责任，并非天生的身份悬隔，不可更改。因此，维系他们关系的基本立足点就在万民，而非君主一人之喜好的是否被满足，如果志同道合，共为天下谋，君臣之间就能够相互促进，这种关系，就在师友之间，“以天下为事，则君之师友也”（《明夷待访录·原臣》）。相反，如果“非其道”，也就是非万民之道，不能充分体现万民之诉求，即便君主以各种方式强求，甚至威胁以杀身之祸，也义不能从，“吾以天下万民起见，非其道，即君以形声强我，未之敢从也，况于无形无声乎！非其道，即立身于其朝，未之敢许也，况于杀其身乎！”（《明夷待访录·原臣》）这也是对“以道事君，不可则止”（《论语·先进》）精神的绍承。对于以死事君的行为，他说：“君为已死而为已亡，吾从而死之亡之，此其私昵者之事也。”（《明夷待访录·原臣》）也正因为如此，与孟子歌颂汤武革命的正当性一样，黄宗羲认为：“而小儒规规焉以君臣之义无所逃于天地之间，至桀、纣之暴，犹谓汤、武不当诛之，而妄传伯夷、叔齐无稽之事，使兆人万姓崩溃之血肉，曾不异夫腐鼠。岂天地之大，于兆人万姓之中，独私其一人一姓乎？是故武王圣人也，孟子之言，圣人之言也。”（《明夷待访录·原君》）一个政权的合法性，正在于君主是否为天下谋，否则，“今也天下之人怨恶其君，视之如寇仇，名之为独夫，固其所也”（《明夷待访录·原君》）。故汤武革命天经地义，君若行暴政，易位理所当然。

基于这样一种对臣位的设定，君臣关系不仅一改臣对君单项的义务关系，而且不再是父子关系的延伸。“君臣之名，从天下而有之者也。吾无天下之责，则吾在君为路人。……夫然，谓之臣．其名累变。夫父子固不可变者也。”（《明夷待访录·原臣》）在黄宗羲这里，君臣关系是在特定条件下结成的职能关系，条件改变，这种关系随之而改变，但父子关系却是基于血缘亲情而天然形成的关系，它是无条件的，不可改变的。将君臣关系从作为父子之伦延伸的血缘伦理中抽离出来，使之成为因职能不同而形成的分工差异，而分工的立足点在天下之兴盛与否，这样他所谓的“天下为主，君为客”，以及“藏天下于天下”的理念就能够得以落实。同时，君臣关系的对等性以及臣下人格的独立性就能得到充分的体现。

在君必须分权于臣的前提下，黄宗羲尤其看重设相以分权的重要性。宰相之职在中国古代位居群臣之首，是俗语所谓的“一人之下，万人之上”，虽然君王作为最高统治者有任免宰相的大权，但在中国历史上，一般是宰相通过百官管理朝内事务，“天子不能尽”之事，则由“宰相批之”，从而尽可能地减少君主独揽朝纲的情况，客观上就会对君主的独权产生一定限制。因此，在他看来，不仅“有明之无善治，自高祖皇帝罢丞相始也”（《明夷待访录·置相》），而且，由于“其后天子传子，宰相不传子。天子之子不皆贤，尚赖宰相传贤足相补救，则天子亦不失传贤之意。宰相既罢，天子之子一不贤，更无与为贤者矣，不亦并传子之意而失者乎”（《明夷待访录·置相》）？他还主张由宰相与可以经常更新的新科进士议政论事，让“四方上书言利弊者及待访之人皆集焉，凡事无不得达”（《明夷待访录·置相》）。同时，他也指出，虽然明朝事实上废除了相权，但宰相这一职官所承担的职能并不能少，造成的结果就是相权落入宦官之手：“吾以谓有宰相之实者，今之宫奴也。盖大权不能无所寄，彼宫奴者，见宰相之政事坠地不收，从而设为科条，增其职掌，生杀予夺而出自宰相者，次第而尽归焉。”（《明夷待访录·置相》）这正是罢相权所带来的恶果。“有明之阁下，贤者贷其残膏剩馥，不贤者假其喜笑怒骂，道路传之，国史书之，则以为其人之相业矣。故使宫奴有宰相之实者，则罢丞相之过也。……使宰相不罢，自得以古圣哲王之行摩切其主，其主亦有所畏而不敢不从也。”（《明夷待访录·置相》）宰相参与下的政治体制，如前所述，主要体现在便殿议政。同时，要使权力能够在各层管理者和管理机制之间流动：“昔者伊尹、周公之摄政，以宰相而摄天子，亦不殊于大夫之摄卿，士之摄大夫耳。”（《明夷待访录·置相》）

同时，黄宗羲非常看重士的作用的发挥，因此，如何取士于他就非常重要。而他对这一问题的思考，主要是从反思传统取士方式即科举制开始的。在他看来，科举考试当“复墨义古法，使为经义者全为注疏、大全、汉宋诸儒之说，一一条具于前，而后申之以己意，亦不必墨守一先生之言。由前则空疏者绌，由后则愚蔽者绌，亦变浮薄之一术也”（《明夷待访录·取士上》）。由此一则可见他对晚明以来空疏学风的批判，二则可见他对学术创造力的看重。而取士之目的在于获得能为天下谋的人才，就此而论，科举考试只是取士程式之一种，因此黄宗羲也非常看重科举之外的选拔方式，并对唯科举一途的取士之法进行了批评，认为这种严于取士、宽于用士的方式最终将导致两种结果：或“豪杰之老死丘壑者多矣”（《明夷待访录·取士下》），或“此在位者多不得于人也”（《明夷待访录·取士下》）。因此，他提倡宽于取士，“吾故宽取士之法，有科举，有荐举，有太学，有任子，有郡邑佐，有辟召，有绝学，有上书”

(《明夷待访录·取士下》)，同时严于用之。只有让那些精良的士人通过各种渠道进入政治管理层，并有效履行其相应职位的权限，黄宗羲所期望的分权于臣下才能真正实现。同时，作为天下之一部分的读书人能在这个社会中真正获得他存在的价值，天下之为天下人的天下也才能有效坐实。

2. 分权于地方

分权还体现在妥善处理中央与地方的关系。在黄宗羲看来，正确处理中央与地方的关系，一定意义上关系到国家的安危。他认为三代以下王朝的灭亡有多种原因，但最根本的则是夷狄作乱："自三代以后，乱天下者无如夷狄矣。"(《留书·封建》)这反思背后可见黄宗羲对明亡的泣血之痛。而有效遏制夷狄，是由中央对地方的有效领导决定的。妥善处理中央与地方的关系，加强中央对地方的领导，同时又给予地方一定的自主权，是解决这一问题的关键。故不同于柳宗元的《封建论》认为封建非圣人之意，黄宗羲认为封建乃历史发展之大势。在《留书》中，黄宗羲曾一度认为秦以后之所以边患不已，正是"废封建之罪"(《留书·封建》)："自秦至今一千八百七十四年，中国为夷狄所割者四百二十八年，为所据者二百二十六年。即号为全盛之时，亦必使国家之赋税十之三耗于岁币，十之四耗于戍卒，而又荐女以事之，卑辞以副之，夫然后可以仅免。乃自尧以至于秦二千一百三十七年，独无所事，此何也？岂夷狄怯于昔而勇于今哉？则封建与不封建之故也。"(《留书·封建》)相反，如果不废封建，则即便天子"夫即不幸而失天下于诸侯"(《留书·封建》)，由于诸侯国有自主权，且能联合抗击夷狄，因此也不致"率禽兽而食人，为夷狄所寝覆乎"(《留书·封建》)。当然，这里需要辨明的是，正如黄宗羲思考的立足点在于明亡之教训，柳宗元面临的则是唐代藩镇割据正炽、中央政权无法有效控制地方这一难题，因此他看重的是郡县制中中央对地方强有力的控制力，认为封建制之产生虽有其历史的必然性，"彼封建者，更古圣王尧、舜、禹、汤、文、武而莫能去之。盖非不欲去之也，势不可也。势之来，其生人之初乎？不初，无以有封建。封建，非圣人意也"(《封建论》)，但至周，却"徒建空名于公侯之上耳"(《封建论》)，就此而论，周之败亡"失在于制，不在于政"(《封建论》)；秦实行郡县制，虽短命而亡，但"咎在人怨，非郡邑之制失也"(《封建论》)，也就是说，郡县制在当时的实行乃势也，故"州县之设，固不可革也"(《封建论》)。

在《明夷待访录》中，黄宗羲一方面承《留书》对郡县制的批评，另一方面对封建制也有微词："是故封建之弊，强弱吞并，天子之政教有所不加；郡县之弊，疆场之害苦无已时。欲去两者之弊，使其并行不悖，则沿边之方镇乎！”（《明夷待访录·方镇》）“今封建之事远矣，因时乘势，则方镇可复也。”（《明夷待访录·方镇》）设方（藩）镇既是一项政治措施，又是一项军事措施，还是一项经济措施；它既增强了地方管理的自主性，又解决了边患不断的困扰，还缓解了中央财政压力，最终使权力得到合理的分配。对于唐代因方镇而亡的历史教训，黄宗羲认为，恰恰相反，唐代之覆亡不在于方镇太强，而在于太弱。在方镇的设计中，地方自主权得到很大发挥：“田赋商税，听其征收，以充战守之用；一切政教张弛，不从中制；属下官员亦听其自行辟召，然后名闻。每年一贡，三年一朝，终其世兵民辑睦，疆场宁谧者，许以嗣世。”（《明夷待访录·方镇》）地方自主权的发挥，在黄宗羲看来有五方面的重要作用，但归根结底就是，“内足自立，外足捍患”（《明夷待访录·方镇》），而且还可以使中央与地方之间相互制衡：“外有强兵，中朝自然顾忌；山有虎豹，藜藿不采。”（《明夷待访录·方镇》）

3．分权于学校

在黄宗羲关于分权的制度设计中，对学校议政功能的设计非常有特点。他说，三代之后，天下是非皆出于天子，造成的后果是，“天子荣之，则群趋以为是；天子辱之，则群擿以为非”（《明夷待访录·学校》）。为了更好地实现君为客、天下为主的政治理想，应该建立学校，当然，就学校而言，其一直承担着养士的功能，黄宗羲亦认同于此，但他的观点的独特之处在于，提出天子之子也当在达到一定年龄之后，就学于太学，“使知民之情伪，且使之稍习于劳苦，毋得闭置宫中，其所闻见不出宦官宫妾之外，妄自崇大也”（《明夷待访录·学校》）。由此也可见，黄宗羲所谓的学校之养士，不只是教给士子们文献典籍之精义，而且教他们切于民用的治事之手段。

但是，黄宗羲之讲设学校，其主要目的在于许其以议政的功能，“危言深论，不隐豪强”（《明夷待访录·学校》），此实乃他所首创，故他说：“学校，所以养士也。然古之圣王，其意不仅此也，必使治天下之具皆出于学校，而后设学校之意始备。”（《明夷待访录·学校》）学者多认为，此乃我国议会制思想之萌芽。

黄宗羲对学校议政功能的揭示，也是和他对历史上学校功能未能有效发挥的反思紧密结合在一起的。如前所论，他说，三代而后，因天下乃天子的私天下，故天下人皆以天子之是非为是非，最终使学校养士之功能不能正常发挥，“于是学校变而为书院”，但书院与朝廷之间关系紧张，“有所非也，则朝廷必以为是而荣之；有所是也，则朝廷必以为非而辱之”（《明夷待访录·学校》）。最终造成的结果是，无论是学校还是书院，或与朝廷“无与”，或与朝廷“相反”，“不特不能养士，且至于害士”（《明夷待访录·学校》）。这里，黄宗羲谓书院与朝廷关系紧张，无疑表明书院还承载着其他重要功能。而且所谓关系紧张，也是明朝之实情，1537—1538 年、1579 年、1625 年，明朝曾三次对书院进行镇压。这些镇压“伴随着对于政治的新的关注，并进一步促进了有组织的独立于朝廷之外的政治行为”①。这集中体现了当时政治已出现民间化的苗头，就此而论，黄宗羲赋予学校以议政的功能，很大程度上与当时的东林书院、复社等积极议政，而黄宗羲本人亦亲历其中有一定的关系。日本学者小野和子即谓，《明夷待访录》是“对父亲参加的东林党和黄宗羲参加的（复社、抵抗运动这些）政治运动的总结算”②。就东林党而言，他们追求的政治目标主要有两个：“一、在中央层面限制皇帝、宦官、阁臣的独断权力；二、在地方层面为士人争取政治权力的同时，为百姓争取经济权力。”③ 就前者而言，在接受皇权不可更改的前提下④，如何对独断权力进行牵制是他们的着力点。

黄宗羲正是在继承东林复社议政运动的基础上，力倡“学校议政”，不仅主张对中央之太学与地方之郡县学进行改造，而且对“学校议政”的政治功能进行了明确阐述。就太学层面而言，他认为应当择当世之大儒为太学祭酒，位同宰相，所谓“太学祭酒，推择当世大儒，其重与宰相等，或宰相退处为之。每朔日，天子临幸太学，宰相、六卿、谏议皆从之。祭酒南面讲学，天子亦就弟子之列，政有缺失，祭酒直言不讳”（《明夷待访录·学校》）。这样，就能实现“天子之所是未必是，天子之所非未必非，天子亦遂不敢自为非是，而公其非是于学校”（《明夷待访录·学校》）。不过，祭酒的职责不在“行政”，而在“议政”。同时，太学是行“公议”、掌“教权”的独立的政治机构，这样一个

---

① 黄勇军：《帝制中国权力网络的重构——以黄宗羲〈明夷待访录〉为基点》，169 页，北京，中国政法大学博士学位论文，2008。

② ［日］小野和子：《明季党社考》，序言，1 页。

③ 黄永军：《帝制中国权力网络的重构——以黄宗羲〈明夷待访录〉为基点》。对于这两点，作者有详细论述，参见 179～188 页。

④ 对于这一点，黄文已论。他一方面征引沟口雄三等人之论，指出“皇帝却并未成为东林党人士攻击的对象……他们对皇帝专制体制自身，并没有任何反抗，在这点上清末的情况有着决定性的差异”（［日］沟口雄三：《中国前近代思想的演变》，索介然、龚颖译，407 页，北京，中华书局，2007）。另一方面，黄永军指出，东林党人之所以与清末不同，不反皇权，是因为“对于东林党人及其后世后继者而言，真正的问题在于，与真正感受到‘资本主义’的强大压力的清末士大夫们不同的是，仍然处于‘世界中心’的他们除了在明帝国的体制内寻求改良之道外，别无选择”（黄永军：《帝制中国权力网络的重构——以黄宗羲〈明夷待访录〉为基点》，180 页）。

独立机构，一定意义上构成了约束皇权的重要力量。而且，由于学校还是最高“教权”之体现，因此即便是在政治身份上贵为天子的皇帝，也必须服从于这一教统，这不仅保证了太学与祭酒的师道尊严，更体现了道统、学统相对于政统的独立价值。更为难能可贵的是，黄宗羲在这里，以制度性的设计保障了祭酒作为议政者，可对缺失之政直言不讳，而不必担心其人身安全的言论自由。这样，黄宗羲就将儒家政治批判的传统发挥到了极致，儒家“从道不从君”的思想得以鲜明体现。而且，对祭酒位同宰相地位的确定，从一定意义上而言，使得这一职位具有了与皇帝的政权、宰相的治权相鼎立的教权，三足相抗的制度设计于此可见。

而就郡县学议政而言，他将郡县学作为议政的中心所在，同时，力图使学校独立于地方政府而存在，并具有监督、讨伐、更换地方官员的权力。郡县学官则“自布衣以至宰相之谢事者，皆可当其任，不拘已仕未仕也”（《明夷待访录·学校》）。同时，对学官本身，亦有监督机制：“其人稍有干于清议，则诸生得共起而易之，曰：‘是不可以为吾师也。’”（《明夷待访录·学校》）学官一旦被选出，则具有相对自主和独立的权力，如可自主选择担任各科教师：“其下有《五经》师，兵法、历算、医、射各有师，皆听学官自择。”（《明夷待访录·学校》）学官与提学并不具有上下隶属关系，而是以其学统上的关系名上下：“择名儒以提督学政，然学官不隶属于提学，以其学行名辈相师友也。”（《明夷待访录·学校》）且具有直接罢黜学生的权力：“其弟子之罢黜，学官以生平定之，而提学不与焉。”（《明夷待访录·学校》）与太学祭酒一样，郡县“学官讲学，郡县官就弟子列……郡县官政事缺失，小则纠绳，大则伐鼓号于众”（《明夷待访录·学校》），发挥监督与议政的重要功能。

三、修正传统社会结构之定位

在通过限制和削分君权，将“天下为主，君为客”真正落实的同时，黄宗羲还以“工商皆本”修正传统社会经济秩序，改革土地财税及货币政策，由此，其“天下为主，君为客”的理念才真正得到了政治与经济制度上的保障与落实。

1. 工商皆本

晚明以降的一些大儒，积极为作为社会经济基础之一的工商业提供理论上的论证，并在此基础上肯定工商业者的道德价值，黄宗羲亦然。在这种对工商业的肯定中，他的以天下为主、切于民用的思想得到了贯彻和落实。

就中国古代社会结构的划分而言，有士农工商“四民”之说，司马迁所引《周书》曰：“农不出则乏其食，工不出则乏其事，商不出则三宝绝，虞不出则财匮少。”（《史记·货殖列传》）这说明周人认为农工商虞缺一不可。《管子·小匡》亦曰：“士农工商，四民者，国之石民也，不可使杂处。”就这些观点而言，所谓“四民”实际上是基于经济分工的职业分层。儒家不仅继承了这一划分方式：“古者有四民：有士民，有商民，有农民，有工民。”（《春秋穀梁传·成公元年》）也认同其乃基于不同经济行为的社会分工，且各有职分之所在，尽职守则乃其内在要求：“作而行之，谓之士大夫；审曲面执，以饬五材，以辨民器，谓之百工；通四方之珍异以资之，谓之商旅；饬力以长地财，谓之农夫。”（《周礼·冬官考工记》）“农以力尽田，贾以察尽财，百工以巧尽械器，士大夫以上至于公侯，莫不以仁厚知能尽官职。”（《荀子·荣辱》）就此而论，“农农、士士、工工、商商一也”（《荀子·王制》）。但实际上，在这种职业划分中，士农工商虽然各尽其责，各有本分，但同时蕴含着在政治经济格局中的本末主次之差分。首先，由于士的重要职能主要在国家管理的层面，“凡执技以事上者，祝史射御医卜及百工……出乡不与士齿”（《礼记·王制》），因此其在身份定位上，不仅处于四民等级分层的第一个序列，而且一定意义上是社会上层与下层的等级分界之节点。其次，就农工商而言，由于当时认为流通并不能造成财富的增长，所以在整个国家政治经济生活地位中，农还是高于工商，尤其是商的，故有以农为本的思想。这里需要说明的是，之后的四民当以何为本的争论，一定程度上都是基于农与工商而展开的，又由于农与商在经济生活中承担职能的反差，主要讨论的还是农与商以何为本的问题。

孔子和孟子在关于国家治理的论述中，都将足食放在首要地位，如孔子所谓的“足食，足兵，民信之矣”（《论语·颜渊》），如孟子所谓的以“制民之产”（《孟子·梁惠王上》）为王道之始。这里的足食和制民之产，虽不排除工商的参与，但在当时的社会经济发展水平下，还是依赖于农的。就此而论，儒家之重农是基于农业生产在治国经邦中所具有的根本性的地位而言的。这里还需要注意的是，先秦儒家在农工商的关系中，主要着眼于强调农的重要作用，以此凸显其在这个序列中的根本地位；而如道家、法家，则主要通过对工商的贬抑，强调农的重要价值。老子以强调“人多利器，国家滋昏；人多伎巧，奇物滋起”（《老子》五十七章），体现了他轻视、反对工商生产的立场。《说苑》卷二十《反质》中，法家先驱李悝即认为，雕文刻镂、锦绣纂组和美等“技巧”将害农事，伤女工，使国贫民侈，穷者奸邪，富者淫佚。而商鞅、韩非则为抑商重农之大宗。《商君书·壹言》有“事本禁末”之说，以农为本。《韩非子·五蠹》提出农本商末，并主张“事本禁末”。

重农虽乃一大端，但由于工商业在财富的积累中更有效益优势，故其地位也为人所看重。这里不对这一观点的发展做历时性的分疏，仅从反对抑商、提倡四民同道并重方面对这一观点做一简释。以反对抑商而言，宋代名儒如欧阳修、苏轼等均反对打压商业，“至于通流货财，虽三代至治，犹分四民，以相利养。今乃断绝商旅，此其为害二也”（《欧阳修全集·论茶法奏状》）。而在宋代，商业之繁荣也从众多宋人笔记及诗文中可见。作为浙东事功学派的代表人物，叶适更坚决反对轻商，认为四民当交致其用，治化才能兴隆；所谓抑末厚本之论，非正论。就士农工商同道并重而言，黄震认为：“士农工商，各有一业……同是一等齐民。”（《黄氏日钞·又晓谕假手代笔榜》）汪道昆云：“先王重本抑末，故薄农税而重征商。余则以为不然，直壹视而平施之耳。”（《太函集》）王阳明也在《节庵方公墓表》中明确提出：“古者四民异业而同道，其尽心焉，一也。士以修治，农以具养，工以利器，商以通货，各就其资之所近，力之所及者而业焉，以求尽其心。其归要在于有益于生人之道，则一而已。士农以其尽心于修治具养者，而利器通货，犹其士与农也；工商以其尽心于利器通货者，而修治具养，犹其工与商也。故曰：四民异业而同道。”（《王阳明全集·节庵方公墓表》）

明中期，资本主义开始萌芽，工商业发展的空间有所扩展，尤其是黄宗羲所生活的浙东地区，商业活动和商品流通都比较发达，以工商业者为主体的市民阶层渐趋扩大，以食货者为生民之本的观点在当时也具有一定的影响力，也正是在这样的理论视域及社会经济背景下，基于他的“天下为主，君为客”的核心理念，黄宗羲建构了他的四民同为天下之主的“工商皆本”思想，使“天下为主”真正得以落实。在《明夷待访录·财计三》篇中，黄宗羲明确提出“工商皆本”的思想：“古圣王崇本抑末之道。世儒不察，以工商为末，亡议抑之。夫工固圣王之所欲来，商又使其愿出于途者，盖皆本也。”（《明夷待访录·财计三》）即工商业有助于圣王之业，而圣王之业就是为天下万民谋利益。当然，在他这里，所谓工商是有界定的。首先，所谓“有为佛而货者，有为巫而货者，有为倡优而货者，有为奇技淫巧而货者”（《明夷待访录·财计三》），乃过度奢靡的消费，它们不仅不能“常有千万财用，流转无穷”（《明夷待访录·财计三》），而且“皆不切于民用”。

分析黄宗羲所谓的作为本的工商业的两个前提条件，即“流转无穷”和“切于民用”，可见其对工商业的理解还是颇为准确的。商业的本质就在于通过流通实现社会财富的再次分配，以有利于民生，这也正是他批评佛、巫、倡优等的重要原因之一。他说：“有佛之宫室，佛之衣食，佛之役使，凡佛之资生器用无不备，佛遂中分其民之作业矣……巫遂中分其民之资产矣。”倡优更甚：“何谓奢侈，其甚者，倡优也，酒肆也，机坊也。倡优之费，一夕而中人之产；酒肆之费，一顿而终年之食；机坊之费，一衣而十夫之暖。”（《明夷待访录·财计三》）财富过分集中在这些群体手里，不能很好地参与到流通之中，同时也使百姓之利受到倾轧，商业之为商业的作用得不到有效的发挥。这也就是说，作为“本”的工商业一是能促进全社会财富的流通，二是切于民用，即“兴民利，厚财源”，为万民提供谋生之道，有利于社会财富的增长。可见，黄宗羲是肯定所谓的工商业者、富民们在促使国民财富的增值和商业贸易的正常交流中所发挥的积极作用的。因此，黄宗羲说古代圣王所抑制的也只是那些不利于民生的、不会在全社会流通的、不能造福于民的商业行为；对于真正有利于社会经济发展的工商业，古代圣王不仅不加以抑制，反而设法将它们纳入到国家的经济秩序中来。这样，黄宗羲就以“工商皆本”，从宏观的视角将他所感受到的繁荣的工商业纳入到社会发展的根本性地位之中，以保障全社会基本的政治经济秩序，“故治之以本，使小民吉凶一循于礼”（《明夷待访录·财计三》），其天下为主的格局也得以彰显。

2. 改革授田制度

在以“工商皆本”将全社会的经济行为定位为切于民用且能流转无穷，从而最终使整个社会能一循于礼的同时，在《明夷待访录》一书中，黄宗羲还花费了大量的笔墨来讨论国家田土政策、赋税的合法性与赋税率的合理性问题，而他对这些问题的思考都是建立在对明代现实相关政策的省察之上的。

土地是生资之本，对于以农业立国的中国传统社会来说，耕者有其田就意味着有饭吃，因此，历代儒者在论及国家治理时，都对这一问题颇为用心。如孟子在通过王霸之辨高扬王道的价值有效性的同时，认为要将王道落到实处，最为核心的便是解决土地问题：“诸侯之宝有三，土地，人民，政事。”（《孟子·尽心下》）“五亩之宅，树之以桑，五十者可以衣帛矣。鸡豚狗彘之畜，无失其时，七十者可以食肉矣。百亩之田，勿夺其时，八口之家可以无饥矣。”（《孟子·梁惠王上》）他还提出“仁政必自经界始”，经界正、井地均、实行或恢复井田制。但每个王朝，包括明朝，在统治末期都面临土地过分集中这一弊端。黄宗羲正是试图在承续先贤思考的基础上，突破这一现实困境，使整个社会保持旺盛的经济活力。就此而论，黄宗羲对土地问题的思考要解决两个问题：一是土地过分集中，大部分贫民无田可耕；二是刺激整个社会的经济活力。

土地过分集中之弊，黄宗羲认为是由“自井田之废，董仲舒有‘限民名田’之议，师丹、孔光因之，令民名田无过三十顷，期尽三年而犯者没入之。其意虽善，然古之圣君，方授田以养民，今民所自有之田，乃复以法夺之”（《明夷待访录·田制二》）所致，即在井田之制被废，土地过分集中在少数人手中，使得耕者无其田之后，以董仲舒为首的儒者试图改变土地过分兼并的状况，提出“限民名田”的主张，并以“期尽三年而犯者没入之”相配套。这一主张立意很好，力图从正反两方面防止土地兼并的发生，即以满足民有其田为前提，只有在超过三十顷地的时候，才“期尽三年而犯者没入之”，从正反两方面防止土地兼并的发生。但实际情况却是，古之圣君，重在授田；今之统治者却在天下乃我之天下的私欲的驱驰下，反倒将重点放在了本来作为防患之配套政策的夺田方面，最终造成“授田之政未成而夺田之事先见”，土地兼并的情况反倒愈演愈烈。当然，就董仲舒的政策而言，其以“限民名田”名之，亦可见与孟子重在授民不同，董仲舒的政策重在抑制土地兼并，指向的是那些兼并土地者，而孟子之授田指向的则是普通民众。

基于如上分析，黄宗羲认为，要从正面保证普通老百姓有田可以耕种，以满足其基本生活需要，这也是一个政权得以稳固的重要保障。基于这一点，他首先认为井田可复，这里，他对历史上关于井田是否可复的观点做了评述，指出那些认为井田不可复的理由，都没有抓住井田制的实质，不足以驳倒井田制的有效性，“凡苏洵之所忧者，皆非为井田者之所急也”（《明夷待访录·田制二》）。相反，那些赞同井田制的，又对如何恢复井田制语焉不详，“其所以复之之法亦不能详”（《明夷待访录·田制二》）。因此，其次，他在提出井田可复的基本观点之后，重在阐明如何复，即进行制度之设计。

黄宗羲在论述其井田可复的制度设计之前，先对明朝的卫所屯田制度做了分析，之所以如此，是为了指出：“余盖于卫所之屯田，而知所以复井田者亦不外于是矣。世儒于屯田则言可行，于井田则言不可行，是不知二五之为十也。”（《明夷待访录·田制二》）然后，他提出了自己的主张，首先按平均授田的办法，规定每户五十亩，实行耕者有其田。

在以平均授田解决了耕者有其田的问题之后，黄宗羲的思考并未限于此，而是继续解决如何防止土地兼并的问题。在这里，他与主流的以抑制兼并为主旨的解决方式不同，重在疏导。而且，他把重点放在了对每户授田五十亩之后，对于存在的大量多余的土地如何处置的制度设计上："以实在田土平均之，人户一千六十二万一千四百三十六，每户授田五十亩，尚余田一万七千三十二万五千八百二十八亩。"（《明夷待访录·田制二》）黄宗羲认为，对于这些多余的土地，"以听富民之所占，则天下之田自无不足"（《明夷待访录·田制二》）。在他看来，唯如此，才能真正实现一方面"天下之田自无不足"（《明夷待访录·田制二》），另一方面不会出现"徒为困苦富民之事"（《明夷待访录·田制二》），可谓一举两得。如果说，每户分田五十亩很大程度上还是对以往授民以田举措的继承，黄宗羲在这里只是基于当时的生活状况及田土计量单位的变化做出调整的话，那么，将思考的重点放在多余土地上，并提出"以听富民之所占"，则体现了黄宗羲作为一位伟大思想家的深刻之处。通过这种分层管理的举措，一则所谓的每户五十亩的田土这一政策得到了有效保障，并在一定程度上可以有效防止每户再失去所分配的那些土地，因为对于富户而言，其可置喙的土地仅在授田所剩的土地上；二则对于富户而言，其合法利益也得到了有效保护，因为对一个社会而言，除一部分人可能是通过非法手段获得了丰厚的利益外，还有更多的人则是通过自己的辛勤劳动和聪明才智得到了他应得的，这一部分人也是天下之人的一部分，"人各自私，人各自利"也包括对他们私利的认可。作为社会的管理者和统治者，重点在于规制这一部分人的利益诉求，使其不可过分放纵，损害弱势群体，而不是抑制，甚至杀富济贫，只有这样，这个社会才能良性运转，这个社会中的每一个个体才能真正体会到天下乃天下人的天下。

3. 调整赋税货币政策

赋税制度是国家金融政策的重要内容，黄宗羲同样基于历史的维度，着眼于现实问题，提出了独到的见解。就田赋而言，黄宗羲通过对三代与汉代田赋政策的对比，认为当今田赋政策之设计必须立足于田地之肥瘠程度，"以下下为则"（《明夷待访录·田制一》），"使瘠土之民不至于甚困而已"（《明夷待访录·田制一》），"下下者不困，则天下之势相安"（《明夷待访录·田制一》），也就是说，征收赋税的目的在于使民能在自养的基础上，让财物发挥更大的作用，而不是夺民之财。这里，黄宗羲还通过对三代与汉代赋税制度变化进行对比，凸显了他所谓的制度的设计必须"一一通变"这一原则。基于此，他对后世以为合于古法的什一之税进行了剖析，认为"至于后世，不能深原其本末，以为什一而税，古之法也”（《明夷待访录·田制一》），殊不知，“什而税一，名为古法，其不合于古法甚矣”（《明夷待访录·田制一》）。这里，黄宗羲还指出一个以田税之名致民于贫的重要因素，那就是，后世之君王往往不仅不能依田之厚薄定赋税，而且以自身一时之需求，擅改税制：“而兵兴之世，又不能守其什一者，其赋之于民，不任田而任用，以一时之用制天下之赋，后王因之。后王既衰，又以其时之用制天下之赋，而后王又因之。呜呼！吾见天下之赋日增，而后知为民者日困于前。”（《明夷待访录·田制一》）这一切都由于私天下的君王不知古代君王设置税率的立足点和目的，故黄宗羲期望：“吾意有王者起，必当重定天下之赋；重定天下之赋，必当以下下为则而后合于古法也。”（《明夷待访录·田制一》）这样才能利民、便民、抒民之困，使天下国家富裕，避免统治者对社会财富的不合理的占有。

在具体落实这一原则时，黄宗羲做了技术性的设计：“使田土之等第，不在税额之重轻而在丈量之广狭。”（《明夷待访录·田制三》）也就是说，在确定税收时，首先丈量土地；而土地之丈量，不是基于同一基数，而是依据其贫瘠程度的差异，使每亩实际占有多少土地的数量不同，具体而言：“今丈量天下田土，其上者依方田之法，二百四十步为一亩，中者以四百八十步为一亩，下者以七百二十步为一亩，再酌之于三百六十步、六百步为亩，分之五等。鱼鳞册字号，一号以一亩准之，不得赘以奇零，如数亩同一区者不妨数号，一亩而分数区者不妨一号。使田土之等第，不在税额之重轻而在丈量之广狭，则不齐者从而齐矣。”（《明夷待访录·田制三》）然后，“授田于民，以什一为则；未授之田，以二十一为则”（《明夷待访录·田制三》）。这一设计，既立足于其以田地之厚薄定税的原则，又具有很强的操作性，还避免了他所谓的赋税“有田土无等第”（《明夷待访录·田制三》）之害，可谓用心良苦。

在黄宗羲的时代，由于战争日频，军队用粮是个很大的问题，如上所述，黄宗羲在认为不应将这一负担强加在民众头上的同时，也认为明朝实行的屯田制不失为一个好的解决办法：“每军拨田五十亩……五十亩科正粮十二石，听本军支用，余粮十二石，给本卫官军俸粮，是实征十二石也。”（《明夷待访录·田制二》）这样既可以保证国家军事用粮的无忧，又不会加重百姓的负担。

中国古代的赋税，除田赋外，在不同的时代尚有户、调、庸等，虽多次改革，但其结果不过是叠床架屋，名目繁多，致民甚苦，黄宗羲称之为“积累莫返之害”（《明夷待访录·田制三》），并感叹：“嗟呼！税额之积累至此，民之得有其生也亦无机矣。”（《明夷待访录·田制三》）他的解决办法则是，除田赋之“授田于民，以什一为则；未授之田，以二十一为则”（《明夷待访录·田制三》）之外，“其户口则以为出兵养兵之赋，国用自无不足，又何事于暴税乎”（《明夷待访录·田制三》）。这样，在赋税名目得以精简的同时，征税额度也得以削减。

在有关赋税内容的问题上，黄宗羲坚持所税宜所出的实物赋税制。从表面上看，这一主张违反了经济商品化过程中由实物赋税向货币化赋税——折银制——转化的历史变化趋势，但若立足于具体的历史情境，可以看出其背后深刻的内涵。黄宗羲之所以反对赋税货币化，反对折银，是因为“所税非所自出”（《明夷待访录·田制三》）荼民至深。公元1436年（正统元年），副都御史周铨建议在南直隶、浙江、湖广、江西不通舟楫的地方，将税粮折收布绢白银，解京充俸，明王朝遂决定将南直隶、浙江、江西、湖广、福建、广东、广西之夏税秋粮四百余万石折银征收，其后这一政策也在全国其他各布政司推行。这一制度虽然减少了农民运送税粮的痛苦，但使金银不断流入朝廷，有上传而无下输，而且白银一旦被用来作为交易货币，其矿所就为宫廷所垄断，也就是说官司货币的制造权实际上被皇族高度垄断。他们囤积金银，阻断其与民间的流通，造成经济危机。“今矿所封闭，间一开采，又使宫奴主之，以入大内，与民间无与。”（《明夷待访录·财计一》）而且银又是不可再生资源，过度的开采最终导致银资源逐渐衰竭，但同时由于人为推动，其交易规模又很大，这就造成了银价上涨的局面，从而使全社会的商品流通出现中断。“夫银力已竭，而赋税如故也，市易如故也。皇皇求银，将于何所！”（《明夷待访录·财计一》）另一方面，在将百姓所出实物折银的过程中，往往由于缺乏十分准确的可量化的通折标准，百姓更容易受到各级官吏的盘剥。他认为：“然则圣王者而有天下，其必任土所宜，出百谷者赋百谷，出桑麻者赋布帛，以至杂物皆赋其所出，斯民庶不至困瘁尔！”（《明夷待访录·田制三》）“后之圣王而欲天下安富，其必废金银乎？”（《明夷待访录·财计一》）由此可见，黄宗羲提出的“所赋宜所出”、废除折银制、实行实物赋税制的主张，完全是基于当时社会经济发展水平的现实主义方案。

也正是基于以上原因，黄宗羲不仅反对以物折银的赋税制度，而且反对以银为交换货币，认为当以钱易银。他指出，若废金银为一般等价物，以钱为通行货币，间杂以布帛之属，则将对国家经济的发展有七种好处：“粟帛之属，小民力能自致，则家易足，一也。铸钱以通有无，铸者不息，货无匮竭，二也。不藏金银，无甚贫甚富之家，三也。轻赍不便，民难去其乡，四也。官吏赃私难覆，五也。盗贼胠箧，负重易迹，六也。钱钞路通，七也。”（《明夷待访录·财计一》）这七个方面，有的立足于保护普通百姓的利益；有的立足于克服贫富过分分化的弊端，使各阶层的财富相对平均；有的立足于铜矿相对易得的特性；有的则立足于铜钱本身的特征。归根结底，则是立足于当时经济发展的实际水平，使货币政策与现实经济对货币的要求相一致，真正发挥其有效流通的作用，以促进全社会经济的发展。“钱币所以为利也，唯无一时之利，而后有久远之利。以三四钱之费得十钱之息，以尺寸之楮当金银之用，此一时之利也。使封域之内，常有千万财用流转无穷，此久远之利也。”（《明夷待访录·财计二》）这里，黄宗羲提出的解决办法不一定完全可行和正确，但他看到了明代金融以及赋税政策的混乱，抓住了当时社会经济发展的客观情势及现实要求，不可谓不深刻。

第三节　民主启蒙还是传统民本：围绕黄宗羲政治思想的论争

一种思想，越走在时代的前列，越会激起更多的反响和论辩，黄宗羲的政治思想就是这样。自近代以来，围绕该如何定位他的思想，学界形成了形形色色的众多观点。当然，要对其思想进行定位，必然要分析其思想的主要内容。笔者行文至此，力图通过对围绕黄宗羲思想定位的论争的梳理，凸显其思想的价值。具体而言，自近代以来，对这一问题，学界主要有三种观点：其一，认为黄宗羲的政治思想与古代的民本思想已经有了本质的不同，是资本主义民主思想的萌芽；其二，认为黄宗羲的政治思想仍囿于古代儒家的民本思想，只是其极致而已；第三种观点则介于二者之间，认为黄宗羲的政治思想既超越了民本思想，又和西方近代民主思想不完全相同，而是介于这两者之间的一种中间形态或过渡形态，可称之为“新民本”思想。

首先，就“黄宗羲的政治思想是早期民主思想”而言，持这一观点的学者主要为近代新文化运动以来的学者，如章太炎、马叙伦、刘师培、梁启超、钱穆、胡适等，以及新中国成立后以马克思主义唯物史观为研究指导的部分学者，如侯外庐、谢国桢、任继愈、冯契、张岱年、蔡尚思、沈善洪、高炳生等人，另外还有个别海外和港台的学者如美国的谢和耐、中国台湾的韦政通、日本的岛田虔次也赞同这一观点。这些学者之所以做出这一论断，主要是看到了黄宗羲的政治思想与近代资产阶级民主启蒙思想的基本制度、精神和原则的一致性。如梁启超在《中国近三百年学术史》中说，《明夷待访录》“的确含有民主主义的精神，虽然很幼稚，对于三千年专制政治思想为极大胆的反抗”[①]。冯契在《中国古代哲学的逻辑发展》中指出，《明夷待访录》是中国历史上第一部系统阐发民主主义思想的著作。[②] 侯外庐肯定《明夷待访录》类似“人权宣言”，“具有人权平等、自由放任的道理”，并且“由人权的平等推论到法律的平等”[③]。他们认为，黄宗羲对君主的批判由传统的“诛暴君”的思想推进到了对秦汉以后整个君主专制制度的批判，无情地揭露了君主的自私残忍与君权神授的虚伪面目，这与近代资产阶级民主启蒙思想反封建、反专制的精神是一致的。而黄宗羲所谓的“天下为主，君为客”，则超越了传统儒家民本思想中君主由天而立，帮助上天怜悯、牧养万民的不平等的君民观，已经有了“主权在民”的民主启蒙思想的意味。李明友在《一本万殊——黄宗羲的哲学与哲学史观》中即认为，《明夷待访录》的思想渊源是儒家民本思想和道家无君论，但它并没有停留在前代思想家的思想水平上，而是提出了“民主君客”“人各自私，人各自利”的启蒙思想，预示着中国传统哲学的转变。[④] 另外，他们认为黄宗羲对君臣关系的看法也一反“君主臣奴”“君尊臣卑”的传统观念，提出了“君臣同事”和“君臣师友”，以及“君臣不可等同父子”等说。君臣都是为了“万民之忧乐”而协同合作的“共曳木之人”，“名异而实同”，只有分工不同，没有高下之分。这透露出君臣关系从“身份”向“契约”的转变，而这正是传统的从属的、不可变的政治关系向现代的平等的、变化的政治关系转型的标志之一。另外刘华安在《黄宗羲君主政治理论中的“协同治理”思想探析》一文中认为，黄宗羲的君臣观是当代社会民主政治“协同治理”理念的思想资源。[⑤] 此外，他们还认为，黄宗羲关于学校的观点无疑具有近代民主社会的议会制与分权制的雏形，彭国翔即在《公议社会的建构——黄宗羲民主思想的真正精华——从〈原君〉到〈学校〉的转换》一文中，主张黄宗羲民主思想的真正精华在《学校》一篇，其中包

---

① 梁启超：《中国近三百年学术史》，41 页，武汉，崇文书局，2015。

② 参见冯契：《中国古代哲学的逻辑发展》，上海，东方出版中心，2009。

③ 转引自萧萐父：《吹沙三集》，44 页，成都，巴蜀书社，2007。

④ 参见李明友：《一本万殊——黄宗羲的哲学与哲学史观》，北京，人民出版社，1994。

⑤ 参见刘华安：《黄宗羲君主政治理论中的“协同治理”思想探析》，载《浙江社会科学》，2010（9）。

含的构建公议社会的思想举措，虽与西方议会性质不同，却与当代西方民主最为前沿的理论“公议”思想多有相合之处，可以从中发掘出契接现代民主的资源。[①]

其次，就认为黄宗羲的政治思想仍是民本思想而言，这一观点的持有者，在新中国成立前主要是萧公权，他在《中国政治思想史》一书中认为：“梨洲虽反对专制而未能冲破君主政体之范围，故其思想实仍蹈袭孟子之故辙，未足以语于真正之转变。”[②] 在新中国成立后持这一观点的则是嵇文甫，他在《黄梨洲思想的分析》一文中认为，黄宗羲虽然对君主专制的罪恶有大量揭发，但并不主张废止君权，和近代意义上的民权政治相距甚远。[③] 另外美国著名汉学家列文森在《儒教中国及其现代命运》一书中也认为黄宗羲不过是儒家的改良主义者而已。[④] 改革开放以后，大陆不少学者反思对黄宗羲政治思想的过分夸大与溢美，提出黄宗羲的政治思想仍属于儒家民本主义思想范畴，只是达到了其极限而已。在当代的海外和我国港台地区也有部分学者持此观点，如美国学者艾尔曼、司徒琳，我国港台地区的石元康、劳思光等。他们的理由主要是：其一，黄宗羲对君主制的激烈批判仅限于对恶的专制政治的批判，而没有上升到对整个君主专制制度合法性加以质疑的层面，因此，他的政治蓝图的前提仍是对君主制的肯定，他所提出的种种看似大胆激进的主张，其实质不过是为了使君主制度达到一种儒家心目中的理想状态——“天下为公”罢了。因此他也继承了儒家一贯的复古论调，将心目中理想的政体寄托于“三代之治”，而不是什么新兴的民主制度。如张师伟在《民本的极限——黄宗羲政治思想新论》一书中即认为，黄宗羲的民本思想无非是《尚书》“民惟邦本”和孟子“民贵君轻”思想的延续，是“以君权为核心”的儒家民本思想的极限，不具有民主启蒙性质。[⑤] 其二，黄宗羲忽视了人们在经济利益之外的政治权利以及在此基础上的平等和自由，而后者正是民主制度的精髓。在民主社会中，民有、民治、民享三者缺一不可，但在黄宗羲的眼中，万民仍是一群没有权力意识和主张、被动等待贤君赐惠的无知大众。如刘浩在《黄宗羲政治伦理思想研究》中认为，黄宗羲“人各自私也，人各自利也”的思想包含了民权，但内容单一，没

---

① 参见彭国翔：《公议社会的建构——黄宗羲民主思想的真正精华——从〈原君〉到〈学校〉的转换》，载《求是学刊》，2006（7）。

② 萧公权：《中国政治思想史》，560页，沈阳，辽宁教育出版社，1998。

③ 参见历史研究编辑部：《明清人物论集（下）》，195页，成都，四川人民出版社，1983。

④ 参见［美］约瑟夫·列文森：《儒教中国及其现代命运》，郑大华、任菁译，桂林，广西师范大学出版社，2009。

⑤ 参见张师伟：《民本的极限——黄宗羲政治思想新论》，北京，中国人民大学出版社，2004。

有展开，与近代西方的主权在民思想存在着明显距离。[①] 其三，黄宗羲所谓的理想的法律虽然体现了人民的公利，但仍然是由圣贤君主制定的，这与民主法治社会所强调的人民通过掌握立法权从而获得自由的精神是背道而驰的。如孟广林在《黄宗羲的法治观辨析》中认为，黄宗羲的法律主张是传统儒学天下观在明末清初特定条件下的继续拓展，其"立天下之法"的主张并没有严格的法制含义，更没有西方近代法制观的民主主义精神。[②] 其四，被誉为"议会制"萌芽的学校并非权力机关，其作用仅限于"不治而议"，只是外部的舆论机构，它对君主与官员的制约主要是通过道德压力而非法律程序来实现的，因此学校之中提出的建议被采纳与否，还是取决于君主与官员。这说明黄宗羲仍然跳不出传统儒家对君主道德水平的期盼和依赖。另外如允春喜在《民本之极限还是民主制萌芽——黄宗羲政治思想定位》一文中指出："学校没有赖以评判、弹劾、追究当事人的法律条文，学校对官员和政事的评判及指出其是非的标准依然是传统儒家的伦理道德。因此，黄宗羲最终又滑向了对贤君的期待。"[③]

最后，还有些学者认为黄宗羲的政治思想是虽超越了民本思想，但又与西方近代民主不完全相同的中间形态，或以其为民本与民主之间的过渡形态。前一种观点肇始于20世纪中叶后的海外汉学界，如美国学者狄百瑞，日本的山井涌、佐野公治、沟口雄三等均持有这一观点。狄百瑞强调，自由主义精神在中西不同文化传统中的具体表现是有区别的，而儒家在历史上是有自由主义思想传统的，他在《中国的自由传统》一书中表示，黄宗羲是在儒学价值系统内展开对君主专制的批判的，这是自由主义倾向的综合表现，具有朝着"近代的"方向发展的意义。[④] 改革开放后，国内也有不少学者持此观点，如黄宣民、张志海、谢贵安、吴光等。黄宣民在《〈明夷待访录〉：早期启蒙学派的思想纲领》中认为，黄宗羲等人的"民主"思想虽然源于古代的"民本"思想，但因其已多少含有近代法权观念而又超越了古代的"民本"思想，同时也是有别于西方的、具有中国儒学民主传统特色的近代早期启蒙思想。[⑤] 谢贵安在《试论明末清初"新民本"思想》中则提出了一个新概念——"新民本"，"新民本"

---

① 参见刘浩：《黄宗羲政治伦理思想研究》，长沙，湖南师范大学博士学位论文，2012。

② 参见孟广林：《黄宗羲的法治观辨析》，载《贵州师范大学学报》，1990（1）。

③ 允春喜：《民本之极限还是民主制萌芽——黄宗羲政治思想定位》，载《北京科技大学学报》，2009（9）。

④ 参见［美］狄百瑞：《中国的自由传统》，李弘祺译，贵阳，贵州人民出版社，2009。

⑤ 参见黄宣民：《〈明夷待访录〉：早期启蒙学派的思想纲领》，载《浙江学刊》，1995（5）。

既不同于传统民本，也不同于近代民主，而是二者的中间形态。[1] 之后，“新民本”的概念为许多学者所接受，并被进一步阐发，如吴光的《论黄宗羲新民本思想的性质、内容、渊源及其现代意义》一文认为：“黄宗羲新民本思想已经超越了自《尚书》《孟子》以来在君主专制制度下传统儒家重民、爱民、为民请命的旧民本范式，而开始走向民主、民治、民主监督的新范式。”[2] 持后一种观点的学者有改革开放以来国内的涂文学、冯天瑜、李存山等。

就以上观点而言，笔者较为认同第三种观点，即黄宗羲思想基本已超越了民本范畴，这从其关于“天下为本，君为客”的观点中，以制度约束君主，并基于削分君权而展开的对相权、地方权力的扩大中，以及基于对四民一视同仁而提出的“工商皆本”的观点中都可见。而具体分析已散见于前文之中，兹不赘述。诚然，黄宗羲所谓的理想社会还是三代之治。但他所谓的三代之治只是以其名而装“天下为主，君为客”以及四民平等之实。同样，他也没有明确提倡人们在经济利益之外的政治权利以及在此基础上的平等和自由，但如前所述，当他以“天下为主，君为客”作为其理想政治的核心时，天下之民在政权体系中的地位和作用，就不仅仅是被决定和被教养了，一定意义上，他们与君主本身一起构成了国家治理的共同力量，就此而论，黄宗羲在这里是言未尽而意已明。同样，就对君主的约束而言，黄宗羲显然已经不满足于以道德的手段规劝约束君主，而是力图从制度建设的层面对君主权力进行约束，虽然这一制度是否能真正发挥作用有待考量。就此而论，说黄宗羲政治思想没有超出古代民本思想的窠臼，显然不合其思想之实情。但另一方面，黄宗羲思想确实只是民主思想的萌芽，其关于学校议政权力的设计，虽然就形式上而言不仅与君权、相权构成鼎立之势，且以议政的方式将古代书院以及士人的议政功能和精神继承了下来，但确实不像西方议会那样具有立法权，只能说是近代议会之雏形，故而不可等而视之。当然，任何一种思想都有其产生的土壤，就黄宗羲而言，在三百多年前，面对家亡国灭之痛，能超越王朝轮替原因之追寻，将目光投射到天下万民以及对君主制的深刻反思之中并进行制度构建，以约束和分权削弱君权，维护万民的平等经济利益，不能不说是具有远见卓识的大思想家。

王心竹

① 参见谢贵安：《试论明末清初“新民本”思想》，载《江汉论坛》，2003（10）。

② 吴光：《论黄宗羲新民本思想的性质、内容、渊源及其现代意义》，载《孔子研究》，2009（2）。

参考文献

梁启超．中国近三百年学术史．武汉：崇文书局，2015.

萧公权．中国政治思想史．沈阳：辽宁教育出版社，1998.

李明友．一本万殊——黄宗羲的哲学与哲学史观．北京：人民出版社，1994.

狄百瑞．中国的自由传统．李弘祺，译．贵阳：贵州人民出版社，2009.

张师伟．民本的极限——黄宗羲政治思想新论．北京：中国人民大学出版社，2004.

刘浩．黄宗羲政治伦理思想研究．长沙：湖南师范大学博士学位论文，2012.

容肇祖．明代思想史．郑州：河南人民出版社，2016.

索　引

G

H

J

L

M

N

O

P

Q

R

S

X

Y

图书在版编目（CIP）数据

中国政治哲学史．第二卷/彭永捷主编．—北京：中国人民大学出版社，2017.3
（政治哲学史/张志伟，韩东晖，干春松总主编）
ISBN 978-7-300-24254-5

Ⅰ.①中… Ⅱ.①彭… Ⅲ.①政治哲学-政治思想史-中国 Ⅳ.①D092

中国版本图书馆CIP数据核字（2017）第048728号

国家出版基金项目
政治哲学史
总主编 张志伟 韩东晖 干春松
中国政治哲学史（第二卷）
彭永捷 主编
Zhongguo Zhengzhi Zhexue Shi (Di-er Juan)

出版发行	中国人民大学出版社		
社　　址	北京中关村大街31号	**邮政编码**	100080
电　　话	010－62511242（总编室）		010－62511770（质管部）
	010－82501766（邮购部）		010－62514148（门市部）
	010－62515195（发行公司）		010－62515275（盗版举报）
网　　址	http://www.crup.com.cn		
	http://www.ttrnet.com(人大教研网)		
经　　销	新华书店		
印　　刷	涿州市星河印刷有限公司		
规　　格	170mm×240mm 16开本	**版　　次**	2017年3月第1版
印　　张	27.5 插页3	**印　　次**	2017年3月第1次印刷
字　　数	470 000	**定　　价**	108.00元